A HISTÓRIA DO MINISTÉRIO DA CULTURA NO BRASIL

Editora Appris Ltda.
1.ª Edição - Copyright© 2024 da autora
Direitos de Edição Reservados à Editora Appris Ltda.

Nenhuma parte desta obra poderá ser utilizada indevidamente, sem estar de acordo com a Lei nº 9.610/98. Se incorreções forem encontradas, serão de exclusiva responsabilidade de seus organizadores. Foi realizado o Depósito Legal na Fundação Biblioteca Nacional, de acordo com as Leis nᵒˢ 10.994, de 14/12/2004, e 12.192, de 14/01/2010.

Catalogação na Fonte
Elaborado por: Dayanne Leal Souza
Bibliotecária CRB 9/2162

S729h
2024
	Souza, Giane Maria de
	    A história do Ministério da Cultura no Brasil / Giane Maria de Souza. –
	1. ed. – Curitiba: Appris, 2024.
	    509 p. : il. color. ; 27 cm. – (Coleção Ciências Sociais – Seção História).
	
	    Inclui referências.
	    ISBN 978-65-250-6355-3
	
	    1. História. 2. Conselho Nacional de Cultura (Brasil). 3. Conselho Federal de Cultura (Brasil). 4. Ministério da Educação e Cultura (Brasil). I. Souza, Giane Maria de. II. Título. III. Série.
	
	<div align="right">CDD – 306</div>

Livro de acordo com a normalização técnica da ABNT

Appris editora

Editora e Livraria Appris Ltda.
Av. Manoel Ribas, 2265 – Mercês
Curitiba/PR – CEP: 80810-002
Tel. (41) 3156 - 4731
www.editoraappris.com.br

Printed in Brazil
Impresso no Brasil

Giane Maria de Souza

A HISTÓRIA DO MINISTÉRIO
DA CULTURA NO BRASIL

Appris
editora

Curitiba, PR

2024

FICHA TÉCNICA

EDITORIAL
Augusto Coelho
Sara C. de Andrade Coelho

COMITÊ EDITORIAL
Ana El Achkar (UNIVERSO/RJ)
Andréa Barbosa Gouveia (UFPR)
Conrado Moreira Mendes (PUC-MG)
Eliete Correia dos Santos (UEPB)
Fabiano Santos (UERJ/IESP)
Francinete Fernandes de Sousa (UEPB)
Francisco Carlos Duarte (PUCPR)
Francisco de Assis (Fiam-Faam, SP, Brasil)
Jacques de Lima Ferreira (UP)
Juliana Reichert Assunção Tonelli (UEL)
Maria Aparecida Barbosa (USP)
Maria Helena Zamora (PUC-Rio)
Maria Margarida de Andrade (Umack)
Marilda Aparecida Behrens (PUCPR)
Marli Caetano
Roque Ismael da Costa Güllich (UFFS)
Toni Reis (UFPR)
Valdomiro de Oliveira (UFPR)
Valério Brusamolin (IFPR)

SUPERVISOR DA PRODUÇÃO
Renata Cristina Lopes Miccelli

PRODUÇÃO EDITORIAL
Bruna Holmen

REVISÃO
Stephanie Ferreira Lima e Camila Dias Manoel

DIAGRAMAÇÃO
Amélia Lopes

CAPA
Eneo Lage

REVISÃO DE PROVA
Bianca Pechiski
Jibril Keddeh

COMITÊ CIENTÍFICO DA COLEÇÃO CIÊNCIAS SOCIAIS

DIREÇÃO CIENTÍFICA
Fabiano Santos (UERJ-IESP)

CONSULTORES
Alícia Ferreira Gonçalves (UFPB)
Artur Perrusi (UFPB)
Carlos Xavier de Azevedo Netto (UFPB)
Charles Pessanha (UFRJ)
Flávio Munhoz Sofiati (UFG)
Elisandro Pires Frigo (UFPR-Palotina)
Gabriel Augusto Miranda Setti (UnB)
Helcimara de Souza Telles (UFMG)
Iraneide Soares da Silva (UFC-UFPI)
João Feres Junior (Uerj)

Jordão Horta Nunes (UFG)
José Henrique Artigas de Godoy (UFPB)
Josilene Pinheiro Mariz (UFCG)
Leticia Andrade (UEMS)
Luiz Gonzaga Teixeira (USP)
Marcelo Almeida Peloggio (UFC)
Maurício Novaes Souza (IF Sudeste-MG)
Michelle Sato Frigo (UFPR-Palotina)
Revalino Freitas (UFG)
Simone Wolff (UEL)

Para Germano Busch, in memoriam.
Para minha mãe, Maria, amor incondicional.
Para minha família e meus amigos, meu patrimônio cultural.
Para meu amor, Dalmo Borges Koehntopp:
o seu olhar melhora infinitamente o meu.

PREFÁCIO

O que o livro da doutora Giane Maria de Souza apresenta ao leitor brasileiro sob o surpreendente título *A história do Ministério da Cultura no Brasil*?

A autora é uma jovem doutora em História e uma experiente militante da cultura joinvilense e catarinense que desnuda a área mais importante do país: as suas políticas culturais.

A competência de Giane Maria de Souza conhecemos sobejamente e pode ser notada no importante papel que desempenha como gestora cultural, sempre promovendo ações que colocam num patamar elevado a cultura catarinense e nacional.

O seu livro é um trabalho hercúleo que coloca em discussão a cena cultural brasileira: o nascedouro e as descontinuidades do Ministério da Cultura no Brasil. Quando falamos em Ministério da Cultura, o que nos vem à mente é a gestão do ministro Gustavo Capanema na pasta do Ministério da Educação e Saúde Pública, de 1934 a 1945, no governo Vargas. Período de grandes transformações no cenário cultural brasileiro e de um projeto para o Ministério da Cultura no Brasil, sob a égide do mecenato Capanema, que incluiu desde o anteprojeto de Mário de Andrade para o tombamento e a salvaguarda do Patrimônio Histórico e Artístico Nacional até a construção do edifício do Ministério da Educação e Saúde, que abriga obras de arte que são ícones do modernismo brasileiro e estão monumentalizadas.

Tal projeto inacabado — nas palavras da autora — só se concretizou, em 1985, com a Nova República, no governo de José Sarney, sob a gestão de José Aparecido de Oliveira (1929-2007). Ministério que parece uma "fantasmagoria" que paira sobre a vida dos gestores da cultura brasileira, devido às constantes descontinuidades de políticas públicas que desestruturam órgãos fundamentais que parecem desnecessários aos governantes de plantão e apresentam soluções casuísticas para a complexidade do campo cultural, do tombamento da cultura material e imaterial até a política de museus e a conservação dos acervos, entre muitas questões.

No afã de entender essa complexa e importante pasta da administração pública federal, a autora debruçou-se sobre uma enorme massa documental, desde as atas das reuniões do Conselho Federal de Cultura (CFC), passando pelos boletins desse órgão consultivo, pelo arquivo Gustavo Capanema, entre outros. O ponto alto do livro é o aporte prosopográfico que apresenta uma geração (não no sentido biológico) de conselheiros e gestores da cultura, desde Rodrigo Melo Franco de Andrade na chefia do Serviço do Patrimônio Histórico e Artístico Nacional, a Aloísio Magalhães no Centro Nacional de Referência Cultural, dos conselheiros do CFC, de Afonso Arinos de Melo Franco a Cecília Maria Westphalen, que apresenta polígrafos, historiadores, literatos, políticos, membros de sodalícios como a Academia Brasileira de Letras e o Instituto Histórico e Geográfico Brasileiro. O que denota intelectuais próximos da *polymathia*, ou seja, polímatas, como o sociólogo Gilberto Freyre, que legou a Casa-Museu Magdalena; e Gilberto Freyre, em Santo Antônio de Apipucos, no Recife.

A grandeza do livro está na forma e no conteúdo com que transita entre aportes teórico-metodológicos da sociologia da cultura, da história cultural, até autores como Mário de Andrade e Gilberto Freyre, que foram grandes intérpretes do Brasil. É com esta obra que a autora dá uma notável contribuição à historiografia brasileira e traz um ímpeto renovador aos estudos sobre as políticas culturais do Brasil.

De Capanema ao descaso com as políticas culturais, emerge o livro *A história do Ministério da Cultura no Brasil*, que marcou indelevelmente a nossa amizade, e este concluo com a poesia de Cecília Meireles de 1951 que deixa o coração enternecido, com "Recado aos amigos distantes": "Por mais que longe pareça,/ides na minha lembrança,/ides na minha cabeça,/valeis a minha esperança".

Ilha de Santa Catarina, outono de 2022.

Maria de Fátima Fontes Piazza

Professora aposentada da Universidade Federal de Santa Catarina

APRESENTAÇÃO

Raymond Williams (2007) ensina que a palavra "cultura" foi apropriada por distintos sujeitos, grupos, instituições e políticas em múltiplos períodos históricos. As abstrações e variações desse vocábulo ressignificaram trajetórias, práticas e obras, fosse em atividades intelectuais, fosse em concepções estéticas e artísticas culturais. Para o autor, a cultura enquanto substantivo materializou linguagens artísticas como "música, literatura, pintura, escultura, teatro e cinema". Essas assimilações contemporâneas incidiram sobre o formato das instituições culturais fundadas para abarcar linguagens artísticas. Por isso, "Um Ministério da Cultura refere-se a estas atividades específicas, algumas vezes com o acréscimo da filosofia, do saber acadêmico, da história", ratificou Williams (2007, p. 121).

Valendo-me das considerações de Williams, apresento, neste livro, algumas análises sobre a história do Ministério da Cultura (MinC) no Brasil, sem restringi-lo a uma instituição responsável por distintas linguagens artísticas e culturais, mas como um projeto de país em disputa desde a década de 1930. Esta obra é fruto da minha tese de doutorado no Programa de Pós-Graduação em História da Universidade Federal de Santa Catarina, na linha de pesquisa Sociedade, Política e Cultura no Mundo Contemporâneo, sob a orientação dos professores Waldir José Rampinelli e Maria de Fátima Fontes Piazza.

Analiso o percurso de como a cultura enquanto área surge na estrutura ministerial do governo de Getúlio Vargas no Ministério da Educação e Saúde Pública (Mesp), especialmente a partir da proposição de Gustavo Capanema de criação de um Ministério da Cultura Nacional, em 1935, e de um Conselho Nacional de Cultura, em 1938. Neste transcurso, realizo interfaces dos múltiplos projetos de Ministério da Cultura com duas obras viscerais de Mário de Andrade — sua gestão no Departamento de Cultura do município de São Paulo e a elaboração do anteprojeto do Serviço do Patrimônio Artístico Nacional, em 1936. Demonstro, por meio de levantamento histórico e análise de fontes, que muitos foram os mitos fundadores das políticas culturais brasileiras, de Gustavo Capanema, Mário de Andrade, Aloísio Magalhães a Celso Furtado. E tento contrapor, ao longo destas páginas, o argumento de que o MinC, instituído em 1985, foi resultado da transição e conciliação democrática dos anos 70, mas defendo que foi um processo inaugurado nos anos 30, com suas contradições históricas e uma luta ainda em movimento.

Com base nessas questões, procurei compreender os múltiplos projetos de poder estabelecidos na história das políticas culturais, as variações institucionais e os protótipos de Ministério e de Conselhos de Cultura, desenhados e ancorados nos projetos modernistas. As propostas de organização da cultura, por meio de secretarias, departamentos, planos, sistema e ministério, foram amplamente analisadas nesta obra, sobretudo as disputas políticas e ideológicas articuladas com a história dos intelectuais e das instituições até a criação do MinC. Uma espécie de taxonomia das ideias políticas dos intelectuais e mediadores culturais foi realizada para observar os itinerários, as idiossincrasias e as ideologias dos intelectuais e das instituições. O conceito de geração enquanto relação com o tempo histórico, segundo Agamben (2012) e Williams (2007), tornou-se uma categoria crucial neste trabalho para problematizar os percursos, as políticas de amizades e de familiaridades, as redes e instâncias de sociabilidades que formataram os campos de poder profissionais, políticos, sociais, intelectuais, artísticos e culturais.

Procurei analisar as atuações dos intelectuais, administradores e conselheiros de cultura conforme os espaços de experiências e horizontes de expectativas. Nesse sentido, tornou-se imprescindível avaliar as aderências políticas aos regimes e aos governos, assim como problematizar a dissociação entre o profissional e o político advogado por alguns intelectuais e mediadores culturais, como Mário de Andrade e Aloísio Magalhães, que se autoafirmavam distantes dos enquadramentos ideológicos e partidários nos quais estavam inseridos.

Este livro problematiza sobre o porquê de determinados nomes terem sido reverenciados na história das políticas culturais, em um processo de patrimonialização que resultou em promoção de uns e esquecimento ou apagamento da história de outros. Para esse escopo, foram mapeados prosopograficamente os intelectuais, agentes, artistas e movimentos culturais mobilizados nos processos de implantação das políticas públicas, por meio dos conselhos, órgãos, departamentos, secretarias, até a constituição e extinção do MinC, na década de 1980 e 1990. Portanto, reflete como o MinC se tornou um projeto inacabado e em constante construção, a exemplo das políticas culturais criadas, reformuladas e extintas pelos administradores da cultura.

A obra desmistifica a criação do Ministério da Cultura enquanto um fenômeno exclusivo dos anos 80 ao apresentar os projetos e as apropriações de Mário de Andrade, Capanema, Aloísio Magalhães e Celso Furtado como projetos em disputas para a organização da Política Nacional de Cultura. A obra percorre os caminhos de criação e refundação dos Conselhos de Cultura, assim como as trajetórias dos conselheiros, suas defesas e idiossincrasias, redes de amizades, além das tensões entre os agentes políticos dentro e fora da estrutura do Estado.

Os conselheiros, considerados homens de pensamento e de ação, transitavam em instâncias de consagração em busca de um ideário para a cultura nacional. Muitos se consideravam apolíticos, embora tenham sido protagonistas de articulações políticas, em distintas esferas de atuação e produção intelectual. Uma relação controversa que demonstra que a aderência ao poder independia das suas posições ideológicas e políticas partidárias, pois estar a serviço da cultura nacional era estimado como uma missão de mediação intelectual, cultural e cívica.

O livro insere reflexões sobre os arranjos políticos para a institucionalização do MinC, demarca os processos antagônicos e os conflitos entre conselheiros e administradores da cultura e sinaliza, enfim, que os distintos conselhos e propostas de Ministério da Cultura, leis de organização e fomento foram sonhados e recusados pelos governos, agentes culturais e classe artística. O Ministério da Cultura sonhado, gerado, extinto e recriado em meio às inconstâncias políticas da Velha e Nova República foi arquitetado e projetado em um inacabamento histórico e político que ainda hoje se faz presente na nossa história.

Importante lembrar que a pesquisa de doutorado que deu origem a este livro foi financiada pelo Programa de Bolsas Universitárias de Santa Catarina Uniedu/Pós-Graduação; e pelo Programa de Doutorado Sanduíche no Exterior (PDSE) da Coordenação de Aperfeiçoamento de Pessoal de Nível Superior, Ministério da Educação, Edital PDSE/2018, no qual tive a oportunidade de realizar um intercâmbio no Centro de Investigação e Estudos de Sociologia, no Instituto Universitário de Lisboa, sob a orientação da professora Guya Accornero, e de aprofundar meus estudos sobre as políticas públicas e os conselhos de participação social.

A autora

SUMÁRIO

1

A CULTURA SOB O MINISTÉRIO DA EDUCAÇÃO E SAÚDE PÚBLICA............................17

1.1 Capanema e o projeto autobiográfico 21

1.2 A organização da cultura.. 24

1.3 O Ministério da Cultura Nacional 29

1.4 Conselho Nacional de Cultura 33

1.5 O CNC e o Ministério das Relações Exteriores 36

1.6 Estudos e esboços para o CNC.. 39

1.7 O CNC e o Ministério da Justiça 42

1.8 O CNC e o Sphan.. 48

1.9 Um homem de Estado 51

1.10 Projeto modernista para a cultura 55

1.11 Prestação de contas com a história 67

1.12 Projeto político inacabado 69

2

MÁRIO DE ANDRADE E A CONCEPÇÃO ETNOGRÁFICA DE CULTURA.....................73

2.1 Departamento de Cultura e Recreação da Prefeitura de São Paulo 75

2.2 DCSP: gestão democrática de cultura... 78

2.3 O modernista operário.. 83

2.4 Instituto Brasileiro de Cultura 86

2.5 Mário de Andrade e o Serviço de Patrimônio Histórico e Artístico Nacional 89

2.6 Etnografia, folclore, cultura popular e erudita 94

3

MÚLTIPLAS FACES DO MINISTÉRIO DA CULTURA 101

3.1 Conselho Nacional de Cultura 104

3.2 Conselho Federal de Cultura 128

3.3 Plano emergencial para a cultura 137

3.4 Censura política e os posicionamentos do CFC.............................. 146

3.5 Secretaria de Assuntos Culturais 150

3.6 Uma sede para o CFC 157

3.7 I Reunião Nacional dos Conselhos Estaduais de Cultura................... 159

3.8 Conselhos Municipais de Cultura... 167

3.9 Uma semente para o Ministério da Cultura................................... 168

3.10 Mecenato para poucos.. 175

3.11 Compromissos para a cultura... 180

4

SECRETARIA FORTE E MINISTÉRIO FRACO..187

4.1 Diretrizes para uma Política Nacional de Cultura.............................. 193

4.2 Política Nacional de Cultura... 197

4.3 Cultura e desenvolvimento... 199

4.4 Diretrizes conceituais para a Política Nacional de Cultura................ 207

4.5 Estratégias para manutenção do poder 212

4.6 *Calendário cultural do Brasil 76* 216

4.7 Em busca da integração nacional 224

4.8 A constituição da memória nacional 235

4.9 Primeiro Encontro Nacional de Cultura... 239

4.10 CFC: uma década de atividades... 248

4.11 Cultura do caju 252

4.12 Humanismo dirigido 256

4.13 Homens da cultura 262

4.14 Conclaves à revelia do CFC... 264

4.15 Fundação Nacional Pró-Memória e a Sphan 268

4.16 Patrimônio em risco 269

4.17 Debates sobre arte contemporânea e abertura política no CFC......... 274

4.18 Uma geração em desaparecimento... 281

4.19 O ministro que não queria o ministério 284

4.20 Biblioteca Nacional, uma história de promessas não cumpridas........ 289

4.21 Diretrizes para operacionalizar a política cultural 291

4.22 Projeto longevo e poder efêmero 295

5

AS INSTITUIÇÕES SÃO FRACAS 301

5.1 Projeto de inventário para o CFC.. 309

5.2 Novas perspectivas para os conselheiros federais de Cultura 310

5.3 Articulações para o Ministério da Cultura 316

5.4 Política cultural, um movimento antagônico.................................... 326

5.5 Operários da cultura 336

5.6 Ministério da Cultura, autoria em disputa 343

5.7 Com um pires nas mãos 347

5.8 O primeiro ministro da Cultura 349

5.9 O Palácio da Cultura 350

5.10 "Recusado por muitos e desejado por poucos"................................. 352

5.11 A cultura enquanto direito constitucional 359

5.12 CFC no pelourinho.. 372

5.13 Primitivas atribuições do CFC... 374

6

A DIMENSÃO ECONÔMICA DA CULTURA 379

6.1 A primeira reestruturação no MinC 383

6.2 O trabalho e a economia da cultura 387

6.3 A cultura do cotidiano 390

6.4 Reencontro com a democracia e com a memória nacional 396

6.5 Política cultural para os carentes 399

6.6 De mamulengos a Rê Bordosa 402

6.7 Mecenato estatal via Lei Sarney 406

6.8 O desconforto político do CFC 410

6.9 Antecâmara da morte 414

6.10 O prenúncio do fim 424

7

O ORNITORRINCO DA CULTURA 429

7.1 Lei Sarney 435

7.2 Eleição de 1989: Lula, Collor e o MinC 438

7.3 Um fim anunciado 448

7.4 Cidadania cultural 450

7.5 "A era Collor foi muito engraçada" 451

7.6 "A falência do Conselho de Cultura" 457

CONSIDERAÇÕES FINAIS 461

REFERÊNCIAS 467

Não se pode perder, no deserto dos tempos, uma só gota da água irisada, que, nômades, passamos de uma para a outra mão. A história deve reproduzir-se de geração a geração, gerar muitas outras, cujos fios se cruzem, prolongando o original, puxados por outros dedos.

(Ecléa Bosi, 2004, p. 90)

A CULTURA SOB O MINISTÉRIO
DA EDUCAÇÃO E SAÚDE PÚBLICA

Por meio do Decreto 19.402, de 14 de novembro de 1930, foi instituído o Ministério dos Negócios da Educação e Saúde Pública (Mesp), sob o comando do mineiro Francisco Campos (1891-1968). Anos depois, Capanema (1980), por ocasião do falecimento do jurista no dia 1º de novembro de 1968, proferiu uma homenagem na Câmara federal:

> Abraçou, desde cedo, a carreira de advogado, que teve logo de ser interrompida por todo o longo período da plenitude da sua carreira política, iniciada na Câmara dos Deputados do antigo Congresso Mineiro. Foi depois deputado ao Congresso Nacional. Em 1926, Antônio Carlos, presidente de Minas, o chama para Secretário do Interior, função que exerce por quatro anos. Com a vitória da Revolução de 1930, Francisco Campos é convocado para organizar o Ministério da Educação e Saúde Pública. Em 1932 ele ainda tinha nas mãos essa pasta. Depois, passa a ser Consultor Geral da República. Volta aos assuntos do ensino, ocupando por cerca de dois anos a Secretaria de Educação do Velho Distrito Federal. Ao final, é convocado, pelo Presidente Getúlio Vargas, em 1937, para Ministro da Justiça, e ocupa esse cargo até 1942. Daí em diante, Francisco Campos é continuadamente advogado. (CAPANEMA, 1980, p. 36).

Francisco Campos permaneceu no Mesp de 1930 a 1932 e foi o responsável pela reforma do ensino; segundo Capanema (1980, p. 39), um dos "grandes monumentos que fazem honra excepcional ao seu papel de reformador". A reforma estava alicerçada em dois preceitos angulares — educar e sanear — e pautados em um cientificismo sanitarista que se arraigou na estrutura do governo provisório ao Estado Novo. Uma empreitada a serviço da Revolução de 1930 para garantir o ordenamento social e político para o alcance da emancipação civilizatória, uma espécie de seleção e evolução eugênica pleiteada sob os parâmetros humanistas, católicos e sanitários.

Denominada por Francisco Campos e reproduzida por historiadores, a exemplo de Williams (2000), a Revolução de 1930 ensejou debates na historiografia brasileira, sobretudo à luz de Bóris Fausto (1970) e Edgar de Decca (1981) sobre as apropriações da terminologia "revolução" e a suposta participação da população nesse processo de tomada de poder.

Pertenciam ao Mesp, sob a gestão de Campos, estabelecimentos, instituições e repartições públicas, a exemplo de: Departamento do Ensino, Instituto Benjamin Constant, Escola Nacional de Belas Artes (Enba), Instituto Nacional de Música, Instituto Nacional de Surdos Mudos, Escola de Aprendizes Artífices, Escola Normal de Artes e Ofícios Wenceslau Braz, Superintendência dos Estabelecimentos do Ensino Comercial, Departamento de Saúde Pública, Instituto Oswaldo Cruz, Museu Nacional e Assistência Hospitalar.

Em 1931, por ocasião da IV Conferência Nacional de Educação, os educadores foram conclamados pelo governo a apresentar uma proposta para a área. O *Manifesto dos pioneiros da educação nova: a reconstrução educacional no Brasil — ao povo e ao governo*, lançado em 1932, respondeu a esse chamado, esclareceu Xavier (2002). A versão sanitarista do ensino e da cultura empreendida pelo

Mesp foi contestada por 26 signatários, entre eles Fernando de Azevedo, Anísio Teixeira, Lourenço Filho, Afrânio Peixoto, Paschoal Lemme, Roquette Pinto, Cecília Meirelles, Hermes Lima, Nóbrega da Cunha, Edgar Sussekind de Mendonça e Júlio de Mesquita Filho.

O documento defendeu, por uma perspectiva liberal, uma escola unitária que valorizasse as aptidões, as iniciativas e as invenções criativas a fim de garantir a qualidade de um ensino científico e integral. A observação, a pesquisa e a experiência deveriam ser compreendidas como parte de um dinamismo social e cultural para os distintos territórios brasileiros. O sentido de uma cultura geral deveria observar as especificidades geográficas e abordar a pluralidade cultural e diversidade regional conforme as distintas realidades sociais. Para os escolanovistas, a abordagem, o método e o progresso científico eram condicionantes para o processo criativo e para a apreensão do conhecimento. Entre as tecnologias inovadoras, o documento mencionava a imprensa, o cinema, o rádio e o disco enquanto instrumentos pedagógicos capazes de potencializar a escola como uma instituição cultural. A escola forneceria o suporte para a pesquisa e o conhecimento científico, mas precisaria ser reorganizada.

> Dessa concepção positiva da escola, como uma instituição social, limitada, na sua ação educativa, pela pluralidade e a diversidade das forças que concorrem ao movimento da sociedade, resulta a necessidade de reorganizá-la como um organismo maleável e vivo, aparelhado de um sistema de instituições susceptíveis de lhe alargar os limites e o raio de ação. (AZEVEDO *et al.*, 2006, p. 13).

O manifesto desencadeou confrontos diretos com os liberais e os católicos conservadores, explica Horta (2012), cuja principal divergência girava em torno da laicidade do ensino. Esse debate despontou no Brasil desde a Constituição republicana de 1891. As disputas ideológicas sobre o tema emergiram desde a criação da Associação Brasileira de Educação (ABE), em 1924. As políticas católicas e sanitárias foram introduzidas pelo Império e condicionaram os temas correlacionados à saúde, à educação, à cultura, com a defesa do sanitarismo social. O manifesto foi combatido pelo governo como um documento de esquerda, apesar da sua perspectiva liberal que fomentava o debate sobre as reformas da educação pública e as responsabilidades do Estado.

Os escolanovistas, séquitos do filósofo John Dewey (1859-1951), divergiam de Campos em relação ao poder da Igreja Católica como única força moral capaz de subsidiar o espírito patriótico da população. "Para Campos, a doutrina católica não era apenas uma doutrina religiosa, mas uma doutrina de Estado", advertiu Horta (2012, p. 90).

As obras de Dewey, traduzidas e difundidas no Brasil por Anísio Teixeira, um dos organizadores do manifesto, discorriam sobre a temática da psicologia da educação e atravessavam os conceitos de cultura, liberdade, ciência e democracia pela educação. O manifesto defendeu a laicidade do Estado e mobilizou os vocábulos "democracia" e "cultura", contrariando o pensamento de Francisco Campos, que defendia a democracia enquanto controle social:

> Se, portanto, é dever da escola formar cidadãos ou educar para a democracia, ela só o fará não por meio de pregações, sermões, conferências ou lições, mas organizando-se democraticamente e praticando, de modo efetivo e prático, a democracia. (CAMPOS, 1941, p. 51 *apud* HORTA, 2012, p. 124).

No governo Vargas, os vocábulos "cultura" e "democracia" foram apropriados como uma espécie de arquilexema para amparar os discursos públicos e promover a aquiescência social e política das ideologias contrapostas. Democracia, ensina Koselleck (2006), pode ser analisada conforme as apropriações do triângulo linguístico "significante, significado e coisa", quando os conceitos são moldados por meio de definições associadas e adicionais, generalizantes e alicerçadas em conceitos globais difusos, para subsidiar determinadas narrativas em disputa.

O manifesto, publicado antes da V Conferência Nacional de Educação, em 1932, acirrou o debate público, alerta Xavier (2002). Autoafirmando-se como pioneiro e emissor de uma mensagem para dois destinatários, o povo e o governo, o documento contestou as prerrogativas empreendidas por Campos e mobilizou para o contra-ataque os conservadores católicos. A Liga Eleitoral Católica (LEC), criada em 1932, assumiu o combate ideológico e a correlação de forças estabelecidas contra o manifesto. Uma parte do episcopado defendia a *Rerum Novarum*, e era contra o liberalismo e o comunismo, a favor do catolicismo social, conforme sinalizam as reflexões de Horta (2012) e Xavier (2002). Os múltiplos modernismos conservadores estavam postos desde a criação da revista *A Ordem*, em 1920, e do Centro Dom Vital, em 1922. Estas instituições potencializaram as contendas ao produzirem sistemáticas acusações contra os signatários do manifesto. O documento abalou as estruturas do poder, e, em nome da segurança nacional, os conservadores católicos reivindicaram a demissão de Anísio Teixeira do cargo de diretor da Universidade do Distrito Federal, em 1935.

Francisco Campos assumiu o Ministério da Justiça e Negócios Interiores (MJNI) de 1937 a 1942. Foi o redator da Constituição de 1937 (CF-1937), que instaurou a censura, os fechamentos das casas legislativas, a queima das bandeiras estaduais, as perseguições políticas e a extinção de partidos políticos, movimentos sociais e sindicatos. As prerrogativas culturais deveriam ser operadas nas áreas da educação e da saúde para a elevação do espírito das massas. Capanema (1980, p. 45), ao proferir o discurso em homenagem a Francisco Campos, defendeu que o Estado Novo não fora um regime de exceção. Campos foi acusado de fascista, acusação interpretada "sob a malícia dos adversários ou de êmulos", avaliou Capanema (1980, p. 45). Sobre a CF-1937, declarou:

> Não posso demorar-me muito a dizer que a Constituição de 1937 não era fascista. Empreguemos a linguagem da Ciência do Direito. Fascista seria toda a constituição ao mesmo tempo ditatorial e totalitária, a saber: o ordenamento jurídico que aniquilasse o poder legislativo, colocasse em estado de submissão o poder judiciário e não ostentasse, em toda a plenitude, uma declaração dos direitos do homem. Analise-se a Constituição de 1937, e se verá que, apesar de seus defeitos e demasias, ela não pretendia ser um instrumento constitucional dessa espécie. (CAPANEMA, 1980, p. 45).

Com a saída de Francisco Campos, o cargo de ministro do Mesp foi substituído por dois médicos mineiros. Belisário Augusto de Oliveira Pena (1868-1939), natural de Barbacena, assumiu o Mesp por três meses; e Washington Ferreira Pires (1892-1970), natural de Formiga, permaneceu de 1932 a 1934. Pena integrou as fileiras da Ação Integralista Brasileira (AIB) e foi membro da Câmara dos 40. Foi um dos precursores da teoria da eugenia, na Comissão Central de Eugenia e da Liga Pró-Saneamento. Foi autor da obra *Saneamento no Brasil: sanear o Brasil é povoá-lo; é enriquecê-lo; é moralizá-lo* (1918). Washington Pires foi o titular da cadeira 86 da Academia Mineira de Medicina, estudioso do sanitarismo e autor de obras com essa temática. Houve uma influência da produção intelectual de Pires na formulação da Inspetoria Geral do Ensino Emendativo e Canto Orfeônico, por meio do Decreto 24.794, de 14 de julho de 1934, cujas considerações eram sanitaristas e eugênicas:

> Considerando que o ensino de anormais é, por sua natureza, especializado, obedecendo a exigências de ordem técnica, médico-pedagógicas e que é urgente sistematizá-lo dentro de um plano mais ou menos uniforme e desdobrado de acordo com as respectivas especialidades; Considerando que os anormais, nas suas diferentes categorias ou tipos, podem se adaptar, na sua maioria, ao meio social, desde que sejam submetidos a processos de educação adequados à sua deficiência física, sensorial ou psíquica, e atendendo à Constituição da República, a ser promulgada, que torna obrigatório o ensino e a assistência geral aos desvalidos, e que esta será muito menos onerosa uma vez que se promova a

> conversão, pelo ensino, dos anormais em cidadãos úteis e capazes; Considerando que é
> de toda vantagem à coordenação dos diferentes processos educativos destinados a esses
> anormais, por meio de um órgão técnico de orientação geral, que funcione em colaboração
> com os órgãos especializados já existentes, e bem assim como os demais que venham a ser
> criados pela administração pública ou por iniciativa particular; Considerando que existem
> presentemente, no Brasil, cerca de quarenta mil cegos e, aproximadamente, trinta e cinco
> mil surdos-mudos e grande número de anormais de outra espécie, na sua quase totalidade
> entregues à própria sorte. (BRASIL, 1934a, s/p).

Sobre o ensino emendativo, Horta (2000) esclareceu que a prática do canto orfeônico se tornara matéria obrigatória desde 1931 e que em 1932 esse setor estava atrelado à Superintendência de Educação Musical e Artística, criada por Anísio Teixeira, no Departamento de Educação da Prefeitura do Distrito Federal, para a prática coletiva do canto orfeônico. A educação da raça voltada para o higienismo comportamental e o sanitarismo social e moral foi promovida por meio de propagandas sobre hábitos e comportamentos saudáveis, em nome de uma nova cultura. Os ministros exaltavam a eugenia, a seleção racial, a educação física, como o cuidado com o corpo atrelado ao paradigma clássico do indivíduo atlético e sadio — modelo trabalhado em governos totalitários.

Os princípios de civilidade atrelados às teorias eugênicas foram divulgados em cartilhas e propagandas oficiais distribuídas em fábricas, sindicatos, igrejas, escolas e hospitais. A assistência social foi utilizada para a formação cultural dos indivíduos, conforme os princípios higienistas e sanitaristas norteadores da educação:

> Art. 5º — O ensino da Educação Física, criado pelo decreto n. 19.890, de 18 de abril de
> 1931, fica extensivo a todos os estabelecimentos dependentes do Ministério da Educa-
> ção e Saúde Pública, e será realizado com o fim de fazer atingir o homem, por meio de
> exercícios racionais e metódicos, o seu maior aperfeiçoamento físico compatível com a
> natureza, visando alcançar o seu melhor rendimento para coletividade. Parágrafo único.
> O aperfeiçoamento físico objetivará manter e aperfeiçoar: a) a saúde; b) a destreza; c) a
> resistência; d) a força; e) a coragem; f) a harmonia das formas. (BRASIL, 1934a, s/p).

A cultura estava subordinada às questões intrínsecas do trabalho, da saúde, da educação e, subliminarmente, colocada nos adjetivos de "destreza", "resistência", "força", "coragem" e "harmonia". Todas essas qualidades deveriam ser perseguidas para benefício da nação, por isso foram tratadas sob o aspecto da saúde e, por conseguinte, da cultura. Esses adjetivos reforçavam o Decreto 19.890/1931 sobre a organização do ensino secundário, cujo texto legal estabelecia a obrigatoriedade de apresentação de atestado de sanidade para alunos e prova de idoneidade moral e sanidade para cargos de inspetor e professor. A sanidade, a idoneidade, a cordialidade e a moralidade foram consideradas parâmetros de seleção para os profissionais da educação a fim de garantir o rendimento da coletividade, por meio da prática do eugenismo e sanitarismo.

Para Chaui (2000), a construção do Estado nacionalista necessitava de cidadãos aptos para o desenvolvimento nacional. Expressões como "expansão" e "unificação do território", "espírito do povo" e "raça" foram trabalhadas por regimes nacionalistas, a exemplo do nazifascismo, para desenvolver a ideia de nação por meio de semióforos, categoria trabalhada pela autora à luz da elaboração de Krysztoff Pomian (1984), cuja criação simbólica remete aos ícones e mitos fundadores ao relacionar passado, presente e futuro. Para esse fim, os Estados autoritários utilizavam-se das linguagens semióticas como o cinema, o rádio, a literatura e o patrimônio.

O Conselho Nacional de Saúde, o Conselho Nacional de Educação (CNE) e o Conselho de Proteção aos Psicopatas foram os responsáveis pela implantação do ensino emendativo, conforme o Art. 16 do Decreto 19.890/1931. Os equipamentos culturais foram tratados como disseminadores de uma educação disciplinadora, daí a importância de arregimentar artistas e intelectuais. A cultura não foi somente um estribo para o discurso político, mas um instrumento pedagógico de difusão e inculcação dos preceitos ideológicos.

Capelato (1998) demonstrou que a produção cinematográfica subsidiada pelo governo privilegiava o caráter educativo para tratar dos temas arrolados no decreto, como higiene, trabalho, disciplina, educação, família e religião, e afirmava os sentidos da coletividade, da brasilidade, da civilidade e da modernidade.

A cultura como prerrogativa civilizatória foi compreendida, além das questões comportamentais, pela perspectiva científica de desenvolvimento social, como forma de explicar a formação e a miscigenação cultural. A democracia racial defendida nos textos de Gilberto Freyre (1900-1987) estava presente em estruturas governamentais ligadas aos grupos católicos sob a liderança de Alceu Amoroso Lima.

Os conceitos de cultura desenvolvidos por pensadores estrangeiros e disseminados no Brasil no século XIX encontraram apoios no governo getulista. Nos anos 30, um caráter múltiplo do conceito de cultura foi forjado na atuação de alguns intelectuais em diferentes frentes de poder, dentro ou fora da órbita ministerial. Isso pode explicar por que existiam intelectuais de vertentes ideológicas distintas em esferas comuns de poder. Os modernistas, por exemplo, eram conservadores católicos e vanguardistas culturais e, apesar das divergências conceituais em relação à cultura, à saúde e à educação, separavam em suas prerrogativas o intelectual do político.

1.1 Capanema e o projeto autobiográfico

Aos 34 anos de idade, o advogado mineiro (Onça do Pitangui/MG) Gustavo Capanema Filho assumiu o Mesp e, no discurso de posse, de 26 de julho de 1934, reiterou a dimensão federal da cultura. O Mesp seria administrado em parceria com os municípios, pois a cidade seria a "sede da cultura", onde se "elaboram os processos espirituais" formadores do conhecimento (BRASIL, [1934], p. 3). O ministro, reconhecido por sua erudição, retórica e formação humanística, além da articulação e mediação política, desde os tempos da universidade, transitou em inúmeras esferas de poder e assumiu o Mesp aspirando reinventá-lo.

Novas práticas administrativas foram implantadas no Mesp, como a produção de relatórios diários em escala industrial. Uma espécie de clipagem de todas as atividades ministeriais foi organizada em textos datiloscritos e manuscritos, em folhas esparsas, timbradas ou não, intitulada "Relação geral dos discursos proferidos por Gustavo Capanema registrados pela imprensa entre os anos de 1934 a 1945".[1] No conjunto documental, registravam-se excertos dos principais discursos nos eventos, visitas e reuniões das quais o ministro participava. As impressões públicas eram resenhadas, com base em matérias publicadas em jornais e periódicos culturais, veiculando o trabalho ministerial com abordagens positivas. Observa-se que os documentos compilados suprimiam as contradições ou polêmicas transcorridas, o que sugere que o projeto autobiográfico de Capanema estava posto desde o início da sua gestão.

---

[1] Essa documentação pode ser encontrada na série "Ministério da Educação e Saúde", "Assuntos administrativos (1934-1945)", pelo Centro de Pesquisa e Documentação de História Contemporânea do Brasil, da Fundação Getulio Vargas (CPDOC/FGV).

As diligências efetuadas por Capanema e Carlos Drummond de Andrade (1902-1987), chefe de gabinete, sobre os documentos produzidos pelo Mesp apresentavam observações na forma de inclusão, revisão ou supressão textual, sinalizando uma centralidade e censura administrativa. As alterações manifestavam-se em camadas de textos sobrepostas com grifos, anotações aleatórias e garatujas, escritas a lápis grafite ou colorido e a nanquim.

Sobre a organização e classificação do Arquivo Capanema, doado ao Centro de Pesquisa e Documentação de História Contemporânea do Brasil, da Fundação Getulio Vargas, Fraiz (2000) concluiu que houvera uma escala de valor imputada na seleção e classificação dos documentos, assim como um processo deliberado e arquitetado para a patrimonialização de Capanema como um homem de Estado. A autora afirma: "Pela maneira como o sujeito se mostra diante do outro, é possível perceber toda a ambiguidade que preside o ato do indivíduo ao tentar reconstituir-se a si mesmo, procurando recompor uma unidade, perdida entre tantos outros eus do passado. (FRAIZ, 2000, p. 92)".

A autora sinalizou a intenção de Capanema de redigir uma autobiografia; por isso, os vestígios e os fragmentos documentais organizados e classificados no arquivo pessoal demarcam os fatos importantes ao longo da sua vida. Por sua vez, a intenção da produção autobiográfica produziu uma biografia institucional e administrativa do Mesp com base nos "eus" empreendidos pelo ministro. Uma busca pelo reconhecimento social para o outro e pelo outro, numa espécie de alteridade terceirizada. Assim, uma preocupação com a posteridade histórica imprimiu a voracidade colecionista e arquivística de reunir documentos sob a lógica da diplomática, como certificados para fins comprobatórios para uma patrimonialização do seu legado.

É necessário compreender como se estabeleceram as escolhas das narrativas pretendidas nos documentos arquivados por Capanema. Pode-se instigar qual documentação foi selecionada pelo ministro para ser arquivada, monumentalizada e descartada no conjunto da sua gestão? Qual o critério de classificação? O que ficou sob o poder da família na esfera privada? O que pertencera ao Mesp/Ministério da Educação e Saúde (MES)[2] e não foi doado para o CPDOC na esfera pública?

Essas são questões em que, ao desbravar os documentos administrativos, se nota uma interferência no arquivamento e um controle sobre o documento burocrático. Prática comum que atravessou a trajetória de outros agentes públicos em diversos momentos da história. Contudo, o acesso a essa documentação, inegavelmente, foi preservado devido à ação de mediação cultural realizada por Capanema, guardião da memória de si e do Mesp/MES.

Gomes e Hansen (2016, p. 9) declaram que a ação de preservar ou guardar documentos é uma prática dos mediadores culturais que se colocam como guardiães da memória dentro ou fora do Estado atuando na construção de identidades coletivas. Nesse sentido, o ímpeto de guardião da memória pública de Capanema aflorou como tentativa de preservação documental do acervo administrativo do Mesp/MES, prática ancorada além do projeto autobiográfico, ou seja, na monumentalização da sua trajetória à frente do órgão federal. A intenção de escolher o que será salvaguardado demarca o que se pretende para a escrita da história e a intenção do projeto autobiográfico.

Por isso, coloca-se necessário apreender um documento além da produção, da finalidade e do arquivamento para inquirir as possíveis intencionalidades da sua preservação. Além das omissões, dos silenciamentos, antagonismos, discórdias, tensões, valorações e legitimações da materialização e disponibilização documental, muitas possibilidades podem ser analisadas por meio de arquivos

---

[2] A partir da instauração do Estado Novo, em 1937, a denominação será somente Ministério da Educação e Saúde.

pessoais ou públicos, mas é mister refletir sobre o que se tornou documento arquivístico, fonte histórica, e o que foi descartado. Farge (2009) provoca que a investigação siga para além do arquivo, para adentrar o mundo dos acervos perdidos e daqueles que não foram constituídos, para o pesquisador saborear a não completude da existência material dos possíveis desvios e das escolhas curatoriais arquivísticas.

O arquivo pessoal de Capanema tornou-se uma instituição, antes de ser doado, recebido, institucionalizado e disponibilizado para consulta pelo CPDOC. As classificações de valores imputadas pelo ministro demostram o controle censor do político, do arquivista e do agente público sobre o que devia ser preservado e descartado da sua memória enquanto homem público, pela perspectiva de documento/monumento, apropriando-se aqui da categoria de Le Goff (1997) para esse exercício analítico.

A intencionalidade comprobatória dos acontecimentos, ou seja, da reunião dos fragmentos da história, ancorada em um lugar de memória, de acordo com a categoria de Nora (1993), evidencia, por meio do arquivo pessoal, um desejo memorialístico de salvaguarda cultural para a materialização do legado de Capanema, fosse como ministro da Educação, da Saúde, da Cultura, fosse como homem de Estado.

Os discursos de Capanema como ministro ou parlamentar evidenciam a ambição autobiográfica de transformar a retórica em produção intelectual. Uma projeção altruísta pode ser verificada na inauguração da exposição na Biblioteca Nacional (BN) em homenagem ao centenário de Machado de Assis, em 21 de junho de 1939, quando afirmou que o MES dedicaria o "máximo de brilhantismo em todas as homenagens" à memória do escritor, sinalizou o *Jornal do Commercio* (A EXPOSIÇÃO..., 1939, p. 4). Na Academia Brasileira de Letras (ABL), Capanema elogiou a obra machadiana como um patrimônio intelectual brasileiro:

> O governo quer significar a sua veneração a esse homem extraordinário, que pelos dons naturais, e pelo esforço e perseverança que consagrou à vocação e ao ideal, conseguiu realizar uma vida sem mácula e fazer uma obra, que é o mais precioso bem do nosso patrimônio intelectual, mercê da qual ficou a nossa cultura dotada de uma sabedoria mais plena e de uma expressão mais graciosa. (CAPANEMA, 1980, p. 3).

No discurso, podem ser observadas duas questões. A primeira é a ideia do homem extraordinário, artista consagrado, e da vocação e da missão reconhecidas enquanto patrimônio — o que expõe a ideia de cultura como sabedoria/erudição, essência vocacional dos intelectuais de uma cultura iluminista calcada na formação humanista. O discurso, para Machado de Assis, pleiteava o reconhecimento que os homens públicos e ilustres deveriam receber, tal qual o próprio Capanema. A segunda questão é a noção de cultura articulada com a de nação, como se a junção das duas formasse as realizações dos grandes homens na história.

O conjunto da obra e do artista, ou do seu autorretrato com base no outro, segundo Philippe Lejeune (2014), pode auxiliar a compreender a construção do pacto autobiográfico, principalmente quando situa os discursos dentro dos discursos — as citações constantes dos homens de Estado — dotados de valores vocacionais. O autor classifica três formas para distinção do pacto autobiográfico: o personagem, o narrador e o pacto. Esta junção cria o enunciado de uma narração e de uma projeção autobiográfica, um falar de si, sem se citar especificamente.

Pela ótica do *habitus* e da formulação das crenças de Bourdieu (1996), é possível relacionar a história de Capanema ao histórico do Mesp/MES como se a história do ministério a ser valorizada fosse de sua autoria. Na análise discursiva do ministro, essa conotação pode ser percebida nos documentos, obras, leis, instituições, e na materialização da sua obra intelectual. No afã de estabelecer um *habitus* nos campos de poder, determinados homens públicos atribuem para si a formação das políticas institucionais.

Capanema descortinou as possibilidades de se repensar a sua trajetória como ministro, intelectual e político. Foi um mediador cultural em suas redes de amizades, de trabalho e de sociabilidades. Revelou um campo político repleto de afetos e desafetos, que, entre diplomacias, mediações e negociações por ele protagonizadas, impulsionou uma disputa pela hegemonia dentro do governo federal, que tanto auxiliou quanto atravancou seus projetos políticos, dentro e fora do Estado.

A organização e a classificação documental do arquivo pessoal de Capanema demonstram uma história política ancorada em fragmentos e recortes da memória, justapostas em anotações de múltiplos passados e lugares de memória. A categoria de Nora (1993) auxiliou a analisar a trajetória e a compreensão de Capanema enquanto homem de Estado. Gomes (2000) ratificou que o ordenamento arquivístico organizado por Capanema fora composto num quadro de arranjo sob lógica do produtor. O exame da documentação doada ao CPDOC, oficializada pelo próprio Gustavo Capanema em 1980, conforme a obra *Gustavo Capanema, Inventário analítico* organizada por Regina da Luz Moreira (2000); o acervo pessoal foi denominado pelos técnicos do CPDOC como "Meta arquivo", um total de 200 mil fragmentos de documentos.

O acervo indica uma escrita de si, tornar-se rememorado, reconhecido e revalorizado com base em uma trajetória resguardada para uma futura patrimonialização, uma escrita autobiográfica aplicada ao colecionismo documental da prática política.

A representação política que o ministro fazia de si mesmo pode ser interpretada, conforme os documentos públicos e pessoais reunidos por ele, como uma forma de organizar e monumentalizar a trajetória política e intelectual. Um perfil estrategista, avaliou Gomes (2000), ao examinar a imagem projetada do ministro em seu arquivo pessoal. Fraiz (2000) evidenciou que o plano político estava imbricado no projeto autobiográfico, pois a metodologia de composição e catalogação do acervo, anotações, rascunhos, missivas, livros, textos, fotografias, recortes de jornais e documentos administrativos indicara a preocupação de salvaguardar a memória para torná-la pública, uma memória pessoal e profissional a ser transposta em memória coletiva.

Badaró (2000), à época da escrita da biografia do ministro, encontrou dificuldades com os documentos que ainda estavam sob o poder da família Capanema, assim como com documentos da vida parlamentar, pois muitos foram retirados para revisão ou correção e não foram devolvidos para o arquivamento da Câmara federal. Esse fato e outros são os vestígios que demonstram o controle estabelecido entre o que deve se tornar público ou não, direcionando a escrita da história.

Williams (2000) elaborou uma divisão analítica das atuações de Capanema, que considero fundamental para a compreensão da trajetória e legado do ministro: 1) administrador da cultura; 2) ideólogo da cultura; 3) mecenas da cultura. Para o autor, Capanema atuou mais como ministro da Cultura do que como ministro da Educação, embora a Reforma Capanema (1942) tenha monumentalizado a sua gestão.

1.2 A organização da cultura

Os espaços de sociabilidades, amizades, parentescos e vizinhanças foram pleiteados pela regionalidade política e trabalhados por Capanema no início da sua gestão no Mesp. A relação política do ministro com Antônio Carlos Ribeiro de Andrada (1870-1946) exemplifica esse contexto.

Andrada foi um dos articuladores da tomada de poder em 1930 pela Aliança Liberal (AL) e autor da frase "façamos a revolução pelo voto antes que o povo a faça pelas armas" (ANTÔNIO..., 2002, s/p). Foi membro da Assembleia Nacional Constituinte (ANC) em 1935. Em 1937, após a instalação da ditadura do Estado Novo, teve seu mandato cassado como deputado federal. Nessa ocasião, abdicou da sua carreira política por se considerar um democrata convicto e defensor do voto direto.

Antes do Estado Novo, no dia 15 de setembro de 1934, Capanema ofereceu um banquete para Andrada. Comparou o correligionário ao imperador Napoleão Bonaparte (1769-1821) quando afirmou: "Raramente desembainhei minha espada. Venci as batalhas com os olhos, e não com as armas". O relatório administrativo do Mesp registrou a frase mencionada por Capanema atribuída a Bonaparte com um adendo: "Sr. Ministro compara a estratégia com a política. Lembrando que o motivo central da ação política é a Nação" (BRASIL, [1945], p. 4).

Aproximadamente meio ano depois, no dia 27 de maio de 1935, Capanema, em visita ao Centro Acadêmico Cândido de Oliveira, órgão do Instituto Nacional da Música, refletiu sobre o Plano Nacional de Educação (PNE). O ministro afirmou que os tempos estavam condicionados a uma polarização: os "devaneios da direita e os exageros da esquerda [...] cabe à mocidade equilibrar os extremos pela palavra e a propaganda educacional" (BRASIL, 1935, p. 8).

A CF-1934 determinava que a elaboração do PNE fosse incumbência do CNE. Entretanto, no dia 23 de junho de 1935, no VII Congresso[3] Nacional de Educação, realizado no Teatro Municipal/RJ, promovido pela ABE, Capanema expôs novamente suas preocupações. O ministro enfatizou que o PNE não poderia ser elaborado precipitadamente, desconsiderando os quatro princípios básicos da nação: "a) pátria una; b) latinidade; c) conservação da família; d) liberdade". O PNE deveria ser uma grande obra. Para justificar sua cautela, fez uma analogia com dois gênios italianos, o frade São Tomás de Aquino (1225-1274) e o poeta Dante Alighieri (1265-1321), que no alto medievo, à época do "obscurantismo intelectual", legaram obras ícones para a cultura universal (BRASIL, [1945], p. 8).

Entre citações de filósofos e poetas, as precauções do ministro sobre a obscuridade e polarização política giravam em torno do fantasma do *Manifesto dos pioneiros da escola nova*, que assombrava o Mesp. Para justificar a não elaboração do PNE pelo CNE, no dia 16 de abril de 1937 o ministro enfatizou ao plenário daquele conselho que existia uma missão apostólica dos conselheiros, ao fazer uma analogia a Jesus e seus 12 discípulos, que não foram enviados para "contar, negociar ou governar, mas precisamente para ensinar" (BRASIL, [1945], p. 32).

Horta (2012) esclareceu que, apesar de todos os debates e das divergências públicas relatadas nas atas das conferências do CNE para a elaboração da versão final do PNE, Capanema negligenciou todos os debates e as deliberações, pois preferia monologar. Portanto, o PNE foi finalizado por quatro membros católicos conservadores do CNE, entre eles Leonel Franca e Alceu Amoroso Lima.

Capanema pronunciou um discurso em defesa da democracia contra a ditadura no dia 19 de outubro de 1937, no Palacete da Saúde Pública da Bahía. O relatório administrativo produzido pelo Mesp informou que o ministro fizera uma "[...] apologia da democracia como sistema de governo, afirmando que só os povos de cultura decadente ou ainda atrasados, admitem a ditadura, encarecendo a necessidade de fortalecer a democracia, alicerçando-a na educação." (BRASIL, [1945], p. 45).

Dois dias antes da instalação do Estado Novo, em 8 de novembro de 1937, Capanema realizou uma reunião no seu gabinete com a Comissão de Combate ao Comunismo.

---

[3] As denominações de conferências e de congressos são alteradas conforme os documentos investigados.

As oscilações políticas do ministro, mesmo com sua tendência centralizadora, fizeram com que Capanema permanecesse em *stand-by* após o golpe do Estado Novo. A sucessão dos mineiros no Mesp quase foi interrompida pela indicação do paulista Plínio Salgado (1895-1975) por Francisco Campos. Com o Estado Novo (1937-1945), os partidos políticos e o Congresso Nacional foram extintos, e a Ação Integralista Brasileira foi renomeada para Associação Brasileira de Cultura.

Segundo Piazza (2003), Plínio Salgado foi um nome importante da literatura nacional, com vasta produção intelectual, e assíduo articulista em periódicos culturais e jornais. A obra *O estrangeiro*, primeira edição de 1926, ratificava a busca pela alma da nação, ao arrolar mitos e lendas das tradições populares como exemplos da cultura nacional. A historiadora analisa que, por essa obra, é possível identificar que, para o modernista, "a verdadeira índole da nacionalidade brasileira estava no caboclo e no sertão, e não nas populações urbanas que eram suscetíveis aos apelos dos estilos de vida" (PIAZZA, 2003, p. 109).

Salgado foi ligado ao Grupo Verde-Amarelo, vertente conservadora do modernismo, com Menotti del Picchia, Cassiano Ricardo e Cândido Mota Filho. Tornou-se um forte adversário para Capanema, que somente assumiu o Mesp com a desistência daquele. Após numerosas negociações com o governo estadonovista, os integralistas posicionaram-se como oposição. Em 1939, Plínio Salgado foi aprisionado e enviado para o exílio em Portugal.

As múltiplas concepções de cultura — dos católicos e integralistas — circulavam entre as várias frentes de poder e disputavam a hegemonia do Estado dentro e fora da órbita do governo. Horta (2010) demonstrou que a indefinição do nome de Capanema para o Mesp impulsionara a aversão do ministro ao manifesto de 1932 para demarcar sua posição no regime estadonovista após sua renomeação. O manifesto foi atacado no Estado Novo, mas, segundo Xavier (2002), foi apropriado em decretos instituídos pelo governo e em reformas educacionais, a exemplo da Reforma da Lei Orgânica do Ensino Secundário de 1942, denominada Reforma Capanema, que, de acordo com Badaró (2000), incorporou a versão final do PNE.

No Brasil, o debate em torno da educação e da cultura arregimentou uma geração de intelectuais, conservadores e de vanguarda em diversas áreas de conhecimento, sob a perspectiva da disputa do poder dentro do Estado. Na Itália, o debate sobre o papel da escola pública foi revisto por Antonio Gramsci (2010) nos *Cadernos do cárcere*. O italiano produziu análises teóricas sobre a unicidade do ensino e o acesso à educação para todas as classes sociais. Refletiu sobre a responsabilidade do Estado e sobre o papel dos intelectuais orgânicos para a organização da cultura.

A ciência e a pesquisa eram imprescindíveis para a apropriação filosófica por meio da cultura e da educação. A escola, a Igreja, os sindicatos e as instituições culturais seriam produtoras e difusoras de saberes e de ideologias, por isso desempenham papéis na sociedade para a manutenção do *status quo*. Gramsci (2010) insistiu que a cultura e a educação não poderiam ser trabalhadas com uma visão enciclopédica de repasse do conhecimento, mas sob a via da transformação social.

Quando o *Manifesto dos pioneiros* foi publicado no Brasil, Gramsci estava encarcerado; e sua obra, sendo elaborada. Portanto, foi a partir do manifesto que os intelectuais brasileiros projetaram para o Estado as responsabilidades da educação e da cultura como questões complementares, sob a defesa da escola unitária. Por essas e outras razões, tornou-se um texto de referência para os intelectuais que divergiram dos caminhos pelos quais a educação e a cultura estavam sendo direcionadas pelo governo varguista.

Os debates sobre o papel do Estado e da democracia, a educação e a cultura enquanto direitos sociais foram uma proposta política do documento. O princípio da universalidade deveria ser defendido no PNE. Não por acaso, o manifesto é retomado nas bandeiras de lutas dos movimentos sociais, estudantis e dos profissionais da educação quanto aos compromissos do Estado para garantir a promoção equânime da educação pública.

No reestabelecimento das memórias e das resistências coletivas, o manifesto, além de testemunho, foi validado como um patrimônio das políticas culturais e educacionais, pois debateu a educação e a cultura enquanto condição humana para a produção de bens culturais e tecnologias, contrapondo o clássico repasse enciclopédico do conhecimento advogado pelo regime varguista. Suas orientações foram inclusas na CF-1934, Art. 152, quando estipulou o estabelecimento do CNE na elaboração do PNE, alertou Saviani (2010). Foi contra esse artigo que Capanema se posicionou.

Em 1959, Fernando de Azevedo lançou o *Manifesto dos educadores democratas em defesa do ensino público: mais uma vez convocados. Manifesto ao povo e ao governo*, com 180 signatários. Vidal (2013) destacou que muitos nomes do manifesto de 1932 reapareceram na segunda edição, a exemplo de Júlio de Mesquita Filho, proprietário de jornal. O documento foi publicado nos principais veículos de comunicação e apresentado na Conferência Nacional de Educação.

Otaíza Romanelli (1990) reforçou a necessidade de se trabalhar o conceito de cultura como abordagem metodológica para compreensão da historiografia da educação. Reiterou que os programas e instituições estatais historicamente expropriaram a cultura da sua essencialidade humana para promoverem-na como um produto a ser adquirido e ensinado nas escolas. Educação e cultura foram tratadas como gêmeas univitelinas, que, ao nascerem sob o mesmo aparato do Estado, desenvolveram personalidades distintas. Nesse sentido, as prerrogativas administrativas do Mesp/MES, apesar de não registrar "cultura" na sua nomenclatura oficial, urdiram-na conforme as disputas dos agentes públicos nas organizações culturais institucionalizadas.

A cultura se estruturou de forma autônoma dentro do organograma do MES, a partir do Estado Novo, impulsionada pela criação de órgãos e programas federais voltados para a fruição e difusão. Em busca de um ideal civilizatório de nação, a cultura foi estruturada nos seguintes órgãos: Serviço de Patrimônio Histórico e Artístico Nacional (Sphan), Decreto-Lei 25, de 30 de novembro de 1937; Instituto Nacional do Livro (INL), Decreto-Lei 93, de 21 de dezembro de 1937; Serviço Nacional de Teatro (SNT), Decreto-Lei 92, de 21 de dezembro de 1937; Conselho Nacional de Cultura (CNC), Decreto-Lei 526, de 1º de julho de 1938; Conservatório Nacional de Canto Orfeônico, Decreto-Lei 4.993, de 28 de novembro de 1942.

O SNT, bem articulado, frequentemente solicitava audiências com o ministro Capanema. O ministro, por sua vez, recebia os artistas, os diretores e as companhias teatrais em seu gabinete. Por exemplo, em visita organizada pela Comissão de Representantes do Teatro, no dia 12 de fevereiro de 1940, foi reivindicada a reintegração da soma de 600 contos que tinha sido cortada no orçamento da União para a área. No dia 28 de fevereiro, o ministro recebeu o Sindicato dos Trabalhadores de Teatro de São Paulo para dialogar sobre assuntos relacionados "às necessidades do teatro na Paulicéia" (BRASIL, [1945], p. 72).

Apesar das negociações diretas, existiam conflitos interburocráticos entre os órgãos de cultura criados no Estado Novo. Para garantir hegemonia nas políticas e difundir as melhores propostas de nacionalismo cultural a serem implantadas, existiram disputas interministeriais. Os órgãos culturais do MES disputavam práticas, programas, verbas e prioridades. Da mesma forma, a educação, sobretudo a militar, a religiosa, a moral e a cívica, desde o ensino emendativo, estava sendo disputada por Francisco Campos e Capanema. Essa disputa interministerial estendeu-se para o controle do cinema educativo, censura cultural, radiodifusão e propaganda oficial do governo, de acordo com a análise de Chuva:

> Ao longo de todo o período Vargas, o MES e o MJNI disputaram passo a passo o controle da produção cultural estabelecida. Se, por um lado, as atividades fins relacionadas à produção cultural estiveram prioritariamente vinculadas ao MES, por outro, sérias lutas foram travadas no aparato burocrático do Estado pelo controle de áreas estratégicas, como aquelas que utilizavam os novos meios de comunicação de massa — o rádio, o cinema —, assim como pela exclusividade no exercício da censura. (CHUVA, 2017, p. 118).

Para Chuva (2017), a gestão de bens simbólicos arquitetou uma política nacional que articulou povo, nação e cultura como elementos coesos no discurso de governo:

> Em fins de 1939, a produção cultural estatizada se estabelecia em dimensões nacionais, a partir de três órgãos — MES, MJNI e DIP —, que administravam uma soma de recursos, de pessoal e de poder sem precedentes na história brasileira, na gestão estatizada de bens simbólicos. (CHUVA, 2017, p. 122).

Horta (2000, 2010, 2012) analisou Capanema como tão ardiloso quanto seu colega Francisco Campos nas estratégias para garantir suas pretensões. A Organização da Juventude Brasileira (OJB) foi um projeto elaborado por Campos para fortalecer o espírito e o físico dos jovens a serviço do fortalecimento da raça. Em 1938, o órgão foi disputado por Capanema e Góes Monteiro. A OJB foi renomeada Direção Nacional da Juventude, sob a responsabilidade do MES, mas condicionada à influência do chefe do Estado Maior do Exército, o que garantiu as orientações para a implantação da educação militar pelo MES por meio do Conselho Superior de Defesa Nacional, com atribuição central à educação moral e cívica. Para os ministros da Justiça e do Exército, a educação militar deveria iniciar no ensino primário, área em disputa para os dois ministérios. Na premiação da Maratona Intelectual destinada à juventude e organizada pelo MES, em 30 de junho de 1939, Capanema reforçou a importância do patriotismo e da religião no ensino secundário: "O futuro do Brasil está na organização desse ensino, porque é nele que mais se arraiga o instinto de defesa da Pátria, já que o estudo de humanidades constitui uma síntese maravilhosa da experiência humana" (BRASIL, [1945], p. 65).

Capanema, na comemoração do Centenário de D. Luiz Raimundo, no Colégio D. Pedro II, em 11 de setembro de 1940, dirigiu-se ao Cardeal Leme e convidou-o "a não abandonar o trabalho de introduzir a essência espiritual da educação", que "não deve estar divorciada da Família nem desvinculada da Religião" (BRASIL, [1945], p. 83).

Horta (2012) reitera que a educação física, moral e cívica nas instituições escolares foi tratada na perspectiva do cidadão soldado e sob o auspício da religião católica. O hino (canto orfeônico), o sermão (Igreja) e a ordem do dia (disciplina militar e cívica) foram os aparatos de sustentação do Estado Novo. O canto orfeônico, o sanitarismo e o higienismo foram instituídos pelo Ensino Emendativo e tornaram-se questões morais aplicadas sob a égide da disciplina, da coletividade, da educação física e da ginástica à luz da cultura.

A participação do maestro e compositor Heitor Villa-Lobos (1887-1959) no ensino de música e artes no Brasil foi um exemplo dessa questão. Segundo Lemos Júnior (2011), o maestro elaborou o projeto missionário de coros populares na década de 1920. Em 1932, Villa-Lobos entregou para Getúlio Vargas um memorial sobre o tema, em colaboração com o governo. Em 1940, ocorreu a apresentação do coral de 42 mil vozes dirigido pelo maestro, no Estádio São Januário do Vasco da Gama, no Rio de Janeiro. Em 1942, foi criado o Conservatório Nacional de Canto Orfeônico.

Capanema permaneceu no cargo por 11 anos, de 26 de julho de 1934 a 29 de outubro de 1945. Horta (2012), ao analisar o discurso de Capanema em 1968 por ocasião do falecimento de Francisco

Campos, concluiu que, com todas as divergências políticas explícitas e as ingerências do ministro do MJNI sobre o MES, Capanema em nenhum momento espraiou publicamente as celeumas e as divergências vividas entre os dois. Capanema abordou a biografia de Campos como desejou que fosse a sua, pois projetou uma espécie de espelhamento discursivo requerido para si, após a morte do desafeto:

> Francisco Campos merece biografia. Não falo de tantas das biografias que se escrevem a esmo desinteressadas da inteira verdade e quase sempre sem a preocupação do exemplo, isto é, sem conteúdo moral, destituída das lições contidas nas vidas modelares. Falo das biografias escritas à maneira de Plutarco. Poucos, sem dúvida, são os que merecem biografia assim. Francisco Campos está no número dos brasileiros que, fazendo jus às comemorações solenes ou aos monumentos de praça pública, são, sobretudo, dignos da autêntica biografia, porque a sua vida foi a trajetória da mentalidade superior, adversa ao diletantismo, mas resolutamente aplicada, da vigília e do esforço cheios de estoicismo e sem remitência, da coragem ao mesmo tempo lúcida e audaciosa e do idealismo sem ingenuidade e sem destempero, mas objetivo e realista. (CAPANEMA, 1980, p. 35-36).

Campos foi o professor de Capanema no primeiro ano do curso de Direito e seu colega de governo durante o Estado Novo, ocasião dos desentendimentos relacionados à política mineira e à gestão do MES. As deferências *post mortem* e as divergências administrativas entre os dois não ficaram restritas à educação militar. As discordâncias podem ser vislumbradas em inúmeras ações e encaminhamentos políticos em relação à cultura, foco de disputa de ambos, no que tange aos ideais de modernidade, civilidade e nacionalidade pretendidos pelo autoritarismo varguista.

A correlação entre patriotismo e cultura é fundamental para compreender o culto do reconhecimento do território enquanto nação. Alfredo Bosi (1992) reflete a etimologia da raiz latina dos vocábulos "colônia", "culto" e "cultura", que se desdobra desde o culto à pátria para os romanos ao cultivo da terra para os colonos. O culto laboral e cívico estabelece vínculo com a cultura simbólica do trabalho no território. O solo deve ser constantemente lavrado e adubado para, enfim, produzir frutos. Nesse sentido, explica:

> *Cultus* é sinal de que a sociedade que produziu seu alimento já tem memória. A luta que se travou entre o sujeito e o objeto do suor coletivo contem-se dentro do particípio [que origina a palavra cultura] e o torna apto a designar a inerência de tudo quanto foi no que se passa agora. Processo e produto convêm no mesmo signo. (BOSI, 1992, p. 13).

A cultura enquanto culto foi recorrente nos discursos dos agentes públicos; e enquanto vocábulo adquiriu múltiplos usos e apropriações históricas, sobretudo nos semióforos difusores dos bens culturais nacionais.

1.3 O Ministério da Cultura Nacional

Praticamente um ano após assumir o Mesp, por meio de correspondência de 14 de novembro de 1935, Capanema encaminhou para Vargas uma proposta de reforma ministerial. Daryle Williams (2000) atribuiu-lhe a alcunha de "ministro da Cultura" por esse documento. A proposta elaborada pelo jovem ministro demonstrava a perspectiva de "abarcar a cultura brasileira *lato sensu*" (WILLIAMS, 2000, p. 251). Uma cultura geral, versão de integralidade, pautada em uma interpretação dilatada do vocábulo.

Capanema apresentou ao governo diagnósticos sobre o Mesp e uma proposta de reestruturação ministerial:

> Trago-lhe, finalmente, o projeto de reorganização do Ministério da Educação. Antes do mais, peço-lhe que me perdoe a demora. Demorei muito. Mas demorei, porque não queria apresentar-lhe uma reforma parcial, feita de afogadilho. Demorei, não para distrair-me com outras coisas, mas para consagrar-me fervorosamente, num trabalho realmente penoso, à elaboração de uma construção de grande vulto e sentido. Li muito. Percorri livros e livros sobre todos os assuntos relacionados com o Ministério. Entretanto, não lhe trago um trabalho livresco e artificial. Estive permanentemente em contato com a realidade: observei, examinei, sondei as coisas existentes. Nem uma só linha foi escrita na exposição de motivos e no projeto de lei, sem essa prévia indagação a respeito do que existe, do que está funcionando e de como está funcionando. [...] Busquei realizar um trabalho de sentido moderno, incorporando, no plano que ora lhe apresento, as ideias que, a respeito de administração pública em geral e sobre os problemas da saúde e da educação em particular, vigoram nas nações mais experientes e adiantadas. (CAPANEMA, 1935, p. 1-2).

O documento apresentou os estudos para organizar o Mesp e conferir modernidade administrativa. Demonstrou preocupações com a Universidade Federal e a urgência de voltarem a funcionar os cursos de Letras e Filosofia, porque "não pode a União descuidar-se da universidade" (CAPANEMA, 1935, p. 3). Para Capanema, os parcos recursos destinados ao Mesp, em 1935, não atendiam ao volume de trabalho, que requeria uma dotação orçamentária maior.

Diante de uma extensa exposição de motivos, entre relatos administrativos de trabalhos, estudos, atividades e projetos futuros, o ministro abordou a possibilidade de uma reforma ministerial a ser encaminhada para o Congresso Nacional: "Nutro a esperança de que desta reforma sairá o ministério mais prestigiado, com uma projeção maior sobre todo o país, e entrará a ser, efetivamente, um poderoso instrumento destinado ao aperfeiçoamento do homem brasileiro." (CAPANEMA, 1935, p. 6).

O ministro almejava não somente um ministério prestigiado e com mais recursos, mas um projeto de nação a ser executado para a composição do que deveria ser o homem brasileiro. Esse debate perseguiu Capanema em toda a sua gestão. Contudo apenas no fim da missiva, com a indicação de *post scriptum*, Capanema apresentou a proposta de reforma, ou seja, uma mudança na nomenclatura do Mesp:

> Devo ainda dizer que a nova denominação proposta para o Ministério não é inteiramente de minha inspiração. [...] Ronald de Carvalho e eu mais de uma vez conversamos sobre a conveniência de se dar nova denominação ao Ministério. Certo dia, aventei a palavra cultura, pois o objetivo desta é justamente a valorização do homem, de maneira integral. [...] Ronald achou feliz a ideia, e propôs que se dissesse "cultura nacional". A sugestão de nosso malogrado amigo me pareceu de grande alcance. Observa-se, hoje em dia, certa tendência para se dar ao aparelho de direção das atividades relativas ao preparo do homem este qualificativo de "nacional", como que para significar que é para o serviço da nação que o homem deve ser preparado. (CAPANEMA, 1935, p. 6-8).

Como bom articulador político, discorreu sobre a amizade comum entre ele e o presidente Vargas com o carioca Ronald de Carvalho (1893-1935), falecido poucos meses antes da correspondência. Carvalho foi diplomata e secretário da Presidência da República até o dia 15 de fevereiro de 1935, data do acidente automobilístico que o matou aos 41 anos. O poeta participou da Semana de Arte Moderna de 1922, estudou Filosofia e Sociologia em Paris e atuou na Embaixada Francesa e no Itamaraty.

A cumplicidade de um amigo para com o outro valorizava a proposta e amalgamava um projeto que se pretendia monumental. A inspiração advinda do poeta modernista para criação do Ministério da Cultura Nacional tornava-se uma espécie de homenagem *post mortem* ao amigo comum.

Capanema, na argumentação da missiva, mobilizou o capital cultural e as políticas de amizades e fidelidade entre os três.

A proposta estava ancorada no projeto de brasilidade alçado na Semana de 1922 e na Revolução de 1930, dois ícones da modernidade para o estabelecimento da cultura nacional. O sentido do moderno imprimia um valor nacionalista à formação do homem em sua integralidade, aflorando a brasilidade intrínseca e suas potencialidades culturais.

A cultura não estaria subjugada à saúde, à educação; ao contrário, essas áreas estariam subjugadas à cultura, pois, sob o horizonte nacionalista, a base para a formação universalista encontrava-se nas singularidades regionais. O mencionado sentido moderno da cultura nacional demarcava a criação de uma perspectiva brasilianista, pois o país seguia o movimento das nações modernas. Capanema apresentou os paradigmas internacionais que o inspiravam para essa renomeação:

> Em setembro de 1929, o governo italiano mudou a denominação do Ministero dell' Publica Istruzione para a de Ministero dell'Educazione Nazionale. Em junho de 1932, a França transformou o Ministère de l'Instruction Publique et des Beaux-Artes em Ministère de l'Education Nationale. Informou o pintor belga Georges Wambach que, em seu país, se cogita, de fazer mudança semelhante: pretende-se dar ao Ministère des Sciences et des Arts o nome de Ministère de l'Education Nationale. (CAPANEMA, 1935, p. 8).

No entanto, nos países citados, as mudanças estruturam-se em torno do vocábulo "nacional", e não do vocábulo "cultura". Para o ministro, a grande expertise brasileira seria a troca da "educação" pela "cultura nacional". O Ministério da Cultura Nacional seria a jabuticaba do Brasil. Williams classificou de ousada a proposta, considerando a inexperiência política de Capanema:

> Inexperience in federal politics did not inhibit Capanema from quickly assuming a proactive stance toward expanding the scope of the ministry's powers. In an unfinished memorandum drafted in 1935, Capanema outlined the Ministry of Education's responsibilities: "Under the provisions laid out in the constitution [of 1934], the mission of the Ministry of Education, and the government as a whole can be summed up in one word: culture. Or perhaps better stated national culture." Contemplating the idea that the ministry set out to turn his administration into the regulator of Brazilian culture[4]. (WILLIAMS, 2001, p. 62).

Considerando o histórico de Capanema como homem público, não havia inexperiência política. Aos 27 anos, fora eleito vereador em sua cidade natal. Desde 1923, nos tempos da universidade, Capanema e seus amigos, na Rua Bahia, em Belo Horizonte, debatiam e discutiam intensamente a política local e a nacional. Após a segunda eleição do seu primo, o engenheiro civil Olegário Maciel (1855-1933), do Partido Republicano Mineiro (PRM), para o governo de Minas Gerais, em 1930, Capanema fora nomeado chefe de gabinete e secretário do Interior e da Justiça. Portanto, tinha maturidade política e um percurso solidificado.

Desde o movimento Legião de Outubro, capitaneado por Francisco Campos em 1931, os mineiros, apesar de divergentes entre si, seguiram estruturando seus projetos políticos nacionais. Capanema foi o presidente do Partido Nacionalista de Minas Gerais, fundado em 20 de junho de 1937 (BRASIL, [1945]). As relações regionais de amizades, familiares e políticas marcaram a sua

---

[4] "A inexperiência na política federal não inibiu Capanema de rapidamente assumir uma postura proativa para expandir o escopo dos poderes do ministério. Em um memorando elaborado em 1935, Capanema delineou as responsabilidades do Ministério da Educação: 'De acordo com as disposições estabelecidas na constituição [de 1934], a missão do Ministério da Educação e do governo como todo pode ser resumida em uma única palavra: cultura. Ou melhor, a cultura nacional'. Contemplando a ideia de que o ministério se propôs a transformar sua administração em regulador da cultura brasileira" (WILLIAMS, 2001, p. 62, tradução nossa).

formação política e ascensão nacional. Capanema assumiu a Interventoria de Minas após a morte de Olegário Maciel, mas Getúlio Vargas substituiu-o por Benedito Valadares. Supõe-se que o convite para o Mesp foi uma espécie de prêmio de consolação, de acordo com Badaró (2000).

Williams (2000) sinalizou que o ministro, ao defender a renomeação do Mesp, usou o seu poder de argumentação e estratégia jurídica para enaltecer a CF-1934. Contudo o Estado Novo estava a caminho. Capanema, ao citar os artigos constitucionais, sobretudo no Título V, enfatizou a educação enquanto direito, solidariedade humana e princípio moral. O historiador sugere que Capanema resumiu o texto da Carta Magna em uma única palavra: "cultura".

A CF-1934, promulgada dois dias após a publicação da Inspetoria Geral do Ensino Emendativo e do Canto Orfeônico, em 14 de julho de 1934, criou uma relação com o texto constitucional sobre a organização social na seção "Da família, da educação e da cultura". O Art. 148 determinou:

> Cabe à União, aos Estados e aos municípios favorecer e animar o desenvolvimento das ciências, das artes, das letras e da cultura em geral, proteger os objetos de interesse histórico e o patrimônio artístico do país, bem como prestar assistência ao trabalhador intelectual. (BRASIL, 1934a, s/p).

Capanema, como um bom estrategista, segundo Williams (2000), embasou sua argumentação no campo jurídico, apesar de o vocábulo "cultura" aparecer apenas uma vez na CF-1934.

Antes de uma resposta oficial de Vargas, Capanema realizou a defesa da mudança do nome do Ministério da Educação e Saúde Pública para Ministério da Cultura Nacional no dia 18 de dezembro de 1935, em reunião com a Comissão de Educação e Cultura presidida pelo deputado Baeta Neves no Congresso Nacional, conforme o relatório administrativo do Mesp: "No conceito de cultura, estavam compreendidas, a seu ver, a educação e a saúde do povo. E demonstrou a conveniência da mudança de denominação do importante departamento da administração federal" (BRASIL, [1945], p. 15).

Getúlio Vargas nem sequer respondeu ao ofício. Afonso Arinos de Melo Franco Filho (2000), no prefácio da obra de Schwartzman, afirmou que o insucesso da acolhida ao projeto não fizera o ministro desistir dos seus objetivos. O Ministério da Cultura Nacional tornou-se um projeto executado, mesmo com a denominação recusada:

> A consciência permanente e militante do papel primordial da educação no aperfeiçoamento moral e no desenvolvimento material da sociedade, para a integração e unidades nacionais, foi a glória do ministério Capanema, cujo titular escrevera a Vargas: "O Ministério da Educação e Saúde se destina a preparar, a compor, a afeiçoar o homem do Brasil. Ele é verdadeiramente o Ministério do Homem". Ministro da Educação e Saúde (à qual devotou atenção menor), mas também da Cultura, que, no seu tempo, não correspondia à pasta ministerial autônoma, esteve entre os maiores que já tivemos. (FRANCO FILHO, 2000, p. 14-15).

Capanema foi considerado o primeiro ministro da Cultura não somente pelo seu legado, mas por ter um projeto de nação materializado na proposta do Ministério da Cultura Nacional. O projeto recusado por Getúlio Vargas, segundo o autor, pretendia, "através da formação da juventude, afirmar uma identidade nacional brasileira e construir um Brasil humano à altura da sua dimensão geográfica. Não o conseguiu, mas valeu a intenção" (FRANCO FILHO, 2000, p. 14-15).

O pai de Franco Filho, Afonso Arinos de Melo Franco (1905-1990), doravante Afonso Arinos, foi um liberal convicto e opositor do Estado Novo. Foi um dos redatores do *Manifesto dos mineiros* em 1943. Em 1941, redigiu e proferiu homenagem para Capanema na conferência organizada pela Confederação Brasileira de Desportos Universitários: "Quando se examinar mais tarde a passagem de Capanema pela pasta da Educação e Saúde ver-se-á que o traço predominantemente da sua atuação foi cultural". Um "advogado da cultura nacional". Um exemplo a ser reverenciado e adotado pela mocidade: "Gustavo Capanema bem merece a honra de ver a trajetória de sua vida particular e pública oferecida aos moços do Brasil como um modelo a ser imitado, um roteiro a ser seguido" (ARINOS, [1945], p. 2).

O projeto apresentado por Capanema para Vargas em 1935 evidenciou que a associação de Capanema como o primeiro ministro da Cultura não ocorreu apenas após a sua morte, em 1985. Capanema tinha âmago criacionista que centralizava em suas mãos toda a estrutura da administração cultural. Apresento metaforicamente uma releitura da obra *Criação de Adão*, do italiano Michelangelo (1475-1564), como se Capanema, tal qual Deus, apontasse para a criação do Ministério da Cultura Nacional, onde o homem civilizado seria forjado. Alceu Amoroso Lima, em artigo no *Estado de S. Paulo*, no dia 18 de janeiro de 1979, chamou Capanema de "príncipe do renascimento" (LIMA, 2000, p. 499), em analogia a Lorenzo de Médici. Lúcio Costa (2018) comparou a supervisão do ministro às obras do edifício do MES à execução da Capela Sistina sob o controle do Papa Júlio II.

Capanema protagonizou e mediou inúmeras guerras culturais, parafraseando Williams (2000). Contudo, ao longo da sua administração, criou inúmeras estratégias para consolidar seu projeto de poder e nação. A proposta de mudança do nome do Mesp para Ministério da Cultura Nacional não foi analisada pelo Congresso, pois o Estado Novo foi instalado em 1937. A única alteração realizada foi a abolição da palavra "pública", ou seja, o Mesp transformou-se em Ministério da Educação e Saúde.

1.4 Conselho Nacional de Cultura

Capanema reapresentou o projeto de Ministério da Cultura Nacional em missiva, em 6 de junho de 1938, na forma de Conselho Nacional de Cultura e Departamento Nacional de Cultura (DNC):

> Sr. Presidente:
>
> Ao lado dos serviços propriamente de educação, desenvolvem-se, no Ministério da Educação e Saúde, com atividades cada vez mais numerosas e significativas, os serviços concernentes ao desenvolvimento da cultura em todos os seus aspectos.
>
> Entretanto, não se faz ainda sentir a ação de um órgão coordenador de tais atividades. O Departamento Nacional de Educação, cuja atuação deve estar toda voltada para dar ao problema do desenvolvimento da cultura o cuidado que lhes é, sem dúvida, necessário.
>
> Poder-se-ia justificar a criação de um Departamento Nacional de Cultura. Tudo, aconselha, porém, que se confie, preliminarmente, a tarefa de coordenar as atividades de ordem cultural realizadas pelo Ministério da Educação e Saúde a um Conselho Nacional de Cultura. O desenvolvimento dos serviços deste Conselho mostrará de futuro se o Departamento será ou não necessário.
>
> Submeto à elevada consideração de V. Exc.ª um projeto de decreto-lei organizando o Conselho Nacional de Cultura, o qual, uma vez criado, entrará na categoria dos órgãos de cooperação do Ministério da Educação e Saúde.
>
> Nesse ensejo, apresento a V. Exc.ª os meus protestos de estima e consideração. Gustavo Capanema. (CAPANEMA, 1938a, p. 1).

Capanema destacou as demandas que estavam sob o controle do Departamento Nacional de Educação (DNE) e sugeriu que a criação do DNC seria adequada para a cultura. O DNC seria uma proposta próxima ao Instituto Brasileiro de Cultura (IBC), desenhada por Paulo Duarte (1899-1984) e Mário de Andrade no Departamento de Cultura de São Paulo (DCSP).

Na exposição de motivos para o CNC, foram mobilizados os verbos "aconselhar" e "confiar" para justificar a proposta. O CNC, provisoriamente, assumiria o papel do DNC para maturar a sua viabilidade administrativa. Em menos de um mês, após a missiva de sugestão para a criação do CNC, o órgão foi instituído pelo Decreto-Lei 526, de 1º de julho de 1938, com oito artigos. Suas áreas perfaziam os percursos da argumentação do Ministério da Cultura Nacional, sobretudo da formação integral do homem:

> [...] a) produção filosófica, científica e literária; b) o cultivo das artes; c) a conservação do patrimônio cultural (patrimônio histórico, artístico, documentário, bibliográfico, etc.); d) o intercâmbio cultural; e) a difusão entre as massas através dos diferentes processos de penetração espiritual (o livro, o rádio, o teatro, o cinema, etc.); f) a propaganda e a campanha em favor das causas patrióticas ou humanitárias; g) a educação cívica através de toda sorte de demonstrações coletivas; h) a educação física (ginástica e esportes); i) a recreação individual ou coletiva. (BRASIL, 1938a, p. 1).

É possível dividir o decreto do CNC em pautas setoriais: 1) do civismo e patriotismo, demonstrações de ordem coletivas, cívicas e patrióticas (educação física, ginástica e esportes, questões alusivas ao texto do ensino emendativo de 1934, com a exclusão do canto orfeônico, substituído pela difusão e o intercâmbio cultural sob a clave da penetração espiritual, por meio do cinema, do rádio, do teatro e dos livros como instrumentos pedagógicos para o enaltecimento do bem coletivo); 2) das artes, dissociação das artes puras e aplicadas, das belas-artes, enquanto cultivo e fruição à aplicação, ou seja, produção, circulação e profissionalização; 3) do patrimônio cultural, patrimônio bibliográfico, documental, histórico e artístico, mas sem contemplar o arqueológico e o ameríndio, tampouco o folclore e a cultura popular, distante do anteprojeto de Mário de Andrade. Essa proposta incidiria sobre a regulação e a conceituação do patrimônio, mas também sobre a descrição dos mecanismos de preservação e níveis de tombamento para não conflitar com as competências do Sphan. O patrimônio restringia-se à conservação e à preservação material (BRASIL, 1938d).

Muitos autores confundem o CNC como um órgão atrelado à educação, a exemplo de Goulart: "Para cuidar especificamente da educação, foram criados o Conselho Nacional de Cultura como base da organização do ensino primário e do plano de combate ao analfabetismo" (GOULART, 1990, p. 31).

Quanto à composição do CNC, o quarto artigo do decreto designou um plenário composto por sete conselheiros nomeados pelo MES, quatro funcionários ou diretores do alto escalão do governo, além de três "pessoas notoriamente consagradas ao problema da cultura" (BRASIL, 1938d, p. 1). Os membros seriam remunerados com diárias de 50 mil réis, denominadas "vantagens", de acordo com a assiduidade nas sessões, limitada ao valor total de 500 mil réis mensais. O expediente administrativo seria coordenado por um funcionário designado pelo ministro, o mesmo que já prestava serviços ao Conselho Nacional de Assistência Social.

Entre as principais atribuições do CNC, o decreto determinou uma avaliação das instituições culturais privadas e públicas, uma espécie de mapeamento cultural:

> a. Fazer o balanço das atividades, de caráter público ou privado, realizadas em todo o país, quanto ao desenvolvimento cultural, para o fim de delinear os tipos de instituições culturais e as diretrizes de sua ação, de modo que delas se possa tirar o máximo de proveito;
>
> b. Sugerir aos poderes públicos as medidas tendentes a ampliar e aperfeiçoar os serviços mantidos para a realização de quaisquer atividades culturais;

c. Estudar a situação das instituições culturais de caráter privado, para o fim de opinar quanto às subvenções que lhes devam ser concedidas pelo Governo Federal. (BRASIL, 1938d, p. 1).

Para as instituições públicas, o verbo "sugerir" indicava que o CNC auxiliaria ações de ampliação e aperfeiçoamento das atividades culturais implantadas. Para as privadas, o verbo "estudar" indicava um diagnóstico a ser realizado para a destinação de subvenções públicas, como a regulação do mecenato estatal para organismos privados.

Em nenhuma das três atribuições foi indicado o estudo previsto na missiva sobre a criação do DNC, questão que pode sugerir uma estratégia utilizada pelo ministro para acelerar a publicação do decreto. Uma análise dos documentos do Arquivo Capanema, da série "Ministério da Educação e Saúde – educação e cultura" do CPDOC, evidenciou que, em vez de omissão, reapresentação e abolição da ideia, o CNC foi disputado no interior do governo, o que obrigou o ministro a retroagir em suas estratégias. Nesse sentido, é preciso compreender os percursos e as disputas desde os bastidores da proposta até a recepção dentro do governo.

A abrangência nacional do CNC indicava um projeto audacioso, com atendimento verticalizado para todas as instituições culturais, um órgão poderoso. Porém, para atingir esse escopo, necessitaria de uma dotação orçamentária condizente com a sua grandeza. O sexto artigo do decreto determinava: "As despesas decorrentes da execução desta, no corrente exercício, correrão por conta dos recursos constantes da subconsignação nº 59 da verba 3ª do vigente orçamento do Ministério da Educação e Saúde." (BRASIL, 1938d, p. 1).

Independente administrativamente, mas financeiramente dependente, o CNC ficou condicionado às verbas existentes e às disputas internas no MES.

Os documentos investigados sobre a questão revelam que o aporte financeiro requerido pelo ministro foi excluído da publicação do Decreto-Lei 526. A proposta original de Capanema determinava outra condição: "Fica aberto o crédito especial de 45.000$000 (quarenta e cinco mil contos de réis) para atender à despesa decorrente da execução deste decreto-lei, no presente exercício" (BRASIL, 1938d, p. 1). Entretanto a negociação e a recusa da verba pleiteada redimensionaram não somente os valores destinados para a operacionalização do CNC, somada aos valores previstos para o pró-labore dos conselheiros, mas inviabilizavam o orçamento do MES.

Investiguei um conjunto expressivo de minutas elaboradas para os decretos do CNC de criação e de organização no acervo do CPDOC. Esboços variados, escritos a lápis e a nanquim, desenhavam organogramas e equações matemáticas para a inclusão de um décimo artigo na minuta do decreto elaborada por Capanema. Esse texto legal continha 11 artigos no total, mas o decreto-lei publicado apresentou apenas oito artigos com a verba suprimida. O ministro, dessa forma, administraria mais um órgão subnutrido, sem vinculação orçamentária, dependente dos contingenciamentos e refém das disputas com outros órgãos.

Quatro meses após a publicação do Decreto-Lei 526, o Decreto-Lei 761, de 4 de outubro de 1938, dispôs sobre os processos concernentes à cooperação financeira do governo com as instituições culturais privadas. Determinou em único artigo: "O exame dos processos concernentes à cooperação financeira da União com as instituições culturais de ordem privada ficará, até que o Conselho Nacional de Cultura esteja organizado, a cargo do Conselho Nacional de Serviço Social." (BRASIL, 1938e, p. 2).

Os subsídios deveriam ser garantidos para as instituições privadas via mecenato público, nem que fossem provisoriamente vinculados ao Conselho Nacional de Serviço Social. Para o CNC, a dotação orçamentária estava condicionada à sua organização institucional, e, para isso, Capanema teve que estruturar e apresentar novo decreto. O CNC em funcionamento alcançaria seus objetivos, até porque os recursos para a cultura fortaleceriam a formação do campo cultural.

Muitos problemas surgiram com a proposição do CNC. Entraves que não ficaram restritos ao Decreto-Lei 526, tampouco à questão financeira. Alguns desconfortos interministeriais surgiram com setores ligados ao MES. O primeiro a questionar a composição do CNC foi o ministro Osvaldo Aranha, do Ministério das Relações Exteriores (MRE); o segundo foi o ministro Francisco Campos, do MJNI; e o terceiro foi Rodrigo Melo Franco de Andrade, diretor do Sphan.

1.5 O CNC e o Ministério das Relações Exteriores

A primeira contestação foi elaborada pelo diplomata gaúcho Osvaldo Aranha (1894-1960), ministro do MRE de 1938 a 1944. A correspondência interna CI/542, de 9 de agosto de 1938, para o Presidente Vargas solicitou a alteração do quarto artigo do Decreto-Lei 526/1938, sobre a composição do plenário. O ministro reivindicou a inclusão de um funcionário do seu ministério no CNC. Alegou que sua pasta detinha o know-how sobre a inteligência cultural e os intercâmbios internacionais. Anexou uma proposta de minuta para a alteração do decreto com três eixos centrais: no primeiro, esclareceu as competências do MRE; no segundo, apontou os conflitos de interesses que seriam gerados entre o CNC e o Serviço de Cooperação Intelectual, Intercâmbios e Cooperações Artísticas, vinculado à sua jurisdição; no terceiro, apresentou a preocupação quanto à harmonia interministerial, cada qual com suas competências e áreas de atuação:

> 1. Entre os objetivos do Serviço de Cooperação Intelectual deste Ministério, predominou sempre o empenho de fazê-lo o órgão permanente de cooperação, ligação e coordenação das atividades culturais do Brasil para soma-la às dos demais países, a fim de que, congregando-se num esforço de conjunto uniforme e metodicamente conduzido, o nosso país pudesse colaborar ativamente no desenvolvimento de todas as iniciativas que servem à vida moral e intelectual do mundo civilizado.

> 2. Criado, agora, pelo decreto-lei n. 526, de 1° de julho último, no Ministério da Educação e Saúde, o Conselho Nacional de Cultura, o Serviço de Cooperação Intelectual, como o centro coordenador, que é das atividades dos nossos representantes no exterior, e órgão destinado a atender às incessantes e cada vez mais numerosas exigências de penetração intelectual de outros países, desejosos de intensificar o intercâmbio de conquistas intelectuais como o nosso, deverá ter, doravante sua existência intimamente ligada às deliberações do Conselho. Por outro lado, é evidente que o Conselho muito lucrará com a colaboração direta e permanente do Serviço do Ministério das Relações Exteriores, especializado em assuntos culturais.

> 3. Desse modo, a fim de que haja perfeita harmonia de vistas e nada prejudique a desejada unidade de orientação nas iniciativas dos dois Ministérios, submeto à elevada consideração de Vossa Excelência um projeto de decreto-lei, que modifica o artigo 4° do supracitado decreto-lei n. 526, e estabelece que pelo menos um dos membros do Conselho Nacional de Cultura seja escolhido dentre os funcionários deste Ministério.

> Aproveito a oportunidade, para renovar a Vossa Excelência, Senhor Presidente, os protestos do meu mais profundo respeito. Oswaldo Aranha. (BRASIL, 1938a, p. 1-2).

Na argumentação exposta, os três pontos enfatizam o aparato ideológico varguista. E argumenta que o CNC lucraria com o estabelecimento das atividades de cooperação e intercâmbio internacional, competência exclusiva do MRE. O campo diplomático, historicamente, atuou como instância de consagração e legitimação de importantes espaços de circulação, de apoio, de organização, de exposições e de intercâmbios entre os artistas, os intelectuais, as embaixadas e os governos. Acrescenta-se que muitos diplomatas assumiram posições em mediações políticas no governo, sobretudo na área da cultura, e muitos deles tinham inclinação pelas artes literárias, plásticas, entre outras.

A ocupação desses espaços de poder demonstra que, nos bastidores do governo, além da representação de autoridade, existia uma disputa de vaidades que desencadeava uma vigilância alheia, sobretudo no quesito cultura. A minuta de alteração sugerida por Aranha foi assim constituída:

> Fica alterado o decreto-lei n. 526, de 1º de julho, na parte do art. 4º, cuja redação será a seguinte:

> Art. 4º — O Conselho Nacional de Cultura se comporá de sete membros, designados pelo Presidente da República, dentre pessoas notoriamente consagradas ao problema da cultura, devendo figurar entre elas pelo menos quatro dos diretores ou altos funcionários do Ministério da Educação e Saúde e um do Ministério das Relações Exteriores, de repartições ou serviços encarregados de qualquer modalidade de atividade cultural. (BRASIL, 1938a, p. 1).

Capanema, ao ser inquirido sobre a solicitação, respondeu em correspondência de 17 de outubro de 1938 ao presidente Vargas. O ministro endossou positivamente a sugestão de Aranha, mas demarcou o domínio do seu território. Como de costume, realizou uma análise da conjuntura internacional e abordou as mudanças ministeriais ocorrentes em outros países. Nas entrelinhas, reapresentou a ideia do Ministério da Cultura Nacional ao defender os princípios da cultura universal. Entre os paradigmas internacionais, mencionou o *Ministero della Educazione Nazionale*, da Itália:

> Estou de pleno acordo com a proposta do Ministro das Relações Exteriores.

> O Conselho Nacional de Cultura destina-se a ser o órgão de coordenação de todas as atividades culturais realizadas no país. Os seus serviços se desenvolverão naturalmente em dois setores, a saber, o setor da alta cultura e o setor da cultura popular.

> O intercâmbio é uma das atividades a serem desenvolvidas em ambos os setores da cultura, notadamente no setor de alta cultura.

> Competirá ao Ministério da Educação mobilizar os elementos destinados a este intercâmbio; mas ao Ministério das Relações Exteriores é que caberá o encaminhamento de tais elementos.

> A lei italiana (decreto de novembro do ano passado), definindo as atribuições do Ministero dell'educazione nazionale, arrolou entre elas a seguinte: "Promover la difusione dell'arte, dela cultura e della scienza italiana, mediante congressi, mostre, esposizioni, incoraggiamenti, aiuti e premi per publicazioni, studi e ricerche; promuovere, coordinare e dirigere iniziative all'interno e, in colaborazione coi Ministeri degli affari esteri e della cultura populare, all'estero, che tendano all'affermazione della arte della cultura e della scienza italiana nel mondo."[5]

> Igualmente entre nós é o que se deverá fazer: ao Ministério da Educação (que aqui trata não só da alta cultura, mas também da cultura popular) competirá promover as medidas de

---

[5] "Promoção e divulgação da arte, cultura e ciência italiana por meio de congressos, exposições, exibições, incentivo, auxílio e prêmio por publicações, estudos e pesquisas; promover, coordenar e dirigir iniciativas internas e, em colaboração com o Ministério das Relações Exteriores e da cultura popular do exterior, que tendem a afirmar a arte da cultura e ciência italianas no mundo" (tradução nossa).

> expansão de nossa cultura no estrangeiro, mas sempre com a cooperação e por intermédio do Ministério das Relações Exteriores.
>
> Desta maneira, a presença de um representante daquele Ministério no Conselho Nacional de Cultura é medida de utilidade manifesta.
>
> Apresento a V. Exc.ª redação diferente para o decreto-lei proposto pelo Ministro das Relações Exteriores; substancialmente, porém, não se altera em nada o pensamento nele contido.
>
> Nesse ensejo, apresento a V. Exc.ª a segurança do meu mais profundo respeito.
>
> Gustavo Capanema. (BRASIL, 1938c, p. 1-2).

A admiração nutrida pela administração italiana foi enunciada distintas vezes pelo ministro, antes da eclosão da Segunda Guerra Mundial (1939-1945). Cabe uma reflexão sobre o *Ministero della Educazione Nazionale* dirigido por Giuseppe Bottai, em 1938, em um dos momentos mais graves do governo de Benito Almicare Andrea Mussolini de 1922 a 1943. Giuseppe Bottai foi autor da *Carta del lavoro* e autor da *Carta della scuela*, em 1939, responsável por unificar as três fases do ensino e pelo desenvolvimento de uma política racialista, impedindo os judeus de frequentarem as escolas e perseguindo-os. Bottai foi um dos ideólogos da cultura militar que desenvolveu a fascistização das escolas italianas. Horta (2009) analisa que, de Giovanni Gentille, passando por Cesare Maria De Vecchi a Bottai, a Itália apenas exportou modelos de como fascistizar a cultura e a educação.

Capanema, em seus discursos públicos, assumia posicionamentos contrários ao fascismo e aos regimes autoritários. Mas, controversamente, a inspiração do paradigma fascista estruturou muitos projetos políticos, a exemplo da Legião de Outubro, fundada em 1930 por Capanema e Francisco Campos, cujo texto fora escrito por Carlos Drummond de Andrade, segundo Badaró (2000). Não por acaso, nas atribuições do CNC, a educação física e a ginástica eram suportes culturais para o patriotismo.

O CNC fiscalizaria as instituições e as atividades culturais conforme os preceitos cívicos, a exemplo do que já faziam o Ministério da Justiça (MJ) e o da Guerra. Se todos os ministérios trabalhavam a fim de criar estratégias políticas para a ampliação de recursos e para a expansão dos projetos patrióticos, o MES, por meio do CNC, seria mais um.

A admiração confessa de Capanema pelo paradigma italiano amalgamou sua concepção de cultura para a formação integral dos homens dentro de uma estrutura centralizada. Os primeiros parágrafos da missiva demonstravam esse escopo. Coordenar significava controlar a administração cultural desenvolvida no país.

Capanema realizou a alteração solicitada no Decreto-Lei 802, de 21 de outubro de 1938, publicado com dois artigos. O primeiro determinou: "Do Conselho Nacional de Cultura, criado pelo decreto-lei n.º 526, de 1 de julho de 1938, fará parte um representante do Ministério das Relações Exteriores, escolhido dentre os funcionários a que estiver afeto o serviço de cooperação intelectual." (BRASIL, 1938f, p. 1).

O segundo arrematou as disposições contrárias e colocou um ponto final no assunto. Como constatado, no Decreto-Lei 802 prevaleceu o texto redigido por Capanema, e não o de Osvaldo Aranha. Perspicaz, o ministro do MES reposicionou os jogadores no campo e demarcou o comando do CNC como exclusividade sua.

Intercâmbios culturais são mecanismos imprescindíveis para a consagração do campo cultural, de acordo com Bourdieu (1996). Nesse sentido, é elucidativo que a formação dos campos pode auxiliar uma compreensão do que estava em jogo nas disputas estabelecidas em prol do nacionalismo e do patriotismo. Essa questão impunha-se como agenda dos ministérios, pois o projeto de nação a ser empreendido perpassava o reconhecimento internacional. Capanema mobilizou seu capital cultural e defendeu a modernização e a universalização cultural do Brasil para criar uma identidade nacional no exterior.

A cooperação intelectual e os intercâmbios internacionais eram considerados fundamentais para todos os ministérios, mas, para Capanema, a cultura enquanto principal área do governo sinalizava que o perfil do representante do MRE deveria estar adequado às atribuições do CNC. Uma retomada na leitura do Decreto-Lei 526 revela que as competências e as atribuições arroladas eram relativamente simplórias perto da complexa argumentação impetrada por Capanema para responder à demanda do MRE. O poder reconhecido de oratória e retórica de Capanema elevou-se no teor discursivo, como de praxe, usando a legislação italiana como paradigma.

O arcabouço italiano, para o ministro, guardava imbricações próximas com o MES nos propósitos de desenvolvimento da educação e da cultura nacional. Desse modo, os intercâmbios relacionados à alta cultura, como exposições, residências artísticas, comodatos, expedições, viagens técnicas e cooperações científicas, poderiam ser qualificados com um representante do MRE no plenário do CNC. Mas, para a curadoria de projetos da cultura popular, os conselheiros do MES seriam os mais indicados.

Na missiva de resposta endereçada ao presidente, Capanema demarcou a separação dos setores da alta cultura da popular, questão omitida no Decreto-Lei 526. Entretanto, uma leitura analítica poderia incluí-las, sem citação, nas letras a e b do decreto, quando se lê sobre a "produção filosófica, científica e literária [...] o cultivo das artes [...] patrimônio cultural [...] cultura para as massas" (BRASIL, 1938d, p. 1).

Contudo, somente na missiva de resposta à solicitação de Aranha a dissociação da alta cultura e da cultura popular é destrinchada. Dessa forma, conclui-se que a concepção do ministro sobre cultura estava pautada na separação da cultura erudita, representada pela dança, pela escultura, pelo cinema, pela literatura, pela pintura, pela arquitetura e pela música da cultura popular e do folclore.

Essa justificativa, considerando a divisão entre cultura popular e erudita, provavelmente ocorreu por conta das pressões políticas e disputas em torno de outra minuta de decreto não publicada, mas que organizava o CNC em câmaras setoriais.

Por trás das propostas do CNC e DNC, estaria em disputa da ideia do IBC elaborada por Paulo Duarte e Mário de Andrade? O poeta Ronald de Carvalho, que sugeriu a criação de Ministério da Cultura Nacional, era amigo de Fábio Prado, de Mário e de Capanema. Isso pode evidenciar a circulação de ideias entre o governo municipal e federal. Capanema retomava o projeto recusado, de 1935, de Ministério da Cultura Nacional para o DNC, no mesmo período em que se desfazia a direção de Mário de Andrade no Departamento de Cultura e Recreação de São Paulo.

1.6 Estudos e esboços para o CNC

As inúmeras minutas de decretos investigadas no Arquivo Capanema e compiladas pelo CPDOC/FGV demonstram indícios históricos das distintas fases de estudos e dos esboços realizados para a elaboração do Decreto-Lei 526. Camadas de textos sobrepostas, rascunhos, garatujas em folhas esparsas apresentavam a arquitetura projetada para o CNC. Inúmeras listas com possíveis nomes para a composição do CNC e suas câmaras setoriais foram elaboradas, assim como ementas para as missivas e as minutas de decretos.

Esses vestígios documentais indicam muitos estudos que compunham cotidianamente a elaboração burocrática dos decretos e dos conteúdos ensejados. Os nomes aventados para o plenário do CNC são uma questão a ser avaliada. Inúmeros estudos foram compostos, em uma das primeiras listas, ladeada e organizada em duas colunas com asteriscos em alguns nomes. Destacam-se o advogado Rodrigo Melo Franco de Andrade; o médico carioca Edgar Roquette Pinto (1884-1954), etnólogo, antropólogo, ensaísta, professor que comandou e idealizou a radiodifusão no Brasil, membro da ABL; o jornalista gaúcho Augusto Meyer (1902-1970), ensaísta, folclorista, memorialista e membro da ABL; o jurista baiano Mario Augusto Teixeira de Freitas (1890-1956), primeiro secretário-geral do Instituto Brasileiro de Geografia e Estatística (IBGE); o médico carioca Miguel Osório de Almeida (1890-1953), subcomissário de Higiene e Assistência Pública do Rio de Janeiro (1915-1917), um dos fundadores da ABE, vice-reitor da Universidade do Distrito Federal e membro da ABL; o major João Barbosa Leite, diretor do DNE, um dos responsáveis pela difusão e organização da educação física no MES.

Em páginas avulsas (Figura 1), uma listagem rabiscada continha nomes como do curitibano crítico literário e musical José Cândido de Andrade Muricy (1895-1984), membro do Grupo Festa; e do advogado fluminense Celso Kelly (1906-1979), jornalista e escritor, teatrólogo, professor, pintor, crítico de arte, fundador da Associação de Artistas, com sede no Palace Hotel, Distrito Federal, em 1928.

Figura 1 – Listagem de nomes para o Conselho Nacional de Cultura

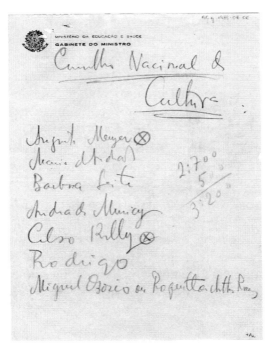

Fonte: Brasil ([1938])

Uma terceira lista, escrita a lápis de cor azul, intitulada entre aspas "CNC", apresentava garatujas com nomes antigos e novos, entre eles: o engenheiro agrônomo gaúcho Luiz Simões Lopes (1903-1994), oficial do gabinete do Ministério da Agricultura (1925) e do gabinete da Presidência da República (1930), que em 1937 foi diretor do Conselho de Serviço Público Civil, que se tornou

Departamento Administrativo do Serviço Público (Dasp); o advogado mineiro Aníbal Monteiro Machado (1894-1964), escritor e fundador, com o Barão de Itararé, Apparício Torelly, do *Jornal do Povo*, na década de 1930; o paulista Mário da Silva Britto (1916-1962), que foi crítico de arte, poeta, jornalista, historiador literário, ensaísta e atuou no campo editorial como diretor da Civilização Brasileira; o advogado carioca Juracy Camargo (1898-1973), dramaturgo, teatrólogo, jornalista, cronista, professor e membro da ABL; o historiador potiguar Rodolfo Augusto de Amorim Garcia (1873-1949), advogado, membro da ABL desde 1934, que substituiu Gustavo Barroso, em 1930, na direção do Museu de História Nacional, e que foi membro do Instituto Histórico e Geográfico Brasileiro (IHGB) desde 1921, colaborador do *Dicionário histórico geográfico e etnográfico do Brasil*; o músico baiano Antônio Leal de Sá Pereira (1888-1966), pianista, educador musical, compositor e diretor da *Revista Ariel*, periódico modernista dedicado à música, e participou com Mário de Andrade da reformulação do Instituto Nacional de Música; o compositor e maestro carioca Heitor Villa-Lobos, multi-instrumentista e pesquisador de música folclórica e popular, foi secretário de Educação Musical no Estado Novo, fundou e foi o primeiro presidente da Academia Brasileira de Música, membro da Academia de Belas-Artes de Nova York.

Alguns nomes influentes dentro do MES surgiram somente nessa lista, como Alceu Amoroso Lima, Afonso Arinos e Villa-Lobos. O nome de Mário Ramos de Andrade foi riscado, o que pode indicar que talvez fosse Mário Raul de Moraes Andrade. Os nomes aventados eram, majoritariamente, integrantes da ABL e do IHGB, ocupantes de cargos nas três esferas públicas. Alguns eram polímatas, modernistas de vanguarda e conservadores, tinham múltiplas formações acadêmicas e artísticas. Destaca-se que muitos permaneceram por mais de 30 anos na direção de importantes equipamentos culturais, a exemplo de Rodolfo Garcia, na BN; e de Rodrigo Melo Franco de Andrade, no órgão federal de patrimônio.

Em outro escorço, encontrou-se a pretensão de nomear para o CNC um membro do Itamaraty, atendendo ao pleito de Osvaldo Aranha. Essas listagens apresentam as projeções pretendidas e as possíveis articulações elaboradas pelo ministro. Estava em processo de construção a elaboração de uma minuta de decreto-lei, não publicada, para a organização e o funcionamento do conselho, sentenciando no primeiro artigo ser o CNC um "órgão de coordenação e assistência das atividades concernentes à cultura intelectual realizada no país" (BRASIL, 1938h, p. 1). Destacou-se em parágrafo único:

> As atividades culturais, de que trata o presente artigo, são das seguintes modalidades: desenvolvimento da ciência pura; estudos filosóficos; cultivo das letras e das artes; conservação do patrimônio histórico e artístico nacional; difusão do livro; intercâmbio cultural. (BRASIL, 1938h, p. 1).

A organização do CNC foi dividida em quatro câmaras setoriais: 1) Câmara de Ciência Pura e Aplicada; 2) Câmara de Literatura; 3) Câmara de Arte e História; 4) Câmara de Música e Teatro. As câmaras pretendiam abranger o que era compreendido por alta cultura e cultura popular, elaboração omitida no Decreto-Lei 526, mas que surgiu à tona em resposta à contestação de Osvaldo Aranha. A organização demarcaria a abrangência e a atuação política do CNC. As três primeiras câmaras seriam destinadas para a cultura erudita, e a última, a costumes, tradições e expressões do folclore nacional. A cultura foi compartimentalizada em interesses específicos.

Para a composição das câmaras, a proposta indicava números distintos de membros. Por exemplo, a de Artes e História indicava 9 membros; de Literatura, 7; de Ciência Pura e Aplicada, 15; e de Música e Teatro, 7 membros. A quantidade de membros para os setores alude a um possível esquema hierárquico do valor atribuído pelo ministro para as áreas, mas também indica o estudo para a negociação da publicação do decreto. Contudo essa quantificação não fora aprovada, pois a redação final definiu a quantidade de sete membros para todos os setores.

No meio de todas as equações desenvolvidas para o preenchimento das vagas, observa-se, no conjunto documental, que os nomes riscados e rabiscados por Capanema, além da divisão e quantidade de membros das câmaras, continham um estudo detalhado sobre as áreas. O setor de ciência pura e aplicada seria "composto de membros representantes dos seguintes sectores científicos: Matemática = 1; Pedagogia = 3; Química = 3; Biologia = 4; Sociologia e Psicologia = 4" (BRASIL, 1938h, p. 1). Essas áreas demarcavam as artes puras e aplicadas em uma dimensão científica da cultura. As ciências sociais e humanas delimitavam as áreas naturais, parâmetro do cientificismo do século XIX e princípio do XX, com seu propósito racialista, eugenista e civilizador, difundido no ensino emendativo e na elaboração do CNC.

A proposta do decreto-lei, no Art. 3º, indicava a participação de um representante do MRE, contudo, além do que foi solicitado, acrescentou-se um a ser "escolhido dentre os funcionários o que estiver afeto no serviço de cooperação intelectual". O quarto artigo da minuta determinava o funcionamento do CNC em sessões plenárias e setoriais. Conforme o parágrafo único, os trabalhos ocorreriam em cada ano pelo "prazo máximo de três meses, seguidos ou interpolados" (BRASIL, 1938h, p. 1). Para reforçar a centralidade e autoridade do MES sobre o CNC, a minuta no Art. 5º reforçava que ele seria presidido pelo ministro

> [...] quando presente às reuniões. Designará o Ministro o presidente do Conselho Nacional de Cultura, para dirigir normalmente os seus trabalhos, e bem assim quatro vice-presidentes, cada um dos quais encarregados de dirigir os trabalhos de uma das câmaras. (BRASIL, 1938h, p. 2).

O sexto artigo reforçou o caráter honorífico dos membros, desconsiderando a remuneração enquanto trabalho, mas reforçando a gratificação prevista de 50 mil réis como vantagem, com base no Decreto-Lei 526. Conforme a minuta, esse valor destinava-se aos membros residentes no Distrito Federal e do estado do Rio de Janeiro. Para membros "residentes noutro ponto do país" (BRASIL, 1938h, p. 2), uma ajuda de custo para o transporte e alimentação limitava-se ao valor de 150 mil réis. A logística administrativa projetada para a realização das atividades e o alto custo a ser pleiteado ao governo federal, com a inclusão das câmaras, provavelmente foram um condicionante para o CNC ter permanecido enquanto proposta.

"Ao que tudo indica o conselho não chegou a ser instalado", afirmou Horta (2010, p. 21). Na mesma direção de interpretação seguiram Calabre (2008, 2009) e Lustosa da Costa (2011a). A inexistência de fontes sobre o porquê da sua não instalação e as disputas de poder no seu entorno podem ser lidas nos esboços dos decretos e nos desdobramentos deles. Essa é uma das questões perseguida neste livro.

1.7 O CNC e o Ministério da Justiça

Os entraves para a operacionalização do Decreto-Lei 526 não cessaram. O CNC tornou-se objeto de disputa do Departamento de Imprensa e Propaganda (DIP), instituído pelo Decreto-Lei 1.915, de 27 de dezembro de 1939, órgão subordinado à Presidência da República. O DIP originou-se do Departamento Nacional de Propaganda de 1938, um desdobramento do Departamento de Propaganda e Difusão Cultural de 1934, a partir do Departamento Oficial de Publicidade (DOP) de

1931. Salvo todas as variações do órgão, o DIP foi coordenado pelo sergipano Lourival Fontes (1899-1967) de 1934 a 1942. O jornalista também ocupou o cargo de coordenador do Conselho Nacional de Imprensa. Fontes foi substituído pelo major Coelho dos Reis de 1942 a 1943; e Amílcar Dutra de Menezes de 1943 a 1945, cujas atuações foram analisadas por Gomes (1996) e Goulart (1990).

Uma pasta inserida do Arquivo Capanema, no conjunto documental do CPDOC/FGV, intitulada "Assunto: Projeto de organização de um novo Conselho Nacional de Cultura", com carimbo da Secretaria da Presidência da República de 1940, continha uma proposta para um novo decreto do CNC. O documento apresentou inúmeras considerações para apreciação do presidente, provavelmente elaborada pelo MJNI (BRASIL, 1939, p. 1-4).

Quatro considerações acerca da relevância do CNC foram arroladas como sugestão para a elevação da cultura nacional no documento. Os conceitos apontados na apresentação e na justificação da junção pautavam-se nas prerrogativas do Estado Novo e na CF-1937. O documento, se analisado sob a triangulação linguística de Koselleck (2006), dos significantes, dos significados e das coisas que os vocábulos inferem, vislumbra que a cultura foi mobilizada na proposta enquanto coisa a ser apropriada para incutir os significados do Estado pelos significantes ideológicos dos seus administradores. Os mecanismos culturais como suportes pedagógicos de poder para a propagação da cultura nacionalista, sob os princípios morais de civilização, foram destacados em considerações:

> Considerando que as condições peculiares ao mundo atual ampliaram o conceito do destino da cultura, hoje posta entre as forças sociais capazes de influir decisivamente na estruturação de um novo tipo de civilização humana;
>
> Considerando que, nesse sistema de forças, a função da cultura é tanto mais criadora quanto mais possa contribuir para fixação das normas políticas, econômicas e psicológicas da sociedade, em cujo destino deve intervir;
>
> Considerando que, dadas às condições de nosso país, cabe ao Estado Brasileiro promover a defesa da cultura brasileira e cooperar, por meio dela, na criação de uma mentalidade nacional, apropriada à realização plena de nosso destino histórico;
>
> Considerando que tais objetos, longe de envolver de compressão à livre expressão do pensamento, assegurada pela Constituição de 10 de novembro, visam possibilitar maiores meios de desenvolvimento aos estudos e pesquisas que interessam ao conceito da civilização brasileira, combater ideias exóticas prejudiciais, elevar o exercício da inteligência em função social e política e retirar à ação do Estado qualquer caráter policial e repressor no domínio da cultura. (BRASIL, 1939, p. 1).

O texto ratificava o compromisso do Estado em assegurar os preceitos civilizatórios da nova nação que se pretendia forjar. O CNC, enfim, seria um instrumento do DIP para operacionalizar a CF-1937, sob o crivo de Francisco Campos.

Entre as principais atribuições do DIP direcionadas ao CNC, pretendia-se combater o exotismo das ideias estrangeiras infiltradas no Brasil. Sobretudo, possibilitar novos estudos sobre a genuína cultura para se elevar o espírito da civilização brasileira, por meio das artes e das ciências. Ao Estado competia o caráter de vigilância sobre a cultura em sua criação, formação e difusão por intermédio de semióforos nacionalistas. Destaca-se, no texto, a função social da cultura, apropriada enquanto discurso hegemônico para a fixação das normas políticas, a fim de forjar uma mentalidade de unidade nacional. Assim, o CNC atrelado à estrutura do DIP atuaria para o cumprimento constitucional e, para esse fim, deveria ser constituído de membros reconhecidos pela atuação e devoção nacionalista:

Art. —1º Fica instituído, junto ao Departamento de Imprensa e Propaganda, o Conselho Nacional de Cultura (C.N.C.), destinado, em todo o país, a promover a defesa do pensamento brasileiro e a coordenação deste em função de unidade nacional.

Art. 2º — O C.N.C. será composto de onze membros, de reconhecida competência e dedicação à causa da cultura nacional, nomeados pelo Presidente da República.

Parágrafo único – Os membros do C.N.C. elegerão o respectivo presidente. (BRASIL, 1939, p. 1).

O poder do DIP via CNC seria replicado nos Conselhos Estaduais e Municipais de Cultura e outras instituições culturais:

Art. 4º — Para a plena realização de seus fins, o C.N.C. terá sempre em conta os vários setores culturais que são considerados indispensáveis à maior identificação do Estado Brasileiro, com os interesses da nacionalidade, coordenando, para isso, as instituições culturais da União, dos Estados e dos Municípios, que serão registradas na Secretaria-Geral, depois que tiverem o seu funcionamento devidamente aprovado pelo Conselho. (BRASIL, 1939, p. 2).

O projeto de Francisco Campos para o CNC apresentava-se cirúrgico. Para atingir os propósitos do governo, a proposta expandiu o raio de ação do órgão para os três âmbitos da Federação. O controle do Estado seria extensivo por meio das instituições educativas e culturais públicas e privadas:

Art. 5º — Ao Conselho compete, respeitado os princípios da Constituição Federal:

a. entrar em entendimento com os poderes federais, estaduais e municipais, bem assim com as instituições de cultura, públicas ou particulares, bibliotecas, escolas, institutos de ciências e letras, academias e sociedades literárias, para uma racional coordenação de esforços, visando o engrandecimento da cultura nacional;

b. opinar sobre subvenções e auxílios a obras e instituições culturais;

c. promover reuniões, congressos, bem como outras medidas necessárias ao bom cumprimento de sua finalidade;

d. promover e incentivar a realização de conferências e cursos especializados, inquéritos e pesquisas culturais em todo o país, tendo em conta não só as diferenças como as necessidades das diversas regiões;

e. estudar meios de incentivar a cultura, propondo ao Departamento as medidas que julgar convenientes, inclusive as que forem necessárias à inteira execução do disposto na letra 1 do artigo 2º do decreto 1.915, de 27 de dezembro de 1939;

f. conferir prêmios, facilitar a publicação de obras que interessam, de perto, a vida nacional;

g. levar ao conhecimento do Departamento as lacunas e deficiências que encontrar na vida cultural do país, sugerindo medidas para combater, com segurança, todas as formas de desnacionalização do pensamento brasileiro;

h. promover a defesa das tradições históricas, cívicas e sociais do Brasil, cooperando para melhor estudo dos problemas brasileiros e para a sua utilização como esclarecimento das instituições vigentes;

i. decidir, em grau de recurso, da censura exercida pelos poderes locais sempre que estes restrinjam a ação da inteligência, quanto a obras e atividades culturais. (BRASIL, 1939, p. 2-3).

As competências da proposta do CNC/DIP, se comparadas ao Decreto-Lei 526, foram expandidas. O CNC foi ampliado para proporcionar possíveis subvenções às instituições privadas, via mecenato público, a fim de criar incentivos diretos, como prêmios, publicações, encomendas de obras, concursos de monografias, exposições e atividades, de acordo com os filtros ideológicos do governo, sobretudo que enaltecessem as tradições nacionais. Essa proposta não mencionou o patrimônio cultural, mas propôs combater o exotismo estrangeiro. A vigilância ideológica sobre as obras de artes e as atividades culturais seria executada pelo CNC como um instrumento da censura institucional do DIP.

A proposta do DIP para o CNC previa o poder de controle e de deliberação, pelo enquadramento das tradições da cultura nacional, além da seleção do que deveria ser divulgado e preservado. A busca pelos parâmetros cívicos e patrióticos da verdadeira cultura mobilizou inúmeras correntes, dos conservadores aos modernistas.

Os processos de destruição, apropriação e aculturação provocados pelo exotismo estrangeiro seriam repelidos pelo CNC/DIP para uma homogeneização cultural, mesmo pela via da militarização, já que a desnacionalização deveria ser combatida, policiada e punida; e, para essa finalidade, deveria ter parceiros nos estados e nos municípios.

> Art. 6° — O C.N.C. organizará, até 30 dias a contar desta data, o seu regulamento interno.
>
> Art. 7º — Os conselhos estaduais poderão organizar núcleos de cultura no interior do país ou incentivar os já existentes. No primeiro caso, o presidente do Conselho Estadual fará as respectivas nomeações.
>
> Art. 8° — Revogam-se etc. (BRASIL, 1939, p. 4).

Os Conselhos Estaduais de Cultura, ao serem arquitetados no projeto CNC/DIP, nasciam com o objetivo de fortalecer e aprofundar o caráter repressivo e autoritário do Estado para controlar todas as instituições de cultura, organizadas ou não em núcleos ou conselhos.

No conjunto documental de Capanema, não há documentos que identifiquem respostas do ministro para a proposta de junção do CNC ao DIP. Esse órgão foi instituído pelo Decreto-Lei 1.915/1939, assinado pelo presidente da República e pelos ministros Francisco Campos, Artur de Souza Costa, Eurico Gaspar Dutra, Henrique Aristides Guilhem, João de Mendonça Lima, Osvaldo Aranha, Fernando Costa, Capanema e Valdemar Falcão. O DIP enquanto órgão interministerial e sem o CNC na sua estrutura entrou em funcionamento em 1º de janeiro de 1940.

Goulart (1990) analisa que o controle da comunicação social por meio dos órgãos de propaganda e de divulgação foi o *modus operandi* do Estado Novo. Desde 1931, por intermédio do DOP, os mecanismos de repressão sofisticaram-se e aperfeiçoaram-se até se tornarem estruturas complexas como o DIP no controle amplo da informação, divulgação e promoção da censura ideológica. De acordo com o regimento do DIP, competia também à Divisão de Divulgação:

> Interditar livros e publicações atentatórios ao crédito do país e suas instituições, e contra a moral; combater a penetração e disseminação da ideia perturbadora ou dissolvente da unidade nacional; fornecer a estrangeiros e brasileiros uma concepção melhor dos acontecimentos sociais, culturais e artísticos da vida brasileira; organizar espetáculos musicais que revelassem a personalidade e a obra de compositor brasileiro; organizar programas de música de câmara, com a apresentação de intérpretes brasileiros; organizar sessões literárias que divulgassem nossos poetas e prosadores; organizar programas de propaganda de música popular brasileira; promover cursos e conferências, congressos e exposições

demonstrativas de atividades nacionais e intercâmbios literários com estrangeiros; organizar o serviço de edições de folhetos, livros e cartazes do DIP; editar um anuário da imprensa brasileira, com informações sobre jornais, revistas, livros e demais publicações apreciadas no Brasil. (BRASIL, 1939, p. 1).

O DIP foi dividido em seis seções: 1) Divisão de Divulgação; 2) Divisão de Radiodifusão; 3) Divisão de Cinema e Teatro; 4) Divisão de Turismo; 5) Divisão de Imprensa; 6) Serviços Auxiliares, que incluía comunicação, contabilidade, tesouraria, filmoteca, discoteca e biblioteca. Observa-se que, mesmo sem a junção pretendida, a abrangência do órgão estendeu-se para as áreas da cultura e da educação, interferindo diretamente na gerência do MES, em distintos aspectos. Um organograma multidisciplinar, tal como ocorrido no DCSP, cuja experiência pode ter sido estudada por Francisco Campos.

O DIP, por meio da censura e vigilância direta, fomentaria o nacionalismo sem os estrangeirismos exóticos, cabendo ao órgão:

a) centralizar, coordenar, orientar e superintender a propaganda nacional, interna ou externa, e servir, permanentemente, como elemento auxiliar de informação dos ministérios e entidades públicas e privadas, na parte que interessa à propaganda nacional;

b) superintender, organizar e fiscalizar os serviços de turismo interno e externo;

c) fazer a censura do Teatro, do Cinema, de funções recreativas e esportivas de qualquer natureza, de rádio-difusão, da literatura social e política, e da imprensa, quando a esta forem cominadas as penalidades previstas por lei;

d) estimular a produção de filmes nacionais;

e) classificar os filmes educativos e os nacionais para concessão de prêmios e favores;

f) sugerir ao Governo a isenção ou redução de impostos e taxas federais para os filmes educativos e de propaganda, bem como a concessão de idênticos favores para transporte dos mesmos filmes;

g) conceder, para os referidos filmes outras vantagens que estiverem em sua alçada;

h) coordenar e incentivar as relações da imprensa com os Poderes Públicos ao sentido de maior aproximação da mesma com fatos que se liguem aos interesses nacionais;

i) colaborar com a imprensa estrangeira no sentido de evitar que se divulguem informações nocivas ao crédito e à cultura do país;

j) promover intercâmbios com escritores, jornalistas e artistas nacionais e estrangeiros;

l) estimular as atividades espirituais, colaborando com artistas e intelectuais brasileiros, no sentido de incentivar uma arte e uma literatura genuinamente brasileiras, podendo, para isso, estabelecer e conceder prêmios;

m) incentivar a tradução de livros de autores brasileiros;

n) proibir a entrada no Brasil de publicações estrangeiras nocivas aos interesses brasileiros, e interditar, dentro do território nacional, a edição de quaisquer publicações que ofendam ou prejudiquem o crédito do país e suas instituições ou a moral;

o) promover, organizar, patrocinar ou auxiliar manifestações cívicas e festas populares com intuito patriótico, educativo ou de propaganda turística, concertos, conferências, exposições demonstrativas das atividades do Governo, bem como mostras de arte de individualidades nacionais e estrangeiras;

p) organizar e dirigir o programa de rádio-difusão oficial do Governo;

q) autorizar mensalmente a devolução dos depósitos efetuados pelas empresas jornalísticas para a importação de papel para imprensa, uma vez demonstrada, a seu juízo, a eficiência e a utilidade pública dos jornais ou periódicos por elas administrados ou dirigidos. (BRASIL, 1939, p. 1).

Goulart (1990) analisou a estrutura e as atribuições do DIP, como suportes pedagógicos e instrumentos ideológicos sobre a arte e a educação, a partir da mobilização dos conceitos de nação, civilização, povo, arte e cultura. Por isso, a literatura, o cinema, a radiodifusão, o teatro, a imprensa e o turismo foram cruciais para a consagração da cultura nacional. Anderson (2005) analisa os nacionalismos e as buscas obstinadas por uma identidade hegemônica. Percebem-se os sentidos de uma comunidade imaginada e homogênea na justificativa para anexar o CNC ao DIP.

Não por acaso, o DIP, ao entrar em vigor, instituiu o periódico *Cultura Política: Revista Mensal de Estudos Brasileiros e Ciência Política,* coordenado por Almir de Andrade. *Cultura Política* pretendia ser o "espelho do Brasil" e esteve em atividade de 1941 a 1945, conforme Gomes (1996, p. 125). A autora destrinchou as relações profissionais dos intelectuais com o periódico e a relação dos historiadores ancorados no tripé passado, presente e futuro. Assim como a noção de cultura difundida pela revista evidenciou as múltiplas teias de sociabilidades e a construção das narrativas civilizatórias. Articulistas influentes e ideólogos do regime, como Cassiano Ricardo, Azevedo Amaral, Francisco Campos e divergentes, como Gilberto Freyre, Graciliano Ramos, Nelson Werneck Sodré, escreviam para o periódico. Este se tornou, além de um veículo de comunicação do Estado Novo, uma empresa de trabalho para muitos intelectuais, pois os articulistas eram remunerados; e os exemplares, vendidos em bancas de jornal.

Gomes (1996) investigou as seções da revista direcionadas à cultura e à história: "Textos e documentos históricos" e "Brasil, social, intelectual e artístico". E concluiu que as interpretações da história colocavam o passado como marcador da passagem para a modernidade e civilidade. Os articulistas elaboravam ensaios e artigos e, majoritariamente, interpretavam o Brasil conforme a diversidade regional, geográfica e cultural. A cultura erudita, popular e o folclore demonstravam a capacidade de invenção do espírito nacional. Foram combatidos, sob o âmbito das correntes imigratórias e do turismo, os estrangeirismos decorrentes, incentivando-se a cultura e a língua nacional para o fortalecimento da nação que se pretendia criar.

Piazza e Lemos (2019) advertem quanto à necessidade de ampliar o olhar sobre a contribuição dos intelectuais em periódicos culturais. Interessante analisar não somente os sumários e as trajetórias do seu corpo editorial e autoral, mas também os bastidores, o lado oculto, estabelecendo uma "contraposição ao espaço público, exposto ao leitor" (PIAZZA; LEMOS, 2019, p. 220).

De acordo com esta perspectiva, acredito que o convite emitido pelo editorial da revista do DIP para celebrar o aniversário de dois anos da publicação pode ser refletido nos seus bastidores. O texto assinado por Almir Andrade (1942, p. 2) sinaliza: "Porque não é só o número e a variedade dos elementos culturais aqui reunidos o que nos deve impressionar: é também, e, sobretudo, o seu espírito de unidade e de cooperação para a obra comum da reconstrução política do Brasil.".

O discurso dirigido ao leitor, de homogeneidade de pensamento e ação, não refletia as dificuldades da revista em angariar articulistas e recursos, como a necessidade de contratar autores oposicionistas ao Estado Novo, concluiu Gomes (1996).

Quais teriam sido os entraves para a não junção do CNC ao DIP? Aconteceu algum imbróglio entre o ministro Francisco Campos e Lourival Fontes nos bastidores? Teria sido a revista *Cultura Política* uma alternativa para atenuar o insucesso do projeto CNC/DIP?

Gomes (1996) e Goulart (1990) destrincharam o DIP e seus desdobramentos institucionais, mas não mencionaram em suas obras a proposta de reunir o CNC ao DIP. Acredito, portanto, que os bastidores dessa proposta não tenham ultrapassado as fronteiras da Presidência e dos ministérios em disputa. A não existência de contra-argumentação de Capanema também pode supor que as respostas e as trocas de missivas tenham sido censuradas pelo próprio ministro, que tinha o hábito de descartar as documentações que o incomodavam. A ausência de resposta pode ter sido uma estratégia de evitar um confronto direto com Campos, que tempos depois solicitou exoneração, em julho de 1942. No dia 17 de julho de 1942, em missiva, o presidente Vargas (BRASIL, 1942a) lamentou ter sido privado da cooperação de Francisco Campos para a formatação do Estado Novo.

1.8 O CNC e o Sphan

A minuta de decreto-lei sobre o funcionamento e organização do CNC estava prevista para ser publicada no dia 1º de janeiro de 1942. A operacionalização do CNC abarcou as contendas de ordem financeira e de comando e implodiu as competências do próprio MES. Inúmeros vestígios históricos encontrados no Arquivo Capanema revelam que as tensões decorrentes da minuta foram fatais para o sepultamento do órgão nascituro. Um desses problemas está exposto no oitavo artigo da minuta:

> Ficam extintos o Conselho Consultivo do Serviço do Patrimônio Histórico e Artístico Nacional, criado pela lei nº 378, de 13 de janeiro de 1937, e o Conselho de Orientação do Instituto Nacional do Livro, criado pelo decreto-lei nº 93, de 21 de dezembro de 1937, passando suas funções a serem exercidas respectivamente pela Câmara de Arte e História e pela Câmara de Literatura do Conselho Nacional de Cultura. (BRASIL, 1942, p. 2).

Sobre a proposta de extinção do INL, não houve contestação, pelo menos não encontrada no arquivo pessoal de Capanema. Para problematizar a proposta de extinção do Conselho Consultivo do Sphan, realizei uma busca administrativa nos documentos desse período e encontrei um hiato na história do órgão de patrimônio federal do período de 16 de abril de 1940 a 17 de julho de 1946. Entre a 10ª e a 11ª reunião, foi observado um vazio temporal que pode sugerir uma consequência do imbróglio dos planos de Capanema para o CNC e o Sphan. Chuva (2017, p. 227-233) contabilizou que, de 1938 a 1946, 13 reuniões com atas foram registradas: 5 em 1938, 5 em 1939, 1 em 1940, e 2 em 1946.

O embate travado entre o CNC e o Sphan, a partir da minuta produzida por Capanema, foi respondida provavelmente por Rodrigo Melo Franco de Andrade. Por meio de ofício timbrado de 18 de setembro de 1941, defendeu o Conselho Consultivo:

> A extinção do Conselho Consultivo do S.P.H.A.N e a delegação de suas atribuições a uma das Câmaras de que será composto o projetado Conselho Nacional de Cultura acarretaria sérios inconvenientes ao andamento dos trabalhos do Serviço de Patrimônio.

Efetivamente, à Câmara de Arte e História seriam, nos termos do projeto, atribuídas, entre outras atividades culturais, as relativas à conservação do patrimônio histórico e artístico nacional, ficando a extensão da sua competência nessa matéria para ser fixada no regimento. Mas, dada a natureza do Conselho que se pretende instituir, é de presumir-se que, com tal atribuição expressa no decreto que o institui, o Conselho se reserve a função de orientar e coordenar os trabalhos relativos àquela missão, trabalhos que são e convém continuem a ser da alçada dos órgãos propriamente administrativos, sem duplicidade de atribuições e sem os consequentes conflitos de competência e de autoridade.

Por outro lado, a função primordial do atual Conselho Consultivo do S.P.H.A.N é a de apreciar e julgar as impugnações de tombamento. Função de caráter contencioso, que o Conselho atual só tem podido exercer em proveito, em virtude da sua articulação com o Serviço, em cujas atividades está perfeitamente entrosado. Por esse processo consegue-se contrabalancear o inconveniente de serem muitas vezes os atos do Diretor do Serviço sujeitos à apreciação desse Conselho.

Mesmo assim, a experiência tem indicado que por pouco que o Presidente se abstenha de orientar as discussões, estas tendem a degenerar em debate acadêmico, distante de qualquer finalidade prática e da realidade dos problemas em questão, tornando-se, assim, de menos eficiência.

Numa Câmara como a que está prevista no projeto, a funcionar sem ligação com o Serviço, como parte de instituição diferente e de outra finalidade, esses inconvenientes não deixariam, por certo, de se agravar grandemente.

Finalmente, há que ponderar terem sido os membros do atual Conselho Consultivo nomeados em caráter efetivo pelo Senhor Presidente da República, o que tornará menos atenciosa, em relação a eles, a extinção das respectivas funções.

Por todas essas considerações, parece preferível suprimir-se, no projeto em apreço, art. 1º § único, as palavras 'conservação do patrimônio histórico e artístico nacional'; e no art. 8º, as que determinam a extinção do atual Conselho Consultivo do S.P.H.A.N., delegando-lhe as atribuições à futura Câmara de Arte e História. Rio, 18/9/1941. (BRASIL, 1941, p. 1).

Atenta-se para o documento estar somente com o timbre do Sphan para demarcar uma posição coletiva do órgão. A resposta em forma de advertência foi dirigida ao ministro Gustavo Capanema e utilizou-se da estratégia discursiva de alerta para a supressão do texto da minuta que previa a extinção do Conselho Consultivo. As questões de tombamento eram competência exclusiva do Sphan.

A resposta do órgão federal de patrimônio questionou como um órgão eminentemente técnico seria extinto em favor do CNC, ainda em fase de elaboração. Os verbos conjugados "será" e "projetado", no futuro e no particípio regular, acusavam o CNC de ser um esboço de um órgão embrionário. O CNC, portanto, sem organicidade, não poderia assumir o lugar de um conselho consultivo ativo, reconhecido e diretamente ligado ao presidente da República.

A defesa da discricionariedade do Sphan foi central para a manutenção das suas estruturas de poder. Os questionamentos no ofício denunciaram a existência de conflitos de competência. O CNC, portanto, segundo o documento, deveria se restringir à missão conferida pelo Decreto-Lei 526/1938.

O CNC foi arquitetado em partes gradativas, e sua proposição aparenta ter sido afoita. Contudo os numerosos esboços e estudos indicam o contrário. As celeumas institucionais evidenciam que a matéria ao ser elaborada foi disputada e, gradativamente, aniquilada nos bastidores do poder, sobretudo após os questionamentos do Sphan.

Chuva (2017) e Horta (2010) sugerem que as proximidades de amizades e a assessoria direta de Carlos Drummond de Andrade, Mário de Andrade, Afonso Arinos, Cândido Portinari, Lúcio Costa e Rodrigo Melo Franco de Andrade, entre outros, influenciaram diretamente os projetos institucionais de Capanema. Entretanto, a proposta para o CNC, ao atingir o Sphan, foi sepultada.

A insistência na matéria poderia representar uma incompetência administrativa do ministro. Capanema, a fim de preservar sua trajetória pública ilibada, não poderia ser atingido por essa guerra específica, pois existiam outras lutas em andamento, como a construção do prédio-sede do MES. A arqueologia dessas relações de poder evidencia as hierarquias ministeriais e as prioridades de ação. A disputa do CNC com o Sphan foi fatal, porque, historicamente, o patrimônio cultural predominou sobre as políticas culturais.

Chuva (2017), no entanto, adverte que a história do patrimônio foi um processo contínuo de negociações e disputas. A gestão de Rodrigo Melo Franco de Andrade de 1936[6] a 1967, denominada fase heroica, foi a mais longeva do órgão. Apesar das constantes reclamações de Rodrigo junto ao governo, a autora afirma que a soma de investimentos financeiros para o Sphan foi uma das mais volumosas, assim como a quantidade de bens tombados e edificações históricas restauradas. A defesa da modernidade e da preservação do patrimônio colonial pautada em políticas de amizades, de familiaridades e de compadrios marcou a administração do patrimônio no Brasil. Capanema, ao se confrontar com um campo político articulado financeiramente e protegido politicamente, estrategicamente declinou da criação do CNC.

Duas análises distintas são necessárias para interpretar a trajetória institucional de Capanema. Primeiramente, de Horta (2012), ao criticar suas estratégias centralizadoras ora para manter-se no cargo, ora para ter mais autonomia administrativa no governo. E de Williams (2001), ao avaliar que o ministro criou um *ethos* na história da política cultural, com um renascimento da cultura nacional:

> Several developments in the evolution of public administration and federal policy making bolstered the image that the Vargas regime, is not Vargas personally, was dedicated to a national culture renaissance. Thanks to Capanema, the regime fully integrated cultural programming into the lexicon and practice of federal power, making Brazilian culture a charge of the state. Federal culture managers – an entirely new category of civil servant – directed a remarkable amount of energy toward the stimulation, proliferation, and officialization of cultural activities deemed expressive of a national ethos. A systematic approach to cultural management created or expanded nearly two dozen federal institutions tending to the performing and visual arts, historical preservation, museums, letters, and civic culture. Significant federal expenditure accompanied this institutionalization of cultural management and patronage. In addition to the investment of government plowed substantial amounts of symbolic capital into the patronage of the national cultural patrimony[7]. (WILLIAMS, 2001, p. 14).

Como administrador da cultura, segundo Williams (2001), Capanema articulou distintos projetos e programas de governo, a exemplo do patrimônio cultural, teatro, cinema e artes plásticas,

---

[6] Início da implantação do órgão.

[7] "Vários desenvolvimentos na evolução da administração pública e na formulação de políticas federais reforçaram a imagem de que o regime de Vargas não representou a personalidade de Vargas, mas foi dedicado a um renascimento da cultura nacional. Graças a Capanema, o regime integrou plenamente a programação cultural no léxico e na prática do poder federal, tornando a cultura brasileira uma das atribuições do Estado. Os gestores federais da cultura — uma categoria inteiramente nova de funcionários públicos — direcionaram uma quantidade notável de energia para o estímulo, a proliferação e a oficialização de atividades culturais consideradas expressivas de um *ethos* nacional. Uma abordagem sistemática da gestão cultural criou ou expandiu cerca de duas dúzias de instituições federais que cuidavam das artes performáticas e visuais, preservação histórica, museus, cartas e cultura cívica. Despesas federais significativas acompanharam essa institucionalização da gestão e patrocínio cultural. Além do investimento do governo, investiu quantidades substanciais de capital simbólico no patrocínio do patrimônio cultural nacional" (tradução nossa).

para fortalecimento do nacionalismo. Entretanto Horta (2010) atenta para o perfil ditatorial do ministro nas políticas do Mesp/MES.

Não por acaso, o Estado tornou-se o principal mecenas das políticas culturais e o principal empregador de intelectuais e artistas. Sobre o mecenato estatal, Piazza (2003) esclareceu que, para a construção do prédio sede do MES, os artistas contratados foram gerenciados diretamente por Capanema, sobressaindo, majoritariamente, o gosto estético do ministro sobre o processo criativo dos artistas e das obras.

Além disso, existiu o patrocínio privado para obras públicas, focado no nacionalismo. Cita-se a oferta para restauração de monumentos em Porto Seguro, Bahia, realizada pelos empresários Samuel Ribeiro, Othon Lynch Ribeira de Melo e Rafael Crisóstomo de Oliveira. Uma doação de 50 mil contos de réis, em 6 de junho de 1939, recebida pessoalmente por Capanema, que afirmou ser "generosa contribuição feita por homens que revelam tão grande zelo pelo patrimônio histórico do país" (BRASIL, [1945], p. 62).

1.9 Um homem de Estado

Capanema afirmou sua condição de intelectual após findar sua trajetória pública, período em que estava afastado da estrutura do MES e dos mandatos parlamentares na Câmara e no Senado Federal, quando pretendia escrever as suas memórias. Na condição de ministro, definia-se como um homem de Estado, um mediador nas redes antagônicas de poder. Em 1939, Capanema (1980), ao redigir o prefácio do primeiro volume da obra *Floriano: memórias e documentos*, conceituou o que seria um homem de Estado:

> De fato, um homem de Estado não é somente um portador de ideal. Ter um ideal, amá-lo, crer nele, pregá-lo, infundi-lo nos outros, poderá ser o próprio de um idealista em tantos ofícios; mas o que caracteriza o homem de Estado é a capacidade de transformar pela ação o ideal em realidade histórica. E, por isto, a qualidade básica do homem de Estado tem que ser a força de vontade. Sem vontade possante e tenaz, ninguém consegue determinar, no destino de uma nação, as mudanças providenciais. Donde a conclusão do professor Júlio Kornis, de Budapeste: 'Todo homem de grande estilo é antes do mais um gênio da vontade'. (CAPANEMA, 1980, p. 11).

O texto definiu que um homem público deveria ter uma visão iluminista e uma formação humanista. Entre um homem de Estado ou um intelectual de instituição, existiam proximidades, questão percebida por Lahuerta (1997) quando problematizou os intelectuais das décadas de 1920 e 1930 enquanto funcionários de instituição que tentavam separar o técnico do artístico e o intelectual do político.

Nesse sentido, a categoria de organização da cultura elaborada por Gramsci (1995) para interpretar o papel exercido por alguns intelectuais que laboraram tanto para a transformação quanto para a manutenção do *status quo*, personificando-se na estrutura pública, interessa-me problematizar. Por essa perspectiva, analiso o desempenho e as posições de Capanema, entre outros, na organização federal da cultura.

Capanema, no papel de intelectual, não agiu somente para a manutenção do *status quo*, mas para a reformulação do Estado dentro do próprio Estado enquanto missão de vida e projeto de nação. Agamben (2012) e Sirinelli (2003) ajudam a compreender como são reposicionadas as redes de poder, espaços de sociabilidades e políticas de amizades dos intelectuais a fim de apreender a trajetória do homem público e mediador cultural, que molda o Estado conforme suas idiossincrasias.

A organização e a administração da cultura podem ser compreendidas em diferentes temporalidades históricas, tendo em vista os projetos de nação e de poder dos múltiplos grupos em disputa pela hegemonia do Estado, das instituições, dos planos e dos projetos. As nações vislumbram uma comunidade imaginada. De acordo com Anderson (2005), as comunidades imaginadas remetem à criação de formas homogeneizadoras de sentimentos de fraternidade pela pátria, com base em práticas culturais alicerçadas na literatura e patrimônio, para difundir nacionalismos em territórios sociais e espaços geográficos. A concepção empreendida nas políticas de cultura pretendeu fortalecer a unidade nacional e o pertencimento territorial, sobretudo diante dos dramas da modernidade, que pretendiam romper com as experiências tradicionais de produção. As mudanças econômicas ocasionavam transformações culturais e sociais, inclusive na noção de território, com o advento da ferrovia e da industrialização, conforme Hardman (1988). As aspirações estéticas, econômicas, sociais e culturais do projeto de nação eram modernas para Capanema (1980), mas calcadas em um passado a ser preservado.

Segundo Michel Winock (2000), o século XX foi dos intelectuais, sobretudo com os debates gerados com base no polêmico caso Dreyfus. Dosse (2007), ao historiar a origem do vocábulo "intelectuais" enquanto categoria analítica, explicou como o termo surgiu publicamente, em 1898, quando Émile Zola, no jornal *L'Aurore*, convocou os intelectuais para um posicionamento político em relação ao caso Dreyfus. Desde então, pensadores problematizam o papel dos intelectuais enquanto categoria de análise, seja em favor dos posicionamentos, seja das neutralidades políticas.

Benda (1951), em *La trahison des clercs*, obra de 1927, defendeu que os intelectuais não poderiam se posicionar politicamente, pois viviam em um mundo à parte da política e da sociedade. Edward Said (2005) refletiu sobre os tipos de representações criadas na história para defender o culto e a estranheza do intelectual diante do mundo, muitas vezes travestidas de silêncio e de neutralidade. Para o intelectual, é imprescindível posicionar-se, sobretudo, para que ele exista, afirmou Said. Bourdieu (1996) demonstra que o campo político provocou a formação do campo intelectual, pois:

> A invenção do intelectual, que se consuma com Zola, não supera apenas a autonomização prévia do campo intelectual. É o resultado de outro processo, paralelo, de diferenciação, aquele que leva à constituição de um corpo de profissionais da política e exerce efeitos indiretos sobre a constituição do campo intelectual. (BOURDIEU, 1996, p. 151).

Capanema, ao proferir um discurso para os intelectuais paulistas, defendeu a formulação teórica de Julien Benda (1951) ao reforçar sua preocupação com os setores da inteligência e da cultura. Percebia-se, segundo o ministro, "que um certo número de intelectuais passa para o outro lado de lá; que um certo número de intelectuais maliciosos, é claro, estão a assaltar as novas ideias [...] inimigos da inteligência". Capanema, que era adepto da neutralidade intelectual, citou Benda e afirmou que os intelectuais politicamente posicionados pertenciam "ao fenômeno que (?) Julian chamou ... num livro memorável de quase 20 anos ..." de os "traidores da inteligência" (BRASIL, 1943, p. 2-3). A palavra "traidores" foi suprimida do documento administrativo do MES, mas provavelmente enunciada no discurso, no qual foram registradas apenas as reticências no texto. As entrelinhas do discurso de Capanema, indicava não somente seu posicionamento, mas a centralidade e o controle sobre os registros da história administrativa do MES. O adjetivo "traidor", em 1943, também corroborava com a atuação da polícia ideológica do DIP.

> A inteligência está atravessando no mundo uma época de crise. A inteligência está vivendo em uma época em que os inimigos são grandes e poderosos. E o estado do intelectual, o papel do intelectual neste momento, é de se colocar corajosamente na defesa da inteligência e da cultura. (BRASIL, 1943, p. 2-3).

Do ponto de vista do ministro, qual seria o "lado de lá"? A neutralidade mobilizada, contraditoriamente, como coragem para garantir a liberdade de criação intelectual pautava-se no valor civilizatório e humanista a ser reivindicado — progresso e modernidade. O livre exercício intelectual deveria defender a cultura e o conhecimento sobre todas as coisas ou acima das celeumas políticas. Em uma conjuntura pautada pela Segunda Guerra Mundial (1939-1945), as ascensões do fascismo, do nazismo, do liberalismo e do socialismo eram consideradas indutoras da violação da liberdade de criação e produção dos intelectuais:

> A liberdade é uma das conquistas mais sagradas do espírito humano. A liberdade política, a liberdade religiosa, a liberdade intelectual, a liberdade de pensar e de dizer, todas as liberdades, enfim, é um bem essencial da espécie humana, da sociedade, é um bem fundamental. Entretanto é uma ideia em perigo. Não que esteja em perigo pelo fato de haver contra ela determinado número de homem, que haja aqui um ditador, ali uma Gestapo, acolá fascismo ou hitlerismo. Seria esse problema passageiro, de organização transitória, que se poderia fazer com outra força igualmente valiosa... (BRASIL, 1943, p. 3).

Capanema acreditava viver em um mundo de liberdades asseguradas pelo governo Vargas. A liberdade advogada estava articulada com a neutralidade intelectual. "Ora esta grande ideia conquistada com sacrifício está posta em perigo pela traição da inteligência, porque contra ela se levanta certos números de intelectuais" (BRASIL, 1943, p. 3). O ministro mobilizou as argumentações de Julien Benda para advogar não somente um estado de neutralidade política, mas a dissociação entre o trabalho intelectual do artístico; e o burocrático do político.

As demarcações de campos profissionais, como alertou Bourdieu (1996), eram necessárias para preservar as liberdades perseguidas pelos intelectuais e artistas. Os números de censura e de perseguição política do Estado Novo mostram que a defesa das liberdades estava presente somente no discurso do ministro, mas não na prática política do governo, conforme Capelato (1998), Goulart (1990) e Miceli (1984). Aqueles que se posicionavam politicamente com base na arte ou na produção intelectual recebiam a pecha de traidores, portanto inimigos do bem comum e da nação.

> Entretanto, o materialismo aqui, o capitalismo acolá, uma série de fenômenos da modernidade foi arruinando a ideia de felicidade e vão conseguindo introduzir no coração humano a concepção de prazer, a vida de raras culturas já vão tando (sic) a felicidade os conceitos tradicionais, os conceitos fundamentalmente humanos a felicidade que é uma conquista de que todos podem ter, como uma cousa do rico, do pobre, da criança, do velho. (BRASIL, 1943, p. 3).

O discurso de Capanema no combate à traição dos intelectuais e artistas enquadra-se na linha conservadora, autoritária e cerceadora do Estado Novo. O materialismo, disseminado pelos comunistas, anarquistas, socialistas e liberais, estava no mesmo patamar de gravidade do culto ao fascismo e ao nazismo, ruína moral e espiritual que destrói, segundo o ministro, a ideia de felicidade. Portanto: "a cultura está passando por uma grande crise. A inteligência está sofrendo um grande abalo. Eu dizia que os intelectuais são em grande número responsáveis por essa crise" (BRASIL, 1943, p. 3). A culpa é dos intelectuais, concluiu o ministro ao advertir os possíveis e futuros dissidentes.

Apesar da ênfase autoritária do discurso em defesa das múltiplas liberdades, a capacidade de negociação e de mediação do ministro garantiu o teor conciliatório dos seus projetos, fosse na educação, fosse na cultura. Enquanto ideólogo, gestor da cultura e mecenas, Capanema em sua órbita formou distintas redes de amizades e de sociabilidades que se moldavam, que se convergiam e se dissipavam dentro e fora das tramas de poder.

Em concordância com Bobbio (1997) com base em Gramsci (1995), a atribuição de intelectuais não pode estar restrita ao campo das ideias, mas englobar o campo da prática política, sejam eles criadores, sejam transmissores de ideias ou mediadores culturais, utilizando a perspectiva de Sirinelli (2003).

Capanema, ao advogar os preceitos da neutralidade positivista, assumiu os ideários estadonovistas. Contudo, a defesa de separação da política, da arte e do conhecimento não foi exclusividade sua. Lahuerta (1997) sinalizou que muitos artistas e intelectuais dependiam financeiramente do ordenado ou dos subsídios pagos pelo Estado para criações, produções e circulações de suas obras. Sendo como técnico, consultor, assessor ou servidor público, muitos artistas e intelectuais, segundo Miceli (1984, 2001), trabalhavam em cargos de confiança e acreditavam em uma missão vocacionada e pedagógica para difundir a sua arte e seu conhecimento, bem como a formação de um campo profissional.

A separação entre política vs. arte e conhecimento intelectual foi tratada como contradição pelo crítico literário Alfredo Bosi (1992, p. 343), que considerou "obras-primas" a produção literária dos escritores Graciliano Ramos, *Vidas secas* (1938), Mário de Andrade, *Macunaíma* (1927), Guimarães Rosa, *Grande sertão: veredas* (1956), e João Cabral de Melo Neto, *Morte e vida severina* (1956). Se os autores não tivessem vivido os antagonismos presentes no seu tempo, principalmente o político e o social, as suas produções não seriam densas e clássicas, avaliou Bosi:

> Nessa luta, a obra é tanto mais rica e densa e duradoura quanto mais intensamente o criador participar da dialética que está vivendo sua própria cultura, também ela [a obra] dilacerada entre instâncias *altas,* internacionalizantes e instâncias populares. Nunca poderiam ter-se produzido sem que os autores tivessem atravessado longa e penosamente as barreiras ideológicas e psicológicas que os separavam do cotidiano ou do imaginário popular. (BOSI, 1992, p. 343, grifo do autor).

Apesar de serem recrutados e contratados, fosse pela via do mecenato, fosse do funcionalismo público, alguns intelectuais e artistas mantinham-se politicamente contrários ao governo ditatorial de Vargas, mesmo sendo protegidos por Capanema. Mas a censura e a repressão às liberdades de criação artística, intelectual e organização política estavam colocadas na conjuntura. Para Bosi (1992), muitos tiveram que transpor barreiras psicológicas e ideológicas para criar e divulgar suas obras.

Para Lahuerta (1997) e Miceli (1984, 2001), o modernismo transformou-se em um paradigma estético cultural para o Estado Novo. Horta (2010), contudo, demonstra que existiu mais do que um ideal modernista, ético e civilizatório, mas um projeto de nação bem delineado e perseguido pelos intelectuais, sobretudo Capanema. As parcerias, os posicionamentos políticos, ora controversos, ora estratégicos, eram milimetricamente calculados para o alcance dos objetivos do ministro, não sob a via da cooptação advogada por Miceli (1984, 2001), mas sob a via do controle da liberdade da criação via mecenato, como vislumbrado por Piazza (2003). "Trabalho para quem e a que preço?", perguntariam os artistas e intelectuais oposicionistas do varguismo e do seu dirigismo estético cultural.

Para vislumbrar a trajetória e o perfil de Capanema pretendidos em seu projeto autobiográfico como homem de Estado, é preciso compreender as intersecções da cultura política e das variações dentro da escrita da história pela perspectiva sincrônica e diacrônica. A aura de ministro da Cultura de forma diacrônica acompanhou-o em vida, após sua saída do MES e *post mortem*. E, de forma sincrônica, a atuação de Capanema foi determinante para as ressignificações das políticas culturais desenvolvidas ao longo do século XX e início do XXI. Se Mário de Andrade se tornou uma espécie de santo padroeiro para as políticas culturais no Brasil, especialmente para o patrimônio intangível, as homenagens póstumas conferidas a Capanema, na conjuntura de criação do MinC, canonizaram-no como primeiro ministro da Cultura. Urge voltar ao estabelecimento das políticas culturais na década de 1930 para compreender esse movimento.

1.10 Projeto modernista para a cultura

Capanema, no dia 28 de agosto de 1934, ao visitar a Biblioteca Nacional, lugar que abrigou temporariamente o Mesp/MES, sinalizou a necessidade de construir uma nova sede para o ministério. O terreno da Esplanada do Castelo foi escolhido no início da gestão, segundo o "Relatório de assuntos administrativos" do MES (BRASIL, [1945], p. 3).

Lissovsky e Sá (1996) advertem que Capanema estava envolvido com o monumental projeto da Cidade Universitária e paralelamente conseguiu a anuência do presidente para abrir o edital de concorrência pública para o projeto do edifício do Mesp, no dia 20 de abril de 1935. Destaca-se que existia uma versão anterior do edital, com a data de 11 de fevereiro, o que indica possíveis disputas nessa questão. No dia 17 de junho ocorreu a "abertura das propostas na concorrência para a construção do novo edifício do Ministério da Educação e Saúde" (BRASIL, [1945], p. 8), em uma cerimônia presidida por Capanema com a presença de jornalistas, arquitetos e entidades corporativas, como o Clube de Engenharia, o Instituto dos Arquitetos e a Escola de Belas Artes. Ao todo, foram rubricados 33 projetos, "expostos em cavalete ao exame público" (BRASIL, [1945], p. 8). A comissão do concurso, valendo-se de uma avaliação às cegas, classificou três projetos, inscritos sob os pseudônimos Alfha, Minerva e Pax, no dia 8 de julho de 1935. Ao abrir os envelopes dos proponentes, verificou-se que eram "de autoria dos seguintes arquitetos: Gerson Pompeu Pinheiro, Rafael Galvão e Archimedes Memória, respectivamente" (BRASIL, [1945], p. 8-9).

A escolha para o projeto da sede do Mesp tornou-se uma das maiores celeumas e interferências ministeriais em uma concorrência pública. Capanema recusou o projeto de Archimedes Memória em favor de Lúcio Costa, pautado no item 23 do edital: "O governo não fica com a obrigação de contratar os serviços dos arquitetos premiados para a execução da obra" (BRASIL, 1996, p. 5). O projeto de Archimedes Memória foi pago, e, segundo Badaró (2000, p. 251), a frase de Capanema tornou-se um clássico: "pago o prêmio, mas não executo" a obra. Lúcio Costa foi diretor da Escola Nacional de Belas Artes de 1930 a 1931, convidado pelo ministro Francisco Campos. Archimedes Memória sucedeu Lúcio Costa na direção da Enba. Indignado com a situação, Memória escreveu uma carta ao presidente Vargas, na qual acusou Lúcio Costa de ser sócio de Gregório Warchavchik, um "judeu russo de atitudes suspeitas". E alertou:

> Não ignora o Sr. Ministro da Educação as atividades do arquiteto Lúcio Costa, pois, pessoalmente, já o mencionamos a sua Excelência entre vários filiados ostensivos à corrente modernista que tem como centro o Clube de Arte Moderna, célula comunista cujos principais objetivos são a agitação no meio artístico e a anulação dos valores reais que não comunguem no seu credo. Esses elementos deletérios se desenvolvem justamente à sombra do Ministério da Educação, onde tem como patrono e intransigente defensor o Sr. Carlos Drummond de Andrade, chefe do gabinete do Ministro. Expondo aos olhos de Vossa Excelência esses fatos, esperamos que Vossa Excelência, defendendo o Tesouro Nacional e a honorabilidade do vosso governo do país, alente a arte Nacional que ora atravessa uma crise dolorosíssima, próxima do desfalecimento. (MEMÓRIA, 1934, p. 2).

O projeto recusado propôs um estilo neoclássico ornado com grafismos marajoaras, o que não atendia às expectativas de Capanema, pois não tinha "uma coerência de concepção", segundo Lissovsky e Sá. O ministro recusou os "tradicionalismos sem fundamento, falsos nacionalismos e substituindo a ornamentação gratuita por obras de arte — pintura, escultura — de real valor artístico" (LISSOVSKY; SÁ, 2000, p. 67).

A arquitetura de linhas retas e sem ornatos pretendida para o Mesp simbolizaria um novo produto nacional. A modernidade como correlato de civilidade e progresso foi constantemente confrontada com os tradicionalismos passadistas. Para Lauro Cavalcanti (1995, p. 77), o neocolonial era visto pelos modernos como "pastiche", enquanto as obras arquitetônicas de Lúcio Costa e Oscar Niemeyer aproximavam a leitura do modernismo com os postulados da literatura modernista de Oswald e Mário de Andrade.

Entre as inúmeras trocas de missivas, decretos, recortes de jornais, ofícios, iconografias, plantas, croquis e projetos arquitetônicos, apresentam-se distintas versões sobre o processo de construção do prédio do MES e dos desdobramentos no campo artístico e intelectual. Capanema, autorizado pelo presidente Vargas, encaminhou em 1936 uma carta-convite oficial para Lúcio Costa. O ministro concebeu, redigiu, acompanhou e controlou todo o processo. E em 1937 esboçou uma minuta de decreto para nomear a sede a ser construída com aspirações nacionalistas delineadas:

> O presidente da República usando ... etc.
>
> Considerando que o visconde de Cairu, pela feição humanística de sua cultura, pela solidez de seus conhecimentos técnicos, pela sua elevação moral, pelo fervor de seu patriotismo, e ainda, pelos serviços essenciais que prestou à nação, já no estabelecimento de suas bases econômicas, já na projeção de seus caminhos espirituais, deve ser estimado como uma das mais altas expressões humanas da história nacional.
>
> Considerando que a memória desse ilustre varão seria mais significativa que a de ligar o seu nome ao ministério que tem justamente por objetivo a formação integral e o aprimoramento dos atributos do homem brasileiro.
>
> Decreta: Artigo único. O edifício, ora em construção, destinado a ser a sede do Ministério da Educação e Saúde, denominar-se-á Palácio Cairu. (BRASIL, 1937, p. 1).

A monumentalidade requerida para o prédio modernista mobilizou o mesmo argumento utilizado para a compreensão do homem brasileiro conforme o nacionalismo varguista. A proposta de denominação para Palácio Cairu lembra a justificativa para a renomeação do MES em Ministério da Cultura Nacional; dessa forma, a arquitetura em construção retomou simbolicamente o projeto recusado de 1935.

Para Lafetá (1974), o modernismo rompeu com a visão bacharelesca do passadismo de 1890 a 1920. Parafraseando Hobsbawm e Ranger (2008), pode-se indicar que o modernismo, portanto, tornou-se uma tradição inventada no Brasil. O Palácio Cairu representaria o passado histórico; ao mesmo passo, a transição dos novos tempos, simbolizada pelo personagem escolhido para nomear o prédio. O Visconde do Cairu, José da Silva Lisboa (1756-1835), auxiliou D. João VI e D. Pedro I em muitas ações políticas, como a abertura dos portos e o fim do tratado de proibição das manufaturas no Brasil. O empreendedorismo do visconde representaria a ousadia cultural no projeto de uma sede modernista para o MES.

Contudo esta opção estética colocou em sobreaviso os grupos conservadores. O editorial do *A Offensiva* alertou sobre os riscos das "ideias de bolchevismo arquitetônico que os discípulos brasileiros do sr. Corbusier tentam inocular no espírito das nossas modernas gerações de construtores" que "são deveras perigosas, porque sobre os seus passos nos virá o bolchevismo literário, o bolchevismo jurídico, o bolchevismo social" (ESQUERDISMO..., 1996, p. 133).

Em 24 de abril de 1937, no lançamento da pedra fundamental, Capanema reforçou que o prédio seria "uma obra de arte e uma casa de trabalho" (BRASIL, [1945], p. 35-36). A linguagem arquitetônica reforçaria os princípios do modernismo da racionalização e tecnocracia para um lugar de contemplação e consagração artística além de trabalho.

A escolha da arquitetura modernista foi frontalmente contestada como linguagem artística. Os debates públicos, entre engenheiros e arquitetos, colocaram em xeque as perspectivas de neutralidades advogadas. No entanto, as críticas eram destinadas à obra, aos arquitetos, e não ao governo, e Capanema continuava a defender a separação entre arte e posicionamento político em nome da brasilidade.

O prédio modernista tornou-se o contraponto estético ao monumental Ministério do Trabalho, Indústria e Comércio (MTIC), inaugurado em 10 de novembro de 1938. O Palácio do Trabalho localizado na Esplanada do Castelo, lugar onde o MES também seria construído, era uma mistura eclética de *art déco* brasileiro com neoclássico. Enquanto um representava a integração social de todas as atividades econômicas; o outro, a formação da cultura integral. Gomes (2005) destaca a dimensão do trabalhismo no governo e a importância do prédio do MTIC como marco histórico para as políticas trabalhistas.

Hobsbawm (1995, p. 185) afirma que, após a Segunda Guerra Mundial, o "chamado Estilo Internacional de arquitetura modernista transformou o cenário urbano, embora seus principais divulgadores e praticantes estivessem em atividade há muito tempo, como Gropius, Le Corbusier, Mies van der Rohe, Frank Lloyd Wright".

A Staatliches Bauhaus, que significava "casa de construção", foi uma escola destinada às artes aplicadas, como design, arquitetura, fotografia e teatro. A Bauhaus, criada em 1919 pelo alemão Walter Gropius (1883-1969) na então República de Weimar, hoje Alemanha, foi transferida em 1925 para Dessau e posteriormente encerrada pelo nazismo. Sobre essa questão, Gombrich (2008) e Hobsbawm (1995) realizam uma análise histórica da experimentação artística e separação da arquitetura das belas-artes com base na Bauhaus. A concepção estética da escola defendia aproximar as artes e os ofícios das engenharias. A praticidade e a industrialização de suas produções e a massificação dos seus produtos procuravam buscar o funcionalismo, a chamada arquitetura orgânica. A beleza deveria aparecer por si mesma.

Em 1902, Frank Lloyd Wright (1869-1959) projetou, em um bairro abastado de Chicago, uma casa batizada de "sem estilo". Para o norte-americano, o que mais importava em uma residência eram seus cômodos, e não sua fachada. Não por acaso, Charles Édouard Jeanneret Gris, Le Corbusier (1887-1965), defendia que a arquitetura era uma máquina de morar. O suíço naturalizado francês era arquiteto e urbanista, pintor e escultor. Artigos escritos em *Vers Une Architecture*, em 1923, conferiram-lhe reconhecimento internacional como o principal nome da arquitetura moderna. A defesa do uso racional de materiais seriados e novos enquanto métodos econômicos de construção e linguagem formal sem ornamentação na construção civil ganhou no Brasil a adesão de Lúcio Costa e Oscar Niemeyer.

Uma crítica interessante ao modernismo e futurismo pautado pela industrialização, tecnologia e funcionalidade pode ser encontrada no filme *Mon Oncle*, dirigido e protagonizado por Jacques Tati, em 1956. A obra ironizou as soluções racionais para a vida moderna e fez um contraponto com as condições de vida e moradia da periferia parisiense, demarcando que a pretensa modernidade não chegava para todos.

Em suas memórias, Lúcio Costa (2018) relata que Oscar Niemeyer se tornou o *enfant* de Le Corbusier no Brasil. O arquiteto francês levava-o para todas as atividades que lhe eram destinadas, pois o brasileiro desenhava muito bem e conseguia colocar no papel rapidamente todas as ideias do mestre. Lúcio Costa afirma que o grande legado de Le Corbusier para o país foi o próprio Oscar Niemeyer, que teve uma expansão criativa e conseguiu assimilar os princípios fundamentais da técnica de planejamento de Le Corbusier. Interessante que, antes dessa experiência, Niemeyer se pronunciava contra as soluções metálicas e o concreto armado, que viriam a ser duas marcas da sua arquitetura.

Os preceitos da arquitetura modernista no Brasil foram incorporados como nacionais, mesmo que difundidos desde a Bauhaus. Os dois projetos modernistas da sede do MES de 1945 e da capital Brasília, de 1960 foram encomendados via mecenato estatal e aliavam a ciência, a tecnologia e a arte como concepção progressista. O Brasil, em consonância com as tendências mundiais na busca de uma nacionalidade reconhecida, incentivou a gestão e a territorialização da cultura com base no mecenato público. As relações do Estado com os agentes públicos, intelectuais e artistas fortaleceram os projetos nacionalistas em diferentes temporalidades. Como exemplo dessa questão, pode-se citar a exposição internacional de 1943, no Museu de Arte Moderna de Nova York (MoMA), *Brazil Builds: Architecture New and Old (1652-1942)*, um pavilhão de construção provisória projetado por Lúcio Costa (2018, p. 190-192) com contribuição de Oscar Niemeyer. Para Lúcio Costa, arquiteto responsável pelo projeto de Brasília, foi a partir desse evento que Niemeyer ficou reconhecido internacionalmente. O projeto expositivo destacou o prédio do MES e sinalizou o Brasil como precursor do modernismo de Le Corbusier. Para os norte-americanos, o modernismo brasileiro tornou-se um expoente da arquitetura tropical:

> A sua grande contribuição para a arquitetura nova está nas inovações destinadas a evitar o calor e os reflexos luminosos em superfícies de vidro, por meio de quebra-luzes externos especiais. Para a América do Norte, isso é coisa de leve conhecida. Tendo que receber de chapa o rude sol das tardes de verão, os grandes edifícios, em geral, ficam como um forno, dada a proteção insuficiente de suas janelas de folhas semicerradas. As oficinas modestas, então, têm que escolher uma dentre duas alternativas: ou assar-se ou proteger-se escassamente por meio de toldos ou venezianas, proteção fraca porque nada podem contra os reflexos do sol nas vidraças. E é curioso verificar-se como os brasileiros fizeram face ao importantíssimo problema, cujo estudo foi o que animou a nossa viagem. Já, em 1933, Le Corbusier recomendava o uso de quebra-luzes móveis, externos em seu projeto inexecutado para Barcelona, mas foi no Brasil onde, primeiro, essa teoria se pôs em prática. (GOODWIN; SMITH, 1943, p. 84-85).

O edifício do MES foi divulgado como um rompimento do passado colonial. A mostra produziu um livro bilíngue, homônimo à exposição, traduzido por Paulo Duarte, ex-assessor do prefeito Fábio Prado de São Paulo, que instituiu o DCSP e o colocou sob o comando de Mário de Andrade. Duarte, em 1943, encontrava-se em autoexílio por conta do Estado Novo e trabalhando para o MoMA. O livro foi organizado pelo arquiteto Philip L. Goodwin, à época diretor da instituição, com fotografias de G. E. Kidder Smith ilustrando uma linha evolutiva da arquitetura brasileira, do barroco colonial à arquitetura universal. Para os norte-americanos, o modernismo brasileiro representava uma versão tropical ao aliar o progresso tecnológico com soluções simples e efetivas da arquitetura modernista, como o *brise-soleil*, criado por Le Corbusier para o controle da temperatura e da luz, implantado pela primeira vez no mundo no prédio do MES. Além do *brise-soleil*, destacam-se na edificação do MES os pilotis, o terraço-jardim, a fachada livre e as janelas de vidros, princípios cartesianos da arquitetura modernista.

"Por que me ufano?" foi um artigo, sem assinatura de autoria, publicado na *A Gazeta* de São Paulo, que tentou explicar o porquê de os norte-americanos se curvarem diante da arquitetura modernista brasileira. Pois "O Brasil pode se orgulhar de possuir, no Rio de Janeiro, o mais perfeito edifício de serviços públicos de toda a América – o edifício do Ministério da Educação e Saúde". E ratificou: "Quer dizer que em matéria de arquitetura tropical batemos todas as nações localizadas nos trópicos, em qualquer continente" (POR QUE..., 1996, p. 107).

Sobre a exposição e a publicação do MoMA, Mário de Andrade pronunciou-se na *Folha da Manhã*/SP, na seção "Mundo Musical", com uma crônica intitulada "Brazil builds". O modernista, entusiasmado com o reconhecimento internacional, tergiversou: "A arquitetura é uma música... Ou é a música que é uma arquitetura? A arquitetura é uma música" (ANDRADE, 1996, p. 187). Segundo ele, a obra do MES tiraria, finalmente, o Brasil do "jecatatuísmo":

> Admirável também é a coleção de fotografias *Brazil Builds* que o Museu de Arte Moderna, de Nova York, acaba de publicar com excelentes comentários do arquiteto Philip L. Goodwin. Eu creio que este é um dos gestos de humanidade mais fecundos que os Estados Unidos já praticaram em relação a nós, os brasileiros. Porque ele virá, já veio regenerar a nossa confiança em nós, e diminuir o desastroso complexo de inferioridade de mestiços, que nos prejudica tanto. Já escutei muito brasileiro, não apenas assombrado, mas até mesmo estomagado, diante desse livro que prova possuirmos uma arquitetura moderna tão boa como os mais avançados países do mundo. Essa consciência de nossa normalidade humana só mesmo os estrangeiros é que podem nos dar. Porque nós, pelo mesmo complexo de inferioridade, ou reagimos caindo num porque-me-ufanismo idiota, ou num jecatatuísmo conformista e apodrecente. Ninguém está esquecido que foi um artigo de Henry Prunnières que deu valor a Villa-Lobos e abriu as portas dum dos maiores jornais do país à música moderna. Ninguém está esquecido de que foi um prêmio nos Estados Unidos que deu genialidade a Portinari, apesar dos poucos brasileiros que muito antes disso já afirmavam essa genialidade. (ANDRADE, 1996, p. 190).

Lissovsky e Sá (1996) explicam que a disputa do espaço arquiteturável, a partir da concorrência para o MES, explicitou divergências, além dos conceitos estéticos nos campos políticos e profissionais, sobretudo o corporativista. Contudo Lehmkuhl (2011) adverte que o campo profissional dos arquitetos começou a ocupar um espaço privilegiado, organizado desde a Enba, sob o comando de Lúcio Costa. Em decorrência da emergência corporativa do modernismo, Chuva (2017, p. 203) reforçou que, a partir da gestão de Rodrigo Melo Franco de Andrade, os arquitetos foram considerados "construtores da nação" e consolidaram o campo profissional e o patrimônio modernista.

À época da construção do prédio do MES, muitos jornais defendiam e outros repugnavam a edificação modernista, por meio dos seus editoriais e dos seus articulistas, assim como os humoristas dedicaram inúmeras charges ao edifício, aos artistas que executaram as obras e a Capanema. Os conceitos artísticos foram preteridos e ufanizados em meio às críticas, às polêmicas, aos elogios e aos deboches. Muitos saudavam as técnicas construtivas do modernismo, e outros questionavam desde a designação de palácio, a quantidade de vidros, até a tropicalidade atribuída ao prédio.

Lúcio Costa (2018) relatou em suas memórias que, apesar de jovens e inexperientes, a equipe formada por ele, Affonso Eduardo Reidy, Carlos Leão, Jorge Moreira, Oscar Niemeyer e Ernani

Vasconcelos tratara a obra do MES como uma missão e dividira em seis partes equânimes a remuneração, demonstrando o desapego financeiro dos arquitetos em início de carreira.

Os desprendimentos financeiros e as vanguardas autoconcedidas podem ser questionados com diversas análises, a exemplo de Durand (2009), quando analisa os privilégios e as distinções no mundo das artes, sobretudo entre os modernistas, que foram facilitados não somente por suas políticas de amizades, mas por laços familiares. Muitos intelectuais, artistas e arquitetos tinham pais funcionários públicos ou liberais que tinham acesso aos mecanismos de poder para realizar trocas simbólicas e econômicas. Em consonância, Lehmkuhl (2011) reforçou que, no caso de Lúcio Costa, o fato de seu pai ser engenheiro naval oportunizou-lhe estudar na Europa e, ao regressar ao Brasil, estudar pintura e arquitetura na Enba e se tornar diretor da instituição, em 1930, com 28 anos.

Contudo o texto saudosista do arquiteto indicou que ele e seus companheiros idealistas foram os pioneiros da arquitetura modernista no Brasil. O que de certa forma desmerece a história de Gregori Warchavchik, arquiteto russo naturalizado brasileiro que lançou o *Manifesto da arquitetura funcional*, em 1925, e três anos depois construiu a sua residência modernista em São Paulo. William Bittar (2016) analisou o histórico do movimento moderno no Brasil e demonstrou como esses processos controversos foram apropriados pela história da arquitetura.

Com base no MES, a arquitetura modernista foi consagrada e expandida no Brasil a ponto de o engenheiro calculista Joaquim Cardoso afirmar que a edificação se tornou a "catedral da moderna arquitetura mundial" (BADARÓ, 2000, p. 251). Além da nominata dos arquitetos jovens e idealistas citados por Lúcio Costa, um semióforo foi imortalizado junto à placa de descerramento do prédio, creditando um valor incalculável ao projeto, com os dizeres: "Segundo risco original de Le Corbusier". Essa inscrição, segundo Lúcio Costa (2018, p. 136), foi simbólica, pois o risco havia sido esboçado para o terreno "voltado para o mar e o Pão de Açúcar", lugar "onde agora se encontra o MAM". Mas a invenção da tradição e a inclusão do nome de Le Corbusier garantiram não somente a monumentalidade da obra arquitetônica, mas a sua apoteose.

A concepção da arquitetura moderna, além das linhas retas e da limpeza ornamental, defendia que obras de arte deveriam compor e dialogar com os espaços arquiteturáveis. Nesse sentido, por meio de mecenato estatal, foram encomendadas obras de artistas consagrados ou em processo de reconhecimento. Entre eles, o escultor cubista lituano Jacques Lipchitz (1891-1973), responsável pela obra *Prometeu Acorrentado*, chamada de "monstro de bronze" por artistas, críticos de arte e jornalistas descontentes. A obra foi entregue em tamanho menor do que o programado por conta do período moroso de sua confecção (1943-1944). O alto custo e o fato de ela ter sido entregue atrasada, assim como sua concepção estética, geraram protesto da Sociedade Brasileira de Belas Artes; o escultor paulista Bruno Giorgi (1905-1993) foi indicação de Mário de Andrade, que insistiu em numerosas missivas para a contratação do artista, conforme Lissovsky e Sá (1996). A obra *Monumento à Juventude* (1944) gerou muitos debates e estudos dos intelectuais que assessoravam Capanema; a escultora fluminense Adriana Janacópulos (1892-1978) foi autora da obra *Mulher* (1942); o escultor e professor maranhense Celso Antonio (1896-1984) foi autor das obras *Moça Reclinada*, *Maternidade* e *Homem Brasileiro*, inconclusa por acidente, e *O Trabalhador*, que não permaneceu no MES por conta de polêmicas.

Lúcio Costa (2018) relatou que Capanema visitava regularmente os espaços de execução das obras. O ateliê do artista Celso Antonio foi organizado dentro de um campo das obras, cuja encomenda principal, uma escultura de 12 metros, deveria retratar o homem brasileiro. O ministro trocou uma série de missivas com intelectuais amigos, sociólogos, antropólogos e historiadores, a exemplo de Oliveira Viana, Roquette Pinto, Rocha Vaz, a fim de esclarecer qual seria o fenótipo do homem brasileiro a ser esculpido. O escultor a priori projetou um cidadão caboclo, cujo perfil foi recusado por Capanema. Lúcio Costa narra o porquê de a obra não se realizar no tamanho planejado:

> A propósito dessa obra monumental, de vários metros de altura, cabe aqui, num parêntese, o registro da cena trágica que presenciei no ateliê improvisado no próprio canteiro de obras onde o escultor trabalhou anos a fio. Certa tarde, o ministro – tal como Lorenzo de Médici ou Júlio II, ele acompanhava amorosamente o trabalho dos seus artistas, mormente os de Portinari e do Celso – pediu que mostrássemos a obra a Aníbal Machado. O escultor, que já havia recoberto a enorme massa de alto a baixo com panos umedecidos para a devida preservação do barro, determinou a seu auxiliar que a descobrisse novamente, e, na luz mortiça da tarde e de uma lâmpada que lhe avivava a forte modenatura, a estátua foi aos poucos surgindo; mas quando a tarefa ia a meio, a possante figura com seu olhar parado foi-se inclinando lentamente para trás e desmoronou num estrondo. (COSTA, 2018, p. 137).

Para o projeto paisagístico do MES, foi contratado o paulista Roberto Burle Marx (1909-1994). O artista Candido Portinari pintou os murais sugeridos para Capanema por Afonso Arinos, com base nas fases da economia brasileira: Café, Algodão, Fumo, Pau-Brasil, Ouro, Mineração, Cana-de-Açúcar, Mate, Cacau, Borracha e Ferro. Outras obras foram feitas por Portinari, como os desenhos dos azulejos com caras de peixes, obra também rejeitada por Capanema. O painel *Estrelas do Mar e Peixes* foi composto por Portinari e produzido pela Oficina Osiarte, de propriedade de Paulo Rossi Ossir. O ministro observara o painel e vira semelhança das caras dos peixes com o seu rosto, e mandou retirar todos os azulejos. Anos depois os técnicos do Instituto do Patrimônio Histórico e Artístico Nacional (Iphan) encontraram, dentro do Palácio Capanema, as caixas com os azulejos rejeitados. Piazza (2003) analisa as relações de mecenato, nesse caso específico, e demonstra que, em determinados momentos, os artistas tinham autonomia para compor suas obras, assim como o mecenas para rejeitá-las.

As linguagens artísticas na história ocidental foram promotoras do discurso de civilização para o refinamento dos costumes e dos hábitos sociais, como alerta Elias (1990). Essa perspectiva foi utilizada por Capanema para a emissão de uma mensagem social, por meio da arquitetura moderna e da composição artística nela presente, com vistas a educar e formar a cultura integral da população, sobretudo nos debates sobre a construção do fenótipo do homem brasileiro e a representação plástica das obras.

O modernismo, recusado pelos nazistas, foi tema da exposição *Arte Degenerada*, em Munique, Alemanha, em julho de 1937. Com curadoria do presidente da Câmara de Artes Plásticas do *Reich*, Adolf Ziegler, a exposição reuniu cerca de

> [...] 650 obras entre pinturas, esculturas, desenhos, gravuras e livros, provenientes de acervos de 32 museus alemães, consideradas artisticamente indesejáveis e moralmente prejudiciais ao povo pelo governo nacional-socialista alemão (1933-1945), liderado por Adolf Hitler. (ARTE..., c2019, s/p).

No Brasil, o modernismo encontrou no mecenato estatal a possibilidade de viabilizar seu campo artístico. A arte como um produto cultural e semióforo nacional em distintas linguagens tornou-se um artefato a ser reverenciado, comercializado e exportado. O pintor Candido Portinari foi ufanizado como o artista modernista brasileiro tipo exportação, a exemplo de uma homenagem que recebeu no Jóquei Clube, em 1941, pelo ministro Capanema:

> É para mim uma honra presidir este banquete em homenagem a Cândido Portinari. Em primeiro lugar, ele é um artista de sentimento, inspiração e formação nacional. Desde o

seu primeiro trabalho que foi o retrato de Carlos Gomes, até as suas últimas produções, Portinari se revela em tudo profundamente brasileiro, já não digo brasileiro nos motivos da sua arte, mas, essencialmente, na forma, nas cores, no que há de substancial e profundo na sua arte. (BRASIL, 1941, p. 99).

A reflexão de Bourdieu (1996) auxilia a analisar a produção artística, a definição de arte e a profissionalização do artista entre as relações de mercado e de mecenato para a celebração e a circulação das obras e dos artistas em instâncias de consagração. Museus, galerias, exposições, espaços públicos, catálogos, centros de conservação, periódicos culturais devem reproduzir apreensões sobre o valor da obra e do artista para solidificar a crença de um *habitus* social e prática cultural como elemento de distinção social.

A partir do modernismo, muitas redes de sociabilidades foram criadas para a busca do que seria o brasileiro, alerta Gomes (2000). Com base nessa reflexão, é interessante repensar os modernismos e as agências de Capanema enquanto mediador cultural e mecenas da cultura, pois, ao impor uma modalidade artística, excluía outras do patrocínio federal. Essa situação foi questionada por Bomeny (2001), quando apontou para uma junção de sensibilidade e autoritarismo de Capanema na relação com os intelectuais e artistas: "Em que manual de convivência humana está dito que a adesão a uma das formas de manifestação artística pressupõe a exclusão ou a redefinição de outra?" (BOMENY, 2001, p. 33).

O Estado deve garantir a equidade de oportunidades para todos os artistas, intelectuais e agentes culturais, principalmente via mecenato, independentemente de suas idiossincrasias religiosas, políticas e estéticas. Sobre os múltiplos modernismos, também recai a sombra do autoritarismo, e não somente sensibilidades. Principalmente em relação à imposição do ministro e de seus amigos modernistas quanto à hegemonia da arte modernista, seja do ponto de vista da vanguarda, seja do conservadorismo. Toda e qualquer unilateralidade conceitual e estética é, em qualquer tempo histórico, uma arbitrariedade, independentemente dos seus objetivos e do legado, embora historicamente existam prevalências.

Enquanto os signatários do *Manifesto dos pioneiros da educação* foram perseguidos, exilados e presos durante o Estado Novo, outros intelectuais e artistas foram contratados, remunerados e protegidos pelo Estado sob as benesses do mecenato estatal. O véu da traição dos intelectuais, acusado por Benda e ratificado por Capanema em diversos momentos, não atingiu alguns intelectuais e artistas que estavam protegidos pelas relações políticas e de amizades do ministro.

As redes de sociabilidades e políticas de amizades evidenciaram que houve favorecimento de um gosto estético financiado pelo mecenato estatal. Nesse sentido, historicamente, as desconfianças acerca dos Conselhos e do pretendido Ministério da Cultura não foram sem motivos. O partidarismo político, o dirigismo estatal, a unilateralidade estética, as amizades e os protecionismos geraram, além do Estado autoritário, um desgaste na trajetória política de Capanema e um medo coletivo em relação às políticas culturais.

Carlos Drummond de Andrade foi criticado por muitos agentes culturais, como afirma Bomeny (2001), quando fez ilações de que os intelectuais funcionários eram inofensivos. Piazza (2003) acredita que muitos intelectuais e artistas estiveram sob os auspícios do mecenato estatal, porque estavam sob a órbita de gravitação da amizade do poeta, e não de Capanema.

Capelato (1998) concluiu que, no Estado Novo, existiam dois tipos de cidadãos, os aliados e os inimigos do Estado. Nenhuma concessão para os desafetos, pois resistiam a qualquer tipo de institucionalização ou aparelhamento do Estado. Para os aliados, inclusive aqueles que discordavam ideologicamente de Vargas, como Portinari, Niemeyer, Lúcio Costa, Rodrigo Melo Franco de Andrade, Mário de Andrade e Drummond, benesses eram concedidas, pois estes acreditavam que a política estava apartada da atuação profissional, uma missão a ser cumprida no Estado.

Pesquisadores como Piazza (2003) divergem dessa ideia. A historiadora, ao analisar o mecenato na obra de Portinari, defende a tese de que o pintor não pode ser considerado um artista oficial do Estado Novo, porque diversas obras suas, entre elas os afrescos dos ciclos econômicos, foram tratativas delineadas por suas políticas de amizades com Capanema e Drummond, e não por sua condição de aliado incondicional do governo. A análise de Piazza pode contemplar os outros artistas e intelectuais citados por Capelato, pois nenhum agente cultural, se observado em seu contexto social e financeiro, em espaços de sociabilidades e em políticas familiares e de amizades, necessariamente pode ser enquadrado como aliado, até porque muitos deles nutriam simpatia e tinha filiação ao Partido Comunista Brasileiro (PCB).

Capanema, em seus discursos públicos, mostrava-se contrário aos abusos e extremismos da direita e da esquerda e colocava-se como mediador e conciliador de um Estado autoritário. Muitos artistas, intelectuais, cientistas, acadêmicos e outros agentes oscilavam entre a recusa completa, a oposição organizada e o apoio técnico concedido de forma missionária. A crença de se cumprir uma missão era defendida tanto por modernistas quanto por Capanema.

Parte dos modernistas vislumbrava no Estado um campo de trabalho. Gomes (1996, 2000) adverte sobre a formação profissional e a empregabilidade que o serviço público oferecia para intelectuais e artistas. Entre os modernistas que trabalhavam para o governo, alguns se mantinham opositores, mesmo se autodeclarando vanguarda, porque eram patrocinados por cafeicultores paulistas e outros agentes econômicos, como advertiu Lahuerta (1997). Alguns eram filhos de famílias oligarcas rurais, sugerindo que a independência estética da arte era financiada pelo poder econômico da lavoura arcaica.

O sociólogo destacou o papel missionário defendido por alguns modernistas e o sentido pedagógico e estratégico da ocupação dos espaços públicos para a difusão das artes, dos conhecimentos e da transformação social. No caso de Mário de Andrade e de Drummond, as constantes autocríticas e contradições éticas demarcaram a trajetória de angústia em face do trabalho burocrático e do Estado autoritário.

Miceli (2001) afirmou que fora criada uma *intelligentsia* em torno de Capanema, em que escritores-funcionários assumiam postos de comandos nas instituições culturais e funcionários-escritores assumiam cargos de difusão cultural, propagandas e de censura no MES e no DIP. O termo "cooptação" foi trabalhado pelo sociólogo em diversas obras, e as ocupações públicas, na compreensão do autor, criaram um mercado de servidores públicos de confiança que trabalhavam sob o viés da neutralidade.

Contudo acredito que esta questão vem há tempos sendo problematizada, pois não se pode perceber o Estado como um centro de recrutamento de agentes públicos acéfalos para uma estrutura burocrática hermética. Os intelectuais não entravam cegamente na estrutura de poder, tampouco o Estado os arregimentava desconhecendo suas trajetórias e ideologias. De acordo com Bomeny (2001), considerar a cooptação como condição é desconsiderar a inteligência desses intelectuais.

É salutar observar que os governantes convocam para esses espaços aqueles que comungam com parte de seus interesses e pelos quais nutrem confiança. Apesar disso, a dinâmica política da administração pública emerge posicionamentos políticos divergentes em sua operacionalização. As liberdades de expressão defendidas por Capanema em seus discursos públicos contradizem suas práticas administrativas, pois o que não estivesse sob os auspícios do governo seria reprimido.

Os intelectuais afirmavam que, ao trabalhar nas múltiplas frentes governistas, atuaram em defesa da cultura, e não do governo. A busca pela brasilidade como missão guiou o sonho de uma geração que tinha um projeto de país. Piazza (2003) alertou que houve, em inúmeras ocasiões, poder de autonomia política e de criação de determinados artistas e intelectuais dentro do Estado. A autora demonstrou que, no processo de mecenato para Portinari, o pintor trabalhou de forma autônoma, demarcando o seu olhar sobre a sociedade nos ciclos econômicos e nos azulejos para o MES. E explica que Drummond, que se autoavaliava como um escriba da burocracia, foi quem escreveu *Rosa do povo*, de cunho fortemente social, no auge do nazismo e do fascismo.

Lahuerta (1997, p. 100) avalia que alguns intelectuais foram "próceres do modernismo" no Estado Novo e se tornaram "intelectuais de instituições", como foi o caso de Rodrigo Melo Franco de Andrade no Sphan, Mário de Andrade no DCSP, e Capanema no MES. Mas não se pode negar que a experiência desses intelectuais tornou a gestão da cultura, cada qual em sua instituição, um paradigma de longevidade nas políticas públicas. No entanto, existiram resistências, em todas as linguagens, como foi demonstrado por Luca (2006) em seus estudos ao sinalizar os intelectuais oposicionistas ao Estado Novo nos periódicos culturais. Assim como existiram as aderências ao Estado, alicerçadas por idiossincrasias, trajetórias ou interesses coletivos e individuais, também ocorriam o absenteísmo, a recusa, a neutralidade e a aquiescência, que são posicionamentos políticos.

Capanema tentou manter um verniz de um Estado homogêneo, administrado pelo consenso. Na realidade, internamente era fragmentado, recortado e arranjado em inúmeras guerras culturais, como advertiu Williams (2001), por conta dos vários posicionamentos ideológicos que gravitaram em torno do MES.

Lafetá (1974) esclarece que os múltiplos modernismos e suas linhas tênues estavam cravados de contradições. Se, de um lado, defendiam a revolução estética, de outro, defendiam o conservadorismo e o autoritarismo. O autor distinguiu "[...] o *projeto estético* do Modernismo (renovação dos meios, ruptura da linguagem tradicional) do seu *projeto ideológico* (consciência de país, desejo e busca de uma expressão artística nacional, caráter de classe de suas atitudes e produções)." (LAFETÁ, 1974, p. 12, grifo do autor).

Inegavelmente, existia um projeto de país perseguido pelos modernistas e, sobretudo, por Capanema, que adotou o modernismo enquanto política de Estado para a cultura. Exemplo maior dessa questão foi o projeto da sede do MES. No arquivo pessoal do ex-ministro, foram catalogados inúmeros periódicos, recortes de jornais com classificações, acusações e debiches ao edifício modernista, segundo Lissovsky e Sá, (1996). O prédio do MES recebeu a alcunha de *Capanema-Maru*, em alusão ao navio japonês Kasato-Maru, que aportou no Rio de Janeiro, em 1908, com os primeiros imigrantes japoneses. A sua arquitetura foi denunciada como bolchevista e esquerdista. Entre muitas acusações, recebeu um poema do censor e diplomata Vinicius de Moraes, "Azul e branco", em "louvor ao Ministério da Educação", publicado no jornal *A Manhã*/RJ, em 6 de dezembro de 1942. O prédio de massa geométrica, com azulejos de conchas e cavalos-marinhos, de cabeças de peixes/ministros, tornou-se um documento dos conflitos entre o mecenas e os artistas.

Sirinelli (2003) demonstrou que as estruturas de sociabilidades variam conforme os grupos e os subgrupos com que os agentes se relacionam. Dessa forma, é interessante contrapor como a cultura impressa, jornais e periódicos, foi moldada considerando o terreno movediço no qual os intelectuais circulavam. O percurso de atuação calcado pelo viés político como vetor determinante fez com que esses intelectuais sobrevivessem das relações estabelecidas até alcançarem a maturidade que lhes desse autonomia de ação e pensamento. Consequentemente, as redes de sociabilidade permitem alcançar ajuda mútua, parcerias, patrocínios para projetos culturais, engajamento político, atuação social e convites para trabalhos.

O advogado carioca Luís Caetano Martins (1907-1981) foi um ferrenho oposicionista do governo Vargas. Foi poeta, romancista, cronista, ensaísta, memorialista, crítico de arte, jornalista e técnico educacional. Em 1937, publicou o romance *A terra come tudo*, o ensaio *A pintura moderna no Brasil* e o livro memorialístico *Noturno da Lapa*. Em 1938, passou a escrever crônicas diárias sobre artes plásticas no *Diário de S. Paulo* (FCRB, 1960-2016). Assíduo cronista em jornais, defendeu os princípios do modernismo e aferiu negativamente as contradições e as apropriações estadonovistas do movimento. Em crônica no *Diário de São Paulo*, o autor avaliou a recepção e a ascensão do modernismo enquanto representação estética oficial do governo e demarcou um posicionamento político contrário ao protecionismo estatal, além de situar os dissensos e relações entre os modernistas com o Estado:

> Este jornal – como todos os Diários Associados, aliás, não só defendeu como sempre praticou a democracia. Uma prova disto é a liberdade com que hoje me permitirei discordar de uma opinião do meu diretor, meu velho amigo Carlos Rizzini – prática verdadeiramente democrática, impossível de se verificar em qualquer país de opinião dirigida.

> Em seu artigo de 6 corrente, intitulado "Saudosismo de fato", que aliás constituiu um admirável libelo contra a opressão em que vivemos durante a ditadura Vargas, Carlos Rizzini escreveu: "A pintura deformada, tão em voga, retrata bem o Estado Novo. O aleijão é o seu símbolo".

> Creio que "pintura deformada" deve ser entendida aí como pintura antiacadêmica, pintura livre, a chamada pintura moderna, enfim. Ora, isto não me parece justo. Em primeiro lugar, a arte moderna não é uma característica estética dos estados totalitários. Pelo contrário. Onde ela floresceu com maior vigor foi na França democrática, na França republicana, onde aparecem quase todos os "ismos", desde o primeiro, que foi o impressionismo, ao mais audacioso e antirrealista de todos, que talvez tenha sido o dadaísmo.

> E hoje – parece até de propósito – os países onde a arte floresce em suas manifestações mais livres são a Inglaterra e os Estados Unidos, numa exposição de jovens artistas, realizada em 1942 pelo Museu de Arte Moderna de Nova York, a tendência predominantemente foi o surrealismo. Possuo o álbum que se fez por essa ocasião, com admiráveis reproduções fotográficas.

> E, depois, há ainda algumas objeções a fazer:

> a. A arte moderna antecedeu, no Brasil, a subida do sr. Getúlio Vargas ao poder e não pode, portanto, ser uma criação do Estado Novo.

> b. A arte moderna foi perseguida abjetamente por alguns jornalistas, que numa época de violentas repressões dipianas, encontram sempre ampla liberdade para lançar as mais torpes injúrias e insinuações contra os artistas que a praticavam.

> c. Pessoalmente, o sr. Getúlio Vargas jamais gostou de arte moderna. Portinari é um caso à parte e seu aparente prestígio oficial se deve exclusivamente ao apoio que lhe prestou sempre o sr. Gustavo Capanema, aliás muito atacado por isto, inclusive por elementos ligados à situação dominante. O mesmo se pode dizer de Segall.

> d. Perdoe-me, portanto o meu amigo diretor se, por um dever de consciência e coerência comigo mesmo, sou assim obrigado a protestar. Num mundo verdadeiramente democrático, a arte deve ser livre, isto é, deve ser assegurada aos artistas plena liberdade de criação. Já o dizia, em 1939, o grande presidente Franklin Delano Roosevelt: "Unicamente onde todos os homens são livres pode a arte florescer e a civilização colher os seus frutos". A recíproca também é verdadeira. (MARTINS, 1996, p. 160-162).

O cronista solicita licença para protestar em nome do direito à liberdade de expressão e à democracia, ainda sob a vigência do Estado Novo. O texto aponta o esgotamento do regime e dos seus ideólogos e elenca questões contraditórias sobre o modernismo e o autoritarismo, acusando Vargas e protegendo Capanema. As evidências, para o cronista, demonstravam que o afeto pela arte era nutrido pelo ministro, e não pelo presidente. E, apesar das suas incoerências, o ministro fora ousado na implantação de ações culturais em um governo ditatorial, porque modernismo e autoritarismo seriam como água e óleo, não se misturariam.

O cronista reivindicou a arte moderna autônoma, dissociada do governo, pois sua criação nos anos 20 e seus princípios não poderiam ser tomados como oficiais de um Estado pautado em instrumentos "dipianos" de repressão. O DIP, órgão repressivo, coibiu a expressão artística e a manifestação intelectual e política.

Capelato (1998) e Goulart (1990) ratificaram a repressão e o desprezo pela cultura popular pelo DIP. O samba foi considerado uma apologia à malandragem, à boemia, à preguiça e à imoralidade. Para os ideólogos do Estado Novo e dos censores do DIP, a cultura produzida pelos trabalhadores propagava doenças sociais, mas acreditavam que o projeto modernista serviria para educar, elevar a cultura nacional e desenvolver a aquiescência social pelas artes. Por outro lado, alguns personagens de elite do movimento como Oswald de Andrade, marxista declarado e militante do PCB com sua companheira Patrícia Galvão, a Pagú, também foram perseguidos.

Como estrategista político, Capanema atuou em situações complexas, como a junção do CNC com o DIP. Entre todas as batalhas, a construção do prédio modernista foi a mais emblemática. Em seu discurso na cerimônia de inauguração da sede do MES, despediu-se do ministério e do governo federal, confirmou sua fidelidade e reverenciou o presidente e o regime autoritário. Ao modo de fiel escudeiro, Capanema endossou o comprometimento do chefe da nação como o grande autor da monumentalidade do prédio e das conquistas do MES tal qual o semideus Prometeu, iniciador da civilização:

> Sr. Presidente
>
> A data de 3 de outubro é uma das mais gloriosas de nossa história: é a data em que, no ano de 1930, o nosso povo, pela primeira vez, se levantou em todos os quadrantes do território nacional para a defesa dos seus direitos essenciais. Vós fostes o chefe dessa revolução. Essa revolução tinha no centro de seus projetos o ideal das reivindicações sociais e o ideal da valorização humana. Nos primeiros dias do triunfo, vós estabelecestes os instrumentos e as bases da conquista desses dois ideais, fundando o Ministério do Trabalho e o Ministério da Educação e Saúde. Por uma obra nacional de educação, clamou o nosso país por mais de um século. Clamou em vão. O último apelo pela voz de Miguel Couto, na sua apóstrofe angustiosa pela criação de um ministério que viesse a cuidar dos problemas essenciais do homem: a saúde e a educação. Fostes vós que escutastes esse clamor. E porque escutaste, fundando, nos primeiros dias revolucionários, o Ministério da Educação e Saúde, procedeste com sabedoria política. Eis aí porque escolhemos o dia 3 de outubro para esta inauguração. Devo ainda dizer que, se a criação do Ministério da Educação e Saúde resultou de vossa

sabedoria política, a construção deste 'palácio de vidro', em que ele vai funcionar é um sinal de vossa livre e altíssima inteligência. Não é frequente entre os chefes de Estado o espírito de proteção às artes. Todavia de quando em quando, a história nos oferece a grata presença de um mecenas. Na história do Brasil, sob esse aspecto, merece afetuoso respeito a figura de D. Pedro II. Porém, o que é raríssimo é que o Chefe de Estado, além de protetor das artes, na sua usual produção e brilho, se transforme em animador da renovação e da rebeldia, num terreno em que o espírito acadêmico, em toda parte e em todos os tempos, possui o mais forte poder. Esse gesto, o gesto de Péricles, o gesto de Lourenço de Médici, só se encontra raramente. Com essas palavras é que creio poder prestar-vos, nesta inauguração, a maior homenagem. O Ministério da Educação e Saúde, segundo o vosso plano, lutará constantemente pela elevação da qualidade do homem brasileiro. Essa luta deverá ser sempre animada de claridade e veemência, para ferir o mal de todas as decadências. Por isso mesmo é que, no limiar desse edifício, encontrais na escultura de Jacques Lipchitz, a figura do iniciador da civilização humana, do semideus que arrebatou o fogo dos céus – Prometeu – na decisiva luta da dominação do abutre. (BRASIL, [1945], p. 1-2).

Para a despedida do ministro e do seu ministério, Capanema escolheu Roquette Pinto para representar os funcionários do MES. Roquette, nas discussões sobre o homem brasileiro, sugeriu que a obra escultórica de Celso Antonio fosse um homem em marcha, para demarcar o percurso civilizatório em evolução.

A data escolhida para a inauguração do palácio de vidro foi alusiva à tomada de poder de Vargas em 3 de outubro de 1930. A peça oratória de Capanema sinalizou o início e o fim de uma era. O ministro, ao lado de Getúlio, observava o arranha-céu modernista e as obras expostas; entre elas, *Prometeu e o Abutre*, de Lipchitz, realizada em homenagem ao presidente, conforme citada no discurso. A entrega do prédio modernista foi uma redenção e um fecho célebre para um governo acuado pelos seus oposicionistas.

O presidente, que nunca gostara de arte, como afirmou Luís Martins (1945), foi consagrado na cerimônia por Capanema tal qual um déspota esclarecido, comparado a D. Pedro II, Péricles e Lourenço de Médici, raros e grandiosos mecenas das artes.

O ministro, que vivera inúmeras celeumas no comando da Educação e Saúde, não pôde acompanhar a conclusão da obra, em 1947. Capanema deixou a pasta no dia 29 de outubro de 1945, 26 dias após sua inauguração. Em 1985, após o seu falecimento e o nascimento do Ministério da Cultura, o prédio foi homenageado com o seu nome, Palácio Capanema, mas, no imaginário popular, manteve-se como Palácio da Cultura.

1.11 Prestação de contas com a história

Com a saída de Vargas, o cearense José Linhares, ministro do Supremo Tribunal Federal, assumiu a Presidência e indicou para o MES o médico fluminense Raul Leitão da Cunha, cuja gestão foi de 30 de outubro de 1945 a 31 de janeiro de 1946, rompendo o ciclo de comando mineiro no ministério.

Afastado, Capanema dedicou-se a escrever uma espécie de relatório de atividades do Ministério da Educação e Saúde, intitulado *Algumas notas sobre os problemas da educação e saúde no governo Getúlio Vargas* (CAPANEMA, 1946). Detentor de muitas observações, talvez o documento fosse o projeto de um livro, orientado como uma espécie de prestação de contas com a história. Uma escrita memorialística para um ministério em construção.

O documento datiloscrito, com 43 páginas, continha o relato de 15 anos de existência do MES, entretanto o ministro permaneceu apenas 11 anos no cargo. A lealdade ao governo Vargas e ao ministério fez com que Capanema registrasse a história do Mesp/MES desde a sua implantação, rememorando os avanços administrativos e os desafios impostos pela sua história institucional. Para Capanema, a maior obra de Getúlio Vargas foi a instituição do MES, pois "colocava os problemas da educação e da saúde num plano elevado e lhes dava atenção e cuidados especiais" (CAPANEMA, 1946, p. 43).

Capanema inicia o relatório enaltecendo Vargas na fundação do Mesp/MES: "Não nasceu o Ministério da Educação e Saúde como uma simples agência burocrática. Na mente do seu fundador, havia o propósito da criação e renovação". O orçamento seria um exemplo de destaque: "O exame desse aspecto financeiro mostra que a despesa geral da República, de 1938 a 1944, acusa um aumento de 55%, e que, no mesmo período, a despesa do Ministério da Educação e Saúde aumentou 129%" (CAPANEMA, 1946, p. 42-43).

Essa defesa se mostra contraditória, pois, por diversas vezes, observei no acervo do CPDOC/FGV, no documento "Assuntos administrativos do MES de 1932 a 1945", reclamações de Capanema referentes ao baixo orçamento do ministério. Um exemplo dessa questão foi a exposição do ministro para a Comissão de Finanças e Orçamento da Câmara dos Deputados, na qual reclamou do não cumprimento dos Arts. 141 e 156 da CF-1934, ou seja, o MES recebia desde sua criação um "orçamento insuficiente" (BRASIL, [1945], s/p). Mas o relatório, após a sua saída do ministério, indicava uma direção saudosista inclusive no aspecto financeiro.

O relatório foi dividido em três seções, mas o número de páginas para cada área ajuda a compreender a importância hierárquica apresentada: 1) "Fundação do Ministério da Educação e Saúde", 14 páginas, em que se avaliou o percurso administrativo da educação desde a instalação do ensino primário, secundário, comercial e superior; abordou-se a Reforma Capanema e esclareceu a campanha de nacionalização empreendida no Sul para a inculcação da língua nacional; 2) "Atividades culturais", 5 páginas, em que se avaliaram os impactos da criação de órgãos como o Sphan e o INL, rádios educativas, museus, teatros e universidades como políticas públicas setoriais que elevaram a capacidade intelectual dos brasileiros; o texto reiterou os sentidos da modernização para o alcance da cultura nacional adquirida por meio da execução da principal obra do MES, a sua própria sede, símbolo maior do modernismo; 3) "O Departamento Nacional de Saúde e os Departamentos Estaduais de Saúde", 21 páginas, em que apresentou os avanços do governo em dados estatísticos, demonstrando a dimensão nacional e regional do alcance do MES; a seção registrou a criação de hospitais curativos e dos sanatórios; as doenças que afligiam o país foram enumeradas, quantificadas e apresentadas segundo as estratégias de combate; entre os males, febre amarela, peste, câncer, doenças mentais, doenças venéreas, tracoma e malária; a puericultura foi tratada no texto, assim como a questão da medicina profilática e curativa desenvolvida no interior da Amazônia brasileira, além dos programas de saúde relacionados com os preceitos políticos do governo, a exemplo do documento *A Revolução e a lepra*, de Sousa Araújo (CAPANEMA, 1946).

O documento não realizou nenhuma menção às conferências e aos Conselhos de Educação e Saúde, mecanismos de políticas antecedentes ao governo Vargas, mas por ele mantidos. Tampouco citou a reforma administrativa proposta, em 1935, por Capanema, de renomeação do Mesp para Ministério da Cultura Nacional. Parece que, como prestação de contas, o relatório foi redigido para tornar-se um documento/monumento e um lugar de memória, apropriando-nos aqui das acepções respectivas de Le Goff (1997) e Nora (1993). Um registro histórico da memória inventariada do ex-ministro. Para Capanema: "a fundação do Ministério da Educação e Saúde teve um sentido revolucionário. E a sua obra honra o grande chefe de Estado que a realizou" (CAPANEMA, 1946, p. 43).

O ex-ministro, após o fim do Estado Novo, apesar do seu capital cultural e político, da sua erudição e oratória, da sua trajetória ministerial e parlamentar, consideravelmente produtiva, tornou-se marginalizado em algumas esferas de poder, haja vista o debate travado sobre o risco do dirigismo na criação do MinC, em 1985, comparando-o com o Mesp/MES. O fantasma do Estado Novo perseguiu Capanema nos espaços de sociabilidades e de poder. O espaço público como lugar de projeção, de distinção, de consagração e de destruição política condenou Capanema a colecionar suas memórias para um reconhecimento póstumo.

No serviço público, persistiu, desde então, a compreensão de que os agentes públicos personificam o Estado. No entanto, a ideia de que muitos intelectuais como Capanema agem e pensam ser o próprio Estado pode ser compreendida por meio da teoria elaborada por Gramsci (1995) no contexto histórico do fascismo, quando avaliou a organização da cultura dentro da sociedade capitalista. Destaca-se a estruturação ideológica dos órgãos culturais realizada pelos indivíduos autorizados pelo Estado.

O relatório elaborado por Capanema deve ser lido como uma tentativa de registro da história do Mesp/MES na primeira pessoa, com os elementos que lhe interessavam relatar. O processo constante de reformulação e ressignificação das políticas públicas demarca uma tendência de reverenciar os grandes nomes que empreendem grandes ações e têm o poder sobre o registro da história.

1.12 Projeto político inacabado

A história narrada em um conjunto de fatos concatenados e ordenados em datas, causas e efeitos tende a encobrir os processos antagônicos marcados por divergências e disputas que ocorreram paralelamente; por isso, a dessacralização dos nomes a frente das instituições de cultura auxilia a refletir os percursos das políticas culturais como processos inacabados e em constantes transformações e apropriações.

Capanema foi alvo de constantes pressões dentro e fora do governo. Mas Williams (2000) concluiu que o consentimento de Vargas para os projetos do ministro evidenciou a confiança depositada em sua gestão. Carlos Drummond de Andrade afirma que, apesar de Capanema conferir a Vargas a autoria dos trabalhos por ele executados, o ministro foi o principal mentor intelectual dos projetos e das leis relacionados à cultura e à educação. O ex-chefe de gabinete classificou Vargas como um burocrata obstinado, uma máquina de assinar projetos de leis e decretos.

As duas análises estão corretas, pautadas em uma relação de ajuda mútua. Vargas confiava na condução política do ministro porque, enquanto bom articulador, destinava ao presidente as honrarias e autorias bem-sucedidas. Capanema assim atuava como forma de enaltecer e fortalecer a relação com o chefe de governo. Para Horta (2012), a prática política de enaltecimento de Vargas iniciou após Capanema ficar em sobreaviso diante da possibilidade da nomeação de Plínio Salgado para o ministério.

Contudo, muitas ações políticas aconteciam fora do gabinete presidencial, como as articulações para aproximar e cativar o presidente para os assuntos da cultura. Exemplo dessa questão foi a visita realizada por Getúlio Vargas, com a filha Alzira acompanhado por Capanema e os militares general Francisco José Pinto, coronel Benjamim Vargas e capitão F. de Matos Vanique, ao Museu Nacional Histórico/RJ, em 10 de junho de 1939. Segundo o relato administrativo do MES, o presidente permaneceu por mais de três horas nas dependências museológicas e percorreu todas as exposições. O documento destacou a exposição de numismática, biblioteca, sala de armas e Sala D.

Pedro II com bustos de personalidades importantes, indumentárias imperiais, espadins e ceptros, que o imperador usou em sua maioridade e na Guerra do Paraguai, "todos conservados em ricos armários" (BRASIL, [1945], p. 63). Os lugares de consagração política cativavam o ditador, e Capanema sabia otimizar essa vaidade.

A confiança e a credibilidade foram negociadas nas entrelinhas do poder, mas os cortejos para o presidente nem sempre funcionavam. Horta (2012) adverte que muitos acontecimentos traumáticos ocorreram à revelia de Capanema, demonstrando muitas fragilidades políticas perante os outros ministros, além dos desacordos com Vargas. Um exemplo citado pelo autor foi a realização prevista para a VIII Conferência Mundial de Educação/RJ pela World Federation of Education Associations em 1938. O evento foi cancelado pelo ministro da Guerra, sob a alegação de risco à segurança nacional. O *Manifesto dos pioneiros*, de 1932, mantinha-se assombrando as esferas governamentais. O general Eurico Gaspar Dutra cancelou o evento sem comunicar Capanema, desautorizando-o publicamente e no governo. Capanema e Osvaldo Aranha emitiram escusas em nome do governo e alegaram a impossibilidade de receber um evento internacional, porque o país passava por reformas políticas. A desistência foi dispendiosa para o governo. O Brasil foi obrigado a financiar um cruzeiro pela América do Sul para os delegados inscritos como remissão, já que o Estado fora um dos patrocinadores do evento. O poder de Capanema era forte, porém abalável, e em diversas ocasiões as centralizações e as decisões do ministro foram anuladas por contrariedades e desconfianças no governo. Entretanto, Capanema tentou ao longo da sua gestão escolher os embates que deveriam ser travados.

A *culture wars* que Williams (2001) afirmou existir no Estado Novo aconteceu dentro e fora da esfera política do MES, não só pelos agentes e artistas que lutaram por verbas, encomendas, intercâmbios, publicações e trabalhos, mas, fundamentalmente, por defender posições de neutralidade. Uma guerra pela cultura e para a cultura foi incentivada como projeto de Estado pelo governo para disseminar a vigilância nas atividades e produções culturais. Dissolvia-se a homogeneidade advogada pelo Estado Novo na prática administrativa do serviço público e nas relações porosas de poder, porque nem tudo estava sob o domínio político de Vargas e Capanema.

Um plano nacional para a cultura foi sendo espraiado subliminarmente no conteúdo legal dos órgãos sob a jurisdição de Capanema. As atribuições e as competências das instituições culturais nas ações empreendidas e/ou pretendidas demonstram as negociações, as celeumas e as tensões provocadas pelos discursos e pelas práticas políticas confrontadas com os demais ministros e gestores subordinados.

As trajetórias e as políticas efetuadas por Capanema, dentro do governo autoritário, não podem ser separadas dessa estrutura de poder. Contudo as habilidades do ministro demarcaram as suas estratégias para enfrentar ou comandar as guerras culturais, metáfora trabalhada por Williams (2000). O autor ilustrou as disputas em torno da administração cultural no Estado Novo, desde a criação dos órgãos federais até a operacionalização das políticas setoriais e a busca pelos sentidos de brasilidade.

As relações de amizades firmadas entre Capanema, os intelectuais e os artistas, principalmente os modernistas, dentro e fora da estrutura do MES inclusive em mandatos legislativos, balizaram o seu projeto autobiográfico. No entanto, ao mesmo passo em que mantinha relações afetuosas com os modernistas de vanguarda, também as nutria com os conservadores. Sublinha-se um fato ocorrido por conta da conferência de Alceu Amoroso Lima na Escola Nacional de Música, no dia

25 de março de 1935[8], sobre o tema "Educação e o comunismo" (BRASIL, [1945], p. 16). O episódio levou Carlos Drummond de Andrade a redigir uma carta de exoneração:

> Às 5 horas da tarde, subindo o elevador do ministério, e cruzando com colegas do gabinete, que desciam para assistir à conferência do Alceu, fiz um rápido exame de consciência e verifiquei que eu não devia fazer o mesmo. Uma outra conclusão logo se impôs: não podendo participar de um ato público, promovido pela autoridade que sirvo, e que visava afirmar, mais que uma orientação doutrinária, um programa de ação de governo, eu não só deixava de servir a essa autoridade como lhe criava uma situação desagradável [...]. É verdade, ainda, que não tenho uma posição à esquerda, senão apenas sinto por ela uma viva inclinação intelectual, de par com o desencanto que me inspira o espetáculo do meu país. [...] Não permitir que, para não magoar o amigo, você ponha em risco a sua situação política e, mesmo, a sua posição, moral em face do governo. O amigo está intacto e continua a desejar-lhe bem. Dispensando o diretor do gabinete (e que irritante diretor de gabinete tem sido o seu) você conservará o amigo afetuoso, que o abraça fraternalmente. (ANDRADE, C.D., 2002, p. 318).

O relato de Drummond contesta a tese de cooptação de Miceli (1984), pois não existiam relações ofuscas e subservientes em relação ao Estado Novo. A autonomia pretendida entre a política e a cultura perpassava o debate em torno do posicionamento político ou não dos intelectuais. Contudo as guerras culturais reforçam a tese sobre as estratégias de utilização do Estado, por ambos os lados ideológicos, para a manutenção dos ideais intelectuais e da sobrevivência política, tanto pública quanto privada, dos intelectuais funcionários do Estado.

A carta de exoneração do chefe de gabinete revelou uma consciência sobre os limites éticos e ideológicos em relação aos posicionamentos e à atuação perante o Estado autoritário. Nesse sentido, é possível indagar sobre a fidelidade inconteste a Vargas e o papel assumido por Capanema no processo de articulações e negociações empreendidas, como a construção do MES e os projetos que nunca se realizaram. As reminiscências documentais do seu arquivo pessoal evidenciam que, por trás do projeto ambicioso de cultura nacional, estava o projeto de país pelo qual Capanema lutou.

Nos múltiplos projetos pelos quais Capanema se empenhou e aos quais se dedicou, encontram-se articulações políticas que ultrapassam a ideia da moderação e mediação para a postura de um homem de Estado com perfil centralizador e autoritário, como foi o caso da escolha do projeto arquitetônico para a construção da sede do MES. Questão que de certa forma determinou como as políticas culturais no Brasil foram forjadas, comungadas e impostas em determinados momentos.

A influência modernista sobre Capanema, por vezes, conflitou com o projeto político e religioso nutrido por ele. No entanto, o seu projeto intelectual adequou-se com o seu projeto de Estado, ambos atrelados às orientações conservadoras do autoritarismo estadonovista. Para Williams (2000), Capanema agiu como ministro da Cultura até o fim da gestão, no entanto a trajetória do ministro foi patrimonializada na história das políticas culturais, sobretudo pela monumentalidade arquitetural do prédio do MES.

Contraditoriamente, o caráter autoritário das ações administrativas do Estado Novo no aspecto cultural marcou distintas gerações. Constata-se o período como produtivo na criação de lugares de memória, retomando o conceito de Nora (1993), quando se analisa a história das políticas e instituições culturais, que, mesmo em fragmentos, se reconstroem dentro dos processos políticos em distintos períodos.

---

[8] A reprodução dessa carta no livro de Schwartzman *et al.* (2000) indicou que fora escrita em 25 de março de 1936, contudo o acervo do MES relatou que o evento referido ocorreu em 1935.

A gênese das políticas públicas na área da cultura, sob um viés modernizador, conteve em seu âmago os sentidos educativos e sanitários do MES para a promoção de um projeto de Estado nacionalista e autoritário. Os ideais de educação e cultura foram materializados em decretos, leis, órgãos e equipamentos públicos. Tornaram-se espaços de experiências e horizontes de expectativas dos agentes públicos e dos intelectuais. A cultura política, em acordo com Koselleck (2006), estrutura-se em estratificações linguísticas conceituais, e, quando incorporada no discurso político, condiciona a escrita da história.

As enunciações dos agentes públicos e as estratificações do conceito de cultura ressignificam o vocábulo "democracia", por isso as políticas culturais começaram a ser forjadas dentro do aparato do Estado autoritário. Contudo é importante reforçar que a história da cultura não pode ser dissociada da história da educação e da transformação do mundo do trabalho. Este é um ponto que será reforçado, mesmo quando a cultura for finalmente apartada do Ministério da Educação, em 1985, como se verá nesta obra.

Há mais do que uma relação semântica, filosófica, etnográfica e antropológica no binômio "educação e cultura". Além de serem áreas interseccionadas, há o aspecto simbólico da materialização das ações humanas pelo trabalho. Mário de Andrade, não por acaso, defendeu o caráter pedagógico das ações culturais no DCSP para os trabalhadores.

Se, por um lado, a história da cultura e da educação é complementar, por outro, as compreensões de trabalho e a constituição dos campos artísticos e profissionais são determinantes para as políticas culturais. Os debates públicos e as disputas por conceitos e narrativas reconfiguram as estruturas de poder e, consequentemente, a reorganização dos movimentos sociais e culturais.

A dualidade entre a cultura e a educação foi sendo desconstruída aos poucos na formatação prática e na construção teórica das instituições culturais. Em distintos momentos históricos, os conceitos de cultura foram arrolados em práticas administrativas e trouxeram força social e política para legitimar ações governamentais, rompendo com alguns preceitos e caminhos políticos tradicionais.

A institucionalização da cultura perpassou instâncias paliativas de poder. No Departamento de Cultura (DC) dirigido por Mário de Andrade, a área da cultura dividia o espaço com o esporte e a recreação. No governo Vargas, esteve subordinada à educação e à saúde e foi pleiteada pelo Ministério da Justiça na proposta de junção do DIP/CNC.

Desenvolver um inventário do estabelecimento das políticas culturais no Brasil desde 1930, como trabalhou Calabre (2009), é pertinente tanto quanto realizar uma arqueologia das ideias, como sugeriu Sirinelli (2003). Destaca-se que esses dois recursos metodológicos foram utilizados na pesquisa que originou este livro, sobretudo para compreender os preâmbulos do arcabouço legal das políticas culturais e as nuances desse processo histórico, considerando as disputas dos múltiplos projetos de nação.

É preciso compreender o processo de desenvolvimento das políticas culturais como inacabado, considerando a atuação protagonista de alguns intelectuais no papel de mediadores. Nesse sentido, uma das questões centrais desta obra é como a cultura política se dinamizou em seu inacabamento histórico, processo dialético de transformação da sociedade. Para este escopo, compreenderemos como foi estruturada a "rotinização" da cultura, termo utilizado por Antonio Candido (1985) no prefácio da obra de Paulo Duarte, quando analisou o Departamento de Cultura de São Paulo.

MÁRIO DE ANDRADE E A CONCEPÇÃO ETNOGRÁFICA DE CULTURA

O modernista Mário Raul de Moraes de Andrade (1893-1945), detentor de um sorriso de crânio largo, de acordo com Paulo Duarte (1985), cativou muitos amigos, admiradores e discípulos por suas ideias, sobretudo, na imbricação dos conceitos de cultura, povo e nação. Seu nome foi canonizado na história da literatura e das políticas culturais, a partir das comemorações do Cinquentenário da Semana de 22, principalmente em relação ao modernismo literário e às políticas de patrimônio.

Para Mário de Andrade foram atribuídas numerosas autorias, como o patrimônio em sua intangibilidade, o conceito antropológico de cultura e o anteprojeto do Sphan. Entre consensos e dissensos, considerando as circularidades e perenidades dos seus projetos e ideias, muitos agentes e administradores culturais se apropriaram das suas elucubrações teóricas e políticas.

As concepções de arte e de cultura em Mário de Andrade foram construídas dentro e fora do movimento modernista, cujo ápice de consagração foi a Semana de Arte Moderna em 1922, mito fundador que não pode ser reduzido à cidade de São Paulo, conforme refletiu Piazza (2003, p. 28). Os modernismos multifacetados reproduziram-se em distintas linguagens, concepções estéticas e políticas, e em diferentes lugares e temporalidades. O olhar paulista e etnográfico de Mário de Andrade, de acordo com a autora, redirecionou-o para a elaboração pedagógica da inclusão dos múltiplos "Brasis" em um projeto de reconstrução nacional, ao contrário dos modernistas mineiros, cujos olhares se centravam na tradição e no passado colonial e regional, com ênfase na cultura material (arquitetura) e imaterial (festas).

Em diversos momentos da sua trajetória, Mário de Andrade redesenhou suas elaborações teóricas e políticas conforme seus percursos. Essa é uma questão fundamental para vislumbrar nesta obra dois horizontes de expectativas sobre a sua contribuição nas políticas culturais. Em primeiro plano, a concepção de política empreendida pelo modernista enquanto administrador da cultura; em segundo, o processo de transformação do etnógrafo em cânone, um paradigma teórico e político construído para as políticas culturais em diferentes períodos.

Para Nogueira (2005), as viagens etnográficas e de descoberta do Brasil, realizadas ou coordenadas pelo modernista, qualificaram a sua percepção sobre a cultura antropológica. As viagens de descobertas iniciaram em 1924, a partir de um périplo realizado por Mário de Andrade com seus amigos por algumas cidades mineiras. Entre os viajantes estavam Oswald de Andrade (1890-1954) e seu filho Nonê (Oswald de Andrade Filho), Tarsila do Amaral (1886-1973), o poeta francês Blaise Cendrars (1887-1961) e dona Olívia Guedes Penteado (1872-1934). Para Bomeny (2001), a primeira viagem etnográfica do modernista ocorreu em 1927, no Amazonas e no Peru, contudo, independentemente do marco temporal, Aleijadinho e o barroco mineiro tornaram-se referências culturais de autenticidade e de genialidade projetadas para a cultura nacional em seus projetos.

Nogueira destacou que as viagens etnográficas do modernista pelo Norte e pelo Nordeste do Brasil (1927-1929) o despertaram para a pesquisa empírica. Desse modo, surgiu a necessidade de organização e coleta de materiais para o registro e a produção de um inventário sobre a diversidade musical. Os materiais fonográficos, iconográficos e fotográficos coletados, além das anotações textuais em diários de campo, auxiliaram a elaboração de catálogos e enciclopédias, o que lhe conferiu uma aura de autoridade sobre o assunto.

Múltiplos "Brasis" foram perseguidos com a crença simbólica de uma missão expedicionária e nacionalista a ser cumprida. Encontros com manifestações e celebrações da cultura popular — lendas, superstições, danças, cantorias, folguedos, ofícios, arquitetura vernacular — provocaram seu olhar para as distintas paisagens naturais, culturais, sociais e econômicas. As experiências estéticas, políticas e etnográficas afloraram distintos "Mários", o colecionador, o pesquisador, o poeta, o professor, o musicólogo, o viajante, o turista e o funcionário público municipal e federal, concluiu Nogueira (2005).

Alguns modernistas viajaram para reconhecer no povo brasileiro um primitivismo idealizado, uma busca pela natureza intocada e autenticidade cultural. O encontro do país letrado com o da lavoura arcaica despertou em Mário de Andrade uma espécie de "fome de Brasil", sinalizou Nogueira (2005, p. 103).

Entre os modernistas e os modernismos, Mário de Andrade foi o mais ousado, refletiu Lafetá (1974). Enquanto alguns se autoclassificavam vanguarda e mantinham práticas culturais pautadas em concepções passadistas e tradicionalistas, Mário eliminou as fronteiras da cultura popular e erudita e inovou a escrita literária. Nesse sentido, quatro vertentes modernistas podem ser consideradas: 1) Tristão de Ataíde, pseudônimo de Alceu Amoroso Lima (1893-1983), no engajamento conservador cristão pautado na *Rerum Novarum* como base da produção literária e atuação política; 2) Agripino Grieco (1888-1973), na autodenominação de apolítico e bricolagem estética em seus textos jornalísticos e literários; 3) Octávio de Faria (1908-1980), na desconsideração de técnicas e normas literárias; 4) Mário de Andrade, na intersecção do marxismo com folclore e opção política de trabalhar a sabedoria popular com o rigor da linguagem erudita.

Sublinha-se que Mário de Andrade não se autoclassificava político em suas ações, mas um etnógrafo observador e um pensador. Entretanto, não se compreendia apolítico; afirmava não gostar e não entender de política em numerosas missivas registradas por Duarte (1985). A obra *O artista e o artesão*, produzida para a aula inaugural dos cursos de Filosofia e História das Artes na Universidade do Distrito Federal, em 1938, estruturou a concepção de arte pelo viés da artesania e do ofício do artesão, acepção mais alargada da técnica, do fazer cultural, como se o artista fosse um operário em construção. A intuição tornava-se o elemento-chave para a criação artística, uma inventividade atrelada ao meio ambiente e às necessidades da criação, muito além dos valores acadêmicos e técnicas propagados pelas escolas de belas artes.

Sobre a política e a liberdade do artista frente aos autoritarismos, capitalismos e socialismos defendidos, destacou: "Mesmo nos países de organização social ditatorial, como a Rússia ou a Alemanha, as restrições até agora impostas à liberdade do artista são restrições meramente sociais. Pra não dizer, meramente ditatoriais" (ANDRADE, 1975, p. 29). Esse registro indica que a alcunha de marxista para Mário de Andrade foi muito mais um desejo da esquerda de se ver representada no modernismo andradino do que este pensamento auto-observado e autoclassificado. A classificação de esquerda recaiu sobre suas escolhas, suas adjetivações e seus temas de pesquisas.

Nogueira (2005) acentuou o lado bolchevique de Mário de Andrade e sua percepção sobre a realidade como uma espécie de consciência de classe, aguçada em suas viagens. Miceli (1984, p. 103), por outro lado, classificou-o de "líder intelectual do Partido Democrático" (PD), sem curso superior e sem estirpe financeira familiar — e o enquadrou sob a pecha dos "primos pobres" do modernismo, aqueles que necessitavam viver dos favores e mecenato da oligarquia paulista.

Os modernismos foram heterogêneos em recorrentes disputas ideológicas. Monica Pimenta Velloso (1996) esclarece o papel do movimento no Rio de Janeiro e acrescenta outras possibilidades de análise sobre as vertentes literárias com base em caricaturas em jornais e periódicos culturais, sobretudo quando analisou o periódico *O Quixote*. A autora pesquisou um grupo de intelectuais que atuou em determinados lugares de memória, como a Casa Turuna, um ponto de encontro da boemia carioca, que transgrediu a modernidade propagada pela república varguista.

Nesse sentido, alerto para a necessidade de se identificarem os múltiplos projetos estéticos criados pelos modernismos. As disputas ideológicas, estéticas, religiosas e políticas entre os modernistas evidenciam relações de intermediação e conciliação. A categoria de mediação cultural de Sirinelli (2003) foi difundida no Brasil por Gomes e Hansen (2016) e subsidia a compreensão e análise sobre as trajetórias dos agentes públicos e suas vicissitudes. Entretanto, do ato político de si para si, nem todos os intelectuais são mediadores, tampouco todos os mediadores são intelectuais.

Uma espécie de constelação, parafraseando Bomeny (2001), auxilia a compreensão dos diferentes sujeitos que transitaram no raio teórico e político de Gustavo Capanema, na formação do campo cultural dentro e fora do Estado, entre eles Mário de Andrade. A mediação foi exercida como projeto de nação, articulação e negociação cultural e política. Os modernistas de vanguarda projetaram a formação institucionalizada do campo cultural; e os conservadores, do campo educacional. As vertentes modernistas, em suas expressões artísticas, estéticas, políticas e religiosas, encontraram no Mesp/MES o apoio para suas obras, de acordo com Piazza (2003).

Para Lafetá (1974, p. 160-169), os modernistas realizaram uma "revolução na linguagem", nomeadamente Mário de Andrade, pela coragem de trabalhar o pluralismo cultural enquanto busca incessante da brasilidade: "Por isso deixou a obra mais fecunda de sua geração", seja no campo literário, seja na formulação de políticas culturais. Como "centro de contradição", o poeta viveu intensamente o campo estético e ético da política, condição *sine qua non* para a sua formação intelectual em contínuo processo de devir.

Mário de Andrade foi sacralizado nas políticas culturais de forma hagiográfica, com um poder onipresente e onisciente nas concepções de cultura e de patrimônio, sobretudo em relação ao anteprojeto do Serviço de Patrimônio Artístico Nacional (Span) e direção do Departamento de Cultura e Recreação da Prefeitura de São Paulo.

2.1 Departamento de Cultura e Recreação da Prefeitura de São Paulo

Mário de Andrade, em missiva para o amigo Carlos Drummond de Andrade, em 1924, sinalizou que seu trabalho seria "transitório" e "caduco", e queixava-se do seu "gigantismo epistolar" (ANDRADE, 2002, p. 52). Em 10 de janeiro de 1924, para o amigo Sérgio Milliet (1898-1966), confessou: "Nós temos o problema atual, nacional, moralizante, humano de abrasileirar o Brasil" (ANDRADE, 1985, p. 46). Um ano depois, otimista com as descobertas de viagem, planejou novas incursões para o Norte e o Nordeste, e em missiva para Manuel Bandeira declarou: "Não sou indivíduo de gabinete" (ANDRADE, 1985, p. 46). Mesmo não sendo um indivíduo afeito às rotinas burocráticas, Mário e seus amigos modernistas, submeteram-se aos cargos políticos do Estado.

A obra de Mário de Andrade, considerada por ele mesmo como caduca e transitória, tornou-se longeva e consagrada com o DCSP. Apesar de o organograma da Prefeitura de São Paulo registrar a repartição como Departamento de Cultura e Recreação, com as pastas de turismo, esporte e lazer, Mário de Andrade referia-se ao órgão como Departamento de Cultura. Para análise do percurso do modernista junto ao DCSP, utilizei a obra de Paulo Duarte *Mário de Andrade por ele mesmo*, de 1985. O escritor, graduado em Direito, foi jornalista nos periódicos *O Estado de S. Paulo* e *Diário Nacional*. Exerceu numerosos cargos na administração pública e foi um ferrenho partidário do PD.

Mário de Andrade, em trocas missivas, lamentava-se de não gostar, não saber e não querer discutir política:

> Não vale a pena falar de política. Às vezes, em que tenho lhe mandado notícias sobre isso, além de imaginar que minhas notícias chegam tarde por causa dos seus tão infectos quanto fiéis amigos politiqueiros, tenho gordas razões pra imaginar que são notícias deficientes e sem o contingente legítimo dos boatos. Política não é meu gênero, você sabe, e tenho horror a essa política nacional (a todas as que sejam nacionais) em que você se entende tão bem. (ANDRADE, 1985, p. 246).

Bomeny (2001) considera a obra de Duarte um documento histórico com a potência de um testamento. Entretanto, a obra pode ser problematizada conforme as estruturas narrativas memorialísticas, pois ancora-se em fatos encadeados e situações confluentes. Portanto, incorre em armadilhas da ilusão biográfica, como alerta Bourdieu (2006), em que os fatos são reavivados pelo narrador com base nas triagens do tempo presente. No caso de Paulo Duarte, uma escrita *post mortem*, em um contexto de consagração de Mário de Andrade. Ecléa Bosi (2004) reflete sobre os riscos das memórias reativadas e seletivas, em que lembrança e esquecimento são registros geracionais de uma história em movimento e uma memória nômade.

Paulo Duarte (1985), em sua obra, conduz uma narrativa linear e factual, na qual as políticas de amizades e de poder são retomadas de forma saudosista e amargurada. Contudo transita, frequentemente, de narrador a voz autorizada de Mário de Andrade.

Segundo o relato memorialístico de Duarte (1985, p. 51), o DCSP foi criado com base em um "grupinho" de amigos reunidos em seu apartamento na Avenida São João, centro boêmio de São Paulo. Uma confluência de personagens e lugares simbólicos, em que a ideia do órgão surge "cutucada" por um vinho Montrachet em um jantar de articulações políticas. Fábio Prado, indicado para o Executivo municipal pelo governador Armando de Sales Oliveira, do PD, presente no evento, recebera a proposta de criação do departamento em silêncio, contudo concedeu a autorização para a elaboração do anteprojeto. Na narrativa histórica do DCSP, aparecem mitos fundadores e autorias coletivas, mas prevalece o protagonismo de Paulo Duarte, assessor de Fábio Prado, que exigiu a contratação de Mário de Andrade, após a concordância do prefeito.

Para Miceli (1984), Duarte e Prado pertenciam às elites financeiras, políticas e culturais do estado. Após ter elaborado o anteprojeto para o DCSP, Duarte (1985) enviou cópias datiloscritas e mimeografadas para os amigos, como Plínio Barreto, Júlio de Mesquita Filho, F. E. Fonseca Teles, Anhaia Melo, Fernando de Azevedo, Antônio de Almeida Prado e Cantídio de Moura Campos. Com base nas devolutivas do texto, foram realizadas alterações no anteprojeto, e uma das melhores contribuições foi a de Fernando de Azevedo, segundo o relato de Duarte. O projeto, por essa narrativa, recebeu uma aura democrática e participativa com a indicação de Mário de Andrade para a direção da Divisão de Expansão Cultural e Departamento de Cultura.

A poeta, musicóloga e folclorista Oneyda Alvarenga (1911-1984) foi diretora da Discoteca Pública Municipal de São Paulo (1935-1968) a convite de Mário de Andrade. Alvarenga apresenta outra versão sobre a escolha do modernista para a direção do DCSP, na obra *Mário de Andrade, um pouco*, publicada pela editora José Olympio em 1974. A autora indicou que o cargo de diretor do "Departamento de Comissão" foi escolhido entre os chefes efetivos das divisões, conforme previsto no ato de criação do DCSP, mas, de qualquer forma, os escolhidos eram intermediados pelas políticas partidárias.

O DCSP, instituído pelo Ato Municipal 768, de 10 de janeiro de 1935, e organizado pelo Ato 861, de 30 de maio de 1935, pode ser compreendido em quatro linhas norteadoras: 1) formação e difusão cultural; 2) atividades multidisciplinares; 3) fiscalização; 4) patrimônio cultural. Entretanto, a maior contribuição do DCSP, destacada no documento, seria a de "contribuir para a formação do homem brasileiro, o ser geral e coletivo, que será o único capaz de conservar a nossa unidade nacional" (SÃO PAULO, 1935, s/p), uma projeção nacional para o órgão municipal criado.

As ações de formação e difusão cultural estavam atreladas com a instrumentalização pedagógica da radiofonia. Por meio do rádio, foram promovidos cursos populares e palestras de produção literária e científica, cursos de aperfeiçoamento e extensão cultural, organização de conferências universitárias e sessões literárias. O DCSP promoveu a descentralização das bibliotecas públicas, além de atividades de lazer, de assistência social e ações educativas, esportivas e sanitárias.

O Ato 861 foi estruturado para estimular, desenvolver e auxiliar as áreas relacionadas para a promoção de espetáculos teatrais, cantos, óperas, cinema e exposições artísticas, ou seja, ações integradas ao DCSP para instalar, organizar e administrar os equipamentos culturais. Sob a responsabilidade do DCSP estavam os parques infantis, os campos de atletismo, a piscina pública e o Estádio do Pacaembu, cuja pedra fundamental foi inaugurada, em 1936, para todas as camadas da população, preconizou o texto legal. Além dessas atribuições, encontrava-se a fiscalização de instituições recreativas e de divertimentos públicos, permanentes ou transitórias, estabelecidas no município, como as atividades circenses. Ao DCSP cabia o poder de inspeção pública e a aplicação de sanções em casos de violações à legislação.

Duarte (1985) registra que escreveu uma minuta para a criação do serviço municipal de preservação do patrimônio que seria denominado Departamento do Patrimônio Histórico e Artístico de São Paulo, antes do Sphan, mas que o projeto foi descartado após a instalação do Estado Novo. Contudo, nas encruzilhadas da ilusão biográfica percebidas em seu texto, sublinha-se que o órgão federal foi aprovado em 13 de janeiro de 1937; e o Estado Novo, instituído em 10 de novembro de 1937. Mas é válido pontuar que o discurso nacionalista e cívico dos decretos federais, realinhado aos atos de criação e organização do DCSP, demonstra a excessiva preocupação historicista de colecionar e conservar documentos históricos e etnográficos. A normatização de uma Política Nacional de Cultura em âmbito estadual e municipal tergiversou legalmente enquanto campo multidisciplinar, abrangendo a saúde, o lazer e o esporte, tal qual o ensino emendativo federal.

A política municipal de cultura foi alçada em uma base sociológica, e as atribuições do DCSP foram destinadas para todas as camadas da população com ações extensionistas para a periferia, proporcionando o direito e o acesso aos equipamentos culturais. Essa dimensão sociológica e periférica foi ratificada no prefácio escrito para a obra de Duarte por Antonio Candido (1985), sobretudo a contribuição do DCSP para a transformação social: "Não apenas a rotinização da cultura, mas a tentativa consciente de arrancá-la dos grupos privilegiados para transformá-la em fator de humanização da maioria, através de instituições planejadas" (CANDIDO, 1985, p. 14).

A humanização advogada justificou a organização dos programas e projetos setoriais descentralizados por uma perspectiva elitista, pois o DCSP selecionava o que as camadas populares deveriam receber enquanto produto cultural.

Lia Calabre (2009) afirma que as políticas culturais se tornaram institucionalizadas e planejadas após a experiência do DCSP, apesar de historiadores como Williams (2001) sinalizarem que foi a partir da gestão Capanema e da criação de alguns órgãos federais de cultura, como o Sphan. Acredito que as políticas nacionais de cultura foram normatizadas, planejadas e institucionalizadas do local para o nacional, como foi o caso da Prefeitura de São Paulo em relação ao governo federal.

2.2 DCSP: gestão democrática de cultura

A gestão de Mário de Andrade foi retratada por Paulo Duarte (1985) como uma administração democrática da cultura, porque inseriu atividades dirigidas para as camadas populares e oportunizou o acesso aos equipamentos culturais.

Enquanto etnógrafo e turista aprendiz, Mário de Andrade aproximou as ciências do fazer ordinário e defendeu em seus projetos culturais a criação e a fruição artística. A prática burocrática inquietava-o, e no início da administração confessou para Duarte (1985) que pretendia inserir a metodologia epistolar para os trâmites administrativos da repartição. Entretanto, nas políticas públicas, nem sempre a teoria e a prática se coadunam. No comando da pasta, deparou-se com articulações e negociações partidárias, solicitações de verbas, indicações empregatícias, demandas represadas, infraestrutura precária, ou seja, foi um administrador/gestor da cultura no governo do PD, com todas as ambivalências possíveis. Ser administrador da cultura em uma área em formação tornou-se uma realidade angustiante para o etnógrafo, e ser governo frustrou as expectativas idílicas sobre a administração pública e as projeções intelectuais sobre as transformações sociais a serem impulsionadas pelo Estado.

O lado poeta esvaiu-se em face das complexas relações de poder estabelecidas nos bastidores da administração, e seus desapontamentos foram registrados em um diário da gestão. Em missiva para Sérgio Milliet de 20 de abril de 1940, Mário desabafou:

> Não sei se lhe contei, mas quando aceitei a diretoria do Dep. de Cultura, resolvi logo, contando que lidaria com grandes personalidades da cultura, da arte e da política, escrever um diário de diretor, relatando os fatos e a minha impressão dos indivíduos. Meu caro, enchi dois cadernos de 200 páginas que ainda não tive coragem pra destruir. Mas quando um dia reli o já escrito, fiquei simplesmente horrorizado. Não creio que seja um despeitado da vida e nem sequer um homem ruim. Mas o que contava ali, os casos, as palavras alheias, a ambição, a maldade, a intriga, a estupidez, a safadeza davam àquelas memórias fidelíssimas um ar absurdo de mentira. Faltava realismo a toda aquela realidade. Eu é que saía dali um (sic!) boca do inferno, danado, deformador, invejoso e... mentiroso! Era impossível que aqueles fatos tivessem se passado e aquelas frases se dito. Parei com as memórias. (ANDRADE, 1985, p. 332).

O saudosismo previsto para trabalhar com grandes personalidades da política, da cultura e das artes cedeu lugar para a decepção com as relações controversas e politiqueiras. O modernista decidiu destruir os diários para não delatar as relações dos seus contatos, colegas, amigos e desafetos. As impressões registradas sinalizam que os bastidores do poder no DCSP desapontaram suas expectativas e impuseram-lhe a necessidade da autocensura. Um equilíbrio entre a ética e a política perseguida por Mário de Andrade em vida, como refletiu Lafetá (1974). Por meio da missiva a Milliet, podem-se notar as memórias amotinadas e os conflitos vivenciados nos jogos políticos da coisa pública.

O modernista viveu a rotina do serviço público no comando hierárquico. Em bilhete para Paulo Duarte (ANDRADE, 1985, p. 54), reclamou da morosidade e da burocracia para a contratação de "contínuos e serventes". As tensões, negociações, barganhas, trocas de favores permeavam os interesses privados dentro da administração pública. Com base na confissão do registro em diários, é possível vislumbrar a transição teórica e política do professor, do musicólogo, do pesquisador e do etnógrafo para o político e administrador da cultura, um burocrata refém do seu gabinete. Uma situação próxima do que se observa em Departamentos e Secretarias de Cultura pelo país até os dias atuais.

Os documentos epistolares publicados por Duarte demonstram as percepções do modernista sobre o funcionamento da estrutura do Estado, além das suas estratégias de resistência. Situação que impulsionou táticas defensivas de não se afirmar enquanto político, mas de se apresentar enquanto poeta e romancista, modernista e operário, classificações pelas quais transitava com maior familiaridade. Entretanto, a demarcação de operário incidiu sobre a sua condição de intelectual enquanto trabalhador imerso em processos rotineiros de trabalho, despachos e comandos; o tempo de pensar e divagar fora exaurido. A negação da condição e da atuação do sujeito político demonstrou uma necessidade histórica dos intelectuais de se distanciar dos jogos de poder para manter em si certa pureza ideológica, imune às tramas políticas, apesar de inseridos e atuantes em espaços de governo.

Provavelmente, o olhar do etnógrafo amadureceu o olhar do gestor na compreensão de que não bastava uma instituição existir, era necessário que ocorresse o reconhecimento social. Luís Rodolfo Vilhena (1997) esclarece que o modernista, no papel de etnógrafo, não se considerava folclorista, pois defendia pré-requisitos científicos, como a formação teórica e metodológica adequada para o exercício dessa ocupação. A criação da Sociedade de Etnografia e Folclore de São Paulo (SEF/SP, 1937-1939), formada pelos alunos egressos do curso ministrado pela etnóloga italiana Dina Dreyfuss (1911-1999), organizado e custeado pelo DCSP, em abril de 1936, auxiliá-lo-ia nesse processo formativo.

Valentini (2010) analisou os trabalhos da Missão Francesa na Universidade de São Paulo (USP), chefiada pelo casal de antropólogos Dina e Lévi-Strauss, e as parcerias com o DCSP. A organização do folclore e da cultura popular, pesquisa de campo e coleta de dados, etnograficamente compreendidas, foram o teor do discurso da aula inaugural do curso. Mário de Andrade (1936) assumiu a condição de etnógrafo diletante:

> Não foi ao acaso que escolhemos a Etnografia, ela se impôs. Quem quer que, mesmo diletantemente como eu, se dedique a estudos etnográficos e procure na bibliografia brasileira o conhecimento da formação cultural do nosso povo, muitas vezes desanima, pensativo, diante da facilidade, da leviandade detestável, da ausência, muitas vezes total, de orientação científica, que domina a pseudoetnografia brasileira [...]. E é principalmente nisto, na colheita da documentação popular que a enorme maioria dos nossos livros etnográficos é falsa [...]. Colher, colher cientificamente nossos costumes, nossas tradições populares, nossos caracteres raciais, esta deve ser a palavra de ordem dos nossos estudos etnográficos; e num sentido eminentemente prático vão se orientar os trabalhos deste Curso de Etnografia [...]. (ANDRADE, 1936, s/p).

Após os trabalhos com a Missão Francesa, novas apreensões sobre a cultura popular foram formuladas dentro do órgão. A prática da pesquisa tornou-se almejada em escala industrial. Para

Sevarolli (2006, s/p), Mário de Andrade firmou parcerias científicas porque acreditava que o folclore era o "paraíso da sensação democrática: tudo é igual, não se faz diferença entre o colaborador rural ou urbano, entre o alfabetizado e o analfabeto, não importa a idade e nem o sexo". Duarte (1985, p. 157) afirmou que Lévi-Strauss fora subvencionado pelo DCSP e produzira a "obra monumental" *Tristes trópicos* com base na expedição realizada em 1937. As coletas de artefatos e de registros das manifestações e das expressões culturais impulsionaram um colecionismo voraz dentro do Departamento de Cultura. A SEF/SP e o DCSP embrenharam-se em viagens etnográficas além de São Paulo, e os resultados das pesquisas foram divulgados no Congresso Internacional de Folclore, em Paris, em 25 de junho de 1937. Nesse evento, apresentou-se o projeto *Mapas folclóricos: pesquisa, mapeamento de tabus alimentares, danças e medicina popular*, desenvolvido pelo DCSP, no qual a figura do caipira foi divulgada como exemplo da autenticidade regional diante da modernidade industrial da capital.

Talvez o ímpeto colecionista de Mário de Andrade e do DCSP seja explicado pelo risco da perda dos patrimônios das culturas populares. As discussões etnográficas afloraram o conceito antropológico/etnográfico de cultura, argumento para a missão encontrar o genuíno e autêntico na cultura brasileira. Albuquerque Jr. (2011, p. 69) esclarece que o regionalismo que antecedeu ao modernismo exaltou uma perspectiva naturalista e, ao ser incorporado na retórica do movimento moderno, assumiu a "visibilidade e dizibilidade que oscilava entre o cosmopolitismo e o nacionalismo, superando a visão exótica e pitoresca naturalista". Acredito que essas duas questões se encontram na obra de Mário de Andrade, seja como etnógrafo, seja como literato ou administrador da cultura.

Em artigo publicado no jornal *Síntese*, de Belo Horizonte, um ano antes da criação da SEF, o modernista registrou suas preocupações:

> A Etnografia brasileira vai mal. Faz-se necessário que ela tome imediatamente uma orientação prática baseada em normas severamente científicas. Nós não precisamos de teóricos, os teóricos virão a seu tempo. Nós precisamos de moços pesquisadores que vão à casa recolher com seriedade e de maneira completa o que esse povo guarda e rapidamente esquece, desnorteado pelo progresso invasor. (ANDRADE, 1936, s/p).

O esquecimento e o risco da perda eram problemas graves para Mário de Andrade, por isso a pesquisa, em determinados grupos sociais, impunha-se como tarefa imperativa. Mas os afazeres administrativos e os projetos do DCSP não estavam voltados somente para as pesquisas etnográficas e para a cultura popular. Distintas ações de aproximação institucional entre a cultura erudita e a popular foram tracejadas por Mário de Andrade, Oneyda Alvarenga e Sérgio Milliet. O acesso concedido ao Teatro Municipal para os trabalhadores foi narrado enquanto transformação social, assim como o trabalho das educadoras sociais nas periferias e nos parques públicos foi tratado como pesquisa e exercício sociológico. As fronteiras do popular com o erudito foram ultrapassadas com a ocupação de espaços culturais elitizados, conforme Duarte:

> O Teatro Municipal fora aberto, pela primeira vez, aos trabalhadores com grande inquietação dos meios grã-finos pelos estragos que aí podia praticar o homem do povo. Foi outra inesperada observação sociológica. Se nos espetáculos acessíveis apenas à elite, com frequência, cadeiras e outras instalações eram danificadas com pontas de canivetes ou lâmina de gilete, que dirá o Teatro entregue às massas populares que certamente nada respeitariam? Pois a surpresa foi sensacional: a gente do povo era mais educada do que a gente educada!...Nunca se verificou um estrago, um desrespeito durante aqueles espetáculos de música ou de teatro oferecidos especialmente aos operários, com entrada grátis. O teatro regurgitava de uma multidão modesta, mas atenta e respeitosa. (DUARTE, 1985, p. 35).

A ação foi tratada como inusitada, porque o comportamento dos operários foi cordial e provocou incômodo entre a elite paulistana. Contudo a narrativa do autor inseriu uma abordagem que alimenta o discurso da distinção social, ao constatar a audiência respeitosa por parte dos operários para com o patrimônio público, ao contrário da depredação realizada pela elite. Os dois extremos na análise reforçam a ideia da democracia social e homogeneização cultural pretendida pelo DCSP. A análise de Bourdieu (1996, 2015a) sobre os usos dos equipamentos culturais enquanto instâncias de consagração, de demarcação do capital cultural e de distinção social são fundamentais para compreender essa narrativa. Paulo Duarte (1985) não fugiu dessa lógica distintiva do capital social, e relatou o estranhamento do governo federal com o acesso e a gratuidade do equipamento cultural para a população:

> Outrora, os concertos e outras manifestações artísticas do Departamento de Cultura, dados no Municipal, eram inteiramente grátis para o povo. Mas a ditadura não podia conceber que o Municipal não tivesse renda e esses espetáculos passaram a ser cobrados.
>
> Isso, aliás, perfeita mentalidade do Estado Novo, pois um ministro da educação de Vargas [Capanema] não chamou um dia à direção da Biblioteca Nacional para estranhar que aquele instituto só gastasse dinheiro e não figurasse no orçamento com nenhuma renda? (DUARTE, 1985, p. 68).

As observações demarcam as diferenças nas orientações políticas da gestão federal para com a municipal. A primeira voltada para as elites; e a segunda, para as classes operárias, como um endosso ao espírito democrata de certos gestores municipais.

O acesso gratuito ao Teatro Municipal foi problematizado por Raffaini (2001), pois, antes da gestão de Mário de Andrade, o órgão já abria suas portas, gratuitamente, em datas comemorativas. Todavia eram distribuídas entre os espectadores propagandas de grifes, de lojas de peles e de joalherias, prática de *merchandising* mantida sob a gestão do modernista, uma contradição escancarada e continuada. O estímulo ao consumo de produtos refinados, assim como o uso democrático dos espaços culturais elitizados como forma de reeducar a população, foi questionado pela historiadora quando o DCSP desconsiderou as atividades de lazer e de sociabilidades dos imigrantes, migrantes e operários nas periferias. A modernidade da megalópole absorvida pelas camadas populares reafirmava a pujança econômica paulista, uma potência cultural.

A extensão da Biblioteca Municipal foi relatada por Paulo Duarte sob a clave da ampliação ao acesso cultural. As bibliotecas foram abertas à população, que, majoritariamente, precisava se escolarizar. A Divisão de Documentação Histórica e Social foi coordenada por Sérgio Milliet. O coordenador foi um escritor, poeta, crítico de arte, sociólogo, professor, tradutor, jornalista, bibliotecário, pintor e gestor cultural. Participou da Semana de Arte Moderna de 1922 e foi articulista de periódicos franceses, como demonstrou Boaventura (2008). Em 1925, com Oswald de Andrade e Afonso Schmidt (1890-1964), lançou a revista *Cultura*. Foi gerente do jornal *Diário Nacional* do PD, fundado em 1927, secretário da Escola de Sociologia e Política de São Paulo de 1933 a 1935 e professor de 1937 a 1944. Milliet descentralizou a Biblioteca Municipal para os bairros operários com o projeto da biblioteca circulante, acomodada em um caminhão, que estacionava diariamente em diferentes praças públicas, uma ação saudada por Duarte como democrática. Raffaini (2001) afirma que a desativação do projeto ocorreu pela ausência de investimento vinculado.

Duarte (1985) afirma que a Discoteca Pública Municipal foi um projeto relevante de Mário de Andrade e deve ser compreendida como um desdobramento da publicação *Ensaio sobre a música brasileira*, obra de 1928, na qual o etnógrafo aproximou a cultura popular da erudita. Polímata, Mário transitou em diversas áreas do conhecimento, mas a sua raiz na etnomusicologia delineou seus interesses e pesquisas. Nogueira (2005) ratificou a estima da instituição para o registro e a conservação do patrimônio fonográfico, e parte do acervo foi coletada em suas viagens. Duarte (1985, p. 64) relata que, na criação da Discoteca, foram catalogados "400 documentos musicais gravados" para o acervo. Além de colecionar, acondicionar, catalogar, classificar, restaurar discos e pesquisar instrumentos e músicas regionais, o material era disponibilizado para o público usuário por meio de um sistema de empréstimo. Os estudos de fonética foram classificados em registros do folclore musical brasileiro e arquivo da palavra. A relação do etnomusicólogo com a Discoteca tornou-se umbilical. Corroborando essa análise, Bomeny (2001) destaca as trocas missivas de Oneyda Alvarenga e Mário de Andrade, após a saída do DCSP, como uma continuidade da sua gestão extraoficial.

Os programas, projetos, serviços de consultas públicas de discos e partituras, concertos comentados e gravações de discos da *Série de música erudita paulista*, *Folclore* e *Arquivo da palavra* foram analisados por Carlos Eduardo Sampietre (2009). O autor demonstrou que de 1935 a 1945, sob a curadoria da elite letrada, não somente o aspecto da conservação do patrimônio fonográfico foi trabalhado pela Discoteca, mas também as ações de difusão musical para a elevação cultural dos munícipes.

Duarte (1985) considerou os parques infantis como outro legado democrático da gestão Mário de Andrade ao oferecer atividades lúdicas, educativas, esportivas e recreativas, mediadas por educadoras sanitárias:

> As educadoras sanitárias [profissionais formadas em cursos de Normal Superior e Educação Sanitária] tinham a missão de auxiliar a assistência médica e dentária, permanente nos parques, zelar pela saúde das crianças, investigar as condições sociais do meio de que proviessem formar a consciência sanitária, incutindo hábitos higiênicos, levando a investigação até mesmo à família de cada pequeno, e, ainda, vigiar pela nutrição, estudar a criança sob o ponto de vista biológico, fisiológico, psíquico e social; auxiliar a organização das fichas clínicas, biotipológicas e sociais. (DUARTE, 1985, p. 51).

Raffaini (2001) questionou o sanitarismo incluído nas políticas culturais. A autora sinalizou uma vigilância sanitária e um controle da população, pois, enquanto as educadoras distribuíam lanches e ensinavam bons modos, visitavam os cortiços e diagnosticavam as condições de vida dos trabalhadores.

As ações culturais, sanitárias e de lazer foram trabalhadas como estudos sociológicos, e a prefeitura iniciou uma pesquisa junto aos trabalhadores da limpeza urbana, por intermédio do DCSP. De posse desse levantamento, o prefeito Fábio Prado regulamentou para a profissão de lixeiro os seus primeiros benefícios sociais. Segundo Duarte (1985), Getúlio Vargas apropriou-se dessa legislação trabalhista. Os lixeiros eram tratados como "párias", pois viviam e trabalhavam em condições miseráveis. "O inquérito sobre os lixeiros e os parques infantis vieram provar uma coisa que todos negavam: que havia fome em São Paulo" (DUARTE, 1985, p. 99-100).

Duarte registrou a desimportância conferida pelo presidente Vargas para as políticas sociais e trabalhistas ao relatar no seu livro uma confissão do gaúcho Lindolfo Leopoldo Boeckel Collor (1890-1942), ministro do Trabalho (1930-1932):

> Collor, contava-me, no exílio de 1932, que levara mais de uma vez os projetos que elaborara das primeiras leis trabalhista ao ditador, mas tinha que interromper a leitura porque o sr. Getúlio Vargas na sua cadeira de balanço, adormecia antes mesmo do fim do primeiro capítulo. (DUARTE, 1985, p. 99-100).

Do ponto de vista do autor, inclusive a legislação trabalhista foi um desdobramento do trabalho das educadoras sanitárias paulistanas. Os resultados das pesquisas in loco sobre a cultura e a ambiência urbana destacando as relações de vizinhança e pertencimento, solidariedade e diversidade foram marcados pelos ciclos migratórios e pela miséria da urbe industrial. O autor reitera que esses trabalhos fizeram com que surgisse uma dimensão da arte enquanto função social, denominada por ele de perspectiva sociológica para a cultura.

Para Paulo Duarte (1985), o Plano das Avenidas foi o responsável pela escassez dos recursos destinados aos projetos sociológicos do DCSP e, consequentemente, o pedido de demissão de Mário de Andrade. O autor denunciou, tal qual Pedro Nava (1903-1984), em relato para Bomeny (2001), que a causa da enfermidade e da morte de Mário, em 1945, foi em decorrência da sua expulsão do DCSP por conta do regime estadonovista.

A reforma urbana e a expansão viária iniciadas no governo de Fábio Prado foram intensificadas pelo seu sucessor, o urbanista Francisco Prestes Maia (1896-1965), indicação do interventor Adhemar de Barros. Nesse sentido, os livros do historiador Adriano Duarte (1999, 2018) sobre as relações de despejo e protestos após a abertura das vias urbanas, as políticas de higienismo moral e social advindos das reformas aplicadas contra a população periférica de São Paulo são cruciais para entender o processo de disputa entre a cidadania e a exclusão, em lutas pelo direito à cidade, ao lazer e à moradia.

A Pauliceia da antropofagia, boemia, letras, artes, vernissages, saraus, exposições, clubes literários, teatros, artistas, intelectuais convivia com a pujança econômica dos desbravadores. A obra *Monumento aos Bandeirantes*, projetada nos anos 20, mas inaugurada apenas em 1954, de Victor Brecheret (1894-1955), demarcava o olhar da elite para o desenvolvimento, um contraste com a desigualdade social e cultural crescente. A capital desenvolvida estava assentada em uma base econômica desigual, contrastando com a modernidade idealizada pelos modernistas.

2.3 O modernista operário

O início do século XX foi forjado pelas inquietações e incertezas políticas, religiosas, filosóficas e artísticas, que formataram os modernismos emergentes, considerando a nova geopolítica e colonização cultural decorrente da Primeira Guerra Mundial (1914-1918).

Esse período de angústias, crises econômicas e transformações no mundo do trabalho fizeram com que Mário de Andrade ambicionasse abrasileirar o Brasil, desenvolvendo a cultura para os trabalhadores nos projetos do DCSP. As ações para os operários podem ser analisadas sob a clave do projeto nacionalista, que variavam entre vanguardistas e conservadores.

A conjuntura internacional, nacional e paulista desesperançava o modernista, sobretudo na insegurança financeira e política em que vivia. Em missiva para Paulo Duarte de 3 de abril de 1938, Mário de Andrade (1985) avaliou as mudanças políticas nos quadros e projetos do DCSP enquanto planejava sua transferência profissional e residencial para o Rio. Na missiva, refletiu sobre as ambiguidades éticas e políticas sentidas pelo seu sangue operário e espírito aristocrático, contradições da sua existência:

> Há, sobretudo, uma voz de sangue, meu pai que foi operário e depois de súbito, continuando uma cotidianização operária de ser fazendo sempre atos que eram como pedras, objetivamente fazendo. O que existe de aristocrático em mim, principalmente este safado gozo de viver e a atração de todos os vícios, sei que não me dá paz – e essa parte é obrigada a ceder diante e na voz de meu pai. (ANDRADE, 1985, p. 159-160).

O texto demonstra um processo de consciência de si que se transformou em para si, conflitos éticos e políticos vividos por Mário de Andrade que foram analisados por Bosi (2004) e Lafetá (1974). Essas análises são interessantes para refletir sobre as contradições que perfizeram as autoanálises do modernista sobre o seu trabalho intelectual e rotineiro no DCSP e nas consultorias federais. Entre os gozos da aristocracia e a rotina do labor político burocrático, estava a crueza da desigualdade social escancarada no seu histórico de instabilidade econômica.

Nogueira (2005, p. 103) observou que essas contradições despertaram o "seu estado bolchevista" como uma espécie de consciência de classe, a partir do encontro com as manifestações e as expressões culturais em sua essência primitiva. Questão que descortinou uma geografia da fome, miséria e analfabetismo. Contudo não se pode restringir o conhecimento e a percepção da desigualdade social com base em suas viagens etnográficas, iniciadas em 1924, pois, ao contrário dos seus pares, Mário de Andrade tinha situação econômica instável, uma condição objetiva de ter que trabalhar para viver e produzir literatura.

O modernista, para abrasileirar o Brasil, imergiu em um país desconhecido. A contradição dos modos de vida da *high society* e das amizades fidalgas explodia em cada imersão etnográfica e sociológica, fosse no interior do território, fosse nas periferias de São Paulo. O interesse pelos modos de fazer e de viver dos sertanejos nortistas e nordestinos provocou em Mário de Andrade o desejo de imergir no mundo dos trabalhadores urbanos. A intenção de conhecer suas moradias, seus ofícios e interesses foi demarcada por um período de emergência das ciências sociais no Brasil. Rubino (1989), nesse sentido, localiza a criação da Faculdade de Filosofia (1934) e a Escola de Sociologia e Política da USP, em 1933, como elementos importantes de estruturação dessas concepções.

O encontro com os operários e a sua luta pela sobrevivência na Paulicéia fez com que o modernista se projetasse em sua luta pela sobrevivência política, ética, literária e econômica. Como um processo de redenção, o intelectual procurou encontrar uma ética operária na condução do seu trabalho e compreensão do mundo. O político enxergava-se etnógrafo; e o etnógrafo, um operário. Seu sangue operário foi uma escolha ética, pois seu pai, como analisou o estudo prosopográfico de Miceli (2001, p. 108), foi "jornalista, pequeno comerciante, guarda-livros e tesoureiro administrativo do Conservatório Dramático Musical". Não obstante, lembra Paulo Duarte: "Durante toda a sua vida, Mário de Andrade viveu sob dois signos: o da pobreza e o dos sonhos irrealizáveis" (DUARTE, 1985, p. 42). As angústias teóricas e políticas, as vaidades e os vícios burgueses estavam em constantes conflitos com a existência operária idealizada e a sua produção intelectual. Em inúmeras cartas para Paulo Duarte, Mário anunciava suas fragilidades e que somente os vinhos apaziguavam as suas angústias e os pressentimentos de morte após sua saída do DCSP. Em 17 de dezembro de 1939, escreveu ao amigo: "Mas te odeio teoricamente, quando imagino na minha existência. Então te odeio por você ter me excitado a vaidade com essa diretoria do Departamento de Cultura". Depois de declarar seu amor ao amigo, advertiu: "Pra disfarçar as mágoas, vivo bêbado" (ANDRADE, 1985, p. 132).

Apesar das contradições pessoais e da crescente escassez e contingências orçamentárias e administrativas do DCSP, Mário de Andrade manteve o financiamento da Missão de Pesquisa Folclórica, coordenada a distância, de fevereiro a junho de 1938. Nesse empreendimento, Duarte (1985) afirma que Mário selecionou os estados nordestinos de Pernambuco, Paraíba, Ceará e, no Norte, sobretudo o Pará, cuja capital, Belém, segundo ele, ficaria em beleza somente atrás de Florença.

As trocas missivas entre o arquiteto e folclorista Luís Saia (1911-1975) com Mário de Andrade foram analisadas por Nogueira (2005). Os registros evidenciam que as preocupações com a conjuntura política estavam em segundo plano, pois em primeiro estava o rigor da aplicação da metodologia científica e a viabilidade dos recursos. A Missão Etnográfica foi o último projeto desenvolvido pelo modernista no DCSP que se projetava contínuo, com etapas de investigação, registro em inventário, salvaguarda em reservas técnicas e exposição em museus municipais. A metodologia da pesquisa foi formulada por Mário de Andrade e Oneyda Alvarenga, dividia-se em mapear, coletar artefatos, registrar e catalogar os vestígios fonográficos e iconográficos. O roteiro percorrido por Luís Saia e sua equipe foi definido conforme as observações realizadas por Mário em suas viagens pelo interior do Brasil. Muitas críticas e oposições surgiram, em âmbito municipal, sobre o patrocínio da prefeitura para a execução da missão, que, ao registrar referências culturais nortistas e nordestinas, não priorizava as sudestinas.

Durante o desenvolvimento da Missão Etnográfica, Francisco Pati (1898-1970) foi nomeado diretor do DCSP. Pati fora fundador do periódico *Novíssima*, na década de 1920, e redator de *A Plateia*, do *Correio Paulistano*, da *Folha da Manhã* e da *Folha da Noite* na década de 1930. Foi eleito para a Academia Paulista de Letras em 1941. Duarte (1985, p. 70) afirma que a sua trajetória não amadureceu a sua intelectualidade, sendo um intelectual e gestor desprovido de "entusiasmo". Pati foi chefe do Departamento de Cultura por 35 anos, e tempos depois o cargo da chefia da Expansão Cultural foi repassado para o poeta e jornalista Guilherme de Almeida (1890-1969).

Por meio da Portaria Municipal 2.240, de 10 de maio de 1938, o chefe do Departamento de Expediente e de Pessoal e o novo prefeito exoneraram Mário de Andrade, a seu pedido, e o disponibilizaram para o governo federal. Em missiva, sem data, provavelmente de 1938, Mário entregou (Figura 2) à direção do DCSP os projetos; e os funcionários para Francisco Pati, e desejou-lhe uma gestão com vitalidade:

Figura 2 – Missiva de Mário de Andrade para Francisco Pati (1938)

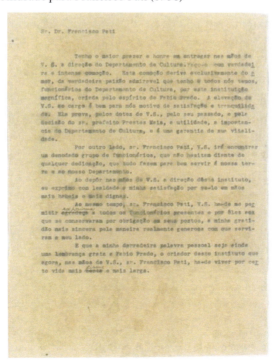

Fonte: Itaú Cultural (2016)

Duarte (1985) afirmou que Mário de Andrade se autoexilara no Rio, antes da publicação oficial da sua exoneração, em julho de 1938, período da morte simbólica do DCSP. A Missão Etnográfica aparece de forma muito incipiente na obra do autor, a não ser quando pontuou as críticas a ela realizadas pelos adhemaristas.

2.4 Instituto Brasileiro de Cultura

Em missiva para o amigo Paulo Duarte, em 3 de abril de 1938, Mário de Andrade avaliou suas falhas no DCSP:

> Vou fazer 45 anos. Sacrifiquei por completo três anos de minha vida começada tarde, dirigindo o D.C. digo por completo porque não consegui fazer a única coisa que, em minha consciência, justificaria o sacrifício: não consegui impor e normalizar o D. C. na vida paulista. Sim, é certo que pra uns seis ou oito, não mais, paulistas, o D. C. é uma necessidade pra São Paulo e talvez pro Brasil. Não é certo que fizemos várias coisas muito importantes ou bem bonitas. Mas a única coisa que em minha consciência justificaria minha direção era ter justificado o D. C. e isso não consegui. Que bem me importa argumentar que o tempo era pouco, que as dificuldades eram muitas, que o meio era de nível baixo demais. Essas coisas explicam, mas não provam. O que essas razões nós as conhecíamos de antemão e foi contra elas e apesar delas que nos lançamos na aventura do D. C. Fui com a, não finalidade, mas necessidade de vencer e matar essas razões que fizemos o I.C.E e o D.C. falhou nesse ponto, logicamente quem falhou foi eu. (ANDRADE, 1985, p. 159).

A missiva evidencia que existiram guerras éticas que precisavam ser vencidas. O DCSP, em três anos, tornara-se um sonho elitizado, mas, segundo sua análise, o lapso da instituição foi cometido por ele, quando não conseguiu multiplicar a compreensão da necessidade e importância do órgão para o município. A ausência de empatia social para com as interrupções dos projetos desenvolvidos no departamento demarcou a sua autocrítica. Mário de Andrade relembrou os sonhos interrompidos e arquivados dos Institutos Estaduais de Cultura (IECs) e do IBC, elaborados pelos intelectuais do PD, segundo Duarte (1985).

Para Miceli (2001), o PD, criado em 1926, representava uma alternativa para a política oligárquica, até então comandada pelo Partido Republicano Paulista (PRP) e pelo PRM, ao congregar defesas em torno do voto secreto, reformas do ensino e a participação política da classe operária. Os democratas atuaram na Revolução Constitucionalista de 1932, arregimentaram os oposicionistas do governo Vargas, e, posteriormente, o PD foi renomeado para Partido Constitucionalista (PC).

Nos projetos de Paulo Duarte e Mário de Andrade, o DCSP viria a ser o Instituto Paulista de Cultura: "germe do Instituto Brasileiro de Cultura (I.B.C), que abrangeria o território nacional" (DUARTE, 1985, p. 61). A intenção de articular as políticas municipais no âmbito estadual para amadurecê-las em direção à criação do IBC poderia vislumbrar a criação de um Ministério da Cultura estruturado do local para o nacional, mas Paulo Duarte e Mário de Andrade, em trocas missivas, jamais abordaram explicitamente essa ideia. A execução do IBC estava atrelada à candidatura de Armando de Sales Oliveira para a Presidência da República, projeto extinto pelo Estado Novo. O IBC seria dividido em subsedes regionais e institutos estaduais, segundo Duarte:

> Em linhas gerais, o Instituto Brasileiro compor-se-ia de um instituto sede, no Rio de Janeiro, organizado nos moldes do de São Paulo, e outros institutos estaduais, de início, em Minas Gerais, no Rio Grande, em Santa Catarina, no Paraná, na Bahia, em Pernambuco, no Ceará, no Maranhão e no Pará. Seria uma grande fundação espalhando seus benefícios

> por todo o país, ao abrigo das nefastas influências políticas que, em nossa terra, nunca perdoaram a inteligência, a sua beleza, do que já tínhamos uma boa prova em São Paulo. (DUARTE, 1985, p. 61).

Em meados de 1938, após a saída do DCSP, Mário de Andrade ocupou a cátedra de História e Filosofia da Arte e dirigiu o Instituto de Artes da Universidade do Distrito Federal. Se o escritor reprimiu suas mágoas nos registros epistolares, após sua saída do DCSP, Paulo Duarte destilou severas observações contra as políticas ocorridas e exilou-se pela segunda vez na instauração do Estado Novo — seu primeiro exílio foi na Revolução Constitucionalista, em 1932. Duarte criticou severamente Prestes Maia, com sua postura de mestre de obras mais do que prefeito, em razão da expansão das obras viárias da cidade e pelo arquivamento dos projetos desenvolvidos pela gestão anterior. Sampietre (2009) alerta sobre o Plano de Avenidas executado por Maia que foi iniciado na gestão de Fábio Prado, quando o urbanista foi funcionário do Departamento de Obras e Viação de 1926 a 1930, assim como várias obras iniciadas na gestão anterior, como a Avenida Rebouças, a abertura do Túnel 9 de Julho, a Avenida Itororó, entre outras.

Duarte (1985) denunciou as influências políticas nefastas que se tornaram provas da traição daqueles que permaneceram junto ao DCSP e ao Estado Novo. Segundo sua análise, o partidarismo voltou a ser matriz do governo municipal com ocupações e indicações de cargos clientelistas e descaracterizando os projetos culturais. Para demarcar uma linha temporal do antes e depois no governo municipal, listou os nomes técnicos da gestão de que participou:

> Mas no dia da publicação das nomeações, com espanto e com escândalo, viu-se que para o lugar de diretor do Departamento de Expansão Cultural, em vez de fulano recomenda-díssimo pelo partido, saiu o nome de Mário de Andrade; para a Documentação Histórica e Social, em vez daquele bacharel, cabo eleitoral, foram escolhidos Sérgio Milliet e Bruno Rudolfer; para a biblioteca era nomeado Rubens Borba de Moraes, e não aquele sobrinho do deputado tal, e para Educação e Recreio aparecia Nicanor Miranda, em vez de outro protegido qualquer. (DUARTE, 1985, p. 71).

A extinção do DCSP e o adoecimento de Mário, após sua exoneração, foram classificados por Paulo Duarte como um assassinato, que, além de outras questões, denunciou os empréstimos de crianças para inaugurações de obras públicas:

> Veio, então, a visita do ditador a São Paulo, a fim de getulianamente dar atestado público do avacalhamento paulista. Os túneis e a Avenida 9 de julho somavam muito pouco em obras a serem inauguradas pelo pai do Estado Novo, cuja característica era exatamente o dinamismo, a energia moça, a febre das construções gigantescas tão do agrado dos fascismos de todos os matizes, fossem sinistros, como os europeus, fossem apenas ridículos, como o brasileiro. Procura que procura coisas para o ditador nelas deitar o batismo do seu riso sem significado, quando, de repente, como um eureca salvador, estourou no miolo de algum áulico a lembrança dos parques fechados há anos. Ideia genial, pois aquilo, ademais, era também espírito! E às pressas, mandaram capinar os recreios, fazer uns remendos, passar uma mão de cal nas construções esborcinadas, cheias de mofo e de abandono. Mas faltavam funcionários, faltavam crianças, pois as crianças dos bairros pobres perderam há muito a esperança de ver aberto o pequeno paraíso que Fábio Prado oferecera aos pirralhos pobres de São Paulo. Para contornar a dificuldade, mobilizaram-se alguns caminhões municipais a estes veículos saíram correndo a pedir crianças emprestadas aos outros parques! Com as crianças vieram educadoras, instrutoras, tudo, como num palco de ópera, para dar movimentação a uma realidade falsa, plena intrujice cívica, como foram quase todas as realizações de Estado Novo. Feito o convescote patriótico, o ditador retirou-se satisfeito

de cada parque, e, atrás do último automóvel da sua alegre comitiva, seguiram também os caminhões devolvendo funcionários e crianças, e os parques ficaram de novo ao abandono que durava já por mais de dois anos. (DUARTE, 1985, p. 90).

O longo relato demarca a oposição ferrenha do autor. Entretanto, os convescotes patrióticos utilizados em inaugurações públicas não eram comuns apenas ao Estado Novo. Os bastidores dos arranjos políticos para comemorações de efemérides e inaugurações públicas foram, historicamente, compostos com esse *modus operandi*, sobretudo em governos autoritários, em que há espetacularização dos eventos. O narrado não se distancia do que se observa em administrações municipais, estaduais e em âmbito federal, em que são forjadas as relações de poder em uma teatralização dos espaços públicos.

Helena Bomeny (2001) afirma que parte das fotografias dos eventos do DCSP foi registrada pelo irmão de Paulo Duarte, que se tornou o fotógrafo oficial do órgão. Duarte (1985), por sua vez, retrucou apenas os rumores em torno do cargo que sua irmã tinha no DCSP e que, por isso, foi acusado pela oposição de privilégios familiares, embora ela fosse técnica do setor, questões controversas na gestão do PD.

Paulo Duarte coloca o partido como contraponto ético às más práticas administrativas, o que é desmistificado por Miceli (2001), quando analisou a composição de filiação dos partidários da sigla. O sociólogo, aliás, acusou Mário de Andrade de ser um intelectual a serviço do PD. Discordo da análise, sobretudo se avaliadas as missivas trocadas entre Mário e o amigo Carlos Drummond de Andrade (1988, 2002), que, em 19 de outubro de 1935, afirmou ter sido aceito pelo prefeito sem ser filiado ao PD. Mário de Andrade explica:

> O Fábio Prado confiou em mim, pôs mesmo em mim uma confiança admirável de generosidade. Eu fui muito combatido quando ele falou o meu nome, e ele fincou o pé contra toda a argumentação poderosíssima da política. O Fábio me dava um lugar primordial na Municipalidade, lidando com centenas de indivíduos, e eu nem pertencia ao partido! (ANDRADE, 1988, p. 178).

Mário de Andrade ainda explicou que tinha escrito um artigo no jornal "metendo o pau em nossos partidos políticos, todos os do regime atual" (ANDRADE, 1988, p. 178). Após essa explicação, um adendo foi efetuado por Carlos Drummond de Andrade nas notas sobre essa missiva, indicando que o cargo foi indicação do seu amigo Paulo Duarte, e não por lealdade ao prefeito Fábio Prado. Após ser indicado para o DCSP, Mário de Andrade fora acusado de ser futurista e comunista, mas quem o defendeu foi o chefe do Executivo municipal.

A crítica generalizada ao regime e aos partidos escrita por Mário, que se autoafirmava constitucionalista, descortina as contradições da classificação de não político e da neutralidade advogada para a sua prática profissional.

Mário de Andrade (DUARTE, 1988, p. 178) considerava-se uma "ama-seca de missão". Os conflitos éticos e políticos perseguiram-no até o fim da vida. Sua vocação missionária pode ser analisada com a aquisição de um sítio histórico tombado pelo Sphan para proteger, salvaguardar e proporcionar uso cultural ao patrimônio que compôs nos seus planos para a velhice. Em missiva de 30 de setembro de 1944, explicou para Duarte:

> Tenho uma notícia daquelas para lhe dar, sente, senão, você vai cair de costas. Vou comprar o sítio de Santo Antonio, do bandeirante Capitão Fernão Paes de Barros, com a capela e tudo. Segunda-feira vou até lá para resolver detalhes da compra. Compro, doo uma parte com capela e casa-grande ao Brasil, que entrará na posse de doação após minha morte. Em

> compensação o Sphan me nomeia conservador de tudo (já está tombado, você sabe). Aliás, já está restaurado, e constrói em troca da doação um pombal pra mim. Pombal por ser o absolutamente necessário, mas vai ser moderníssimo, no alto do fronteiro, e por enquanto weekendíssimo apenas. Mas pretendo acabar a vida lá, se Deus quiser. E você terá recanto prá quando quiser ou pra sempre junto desse amigo certo. (ANDRADE, 1985, p. 283-284).

Um ano depois, em 15 de fevereiro de 1945, continuou a explicar seus planos para a doação do sítio histórico e dos alqueires para o Sphan, e incluiu uma área projetada para ser a fundação de um retiro de artistas. E descreveu o restauro:

> Capela e casa-grande estão sendo restauradas pelo Serviço do Patrimônio. Vão ficar quase irreconhecíveis a você; repostos como foram no século XVII. Basta-lhe dizer que na casa foi reposto o alpendre central, e a capela tem alpendre e a fachada é todinha colorida! Rosas, amarelos, verdes, achados incrustados na madeira. Do alpendre se acharam até paus de sustentação do telhado, que estavam jogados por aí. Quando você voltar, teremos um rega-bofe de prazer lá. E venha logo. Deus queira. (ANDRADE, 1985, p. 283-284).

O modernista morreu aos 51 anos, em 25 de fevereiro de 1945, mas legou os múltiplos "Brasis" projetados em uma produção teórica vasta e uma experiência política densa na administração da cultura. Paulo Duarte aludiu que a doença que matara Mário de Andrade foi a mesma que matara o DCSP:

> Foi essa doença que matou o Departamento e matou Mário de Andrade. Matou Mário de Andrade primeiro, porque o golpe de misericórdia ao Departamento de Cultura, já no chão, malferido, todos os órgãos vitais atingidos pela implacável vivissecção ditatorial, esse coube, coisa estranha, a um homem que se destaca não pelo apego aos cargos públicos, mas pelo gosto da cultura: o sr. Abraão Ribeiro. Como me amarga a boca ter que deixar sair esta queixa contra um dos meus mais queridos amigos! Queixa pessoal, queixa de paulista, queixa de brasileiro, queixa de humano. (ANDRADE, 1985, p. 143).

O prefeito Fábio Prado, ao prever mudanças na estrutura no DCSP, sugeriu a efetivação de alguns funcionários; Paulo Duarte e Mário foram cotados, mas não os aceitaram, e indicaram Oneyda Alvarenga para tornar-se funcionária de carreira. Manteve-se a Discoteca Municipal seguindo os ensinamentos de Mário de Andrade. Quando o modernista recebeu o convite para administrar o DCSP, escreveu para o amigo ser um homem feliz, mas "a expulsão de Mário de Andrade do Departamento causou-lhe um estado de choque espiritual do qual nunca mais voltaria", sentenciou Duarte (1985, p. 7).

Mário de Andrade, ao seu modo, foi um intelectual posicionado. As opiniões assumidas em jornais e periódicos demonstravam como o modernista entendia a sua condição política e partidária, uma leitura de mundo de uma São Paulo em ebulição industrial, mas com muitas contradições. A trajetória artística, política e etnógrafa foi sendo delineada, conforme suas experiências, fosse no Conservatório Dramático Musical, fosse nas suas vivências do DCSP, que extrapolaram os muros da instituição e adentraram outros campos do conhecimento, do poder e da cultura. Suas escolhas cravadas de antagonismos amadureceram o seu rigor estético, literário, político, ético e técnico, mesmo ao transitar em frentes opostas ao seu pensamento.

2.5 Mário de Andrade e o Serviço de Patrimônio Histórico e Artístico Nacional

O reconhecimento de Mário de Andrade à frente do DCSP fez com que Gustavo Capanema lhe solicitasse a redação de uma proposta para um "serviço de fixação e defesa do patrimônio artístico nacional" (BRASIL, 1936, p. 1) a fim de mapear, inventariar e proteger obras artísticas, históricas e culturais. Praticamente três meses depois, em 1936, um ofício com timbre da Prefeitura de São Paulo, com 18 páginas datiloscritas, continha o anteprojeto do Serviço do Patrimônio Artístico Nacional, escrito em um período de "pleno apogeu do Departamento", declarou Duarte (1985, p. 35). Uma mescla de obra literária e tratado político, no qual se observa a compreensão de cultura e de Estado de Mário de Andrade.

Márcia Chuva (2017) problematizou o órgão federal de patrimônio publicado no Decreto-Lei 25 enquanto Sphan, organizado sob a gestão de Rodrigo Melo Franco de Andrade, em relação ao anteprojeto de Mário de Andrade. Capanema, ao receber a proposta de Mário de Andrade, enviou o anteprojeto para a avaliação de Rodrigo Melo Franco de Andrade, que, por sua vez, despachou-o para amigos, como a antropóloga Heloísa Alberto Torres (1895-1977) e Gustavo Dale.

Torres, em missiva de 9 de maio de 1936, teceu inúmeras considerações sobre o anteprojeto: "Bem sei que os estudos etnográficos precisam ser intensificados com urgência a fim de que se recolha a documentação dos restos das nossas populações indígenas, em via rápida de desaparecimento". Entretanto, contestou: "não se pode atribuir ao nosso museu etnográfico a função de museu-arquivo que o projeto parece recomendar" (BRASIL, 1936b, p. 2). Em disputa pelo campo de conhecimento, a antropóloga acrescentou: "Em todo ele [o projeto], apenas uma palavra faz crer que a pesquisa também é admitida; é quando emprega, na enumeração das funções do serviço, o termo enriquecer o patrimônio". E reiterou sobre a necessidade de coleta de materiais: "É prometer muito pouco a quem precisa, antes de tudo, colecionar" (BRASIL, 1936b, p. 2).

Em 1925, Heloísa Torres prestou concurso para lecionar como professora substituta na cadeira de Divisão de Antropologia e Etnografia no Museu Nacional, sob a coordenação de Edgar Roquette Pinto. Foi vice-diretora, de 1935 a 1937, e assumiu a direção-geral, de 1938 a 1955, no Museu Nacional. Interessante verificar a tese da historiadora Cecília Ewbank (2017) sobre as coleções indigenistas e os debates em torno da formação profissional do campo da antropologia e a gestão da antropóloga na instituição museológica.

Torres contestou o anteprojeto e ratificou que "os estudos da etnografia e a pesquisa científica em geral clamam que o que lhes seja concedido é uma organização administrativa que não constitua peia à sua marcha" (BRASIL, 1936b, p. 2). Nos moldes pretendidos, o Span concorreria com os equipamentos existentes, por isso a antropóloga questionou a criação do Museu Etnográfico e, para remediar inconvenientes, recomendou que o órgão fosse denominado Serviço do Patrimônio Artístico, Histórico e Antropológico Nacional, a ser anexado ao museu, objeto do primeiro tombamento. A organização desses trabalhos de defesa não pode ser iniciada pela mutilação de um instituto centenário e glorioso, quando um dos primeiros monumentos nacionais a serem tombados pelo Serviço projetado deveria ser, certamente, o Museu Nacional. (BRASIL, 1936b, p. 2).

Heloísa Torres argumentou que os povos indígenas foram vistos, no anteprojeto, sob o âmbito artístico, e não antropológico:

> O projeto, que indica tantas medidas de valor no tocante à história e à arte, parece quase que só ter tomado em consideração este aspecto da vida dos nossos selvícolas; não consultou absolutamente o interesse das ciências antropológicas, e é a favor delas que eu pugno. (BRASIL, 1936b, p. 4).

As críticas da antropóloga demarcaram as disputas entre os campos de conhecimento dos ofícios do historiador, antropólogo e etnógrafo. Em relação à dotação orçamentária, Torres avaliou que seria "literatice da mais barata" (BRASIL, 1936b, p. 4). Ela contrapôs o anteprojeto mobilizando o seu domínio e experiência enquanto servidora do museu para situar os possíveis problemas da criação de mais um órgão, em face das verbas escassas e da estrutura precária de trabalho dos demais.

Gustavo Dale, em missiva datiloscrita assinada para Rodrigo em 16 de junho de 1936, apontou uma série de questões em relação à preservação e à conservação do patrimônio pretendida no anteprojeto. Ratificou a importância da criação de uma revista para a difusão das ações desse e dos demais órgãos do Mesp. E pontuou que o Sphan: "Da mesma família, aliás, e tendo objetivos próximos, talvez se encontrem integrados no futuro Ministério da Cultura". Em nota de rodapé, escrita à mão, o autor acrescentou na missiva: "Em vista da sem razão de multiplicar os Ministérios, será mais sensato pensar em um Ministério da Educação e Cultura, constituindo a Saúde Pública uma pasta isolada, ou se integrando em um dos ministérios então existentes" (BRASIL, 1936a, p. 2).

A sugestão de Ministério da Cultura por Gustavo Dale, com base no anteprojeto de Mário de Andrade, indica que existiam discussões sobre esse assunto dentro e fora das esferas de governo. Um novo ministério abarcaria a educação e a cultura para não surgirem conflitos de interesses e divisões setoriais, especialmente a sua operacionalização e dotação financeira, alertou o parecer.

Diante das contribuições e críticas, o anteprojeto foi remodelado e finalizado por Rodrigo Melo Franco de Andrade, segundo Fonseca (1997), conforme os paradigmas internacionais, valendo-se de sua experiência jurídico-administrativa. O Sphan foi instituído pelo Decreto-Lei 25, de 30 de novembro de 1937. Chuva (2017) e Rubino (MITO..., 2013) problematizaram que o mito fundador do Sphan atrelado à figura de Mário era contraditório, porque o decreto-lei fora inspirado no órgão francês de proteção aos bens culturais. Isso não retira a importância do anteprojeto do Span de Mário de Andrade, sobretudo na argumentação relacionada aos processos da intangibilidade do patrimônio e do processo de trabalho vinculado à cultura, além da transposição das fronteiras entre o patrimônio vivido, sentido e trabalhado. As políticas culturais no Brasil foram continuamente difundidas, com base em mitos reificados. A cultura tornou-se patrimônio; e o patrimônio, cultura, como se fossem sinônimos. Lúcia Lippi Oliveira (2008), com base nessa análise, afirmou que a cultura fora tratada conceitualmente como um correlato de patrimônio, ao analisar o histórico de apreensão e os usos destas categorias.

Outro mito difundido em torno da figura de Mário de Andrade foi o da cultura antropológica canonizada com base no projeto modernista. Mário afirmava-se etnógrafo, e não antropólogo, por não se considerar autorizado a falar deste campo. A proposta de Mário de Andrade pretendia integrar todas as áreas consolidadas, como a museologia, a arquivologia e a biblioteconomia, com as instituições culturais, a exemplo das escolas de música, teatros, artes e ofícios. O Departamento Nacional de Ensino Artístico, por exemplo, pretendia, segundo o governo, controlar o ensino de artes em todo o país (BRASIL, [1945], p. 8).

Após a sua instituição, o Sphan foi continuamente redesenhado por Rodrigo Melo Franco de Andrade, que incentivou a criação de museus e instituições culturais em escala praticamente industrial. Contudo, o anteprojeto de Mário de Andrade tornou-se um documento/monumento, se usarmos a categoria criada por Jacques Le Goff (1997, p. 95), a qual auxilia a explicar a patrimonialização de uma ideia, documento ou lugar:

> O monumento tem como características o ligar-se ao poder de perpetuação, voluntária ou involuntária, das sociedades históricas (é um legado à memória coletiva), e o reenviar a testemunhos que só numa parcela mínima são testemunhos escritos.

Nogueira (2005) vislumbrou as contribuições do curso de etnografia e folclore, ministrado por Dina Dreyfuss no anteprojeto de Mário de Andrade. A criação da SEF no mesmo ano de elaboração do anteprojeto é outro indício importante. Para Fonseca (1997, p. 110), Mário tinha "o popular enquanto objeto e o povo enquanto alvo" no seu projeto de nação e de cultura, por isso se tornou paradigma. Entretanto, Chuva (2011, p. 151) destaca: "Mário de Andrade apontava para uma concepção integral da cultura, na qual concebia patrimônio em todas as suas vertentes e naturezas, sendo que o Estado deveria estar pronto para uma ação integradora". Essa análise talvez esclareça por que a concepção antropológica de cultura foi atribuída ao modernista, quando abarcou o patrimônio em sua imaterialidade.

Fernandes (2010) alerta sobre o arcabouço legal anterior ao anteprojeto de Mário. Localiza o texto redigido por Wanderley Pinho, em 1917, membro do IHGB da Bahia, que propôs a criação de um órgão de patrimônio, documento reapresentado, em 1930, na Câmara federal e arquivado após a instalação do governo provisório. Pontua o debate sobre a política preservacionista, em 1933, período em que a cidade de Ouro Preto foi elevada à categoria de Monumento Nacional, assim como a criação da Inspetoria dos Monumentos Nacionais, em 1934, comandado por Gustavo Barroso, diretor do Museu Histórico Nacional. O anteprojeto de Mário de Andrade não surgiu de um vazio histórico, tampouco de um pioneirismo desbravador, mas das discussões do seu tempo no Brasil e no exterior, a exemplo do conjunto legal francês.

Conjunturalmente, a Carta de Atenas (1993) foi produzida em 1933 por ocasião do *IV Congrès Internationaux d'Architecture Moderne* (Ciam). O evento estava previsto para acontecer em Moscou por conta dos processos de urbanização e planificação da cidade, mas o governo cancelou por motivos de logística. A Carta de Atenas demarcou a orientação para a criação de políticas nacionais de proteção dos sítios históricos, valorização dos monumentos e das ambiências naturais e urbanas, assim como da educação como mecanismo fundamental para a proteção do patrimônio. O texto final da Carta foi elaborado Le Corbusier. Para os arquitetos modernistas, importava a racionalização e o planejamento das cidades, sobretudo o papel do Estado para a proteção e promoção da arquitetura e do urbanismo.

A incorporação da arquitetura modernista nas orientações das políticas públicas e na história institucional do Sphan foi marcadamente voltada à preservação do patrimônio barroco mineiro, ainda sob o signo do singular e do nacional, objetivando buscar os valores universais da cultura. Aos poucos, a arquitetura modernista tornou-se o contraponto do barroco colonial e impôs-se, via mecenato estatal, símbolo da estética cultural do Estado Novo, materializado na inauguração do prédio sede do MES, em 1945.

A política de preservação implantada no Sphan canonizou a cultura nacional por meio das edificações coloniais e dos monumentos públicos, ao contrário do que defendia Mário de Andrade, de considerar patrimônio os elementos da cultura popular, folclore e arquitetura vernacular, a exemplo das cruzes mortuárias de beira de estrada, ou seja, o patrimônio do ponto de vista do ordinário.

O dia 19 de abril de 1936, escolhido para o início do funcionamento experimental do órgão de patrimônio federal, coincidia com a data do aniversário do presidente Getúlio Vargas, uma efeméride reverenciada em todas as atividades do Estado Novo[9]. O Decreto-Lei 25/1937, que instituiu o Sphan, determinou que o patrimônio fosse classificado sob um parâmetro de seleção de bens excepcionais e memoráveis, salvaguardando a cultura nacional e incorporando os argumentos do IHGB e da Inspetoria de Monumentos Nacionais dirigida por Gustavo Barroso.

---

[9]   A data foi instituída como Dia do Índio, por meio do Decreto-Lei 5.540, de 2 de junho de 1943.

O patrimônio seria registrado em quatro livros-tombo: 1) *Livro do tombo arqueológico, etnográfico e paisagístico*, que compreende arte arqueológica, etnográfica, ameríndia e popular; 2) *Livro do tombo histórico*, destinado aos bens de interesse histórico e obras de arte histórica; 3) *Livro do tombo das belas artes*, para as artes eruditas, nacionais ou estrangeiras; 4) *Livro do tombo das artes aplicadas*, composto pelo patrimônio das artes aplicadas, nacionais ou estrangeiras (BRASIL, 1937a).

Muitos bens imóveis foram inscritos no livro de belas-artes, a exemplo do Museu Nacional de Imigração e Colonização de Joinville/SC, tombado em 1939, pois a arquitetura fora considerada uma linguagem artística clássica. Prevaleceu na publicação do Decreto 25/1937 a perspectiva material do patrimônio, sobretudo o edificado. E o estatuto jurídico do tombamento, ainda hoje, é contestado no que tange à propriedade privada e à gerência compulsória do Estado sobre os bens culturais.

O historiador Daryle Williams (2001) refletiu que no Brasil a política de preservação, desde 1937, incide sobre o que deve ser preservado e fomentado em âmbito público, e menciona o caso dos EUA em que tombamentos são requeridos pela sociedade civil organizada, que escolhe coletivamente e patrocina colaborativamente os bens que pretende preservar, sem a intervenção do Estado. No Brasil, o Sphan seguiu o caminho contrário, afirma o historiador, o que pode ser observado no próprio decreto:

> Constituem o patrimônio histórico e artístico nacional o conjunto dos bens móveis e imóveis existentes no país e cuja conservação, seja de interesse público, quer por sua vinculação a fatos memoráveis da história do Brasil, quer por seu excepcional valor arqueológico ou etnográfico, bibliográfico ou artístico. [...] bens a que se refere o presente artigo e são também sujeitos a tombamento os monumentos naturais, bem como os sítios e paisagens que importe conservar e proteger pela feição notável com que tenham sido dotados pela natureza ou agenciados pela indústria humana. (BRASIL, 1937a, p. 1).

No anteprojeto de Mário de Andrade, a questão do tombamento continuava sendo prerrogativa do Estado. Contudo, o modernista pretendia aproximar os trabalhadores das instâncias culturais consagradas. A compreensão da cultura enquanto função social e educativa colocava-se potente no arcabouço discursivo do seu texto. E determinados temas escritos no anteprojeto foram didaticamente explicados por Mário de Andrade em quatro objeções, justificando a criação dos livros-tombo, dos critérios e dos valores atribuídos ao patrimônio cultural. Na quarta objeção, por exemplo, o modernista discorreu sobre o conceito de artes aplicadas, ou seja, dos ofícios artesanais e dos processos industriais exemplificados na produção do café.

Apesar de o anteprojeto do Span não ter sido instituído integralmente, o Sphan recebeu atenção especial de Capanema. Muitas instituições culturais, como museus, arquivos, centros de memória, foram geradas em nome da preservação da história nacional, e o colecionismo de artefatos culturais foi incentivado a ponto de tornar-se um fetiche para a comprovação e explicação da história oficial. Williams (2000, 2001) reiterou que o ministro assumira o projeto do Sphan como diretriz para a política de cultura e educação. E sinalizou os esforços de Capanema para garantir a confiança de Getúlio Vargas ao encaminhar o projeto para uma aprovação célere. Por outro prisma, Paulo Duarte (1985) relatou ter usado as suas redes de amizades, apesar de ser do PD e opositor do regime varguista, para auxiliar a aprovação do Sphan, pois Capanema estava em situação desfavorável com o governo:

> O Rodrigo de Melo Franco estava desesperado no Rio, pois Capanema, apesar de ministro, não se achava em condições de exigir isso do novo regime, pois, ao que parece a sua aprovação periclitava. Lembrei-me então de Alcântara Machado que conservava a sua amizade com Getúlio e aquém eu dava a minha colaboração no projeto do novo Código Penal do

Brasil. Solicitei-lhe então que obtivesse a assinatura daquele referido Decreto-lei. Poucos dias depois, me escrevia Alcântara Machado comunicando que a "nossa lei" sairia sem falta, em princípio de dezembro de 1937, o que realmente aconteceu, não no princípio, mas para o fim daquele mês. (DUARTE, 1985, p. 154-155).

Muitos autores pontuam que, para a sobrevivência do órgão federal, sob os auspícios do autoritarismo estadonovista, foram fundamentais as políticas de amizades de Capanema para a aliança estética. Para Piazza (2003), os antagonismos que cercaram as ações políticas do ministro se tornaram complexos, pois um dos epicentros das políticas de amizades e redes de sociabilidades figurava, sobretudo, em torno de Carlos Drummond de Andrade, diretor de gabinete. Nessas entrelinhas, foram urdidas muitas políticas por meio dos escritores-funcionários e dos funcionários-escritores, como alertado por Miceli (2001). Não por acaso, as missivas de Mário de Andrade para Capanema continham os costumeiros abraços para o Carlos, registrou Bomeny (2001). O poeta de Itabira teve papel preponderante na conjunção dos intelectuais da Rua Bahia e do Grupo Estrela, espaços de sociabilidades onde circulavam o poeta Abgar Renault (1901-1995), Pedro Nava e o jurista e jornalista Milton Campos (1900-1972), que se reuniam informalmente para conversas, declamações de poemas, leituras de textos e debates teóricos e políticos que contribuíam para a elaboração de políticas públicas.

2.6 Etnografia, folclore, cultura popular e erudita

O anteprojeto do Span e o curso de Etnografia e Folclore patrocinado pelo DCSP, em 1936, amalgamaram a percepção estética sobre cultura, arte e patrimônio do modernista Mário de Andrade, sobretudo no que tange aos princípios etnográficos articulados com o folclore e o que seria cultura popular e erudita:

> Devo confessar preliminarmente que eu não sei o que é o Belo e nem sei o que é a Arte. Através de todos os filósofos que percorri, num primeiro e talvez fátuo anseio de saber, jamais um conceito deixou de se quebrar diante de novas experiências. Eu não sei o que é o Belo. Eu não sei o que é a Arte. E, no entanto, incapaz de conceituá-los com firmeza, seria, não modesto, mas perfeitamente injusto com o meu espírito e traidor dos que me trouxeram a esta cadeira, se negasse sentir, direi mais, intuicionar o que são arte e beleza. (ANDRADE, 1975, p. 31).

As problematizações conceituais do que seria arte e beleza no campo artístico, percebidas nesse texto, demonstram uma reorientação política de Mário de Andrade de reaproximar as artes populares das artes eruditas. Considero esse exercício analítico uma junção do intelectual e gestor no DCSP com os projetos e trabalhos sociológicos e etnográficos. Para mim, o anteprojeto do Span sintetizou a importância da articulação da educação para o patrimônio como uma ação fundamental do Departamento de Cultura. Essa questão foi abordada quando Mário defendeu a Campanha contra o Vandalismo e o Extermínio, lançada no *O Estado de S. Paulo*, em 1937, por Paulo Duarte:

> Mas não se esqueça Paulo Duarte de legislar que, nesses museus municipais, como em quaisquer outros, haverá visitas obrigatórias, em dia de trabalho, de operários, estudantes, crianças, etc. Visitas vivas, sem conferência de hora, mas acompanhada de explicador inteligente. Sem isso, não haverá museu, mas cemitério. (ANDRADE, 1985, p. 152).

Contudo, em vários momentos no anteprojeto, o debate sobre o processo da educação para o patrimônio é defendido. Mário de Andrade encontrou no processo de cultivo do café as reflexões necessárias para a elaboração conceitual de cultura enquanto categoria para trabalhar a relação da apropriação da natureza realizada pelo ser humano, ou seja, das artes aplicadas para a transformação em belas-artes. Para o trabalho, sob a via das artes aplicadas, entre os usos e as variações do patrimônio, foram elaborados exemplos pedagógicos para narrar a cadeia produtiva do café, um sinônimo de brasilidade em suas formas representativas. A quarta objeção do anteprojeto do Span pode ser considerada, praticamente, um projeto museológico:

> Quarta objeção: Por que o quarto museu é chamado Museu de Artes Aplicadas e Técnica Industrial? Então a técnica industrial é uma arte?

> Resposta: Arte é uma palavra geral, que neste seu sentido geral significa habilidade com que o engenho humano se utiliza da ciência, das coisas e dos fatos. Isso foi aproveitado para preencher uma feia lacuna do sistema educativo nacional, a meu ver, que é a pouca preocupação com a educação pela imagem, o sistema talvez percuciente da educação. Os livros didáticos são horrorosamente ilustrados; os gráficos, mapas, pintura das paredes das aulas são pobres, pavorosos e melancolicamente pouco incisivos. O teatro não existe no sistema escolar; o cinema está em três artigos duma lei, sem nenhuma ou quase sem nenhuma aplicação. Aproveitei a ocasião para lembrar a criação de um desses museus técnicos que já se estão espalhando regularmente no mundo, verdadeiramente um progresso cultural. Chamam-se hoje mais ou menos universalmente assim, os museus que expõem os progressos da construção e execução das grandes indústrias, e as partes de qual são feitas as máquinas inventadas pelo homem. São museus de caráter essencialmente pedagógicos. Os modelos mais perfeitos geralmente citados são: o Museu Técnico de Munich e o Museu de Ciência e Indústria de Chicago. Imagina-se a "Sala do Café", contendo documentalmente desde a replanta nova, a planta em flor, a planta em grão, a apanha da fruta; lavagem, secagem; os aparelhos de beneficiamento, desmontados, com explicação de todas as suas partes e funcionamentos; o saco, as diversas qualidades de café beneficiado, os processos especiais de exportação, de torrefação e de manufatura mecânica (com máquinas igualmente desmontadas e explicadas) da bebida e, enfim, a xícara de café. Grandes álbuns fotográficos com fazendas, cafezais, terreiros, colônias, os portos cafeeiros; gráficos estatísticos, desenhos comparativos, geográficos, etc. etc. Tudo o que a gente criou sobre o café, de científico, de técnico, de industrial, reunido em uma só sala. E o mesmo sobre o algodão, açúcar, laranja, extração do ouro, do ferro, da carnaúba, da borracha; o boi e suas indústrias, a lã, o avião, a locomotiva, a imprensa, etc., etc. (SÃO PAULO, 1936, p. 8-9).

Se analisados os parâmetros da proposta, percebe-se que o modernista estava atento aos museus tecnológicos, que, à época de expansão da industrialização, eram considerados interativos, pois traziam a experimentação dos artefatos, dos maquinários e da produção como evolução científica da engenharia numa perspectiva historicista.

Enquanto gestor da cultura e etnógrafo diletante, Mário de Andrade inovou a percepção além da experimentação pedagógica científica, quando propôs no mesmo espaço museológico um projeto de artes integradas. Cinema, teatro, fotografia, artes plásticas como elementos pedagógicos de apreensão dos processos produtivos do café, ou seja, o foco não estaria somente no maquinário agrícola e industrial, mas nos processos artesanais, da coleta à torrefação, da exportação à xícara de café; isto é, uma junção das artes aplicadas com as técnicas industriais por uma perspectiva das belas-artes na sua integralidade.

O etnógrafo diletante tinha uma capacidade empírica de observação do cotidiano e das movimentações culturais, políticas, sociais, econômicas do seu tempo. Em 1929, após suas viagens para o Nordeste, elaborou um plano de escrita para um romance, que planejava denominar *Café*. A estrutura da obra, com excertos e missivas sobre o seu processo de escrita e abandono, foi pesquisada e analisada por Tatiana Figueiredo (2015). Esse material tornou-se o romance inédito, *post mortem*, de Mário de Andrade (2015) intitulado *Café*. Segundo Figueiredo (2015), o modernista desejava que seu romance tivesse 800 páginas. Em missiva trocada com a amiga e tradutora de alemão Ignez Teltscher, afirmou se ressentir do trabalho árduo realizado no DCSP, motivo pelo qual arquivara o projeto. Teltscher respondeu ser um crime o abandono da obra para a história da literatura. Contudo alguns excertos arquitetados para o romance alimentaram a Ópera *Café*, de 1942, que o modernista sonhava ouvir assobiada na rua pelo povo, indica Figueiredo (2015). Flávia Camargo Toni (2004) demarcou a ousadia dessa obra em unir as pesquisas musicais com folclore, a coreografia das massas em corais e a dramaticidade das danças regionais.

O café foi um tema perseguido por Mário de Andrade e por Candido Portinari. Os afrescos dos ciclos econômicos encomendados por Capanema para o prédio modernista do MES foram estruturados segundo as sugestões contidas nos estudos de Afonso Arinos e Rodolfo Garcia, uma visão historicista, conforme avaliou Piazza (2003). O óleo sobre tela *Café* (1935), de Portinari, recebeu a segunda menção honrosa quando exposto no Instituto Carnegie de Pittsburgh, Pensilvânia/EUA, em 1936. As obras de Portinari começaram a ser identificadas enquanto símbolos nacionais, sobretudo *Café*, que foi adquirida pelo MES e compôs o acervo do Museu Nacional de Belas Artes (MNBA), inaugurado, em 1937. Segundo Lehmkuhl (2011), o MNBA recebeu um acervo valioso da Pinacoteca para a sua abertura, em 1939, quando foi organizada a exposição *Portinari*.

Para Piazza (2003), existe um sentido autobiográfico nas obras de Portinari, sobretudo considerando a viagem para Paris, recebida como prêmio pela 35ª edição do Salão Anual de Belas Artes. Ao desbravar os espaços de consagração das artes e de sociabilidades dos artistas parisienses, estabeleceu novos olhares sobre o Brasil e sua terra natal, Brodósqui. Para a historiadora, suas cartas tornaram-se exercícios de uma memória involuntária. É possível vislumbrar a construção memorialística da cidade na composição das obras como "a presença do bauzinho, da moringa, da cabaça ou porongo e do espantalho" (PIAZZA, 2003, p. 107) e nos inúmeros processos de trabalho, desde o manejo da terra vermelha aos galpões de processamento e armazenamento.

A obra de Portinari é tomada como produto de exportação, novamente celebrada na Feira Mundial de Nova York, *The World of Tomorrow*, em 1939, cujo pavilhão expositivo foi desenhado por Oscar Niemeyer e Lúcio Costa. Trazia os preceitos da arquitetura modernista apresentados em um projeto efêmero, com espaços livres e expositivos que ilustraram a biodiversidade brasileira, como o babaçu, o cacau, o café, a oiticica, o ferro, o níquel e a erva-mate, além de um jardim com exemplares exóticos da flora nativa, a exemplo das vitórias-régias.

Já a mostra internacional *The Brazilian Republic as a Radiante Flower Rooted in Portuguese Soil*, em 1940, que no Brasil foi divulgada como Exposição da História do Mundo Português, continuou a oferecer o café brasileiro enquanto produto genuinamente nacional, tanto para degustação e exportação quanto em exposições de arte. Entre as mensagens imagéticas de divulgação do país, inúmeros artefatos culturais, imagens da floresta amazônica e dos processos agrícolas e industriais foram expostos.

Lehmkuhl (2011) analisou a recepção além-mar da obra *Café* de Portinari e concluiu que o modernismo brasileiro, no âmbito da arquitetura e das artes plásticas, auxiliara a formação do neorrealismo em Portugal, cuja exaltação do trabalho e do trabalhador estava muito próxima do realismo soviético e do modernismo de Portinari. Os neorrealistas portugueses, missionários da transformação social, controversamente foram financiados pelo mecenato estatal salazarista, tal como no caso brasileiro.

A historiadora destacou que as 24 obras brasileiras selecionadas para a exposição na Freguesia de Belém, Lisboa, receberam curadoria de um júri coordenado pelo diretor do MNBA Oswaldo Teixeira (1905-1974). As obras retratavam um Brasil idílico com tendência acadêmico-tradicionalista composta por paisagens urbanas e naturais, natureza-morta e retratos. A obra de Portinari tornou-se um semióforo consagrado: "Café mostrava a paisagem alterada pelo trabalho e o trabalhador na sua atividade diária" (LEHMKUHL, 2011, p. 242). A pintura de Portinari foi otimizada para a exaltação do passado histórico, e não dos processos técnicos industriais ilustrados. Entretanto a obra, para o pintor, segundo a autora, tinha uma dimensão de intervenção política para ocupar o espaço da arte enquanto função social. A composição plástica, com mãos, pés e lábios agigantados, robustecimento dos corpos com tórax arredondados, demonstra que "Portinari fez uso de distorção do real para recriar um real", afirmou Lehmkuhl (2011, p. 242).

A pintura provocou nas terras lusitanas distintas percepções, sobretudo na recepção dos neorrealistas portugueses, cuja temática atraia seguidores. Uma leitura social foi realizada por Hebe de Camargo Bernardo (2012) sobre o tratamento estético conferido aos diferentes grupos de trabalhadores retratados, como negros, mestiços e imigrantes italianos.

Portinari e Mário de Andrade comungavam das preocupações com a simplicidade do cotidiano e com as questões culturais advindas do trabalho. A cultura popular, muitas vezes apresentada como folclore, formulava-se das condições de existência e de labor. O conceito de cultura dissolvia-se na engenharia do trabalho humano e nas formulações sobre a arte. A cultura é reconhecida como humanização das coisas e dos significados atribuídos a essas coisas.

Por isso, a concepção antropológica de cultura, associada ao patrimônio em sua dimensão intangível, foi atribuída como legado andradino, representado pelas manifestações e expressões da cultura popular. Vilhena (1997) identificou que muitos dos argumentos de Mário foram apropriados pelos folcloristas nos anos 50 para demarcar a urgência da pesquisa e da coleta a fim de preservar e registrar o que estava em via de desaparecimento. Para Letícia Nedel (2018), tratava-se de uma cultura ameaçada de extinção. O *ethos* criado pelos folcloristas inspirava-se em Mário de Andrade.

A antropóloga Ana Teles da Silva (2018) analisou a *Revista Brasileira de Folclore* (RBF), que apresentou o modernista como o grande símbolo do folclore brasileiro. O discurso da valorização da cultura popular pela pureza das suas expressões embasou a cultura em vias de extinção, a ideia da beleza do morto, norte de salvaguarda das pesquisas folclóricas e etnográficas.

Em 1927, o etnógrafo, ao receber lendas enviadas pelo amigo folclorista do Rio Grande Norte, Luís da Câmara Cascudo (1898-1986), desbravou a diversidade brasileira na rapsódia *Macunaíma: o herói sem nenhum caráter* (ANDRADE, 2016). O texto apresenta uma amostragem tácita da cultura em deslocamento e apropriação como um inventário composto por expressões linguísticas e referências culturais tangíveis e intangíveis das culturas indígena, africana, cabocla, europeia e latino-americana:

> Lá chegado encontrou o gigante no portão, esperando. Depois de muitos salamaleques Piaimã tirou os carrapatos da francesa e levou-a para uma alcova lindíssima, com esteios de acariciara e tesouras de itaúba. O assoalho era um xadrez de muirapiranga e pau-de-cetim. A alcova estava mobiliada com as famosas redes brancas do Maranhão. Bem no centro havia uma mesa de jacarandá esculpido com arranjada com louça branco-encarnada de Breves e cerâmica de Belém, disposta sobre uma toalha de rendas tecidas com fibras de bananeira. Numas bacias enormes originárias das cavernas do rio Cunani fumegava tacacá com tucupi, sopa com um paulista vindo dos frigoríficos da Continental, uma jacarezada e polenta. Os vinhos eram um Puro de Ica subidos vindo de Iquitos, um Porto imitação, de Minas, uma caiçuma de oitenta anos, champanha de São Paulo bem gelada e um extrato de genipapo famanado e ruim como três dias de chuva. E ainda havia, dispostos com arte

> enfeitadeira e muitos recortados de papel, os esplêndidos bombons Falchi e biscoitos do Rio Grande empilhados em cuias num preto brilhante de cumaté com desenhos esculpidos a canivete, provindas de Monte Alegre. (ANDRADE, 2016, p. 54).

Existiu uma inflexão nativista e anticivilizadora em Mário de Andrade, ao contrário da busca pelo cosmopolitismo em outros modernistas, como Anita Malfatti, Tarsila do Amaral, Oswald de Andrade, René Thiollier, como afirmou Sousa (2015). A concepção de cultura de Mário de Andrade, muito mais etnográfica do que antropológica, foi permeada pela busca incansável das regionalidades como símbolo dos "Brasis" que encontrara. Essa concepção se espraiou da sua trajetória e produção para a organização da cultura junto ao Estado. Vilhena (1997) analisou a formação no Brasil, das Ciências Sociais e Humanas nas universidades públicas, e como cada área interpretava e observava a cultura popular e o folclore. O movimento folclorista, em sua complexidade, demandas, folcloristas e processos de institucionalização, foi dissecado pelo autor, que demarcou como ascensão e queda do movimento o período de 1947 a 1964. Outro trabalho importante para analisar o crescimento do folclore enquanto área de pesquisa e sua intersecção com a cultura popular é o trabalho de Cavalcanti e Corrêa (2018), que, aliás, faz uma homenagem *post mortem* a Vilhena.

Mário de Andrade, ao incluir a cultura popular e o folclore no texto do Span, excluiu a ameríndia, destinada ao campo antropológico, conforme a correspondência da antropóloga Heloísa Torres. O folclore, considerado campo da ciência pelos folcloristas e etnógrafos, foi projetado, posteriormente, como patrimônio imaterial. Mário de Andrade permaneceu como ícone dessa transição, por prever o folclore no anteprojeto do Span.

Os trabalhos observados pelo olhar atento de Mário de Andrade nas suas viagens e expedições etnográficas procuraram no cotidiano do trabalhador os elementos fundantes da etnografia. Por isso, a concepção andradina de cultura trouxe em seu bojo uma dimensão simbólica dilatada sobre a leitura, a apreensão e a apropriação da natureza.

No anteprojeto para o Span, Mário de Andrade elencou as referências culturais do patrimônio material e imaterial que interessavam à etnografia enquanto metodologia que pesquisaria a ciência do folclore:

> a) Objetos: Fetiches, cerâmicas em geral, indumentária, etc, etc.

> b) Monumentos: Arquitetura popular, cruzeiros, capelas e cruzes mortuárias de beira--estrada, jardins, etc.

> c) Paisagens: Determinados lugares agenciados de forma definitiva pela indumentária popular, como vilarejos lacustres vivos da Amazônia, tal morro do Rio de Janeiro, tal agrupamento de mocambos no Recife, etc.

> d) Folclore: Música popular, contos, estórias, lendas, superstições, medicina, receitas culinárias, provérbios, ditos, danças dramáticas, etc. (SÃO PAULO, 1936, p. 4).

Cabe, nesse caso, uma interlocução de Mário de Andrade com Alfredo Bosi, sobretudo ao relacionar a etimologia da palavra "cultura" em sua matriz semântica do verbo latino *"colo"* — *cultus*, no particípio passado; e *culturus*, no futuro. Bosi ensina-nos que as origens semânticas das palavras estão ligadas ao mundo do trabalho e são como "marcas no corpo da linguagem", pois imprimem sentidos históricos nos seus usos sociais. Se, para os romanos, *"colo"* significava ocupar a terra e cultivá-la, a palavra "agrícola", atrelada aos afazeres no campo, deriva de "colônia", ou seja, a "terra ou povo que se pode trabalhar e sujeitar". Surge o vocábulo "colonização". O colono é o trabalhador enquanto herdeiro da terra, já *incola* e *inquilinus*, enquanto arrendatário. *Cultus* representa o cultivo do "campo arroteado e plantado por gerações sucessivas de lavradores". O *ager cultos* representa o trabalho em sua agência, ou seja, o reconhecimento social do trabalho. "*Cultus*, substantivo, queria dizer não só o trato da terra como também o culto dos mortos, forma primeira de religião como lembrança, chamamento ou esconjuro dos que já partiram" (BOSI, 1992, p. 16).

As dimensões simbólicas desse processo, como os ritos, as linguagens, os cantos e as religiosidades, são laços identitários de pertencimento de uma comunidade. O culto atua na objetivação dos meios de existência, dos costumes, dos hábitos, das regras colocadas no teatro do cotidiano, conforme as disputas sociais em jogo. A história tornou-se o registro de apropriação humana da natureza:

> História como progresso das técnicas e desenvolvimento das forças produtivas. Cultura aproxima-se, então, de colo, enquanto trabalho, e distancia-se, às vezes, polemicamente, de *cultus*. O presente se torna mola, instrumento, potencialidade de futuro. Acentua-se a função da produtividade que requer um domínio sistemático do homem sobre a matéria e sobre outros homens. (BOSI, 1992, p. 16).

A cultura humaniza os indivíduos em seu fazer cotidiano. O trabalho nasce sob a mesma gênese, "*colo*", em que se formam, em que se registram e se reproduzem as técnicas, os saberes e os fazeres. Por isso, no anteprojeto, o modernista elenca, sob o mesmo nível, arquitetura, artefatos, folguedos, cantos, danças, ritos, contos, lendas, provérbios, indumentárias e superstições como referências de identidade patrimonial e folclórica. Entretanto, patrimônio e folclore foram separados no Decreto 25/1937, como lembrou Chuva (2011), diferentemente do que previra o projeto andradino, mas foi com Mário de Andrade que a figura do agente público foi inaugurada para a promoção da cultura brasileira.

Para Mário, as apreensões cognitivas humanas são transformadas em símbolos e ressignificadas nos processos sociais, sobretudo pelo homem ordinário e sua relação objetiva de existência. O povo, o trabalhador, a cultura popular e o folclore estiveram presentes em sua obra. Talvez seja com base nessa leitura que autores como Lafetá (1974) interpretaram a sua obra como intersecção do marxismo com o folclore.

Mário de Andrade foi acusado de ser comunista por seus desafetos, embora não o fosse; inquietava-o as classificações políticas e estéticas herméticas. Carlos Drummond de Andrade (1988), em *A lição do amigo*, publicou as missivas trocadas com Mário. Uma ampliação da pesquisa sobre a troca missiva foi organizada por Lélia Coelho Frota (2002), em *Carlos e Mário*. Entre as correspondências, há uma em que Mário escreve para o poeta contando-lhe a decisão de aceitar o cargo de diretor do DCSP. Nesse contexto surgem acusações de Mário de Andrade ser comunista. Drummond acrescentou à obra uma nota explicativa, um artigo do amigo publicado no *Diário Nacional*, intitulado "Comunismo":

> Comunismo pra brasileiro é uma espécie de assombração medonha. Brasileiro nem bem escuta a palavra, nem quer saber o que é, fica danado. Bem, é verdade que danação de brasileiro tem cana-de-açúcar pra adoçar, baunilha pra perfumar e no fim um sorvo de caninha de alambique de barro, bem boa pra rebater: acaba tudo em dança. (ANDRADE, 2002, p. 444).

O modernista percebia que o medo era provocado pelo desconhecimento do que aconteceria na União Soviética após a Revolução de 1917:

> O que nos leva ao pavor que temos pelo comunismo é a identificação deste com a Rússia, por esta ser a primeira e única nação que o aplicou verbalmente até agora. Antes de mais

> nada, a verdade verdadeira é que ninguém sabe direito o que é a Rússia contemporânea nem o que está sucedendo por lá. Uma circunstância fatal do regime político em que estamos vivendo. (ANDRADE, 2002, p. 444).

A derrocada dos governos, a crise dos regimes políticos e econômicos, a propaganda enviesada e a desinformação eram divulgadas pelos países capitalistas para potencializar o medo e ocultar a Rússia enquanto alternativa de regime político:

> Os países capitalistas têm feito tudo não só para ocultar da humanidade a Rússia verdadeira, como inda tem feito tudo pra prejudicá-la até internacionalmente. Por seu lado a Rússia havia de reagir, está claro. Se defende. Os outros lhe exageram as mazelas. Ela sequestra as mazelas que tem. (ANDRADE, 2002, p. 444).

Sobre o papel dos governos e as expectativas sociais, concluiu:

> E essas manipulações da verdade provém duma confusão pueril dos conceitos de governo e de felicidade. Um sistema de governo jamais dará felicidade pra ninguém não. A felicidade é uma aquisição puramente individual. Um governo poderá organizar quando muito um relativo bem-estar exterior e só isso a gente exigir dele. Ora se a Rússia geme de muitos malestares (e isso depende em parte enorme da situação internacional em que a colocaram os outros países) também é incontestável que esses malestares não são piores que os da Alemanha, que os da Índia, que os do Brasil uochintoniano. E goza de muitos bem estares também. (ANDRADE, 2002, p. 444).

Drummond adicionou ao artigo um excerto do questionário de 1933 enviado pela editora norte-americana Macauley & Co visando identificar seus posicionamentos políticos: "Minha maior esperança é que se consiga um dia realizar no mundo o verdadeiro e ainda ignorado Socialismo. Só então o homem terá o direito de pronunciar a palavra civilização" (ANDRADE, 2002, p. 444). Essa resposta poderia ser tomada como um deboche do modernista contra os EUA e a sua representação para a cultura universal, uma afirmação do que pensava. Após a ocupação de cargos públicos, suas opiniões passam a ficar mais retraídas.

A entrevista sequenciada ao artigo demonstrou que o amigo tinha um posicionamento político ao longo da sua trajetória. Como um homem do seu tempo, não ficou ileso aos assuntos que permeavam o início do século XX, como os confrontos ideológicos entre cultura erudita e cultura popular, capitalismo e comunismo, autoritarismo e democracia, barbárie e civilização, guerras e revoluções, antíteses expostas nas suas elaborações teóricas e políticas, fosse como etnógrafo, fosse como escritor ou administrador da cultura.

Como humanista, existiu uma pretensão em Mário de Andrade de elevar a cultura brasileira com a sua diversidade a um status universal de reconhecimento. A arte foi tomada em sua obra além da função social, mas pela via pedagógica. Trazer a cultura popular para espaços elitizados, como museus, arquivos, bibliotecas, discotecas e teatros, fez com que a noção estética do modernista questionasse o belo, a cultura, a teoria, a democracia, a política, o autoritarismo, a aristocracia, os governos e a própria existência. Os questionamentos sobre o trabalho e a mercantilização da arte e do artista enquanto fetiche, objeto de consumo e de consagração aumentavam cotidianamente. A humanização do indivíduo pelo trabalho foi percebida pelo etnógrafo sob o aspecto da transformação da natureza/sociedade sem dissociar as belas-artes das artes aplicadas. Em toda a sua obra, buscou a valorização e o reconhecimento das expressões da cultura popular pelo Estado.

3

MÚLTIPLAS FACES DO MINISTÉRIO DA CULTURA

Dois acontecimentos internacionais marcaram a reorganização das políticas culturais no Brasil após o Estado Novo: 1) a constituição da Organização das Nações Unidas para a Educação, a Ciência e a Cultura (Unesco), em 1945; 2) a criação na França do *Ministère d'État chargé des Affaires Culturelle*, por André Malraux (1901-1976).

A Unesco foi o primeiro "laboratório mundial" para as políticas culturais internacionais, refletiu Hartog (2014, p. 239). A organização ressignificou o debate sobre a diversidade cultural, ensejou princípios às orientações sobre a sistematização e normatização das políticas via patrimônio cultural e incentivou a criação de Ministérios da Cultura nos países-membros.

André Malraux comandou o ministério francês de 1959 a 1969 e criou as *Maisons de la Culture*, multiplicadas internacionalmente como paradigma de descentralização cultural, espécie de departamentos culturais locais. Com o ministério francês, foram institucionalizados projetos de inventário do patrimônio e restauração de bens arquitetônicos, fomento de intercâmbios internacionais de obras e artistas, além de investimentos em projetos culturais via mecenato e incentivos fiscais.

Ao visitar o Brasil para participar do Congresso Internacional de Críticos de Arte, no fim de 1959, Malraux reacendeu nos intelectuais brasileiros os projetos de cultura pleiteados pelos modernistas, cuja missão em favor da cultura nacional os colocava acima das clivagens político-ideológicas. Simpático ao campo da esquerda, mas amigo e ministro de confiança do general ditador Charles André Joseph Marie de Gaulle (1890-1970), Malraux tornou-se referência política para o Conselho Federal de Cultura (CFC), e a experiência francesa tornou-se o paradigma da regionalização da cultura pelo CFC, com a criação das casas de cultura nos anos 70. Em plena ditadura civil-militar, contraditoriamente, o CFC defendeu a liberdade de criação artística, a difusão e o acesso à cultura em períodos de censura e perseguição política, inspirado nas políticas francesas.

O Decreto 1.920, de 25 de julho de 1953, assinado por Getúlio Vargas e Antônio Balbino, substituiu o MES por dois ministérios, o Ministério da Saúde (MS) e o Ministério da Educação e Cultura (MEC). No horizonte de expectativas dos intelectuais modernistas, projetou-se a sonhada independência da cultura. Todavia, as políticas de amizades e as articulações para a ocupação de cargos públicos permaneceram nos novos ministérios.

A prática do mecenato público e privado foi retomada, fosse para fomentar a educação cultural das elites, fosse para auxiliar a educação cívica das classes populares. Em 1947, o Museu de Arte de São Paulo (Masp) foi fundado em parceria com o jornalista Assis Chateaubriand e o *marchand* Pietro Maria Bardi. A edificação, projetada por Lina Bo Bardi, foi inaugurada em 1968 e tombada pelo Iphan somente em 2003. Já o Museu de Arte Moderna de São Paulo (MAM/SP) foi criado, em 1948, pelo industrial Francisco Matarazzo Sobrinho, conhecido por Ciccillo. O industrial e sua esposa, Yolanda Penteado (1903-1983), sobrinha de dona Olívia Guedes Penteado, organizaram, em 1951, a primeira edição da Bienal Internacional de Artes em São Paulo.

Com base nesses museus, houve uma reconfiguração do campo artístico nacional, se antes predominava o mecenato da lavoura arcaica, a partir desse momento o mecenato industrial entra em cena. Contudo, o mecenato público permanecia predominante. Para Durand (2009), o mercado das artes foi consolidado no Brasil com iniciativas privadas, mas com fomento público. No século XX, Hobsbawm (1995, p. 487) observa que o financiamento das artes via Estado foi impulsionado pela "patronagem pública".

Celso Furtado (1984) defendeu a tese de que houvera no Brasil, a partir da Constituição de 1946 (CF-1946), uma mudança de paradigma. Os desequilíbrios regionais impulsionaram a criação de órgãos reformistas e programas planificados para nivelar o desenvolvimento econômico, social e cultural. A Superintendência do Desenvolvimento do Nordeste (Sudene), elaborada e dirigida por Furtado, em 1959, no governo de Juscelino Kubitschek (JK), foi um exemplo dessa questão. O projeto de nação varguista de um Estado central e industrializado foi redirecionado para um Estado regional desenvolvimentista.

Na área da cultura, o deputado federal Menotti del Picchia (1892-1988), do Partido Trabalhista Brasileiro (PTB), elaborou o Projeto de Lei (PL) 2.408, de 18 de novembro de 1960. O PL defendia o desenvolvimento regional e fortalecimento da cultura e educação, propondo uma reforma administrativa no MEC e a criação do Ministério da Cultura. O *Correio Braziliense* noticiou que o autor propusera o projeto "para manter e criar novas bibliotecas públicas, museus e dar assistência direta aos institutos culturais espalhados em todo território nacional" (MENOTTI..., 1960, p. 8).

O PL veio ao encontro das instituições federais, estaduais e municipais de cultura, que requeriam uma sistematização política da área, além de um fundo financeiro próprio para estimular a criação, a manutenção, a preservação, o financiamento e a circulação dos seus empreendimentos.

O autor do PL era um modernista conservador engajado. O escritor Menottti del Picchia publicou crônicas, ensaios, poesias, contos e romances. Participou da Semana de Arte Moderna de 1922 e foi um dos fundadores do Grupo Verde-Amarelo e do Grupo Anta, com Cassiano Ricardo e outros modernistas conservadores. Colaborou e dirigiu periódicos como *A Tribuna, A Gazeta, Correio Paulistano, O Anhanguera, A Noite, A Cigarra, Nossa Revista, São Paulo* e *Brasil Novo*. Além da literatura, adentrou o mercado cinematográfico com a produtora Independência Filmes, nos anos 20. E, assim como outros modernistas, dividia-se entre os afazeres intelectuais/artísticos e os compromissos burocráticos das repartições públicas e dos movimentos políticos. Em 1925, assumiu o Ministério Público de São Paulo. Participou da Revolução de 1930 e da Revolução Constitucionalista, de 1932. Foi diretor da União Jornalística Brasileira e secretário do governador Pedro Toledo de São Paulo. Em 1938, dirigiu o DIP/SP e o Monte de Socorro – Banco de Crédito/SP. Foi tabelião e proprietário do cartório 20º Offício/SP (MENOTTI..., 2019).

A biografia intelectual e profissional do modernista é generosa. O mesmo não ocorre com sua trajetória parlamentar. Apesar de mandatos parlamentares consecutivos, de 1951 a 1963, o deputado federal não aprovou nenhum projeto na Câmara dos Deputados. O intelectual de escrita e oralidade farta mostrava-se econômico nos discursos parlamentares. De 1954 a 1963, foram registrados apenas dez discursos nos anais do Legislativo, entre eles efemérides, necrológicos, centenários e congratulações.

Contudo, no dia 26 de outubro de 1960, o *Diário do Congresso Nacional* registrou o discurso de Menotti del Picchia na tribuna do parlamento para defender a criação do Ministério da Cultura: foi o seu segundo e último discurso daquele ano. Com argumentos favoráveis à modernização dos órgãos culturais, acusou a "caducidade das instituições" e a "inadiabilidade de uma reforma constitucional" (BRASIL, 1960c, p. 7.797-7.799[10]).

---

[10] Conjunto documental, taquigrafado, publicado da Câmara dos Deputados com essa numeração.

O Ministério da Cultura seria o responsável pela coordenação e promoção das atividades culturais federais, e, sob seu comando, seriam transferidas as seguintes instituições: Comissão e Salão Nacional de Belas Artes, Salão Nacional de Arte Moderna, Conselho Nacional de Cultura, Biblioteca Nacional, Fundação Casa de Rui Barbosa (FCRB); Diretoria do Patrimônio Histórico e Artístico Nacional (Dphan), Museu da Inconfidência, Museu das Missões, Museu do Diamante, Museu do Ouro, Museu Histórico Nacional (MHN), Museu da República, Museu de Arte Tradicional, Instituto Joaquim Nabuco (IJN), Instituto Nacional do Livro, Instituto Superior de Estudos Brasileiros (Iseb), Museu Imperial, Museu Nacional de Belas Artes, Serviço Nacional de Teatro, Conselho Nacional de Pesquisas, Instituto Brasileiro de Bibliografia e Documentação, Instituto de Energia Atômica, Instituto de Matemática Pura e Aplicada, Instituto Nacional de Pesquisas da Amazônia (Inpa), Conselho de Fiscalização das Expedições Artísticas e Científicas no Brasil, Arquivo Nacional, Instituto Brasileiro de Educação, Ciência e Cultura (Ibecc), Teatro Nacional de Comédia e Instituto Nacional de Cinema Educativo.

Essa configuração articulava a cultura associada à ciência. O Ministério da Cultura acolheria as organizações que lhe eram inerentes, mas que se encontravam em outras áreas, por exemplo: o Arquivo Nacional (AN) ao Ministério da Justiça; Iseb, Ibecc e Conselho Nacional de Pesquisas ao MEC; Conselho Nacional de Desenvolvimento Científico e Tecnológico (CNPQ), Instituto de Energia Atômica, Instituto de Matemática Pura e Aplicada, Conselho de Fiscalização das Expedições Artísticas e Científicas do Brasil à Presidência da República; e o Inpa ao Ministério da Agricultura.

A justificação do PL apresentou um histórico dos órgãos a serem realocados e as suas competências legais. A reforma administrativa pretendida propôs a transferência dos recursos desses órgãos para o Ministério da Cultura, além de um crédito suplementar no valor de Cr$ 5.000.000 (cinco milhões de cruzeiros).

O PL apresentou um tratado sociológico sobre o que seria o perfil do brasileiro. O brasileiro era portador de capacidades culturais "inatas admiráveis" e com "qualidades de invenção, adaptação, capacidade criadora de trabalho" materializadas na "construção de Brasília". A capital federal, monumento modernista, foi uma "revelação cultural do continente", construída em "tempo recorde, pelo gênio criador e pela força de trabalho do homem brasileiro". Portanto, a genialidade seria estimulada para retirar as populações empobrecidas "da negra noite, do analfabetismo" e "arrancar o resto do país" do "subdesenvolvimento" (BRASIL, 1960d, p. 3). O progresso material seria alcançado com o aproveitamento da capacidade criativa e adaptativa do cidadão brasileiro, por isso a divisão das pastas em Educação e Cultura potencializaria a formação da consciência e do espírito nacional.

O PL afirmou que uma nação não poderia ser construída somente com base nas conquistas materiais, mas pela soma das aquisições espirituais. "Jamais uma nação de mais de sessenta milhões de almas poderá se considerar desenvolvida se metade da sua população continuar dentro da cegueira do analfabetismo. O cego não abre caminhos" (BRASIL, 1960d, p. 4). A narrativa iluminista da educação enquanto intermediadora da cultura e do progresso material delineou a proposta.

Para alcançar o crescimento espiritual dos cidadãos, a instrução pública seria um dos serviços cruciais oferecidos pelo Estado. Enfim, o argumento mobilizado para a criação do Ministério da Cultura foi o fortalecimento do Ministério da Educação. O PL enfatizou que, para as realizações materiais, o Estado deveria assegurar a saúde espiritual da população, elevando o moral, tornando eficiente o trabalho e gerando riqueza nacional. Portanto, separar a cultura da educação fortaleceria administrativamente e organicamente as duas áreas. O PL também propôs organizar os serviços e repartições criados sem planejamento, "ao sabor das circunstâncias [...] de forma tumultuária e desordenada", que, "salvo raras exceções", atingiam um ínfimo "rendimento" (BRASIL, 1960d, p. 5).

A reforma administrativa fazia-se urgente, pois: "As atribuições estão divididas. Os recursos, fracionados. Os meios de atuação desarticulados. Os critérios comprometidos pela falta de entrosamento e, sobretudo, pelas variações da vinculação hierárquica e funcional." (BRASIL, 1960d, p. 5).

O documento foi analisado pela Comissão de Constituição e Justiça da Câmara Federal, presidida por Pedro Aleixo sob a relatoria de Joaquim Durval e composta por Oliveira Britto, Raimundo Brito, Gurgel Amaral, João Mendes, Bias Fortes, Silva Prado e Océlio Medeiros. Os examinadores do PL deliberaram sobre a inconstitucionalidade da matéria em reunião ordinária da Turma "A", no dia 2 de novembro de 1960.

A comissão endossou o texto da relatoria que acolheu com positividade a "ideia de reunir em um só departamento da administração pública todos os serviços [...] promover e coordenar as atividades culturais" (BRASIL, 1960d, p. 5). Entretanto, advertiu sobre a discricionariedade da Presidência da República para a criação de "empregos em serviços existentes", conforme o segundo inciso do Art. 67 da CF-1946. A criação do Ministério da Cultura não foi questionada pelo parecer, mas somente a criação de cargos, consequentemente a transferência de recursos pelo Executivo. O PL foi atingido pelo protecionismo dos órgãos que seriam afetados com a reforma administrativa.

3.1 Conselho Nacional de Cultura

Apesar de o PL de Ministério da Cultura ter sido arquivado na Câmara Federal, o projeto de Conselho Nacional da Cultura foi retomado. Esses assuntos permaneceram no debate público nos periódicos, sobretudo no *Diário de Notícias* (DN).

O DN era conhecido como o matutino de maior tiragem do estado da Guanabara ou como "Jornal da Revolução", como era chamado por seu fundador, Orlando Dantas. O proprietário recebeu a alcunha de "o patriota" por suas relações próximas com o governo Vargas até a instauração do Estado Novo, quando o DN passou a ser censurado. Após 1945, os fundadores, editores e jornalistas do DN tornaram-se, majoritariamente, apoiadores e filiados da União Democrática Nacional (UDN). O jornal manteve uma implacável oposição ao governo de JK. Nos governos de Jânio Quadros (JQ) e João Goulart (Jango), apoiou as políticas reformistas, mas, diante do acirramento ideológico entre as esquerdas e as direitas, apoiou o golpe de 1964, conforme historiou a série "Memória da comunicação" da Prefeitura Municipal do Rio de Janeiro (2006).

Enquanto uma empresa de comunicação, o DN endossou os discursos dos governos que lhe interessavam a fim de garantir apoio político e financeiro para sua produção e circulação. Após o golpe de 1964, quando o jogo político foi reformulado, o jornal reposicionou-se em defesa da ditadura. As áreas da cultura e da educação eram divulgadas em suplementos, cadernos, colunas, seções especiais, reportagens e artigos de opinião. O DN promoveu na década de 1960 debates públicos sobre os projetos em disputa e expôs incompreensões em relação às propostas para a cultura nacional.

Adonias Aguiar Filho (1960, p. 3), na coluna "Estante", no DN, afirmou que a inteligência brasileira vislumbrava um Ministério da Cultura, porque a área não poderia mais "andar a reboque da educação". Posteriormente, denunciou no DN que o Conselho Nacional de Cultura de Cuba era um órgão "destinado a censurar obras de arte [...] manter a mordaça [...] destruir intelectual e fisicamente qualquer escritor [...] estandartizar os sentimentos e as percepções" artísticas em monólogos e guias culturais elaborados pelo "ditador Fidel Castro", que "odiava a inteligência". Apesar do alerta, defendeu a criação do ministério e de um conselho de cultura no Brasil, mas sem se transformar em um órgão de controle e censura, a exemplo do cubano.

Paschoal Carlos Magno (1961, p. 3), em entrevista para o DN, mensurou que ao Brasil faltava "um Ministério da Cultura e alguns mecenas". Um ministério para atuar em prol das atividades e tradições culturais, e o mecenato para financiar o mercado das artes. Os mecenas seriam os industriais "poderosos" com "contas bancárias" avantajadas, que deveriam "copiar seus colegas da América do Norte, Inglaterra, França e Itália". No dia seguinte à entrevista, foi publicada a manchete: "Jânio cria Conselho Nacional de Cultura" (1961a, p. 3).

Pomona Politis (1961d, p. 3), colunista do DN, questionou a composição prevista para o CNC, cinco comissões com cinco membros, dois nomeados pelo presidente da República e três indicados por entidades de classe. A articulista indagou como o governo se comportaria, se existisse disputa de vagas. Se o "amorfo Museu Nacional de Belas Artes fizer uma indicação e o Museu de Arte Moderna de São Paulo ou o do Rio de Janeiro fizer outra". Poucas vagas para muitas representações em comissões estratégicas, como a Comissão de Artes Plásticas. Politis questionou "quem será atendido", pois o mercado das artes crescia vertiginosamente e as representações não contemplariam todos os interesses em disputa.

O CNC poderia deliberar apoios institucionais e financeiros. Portanto, não era somente o mercado das artes plásticas, literatura e arquitetura que estava em disputa pelos quinhões do mecenato estatal. A indústria fonográfica e dos espetáculos, assim como as orquestras, disputavam espaço e o fomento no mercado das artes.

Magdala da Gama de Oliveira, que assinava Mag (1961a, p. 3) em sua coluna no DN, afirmou que o governo JK encontrou um país "paupérrimo em matéria de cultura musical". Membro da Comissão Artística do Teatro Municipal do Rio, demarcou que as músicas erudita, popular, folclórica e tradicional estavam perdendo espaço para a música comercial. A jornalista ponderou que, com a criação do Ministério da Cultura, essa situação seria revertida.

Jânio Quadros (1917-1990), eleito pela coligação do Partido Socialista Brasileiro (PSB) e pelo Partido Trabalhista Nacional (PTN), assumiu no dia 31 de janeiro e renunciou em 25 de agosto de 1961. Mas, nesse intermeio, instituiu o CNC pelo Decreto-Lei 50.293, de 23 de fevereiro, assinado pelos ministros Oscar Pedroso Horta, da Justiça, Afonso Arinos de Melo Franco, das Relações Exteriores, Clemente Mariani, da Fazenda, e Brígido Fernandes Tinoco, do MEC.

A estrutura do desenho institucional do CNC prevista em 1938 foi mantida, como os mandatos bianuais, a admissão de conselheiros pelo valor cultural das suas trajetórias, o pagamento de *jetom* para as reuniões, o assessoramento para a popularização da cultura e a elaboração de um plano setorial. As mudanças mais sintomáticas foram a renomeação das câmaras para comissões setoriais e a exclusão da câmara de patrimônio do texto legal, provavelmente em decorrência das celeumas entre o CNC e o Sphan, em 1941. Entre as competências do CNC, o decreto determinou:

> a) estabelecer a política cultural do Governo, mediante plano geral a ser elaborado, e programas anuais de aplicação;
>
> b) estudar e opinar sobre todos os assuntos de natureza cultural que lhe forem submetidos pela Presidência da República;
>
> c) sugerir à Presidência da República medidas de estímulo à atividade cultural;
>
> d) proceder ao balanço das atividades culturais em todo o país, de caráter público ou privado, relacionando os órgãos e entidades que as exercem, para o fim de coordenar a ação do Governo frente a todas as instituições culturais existentes, visando o maior rendimento de sua ação;

e) propor ao Governo a reestruturação, ampliação ou extinção de órgãos culturais da União a sua articulação dentro do plano geral de estímulo à cultura e a criação de órgãos novos para atender as necessidades de desenvolvimento cultural do País;

f) manter atualizado um registro de todas as instituições culturais de caráter privado do país para fim de opinar quanto às subvenções, auxílios ou quaisquer outras medidas de iniciativa do Governo Federal;

g) apresentar anualmente à Presidência da República um relatório sobre as atividades culturais do país e sobre a ação desenvolvida pelo próprio Conselho;

h) apreciar, previamente, os programas de trabalho anualmente elaborados pelas Comissões criadas pelo artigo 2º, bem como decidir sobre quaisquer outras sugestões dessas Comissões;

i) cooperar com os periódicos de difusão cultural do país, contribuindo para assegurar a sua continuidade;

j) editar uma revista destinada a difusão cultural das artes e da cultura e ao registro das atividades culturais em todo o país;

k) estudar e desenvolver medidas no sentido da população da cultura, inclusive através da manutenção de estação emissora de rádio e de televisão;

l) estimular a criação de Conselhos Estaduais de Cultura e propor convênios com órgãos dessa natureza, para unidade e desenvolvimento da política cultural do País;

m) elaborar o Regulamento Interno do Conselho e aprovar o das Comissões a ele subordinadas;

n) articular-se com todos os órgãos culturais da União, podendo requisitar deles o que necessitar para o cumprimento de suas atribuições. (BRASIL, 1961, s/p).

Salvo o adensamento tecnológico por meio da cultura de massa, as atribuições dessa versão não diferiam das estabelecidas por Capanema. As políticas centralizadoras do Estado Novo foram reapresentadas pela ótica do desenvolvimento regional.

Outra questão retomada pelo Decreto-Lei 50.293/1961, provavelmente em decorrência da disputa ocorrida entre o MES, o MRE e o MJNI, entre 1938 e 1939, foi o aparato interministerial e interinstitucional. Foram destinados assentos no plenário e nas comissões para o MEC, MRE, Ministério da Fazenda e Universidade do Brasil (UB). Seriam membros natos os diretores do Serviço Nacional de Teatro, Instituto Nacional de Cinema Educativo, Museu Nacional de Belas Artes, Comissão Nacional de Teatro, Comissão Nacional de Cinema e Comissão Nacional de Artes Plásticas. E em cada comissão foi reservada uma vaga ao representante do MRE, como pleiteado por Osvaldo Aranha, em 1938.

Raul Pilla, em sua coluna "Microscópio", questionou a origem estadonovista do CNC e a inconstitucionalidade do Decreto-Lei 50.293/1961, que, a exemplo da "ditadura getuliana", submeteu o órgão ao poder absolutista do presidente da República. O colunista indagou se o CNC deveria estar subordinado ao presidente ou ao titular do MEC. Com poderes absolutos, a Presidência apenas confirmava ser o "presidencialismo [...] regime do poder pessoal, onde tudo há de emanar do presidente, como a vida emana do sol" (PILLA, 1961, p. 5-6).

O DN comunicou que o presidente da República nomeara para o cargo de secretário-geral do CNC o crítico de arte e jornalista Mário Pedrosa (1900-1981), que fora "líder do trotskismo no Brasil" (EX-TROTSKISTA... 1961, p. 4). E anunciou que Pedrosa retornava de uma viagem realizada à União das Repúblicas Socialistas Soviéticas (URSS). Em outros tempos, ironizou o jornal, o diretor do Museu de Arte Moderna de São Paulo seria recepcionado em Moscou e encaminhado às prisões de Lubianka, sede da KGB. No entanto, dias depois, o DN ressaltou que as articulações internacionais do secretário-geral do CNC não se restringiam ao campo político, pois Pedrosa fora reeleito vice-presidente da Assembleia Internacional de Críticos de Arte (Aica), sediada em Munique (CRÍTICO..., 1961, p. 9).

O DN projetou um horizonte de expectativas, apoiando-se em numerosas matérias e notas, de que o CNC traria benefícios da cultura para todas as camadas sociais. O órgão seria constituído por oito comissões, com a proposta de dividir a Comissão de Ciências e de Filosofia e de criar a Comissão de Rádio e Televisão (CONSELHO..., 1961). Essa questão foi contestada por MAG (1961b, p. 2) em sua coluna "Rádio e TV", quando afirmou que a "vassoura" de JQ abrira a porta para controlar os meios de comunicação.

Apesar das críticas, permaneceram as seguintes comissões: Comissão Nacional de Literatura, Comissão Nacional de Teatro, Comissão Nacional de Música e Dança, Comissão Nacional de Artes Plásticas e Comissão Nacional de Cinema. Esta última foi composta pelo Conselho Consultivo do Grupo Executivo da Indústria Cinematográfica (Geicine), criado pelo Decreto 50.278, de 17 de fevereiro de 1961, com nove membros, um privilégio em detrimento às demais comissões.

O Geicine e o CNC foram convidados para se posicionarem por meio do artigo do crítico de cinema Salvyano Cavalcanti de Paiva (1961), na "Revista de televisão" do DN. O autor cobrou explicações sobre o aumento da precificação das cópias dos filmes brasileiros pelas indústrias de distribuição e demonstrou os lobbies e as pressões políticas na área.

A primeira sessão plenária do CNC ocorreu em maio de 1961. De acordo com matéria do DN, o órgão recebeu 2 milhões de cruzeiros para iniciar suas atividades (CULTURA, 1961). Em outra reportagem, o jornal criticou o CNC por se reunir "diariamente para discutir seus estatutos" sem debater pautas relevantes como a literatura, pois um país "sem livros" não "justificaria" a "existência" do próprio CNC (O LIVRO, 1961, p. 4). Em outra publicação, o DN anunciou que JQ sustara a "majoração nos preços dos livros" de 100% por solicitação do CNC (FOI SUSTADA..., 1961, p. 2). Essa ação foi saudada pelo autor de *Grande sertão: veredas*, Guimarães Rosa, que ratificou a importância dos livros para a cultura e a educação nacional, publicou o jornal. Porém, as preocupações apresentadas no DN estavam imbricadas em uma reserva de mercado para os produtos brasileiros inclusive na área de quadrinhos, cuja proposta emitida pelo CNC indicava que 30% da importação se destinasse para os quadrinistas nacionais no mercado editorial.

O DN (JÂNIO..., 1961b) comunicou que o Regimento do CNC tinha sido aprovado pelo presidente Jânio Quadros. O plenário do órgão foi composto por uma diversidade artística e política com conselheiros de distintos espectros ideológicos e linguagens artísticas (Quadro 1). Observam-se resquícios da constelação Capanema, que reunia nomes de intelectuais e artistas conservadores ao lado de nomes de vanguarda, remanescentes do laicato católico, como Alceu Amoroso Lima ao lado do trotskista Mário Pedrosa.

Sublinha-se a presença no plenário de dois expoentes do pensamento social brasileiro, Sérgio Buarque de Holanda e Gilberto Freyre, além do empresário envolvido com museus de arte e bienais Francisco Matarazzo Sobrinho, representando o mercado das artes. O nome de Ciccillo Matarazzo gerou polêmicas no seio da classe artística, publicou Pomona Politis (1961a, p. 3). Os artistas "ameaçaram [...] presidir a Metalúrgica Matarazzo", pois a empresa atravessava uma crise financeira e administrativa, e questionaram que moral o conselheiro teria para administrar a comissão de cultura. Em consequência da contenda, Ciccillo declinou do cargo no CNC.

Da dramaturgia, nomes como Alfredo Mesquita e Paschoal Carlos Magno foram apoiados pelo setor. Magno substituiu Pedrosa e foi anunciado como uma "boa lembrança" por Pomona Politis (1961c, p. 3).

Da crítica de literatura e de teatro, fizeram-se presentes os uspianos Antonio Candido de Mello e Souza, e, posteriormente, Décio de Almeida Prado. O MEC recomendou o jornalista e escritor José Cândido de Melo Carvalho, incorporado ao CNC já em funcionamento.

Austregésilo de Athayde foi o primeiro presidente, substituído por Clóvis Garcia, anunciou o DN (CLÓVIS..., 1961). O ocupante do cargo respondia pelas ações políticas do CNC, além de ser da confiança do presidente da República.

Quadro 1 – Estudo prosopográfico dos membros do CNC

CONSELHO NACIONAL DE CULTURA	
COMISSÃO NACIONAL DE LITERATURA	COMISSÃO NACIONAL DE ARTES PLÁSTICAS
Presidente	Presidente
Austregésilo de Athayde, Caruaru/PE, 1898-1993, professor, jornalista, escritor.	Francisco Matarazzo Sobrinho, São Paulo/SP, 1898-1977, industrial, mecenas, fundador do MAM/SP, do Teatro Brasileiro de Comédia e da Companhia Cinematográfica Vera Cruz, prefeito de Ubatuba pelo Partido Social Progressista (PSP).
Membros	
Alceu Amoroso Lima, Petrópolis/RJ, 1893-1983, escritor, professor, líder católico.	Membros
Jorge Amado, Itabuna/BA, 1912-2001, escritor, deputado constituinte pelo PCB (1946).	Augusto Rodrigues, Recife/PE, 1913-1993, artista plástico, arte-educador, fotógrafo, ilustrador, caricaturista, gravador, desenhista.
Carlos Drummond de Andrade, Itabira/MG, 1902-1987, poeta, servidor do Iphan.	Benedito Geraldo Ferraz Gonçalves, Campos Novos Paulista/SP, 1905-1979, escritor, jornalista, crítico, secretário da *Revista de Antropofagia*.
Antonio Candido de Mello e Souza, Rio de Janeiro/RJ, 1918-2017, crítico literário, professor, filiado ao PSB.	Lívio Abramo, Araraquara/SP, 1903-1993, gravador, desenhista, quadrinhista, pintor, militante sindical trotskista.
Mário Pedrosa, Timbaúba/PE, 1900-1981, jornalista, crítico de arte, filiado ao PCB.	Oscar Niemeyer, Rio de Janeiro/RJ, 1907-2012, arquiteto e urbanista, filiado ao PCB.

COMISSÃO NACIONAL DE CINEMA	COMISSÃO NACIONAL DE TEATRO
Presidente	**Presidente**
Flávio Tambellini, Batatais/SP, 1925-1975, cineasta, roteirista, crítico de cinema.	Clóvis Garcia, Taquaritinga/SP, 1921-2012, crítico, cenógrafo, figurinista, escritor, diretor do Sistema Nacional do Teatro.
Membros	**Membros**
Antonio Moniz Vianna, Salvador/BA, 1924-2009, crítico de cinema, diretor da Cinemateca do MAM/RJ.	Alfredo Mesquita, São Paulo/SP, 1907-1986, autor, ator, escritor, fundador da Escola de Arte Dramática de SP.
Rubem Biáfora, São Paulo/SP, 1922-1996, cineasta, crítico de cinema.	Cacilda Becker, Pirassununga/SP, 1921-1969, atriz, presidente da União Paulista da Classe Teatral.
Francisco Luiz de Almeida Sales, Jundiaí/SP, 1912-1996, jornalista, crítico de cinema, autor, presidente da Cinemateca Brasileira.	Nelson Rodrigues, Recife/PE, 1912-1980, escritor, jornalista, romancista, teatrólogo, contista, cronista.
Lola Brah, Kirov/Rússia, 1920-1981, atriz de cinema e TV.	Décio de Almeida Prado, São Paulo/SP, 1917-2000, advogado, professor universitário, crítico de teatro, escritor.
COMISSÃO NACIONAL DE MÚSICA E DANÇA	COMISSÃO NACIONAL DE FILOSOFIA E CIÊNCIAS SOCIAIS
Presidente	**Presidente**
José Cândido de Andrade Muricy, Curitiba/PR, 1895-1984, crítico literário e de música, ensaísta, pertenceu ao Grupo Festa.	Djacir Menezes, Maranguape/CE, 1907-1996, economista, filósofo, escritor, sociólogo.
Membros	**Membros**
Otto Maria Carpeaux, Viena/Áustria, 1900-1978, escritor, jornalista, ensaísta, crítico de arte e de música, literata, historiador literário.	Sérgio Buarque de Holanda, São Paulo/SP, 1902-1982, historiador, crítico literário, fundador do PT.
Eleazar de Carvalho, Iguatu/CE, 1912-1996, maestro, compositor, professor de música.	Dom Clemente Isnard, Rio de Janeiro/RJ, 1917-2011, monge beneditino, bispo de Nova Friburgo, escritor, vice-presidente da Confederação Nacional dos Bispos do Brasil (CNBB).
Heitor Alimonda, Araraquara/SP, 1922-2002, pianista, compositor.	Euríalo Canabrava, Cataguazes/MG, 1906-1979, advogado, filósofo, diretor do Instituto de Psicologia da Universidade do Brasil.
Edino Krieger, Brusque/SC, 1928-2022, compositor, produtor musical, crítico.	Gilberto Freyre, Recife/PE, 1900-1987, sociólogo, deputado federal pela UDN.

Fonte: a autora

A disputa dentro do mercado das artes envolvendo as linguagens artísticas e da profissionalização do campo ressoava dentro das entidades públicas e da organização das políticas setoriais. A especialização, a difusão e a circulação cultural dos artistas e suas obras foram incentivadas no âmbito do desenvolvimento da cultura regional. Nesse sentido, as áreas organizadas impulsionaram a deliberação de políticas específicas e conquistaram maior espaço nas discussões dentro do CNC. O teatro, por exemplo, foi impulsionado pela militância de Paschoal Magno, especialista renomado na área.

Com uma perspectiva de descobrir o interior do país, promover o acesso à cultura e às atividades culturais, visando a uma valorização e ao enaltecimento da cultura nacional, algumas ações foram empreendidas pelo CNC. O DN anunciou que a Comissão de Música indicou suas prioridades e incentivou a gravação de músicas eruditas de autores nacionais (DISCIPLINADA..., 1961). Essa ação visava também controlar a contratação de compositores estrangeiros e organizar uma reserva de mercado.

Dona Ondina, viúva de Orlando Dantas, além de proprietária do DN, escrevia com regularidade à coluna "Música", especialmente sobre música clássica, e assinava com o pseudônimo D´Or (D de Dantas, O de Ondina e R de Ribeiro). Por sua gestão rigorosa no jornal, recebeu dos funcionários a alcunha de "marechala" (RIO DE JANEIRO, 2006, p. 84).

"Desordem da música no Brasil" foi o título de uma paródia literária escrita por D´Or para ironizar a Ordem dos Músicos do Brasil (OMB) e sobre quem recebia os direitos autorais do mercado nacional e estrangeiro. A colunista acusou Jânio Quadros de manter uma "dinâmica maneira pessoal de examinar os fatos, julgá-los e impor modificações com prazo curto para os estudos e cumprimento das suas ordens". Em sua opinião, na área da música e em outros "assuntos que, evidentemente", o presidente desconhecia, tornava-se "incapaz de corrigi-los convenientemente". Essa incapacidade do chefe do Executivo era consequência das orientações que recebia, pois era "mal assessorado em matéria de música", ficava "ilaqueado na sua boa-fé" e deixava-se "levar" por determinados integrantes da OMB, que, explicitamente, tinham interesses mercadológicos e não patrióticos na área, afirmou D´Or (1961, p. 3).

D'Or (1961, p. 3) afiançou que o CNC fora originado por "um dos mais aplaudidos decretos vindos de Brasília". Mas alertou que o conselho seria anulado e desrespeitado, pois "desaparecia a autoridade dos assessores musicais junto à Presidência e ao ministro da Educação" com a criação do Serviço Nacional da Música (SNM), com membros da OMB. A existência de interesses cruzados fez com que o presidente JQ seguisse as "catilinárias dos comunistas que o procuram" e deixasse "à margem" os "nomes por ele nomeados para o Departamento Musical do Conselho Nacional de Cultura".

Essa crítica evidencia uma disputa política entre a Comissão de Música do CNC e o SNM. Segundo D'Or, o SNM era composto por representantes corporativistas e mercadológicos que representavam os interesses da OMB. Essa entidade atuava no mercado fonográfico, intermediando e lucrando com a venda e compra de direitos autorais. As críticas de D´Or ressoaram publicamente e engrossaram as de outros artistas.

A seção "Noticiário" (1961) do DN comunicou uma reunião do CNC presidida por Austregésilo de Athayde, sob a secretaria de Mário Pedrosa, a fim de debater a criação do SNM, instituído pelo Decreto 51.013/1961. Por atravessar as competências do CNC, JQ retificou os itens conflituosos do decreto.

Os conselheiros do CNC tinham predileção em suas deliberações, assim como os colunistas do DN, pela música erudita, que eram objeto da crítica musical. Os conselheiros nacionais preocupavam-se com a proposição de políticas para a área e mantinham contato com a Academia Brasileira de Música como uma instância de consagração, tal qual a ABL para os escritores. Os conselheiros circulavam nas duas instituições, como foi o caso do presidente da Comissão de Música e Dança Andrade Muricy, expoente do modernismo conservador do Grupo Festa e reconhecido crítico literário e musical. O ensaísta foi cultor de Cruz e Sousa e doou o arquivo pessoal do poeta ao Arquivo-Museu de Literatura Brasileira da FCRB.

O patrimônio cultural material, arqueológico e paisagístico ficou a cargo do Dphan. O CNC não atravessou a área que gerou uma das celeumas que impediram que o órgão vingasse na gestão Capanema. No entanto, o patrimônio artístico foi muito defendido como um produto nacional a ser salvaguardado. O mundo das belas-artes e dos intercâmbios culturais foi pauta no CNC, com base em um artigo do historiador, crítico de artes e pintor Mário Barata (1921-2017). O articulista foi um dos fundadores do International Council of Museums (Icom), em 1946, no Louvre. No "Suplemento literário" do DN dedicado às artes plásticas, Barata (1961) sugeriu que o CNC e o MEC solicitassem a exposição do Gabinete de Desenhos e Estampas da Galleria degli Uffizi, em Florença, que estava a organizar uma mostra circulante patrocinada pelo Smithsonian Institution.

Em 25 de agosto de 1961, Jânio Quadros renunciou, e o parlamentarismo foi instituído por emenda constitucional no dia 2 de setembro, o vice-presidente João Goulart assumindo no dia 7 de setembro. O discurso do ministro da Fazenda Clemente Mariani, publicado no DN, sinalizou que o novo governo prosseguiria com os estudos iniciados por JK para consolidar a política cultural e que o CNC seria a "célula inicial" (MARIANI, 1961, p. 4) para implantar o Ministério da Cultura no Brasil.

O DN publicou, dois dias depois do discurso de Mariani, a informação de que o CNC não era novidade na política cultural, pois fora um órgão criado no Estado Novo. Fundamentou a informação por meio da *Revista Brasileira de Estudos Pedagógicos* (RBEP), do Instituto Nacional de Estudos e Pesquisas Educacionais (Inep), que mapeou as instituições criadas no governo Getúlio Vargas. A RBEP (1960, p. 118) arrolou os decretos getulistas, situando que o Decreto-Lei 526/1938 não fora "extinto por lei", apesar de o CNC ter se reunido "algumas vezes", mas "nunca chegou a ser instalado".

Daniel Aarão Reis (2014, p. 78) esclarece que o regime parlamentarista foi fruto de um compromisso firmado para apaziguar as forças em disputa e evitar uma "guerra civil" na transição dos governos JQ e Jango. Em pouco mais de um ano, três primeiros-ministros ocuparam o posto: Tancredo Neves, Brochado Rocha e Hermes Lima. O Ministério do Planejamento ficou sob o comando de Celso Furtado a partir de 1962 para a execução do Plano Trienal de Desenvolvimento Econômico. Em 6 de janeiro de 1963, Jango antecipou o plebiscito sobre regime de governo e o presidencialismo foi restituído.

Mário Pedrosa deixou o cargo de secretário-geral do CNC para assumir a IV Bienal de São Paulo, conforme sinalizaram as autoras Duarte e Duarte (2014). No entanto, à época, o DN afirmou que o motivo de Pedrosa solicitar a exoneração do cargo fora "em face da alienação a que o órgão ficou condenado" (CONSELHO..., 1962, p. 4), sem recursos e ações culturais.

Paschoal Magno, substituto de Pedrosa, foi saudado como *the right man in the right place* por Pomona Politis (1962, p. 3). Se o intento do governo foi colocar no principal posto da cultura alguém como André Malraux, um *chevalier au grand coeur*, Paschoal Magno assertivamente foi um homem com a "vida inteiramente dedicada" aos "problemas da cultura", reverenciou a colunista, tratando o conselheiro como um ministro da Cultura.

Entre as múltiplas homenagens cultivadas para o CNC, o conselho assumiu uma função importante na história das artes. O pintor Candido Portinari, considerado um dos principais nomes das artes plásticas nacional, faleceu em 6 de fevereiro de 1962. O velório organizado pelo CNC garantiu que o corpo do pintor fosse velado no Palácio da Cultura. A manchete de capa do DN registrou numerosas homenagens ao artista, com destaque para a do presidente Jango:

> Candido Portinari é uma expressão constante e fiel da nossa cultura, porque traduziu em sua arte as dores e as esperanças do nosso povo. E, por ser autenticamente brasileiro, conquistou renome universal. Por isso, a morte do grande pintor não está sendo lamentada apenas pelo Brasil, que nele reconhece um dos seus maiores intérpretes, mas, também, pelo mundo artístico internacional, ao qual deu uma contribuição inestimável. (CANDIDO..., 1962, p. 1).

Tancredo Neves afirmou que Portinari fora um revolucionário no campo da pintura: "Retratou, como ninguém, a angústia, a revolta e o sofrimento dos oprimidos e espoliados", fazendo da sua arte um dos "instrumentos de emancipação social do nosso povo". Pedro Calmon, conselheiro do CNC, afirmou que o "grande personagem de Portinari era o povo", pois o pintor era um "revolucionário do pincel fazendo o que quis com sua 'falsa anarquia'" — este falseamento indicava muito mais a sua posição política do que estética. Para o líder do PCB Luís Carlos Prestes, Portinari preocupou-se em pintar a "tragédia em que vive o povo, seus sofrimentos e suas lutas" (CANDIDO..., 1962, p. 7).

As obras de Portinari foram ressignificadas no âmbito político após o Estado Novo, de uma visão de um pintor nacionalista com preocupações sociais para um pintor, predominantemente, socialista com denúncias sociais. Contudo, foi reconhecido como um orgulho nacional para todos os tempos e todas as matrizes ideológicas. Nesse ensejo, o DN anunciou o PL do deputado Lourival Batista, da UDN, para a criação do Museu Portinari (APRESENTADO..., 1962).

O Decreto 771, de 23 de março de 1962, instituiu o regimento do CNC, sendo assinado por Tancredo Neves, presidente do Conselho de Ministros, e Antonio Ferreira de Oliveira Britto, ministro do MEC. O órgão tinha "autonomia", ou seja, a desobrigação de submeter ao presidente da República a suas ações e decisões, mantendo somente seis comissões setoriais. Contudo, Jango nomeava os presidentes do CNC e das comissões, bem como o cargo de secretário-geral. A presidência do CNC, simbolicamente, seria a responsável pela coordenação das reuniões administrativas, mas os conselheiros criaram um "critério de rotatividade" quadrimestral para que todos os presidentes de comissão ocupassem essa função (BRASIL, 1962, s/p).

No dia 20 de julho de 1962, Paschoal Magno organizou uma entrevista coletiva para a imprensa, no Palácio da Cultura, para comunicar a organização e o patrocínio do projeto Trem Cultural[11]. Pretendia-se percorrer 17 cidades do interior dos estados de MG e RJ, no segundo semestre do ano, conforme matéria publicada um dia depois no DN. O Trem Cultural "despertaria as populações" para compreender os "acontecimentos culturais" e atualizar as informações acerca dos "diferentes setores da cultura moderna" (TREM..., 1962b, p. 3).

Com apoio do ministro Roberto Lira, do MEC, o CNC levaria professores, conferencistas, músicos, concertos sinfônicos, peças teatrais, cinema, exposição de artes e feiras de livros. "Trem chamado Cultura" foi o título da reportagem publicada pelo DN explicando que o projeto seria composto por sete vagões, dos quais seis seriam para exposições e um destinado para o dormitório dos artistas e da equipe de organização. O projeto foi "riscado" pelo arquiteto Elias Kaufmann e com curadoria/roteiro do crítico de arte Flavio de Aquino. O trem, segundo o jornal, permaneceria nas cidades o tempo necessário para que a população pudesse "visitá-lo e beneficiar-se com sua mensagem de conhecimentos especializados e do poder criador de nossos escritores, poetas, músicos e artistas plásticos" (TREM..., 1962a, p. 9).

No primeiro vagão, o impressionismo e o modernismo estariam representados por artistas como o ítalo-brasileiro Eliseu Visconti (1866-1944), Portinari e o campineiro José Pancetti (1902-1958). Também nesse espaço seriam expostas fotografias de edificações modernistas e coloniais, além de obras dos pintores viajantes, como Frans Post (1612-1680). O segundo vagão seria destinado para a história do Brasil, da colonização à república, enfocando o desenvolvimento nacional. No terceiro vagão foram apresentados alguns nomes da história da música e da literatura brasileira. A música erudita seria representada pelo compositor campineiro Carlos Gomes (1836-1896) e pelo maestro carioca Villa-Lobos. A música popular, pela cantora e dançarina luso-brasileira Carmen Miranda (1909-1955) e pelo compositor e cantor carioca Noel Rosa (1910-1937). O quinto vagão, destinado à ciência, apresentaria uma gama variada de cientistas, a exemplo da trajetória do sacerdote e inventor

---

[11] O nome do projeto muda conforme as fontes pesquisadas.

santista Bartolomeu de Gusmão (1685-1724), do mineiro aeronauta Santos Dumont (1873-1932), dos médicos sanitaristas e infectologistas como o mineiro Carlos Chagas (1879-1934) e o paulista Oswaldo Cruz (1872-1917), assim como o médico e inventor da abreugrafia, o paulistano Manuel de Abreu (1891-1962).

Lia Calabre (2009) informou, segundo o relatório de 1964 do CNC, que o projeto de Trem da Cultura, por falta de verbas, não fora executado, mas, ao analisar as reportagens jornalísticas do período, acredito que o projeto tenha se transformado nas Caravanas de Cultura.

Valendo-se de recursos diretos, o CNC patrocinou concursos literários, festivais de música, obras de arte, espetáculos teatrais, orquestras sinfônicas, corais, óperas, *ballet*, congressos de música erudita e de samba. O órgão fomentou instituições públicas e privadas de imigração japonesa, italiana e alemã. Promoveu o Concurso Villa-Lobos e comemorações de centenários como do compositor carioca Ernesto Nazareth (1863-1934). Essas ações, entre outras, foram listadas por Renzo Massarani (1962, p. 4), no *Jornal do Brasil*, como trabalho do seu amigo, "entusiasta e incansável" Paschoal Magno.

Paschoal Magno (1962, p. 4) em entrevista para o DN intitulada "Cultura para o povo", afirmou que o presidente JQ havia ressuscitado o CNC, órgão criado entre as décadas de 1930 e 1940, em que as questões culturais eram tratadas com formalidade. O secretário-geral advertiu que, após a reinstalação, em 1961, o CNC não recebera dotação financeira. Contudo, em sua gestão, não seria mais "um órgão de consulta, alienado das massas" e, tampouco, de execução de atividades restritas às "ilhas dos mais favorecidos pela fortuna e preparação intelectual". Pois o CNC deveria expressar "uma verdade" presente na "consciência de todos" ao assumir uma missão "dinâmica e produtiva" para a "vulgarização cultural", para o fomento e a "ampliação do movimento cultural", ou seja, "atingir as mais largas camadas da população", um trabalho iniciado em "países civilizados", afirmou Magno. E alertou: "A vida cultural não pode mais circunscrever-se, como na Idade Média, a compartimentos estanques, mas deve espraiar-se cada vez mais numa contaminação salutar de todos os elementos do povo".

O escopo de levar a arte ao povo, sobretudo as consideradas clássicas, foi frequentemente problematizado no DN pelas quatro mulheres colunistas, D´Or, Mag, Eneida e Pomona Politis.

Um alerta elaborado por Mag advertiu sobre o desconhecimento e a falta de educação do público brasileiro para a música erudita: "Na realidade, desde Vargas, os nossos presidentes eleitos não frequentam o Teatro Municipal, desconhecendo o valor cultural da música erudita". A colunista completa que esse fato não era observado nos Estados Unidos e na Europa, onde a "música erudita" fazia "parte da educação, inclusive da plebe", por isso os presidentes prestigiavam-na não apenas para fazer pose política. Ainda mais triste, segundo Mag, seria falar de "Villa-Lobos, Beethoven, Debussy" para um "habitante da Baixada Fluminense, a vinte minutos da Praça Mauá", onde o desconhecimento era tal que o "patrício julgará que precisamos de um manicômio", lamentou. Entretanto, o presidente Jango não tinha "culpa da incultura do povo", tampouco o CNC, pois "o fabuloso Paschoal Carlos Magno. [...] embora filho do povo, é poeta demasiadamente lírico para se preocupar com essas coisas", refletiu Mag (1962, p. 2).

Mesmo diante de muitas dificuldades financeiras, a música erudita tornou-se um dos pilares de atuação do CNC. O I Seminário Ernesto Nazareth, coordenado por Paschoal Magno e Mozart de Araújo, nos dias 8 a 10 de dezembro de 1962, em Vitória/ES, pretendia iniciar uma campanha em defesa do folclore brasileiro para a gravação de canções folclóricas. Mozart de Araújo (1904-1988), cearense natural de Guaraciaba do Norte, tinha uma longa trajetória voltada para as artes. Foi musicista, historiador, pesquisador, violonista, diretor da Rádio MEC, fundador e vice-presidente da Orquestra Sinfônica Brasileira, presidente do Clube do Choro, membro da Academia Brasileira de Música, vice-presidente do Conselho Superior de MPB e diretor do Museu da Imagem e do Som (MIS/RJ).

Os nomes mobilizados para o CNC foram saudados pela imprensa, sobretudo Paschoal Magno, um "dinâmico secretário" que estava "imprimindo" em sua "ação" o "selo de sua personalidade fecunda", promovendo "verdadeiros milagres culturais" em um "país sufocado pelo subdesenvolvimento econômico", escreveu Politis (1962, p. 3).

Na coluna de Roberto Teixeira Leite (1963, p. 3), "Vida das artes", foi informado que estava sendo organizado por Paschoal Carlos Magno um "opúsculo do CNC", no qual seriam "relembradas todas as atividades" do ano anterior. O secretário-geral informou ao colunista que o órgão contava com verbas que chegavam "a ser ridículas", mas que conseguira realizar "efetivamente muita coisa" nos "recantos mais longínquos do país". Leite foi membro do CNC e diretor do MBA/RJ, e escrevia, regularmente, sobre as políticas no campo das artes.

No rol das disputas por verbas, não somente as linguagens artísticas requeriam um quinhão do orçamento do CNC destinado para a cultura. O Sindicato da Indústria de Máquinas do Estado de São Paulo e a Associação Brasileira de Imprensa (ABI) receberam recursos para a realização da IV Feira de Mecânica Nacional com o objetivo de incentivar os estudantes da área de exatas a desenvolverem projetos para as "áreas menos favorecidas" (BOLSAS..., 1963, p. 3), o que demonstra um deslocamento controverso de verbas destinadas à cultura, conforme denunciado pelo DN.

Ney Machado, em sua coluna "Show", mobilizou a sociedade para a defesa do "patrimônio (humano e material)" constituído por Paschoal Carlos Magno em sua vida, no Rio. O diplomata corria o risco de ser enviado para Brasília, alertou aos seus leitores. Se o teatro era a primeira paixão do secretário-geral do CNC, a "segunda paixão" era a arte barroca, as coleções de mobiliários e de estatutárias, além do estilo arquitetônico da sua residência, uma edificação de 1.700 metros quadros, restaurada e "aberta a qualquer um" das "10 da manhã" às "10 da noite", afirmou Machado. O colunista, ainda, garantiu que ao visitante seria oferecido um "cafezinho ou um uísque", tamanha era a generosidade do anfitrião em divulgar seu patrimônio. Se o "Rio é capital da Cultura", que o "ministro Paulo de Tarso deixe por aqui mesmo o Conselho Nacional de Cultura", concluiu Machado (1963, p. 4).

No fim da coluna, Ney Machado esclarece que não seria somente o patrimônio material e seus pertences barrocos a serem deslocados para Brasília, mas também o capital cultural e social que emanava de Paschoal Magno para o Rio de Janeiro. Portanto, uma realocação da sede do CNC para a capital do país privaria a população carioca de continuar seus trânsitos e mediações culturais com o diplomata.

Um relatório de atividades do ano de 1963 e um programa para os anos de 1963 a 1965 foram produzidos pelo CNC e enviados para todos os jornais. O secretário-geral recebia da imprensa os bônus pelas ações do CNC, que, raramente, eram destinadas para outros conselheiros. Paschoal Magno foi classificado como "sonhador e visionário", um homem de "peito e coragem" que realizava o que planejava, alertou a colunista Eneida, no DN. Ao comentar o relatório, destacou que o principal objetivo do CNC seria o de "levar ao povo de todos os estados, principalmente aos do interior as manifestações de cultura", ratificou Eneida (1963, p. 4), ao concluir que a proposta estava sendo cumprida com maestria.

No segundo trimestre de 1963, Pomona Politis, considerada uma colunista com contatos importantes no Itamaraty, escreveu duas notas contra as influências do comunismo no governo Jango em detrimento ao CNC (Figuras 3 e 4). Na primeira nota, a colunista denunciou as verbas destinadas à União Nacional dos Estudantes (UNE), movimento social ocupado historicamente por comunistas segundo a colunista, enquanto o CNC permanecia à míngua dos fomentos públicos. Na segunda nota, Pomona Politis comentou sobre a infiltração comunista dentro do serviço público do Pará, observada pelo governador. Para o governante estadual, o governo federal favorecia os estados sulistas em detrimento dos nortistas e ignorava os problemas amazônicos, notificou a colunista.

Figura 3 – Excerto da coluna de Pomona Politis no DN, 23 out. 1963

EDUCAÇÃO K.O.

O ex-ministro Paulo de Tarso conseguiu atrasar a educação no Brasil de 50 anos em 5 meses. Enquanto entregou 20 milhões para a UNE, notório centro de agitação comunista, não incentivou o Conselho Nacional de Cultura e negou verbas importantes para universidade e centros de cultura nacionais. O Brasil é o único país do mundo em que a revolução comunista é financiada pelos dinheiros públicos.

Fonte: Politis (1963b, p. 3)

Figura 4 – Excerto da coluna de Pomona Politis, DN, 26 out. 1963

COMUNISMO EM AÇÃO

Diante da indiferença dos podêres públicos no que respeita à infiltração comunista em todos os setores da vida pública nacional, é uma obrigação de todo jornalismo sadio, fazer côro com os que reagem contra êsse estado de coisas. O governador do Estado do Pará declarou a sua inquietação ante a obra diabólica da penetração comunista em todos os ramos de atividade de seu Estado, a cargo do funcionalismo federal, tendo à frente o pessoal da Petrobrás. Todos sabem quanto é escassa a atenção que o govêrno federal dispensa aos problemas amazônicos. Para os atuais governantes, só existe o Sul do Brasil. O Norte sòmente como caudatário político. Todo o seu imenso potencial econômico está abandonado e menosprezado. Para lá se enviam os aventureiros inescrupulosos que fazem da fabulosa região, o reinado do contrabando. O comunismo encontra campo facílimo.

Fonte: Politis (1963a, p. 3)

O projeto Caravanas da Cultura foi analisado por Costa (2011) como um empreendimento do CNC que pretendia uma integração regional, por meio de intercâmbios culturais a serem realizados dos grandes centros para o interior. A autora considerou que, além de propiciar a circulação e a contratação de artistas para incentivar o desenvolvimento regional, o projeto auxiliou na democratização da cultura, portanto guardava uma missão pedagógica e política.

Esse ensejo foi enfatizado por Duarte e Duarte (2014, p. 211), que afirmaram que, ao "levar" cultura para o interior do Brasil, o CNC democratizou o seu acesso. Destaco a contradição das palavras "acesso" e "levar", sendo que a curadoria do projeto fora realizada por intelectuais e artistas que acreditavam, do seu ponto de vista estético e ideológico, escolher o mais adequado para o conhecimento das populações interioranas. Uma espécie de prepotência política de formação cultural capaz de definir o que deve ou não ser apreciado, demonstrando os dilemas da ideia de cultura superior e inferior.

O colunista Henrique Oscar (1963, p. 3), na coluna "Teatro" do DN, comunicou que as Caravanas da Cultura se tornaram um projeto vindouro "graças ao dinamismo" de Paschoal Magno e ao apoio do ministro Júlio Furquim Sambaqui.

Sambaqui (1963, p. 7), em entrevista para o DN, afirmou que "governar é abrir estradas para a Cultura". Alguns excertos das entrevistas do ministro e do secretário-geral do CNC foram publicados por Henrique Oscar. O colunista alertou que as Caravanas previstas para o ano de 1964 seriam a "nova forma de diálogo e da intercomunicação" entre as "regiões" (OSCAR, 1963, p. 2), e iniciariam com homenagens ao cinquentenário da morte do poeta paraibano Augusto dos Anjos (1884-1914).

Para apresentar esse projeto, foi oferecido um almoço na sede da Associação Brasileira de Imprensa para jornalistas e membros do Conselho Federal de Educação. O projeto e a programação das Caravanas da Cultura pretendiam atingir cinco estados com as mais variadas tipologias geográficas e culturais. Entre as linguagens artísticas, estavam teatro, música, dança, cinema, artesanato, artes plásticas, arquitetura, ginástica, discoteca, biblioteca, ópera, arte infantil, ciência e palestras sobre artes e cultura com renomados intelectuais e artistas.

O MEC anunciou 5 milhões de cruzeiros destinados aos destaques das categorias de teatro, dança, letras, estudos sociais, ensaios, artes gráficas e plásticas, uma ação saudada pelos conselheiros do CFE, pelo presidente Deolindo Couto (1902-1990) e pelo secretário-geral Celso Kelly.

As Caravanas não pretendiam somente correlacionar áreas, mas coletar "doação" de artefatos e "artesanatos" das referências populares locais, feitas com palhas, madeiras, cerâmicas, couros e metais, para compor o acervo do Museu de Arte Popular, que se projetava para ser construído em Brasília, noticiou o DN (MUSEU..., 1964, p. 9).

A primeira caravana partiu do Rio de Janeiro, no dia 9 de janeiro de 1964, com cinco ônibus, 20 caminhões e 160 artistas, com destino às comunidades lindeiras da estrada Rio-Bahia. Ao todo, seriam 16 cidades, dos estados de Rio, Minas Gerais, Bahia, Sergipe, Alagoas e Maceió, que receberiam o projeto. Paschoal Carlos Magno sinalizou que as caravanas foram uma espécie de humanização das estradas, pois tratava-se de uma ação conjugada dos ministérios da cultura, assistência social, saúde e agricultura para ensinar as populações interioranas o cuidado com a terra (CARAVANA..., 1964).

Em tese, ao solucionar o problema da cultura, seriam resolvidos os problemas gerais da nação, tal como as missões empreendidas por Mário de Andrade, na década de 1930. As Caravanas pretendiam coletar artefatos para registrar os recortes culturais do Brasil. Do projeto Trem Cultural para as Caravanas da Cultura, prevaleceu o objetivo de levar a cultura para um povo ainda preso às suas raízes culturais primitivas (Figura 5).

O verbo "levar" manteve-se conjugado na história das políticas culturais em distintos momentos, fosse dos conselhos, fosse dos Ministérios de Cultura. Os intelectuais, instituições e artistas acreditavam na cultura enquanto uma missão nacional, e nas atividades culturais como artefatos a serem levados e consumidos por habitantes de regiões com taxas elevadas de analfabetismo.

Com esse propósito, uma relação interministerial foi estabelecida, visto que, ao aproximar a cultura da população, poderia ser trabalhado o assistencialismo, o sanitarismo, o desenvolvimento social e a educação. No entanto, as atividades culturais empreendidas, além do consumo e da aproximação cultural, deveriam ser operadas como correlatas ao patrimônio para difundir a triangulação da tradição, da autenticidade e da conservação da cultura nacional.

Figura 5 – Recorte do DN sobre o projeto *Caravanas da Cultura*

Fonte: "Caravana..." (1964, p. 6)

Após um mês de apresentações, as Caravanas regressaram para o Rio, no dia 12 de fevereiro de 1964. Uma matéria de capa intitulada "Pascoal Carlos Magno: A cultura é para todos" foi publicada na *Gazeta de Sergipe* (Figura 6). O projeto foi apresentado nas cidades de Estância e Aracajú, e a reportagem destacou o depoimento de Paschoal Magno: "a cultura não é privilégio de nenhum grupo ou classe, mas, pelo contrário, pertence a todos, seja ele, rico ou pobre, preto ou branco". O objetivo das Caravanas seria o de "levar ao povo obreiro o mesmo direito que tem seus patrões", pois "o povo deveria ter o direito de assistir bons espetáculos de arte", e o CNC tinha o escopo de "difundir a arte teatral" em regiões que eram "essencialmente subdesenvolvidas", alertou o secretário-geral (PASCOAL..., 1964, p. 1).

A programação foi voltada para todos os públicos e faixas etárias. Costa (2011, p. 11) mencionou que foram "174 espetáculos para crianças e 20 para adultos, 26 toneladas de livros distribuídas entre ginásios, bibliotecas infantis, 134 ginásios do roteiro receberam assinatura anual de dez publicações de arte ou literatura", além de "4.000 discos", com um alcance de "meio milhão de brasileiros que não tinham acesso a bens culturais". Esse alcance demonstrado pela autora, sem nenhum dado estatístico ou fonte citada, é questionável, sobretudo quando analisa o público atingido pelas Caravanas, e que a população seria despossuída de bens e equipamentos culturais, desconsiderando qualquer trajetória cultural da comunidade ou lugares de pertencimento coletivo.

Figura 6 – Recorte da matéria de capa da *Gazeta de Sergipe*

Fonte: "Pascoal..." (1964, p. 1)

Depois das incursões interioranas, o CNC manteve-se com os recursos racionados e projetos reduzidos, mas os apoios e incentivos aprovados previam a realização de 35 caravanas autorizadas pelo presidente João Goulart e intermediadas pelo ministro Júlio Sambaqui, conforme nota publicada no *Correio da Manhã* (NOVAS..., 1964). Contudo, os novos planos para a política do país arquivaram esse e os outros projetos do CNC.

Uma política em emergente conflito desestruturava alguns alicerces políticos do governo. Para Reis (2014), as direitas no Brasil mobilizaram-se junto aos militares para rejeitar as reformas de base de Jango e defender pautas conservadoras simbólicas a favor do cristianismo, da família tradicional, da hierarquia e do militarismo em discursos contra a corrupção, a proliferação e organização das esquerdas. O discurso de extirpar o varguismo dentro do Estado estava presente. Os medos coletivos foram trabalhados, segundo o historiador, para mobilizar o apoio da sociedade civil, por isso a ditadura civil-militar compilou as pautas conservadoras. Um exemplo representativo foi a Marcha da Família com Deus pela Liberdade, organizada pelo movimento Tradição, Família e Propriedade (TFP), de cunho católico ultraconservador. A marcha, em São Paulo, reuniu 500 mil pessoas como contraofensiva ao primeiro comício organizado por Leonel Brizola, no Rio, com a participação de 300 mil manifestantes, no dia 13 de março de 1964.

A eleição indireta de Castello Branco (1897-1967), em 11 de abril de 1964, com o apoio da maioria dos parlamentares e dos militares, segundo Reis (2014), inaugurou o primeiro governo ditatorial, com perseguição e cassação dos parlamentares das esquerdas. Castello Branco estendeu seu mandato para 15 de março de 1967 e ignorou o acordo firmado entre seus apoiadores para uma eleição em 1965.

Esses acontecimentos políticos ressoaram dentro do CNC e foram condicionantes para a reinvenção do órgão, com o acirramento dos discursos antigetulistas, antijanguistas e antiesquerdistas na organização da cultura.

Alguns olhares teóricos sobre o golpe de 1964 são esclarecedores para a compreensão do projeto de cultura empreendido após essa conjuntura. Celso Furtado (1984) considerou que o projeto ditatorial de 1964 fora ancorado na expansão regional em nome da segurança e da integração nacional. Renato Ortiz (1989) analisou que a organização federal da cultura se tornara parte do projeto de homogeneização política conforme as regionalidades. Sobre o estabelecimento da ditadura civil-militar de 1964 a 1985, ratifico as análises de Reis (2000) quando analisa a colaboração e a aquiescência da sociedade civil para a longevidade da ditadura.

Nesse contexto, Adonias Filho foi apontado, no DN, como o futuro ministro do possível Ministério da Cultura, órgão que estaria em seus estudos, pois o intelectual detinha "estatura digna de um Malraux", divulgou a coluna "Periscópio" (1964, p. 7).

A colaboração dos Conselhos de Educação e de Cultura com o governo Jango foi denunciada nos jornais. O *Manifesto da frente da juventude democrática*, publicado no DN, alertou o general Castello Branco sobre os "antros" formados por "comunistas" e "corruptos" que estavam no CFE, como Celso Cunha, Deolindo Couto, Anísio Teixeira, e no CNC, como Paschoal Carlos Magno — que, segundo o argumento, "dispensava comentários", em sua conhecida atuação comunista (JUVENTUDE..., 1964, p. 10).

O manifesto foi respondido por um dos acusados, Alberto Latorre de Faria, adjetivado no texto como um "velho comunista do ISEB" (JUVENTUDE..., 1964, p. 10). O professor contrapôs as acusações no DN, considerando que os ataques pessoais, os insultos e as insinuações não seriam da autoria de jovens, mas de velhos difamadores, porém, se originadas dos jovens, perdoá-los-ia "por amor à juventude" (LATORRE..., 1964, p. 5).

Após a publicação do Ato Institucional n.º 1 (AI-1), elaborado por Francisco Campos, em abril de 1964, o CNC manteve suas atividades burocráticas e sociais com Paschoal Magno à frente do órgão. Em 8 de novembro, o DN anunciou a exoneração, a pedido, do secretário-geral Paschoal Magno, e no dia 19 comunicou seu substituto, Murilo Miranda (1912-1971), diretor do Teatro Municipal/RJ, ex-diretor do Departamento de Cultura do estado da Guanabara (DEIXA..., 1964, p. 4).

Murilo Miranda foi amigo de Mário de Andrade, com quem mantinha regular correspondência, à época da *Revista Acadêmica* (RA), periódico fundado na Faculdade Nacional de Direito, que circulou de 1933 a 1945. Yedda Braga Miranda, viúva de Murilo, organizou para publicação as missivas trocadas entre os amigos. Yedda afirma que o período em que Mário vivera no Rio "marcou para sempre a vida de muita gente", principalmente dos aspirantes a modernistas que, ainda "moços e inquietos", dirigiam-se "carinhosamente" a Mário de Andrade como "mestre" e dividiam as "angústias e perplexidades" existenciais e políticas. Como cronista semanal de *O Estado de S. Paulo*, Mário de Andrade foi residente na confluência das ruas do Catete e Santo Amaro, e produziu crônicas imemoráveis em "um pequeno apartamento cheio de livros e quadros", relatou Yedda Braga Miranda (1981, p. 6).

O CNC, sob o comando de Murilo Miranda, manteve os patrocínios de atividades culturais. A secretaria do órgão começou a ser referenciada nos jornais como um lugar de comercialização de ingressos para o Teatro Municipal. O mecenato de Estado, via CNC, embora escasso, manteve-se durante alguns anos para fomentar exposições, obras, gravações fonográficas inclusive após a criação do CFC.

Murilo Miranda inspirava-se nos ideais do Ministério dos Assuntos Culturais da França, cuja instituição proporcionava aos franceses o acesso às grandes obras nacionais e universais. Esse paradigma foi adotado pelo CNC, sobretudo no incentivo e fomento à arte erudita, a exemplo do projeto de gravação da ópera *Fosca*, de Carlos Gomes, com turnês estaduais da Orquestra Sinfônica Brasileira (OSB), em parceria com a Juventude Musical Brasileira, que, de acordo com o DN, levava "ao povo um pouco de música erudita" (CARAVANA..., 1965, p. 3).

Internacionalmente, o campo da cultura e da educação fortalecia-se, haja vista os documentos finais do II Congresso de Arquitetos e Técnicos de Monumentos Históricos, organizado pelo

Instituto Internacional de Monumentos e Sítios (Icomos) e pela Unesco. A Carta de Veneza (1964) tornou-se um documento/monumento às políticas culturais internacionais, sobretudo às políticas de patrimônio voltadas à preservação e restauro de monumentos históricos e sítios arqueológicos.

> Portadoras de mensagem espiritual do passado, as obras monumentais de cada povo perduram no presente como testemunho vivo de suas tradições seculares. A humanidade, cada vez mais consciente da unidade dos valores humanos, as considera um patrimônio comum e, perante as gerações futuras, se reconhece solidariamente responsável por preservá-las, impondo a si mesma o dever de transmiti-las na plenitude de sua autenticidade. (CARTA..., 1964, p. 1).

A preservação da cultura advogada a partir do Estado Novo foi reconfigurada no modernismo conservador da ditadura civil-militar, alinhando-se aos princípios do novo regime. O patrimônio enquanto cânone foi o alicerce das políticas culturais.

Murilo Miranda escreveu um texto, no DN, em nome da memória nacional e da "cultura carioca" (MIRANDA, 1966, p. 2). Nele rememorou a crônica "Esquinas" de Mário de Andrade e denunciou o furto da placa confeccionada por Bruno Giorgi, exposta no edifício n.º 5 à Rua Santo Amaro, em homenagem ao modernista. Após o furto, em pleno Carnaval, o DN denunciou outro atentado contra a memória de Mário. O roubo de um busto de 60 quilos, na escola pública Mário de Andrade em Vila Isabel, avaliado em Cr$ 2 milhões e 500 mil cruzeiros (MÁRIO..., 1966, p. 11). Tanto a placa quanto o busto foram proposições de Murilo Miranda, à época do seu mandato de vereador, no Rio de Janeiro, lamentou para o jornal.

A reportagem do DN "Mário agora só tem escola: foi roubado busto" pode ser refletida à luz das numerosas apropriações em torno dos ideais modernistas e etnográficos de Mário de Andrade. O modernista considerava-se transitório, mas foi, recorrentemente, monumentalizado em homenagens públicas. Forjou-se um paradigma em torno da imagem e produção do modernista enquanto precursor das políticas culturais no Brasil.

Mesmo diante de problemas de segurança e de finanças, o DN publicou que Murilo Miranda seguia seu trabalho junto ao CNC, com projetos de criar uma Companhia Lírica Nacional e uma Rede Nacional de Cultura para levar espetáculos aos estados brasileiros. As propostas foram acolhidas pelo ministro Pedro Aleixo, pois colocaria em funcionamento os teatros fechados por falta de verbas para a manutenção. O Teatro Nacional de Ópera, publicou o DN, pretendia "levar a boa arte às populações [...] privadas de meios de cultura" (CONSELHO..., 1966b, p. 3). As artes consagradas foram divulgadas (Figuras 7, 8, 9, 10) como empreendimentos patrocinados pelo CNC.

Figura 7 – Propagandas de espetáculos culturais financiados pelo CNC

Fonte: *Diário de Notícias* (1964, p. 8)

Figura 8 – Propagandas de espetáculos culturais financiados pelo CNC

Fonte: *Diário de Notícias* (1964, p. 2)

Figura 9 – Propagandas de espetáculos culturais financiados pelo CNC

Fonte: *Diário de Notícias* (1965, p. 5)

Figura 10 – Propagandas de espetáculos culturais financiados pelo CNC

Fonte: *Diário de Notícias* (1966, p. 5)

O DN publicou uma nota sobre a diligência nas contas do CNC, auditoria solicitada pelo então ministro do MEC, Flávio Suplicy de Lacerda. A matéria "Ministro manda examinar prestação de contas" (1965, p. 6) indicou desconfianças em relação às verbas do Plano Trienal da Educação destinadas à Comissão de Estudos do CFE usadas pelo CNC.

Consagrando o teatro, o *ballet* e a música, principalmente a erudita, Murilo Miranda em sua gestão institucionalizou e profissionalizou as companhias nacionais. Para a intersecção da arte nacional com o mercado estrangeiro, o CNC publicou álbuns fonográficos com gravuras de Portinari e da polonesa naturalizada brasileira Fayga Ostrower (1920-2001), além de gravações de poesias de Manuel Bandeira, entre outros, projetando o Brasil nos circuitos internacionais.

Em 1964, a colunista Mag (1964, p. 3) mobilizou crenças religiosas em "Deus" e místicas em "fadas" para fazer um apelo público ao secretário Murilo Miranda (segundo sua análise, um homem detentor de "honestidade e valor autêntico"): que o CNC não desprezasse o rádio e a TV em seus projetos culturais, mas oportunizasse aos meios de comunicação uma qualificação/erudição da sua programação. O secretário do CNC estava predestinado a "trabalhar pela educação e cultura do seu povo", afirmou Mag. No seu clamor, lembrou que não era do seu costume solicitar "favores pessoais" ao governo, pois possuía "dinheiro" para o seu lazer nos finais de semana, a exemplo das "pescarias de domingo" e da "audição de melhores discos de música erudita aos sábados". Ademais, possuía salário para abastecer de "gasolina" o seu "Gordini a semana inteira" e garantir seu trajeto de ida e volta ao trabalho diário. Portanto, o apelo de Mag seria para ajudar o povo a qualificar a sua formação musical e não para satisfazer seu deleite pessoal.

O apelo de Mag não somente vislumbrava uma preocupação do gosto privado para uma imposição estética do gosto público, mas mostrava que havia uma inquietação intelectual nos usos pedagógicos da TV e da radiodifusão no Brasil. Deveria existir, de acordo com a colunista, uma promoção e elevação cultural da população por meio de programações selecionadas por uma curadoria de intelectuais e artistas. Sua proposta, portanto, auxiliaria e controlaria positivamente a cultura de massa contaminada pelos estrangeirismos musicais da moda.

As preocupações dos intelectuais, artistas e jornalistas não eram somente de cunho estético, mas também sobre a questão política de comando governamental. Sobre o golpe militar, Austregésilo de Athayde (1966, p. 3), presidente da ABL, em entrevista para o DN, afirmou que o presidente da República deveria ser um civil, mas até toleraria um "militar que governasse em caráter civil", a exemplo de Castello Branco. Mostrou-se otimista com a continuidade da política econômica e social do governo instaurado em 1964, pois, ao operariado, faltava despertar a "consciência" de participação na "retomada do desenvolvimento e do progresso do país". Diante de conjecturas políticas conservadoras, Austregésilo de Athayde alertou que a cultura fora "um dos setores abandonados pelo atual governo", e defendeu a criação de um Ministério da Cultura separado da Educação. Contudo estava ciente de que essa decisão seria tomada por um "presidente ideal", pois sem verbas o CNC não poderia ser "dinamizado" e continuaria a "paralisação dos movimentos culturais" no país.

O CNC, sem verbas, manteve as parcerias com o Departamento de Cultura do Itamaraty, a exemplo dos intercâmbios internacionais da Exposição do Disco Brasileiro e da Exposição do Moderno Livro Brasileiro, em Nova York, na Universidade de Colúmbia, ambas ocorridas durante o congresso da Modern Language Association, instituição com 12 mil brasilianistas entre seus associados.

Para a organização dessas mostras, a Biblioteca Nacional recebeu doações provenientes de uma campanha promovida pelo CNC. As obras foram entregues no Palácio da Cultura, à Rua da

Imprensa, n.º 16, sala 703, sede do CNC. A elaboração de um suplemento editorial sobre as obras e os autores que seriam expostos em Nova York foi noticiada no DN em duas reportagens (DISCO..., 1966; OS LIVROS..., 1966). O artigo de Rocha (1966b) ratificou a importância do Brasil na cena literária e discográfica internacional; as obras expostas internacionalmente seriam doadas para a biblioteca universitária que sediara o evento.

Raymundo Augusto de Castro Moniz de Aragão foi um dos poucos ministros do MEC que defenderam publicamente a criação do Ministério da Cultura. Com o argumento próximo ao de Menotti del Picchia, Aragão refletiu que a separação da Educação e Cultura solucionaria os problemas do MEC, ministério que se encontrava com "estrutura caótica". Em depoimento no DN, enfatizou ser o Brasil um país "culturalmente vivo e poderoso", mundialmente reconhecido por suas linguagens artísticas. Mas necessitava de um Ministério da Cultura para o melhor "proveito do próprio sistema educacional", ou seja, um órgão que coordenasse a "atividade criadora" e "folclórica" (ARAGÃO, 1966a, p. 4).

O ministro retornou ao DN para outra entrevista intitulada "Aragão: Cultura vai ser financiada pela bebida", onde explicou que as políticas culturais seriam subsidiadas pela criação de um Fundo Nacional de Cultura (FNC). O ministro afirmou que, desde o dia "31 de março de 1964", todos os seus antecessores tentaram resolver os problemas da cultura, tal como Suplicy de Lacerda, que constituíra uma "comissão de alto nível" para a elaboração de um Plano Nacional de Cultura (PNC) "simétrico" ao da Educação, mas uma ação completamente sem sucesso, alertou Aragão (1966b, p. 12).

Para que o PNC saísse das intenções políticas, seria necessário aumentar os recursos para o setor e criar um fundo independente da Educação. Nesse sentido, o ministro sugeriu ao presidente Castello Branco que fosse cobrada uma taxa adicional no consumo de bebidas alcoólicas para fomentar a cultura. Esses recursos amparariam as "velhas instituições culturais" que se encontravam "carentes de recursos" e de "modernização". Com o FNC, o Conselho de Cultura seria "naturalmente reformulado" para atender à "complexidade dos novos objetivos", adiantou Aragão (1966b, p. 12).

Aragão (1966a, p. 4) retornou ao jornal para denunciar que os sucessivos contingenciamentos na sua área pareciam uma forma de "sabotagem burocrática contra a cultura". E classificou de cortes "daspianos" as reformas administrativas organizadas pelo Dasp, órgão que organizava o serviço público. A redução na ordem de 60% no total das verbas destinadas para a cultura, oriundas do Fundo Nacional de Educação (FNE) do MEC, condenava os órgãos "dinâmicos" da pasta a transformar-se em "repartições quase vegetativas". Novamente, o ministro defendeu a criação do FNC e do PNC, acreditando que, quando fosse aprovado pelo Congresso Nacional, o Ministério da Cultura sanaria a crise financeira e política das instituições culturais.

Além da política sistêmica, as áreas artísticas pleiteavam demandas setoriais. A literatura, organizada dentro do crescente mercado editorial, articulava frentes políticas importantes. O DN comunicou que Costa e Silva, "presidente eleito" em 3 de outubro de 1966 pelo Congresso, recebera da União Brasileira de Escritores (UBE) um memorial com suas atividades do órgão e reivindicações (MINISTÉRIO..., 1966, p. 4).

O documento da UBE sugeriu a criação de um Ministério da Cultura para organizar a área, e a reportagem recordou que Castello Branco recebera a solicitação, mas remetera-a para estudos da Reforma Administrativa. O Ministério da Cultura foi recusado pelo Ministério do Planejamento. A análise do DN sobre a não aprovação do Ministério da Cultura é contundente:

> Sabe-se agora que os reformadores, já com o projeto de lei em fase conclusiva, negam à cultura o direito de um Ministério próprio. Teimam os técnicos de administração em

confundir cultura e educação, desconhecendo o que a cultura representa para o país, ignorando mesmo a questão educacional, já hipertrofiada em sua complexidade. (MINISTÉRIO..., 1966, p. 4).

A defesa da cultura estava posta pelo prisma do mercado que se vislumbrava, mas um Ministério da Cultura regularia as relações políticas e, economicamente, fomentaria outras. A reportagem alertou que o presidente Costa e Silva endossaria a posição dos estudos da Reforma Administrativa, direção contrária do seu antecessor, quando apenas autorizara a criação do FNC e a reestruturação do CNC. O MEC, segundo a reportagem, não atendia à cultura em sua complexidade:

> A verdade, porém, é que o Ministério da Educação e Cultura mal comporta a educação — e por mais que a reformulem em termos administrativos — abrigando a cultura como uma peça inteiramente marginal. É fácil entender que em um país com a expansão demográfica do Brasil, com a população escolar superando a própria população, o Ministério da Educação não satisfará as exigências normais e crescentes quanto mais contribuir para assistir a cultura. Mais que um erro, é um contrassenso admitir que dois universos imensos e distintos — a educação e cultura — possam caber no mesmo Ministério. (MINISTÉRIO..., 1966, p. 4).

Para o jornal, qualquer estudioso saberia que

> [...] a educação é passiva e a cultura é ativa. A educação absorve o que a cultura produz e realiza, sistematizando para transmitir, incapaz de inovar ou criar no sentido das ciências, das artes e das técnicas. A cultura, ao contrário, é organicamente revolucionária, porque, fermentando o próprio complexo social do país, aciona o progresso e o desenvolvimento. Não pode e não deve a cultura, em consequência, andar a reboque da educação. E a prova de coisa tão simples e elementar é que o país — dentro e fora de suas fronteiras — se representa, não pelos educadores que transmitem o conhecimento e o saber, mas pelos cientistas, intelectuais e artistas que produzem o conhecimento e saber, refletindo, por outro lado, as realidades sociais e humanas do país ao lado da alma do povo. A cultura, como se verifica deve merecer prioridade no que se possa chamar um Estado consciente dos valores nacionais. (MINISTÉRIO..., 1966, p. 4).

O texto mencionou que o CNC estava sendo reorganizado, mas alertou sobre:

> A cultura, aliás, começa com a inteligência popular no folclore para terminar nos círculos eruditos que configuram intelectualmente a nação. Não querer reconhece-la é cegar-se frente à sua própria ressonância. Mas, se tudo isso já determina o Ministério da Cultura, a necessidade de sua criação imediata transparece nas exigências internas e na promoção brasileira que realiza no exterior. Todos devem saber que uma Nação já não se caracteriza juridicamente, mas culturalmente. (MINISTÉRIO..., 1966, p. 4).

O texto jornalístico impulsionado pelo Memorial da ABE tornou-se dois tratados públicos para a defesa do Ministério da Cultura:

> Não se pode admitir, em consequência, que a cultura continue a expandir-se fora de uma compreensão justa na parte do Estado. São ridículas face às verbas destinadas à educação, os recursos confiados como assistência. E não foram por outros motivos que os escritores, em memorial entregue ao presidente eleito Costa e Silva, reclamam o Ministério da Cultura. É um movimento que se arma em torno da reivindicação e, com os escritores, estão todos os cientistas e artistas brasileiros. (MINISTÉRIO..., 1966, p. 4).

Separado da Educação, o Ministério da Cultura tornava-se imprescindível:

> O Ministério da Cultura, e para quem conhece os valores atuais do mundo, é mais importante que qualquer outro. O reconhecimento da cultura pelo Estado que permitiu após a

guerra o reencontro como a França é ponto pacífico e acima da menor controvérsia. Que venha, pois o Ministério da Cultura. (MINISTÉRIO..., 1966, p. 4).

O Brasil, reconhecido por sua riqueza e diversidade cultural, com um Ministério da Cultura qualificaria e profissionalizaria a área, já aclamada no exterior. Um Ministério da Educação sem a Cultura também resolveria as crises corporativas e políticas que o órgão enfrentava. O MEC apresentava sucessivas trocas no primeiro escalão; desde a sua recriação, em 1953, circularam 11 ministros titulares e 8 interinos. A constante troca política enfraquecia o órgão. De 1961 a 1964, seis ministros passaram pelo ministério, e somente no governo de Castello Branco (1964-1967), foram cinco ministros (Quadro 2).

As alterações na direção do MEC evidenciaram as fragilidades para manter uma política planificada e sistêmica no início da ditadura civil-militar. As forças políticas em constante disputa pleiteavam a tradicional distribuição de cargos, *modus operandi* da política brasileira nos três âmbitos da Federação. Com a ditadura o problema se agravou, e a prática do clientelismo manteve-se coesa. Outra questão analisada no histórico do MEC evidencia que, mesmo após a separação da Saúde da Educação e da Cultura, as áreas de Medicina e Direito mantinham-se predominantes nas carreiras profissionais dos ministros indicados.

Quadro 2 – Estudo prosopográfico dos ministros do MEC (1953-1966)

MINISTRO/GESTÃO	TRAJETÓRIAS
Antônio Balbino de Carvalho Filho, Barreiras/ BA, 1912-1992. 25/06/53 a 02/07/54.	Advogado, jornalista, professor. Deputado estadual/BA (1935-1937), (1947-1951). Deputado federal/BA (1951-1955). Ministro da Saúde (1953). Governador/BA (1955-1959). Senador/BA (1963-1971). Ministro do Desenvolvimento, Indústria e Comércio Exterior (1963). Ministro da Fazenda (1963). Partidos: PSD, MDB.
Edgard do Rêgo Santos, Salvador/BA, 1894-1962. 06/07/54 a 02/09/54.	Médico. Presidente CFE (1961). Reitor da Universidade Federal da Bahia (Ufba, 1946-1961).
Cândido Mota Filho, São Paulo/SP, 1897-1977. 02/09/54 a 17/11/55, interino.	Advogado, professor, magistrado, jornalista, escritor, ensaísta, tradutor. Ministro do Supremo Tribunal Federal e chefe do DIP/SP (1940). Membro ABL (1960). Partidos: PRP, PR.
Abgar de Castro Araújo Renault, Barbacena/MG, 1901-1995. 24/11/55 a 31/01/56, interino.	Advogado, pedagogo, professor, poeta, ensaísta, tradutor. Deputado estadual/MG (1927-1930). Diretor do Colégio Universitário da Universidade do Brasil (1937). Técnico e diretor Departamento Nacional da Educação (1940). Secretário de Educação/MG (1948-1950). Ministro do Tribunal de Contas da União (TCU, 1967) e presidente do TCU (1971). Membro do CFE (1962-1966, 1976-1982) e CFC. Membro ABL (1969), ABI e ABE. Partido: PRM.
Clóvis Salgado Gama, Leopoldina/MG, 1906-1978. 31/01/56 a 30/04/56, interino.	Médico, professor. Vice-Governador/MG de JK (1950-1960). Governador/MG (1955). Membro do CFE (1964-1968). Secretário de Saúde/MG (1967-1971). Diretor da Faculdade de Medicina da UFMG (1973-1976). Partido: PRM.
Celso Teixeira Brant, Diamantina/MG, 1920-2004. 30/04/56 a 02/10/56, interino.	Advogado, jornalista, professor. Chefe de Gabinete do Ministro (GM) da Educação (1956-1958). Deputado federal/MG (1959-1963). Vereador/BH (1992-1996). Partidos: PR, PRM, PTB, PMN, PT do B.

Nereu de Oliveira Ramos, Lages/SC, 1888-1958. 03/10/56 a 04/11/56, interino.	Advogado, jornalista, fundador e professor da Faculdade de Direito de Santa Catarina (1932). Deputado constituinte (1933). Interventor/SC (1935-1945). Deputado federal/SC. Presidente da Câmara dos Deputados (1951). Presidente da República interino (1954-1955). Senador/SC e presidente do Senado (1955). Ministro da Justiça e Negócios Interiores (1956-1957) e simultaneamente do MEC. Partidos: Partido Liberal Constitucionalista (PLC) e PSD.
José Pedro Ferreira da Costa, Campanha/RJ, 1900-1971. 17/06/60 a 24/06/60, interino.	[S. I.]
Pedro Paulo Penido, Belo Horizonte/MG, 1904-1967. 01/07/60 a 17/10/60, interino.	Dentista, farmacêutico, professor das Faculdades de Odontologia e de Farmácia. Reitor da UFMG (1952-1955). Ministro da Saúde (1960-1961). Superintendente do BNDS (1961). Partido: PR.
Brígido Fernandes Tinoco, Niterói/RJ, 1910-1982. 31/01/61 a 25/08/61, interino.	Bacharel em Direito, Ciências, Letras, professor de Direito Constitucional e Economia. Vereador de Niterói (1936-1937). Delegado-geral da Polícia Municipal de Niterói (1937-1938). Prefeito de São Gonçalo (1940). Procurador da Justiça do trabalho (1941). Oficial de gabinete do ministro do Trabalho (1942-1945). Secretário e prefeito de Niterói (1945). Deputado federal/RJ (1945-1948). Deputado constituinte (1946-1948). Deputado federal/RJ (1950-1955, 1959-1961, 1971-1979). Presidente da Comissão de Cinema, Rádio e Teatro (1955). Procurador-geral da Justiça do Trabalho (1969). Partidos: PSD, MDB, PTB.
Antônio Ferreira de Oliveira Brito, Ribeira do Pombal/BA, 1908-1997. 08/09/61 a 11/07/62, interino.	Advogado, juiz na cidade de Cícero Dantas/BA. Deputado federal/BA. Ministro de Minas e Energia (1963-1964). Deputado estadual/BA (1947). Secretário de Segurança Pública/BA (1947-1951). Deputado federal/BA (1951-1954, 1955-1958, 1958-1962, 1963, 1964-1965, 1966-1967). Ministro de Minas e Energia (1963-1964). Secretário de estado/BA (1967). Deputado federal cassado (1969). Presidente da Companhia Hidroelétrica do São Francisco (1985-1990). Prefeito de Ribeira do Pombal. Partidos: PSD, MDB, Aliança Renovadora Nacional (Arena).
Roberto Tavares de Lira, Recife/PE, 1902-1982. 12/07/62 a 14/09/62, interino.	Advogado, promotor de justiça, professor, jurista, jornalista. Procurador MP/RJ e procurador de justiça (1924). Membro do Conselho Penitenciário e da Inspetoria Geral Penitenciária (1931-1955). Jornalista (1937-1945). Instalou, organizou e dirigiu o Instituto de Criminologia da Faculdade de Direito/RJ (1954-1958).

Darcy Ribeiro, Montes Claros/MG, 1922-1997. 18/09/62 a 23/01/63.	Antropólogo, escritor, professor. Ministro chefe da Casa Civil (1963-1964). Fundador e primeiro reitor da Universidade de Brasília (UnB). Exilado em 1964. Funcionário do Serviço de Proteção ao Índio. Diretor do Parque Indígena do Xingu. Idealizador da Universidade Estadual do Norte Fluminense (Uenf). Vice-governador e secretário de estado da Cultura/RJ (1983-1987). Realizador do programa dos projetos culturais e educativos do Memorial da América Latina (1989). Senador/RJ (1991-1997). Responsável pelo Projeto de Lei 9.394/1996, que originou a Lei de Diretrizes e Bases (LDB). Membro da ABL (1992). Partido: PDT.
Theotônio Maurício Monteiro de Barros Filho, Ribeirão Preto/SP, 1901-1974. 23/01/63 a 18/06/63, interino	Advogado. Constitucionalista na Revolução de 1932. Deputado constituinte (1934). Deputado federal/SP (1935-1937, 1955-1959). Secretário da Educação e Saúde/SP (1941-1943). Secretário de Segurança Pública/SP (1943-1945). Partidos: PRP e PSP.
Paulo de Tarso Santos, Araxá/MG, 1926-2019. 18/06/63 a 21/10/63, interino.	Advogado. Vereador/SP (1955-1959). Membro do Centro Dom Vital. Deputado federal/SP (1959-1961, 1961-1963, 1963-1964) e cassado (1964). Professor de Direito da Pontifícia Universidade Católica de São Paulo (PUC-SP). Prefeito do Distrito Federal (1961). Secretário de Educação/SP (1983). Conselheiro do TCE/SP (1985-1991). Presidente do TCE/SP (1989). Diretor-presidente da Fundação Memorial da América Latina (1991). Coordenador da OAB/SP. Partidos: Partido Democrata Cristão (PDC), Frente Parlamentar Nacionalista (FPN), MDB e PMDB.
Júlio Furquim Sambaqui, Ribeirão Preto/SP, 1906-1982. 21/10/63 a 06/04/64.	Contador. Inspetor Ensino Comercial do MES (1934-1945). Diretor da Divisão de Contabilidade e Orçamento da Universidade do Brasil e do Departamento de Administração do MEC. Ministro do MEC cassado. Funcionário público de carreira do MEC.
Luís Antônio da Gama e Silva, Mogi Mirim/SP, 1913-1979. 06/04/64 a 15/04/64.	Advogado, cientista social, professor de Direito Internacional Privado na USP (1935). Promotor público de Mogi Mirim. Professor PUC-SP (1953). Vice-diretor (1956), diretor interino (1958-1959) e diretor efetivo (1959-1962) da Faculdade Direito da USP. Vice-reitor (1962), reitor (1963-1964), reitor reconduzido (1966) da USP. Ministro da Justiça (1964) e (1967) cumulativamente ao MEC. Juiz da Corte Internacional de Haia, na Holanda. Elaborou com os militares os atos institucionais, a exemplo do AI-5. Ministro plenipotenciário do Brasil em Lisboa e Embaixador Extraordinário (1970). Partidos: PRP e Arena.
Flávio Suplicy de Lacerda, Lapa/PR, 1903-1983. 15/04/64 a 08/03/65 e 22/04/65 a 10/01/66.	Engenheiro civil. Engenheiro da Prefeitura Municipal de Curitiba. Professor da Escola de Engenharia do Paraná (1930). Presidente do Crea/Curitiba. Diretor de Viação Paraná/SC. Engenheiro fiscal da Estrada de Ferro Monte Alegre e da Companhia de Força e Luz do Paraná. Doutor em Ciências Físicas e Matemática pela Universidade do Paraná. Secretário estadual de Viação e Obras Públicas. Reitor da Universidade Federal do Paraná (UFPR, 1950, 1967-1971). Presidente do CFE (1965) e membro do CFE (1967-1968).

Pedro Aleixo, Mariana/MG, 1901-1975. 10/01/66 a 30/06/66.	Advogado. Conselheiro Municipal (vereador)/BH (1927). Fundador e diretor do *Estado de Minas* (1927). Participou da AL. Fundador da Legião Mineira. Deputado federal constituinte (1933). Deputado federal/MG (1934-1937, 1962-1966). Deputado estadual/MG (1947-1950). Secretário Estadual de Interior e Justiça (1947-1950). Vice-presidente da República (1966-1969). Partidos: Progressista, UDN e Arena.
Raymundo Augusto de Castro Moniz de Aragão, Rio de Janeiro/RJ, 1912-2001. 30/06/66 a 04/10/66.	Médico, agrimensor, doutor em química. Longa trajetória em órgãos de saúde pública e privada. Membro da Comissão de Organização da Pesquisa Científica do Ministério das Relações Exteriores (1946). Diretor do Instituto de Engenharia Nuclear da Universidade do Brasil (1962-1963). Dirigiu a Faculdade de Ciências Biológicas (1963) e a Escola Nacional de Química da Universidade do Brasil. Professor reitor da UB na mudança de nome para UFRJ (1966-1969). Assessorou Flávio Suplicy Lacerda enquanto ministro da Educação. Vice-presidente do CNPQ (1964). Diretor do Ensino Superior do MEC (1966). Substituiu Flávio Suplicy como interino e Pedro Aleixo como nomeado no MEC. Membro do IHGB (1970). Presidente do CFC (1972-1978) e do CFE (1971-1978). Presidente do Instituto Brasileiro de Educação Ciência e Cultura, órgão vinculado à Unesco. Partido: UDN.
Guilherme Augusto Canedo de Magalhães, Muriaé/SP, 1916. 04/10/66 a 17/10/66, interino; e 21/10/66 a 10/11/66, interino.	Professor. Membro do Conselho Administrativo de Defesa Econômica (1974-1978).

Fonte: a autora

3.2 Conselho Federal de Cultura

Josué de Sousa Montello, maranhense, professor de Literatura, autoconsagrou-se idealizador do Conselho Federal de Cultura e conferiu a Castello Branco a deferência de executor. Os percursos de instalação do CFC, sob a narrativa de Montello, podem ser vislumbrados conforme a categoria de pacto autobiográfico de Philipe Lejeune (2014), o qual atribui o protagonismo do narrador e a construção narrativa às táticas discursivas de personagens e lugares articulados.

O projeto autobiográfico de Montello foi materializado na trilogia biográfica *Diários da manhã*, *Diários da tarde* e *Diários da noite*. Em *Diários da tarde*, publicado pela Editora Nova Fronteira, em 1987, Montello amalgamou o mito da criação do CFC. No dia 21 de julho de 1966, o intelectual recebeu um telefonema do ministro Moniz de Aragão sobre a proposta emitida para Castello Branco, em sessão da ABL, na noite anterior, para criar um Conselho de Cultura. Montello relatou a conversa ao amigo:

> O presidente me disse que gostaria de tomar alguma iniciativa importante, no plano da cultura, e eu lhe sugeri a criação de um Fundo Nacional de Cultura, com 10% do Fundo

> Nacional de Educação. Concomitantemente seria criado, para a orientação e emprego desse Fundo, um Conselho Federal de Cultura, simétrico ao Conselho Federal de Educação. Ele achou boas as duas sugestões e me disse que lhe ia falar. (MONTELLO, 1987, p. 655).

O relato criou o fato histórico. O ministro, por telefone, convidou-o para implantar a proposta realizada. Os excertos citados devem ser lidos sob dois aspectos-chave: primeiro, sob a demonstração de cumplicidade da política de amizades de Montello com o ministro e o presidente; segundo, pela perspectiva da autopromoção da autoria dos projetos do FNC e do CFC.

O diálogo do dia 20 com o presidente foi propositalmente registrado no diário, na página referente ao dia 21 de julho de 1966, data do telefonema de Moniz de Aragão. Na página do dia 20, Montello apenas descreveu a ritualística da sessão da ABL, e destacou o enaltecimento dos acadêmicos e das efemérides transcorridas.

O fato que supostamente roubou a cena da celebração acadêmica foi relatado nas páginas do diário dedicadas ao dia seguinte, quando Montello se tornou o protagonista da proposta que mudaria a história das políticas culturais do Brasil. Não por acaso, a proposta de criação do Fundo e do Conselho Federal de Cultura ocorreu na ABL. Especialmente, em uma sessão dedicada ao centenário do nascimento de Euclides da Cunha sob o comando de Afonso Arinos, reconhecido por seus pares pela célebre oratória. Arinos ao laurear o escritor contrapôs a feiura física de Euclides da Cunha com a beleza da sua obra *Os sertões*. A comparação, segundo Montello atingiu o presidente Castello Branco:

> A alusão à feiura do mestre de *Os sertões* ajusta-se, como uma carapuça a feiura do presidente Castelo Branco, quase disforme no seu pescoço curto e no seu rosto de pômulos salientes.
>
> E o presidente me segreda enquanto Afonso continua a discorrer sobre a feiura do morto:
>
> — Minha mãe costumava dizer-me: — Humberto, não se importe de ser feio, feiura não é pecado.
>
> E quase a sorrir, no mesmo tom sussurrado: — o que faltou ao Euclides foi uma boa mãe para lhe dizer a mesma coisa, quando ele era menino. (MONTELLO, 1987, p. 655).

O relato demonstrou que a política de amizades estabelecida entre os acadêmicos na ABL era permeada de cumplicidades. Em vez da severidade da imortalidade intelectual, o espaço era um lugar de memórias, descontrações e ironias. Sobretudo de conivências e marotices, proporcionadas pelas trocas culturais e políticas intrínsecas e extrínsecas àquele lugar de consagração intelectual.

Montello era um experiente gestor público e atuou em muitas instituições culturais, a exemplo do Ensino Comercial/MES (1937), do Serviço Nacional de Teatro, da Biblioteca Nacional (1947-1951) e do Museu da República (1960), em algumas direções inclusive concomitantes. Foi um dos fundadores e o primeiro diretor do Museu Histórico Nacional (1960-1967), além de membro do CFE (1962-1967) e conselheiro do Dphan (1960-1967).

Considero que, ao creditar a proposição do Conselho de Cultura para si e a execução para Castello Branco, Montello imprimiu sobre a história do CFC os fragmentos das suas experiências intelectuais e políticas. O CFC tornou-se um lugar de memória, retomando a acepção de Pierre Nora (1993). Entretanto, as lembranças fragmentadas de Montello podem ser contestadas à luz da ilusão biográfica de Bourdieu (2006), pois são narrativas encadeadas em fatos convergentes, personagens e lugares notórios que tencionam a transposição de uma memória individual para uma coletiva.

Portanto, o enredo do pacto autobiográfico de Montello (1987) inicia pela sessão solene da ABL com o presidente da República, ocasião oportunisticamente utilizada pelo gestor cultural. Castello Branco, por sua vez, ao receber a proposta de criação do Conselho de Cultura, confidencia-lhe algumas preocupações com o avanço do terrorismo de esquerda na área da cultura. A partir dessa ocasião, foi designada uma comissão coordenada pelo ministro interino Flávio Lacerda, do MEC, para instalar o CFC que nasce com a função de coibir o esquerdismo cultural.

Com base nesse mito fundador, narrado na primeira pessoa do singular, a história do CFC é registrada por um dos seus principais membros. A narrativa construída pressupõe não somente a necessidade do registro memorialístico da escrita da história para a fundação do órgão, mas também denota o escopo de operar o CFC como um instrumento político para elevar os preceitos da "Revolução de 1964". Desse modo, o aceite de Castello Branco para a reinvenção de um órgão que já existia enquanto CNC, tornou-se um semióforo a ser celebrado nas políticas culturais do regime ditatorial.

O protagonismo de Montello enquanto narrador condicionou a história do órgão às suas interpretações políticas. Sobretudo, ao demarcar as diferenças históricas entre o CNC e o CFC. Castello Branco tornou-se reverenciado nas plenárias do CFC como o executor do empreendimento CFC. Os conselheiros consideravam Castello Branco um militar democrata, e um presidente da República preocupado com a cultura nacional, qualidade reiterada pela conselheira cearense Rachel de Queiroz, que nutria amizade de longa data com o conterrâneo.

O tratamento de "democrata" conferido a Castello Branco por alguns intelectuais foi analisado por Reis (2014), quando problematizou o uso do adjetivo em contraposição às ações ditatoriais do marechal. O historiador contextualiza que foi no governo Castello Branco o fechamento do Congresso Nacional, a instituição da censura, a instauração do Serviço de Segurança Nacional (SNI), a cassação dos partidos de esquerda, além do início da repressão, perseguição, encarceramento e tortura dos opositores do golpe militar.

Rachel de Queiroz costumava dizer que foi trotskista por 24 horas[12]. Relatou em entrevista para Cynara Menezes que fora encarcerada no Estado Novo, por isso, tornou-se ferrenha opositora do getulismo e do janguismo, porque eram governos ditatoriais. Nas reuniões do CFC, defendia a "Revolução de 64", pois considerava-a uma via "democrática" que impediu a "cubanização" do Brasil. Para a escritora, "o perigo não era mais a direita, mas a anarquia comunizante" (QUEIROZ, 1970, p. 10).

A ação política do CFC não foi somente aquiescente com a ditadura civil-militar, mas colocou-se a serviço desta. O CFC foi instituído pelo Decreto-Lei 74, de 21 de novembro de 1966, em substituição ao CNC. O objetivo do órgão seria o de contribuir com a perspectiva revolucionária da cultura seguindo os princípios da "Revolução de 1964", um "movimento" que criou uma nova tomada de consciência de todo o país em relação ao problema cultural" conforme registrado no Boletim (CONSELHO..., 1971, n. 1, p. 193). Os conselheiros se pronunciavam contra o comunismo e as imagens e os conceitos propagados pelos comunistas. O comunismo distorcia a cultura nacional em detrimento da autenticidade cultural do país.

Mesmo após a criação legal do CFC, o CNC mantinha-se em atividades, confundindo a imprensa, a sociedade e os conselheiros. O DN, em matéria de capa, anunciou: "Governo [Castello Branco] já legislou 75 vezes". O jornal mapeou os decretos governamentais, indicando que 18 deles foram publicados no *Diário Oficial da União* (DOU), na data anterior à reportagem. Entre os decre-

---

[12] A repórter Cynara Menezes foi enviada a Quixadá para entrevistar a escritora. A entrevista foi publicada na *Folha de S. Paulo*, em setembro de 1998. Por ocasião da morte de Rachel de Queiroz, foi republicada em 4 de abril de 2003. Queiroz afirmou que permanecera no Partido Comunista pelo período de "24 horas", mas que se mantinha trotskista, à época com 87 anos, porque considerava o "camarada Trótski" uma "personalidade importante", um "grande escritor", admirava a sua obra, mas odiava o seu posicionamento político (QUEIROZ, 1998, p. 6).

tos-leis, encontrava-se o do CFC. O jornal mencionou que o governo criara o "Conselho Nacional de Cultura, em moldes semelhantes ao Conselho Nacional de Educação" (GOVERNO..., 1966, p. 1). O Conselho Federal de Cultura (CFC) foi baseado no Conselho Federal de Educação (CFE) e ignorou o CNC. A reestruturação no MEC pretendia espelhar as ações do CFC com o CFE.

O DN anunciou que Murilo Miranda permanecia secretário-geral do CNC e estava coordenando as ações do órgão, os patrocínios às instituições culturais e noticiou a criação da Companhia Nacional de Ballet (CNB). A CNB foi fundada para desenvolver a dança clássica em todo o país, e colocaria em "funcionamento numerosos teatros espalhados em toda a extensão do território nacional" (COMPANHIA..., 1966b, p. 2). O LP *Rio na voz dos nossos poetas* foi patrocinado pelo CNC e homenageava a cultura carioca, saudou o colunista Aluízio Rocha (1966b, p. 7). E *El retablo de maese Pedro* (Figura 11) foi o trabalho estreante do Teatro Nacional de Ópera e da CNB, em 2 de dezembro de 1966, na Sala Cecília Meireles, comunicou o DN (EL RETABLO..., 1966, p. 3).

Figura 11 – Propaganda de ópera patrocinada pelo CNC

Fonte: *Diário de Notícias* (1966, p. 6)

Murilo Miranda continuava a representar o CNC em viagens internacionais e parcerias institucionais, a exemplo da contratação do coreógrafo Arthur Mitchell e do bailarino Eduardo Ramirez para a Companhia de Ballet e seletivas para os bailarinos. O CNC, sob a coordenação de Miranda, promovia ações culturais, como a exposição de xilogravuras de Lasar Segall com poemas de Carlos Drummond de Andrade, além de um álbum discográfico e mostra expositiva em homenagem aos 40 anos da trajetória artística da cantora lírica Bidu Sayão, e o Prêmio Sergio Milliet para estudos críticos sobre as artes plásticas no Brasil.

Com os dois conselhos em atividade simultânea, a imprensa, os conselheiros e a sociedade confundiam-se e trocavam as siglas, as críticas, os conflitos e as autorias do CNC e do CFC. Controversamente, mas posicionado ideologicamente, o DN indicou que o CFC resolveria o problema da "orfandade" da cultura, pois cumpria às finalidades da "Revolução" (CONSELHO..., 1966a, p. 4). O jornal ressaltou que, entre os projetos do novo órgão, estava a ideia do ministro Moniz de Aragão de subsidiar o FNC, o PNC e o Ministério da Cultura com os impostos da comercialização de bebidas alcoólicas.

Alguns dias depois da publicação do decreto do CFC, foi instituída a Portaria 369, de 1º de dezembro de 1966, assinada por Josué Montello, que designou comissão para redigir os termos da implantação do conselho. Entre os nomes, listam-se Celso Kelly, Augusto Meyer, Jordão de Oliveira, Murilo Miranda, Eurico Nogueira França, Astério Dardeau Vieira, Oku Martins Pereira, funcionário administrativo de carreira do MEC, e Hélio Alcântara de Avellar.

As vozes autorizadas da ditadura tomaram o CFC como um empreendimento a serviço do golpe de 1964. Para implantar o órgão, o MEC reuniu intelectuais com longevas carreiras no serviço público para dar credibilidade ao CFC: Rodrigo Melo Franco de Andrade, diretor do Sphan/Dphan (1937-1967); Augusto Meyer, fundador e diretor do Instituto Nacional do Livro (1937-1945); Adonias Aguiar Filho, diretor da Biblioteca Nacional (1961-1971); e Américo Jacobina Lacombe, diretor da Casa de Rui Barbosa (1939-1967).

O DN noticiou "Decreto vem para instalação: do Conselho Federal de Cultura" (1967, p. 12). Após 15 dias da publicação da lei do CFC, instituiu-se o decreto para a composição do plenário com 24 membros e o pagamento de jetom. Foram instituídas quatro Câmaras Setoriais, Letras, Artes, Ciências Humanas e Patrimônio Histórico e Artístico, e uma extra de Legislação e Normas. As comissões do formato CNC/1961 retornaram como câmaras, retomando a versão do CNC/1938. Sinaliza-se que a única comissão excluída em 1961 foi retomada em 1966, Câmara de Patrimônio.

O DN alertara que as reuniões do CFC seriam presididas pelo ministro do MEC, quando presente, mas o CFC elegeu entre seus pares um presidente e um vice-presidente. O cargo de secretário-geral seria ocupado por um membro externo indicado pelo presidente da República. O acervo do CNC seria "automaticamente transferido" para o CFC (DECRETO..., 1967, p. 12). O jornal informou que as reuniões do CFC e CFE seriam realizadas concomitantemente para a apreciação dos Planos Nacionais de Cultura e Educação.

Pomona Politis saudou a criação do CFC com algumas reticências:

> Só teríamos aplausos para a criação do Conselho Federal de Cultura e para o rol dos nomes indicados, se não fossem os ... senões. Em primeiro lugar, o Conselho nasce da coxa de Júpiter em decisão olímpica, sem que fossem consultadas as grandes áreas de opinião. É um conjunto de notáveis, uma espécie de Câmara dos Quarenta (aliás, são vinte e dois membros,[13] com um primeiro e segundo times), sem fardão ou integralismo, também sem roteiro (POLITIS, 1967a, p. 3).

As críticas da colunista denunciaram o corpo ideológico que se forjou das hostes do integralismo no plenário do CFC. Com esses condicionantes ideológicos, concluiu: "Houve certa preocupação de simetria, e organicidade daspiana, porque o *novel* Conselho faz *pendant* ao Conselho de Educação do MEC" (POLITIS, 1967a, p. 3). O CFC, daspiano, tornou-se a conquista política e estética de homens remanescentes da burocracia pública:

> Todos esses motivos aparentemente estéticos de arrumação de árvore de natal ou decoração da pirâmide decorativa. Existe certa tradição de inoperância nos conselhos. Um deles, quase mais homônimo do recém-criado vai transformar-se, ao que tudo indica em Companhia de *Ballet*. Temos receio que a nova e ilustre companhia tome um desvio análogo. Sua única vantagem sobre a Academia [ABL], com que ameaça competir é a de admitir mulheres. Quanto ao mais, se resume a uma Academia por decreto, de membros nomeados. Um dos quais, por exemplo, o senhor Hélio Sala, ninguém conhece. Dizem que está apenas fazendo sala e guardando o lugar para o intelectual hereditário Humberto de Alencar Castelo Branco. (POLITIS, 1967a, p. 3).

Pomona Politis (1967b, p. 3), em outra matéria, listou e analisou os nomes para o CFC, como D. Marcos de Assis Barbosa e Otavio de Faria, uma ABL de segunda categoria, concluiu. Ademais, a colunista mencionou que Austregésilo de Athayde declinara de ser conselheiro e ministro do MEC por não ser um sujeito "aviável", sendo notória a sua fobia de avião entre a classe intelectual.

---

[13] Eram 24 membros — a colunista equivocou-se.

Observa-se que a transição do CNC para o CFC não foi acolhida de forma acrítica ou entusiasta, mas com precaução e ceticismo por alguns colunistas, mesmo com os posicionamentos favoráveis do DN ao golpe de 1964. O jornal comunicou que Castello Branco, pessoalmente, indicara nomes para o conselho e demonstrava que a transição do CNC para CFC parecia ser, no jogo político, uma troca administrativa corriqueira. O Plano Nacional de Cultura seria "aproveitado como as raízes do futuro Ministério", alertou o jornal, sob o título irônico "A descoberta da Cultura". E explicou que, desde 1945, os governantes "esqueceram lamentavelmente a cobertura cultural imediata" (A DESCOBERTA..., 1967, p. 4).

No dia 27 de fevereiro de 1967, ocorreu a posse dos membros do CFC no Palácio da Cultura, cerimônia com a presença do presidente da República e coordenada pelo ministro Tarso Dutra. O CFC seria um "órgão normativo, consultivo e fiscalizador" para a "ordenação de um plano nacional em favor da cultura", mas "sempre obedecendo à inspiração democrática que atende à vocação do povo brasileiro e a letra da nossa Constituição", afirmou Dutra (1967a, p. 14-15). Castello Branco (1967, p. 13) destacou que o CFC assistiria às instituições culturais "não isoladamente", mas dentro do "contexto de um largo plano de envergadura nacional", pois representava o Estado e a "revolução" para os assuntos culturais (Figura 12).

Figura 12 – Reprodução de imagem de reunião do CFC

Fonte: "[Criado...]" (1967, p. 3)

O advogado maranhense, poeta e ensaísta Manoel Caetano Bandeira de Mello (1918-2008) foi nomeado para assumir o cargo de secretário-geral do CFC. Na sua posse, enalteceu o valor das trajetórias dos "homens de pensamento e ação" que defendiam que a cultura não era "palavra vã, mas a essência mesmo da nacionalidade, em consciência e sentimento, cuja expressão e estilo humano, nos cabe identificar, descobrir, construir, valorizar" (MELLO, 1967b, p. 18).

Rodrigo Melo Franco de Andrade conduziu a sessão inaugural do CFC, em 28 de fevereiro de 1967. Montello foi eleito presidente no dia 1º de março de 1967, com 11 votos; e o escritor baiano Pedro Calmon, vice-presidente, com 9 votos.

Josué Montello (1968b) organizou um livreto com os seus principais discursos de 1967 no CFC. No discurso da posse de presidente do órgão, prometeu "zelar pelas relíquias patrimoniais" da história brasileira, pois, na condição de "antigo diretor da Biblioteca Nacional", constatou com o diretor Adonias Filho que os "problemas de ontem" se faziam presentes e as "tribulações do nosso único museu bibliográfico tinham se tornados mais graves". Montello (1968b, p. 3) narrou que tivera "aflitivos diálogos" com o amigo Rodrigo Melo Franco de Andrade, nos quais fora notificado que os problemas do patrimônio aumentavam aceleradamente, em "situação" muito "mais dramática" do que a presenciada por ele na Biblioteca Nacional.

O discurso de posse de Montello (1968b) tornou-se um tratado político, e foi considerado pelos seus pares uma das principais preleções emitidas por ele no CFC. Em seus estudos para a organização do órgão, concluiu que no MEC 97,3% das verbas eram destinadas para a educação, e apenas 2,7% para a cultura. Montello (1968b, p. 4) questionou: "Nem sequer a antiga panaceia política de prestígio pessoal, que dera tão bons efeitos no passado, teria agora o dom de atenuar angústias administrativas, que as circunstâncias só faziam acentuar.".

A provocação do conselheiro ilustrou o *modus operandi* da cultura política brasileira, pautado em amizades, familiaridades e favorecimentos consubstanciados em sinecuras e posições de prestígio, que, ao longo da história do CFC, mostrou-se prática política permanente.

Dias depois, a colunista Mag ironizou a criação do CFC e criticou as programações massificadas e comerciais, radiofônica e televisiva, ratificando que a função do conselho deveria ser de controle cultural:

> Parece que o Brasil descobriu a Cultura. Acaba de ser fundado o Conselho Nacional de Cultura. Por outro lado, informa-se que um grupo de intelectuais apresentou ao marechal Costa e Silva um "Roteiro de Política Cultural", prevendo-se o saneamento dos programas de televisão. Qual será o resultado das medidas tão oportunas? É o que veremos, se Deus quiser, em dias futuros. Sobre a radiodifusão podemos dizer que as nossas estações estão servindo apenas para tocar discos, transmitir notícias e dar a hora certa. Com raras exceções, os microfones estão entregues aos chamados "disk-jóqueis" que são ao mesmo tempo, corretores de anúncios interessados na promoção de artistas e fábricas de discos populares. Até agora não se exige dos diretores de estação e diretores "artísticos", produtores e locutores, diplomas de nível médio, ao menos. Os programas levados ao ar são aprovados pelos anunciantes e nunca por um Conselho de Cultura encarregado de examinar as programações de rádio e Tv em todo país. O mais grave é que o povo vai ao teatro, ao cinema quando quer e pode comprar ingressos. Os programas de rádio e Tv são gratuitos, entram em casa da gente a qualquer hora do dia, da noite, da madrugada. Com isso o povo recebe a domicílio o que há de pior em matéria de cultura. (MAG, 1967, p. 2).

Maia (2012) conclui que os conselheiros eram indicados internamente pelos pares e que havia pouca interferência da Presidência da República. Alguns nomes foram recomendados diretamente por

Castello Branco, a exemplo do seu cunhado Hélio Vianna e da sua amiga Rachel de Queiroz. Costa e Silva, por sua vez, indicou Maria Alice Barroso e Miguel Reale. Ernesto Geisel indicou Francisco de Assis Barbosa e Sábato Antônio Magaldi. Maia (2012, p. 55) afirma que a recomendação da "maioria dos membros do Conselho priorizou aqueles que estavam inseridos em instituições tradicionais de cultura, tornando-se uma estratégia na busca de legitimidade política".

Na ata da 10ª Sessão Plenária do CFC (BRASIL, 1967-1970, n. 1), foi anunciado o nome de Gilberto Freyre em substituição a Câmara Cascudo, que renunciou ao cargo por problemas de saúde. Na primeira gestão, o plenário foi composto por personalidades que se propuseram a articular politicamente o PNC e a Secretaria de Assuntos Culturais (Seac) (Quadro 3). Os conselheiros eram profissionais de distintas áreas e circulavam por diferentes setores culturais. O quadro demonstrativo evidencia o capital cultural e político de uma geração que transitou em múltiplos espaços de poder, desde os anos 20.

Quadro 3 – Estudo prosopográfico dos conselheiros da gestão do CFC de 1967 a 1969

EXECUTIVA	
Presidente	**Vice-presidente**
Josué Montello, São Luís/MA, 1917-2006. Jornalista, teatrólogo, professor e escritor. Diretor do Museu Histórico Nacional (1960-1967), do Serviço Nacional de Teatro (1947-1951) e da Biblioteca Nacional (1947-1951). Fundador e diretor do Museu da República (1960). Membro do CFE (1962-1967) e da ABL. Conselheiro do Dphan (1960-1967). Reitor da Universidade Federal do Maranhão (Ufma, 1972-1973).	**Pedro Calmon Moniz de Bittencourt**, Amargosa/BA, 1902-1985. Advogado, professor e escritor. Ministro da Educação e Cultura nos governos Dutra (1950-1951) e Kubitschek (1959-1960). Deputado estadual/BA (1927-1930) pelo PRB. Reitor da Universidade do Brasil/UFRJ (1948-1950, 1951-1966). Membro da ABL (1936) e do IHGB (1931).
CÂMARA DE ARTES	
Presidente	**Membros**
Clarival do Prado Valladares, Salvador/BA, 1918 -1983. Escritor, advogado, médico, crítico, historiador de arte, fotógrafo e poeta. Membro do IHGB (1979).	**Ariano Suassuna**, Nossa Senhora das Neves/PB, 1927-2014. Advogado, romancista, ensaísta, poeta e dramaturgo. Fundador do Teatro Popular do Nordeste (1954). Professor universitário da Universidade Federal de Pernambuco (Ufpe). Secretário de Cultura/PE no governo de Miguel Arraes (1994-1998). Membro da Academia Paraibana de Letras e da ABL.
	Armando Sócrates Schnoor, Petrópolis/RJ, 1913-1988. Escultor e cartógrafo. Professor da Escola de Belas Artes da Universidade do Brasil.
	Octávio de Faria, Rio de Janeiro/RJ, 1908-1980. Escritor e advogado. Diretor da Escola de Filosofia e Letras da Universidade do Distrito Federal. Atuou na revista *A Ordem*. Membro da ABL (1972).
	José Cândido de Andrade Muricy, Curitiba/PR, 1895-1984. Crítico literário e de música, ensaísta, e membro do Grupo Festa.
	Roberto Burle Marx, São Paulo/SP, 1909-1994. Paisagista e artista plástico.

CÂMARA DE LETRAS	
Presidente	**Membros**
Adonias Aguiar Filho, Itajuípe/BA, 1915-1990. Romancista, crítico literário, ensaísta e jornalista. Atuou na AIB. Membro da ABL (1965). Diretor da Biblioteca Nacional (1961-1971). Presidente da ABI (1972).	**Cassiano Ricardo**, São José dos Campos/SP, 1895-1974. Advogado, jornalista, historiador, poeta e ensaísta. Membro do Grupo Verde-Amarelo e Anta. Fundador do Grupo Bandeira. Membro da ABL. Presidente do Clube de Poesia de São Paulo (1953-1954).
	Rachel de Queiroz, Fortaleza/CE, 1910-2003. Professora normalista (1930) e escritora. Membro da ABL (1977).
	João Guimarães Rosa, Cordisburgo/MG, 1908-1967. Diplomata, cronista, novelista e romancista.
	Moisés de Moraes Vellinho, Santa Maria/RS, 1902-1980. Jornalista, escritor, folclorista, historiador, crítico literário e ensaísta. Deputado da Assembleia Legislativa/RS (1935-1937). Membro do IHGB/RS.

CÂMARA DE CIÊNCIAS HUMANAS	
Presidente	**Membros**
Arthur Cezar Ferreira Reis, Manaus/AM, 1906-1993. Historiador, advogado e professor. Governador/AM (1964-1967). Membro do IHGB (1936).	**Gustavo Corção**, Rio de Janeiro/RJ, 1896-1978. Engenheiro, jornalista, professor e escritor. Colaborou com o periódico *A Ordem*, o Centro D. Vital e TFP. Filiado à UDN.
	Djacir Lima Menezes, Maranguape/CE, 1907-1996. Economista, filósofo, escritor e sociólogo. Reitor da UFRJ (1969-1973). Membro do IHGB (1979).
	Augusto Meyer, Porto Alegre/RS, 1902-1970. Jornalista, ensaísta, poeta, memorialista e folclorista. Diretor do INL (1938-1956, 1961-1967).
	Gilberto Freyre, Recife/PE, 1900-1987. Sociólogo. Deputado federal/PE pela UDN (1946). Membro do IHGB (1954), do Instituto de Pesquisas Sociais Joaquim Nabuco e do Centro Brasileiro de Pesquisas Educacionais (1954-1956).
	Manuel Diégues Júnior, Maceió/AL, 1912-1991. Sociólogo, antropólogo, jurista e folclorista. Chefe de Secretaria Cultural (1945) e do Serviço de Biblioteca e Intercâmbio do IBGE (1948). Membro da Comissão Nacional de Folclore. Diretor do Departamento de Assuntos Culturais (DAC) do MEC (1974). Membro IHGB (1956).

CÂMARA DO PATRIMÔNIO HISTÓRICO E ARTÍSTICO NACIONAL	
Presidente	**Membros**
Rodrigo Melo Franco de Andrade, Belo Horizonte/MG, 1898-1969. Advogado, jornalista e escritor. Redator (1924) e chefe da *Revista do Brasil* (1926). Chefe de gabinete de Francisco Campos no Mesp (1931). Gestor do Sphan (1937-1967).	**Afonso Arinos de Melo Franco**, Belo Horizonte/MG, 1905-1990. Jurista, diplomata e escritor. Atuou na Aliança Liberal (1929). Membro do Conselho Consultivo do Sphan (1937). Signatário do *Manifesto dos mineiros* (1943). Participou da fundação da UDN (1945), líder do partido (1950), eleito deputado federal três vezes por Minas Gerais (1947-1958). Fundador da Arena. Senador pelo Distrito Federal (1958), deputado do estado da Guanabara/GB (1960-1963). Ministro das Relações Exteriores no governo Jânio Quadros (1961). Membro do IHGB (1949) e da ABL (1958).
	Hélio Vianna, Belo Horizonte/MG, 1908-1972. Jornalista, historiador e escritor. Membro da ABL.
	Pedro Calmon Moniz de Bittencourt (*já citado*).
	Dom Marcos Barbosa, Cristina/MG, 1915-1997. Atuou no Centro Dom Vital e revista *A Ordem*. Membro da ABL (1980).
	Raymundo Ottoni de Castro Maya, Paris/FR, 1894-1968. Empresário, mecenas, colecionador de artes.

COMISSÃO DE LEGISLAÇÃO E NORMAS
Presidente
Afonso Arinos de Melo Franco.
Membros
Rodrigo Melo Franco de Andrade.
Augusto Meyer.
Adonias Filho.
Américo Jacobina Lacombe.

Fonte: a autora

O regimento do CFC foi instituído pelo Decreto-Lei 60.448, de 20 de março de 1967, mantendo a estrutura dos formatos do CNC, de 1938 e de 1961. Contudo, Josué Montello, recorrentemente, acusava as gestões do CNC de figurativas:

> O Conselho Nacional de Cultura, que então existia, e fora criado em 1938, limitava-se ao tímido papel supletivo dos órgãos secundários, incapacitados de corresponder à sua ambiciosa denominação. Reduzido à modéstia de uma saleta, na imponência deste Palácio da Cultura, dir-se-ia morar de favor na própria casa. (MONTELLO, 1968b, p. 4).

A desqualificação do histórico dos governos Vargas e Jango foi uma estratégia do comando militar após o golpe de 1964, lembra Reis (2014). Portanto, inabilitar o CNC demarcava a fidelidade para com o regime ditatorial. Montello (1968b, p. 5) afirmou que, para a "Revolução de 1964", a cultura não seria "privilégio exclusivo de uma parte apenas de seu povo. No entanto, há milhões de brasileiros a esta altura da vida nacional, que nascem, vivem e morrem sem saber o que é uma obra de arte".

3.3 Plano emergencial para a cultura

Mag (1967, p. 2) narrou a empreitada de Josué Montello para criar uma rotina para a cultura, e alertou seus leitores de que o "Conselho Nacional de Cultura" estava em fase de organização, sendo composto por "personalidades ilustres". Porém, o CNC não absorveu a experiência na área da cultura popular de algumas pessoas do "Conselho Federal de Cultura", a exemplo de Gilson Amado, do programa *Universidades sem Paredes*, da TV Continental, contestou Mag. A primeira menção ao CNC e a segunda ao CFC podem indicar não somente uma desatenção na escrita da colunista, mas uma ironia em relação à (re)criação do órgão e às indicações e exclusões de conselheiros notórios.

O nome de Mozart de Araújo foi publicado como novo integrante do "Conselho Nacional de Cultura" na Câmara de Artes, na seção "Música" do DN. A coluna de Ibrahim Sued (1967, p. 6) anunciou que "finalmente" Gilberto Freyre se apresentara ao "Conselho Nacional de Cultura" e lamentou o declínio da vaga de Câmara Cascudo, que, em missiva para Josué Montello, comunicara que preferia permanecer em Natal/RN, pois estava "surdo". Sued também afirmou a inexistência do conflito entre o PNC e o "diagnóstico de uma política cultural", elaborado pelo presidente Costa e Silva, em informação "revelada" pelo general Umberto Pelegrino para a sua coluna.

Em reunião com o Conselho Estadual de Cultura (CEC) da Guanabara, em 4 de abril de 1967, Josué Montello (1968b, p. 20) criticou o CNC, de 1961, e pontuou as distinções existentes entre o "Conselho Nacional" e o CFC. O primeiro teria uma "preocupação executiva", ficara "sujeito a pressões institucionais e de ordem individual", ratificou Montello. O CFC trabalharia sem amarrações institucionais, mas recebera uma maldita "herança". Entre todos os ônus deixados pelo antecessor, o conselheiro mencionou o "compromisso" de o CFC ter que "pagar a passagem de uma cantora brasileira" para interpretar a ópera de Puccini "Madame Butterfly", em Tóquio, Japão. Contudo, as pressões institucionais para aprovação e fomento de projetos não foram diferentes com o CFC.

Enquanto o CFC financiava a demanda deixada pelo CNC, os equipamentos federais pereciam. A Biblioteca Nacional era uma "instituição em agonia, ameaçada pelas injúrias do tempo", lamentou Montello (1968b, p. 5). Uma séria desordem administrativa também ocorria com o "Museu Histórico, o Museu de Belas Artes, o Instituto Nacional do Livro", denunciou o conselheiro.

O funcionamento das câmaras setoriais do CFC restringia-se à formulação de pareceres e debates sobre a censura. E o antigo secretário-geral do CNC concedeu entrevista para o DN, sob o título "Paschoal diz o que sente: é míope quem agride estudante", e denunciou as perseguições sofridas pelos estudantes em congressos e atividades culturais. Não somente o movimento estudantil estava sob a mira do governo ditatorial, mas todas as aglomerações juvenis. Paschoal Magno era reconhecido pela UNE como o "estudante perpétuo do Brasil" (MAGNO, 1967, p. 14), por defender projetos culturais para a juventude. E afirmou ao jornal que o enquadramento político e ideológico das atividades culturais pelo governo era uma miopia.

O DN, por sua vez, rememorou que, sob o comando de Paschoal Magno (1967, p. 14), o CNC reunira com "entusiasmo e fé" mais de "256 brasileiros" nas Caravanas de Cultura, em janeiro de 1963, com oito ônibus, dois caminhões, seis automóveis carregados de livros e discos e uma Kombi com exposições que circularam nas cidades do Sudeste e do Nordeste.

Humberto Bastos (1914-1978), no artigo de opinião "Os usurpadores", na seção "Debates & confrontos" do caderno de "Economia e finanças" do DN, avaliou que existiam no Brasil muitos "usurpadores de ideias e iniciativas" (BASTOS, 1967, p. 1). O jornalista foi um dos fundadores da ABE, em 1945. De 1958 a 1960, realizou numerosas articulações para a criação do FNC. Sobre o CNC, afirmou:

> Este ano, não sei sugerido por quem, Castelo Branco aceitou a ideia e criou o Conselho Nacional de Cultura. Nem sequer fui convidado para indicar um membro do conselho. É claro que o CNC se acha em mãos ilustres, mas não custava nada reconhecer o iniciador. (BASTOS, 1967, p. 1).

O articulista afiançou que no Brasil, fosse propositalmente, fosse por ignorância, existia uma tendência de se esquecer do trabalho e das iniciativas dos outros, pois no governo havia jogos de "vaidades e veleidades", refletiu Bastos (1967, p. 1).

Nessas fogueiras de vaidades, a constância das práticas celebratórias conferia autoridade e notoriedade aos circuitos percorridos pelos conselheiros. Essas práticas eram uma forma de enquadramento da memória que tanto serviam para reavivar as histórias desejadas como para esquecer as indesejadas.

A oratória e a retórica eram consideradas áreas do conhecimento, sendo mobilizadas para demonstrar o capital cultural acumulado pelos conselheiros. Montello, por exemplo, ancorava-se nos discursos dentro dos discursos ou discursos encaixados, táticas discursivas para legitimar enunciados, conforme alerta Lejeune (2014).

Para justificar a relação do CFC com a ditadura, Montello (1968b, p. 5) costumava citar André Malraux: "Há duas maneiras de conceber a cultura: a soviética e a democrática. Ou seja: a cultura para todos e a cultura para cada qual". A maneira brasileira de ser "democrática", de acordo com o Art. 173 da CF-1967, indicava: "Ficam aprovados e excluídos de apreciação judicial os atos praticados pelo Comando Supremo da Revolução de 31 de março de 1964" (BRASIL, 1967a, s/p). Destaca-se que a CF-1946 foi mantida até o golpe de 1964, sendo alterada pelo AI-1, AI-2, AI-3 e AI-4, assinado em dezembro de 1966, por Castello Branco. A CF-1967 foi promulgada em 15 de março de 1967, pelas mesas legislativas do Congresso e do Senado Federal.

A Comissão de Legislação e Normas presidida por Afonso Arinos apresentara uma Proposta de Emenda Constitucional (PEC) para a CF-1967, representando o CFC, contudo não foi acolhida. Na CF-1967, a cultura permaneceu em apenas dois artigos e dois parágrafos únicos: Art. 171 "As ciências, as letras e as artes são livres", parágrafo único, "O Poder Público incentivará a pesquisa científica e tecnológica"; Art. 172, "O amparo à cultura é dever do Estado", parágrafo único, "Ficam sob a proteção especial do Poder Público os documentos, as obras e os locais de valor histórico ou artístico, os monumentos e as paisagens naturais notáveis, bem como as jazidas arqueológicas" (BRASIL, 1967a, s/p).

A PEC propôs que o Estado assegurasse e promovesse a difusão cultural mediante incentivos financeiros, via mecenato, para fundações públicas e privadas, isenções tributárias, subvenções e proteção para o patrimônio natural, florestal e paisagístico dos mananciais, flora e fauna, dos parques e reservas biológicas. A PEC foi justificada com base nas deliberações em conferências da Unesco. Contudo, pautas setorializadas, como produção literária e artística, formação histórica nacional, bibliotecas, museus, arquivos, monumentos, tradições, educação cívica, foram estabelecidas em decretos avulsos.

Entretanto, para a execução do PNC, o CFC deveria firmar um pacto federativo. Para Josué Montello (1967b), a principal atribuição do CFC seria a de coordenar as atividades culturais do MEC e elaborar, com o CFE, o PNC para subsidiar os programas e instituições culturais. A Secretaria de Assuntos Culturais seria um embrião para o Ministério da Cultura, conforme registrou a conferência ministrada por Arthur Cezar Ferreira dos Reis (1971), em Florianópolis, na Academia Catarinense de Letras (ACL) e no CEC/SC.

Em 1967, foram elaborados os anteprojetos do PNC e da Seac. O objetivo principal desses documentos mantinha a lógica do CNC, ou seja, "levar a cultura a todos os brasileiros" e transformar os órgãos federais em irradiadores culturais, "centros planetários da cultura brasileira, servindo a todo o país" (BRASIL, 1967, p. 145). Esses irradiadores da cultura seriam: Biblioteca Nacional, Fundação Instituto Nacional do Livro, Instituto Nacional de Teatro, Instituto Nacional de Cinema, Diretoria do Patrimônio Histórico e Artístico Nacional, Museu Nacional de Belas Artes, Museu Histórico Nacional, Museu Imperial, Fundação Casa de Rui Barbosa, Fundação Nacional de Radiodifusão Educativa e Cultural, Fundação de Televisão Educativa e Cultural e Instituto Joaquim Nabuco de Pesquisas Sociais (IJNPS). As instituições federais coordenadas pelo MEC, segundo o anteprojeto, teriam autonomia administrativa e financeira, conforme o Decreto-Lei 200, de 25 de fevereiro de 1967.

O anteprojeto da Seac subordinava-a ao CFC, uma inversão hierárquica de poderes. A implantação do PNC vislumbraria a criação de um Sistema Nacional de Cultura, que auxiliaria a adesão das Secretarias e Conselhos Estaduais e Municipais de Cultura ao PNC. O controle político e hierárquico projetado para o CFC tornava-o um pastiche do projeto CNC/DIP, de 1939, desvinculando-o do CNC de 1961. A Seac não centralizaria as políticas culturais, mas atuaria de forma intermediária e, metaforicamente, seria uma espécie de banco para o depósito dos recursos federais, uma vez que a seleção, a aprovação e a fiscalização seriam ações exercidas pelo CFC, que se projetava um órgão com poder ministerial.

O CFC seria o responsável pelo processo de triagem, análise, seleção e deliberação dos recursos para os projetos culturais a serem custeados pela Seac. Esse percurso contradizia a autossuficiência pleiteada pelas instituições culturais, pois a tutela administrativa e burocrática permaneceria subordinada ao CFC. Para a prestação de contas, por exemplo, seria produzido um "relatório [anual] circunstanciado de suas realizações, com indicação da aplicação das dotações orçamentárias e auxílios recebidos" pelas instituições culturais (BRASIL, 1967, s/p). A pretensão de poder do CFC, estaria condicionada à reforma administrativa no interior do MEC, próxima do PL de Menotti del Picchia, de 1960, ao propor a criação do Ministério da Cultura.

Um parecer de custeio elaborado pela Comissão de Legislação e Normas para a execução do PNC fora entregue no dia 28 de abril de 1967. O documento foi autorizado e assinado pelo general Arthur da Costa e Silva (1899-1969) e pelo ministro Tarso Dutra, do MEC, no dia 19 de maio de 1967, em cerimônia na sede do CFC. Dutra (1967b, p. 25) ratificou que o governo queria "uma nação harmônica desenvolvida", porque, sem a "cultura, esse desenvolvimento é utopia". O ministro sentenciou: "Considero Educação e Cultura como investimentos nacionais".

Uma reengenharia legal justificou o parecer de custeio. Partindo do Decreto-Lei 50.293/1961, do CNC; com o Decreto-Lei 74/1966, do CFC, requereu-se a transferência de 10% dos recursos do Fundo Nacional de Educação do Ensino Primário, Médio e Superior, procedente da LDB instituída pela Lei 4.024, de 20 de dezembro de 1961. Esse arcabouço legal, acrescentado ao Decreto-Lei 172, de 15 de fevereiro de 1967, e ao Decreto-Lei 242, de 28 de fevereiro de 1967, de concessão de crédito especial à cultura, ratificados pelo Decreto 268/1967, concedeu o valor de NCr$ 350.000 (trezentos e cinquenta mil cruzeiros novos) para a administração do CFC.

Afonso Arinos, relator do parecer de custeio, na ata da 20ª Sessão Plenária do CFC (BRASIL, 1967-1970, n. 2, p. 83), registrou que a homologação do ministro desencadeou "repercussões imediatas de ordem administrativa", pois inseriria o PNC, a ser elaborado pelo CFC, em "fase operacional" com plenas "condições de coadjuvar com a ação patriótica do Ministro de Estado na defesa do Patrimônio Cultural do país" (Figura 13).

Ao analisar o aparato burocrático do Estado, Montello (1967, p. 24), por ocasião da homologação dos recursos, informou que a sua mesa de trabalho se transformou em "[...] um muro de lamentações dos órgãos responsáveis pela cultura". Montello alertou: "A desconfiança do povo, Senhor Ministro, na eficiência do Governo em acudir a esse estado de coisas é de tal ordem, que ainda há, lamentavelmente, quem não leve na devida conta, o nosso esforço". Mesmo diante dos investimentos precários para a área, um plano de ação materializado no PNC seria eficaz, contudo, persistiam dúvidas junto às instituições culturais quanto à eficiência de atuação dos conselheiros.

Figura 13 – Reprodução de imagem de reunião do CFC

Fonte: "[O ministro...]" (1967, p. 23)

A mensagem do presidente do CFC evidenciou que a homologação do parecer de custeio, saudada como ação patriótica por Afonso Arinos, mostrava-se escassa às demandas da cultura, sobretudo em relação ao patrimônio, em constante ameaça. O PNC seria um plano emergencial para atender "prioritariamente às instituições de cultura deste Ministério", para "que comecemos a arrumação pela própria casa" (MONTELLO, 1967, p. 27). Até porque as "instituições que constituíam" um "elenco da Capital da República devem reformular o seu raio de ação, para que possam sem sair da Guanabara, [atingir] os pontos mais distantes do território brasileiro", afirmou Montello.

A cultura deveria se espraiar institucionalmente. Para Josué Montello (1968b, p. 28), somente o PNC exterminaria as práticas nefastas como as políticas de balcão: "Todos os anos assistimos ao desfile das mãos que se estendem no vão dos guichês em busca de auxílio para essas instituições". A crítica foi dirigida ao *modus operandi* do CNC, de 1961, que o conselheiro acreditava não se repetir no CFC:

> Dir-se-á que presenciamos à postulação de uma caridade ou um montepio, com ar de rogativas de favor. É preciso acabar com isso. Essa filantropia oficial é, em verdade, um dever do Estado. Mas não deve ser colocada em termos de benemerência, que por vezes dependem de funcionários subalternos ou de empenhos relevantes. O que se impõem é colocar essa assistência na linha de um programa de cultura que vai ser realmente executado. (MONTELLO, 1968b, p. 28).

Entre os favorecimentos e as propinas reconhecidas, caberia ao Estado amparar a cultura, não com filantropias ou assistencialismos. Para Montello (1968a, p. 14), o "que se impõe, e com urgência, é colocar a assistência do Estado na linha de um programa de cultura a ser executado", ou seja: "A subvenção há de existir em função de um plano de trabalho cultural".

Mesmo com dificuldades financeiras e administrativas, em julho de 1967 o CFC lançou o mensário *Cultura*, inspirado na revista *Documenta* do CFE. O periódico foi considerado um "espelho fiel" das ações do conselho ao publicar relatórios, pareceres, atas, discursos e atividades administrativas e políticas do órgão a fim de "cumprir com a alta missão de coordenar no plano técnico os assuntos pertinentes à cultura brasileira" (APRESENTAÇÃO, 1967, n. 1, p. 3-4). Maia (2012, p. 113) explica que a *Revista Cultura* já existia no Departamento de Documentação do MEC e, por portaria, em 1967, passou para a responsabilidade do CFC, denominando-se somente *Cultura*.

O projeto editorial do mensário foi coordenado por Manoel Caetano Bandeira de Mello, com redação dos jornalistas Iára Costa Mendes e Pedro Guimarães Pinto. A sede do periódico situava-se no Palácio da Cultura, Rua da Imprensa, n.º 16, 7º andar, telefone 42-4290, antiga sede do CNC. Com um corpo tipográfico mensurado em 24 cm x 17 cm, em papel de jornal, o primeiro número foi impresso pelo Departamento Gráfico do Museu de Armas Ferreira da Cunha, e a partir do número 2 pela Gráfica Tupy Ltda., localizada na Rua Barão de São Félix, n.º 45, Rio de Janeiro, capital. A partir do número 25, de 1969, foi produzida pela Impressora Brasileira Ltda., situada à Rua Bittencourt Sampaio, n.º 169, na cidade do RJ. A partir do número 31, de 1970, foi publicada pela Apex Gráfica e Editora Ltda.; e posteriormente, a partir do número 37, de 1979, pela Editora e Gráfica do Livro Ltda. O mensário *Cultura* circulou de 1967 a 1970, e foi renomeado para *Boletim*, em 1971, com periodicidade trimestral, com ano, número e edição novos (Figuras 14 e 15). O *Boletim* manteve as seções "Estudos e proposições", "Pareceres técnicos", "Atas", "Atos relativos à cultura" e "Noticiário", conforme o Decreto-Lei 74/1966.

O *Jornal do Commercio* comentou a simplicidade do periódico, adjetivado de "pobre (o que nos parece um exagero de sobriedade), sem os luxos desnecessários e até acintosos que caracterizam tantas publicações governamentais de menos importância", enquanto esta apresentava conteúdos "do mais palpitante interesse para quantos acompanham os assuntos relacionados com os problemas culturais do Brasil" (APRESENTAÇÃO, 1967, n. 1, p. 4). A matéria foi reproduzida no mensário *Cultura*, incluindo as críticas sobre a formatação gráfica.

Figura 14 – Reprodução da capa do periódico *Cultura* do CFC

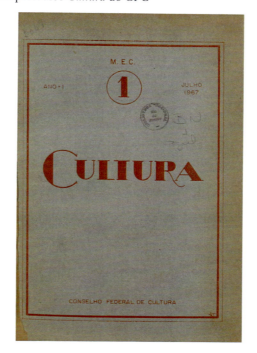

Fonte: Revista *Cultura* (1967, s/p)

Figura 15 – Reprodução da capa do periódico *Boletim* do CFC

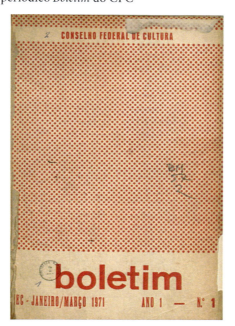

Fonte: *Boletim* (1971, s/p)

O Decreto-Lei 61.553, de 17 de outubro de 1967, assinado por Costa e Silva, pelos ministros Delfim Neto (1928), da Fazenda, e Tarso Dutra, do MEC, dispôs sobre o crédito excepcional de NCr$ 350.000 (trezentos e cinquenta mil cruzeiros novos), Plano Emergencial para o CFC, via LDB, fundos da Educação, recursos dos programas nacionais, regionais e setoriais (Quadro 4), registrou o mensário (CULTURA, 1967, p. 63-86).

Quadro 4 – Programas regionais e nacionais mapeados no mensário

PROGRAMAS REGIONAIS	
INSTITUIÇÕES	**CUSTO PREVISTO / AÇÃO**
Bibliotecas públicas de capitais	NCr$ 1.500.000 — Reformas estruturais por meio de convênios para as bibliotecas regionais para atuarem como agências da Biblioteca Nacional
Convênios com conselhos estaduais	NCr$ 1.500.000 — Implementação das atividades previstas no Calendário Cultural
Dphan	NCr$ 3.500.000 — Ampliação do raio de ação e auxílio para obras de conservação e restauro de edificações
Instituições privadas de cultura, como o IHGB	NCr$ 1.250.000 — Subvenções para instituições privadas
Casas de Cultura	NCr$ 1.000.000 — Construção de 50 unidades
Equipamentos regionais de cultura	NCr$ 750.000 — Obras sugeridas pelos CEC e aprovadas pelo CFC
Inventários e levantamentos	NCr$ 1.500.000 — Ações de pesquisa
Convênios com universidades	NCr$ 1.500.000 — Realização de pesquisas e programas regionais
PROGRAMAS NACIONAIS	
PROGRAMAS	**CUSTO PREVISTO / AÇÃO**
Biblioteca Nacional, Museu Histórico Nacional, Museu Nacional de Belas Artes, Instituto Nacional do Livro, Instituto Nacional de Cinema, Serviço de Radiodifusão Educativa	NCr$ 5.000.000 — Reformas estruturais
Instituições do Programa Nacional de Cultura	NCr$ 4.000.000 — Equipamentos, implantações e aquisição de material permanente
Instituições do Programa Regional de Cultura	NCr$ 2.000.000 — Equipamentos, implantações e aquisição de material permanente
Plano Nacional de Cultura	NCr$ 6.000.000 — Exposições, congressos, filmes, publicações, exposições, representações e Calendário Cultural
Convênios com universidades e instituições de cultura particulares ou públicas	NCr$ 2.000.000 — Subvenções para pesquisas culturais nas áreas de ciências humanas, letras, patrimônio e artes

Instituições de cultura reconhecidas pelo CFC	NCr$ 2.000.000 — Auxílio para implementação de programas regionais de cultura
Intercâmbio cultural no exterior	NCr$ 2.000.000 — Exposições ou ações de divulgação da cultura brasileira
Campanhas nacionais de cultura	NCr$ 2.000.000 — Ações de incentivo para livros, artes plásticas, cinema, teatro, literatura, dança e música
Exposições não incluídas no Calendário Cultural	NCr$ 2.000.000 —Ações de artes, ciências humanas e letras
Conservação de patrimônio histórico	NCr$ 3.000.000 — Imóveis tombados pela União ou que não estejam no Programa do Dphan
Conservação de acervos documentais	NCr$ 1.000.000 — Acervos arquivísticos e bibliográficos

Fonte: a autora

Alfredo Galvão (1900-1987), diretor do MNBA, em depoimento para *O Globo*, mostrou otimismo com o plano emergencial. A entrevista foi reproduzida na íntegra em *Cultura* (GALVÃO, 1967). Os recursos, provisoriamente, resolveriam os problemas relacionados à conservação e à restauração dos equipamentos culturais, além da divulgação cultural em publicações e exposições. Entretanto, alertou sobre as verbas para projetos e a autonomia pleiteadas, que seriam alcançadas com o valor de NCr$ 450.000 (quatrocentos e cinquenta mil cruzeiros novos), a mais do que o previsto, avaliou o professor.

No entanto, a seção "Noticiários" do mensário *Cultura*, três números depois da reportagem com Alfredo Galvão, anunciou o valor de NCr$ 862.631,90 (oitocentos e sessenta e dois mil, seiscentos e trinta e um cruzeiros novos e noventa centavos), homologados pelo ministro, emergencialmente, para atender às instituições federais (CULTURA, 1967, p. 158). O ex-ministro Moniz de Aragão, presidente do Ibecc, diante das verbas prometidas para o PNC, remeteu as congratulações enviadas pela Unesco sobre as políticas culturais empreendidas no Brasil pelo CFC. O mensário publicou excertos da matéria do *O Jornal* ao noticiar uma autorização de crédito suplementar no valor de NCr$ 902.000 (novecentos e dois mil cruzeiros novos) pelo presidente da República, o que "não despertou maior atenção" da sociedade, pois o país estava "carente de uma mentalidade cultural", asseverou o jornal (CULTURA, 1968, n. 7, p. 91). Os distintos valores apresentados no mensário evidenciavam que os repasses prometidos eram negociados e disputados.

As dificuldades para as reformas em instituições federais tornaram-se abstrusas, pois demandavam custos elevados. Em contrapartida, o CFC acumulava promessas federais e demandas estaduais e municipais, públicas e privadas, que ultrapassavam a dotação orçamentária concedida. Para agravar o quadro, os recursos pleiteados foram questionados pelo Ministério do Planejamento e pelo então consultor-geral da República, professor Adroaldo Mesquita da Costa. O fato foi registrado na ata da 54ª Sessão Plenária do CFC (BRASIL, 1967-1970, n. 6). O despacho dos gestores do dia 26 de agosto de 1967 assinalou a inconstitucionalidade no Decreto-Lei 242, de 18 de fevereiro de 1967, que dispusera sobre o orçamento destinado à cultura pelas verbas oriundas da LDB.

As batalhas empreendidas para uma provisão financeira adequada para o CFC podem ser analisadas pela produção contínua de anteprojetos, ofícios, pareceres, portarias e readequações orçamentárias. As demandas cotidianas do órgão e as operacionalizações previstas para o PNC confundiam-se com as reivindicações das instituições federais de cultura. O MEC, por outro lado, permanecia disparando notícias alvissareiras nos jornais, alimentando as expectativas da aprovação do PNC, com previsão de vigência quadrienal (1968-1971). Entretanto, o projeto seria submetido ao Congresso Nacional e vinculava, além do PNC, a criação da Seac e do Ministério da Cultura (BRASIL, 1968, n. 8).

O Fluminense publicou uma entrevista com Manoel Caetano Bandeira de Mello (1967a), secretário-geral do CFC, com cinco prioridades elencadas para o ano de 1968: 1) reformulação das instituições nacionais prevendo a irradiação das suas atividades para os estados e municípios; 2) reaparelhamento das instituições federais para o cumprimento das suas atribuições; 3) criação de serviços nacionais para a conservação e a expansão do patrimônio cultural; 4) aprimoramento e dinamização dos aparelhos de comunicação coletiva para a formação de público; 5) ações coordenadas para definir projetos e programas prioritários, evitando desperdícios e fragmentações de recursos.

A narrativa do MEC contradizia os registros das atas, dos pareceres e esboços dos anteprojetos para a criação da Seac pelo CFC. A ata da 54ª Sessão Plenária, de 1967 (BRASIL, 1967-1970, n. 6, p. 135, 148), registrou que uma comissão fora criada para estruturar a Seac, "órgão da maior importância para a execução das deliberações" do CFC. A ata indicou que o projeto da Seac demarcara o caráter executivo da secretaria que seria a responsável pela "coordenação dos problemas culturais", mas o CFC manteria o caráter normativo e consultivo.

No entanto, a questão mostrava-se dúbia para os conselheiros. Pois qual seria o papel do CFC após a criação da Seac? Andrade Muricy questionou se a criação da Seac não restringiria o CFC. Josué Montello respondeu que a trilogia atributiva do CFC, normativa, consultiva e fiscalizadora, permaneceria. Explicou que o papel executivo destinado para a Seac dependeria da aprovação e da destinação de verbas pelo CFC, e não reduziria as atribuições executivas do conselho. Segundo sua análise, a atuação da Seac não colidiria com o CFC, porque o conselho manteria seu poder de comando sobre a secretaria, já que em um futuro próximo seria criado o Ministério da Cultura, tal qual as nações desenvolvidas (BRASIL, 1967-1970, n. 6).

3.4 Censura política e os posicionamentos do CFC

A proposta do Ministério da Cultura foi reformulada conforme as negociações empreendidas para a organização institucional, fosse com base no PNC e no FNC, fosse com base na Seac. Duas questões que serão desmistificadas neste livro sobre a trajetória do CFC serão: os papéis a ele atribuídos e a total aderência política manifestada à ditadura militar de 1964, pois após 1968 tentou-se desvincular o CFC do AI-5 com suas consequências nefastas, mas manteve-se o cultivo expresso à "Revolução de 1964".

Existem interpretações historiográficas distintas sobre os posicionamentos do MEC e do CFC perante a ditadura militar. Contudo, revelam-se nos documentos do MEC ambiguidades e divergências nas sucessivas recusas dos anteprojetos encaminhados pelo CFC para o governo. O que sugere que a função executiva, fiscalizadora e consultiva se tornava conjuntural, conforme as disputas políticas em jogo.

Obviamente, a competência de fiscalização, pela perspectiva do controle social e político, sobre os usos dos recursos públicos inexistiu sob o auspício da ditadura, e tampouco foi requerida pelo CFC. Enquanto voz autorizada do Estado, o conselho não teve essa ambição em específico, mas reivindicou o poder de triagem dos projetos culturais das instituições federais, estaduais e municipais, domínio maior do que a sanção política e fiscalizadora. O CFC selecionava os projetos que seriam aprovados, não sob o crivo de ações fiscalizatórias de acompanhamento administrativo e financeiro, mas sob uma espécie de censura cultural e ideológica ao diligenciar as subvenções a serem concedidas.

O CFC, estruturalmente, não tinha condições de fiscalizar, tampouco de controlar os relatórios anuais enviados pelas instituições culturais em território nacional. Por isso, defendeu a instituição do Sistema Nacional de Cultura para o controle e desenvolvimento das políticas culturais que seriam administradas pelas secretarias e fiscalizadas pelos Conselhos Estaduais e Municipais de Cultura.

Entretanto, a seleção dos projetos culturais para as subvenções públicas tramitava sob o crivo ideológico das avaliações e classificações de homens e mulheres que se consideravam porta-vozes da cultura nos âmbitos nacional, estadual e municipal. Os deferimentos do CFC, no caso, não correspondiam às transformações culturais dos anos 60 e 70, auge da ditadura, conforme apontam as obras de Gaspari, Hollanda e Ventura (2000), Hollanda (1981), Maia (2012), Ridenti (2006) e Ventura (1988).

Em relação às atividades culturais fomentadas via mecenato estatal, os projetos eram enquadrados em parâmetros ideológicos, políticos e estilísticos do governo, uma censura cultural via câmaras setoriais que pode ser observada nos pareceres técnicos.

Contudo os conselheiros posicionavam-se em defesa da criação artística, a favor da censura cultural e contra a censura policial. Maia (2012) é assertiva quando considerou que a censura oficial do Estado foi um ponto de fissura na construção do consenso nas plenárias do CFC, pois atingiu os conselheiros em suas produções artísticas e intelectuais. Ariano Suassuna, por exemplo, em sua obra *O santo e a porca*, de 1957, foi alvo da censura.

Uma relação controversa com a censura de Estado precisava ser justificada publicamente. A ata da 10ª Sessão Plenária, de 1967 (BRASIL, 1967-1970, n. 1) registrou um questionamento emblemático do Octávio de Faria sobre a censura ao filme de Glauber Rocha *Terra em Transe*, pelo MJNI. O conselheiro elaborou a *Moção de protesto a favor da liberdade de criação artística*, integralmente apoiada por Rodrigo Melo Franco de Andrade. O conselheiro Djacir de Menezes apoiou a moção com ressalvas, expressando sua contrariedade com as imagens negativas do Nordeste veiculadas no filme. Raymundo Castro Maia absteve-se da votação, justificando não ter assistido à obra. Entre os melindres dos posicionamentos públicos em relação à censura, Hélio Vianna defendeu que a censura cultural retornasse para a autoridade administrativa do MEC. Este conselheiro justificou que, desde 1931, a censura cultural estivera sob os auspícios do antigo Mesp, sendo transferida, em 1935, para o MJNI, e executada como censura policial.

Esse debate ilustra o teor político das permissividades do CFC em relação ao regime ditatorial. A censura de Estado, sob o órgão apropriado, poderia existir. Os conselheiros debateram as institucionalidades da censura, e não os procedimentos repressivos e os métodos persecutórios. Entre as aquiescências ao regime e os posicionamentos contrários à censura, os conselheiros votaram, de modo unânime, para o CFC enviar um ofício ao MEC solicitando o restabelecimento da sua competência histórica de censor cultural. Uma defesa contraditória da separação entre a censura cultural e policial, pois censura é censura em qualquer situação, seja em nome da segurança nacional, seja dos bons costumes.

Rodrigo Melo Franco de Andrade sugeriu enviar a moção de protesto *ipsis verbis* para o MEC. O documento, publicado integralmente no mensário *Cultura*, tornou-se um tratado de Octávio de Faria contra qualquer censura em todas as linguagens artísticas:

> Devo declarar, preliminarmente, que ainda não vi o filme. Mas isso, pouco importa, pois, suas qualidades de obra de arte — e os antecedentes cinematográficos de Glauber Rocha

me autorizam plenamente a classifica-la como tal — transformam em verdadeiro atentado contra cultura a referida medida. Ora, a nossa condição de defensores da cultura e de suas diversas manifestações (da liberdade de criação e da liberdade de expressão), parece-me que nos obriga a tomar posição em tão delicada conjuntura. Para nós, o artista é livre, a obra de arte é sagrada. Com os limites de idade já estabelecidos para o ingresso nos cinemas, a censura já tem sua defesa contra os perigos da imaturidade de espírito de certa parte do público. Tudo mais é excessivo, desnecessário e opressivo — além de contraproducente. (FARIA, 1967, p. 44).

O Jornal apresentou a manchete "Conselho pedirá a Tarso para influir na Censura" e indicou que o tema fora incitado por Octávio de Faria e Clarival do Prado Valladares. Os conselheiros denunciaram a mutilação de obras cinematográficas pela censura, a exemplo dos trabalhos de diretores como Júlio Bressane e Joaquim Pedro de Andrade, filho de Rodrigo Melo Franco de Andrade (CONSELHO..., 1967). O assunto retornou ao debate na 55ª Sessão Plenária do CFC, sendo registrado em ata como "censura em âmbito policial" (BRASIL, 1967-1970, n. 6, p. 144), exercida pelo MJNI. Os conselheiros voltaram a defender que a censura cultural estivesse a encargo do MEC.

Maia (2012) destrinchou os debates sobre a censura no CFC e indicou que, após o AI-5, o assunto tornou-se raro nas plenárias do órgão. Ridenti (2004, p. 98) sinalizou que, com o adensamento da repressão na ditadura civil-militar, houvera um processo de "derrota das esquerdas brasileiras" e as organizações de oposição foram "esmagadas pela ditadura". Com base nessas análises, conclui-se que existiam debates, silêncios, negligências e cumplicidades do CFC em relação à ditadura. A forma como eram tratados os temas ligados à censura, como torturas, prisões e exílios, demonstra os dilemas éticos e morais vividos pelos conselheiros e suas estratégias de preservação política do CFC.

Uma investigação nos periódicos do CFC sinalizou que no *Boletim*, nos períodos de 1971 a 1985, o vocábulo "tortura" apareceu cinco vezes em recensões literárias e duas vezes em ensaios sobre torturas em guerras — a exemplo da Argélia, em 1985. No mensário *Cultura*, de 1967 a 1970, o vocábulo foi mencionado apenas uma vez, em um ensaio alusivo à prisão de Maquiavel após a publicação de *O príncipe*. Nesse período, o vocábulo "prisão" foi mapeado em 12 citações, em analogias esparsas, a exemplo da obra de Platão, entre outras composições poéticas, históricas, filosóficas e ensaísticas. O vocábulo "prisão" foi mencionado 25 vezes no *Boletim*, em histórias políticas do século XVIII ao Estado Novo, casos internacionais polêmicos, como a prisão de Galileu, de Dreyfuss na Guiana, e de Sacco e Vanzeti na Lei Seca dos EUA. Vianna Moog foi o único intelectual brasileiro citado como preso político, em 1932, por ser um constitucionalista.

O mapeamento demonstra que os temas controversos foram autocensurados nas intervenções e nos registros das atas e dos pareceres. A censura atingia o brio dos conselheiros e suas obras, mas após o AI-5 o discurso sobre a liberdade de criação artística e intelectual tornou-se temeroso perto do recrudescimento da ditadura com a instituição do Conselho Superior de Censura (CSC), criado pela Lei 5.536, de 21 de novembro de 1968, que dispôs sobre a censura em obras teatrais, literárias e cinematográficas. No CSC, os conselheiros do CFC esquivaram-se em ocupar a vaga que lhes cabia.

Na ata da 154ª Sessão Plenária do CFC, de 1969, foi registrada a leitura do parecer de Octávio de Faria contra a censura do filme *Macunaíma*, dirigido por Joaquim Pedro de Andrade. O plenário encaminhou o texto para publicação na seção "Estudos e proposições", mas sem recomendação coletiva, responsabilizando o autor pela crítica, diferentemente do que ocorreu com *Terra em Transe*, em 1967. A moção de protesto *Macunaíma* foi publicada sem a menção do vocábulo "censura" no título:

O que há a lastimar, porém, é que a nossa censura, em mais uma de suas características manifestações de mentalidade tacanha e de pretensa preocupação moralista, tenha resolvido

> cortar no filme algumas de suas cenas mais vivas e expressivas, mutilando ao acaso de seus caprichos o ritmo seguro e firme do cineasta. Prova evidente, parece-me, de sua incompreensão, ou insensibilidade frente ao romance de Mário de Andrade, frente a natureza eminentemente picaresca e brejeira da aventura do "herói sem nenhum caráter". [...] que os cortes efetuados pela nossa censura não são só mutiladores, mas também ridículos, do ponto de vista artístico. Tanto assim que foi dada a permissão para que o filme fosse exibido **em sua integralidade** no Festival de Veneza. Apenas aqui, no nosso apertado intramuros, vigorarão os cortes... Plateia subdesenvolvida artisticamente? Seremos "menores" de idade mental? [...] eu pergunto, quando, quando sairemos da "idade mental" das folhas de parreira? Quando atingiremos a maioridade artística? (FARIA, 1969, p. 16, grifo do autor).

Desde 1967, foi emitido um convite para o CFC participar da estruturação do CSC, mas a resposta foi protelada durante três anos. Raymundo Faoro, ao ser admitido no CFC, em novembro de 1969, recebeu o encargo da relatoria da Comissão de Legislação e Normas. Ao declinar do convite, Faoro entregou um parecer, no dia 5 de março de 1970, ponderando sobre os múltiplos valores de representação artística dentro do CFC, condição impeditiva para que um conselheiro representasse o coletivo (BRASIL, 1970, n. 33). Dessa forma, a indicação de apenas um membro para compor o CSC não seria representativa. O plenário decidiu recomendar um funcionário burocrático do CFC/MEC para não comprometer as deliberações coletivas e políticas, além dos currículos dos intelectuais reconhecidos.

O declínio da participação do CFC junto ao CSC demonstrou que nenhum conselheiro se dispôs a legitimar a censura policial, sobretudo na condição de representante do Conselho de Cultura. Uma situação controversa para um órgão que, ao defender liberdade de expressão e de criação artística, omitia-se para expressar as suas opiniões acerca das censuras ditatoriais.

Nesse sentido, o fato de o CFC não registrar as divergências e os posicionamentos políticos representava mais do que uma edição administrativa nas atas e nos pareceres, mas uma autocensura diante da conjuntura política, uma ação deliberada. Esse é um ponto a ser considerado sobre as buscas dos consensos nas plenárias do CFC refletidos por Maia (2012). Acredito que as atas devem ser analisadas enquanto documentos comprobatórios, mas não somente pelas deliberações registradas e consensuadas, e sim sob o âmbito das divergências políticas implícitas percebidas, muitas vezes, nas trocas repentinas de assuntos e nas edições, alterações e solicitações de registros. O que indica que o suposto consenso foi uma autocensura institucional e um silenciamento das divergências políticas e administrativas sobre o que deveria ser registrado e publicado nos documentos do CFC.

Em meio aos acordos políticos, administrativos e financeiros, Josué Montello, no fim de 1967, enviou um telegrama para o presidente da República para agradecer os valores dispendidos para o PNC, sobretudo os auxílios emergenciais. Montello reportou que, "pela primeira vez na história do Orçamento da República, [se] incluiu verba destinada especialmente para o Plano Nacional de Cultura". Costa e Silva respondeu à missiva afirmando que acompanhava com "máximo interesse as atividades", registrou o editorial de *Cultura*, sob o título "Amparo à cultura" (1967, p. 5-6). Apesar das divergências, existia uma relação de cordialidade entre os conselheiros e o executivo.

O *Jornal do Commercio* (CRIAÇÃO..., 1967) noticiou que o CFC estava a articular a criação da Seac com a inclusão de quatro departamentos, Livro, Patrimônio Histórico, Documento e Difusão. O departamento do Folclore seria criado posteriormente. O jornal questionou se o departamento Documento seria mais importante que o do Folclore.

Contudo não foram somente os jornais a questionar os novos departamentos noticiados para a Seac. A ata da 63ª Sessão Plenária do CFC (BRASIL, 1967-1970, n. 7), registrou o questionamento de Djacir Menezes sobre a ausência do Serviço Nacional de Música e Dança na Reforma Administrativa anunciada pelo MEC. Pois, no CNC de 1961, o Instituto Nacional de Música fora criado. O conselheiro, ainda, interrogou qual o papel do CFC com a criação da Seac. O órgão ficaria relegado "ao trato de um ou outro servidor burocrático", a exemplo do PNC, que "fora monopolizado por um Grupo de Trabalho quando deveria ter voltado ao Conselho", afirmou Menezes na ata, publicada em 1968 (BRASIL, 1967-1970, n. 7, p. 78-79). Esse posicionamento indica que nem todas as divergências eram ocultadas ou silenciadas e que os conselheiros se mostravam céticos em relação aos encaminhamentos acordados entre a presidência do CFC e o governo, sem a anuência coletiva do plenário.

3.5 Secretaria de Assuntos Culturais

Entre afirmações, divergências, ambiguidades e inseguranças, o CFC entregou ao MEC um documento intitulado "Justificação" (BRASIL, 1967f), indicando a necessidade de uma ausculta social para ampliar o debate, fortalecer parcerias e reunir uma representatividade de opiniões para a formulação do PNC e da Seac. O documento mobilizou uma visão humanista, religiosa e cientificista para o PNC:

> [...] artes, as letras, as ciências humanas, o patrimônio histórico não são os únicos campos de cultura com que se apresenta o conhecimento humano [...] outros campos [...] as ciências físicas, as naturais, outras ciências sociais, e não apenas as chamadas humanas, o patrimônio florestal, as técnicas, o patrimônio humano representado pelas populações primitivas [...] seu estágio cultural original [...] valores da cultura [...] significado de tudo aquilo que seja produto da criação do homem, ora nas suas concepções, de natureza espiritual, ora nas suas atividades materiais [...] dominando o meio físico e transformando-o em seu benefício, a obra que lhe atribuiu o Criador, no prosseguimento da própria criação. (BRASIL, 1967f, p. 2).

O conceito de cultura delineado, com base em uma concepção católica, não poderia ser diferente. O documento demarcou um projeto político, elaborado por modernistas conservadores da UDN, posteriormente Arena, como Afonso Arinos, Gladstone Chaves, Gilberto Freyre, além de egressos da AIB, como Plínio Salgado, Miguel Reale, Adonias Filho e Hélio Vianna.

Os projetos de organização da cultura atendiam ideologicamente aos diferentes modernismos, advogados por esses intelectuais. Cassiano Ricardo (1968a, p. 37-56) publicou um artigo sobre as vertentes do movimento moderno iniciado na década de 1920. Se de um lado existiam os modernistas salonistas, frequentadores dos salões e festanças regadas a champagne promovidas pelos mecenas Olívia Guedes Penteado e Paulo Prado, onde Mário e Oswald de Andrade eram partícipes assíduos, do outro existiam os modernistas reservados, como Carlos Drummond de Andrade, e os católicos do Centro Dom Vital e da revista *A Ordem*, como Alceu Amoroso Lima, Andrade Muricy, Adonias Filho, Gustavo Corção, Plínio Salgado, Gladstone Chaves de Mello, Octavio de Faria, Pedro Calmon, Dom Marcos Barbosa, Peregrino Júnior. Plínio Salgado, Raul Bopp (1898-1984), Menotti del Picchia e Guilherme de Almeida (1890-1969) fundaram o Grupo Verde-Amarelo e o Anta e eram majoritariamente antissalonistas.

A Semana de Arte de 1922 foi composta por distintos modernismos e não encerrou "seu ciclo histórico", advertiu Cassiano Ricardo (1968a, p. 54-55), porque as atividades artísticas originadas naquele evento estenderam-se por mais de 40 anos de história cultural. O modernismo tornou-se um mito fundador das artes e o precursor do "neoindianismo", do folclore, do concretismo e da antropofagia ilustrada na linguagem de *tupi or not tupi*, de Oswald de Andrade.

O modernismo conservador registrou sua história em defesa do conceito antropológico ou sociológico da cultura nacional, no conjunto documental do CFC. As antíteses, por exemplo, salonistas/antissalonistas, primitivo/civilização, antigo/moderno e vanguarda/conservador, arrimaram a ação política dos conselheiros com base no conceito científico de cultura. O documento "Justificação" explicou o que seria cultura para o CFC:

> [...] tudo aquilo que é a criação do homem, em suas concepções, seus hábitos, suas ideias, suas invenções [...] todo processo criado pelo homem, transformando seu ambiente e produzindo valores que se incorporam à sua presença viva no passado e no presente para projetar-se no futuro [...]. (BRASIL, 1967f, p. 2).

Uma perspectiva historicista e criacionista demarcou a divisão social do trabalho intelectual e artístico apoiada em antíteses que cunhavam as estratificações estéticas na dissociação da cultura entre superior/inferior, concepção/execução e erudição/técnica. Essas questões assinalavam as diferenças da formação da cultura nacional não apenas como "produto da ação criadora de seus homens de maior nível intelectual [...] poetas, pintores, músicos, juristas, arquitetos, pensadores". E apresentavam o "produto das técnicas, das criações populares, das concepções criadas, das superstições acumuladas, tipos de habitação, vestuários, hábitos alimentares, religiosidade popular" (BRASIL, 1967f, p. 2). A ausência de estudos, técnicas e metodologias científicas demonstrava o "[...] esforço criador [...] das diversas camadas de população, cujos integrantes incorporam e aceitam, não raro reinterpretando ou adaptando, de conformidade com o próprio espírito de que essa população é portadora." (BRASIL, 1967f, p. 2).

A cultura popular, fruto do criacionismo espontâneo, inventivo e criativo do brasileiro, distinguia-se da cultura universal, erudita, amparada por técnicas e estudos científicos.

O anteprojeto da Seac tratava a arte popular com o termo de "patrimônio humano representado pelas populações primitivas, em seu estágio cultural original" (BRASIL, 1967f, p. 2). A pureza modernista adotada pelos folcloristas foi alicerçada na compreensão do primitivismo como correlato de autenticidade, valores atribuídos tanto pela etnografia andradina quanto pelo neoindianismo. Cassiano Ricardo refletiu as apropriações sobre os modernismos, as concepções culturais e as trajetórias dos modernistas.

Mário de Andrade tornou-se referência para os folcloristas e os antissalonistas, igualmente. Os temas da cultura popular sob o crivo do folclore, no CFC, eram analisados pelas Câmaras de Letras e de Artes. Ariano Suassuna respondia pelo teatro; Armando Sócrates Schnoor, pelos museus; Octávio de Faria, pelas artes plásticas e pelo cinema; Andrade Muricy, pela música; e Clarival Valladares, pela literatura.

A cultura popular é composta por costumes, dramaticidades, religiosidades, códigos, normas e condutas sociais, como alertou Thompson (1998). É imbricada por um esteio de criação e transmissão oral, que demonstram complexos processos sociais, sob o aspecto da organização inclusive jurídica e moral. Por essa perspectiva, destaca-se uma aproximação de Mário de Andrade com Ariano Suassuna, quando advogaram a inexistência de fronteiras entre a cultura popular e a cultura erudita, desconsiderando suas matrizes ideológicas. Os conselheiros do CFC, majoritariamente, defendiam a separação da cultura superior/erudita da inferior/popular, fato demonstrado no anteprojeto da Seac.

Ariano Suassuna era reconhecido no CFC pela defesa fervorosa da literatura de cordel. Em numerosas plenárias, sugeriu que a manifestação fosse considerada uma linguagem literária e artística, um patrimônio com indicação geográfica, reconhecido pelo Estado brasileiro para compor o acervo do Museu da Palavra, a ser criado pelo MEC.

Suassuna (1969) não escondia as suas posições políticas conservadoras e controversas, declarava-se monarquista convicto. Na *Revista Brasileira de Cultura* (RBC), publicou o ensaio "A arte popular no Brasil", em que explicou sobre a diferença entre arte popular e erudita. Questão que num país continental não poderia ser enquadrada como norma, pois a riqueza literária estava na representação do cotidiano. Essa análise aproximava os literatos eruditos dos romanceiros analfabetos, pois o erudito e o popular confundiam-se na literatura de cordel, a exemplo das obras do italiano Boccacio (1313-1375), que se originaram populares e se tornaram eruditas e consagradas na história.

Suassuna (1969) retomou os primeiros folhetos cordelistas, com suas capas minimalistas decoradas com cercaduras e complexa técnica impressa da xilogravura, para explicar seu raciocínio. A cultura popular foi transformada por meio das trocas culturais, como o caso dos nordestinos, homens pobres e iletrados, que criavam histórias de cordel para o próprio deleite e transmissão cultural, sem interesse artístico. O reconhecimento público dos cordelistas transformou o método e a produção artesanal dos livretos em arte e mercadoria. Nesse sentido, advogou Suassuna, tal qual Mário de Andrade, que a técnica e a arte não eram dissociadas no processo artístico, fosse ele artesanal, fosse científico.

Para o conselheiro, a compreensão conceitual do romanceiro, do cordelista ou do escritor não importava. O povo faria a leitura do mundo em que vivia e não seguiria cartilhas e receitas, como requeria uma parcela da esquerda brasileira, seguidores de Mao Tsé Tung e da Revolução Cultural na China (1966-1976), conforme escreveu Suassuna (1969). Os comunistas expurgaram, do mesmo modo, criações eruditas e populares como arte alienada. Os cordelistas utilizam enredos poéticos, personagens aristocráticos, religiosos e burgueses como escolhas narrativas, o que não os transformava, como defendiam as esquerdas, em potenciais alienados, cooptados ou capitalistas, abordou o conselheiro.

Suassuna e outros conselheiros do CFC pronunciavam-se abertamente contra as esquerdas e apoiavam a "Revolução de 64", fossem eles ideólogos, fossem séquitos, como Afonso Arinos e Miguel Reale. O ataque ideológico às esquerdas, no CFC, potencializava um monólogo em defesa de uma suposta neutralidade.

Ridenti (2006) indicou o crescimento das esquerdas na década de 1960, em movimentos culturais de vanguarda, a exemplo de Cinema Novo, Teatro Oficina, Teatro de Arena, Centro Popular de Cultura. A atuação da UNE e outros movimentos junto às classes populares fez o autor concluir que a reação ao golpe de 1964 decorrera dessa mobilização social empreendida.

Ridenti (2004, p. 86-87) apoiou-se em Raymond Williams para advogar que os artistas e os intelectuais de esquerda, antes de 1964, projetavam uma "estrutura de sentimento de brasilidade romântico-revolucionária" próxima dos modernistas. Após o golpe, o combate contra o capitalismo reacendeu a luta da esquerda por uma "nação romântica e desalienada". O autor concluiu que, se os modernistas almejavam encontrar múltiplos "Brasis" pela perspectiva da autenticidade imaginada e da pureza intocada, as esquerdas, após o golpe, pretendiam resgatar o povo alienado para libertá-los da condição de subjugação.

Os campesinos e os operários foram idealizados pelos intelectuais e artistas das esquerdas como ícones da luta pela sobrevivência em suas manifestações poéticas e retóricas. Essa idealização projetava "uma arte nacional-popular que colaborasse com a desalienação das consciências", afirmou Ridenti (2004, p. 87). Valendo-se da denúncia e poética social, a estética da fome e da miséria tornou-se a principal bandeira da revolução socialista para ativar a consciência do povo.

Ariano Suassuna posicionou-se contra a conscientização e o engajamento das esquerdas junto ao povo, o que considerava um processo de aculturação. Oportuno refletir, nessa análise, que houve uma apropriação de Mário de Andrade tanto pela direita quanto pela esquerda, fosse para manter o *status quo*, fosse para rompê-lo.

Entretanto os dois opostos ideológicos combatiam a "cultura de massa", termo alcunhado por Adorno e Horkheimer (1985). A massificação para o mercado provocava uma alienação e o consumo de elementos estrangeiros sem identidade cultural nacional. O investimento estrangeiro na indústria cultural cinematográfica, televisiva, musical e editorial foi contraposto pelas duas ramificações políticas.

A importação da cultura foi questionada pelas esquerdas, fosse pelos alienados, fosse pelos engajados, a exemplo da Marcha contra a Guitarra Elétrica, em 1967. Gilberto Gil, considerado alienado, nesse momento, em entrevista para Regina Zappa (GIL; ZAPPA, 2013), explicou que a guitarra elétrica era um símbolo da americanização e que alguns artistas, como Dori Caymmi, recusavam-se inclusive a ouvir os Beatles.

Múltiplas concepções de cultura foram difundidas e apropriadas por meio dos vocábulos "revolução" e "vanguarda" em periódicos culturais, manifestos, jornais e discursos políticos, fosse pelas esquerdas, fosse pelas direitas, sinalizou Ridenti (2006). Se para os conservadores a perspectiva de revolução defendida em 1930 e 1964 seria aprimorar o sistema capitalista com modernização, ordem, desenvolvimento e nacionalismo, para as esquerdas os vocábulos "vanguarda" e "revolução" destruiriam a ordem vigente, o capitalismo, para implantar o socialismo e o comunismo. Gil e Zappa (2013, p. 123) afirmaram que "um sentimento de identidade nacional, de brasilidade cultural" mobilizou as ações da juventude engajada e alienada. Observa-se que as ideias de brasilidade permeavam os múltiplos discursos, a exemplo dos velhos conselheiros que defendiam a conservação da cultura nacional.

As vanguardas da contracultura dos anos 50 foram inspiradas nas ideias de Wilhem Reich, Max Horkheimer, Adorno, Herbert Marcuse, entre outros. E alicerçaram teoricamente subjetividade, liberdade sexual, feminismo, pacifismo e ecologismo, encontrados no movimento tropicalista, segundo Gil e Zappa (2013).

O médico potiguar João Peregrino da Rocha Fagundes Jr. (1898-1983), doravante Peregrino Jr., três décadas após a morte de Mário de Andrade, publicou na *Revista Brasileira de Cultura* um ensaio para explicar a libertação colonial do modernismo:

> Libertando-se do colonialismo intelectual e da servidão cultural, o movimento modernista promoveu a orientação da nossa arte e da nossa literatura num sentido nitidamente nacionalista, humano e social, cujas raízes se afundaram nas fontes do povo, no coração da nacionalidade, nas tradições mais puras da nossa terra e da nossa gente. (PEREGRINO JÚNIOR, 1969, p. 170).

O conselheiro foi membro do CFC e CFE. Atuou na Academia Nacional de Medicina (ANM), na Sociedade Argentina para o Progresso da Medicina Interna, na Academia das Ciências de Lisboa e na Sociedade Portuguesa de Endocrinologia. A partir de 1945, foi membro da ABL e presidente de 1956 a 1957. Presidiu a União Brasileira de Escritores.

Peregrino Júnior (1969) reverenciou o modernismo enquanto um velho combatente da colonização cultural. Mário de Andrade foi o principal expoente, porque revolucionou a linguagem da literatura brasileira, sobretudo em suas incursões pelo interior do Brasil. As tradições consideradas puras estavam no modo de vida dos camponeses e operários. A explicação sobre os objetos de estudos dos modernistas, junto ao Estado, para Peregrino Jr., amparava-se no projeto nacionalista. E apresentou cinco parâmetros para essa análise: 1) a valorização da província, com o surgimento de poetas, artistas, literatos em inúmeros estados brasileiros, o que provocou uma descentralização cultural; 2) o interesse pelo homem brasileiro, suas condições de vida, ideias, saberes e fazeres (dessa forma, as pesquisas foram direcionadas para uma análise sociológica e antropológica); 3) a introspecção do regionalismo, tradicionalismo e folclore como movimento de unificação nacional; 4) a tentativa de criação de uma linguagem literária brasileira, sem êxito, mas um ato corajoso de Mário de Andrade; 5) a ênfase na terra e no povo enquanto um processo identitário dos modernistas com os problemas sociais, políticos e econômicos, condicionante para uma participação ativa dos intelectuais na vida nacional em todas as linguagens artísticas e na política.

O conselheiro retomou a temática no *Boletim* do CFC (PEREGRINO JÚNIOR, 1972, p. 21), por ocasião do 50º aniversário da Semana de Arte Moderna. Afirmou que o sentido revolucionário do modernismo rompera com as "subordinações acadêmicas" e realizara a "destruição do espírito conservador e conformista", pois auxiliara a "demolição de tabus e preconceitos". Para o conselheiro, Mário de Andrade "perseguiu três princípios fundamentais: a) direito à pesquisa estética; b) atualização da inteligência artística brasileira; c) estabilização da criação artística nacional".

A *Revista Brasileira de Folclore* foi um periódico publicado pela Campanha de Defesa do Folclore Brasileiro. A edição especial em alusão ao 25º aniversário do falecimento de Mário de Andrade, em 1970, foi analisada por Ana Teles Silva (2018). A homenagem na revista iniciou com a indagação se o modernista tinha sido folclorista.

A RBF publicou textos de teóricos que refletiram sobre as pesquisas etnográficas de Mário de Andrade e a sua relação com o folclore. "Mário de Andrade e o folclore no Brasil", do sociólogo Florestan Fernandes (1990), foi publicado na *Revista do Arquivo Municipal [de]* São Paulo por ocasião do 45º aniversário de morte do modernista. O artigo, em si, foi uma compilação de dois outros artigos, em 1946, publicados no *Jornal de São Paulo*, "O folclorista Mário de Andrade", edição de 19 de novembro, e no *Correio Paulistano*, "Mário de Andrade, literato-folclorista", dia 24 daquele mês e ano. Nesses dois artigos, Fernandes chancelou Mário de Andrade como o "primeiro folclorista" do Brasil, marcado por sua "atividade polimórfica". Entretanto, o modernista não se reconhecia como folclorista, salientou o sociólogo, pois faltava-lhe o cientificismo para o exercício profissional. O abrasileiramento exposto em sua obra não almejava uma cultura homogênea, pura, em sentido chauvinista, mas uma busca pela "expressividade [...] existência de um padrão característico e próprio da cultura [...] sentido lato, antropológico, considerados, em termo, do nosso processo histórico como povo" (FERNANDES, 1990, p. 137-140).

Para ser um folclorista, Mário de Andrade acreditava ser fundamental possuir conhecimento e metodologia científica. O modernista não dissociava as manifestações da cultura popular da erudita, não em perspectiva de nivelamento, mas como fusão, uma espécie de transposição do popular para o erudito. A arte erudita apropriava-se do folclore e transformava-o. Para Fernandes, Mário de Andrade compreendia a arte erudita sendo "posta a serviço das camadas populares [...] matriz e celeiro do folclore [...] sentido da vida coletiva" (FERNANDES, 1990, p. 142-143).

Mário de Andrade foi apropriado do ponto de vista da distinção do popular e do erudito na formação da cultura nacional, sobretudo no patrimônio, arte, música, dança e literatura. Essas questões estão implicadas nas interpretações das obras dos folcloristas, dos intelectuais e dos conselheiros do CFC.

Vilhena (1997) sinalizou a existência de tensões entre o campo do folclore com as ciências sociais e do folclore com a literatura, percebidas nas obras e trajetórias de Edison Carneiro, Silvio Romero, Mário de Andrade, entre outros. Tensões que originaram debates sobre o diletantismo dos pesquisadores, e, não por acaso, Mário de Andrade considerava-se amador. Por isso, o movimento folclorista insistia na formação dos pesquisadores e no oferecimento de cursos e disciplinas de folclore no ensino superior.

Entretanto, as disputas ultrapassaram os campos em formação das políticas públicas. Vilhena menciona uma missiva de 1951, enviada pelo historiador catarinense Oswaldo Rodrigues Cabral (1903-1978) para a Comissão Nacional de Folclore, na qual informava que, em Santa Catarina, nenhum folclorista poderia assinar o convênio com o governo federal, pois todos assumiam cargos no serviço público estadual. Muitos postos de trabalhos em instituições culturais absorveram folcloristas e intelectuais nas três esferas de poder.

As desconfianças dos agentes culturais não atendidos pelo Estado, em relação à institucionalização da cultura, não eram em vão. O comando da cultura nacional foi composto por uma *intelligentsia* autorizada pelo Estado que agia em nome do Estado. Nesse sentido, encontra-se nos discursos dos conselheiros do CFC uma identificação com a teoria de traição dos intelectuais que se posicionam politicamente elaborada por Julien Benda (1951), defendida por Capanema e outros.

"A propósito de 'intelectuários' e de 'intelectuais boêmios': dois extremos" foi um ensaio de Gilberto Freyre (1968, p. 17-24) publicado no mensário *Cultura*. Freyre esclareceu como identificar os tipos de intelectuais, entre os extremistas deturpadores do conhecimento, os puros e os verdadeiros intelectuais. Freyre demonstrou como pensavam e viviam esses indivíduos. O termo "intelectuários" foi alcunhado por José Lins do Rego e apropriado por Freyre. Esses seriam partidários do comunismo da China e da Rússia, países de sistemas autoritários. Os intelectuais boêmios viviam em festas, bebedeiras e boemias, conviviam em casamentos experimentais, lecionavam em escolas progressistas e agiam à maneira dos homossexuais, refletiu Freyre. Muitos residiam em subcomunidades, a exemplo do bairro latino em Paris, o Greenwich Village em Nova York, e nas repúblicas estudantis no Rio de Janeiro. Para Freyre, os boêmios viviam sem compromissos com a elevação espiritual e representavam a contracultura dos anos 50 e 60. Para explicar o intelectual puro, Freyre baseou-se na definição do verbete da *Encyclopedia of the social sciences*, Nova York, em 1935. Essas pessoas teriam, para Freyre, conhecimentos fundamentados em reflexões científicas, e não em percepções sensoriais, como os boêmios e os intelectuários.

Alguns modernistas, a exemplo de Mário de Andrade e Paulo Duarte (1985), refutavam as teorias de Gilberto Freyre, na década de 1930 e 1940. No CFC, o sociólogo foi colocado no panteão da teoria cultural. Em numerosos artigos, ensaios e discursos, foi homenageado pelos conselheiros, por agentes públicos e privados, nacionais e internacionais. Peter Burke (2020) considerou apenas dois brasileiros na categoria de polímatas, em uma lista com 500 personalidades mundiais, Freyre e o químico, economista, matemático e linguista José Mariano da Conceição Veloso (1742-1811).

As preocupações sociológicas de Gilberto Freyre iam ao encontro do regime ditatorial e em defesa dos genuínos valores morais, intelectuais e artísticos em face das transformações tecnológicas e da cultura de massa. Waldir José Rampinelli (2004) fez um interessante estudo sobre como as teorias de Gilberto Freyre e JK contribuíram para reforçar o colonialismo histórico e econômico português na contemporaneidade brasileira. Freyre (1968), em seu artigo, demonstrou uma preocupação com a utilização do tempo livre com o advento da transformação tecnológica e industrial.

Esse tema tornou-se recorrente nas publicações do sociólogo no CFC. Suas preocupações estavam em refletir como os intelectuais, os trabalhadores e os artistas administrariam o tempo livre, sem romper com os preceitos civilizatórios.

Entre preceitos políticos e teóricos, o Estado ditatorial parecia inexistir para alguns conselheiros do CFC, pois os registros das atas enalteciam a democracia restaurada com a "Revolução de 64". Os intelectuários esquerdistas eram combatidos pelos conselheiros por defenderem Estados cerceadores da liberdade, desconsiderando o regime do Brasil.

Esse confronto teórico e político retroalimentou a formação das políticas culturais, dentro e fora do Estado. Ao apontar quais seriam os intelectuais deserdados, Freyre colocou-se como um intelectual puro, ileso ideologicamente, apesar de ser partidário da UDN/Arena e deputado constituinte, em 1946.

Lejeune (2014) auxilia na compreensão de como a alteridade paradigmática do pacto autobiográfico direciona a projeção sobre os outros e explica a condução da fala de si, sobretudo ao mobilizar exemplos alhures de dilemas morais e discursos apolíticos dos políticos. Esse processo de negação foi evidenciado nos estudos sobre os conselheiros e administradores que transitaram nas sucessivas gestões públicas. A negação do agir político condicionou as políticas culturais a uma análise dissociada do processo antagônico de disputa de hegemonia. Isso pode ser compreendido como uma tentativa de advogar uma neutralidade na cultura, um deleite de espírito próximo do que defendia Julien Benda (1951) sobre a produção intelectual. Sobretudo quando afirmou que os intelectuais não eram deste mundo, portanto assumir-se politicamente incorria em grave traição à tradição humanista de formação intelectual e artística. E o não posicionamento se justificava nos empreendimentos missionários e salvacionistas para a elevação do espírito pela cultura em um país ainda considerado primitivo, que se projetava para o moderno, mas que deveria se distanciar do seu passado arcaico.

Nesse sentido, a conclusão de Terry Eagleton (2011, p. 30-31) é reveladora: "Estar comprometido com alguma posição é ser inculto". Por isso, numerosas apologias contrárias aos partidarismos foram edificadas nos discursos dos conselheiros e dos administradores da cultura, como se a cultura fosse um "antídoto contra a política", contra os liberalismos humanistas e as teorias socialistas.

Essa separação do político da cultura foi defendida tanto pelos modernistas de vanguarda quanto pelos conservadores. Classificações essas elaboradas por conselheiros federais, como Cassiano Ricardo (1968a), que, ao discorrer sobre os salonistas e os antissalonistas, ensinava como identificar os homens sérios dos festeiros. Nessa égide, Freyre (1968), ao apartar os intelectuais puros dos boêmios e dos intelectuários, classificava o segundo grupo como descompromissado com a produção intelectual e o terceiro como detentor de cunho ideológico. Percebe-se, além das classificações dos diferentes grupos e sujeitos que transitaram por distintos períodos, que não se pode avaliar por um único prisma temporal, geográfico, estético e político as vertentes do modernismo, como já alertaram Lafetá (1974) e Velloso (1996). Os pronunciamentos de Clarival do Prado Valladares em defesa da arte contemporânea e das vanguardas estéticas e intelectuais dentro da estrutura conservadora do CFC demonstram que as contraposições ideológicas existiam, mas eram silenciadas ou negadas na escrita administrativa.

3.6 Uma sede para o CFC

No dia 5 de fevereiro de 1968, a ata da 67ª Sessão Plenária (BRASIL, 1967-1970, n. 8) registrou o primeiro aniversário do CFC. O presidente Costa e Silva e o ministro Tarso Dutra foram convidados para inaugurar a nova sede do órgão. Josué Montello (1968) agradeceu o apoio do governo e profetizou que o Brasil, em breve, teria um Ministério da Cultura. Contudo, ponderou que os céticos poderiam até considerar

> [...] prematura essa cogitação ou não conhecem os problemas da pasta Educação e Cultura em sua extrema e crescente complexidade [...] a cultura, com a implantação de um sistema próprio, poderá significar para o Brasil como Nação democrática. (MONTELLO, 1968a, p. 14).

O Ministério da Cultura seria um degrau a ser ascendido para o Brasil adentrar o mesmo nível das nações democráticas. Nesse sentido, a nova sede do CFC, estruturada e mobiliada por Montello no Palácio da Cultura, foi estrategicamente utilizada para atrair a atenção das autoridades para as necessidades e exclusividades da cultura. O Conselho de Cultura não poderia mais viver de favor em sua própria casa, pois o CFC era "o fórum oficial da cultura brasileira", afirmou Montello. O órgão compartilhava espaço físico com o CFE, mas "dois corpos não podem ocupar o mesmo lugar no espaço", alertou Montello (1968b, p. 17-18)[14]. O conselheiro sinalizou a existência de ilações nos corredores do Palácio da Cultura que contestavam o espaço conquistado pelo CFC:

> Já houve quem dissesse, numa murmuração de corredor que as instalações do Conselho Federal de Cultura deveriam ser mais simples. Eu poderia responder que, tendo vivido durante bom tempo a sua pobreza franciscana neste Palácio que tem seu nome, a cultura já fazia jus a uma reparação. Entretanto, não é bem isso que eu quero dizer.

> Circunscrito a esse pequeno espaço, o Plenário do Conselho tinha de ser acomodado, de modo condigno e funcional, na sua exígua geografia. Foi o que fiz. Na verdade, entretanto, sou aqui responsável apenas pelo desenho e pela arrumação. (MONTELLO, 1968b, p. 18).

O discurso de Josué Montello ilustra que, mesmo sob os auspícios do governo, a instalação e operacionalização do CFC tornou-se uma saga desde o início, sendo a primeira disputa o espaço para a sede. As táticas discursivas de Montello colocavam-no como protagonista dos grandes acontecimentos do conselho, e com a conquista da sede não seria diferente. Autodeclarado responsável pela criação do CFC, o conselheiro escreveu a história do órgão a seu modo, relatando as conquistas, as dificuldades e os desafios ultrapassados.

Para não fugir à estética modernista do Palácio, o CFC necessitou de autorização do então diretor da Divisão de Estudos e Tombamentos do Dphan, Lúcio Costa:

> Para erguer as paredes de madeira que delimitam esta área, bati à porta da Diretoria do Patrimônio Histórico e Artístico Nacional, e ouvimos Lúcio Costa, por intermédio de seu Diretor. Também recorri à mesma Diretoria para providenciar as mesas deste recinto. Igualmente a ouvi no momento em que deveria escolher, por um catálogo de móveis padronizados as cadeiras que aqui se encontram. (MONTELLO, 1968b, p. 18-19).[15]

---

[14] Observa-se que, para a publicação da coletânea de discursos de Montello (1968b), houve uma edição e reescrita de alguns excertos publicados no mensário.

[15] Lúcio Costa aposentou-se no órgão em 1972. Cavalcanti (1995) alerta que, no departamento, aquele apenas assinava os pareceres com as iniciais LC.

O relato demonstrou que o espaço físico destinado ao CFC, o mobiliário, a decoração e o material de expediente eram precários. Esse fato evidencia que as políticas de vizinhança dentro do Palácio da Cultura se tornaram chaves para reocupar o espaço consagrado do modernismo. Montello indicou:

> No mais, apelei para os bons ofícios do nosso vizinho, o Diretor da Divisão do Material, e Sua Senhoria deu as providências legais indispensáveis à colocação do tapete, das cortinas e dos amplificadores de som. Também dele me vali para prover o Conselho do material burocrático necessário ao seu funcionamento. (MONTELLO, 1968b, p. 19).

A principal incumbência do CFC seria elaborar o Plano Nacional de Cultura, elemento crucial para a instauração do Ministério da Cultura. A afirmação do campo cultural tornava-se um desafio; e as dificuldades do orçamento, entraves concretos, pois o CFC foi mais um órgão criado sem planejamento na estrutura do Estado.

Montello transformou o empreendimento da sede em uma ação política:

> Não me cabia apenas presidir o colegiado na sua rotina de trabalho: cabia-me criar essa rotina, definir lhe os campos de ação, ir buscar os recursos para a sua implantação gradativa, vencer a resistência dos céticos e derrotistas, ordenar a sua secretaria, recrutar e orientar os seus funcionários, estabelecer uma disciplina burocrática, ter em mãos os recursos necessários para atender todas as despesas do novo órgão, fazer publicar o nosso mensário e zelar por seu contínuo aperfeiçoamento e regularidade, traçar as linhas essenciais do Plano Nacional de Cultura, aprimorar o diálogo construtivo e cordial entre o Ministro de Estado e o Conselho, resguardar as boas relações entre a Presidência e os membros do Plenário. (MONTELLO, 1968b, p. 17-18).

Se de um lado os posicionamentos políticos a favor da ditadura civil-militar colocavam o CFC com acesso direto ao Executivo federal, por outro não garantiam os recursos necessários para a execução dos programas e projetos do órgão. O CFC tornou-se o interlocutor do MEC com as instituições federais de cultura. As volumosas demandas que emergiam não eram atendidas, e geravam numerosas insatisfações. O monumental edifício da Avenida Rio Branco/RJ, sede da Biblioteca Nacional, foi eleito prioridade na ordem dos recursos. A escolha era uma questão de honra, pois a BN esteve sob a direção de Josué Montello, de 1948 a 1951, e estava sob o comando de Adonias Filho, de 1961 a 1971. Montello (1968b), no discurso da nova sede, lamentou que os opositores do CFC acusavam a BN de ser a biblioteca particular do conselho.

Entre disputas e vaidades políticas, necessidades administrativas e orçamentárias, o CFC empreendeu uma campanha para a criação da Seac, uma espécie de predecessora do Ministério da Cultura, para centralizar os recursos financeiros. A ata da 67ª Sessão Plenária, de 1968 (BRASIL, 1967-1970, n. 8), registrou a visita do professor Edson Franco, secretário-geral do MEC. Franco não endossou a criação da Seac, apenas mencionou a possibilidade de criação do "Departamento Nacional de Cultura com atribuições de coordenação executiva" que escapassem "à natureza" do CFC, pois, "eventualmente, o país contará com o seu Ministério da Cultura" (BRASIL, 1967-1970, n. 8, p. 96).

Em outra direção, o senador Arnon Afonso de Farias Mello (1911-1983), em matéria intitulada "Arnon no Senado" (1968, p. 3), no DN, sugeriu que fosse criado no Brasil um Ministério da Cultura e Tecnologia para uma coordenação de assuntos científicos e tecnológicos: "Se há Conselho Nacional de Cultura, por que não haver o Conselho Nacional de Ciência e Tecnologia?"

Diante de numerosas possibilidades, promessas e reivindicações, o CFC manteve os trabalhos políticos e administrativos, além da difusão cultural, sobretudo relacionados à política editorial.

Encartes e separatas com os discursos e estudos dos conselheiros eram publicados e entregues com os periódicos (Figura 16), a exemplo da obra *Quatro discursos em defesa da Cultura*, de Josué Montello (1968b).

Figura 16 – Reprodução da capa de obra de Josué Montello

Fonte: Montello (1968b)

3.7 I Reunião Nacional dos Conselhos Estaduais de Cultura

Além das táticas de repetição das publicações para a legitimação dos discursos dos conselheiros, existia uma rotina burocrática e política a ser seguida. Entre a elaboração de pareceres, atividades intelectuais e políticas, os conselheiros tinham a incumbência, de acordo com o Decreto-Lei 74/1966, de auxiliar a criação dos Conselhos Estaduais de Cultura e os Conselhos Municipais de Cultura (CMCs). Ariano Suassuna, Gilberto Freyre (CEC/PE) e Câmara Cascudo (CEC/RN) foram articuladores de conselhos estaduais. A fim de normatizar a criação desses órgãos, foi assinado por Costa e Silva e Tarso Dutra o Decreto-Lei 62.256, de 12 de fevereiro de 1968, para a organização da I Reunião Nacional dos Conselhos Estaduais de Cultura.

O editorial de *Cultura* destacou a manchete "Por um Sistema Nacional de Cultura" (1968). O mensário noticiou que foram firmados parcerias e convênios para o desenvolvimento harmônico do campo cultural, em evento ocorrido entre os dias 22 e 24 de abril, no Palácio da Cultura, organizado pelo CFC com o auxílio do secretário-geral e do inspetor de finanças do MEC.

Foram convocados como delegados natos para a reunião nacional dos CECs os diretores da Biblioteca Nacional, do Instituto Nacional do Livro, do Instituto Nacional do Cinema, do Museu Histórico Nacional, do Museu Nacional de Belas Artes, do Serviço Nacional de Teatro, do Serviço de Radiodifusão Educativa e da Diretoria do Patrimônio Histórico e Artístico Nacional. Foram convocados por ofício um representante do Ministério do Planejamento e Coordenação Geral, os membros da Comissão de Educação e Cultura do Senado Federal e da Câmara dos Deputados, o diretor do Departamento Cultural do Ministério das Relações Exteriores, os presidentes da Fundação Cultural (FC) e do Departamento de Turismo e o prefeito do Distrito Federal, além do reitor da UnB. As palestras, os discursos, as atas, os acordos e os convênios foram registrados no mensário *Cultura* (1968), ano 2, n. 10.

O evento recebeu a participação dos então vice-governador do Acre, Osmar Sabino de Paula; secretário estadual de Cultura do Maranhão, professor José Maria Cabral Marques; secretário estadual de Cultura do Ceará, Raimundo Girão; secretário de Educação e Cultura do Pará, Acy Pereira; além do jornalista Paulo Serqueira Cordeiro, secretário da Casa Civil de Pernambuco. Uma análise das inscrições demonstra que alguns gestores se inscreveram no lugar dos conselheiros, demarcando relações de controle e poder nas representações estaduais. Nessa condição se encontravam Neida Lucia Magalhães, diretora do Departamento de Cultura do Espírito Santo; e José Gomes de Melo, secretário de Educação de Alagoas, com o conselheiro alagoano Théo Brandão.

Maia (2012) afirmou que, em decorrência do Decreto-Lei 62.256/1968, muitos conselhos e secretarias foram criados para atender à convocatória federal, dias antes do evento, sem corpo administrativo, estrutura, diretrizes de trabalho e dotação orçamentária. Paz (2011) acrescentou que a articulação para a criação de conselhos fora intensa e que, em 1966, existiam somente dois Conselhos Estaduais de Cultura. Essa informação é controversa, conforme analisaremos adiante.

Josué Montello (1968), no discurso inaugural, afirmou que a proposta do evento surgira após redigir o documento *O diagnóstico da cultura*, coordenado pelo general Umberto Peregrino. Esse trabalho originou o questionário enviado para os estados a fim de realizar um "zoneamento cultural" e "desmarginalizar a cultura do país", garantiu Montello (1968, p. 30).

No esquema de estruturação do SNC e do PNC, os Conselhos e as Secretarias Estaduais de Cultura auxiliariam na fundação dos Conselhos Municipais, que, por sua vez, seriam os administradores das casas de cultura a serem implantadas. Nesse sentido, a necessidade da formulação de uma política sistêmica em comum: "Esse sistema não pretendia criar cultura, o que seria abusivo e antidemocrático, mas criar condições instrumentais para a cultura livre, de acordo com a vocação essencial do Brasil na ordem política." (MONTELLO, 1968b, p. 28).

Demostrando submissão ao cargo, Montello assegurou que aceitara presidir o CFC inspirado em Machado de Assis:

> Embora Machado de Assis já me houvesse advertido que sempre devemos aceitar uma Presidência, condicionei-a, entretanto, neste caso, a fase de implantação do Conselho. Não me seduzia propriamente o realce do posto, e sim a importância dele, na reformulação das relações entre o Estado e a cultura em nosso país, e da qual resultaria uma nova realidade, com irradiação nacional. (MONTELLO, 1968b, p. 27).

A desmarginalização ou regionalização da cultura inspirava-se na experiência francesa das casas de cultura a fim de reunir, em único equipamento, diferentes linguagens artísticas. As casas de cultura seriam equipadas com bibliotecas, filmotecas, discotecas, cinemas e galerias. Montello (1968b, p. 30) advertiu: "Não hão de ser elas, as Casas de Cultura do porte e da imponência que

André Malraux inaugurou há poucos meses em Grenoble, e sim a integração das agências de cultura em pequenas unidades, de acordo com a densidade cultural da região.".

Essa integração era compreendida no PNC como irradiação dos órgãos federais de cultura para os equipamentos estaduais e municipais, como se fossem uma matriz e filiais. As casas de cultura, prioritariamente, seriam instaladas em prédios tombados para atender aos reclamos da cultura, indicou Montello. Os equipamentos regionais encontravam-se em situação de precariedade, a exemplo da Biblioteca Pública do Pará, uma "velha casa de cultura, hoje abrigada nos baixos do prédio do Instituto Histórico em Belém", cujo acervo e cujos funcionários tiveram que abandoná-la "às pressas [...] antes que o telhado do prédio desabasse" sobre a biblioteca, informou o conselheiro Arthur Cezar Ferreira Reis, conforme relatou Josué Montello (1968b, p. 28).

O mensário *Cultura* registrou que, no último dia do evento, fora assinada pelos ministros Tarso Dutra, MEC, e José Magalhães Pinto, MRE, a Portaria Interministerial 244, de 24 de abril de 1968, que criara uma Comissão Especial com representantes de MEC, MRE, INL, CFC, Inep e FCRB para distribuir livros didáticos, técnicos e de cultura geral, para bibliotecas e universidades nacionais e internacionais.

As edificações históricas tombadas estariam asseguradas com os novos usos sociais, por meio de parcerias interinstitucionais, interministeriais e internacionais, haja vista que o ministro Tarso Dutra fora eleito em Maracay, Venezuela, presidente do Conselho Interamericano Cultural da Organização dos Estados Americanos (OEA).

A pauta sobre as casas de cultura estava sob a responsabilidade do conselheiro Clarival do Prado Valladares (1968), que em conferência ratificou o anunciado por Montello. Mas acrescentou que a reutilização das edificações seria pré-selecionada pelo CFC conforme critérios de importância histórica, artística, documental e segurança nacional. O Dphan faria a verificação dos valores e disponibilidades dos patrimônios para o empreendimento proposto. Valladares (1968, p. 58) justificou os critérios escolhidos pelo CFC em "dois fatores essenciais: o reconhecimento e a valorização do acervo e da expressão cultural do povo, e de modo paralelo, da divulgação e do consumo dos valores culturais universais a fim de possibilitar efetiva participação na civilização atual".

O critério de segurança nacional garantiria a exclusão da "cultura enlatada" sem prejudicar as "regiões mais pobres, nem enaltecer somente os aspectos dos centros dominantes", valorizando a "distribuição de conhecimentos, como instrumento de participação da civilização" (VALLADARES, 1968, p. 58-59). Em tempos de torturas, assassinatos, repressão e censura, a segurança nacional, pela perspectiva da cultura imaginada, intocada e primitiva, dissimulava os processos arbitrários da ditadura.

Edson Franco (1968, p. 30) ministrou a palestra "Relações da Educação e da Cultura na Reforma Administrativa", tema fundamental para a criação da Seac. Reconheceu que o CFC se mostrava "compacto e harmonioso [...] sob a regência democrática" de Josué Montello, realizador de um profícuo trabalho. Entretanto afirmou que, em "terra de doutores e analfabetos", compartilhar conhecimento e cultura mostrava-se um avanço para o país. Na exposição, enfocou a prioridade da Educação para a reforma administrativa, momento em que Franco inquiriu o público: "E a Cultura? Como vinha sendo tratada pelo Ministério? O que se fazia com toda essa máquina concebida há trinta anos?" O representante do MEC respondeu às suas próprias indagações com trechos parafraseados da obra *Cultura e técnica*, de Alceu Amoroso Lima, de 1964, sobre a complementaridade da cultura/técnica e cultura/educação.

Com essa paráfrase, alertou que, com a reforma administrativa, o MEC não pretendia intervir na cultura, mas estimular atividades culturais nas suas três áreas mais importantes, ou seja, patrimônio, difusão e assistência. Para Franco (1968, p. 35), o patrimônio seria a cultura histórica e a arte; a difusão compreenderia a comunicação dessas linguagens; e a assistência abrangeria o "amparo às instituições e aos programas culturais". Para ele, não importava o rótulo que a instituição de cultura receberia, se secretaria ou departamento, desde que atendesse aos interesses da área

O Ministério da Cultura, mencionado meses antes em plenária no CFC por Edson Franco, nem sequer foi citado. O secretário do MEC limitou-se a defender que a reforma administrativa faria uma "transposição do meridiano de 1950" para 1964, cujas reformas agrária, cambial, bancária, tributária e educacional foram problemáticas. A reforma da Educação materializada na LDB/1961 precisaria ser revista. Essas reformas reuniram "humanização com técnica", e estavam "escalonadas" sem "planificação", afirmou Franco (1968, p. 23), em crítica às reformas de base de Jango.

Entre as promessas e a realidade das instituições, as trajetórias dos delegados da reunião nacional dos CECs evidenciam que os percursos políticos e profissionais dos conselheiros estaduais não diferiam dos nacionais. Muitos tinham carreira no Executivo, Legislativo e Judiciário, portanto representavam mais o Estado do que a sociedade civil. O evento dividiu os quatro grupos regionais (Quadro 5) em reuniões com as câmaras setoriais com metodologias distintas de abordagem.

O presidente Dermeval Pimenta, do CEC/MG, conforme a ata da 3ª Reunião da Câmara de Letras (BRASIL, 1968d, p. 91), garantiu que os estados procuravam "homens de expressão" para cargos de cultura. Os homens e as mulheres reconhecidos pelo Estado representavam uma elite cultural.

Quadro 5 – Estudo prosopográfico dos representantes estaduais dos GTs

I REUNIÃO NACIONAL DOS CONSELHOS ESTADUAIS	
1º Grupo	**2º Grupo**
Amazonas — Carlos Eduardo Gonçalves [19--?], professor e reitor da Universidade Estadual do Amazonas. Representante do CEC/AM.	**Ceará** — Raimundo Girão (1900-1988), escritor, professor, historiador. Prefeito de Fortaleza, ministro do TCE/CE, presidiu a Academia Cearense de Letras. Secretário de Cultura/CE (1966-1971).
Acre — Osmar Sabino de Paula (1932-2011), advogado, professor, vice-governador/AC.	**Rio Grande do Norte** — Alvamar Furtado de Mendonça, (1915-2002), juiz, jornalista, escritor, desembargador do Trabalho e do Tribunal Regional do Trabalho, membro da Academia Norte-Rio-Grandense de Letras. Representante do CEC/RN.
Pará — Clóvis Silva de Moraes Rêgo (1925-2006), escritor, professor, historiador, pesquisador, conselheiro do TCE/PA, chefe do gabinete civil do governo, presidente do CEC/PA, sócio do IHGB/PA.	
Maranhão — Padre João Mohana (1925-1995), médico, escritor, membro da Academia Maranhense de Letras. Representante do CEC/MA.	**Paraíba** — Virgínio Gama Melo (1922-1975), advogado, crítico literário. Membro da Academia Paraibana de Letras e Academia de Letras de Campina Grande. Representante do CEC/PB.
Piauí — Simplício Souza Mendes [19--?], representante do CEC/PI.	**Pernambuco** — Luiz Maria Souza Delgado (1906-1974), presidente da LEC, catedrático em Direito e professor de Filosofia e Letras da Ufpe. Representante do CEC/PE.
	Alagoas — José Melo Gomes, [19--?], conselheiro do TCE/AL, secretário da Educação/AL; Théo Brandão, [19--?], representante do CEC/AL.

3º Grupo	4º Grupo
Sergipe — José Amado Nascimento (1916-2017), juiz, conselheiro e presidente do TSE. Professor, poeta, membro da Academia Sergipana de Letras. Fundador do TCE/SE. Diretor do jornal diocesano *A Cruzada*. Representante do CEC/SE.	**Mato Grosso** — Ana Maria Couto (1925-1971), professora, advogada. Vereadora em Cuiabá (1965). Presidente do Clube de Futebol Dom Bosco (1969-1971).
Bahia — Nelson Souza Sampaio (1914-1985), jurista, professor catedrático da Ufba. Membro do IHGB, da OAB, da Academia de Letras da Bahia. Deputado estadual/BA. Presidente do CEC/BA (1968-1971).	**Goiás** — Luiz Fernando Valadares Forte [19--?], professor, historiador. Membro da Academia Rio-Pretense de Letras.
Minas Gerais — Dermeval Pimenta (1893-1991), engenheiro de minas e civil. Prefeito de São João Evangelista. Escritor. Tabelião de cartório. Diretor da Alcominas. Fundador da Usiminas. Membro da Academia Municipalista de Letras de BH, presidente do IHGB/MG. Presidente do CEC/MG (1968-1975).	**São Paulo** — Hélio Damante (1946-2012), professor, jornalista, vereador. Membro da Comissão Paulista de Folclore. Representante do CEC/SP.
Espírito Santo — Neida Lúcia de Moraes [19--?], professora, escritora, historiadora. Membro do IHGB e da Academia Espírito-Santense de Letras. Diretora do Departamento Estadual de Cultura e Educação.	**Paraná** — Ennio Marques Ferreira (1926-2021), pintor, desenhista, crítico de arte. Dirigiu a Casa Andrade Muricy em Curitiba. Membro da Academia Paranaense de Letras. Diretor do Departamento de Estado da Cultura do Paraná (1961-1969).
Rio de Janeiro — Gastão Cerqueira Neves (1927-2011), jornalista, poeta. Diretor da Biblioteca Pública do Rio de Janeiro. Diretor de Relações Públicas do Estado de São Paulo. Chefe de Assessoria da Comunicação do Movimento Brasileiro de Alfabetização (Mobral). Presidente da Fundação de Atividades Culturais de Niterói. Diretor da Coordenadoria Municipal de Cultura e do Conselho Municipal de Teresópolis. Diretor do Departamento de Cultura do Estado da Guanabara.	**Santa Catarina** — Nereu Corrêa (1914-1992), escritor, secretário de governo, ministro do TCE/SC. Presidente da Academia Catarinense de Letras. Representante do CEC/SC.
Guanabara — Thiers Martins Moreira (1904-1970), advogado, professor. Formado em Letras Neolatinas. Membro da AIB. Professor do curso de Doutrina Integralista. Adido cultural da Embaixada do Brasil em Portugal. Diretor do centro de pesquisas da Casa de Rui Barbosa e do Serviço Nacional de Teatro. Representante do CEC/GB[16].	**Rio Grande do Sul** — Paulo Xavier [19--?]. Representante do CEC/RS.

Fonte: a autora

Todos os debates registrados nas atas da 1ª, 2ª, 3ª e 4ª Reuniões das Câmaras de Letras, Artes, Patrimônio e Ciências Humanas, realizadas entre os dias 22 e 24 de abril de 1968, foram publicadas no mensário *Cultura* no mês de abril, edição dedicada ao encontro nacional (BRASIL, 1968d).

A Câmara de Letras (BRASIL, 1968d), sob a presidência de Adonias Filho, foi representada por Moisés Vellinho, Dom Marcos Barbosa, Cassiano Ricardo, Irmão José Otão e Rachel de Queiroz. Esse setor adotou uma metodologia de questões diretas para estimular o debate. As indagações foram lançadas pelos conselheiros federais para um mapeamento da área. Questionamentos e debates sobre

---

[16] Estado da Guanabara.

a existência de editoras públicas e universitárias, incentivos públicos para a publicação de autores regionais, existência de periódicos culturais, suplementos literários jornalísticos, infraestrutura de bibliotecas, programa de aquisição de livros nacionais, homenagens para obras e autores centenários, convênios com universidades, concursos de monografias históricas, prêmios literários, existência de arquivos históricos e investimentos em microfilmagens de documentos. O setorial inquiriu os delegados sobre difusão cultural e mercado editorial, formação de leitores e escritores, intercâmbios de obras e autores, existência de clubes literários e poesias, grêmios estudantis. Sobre formação profissional, questionou a existência de cursos de Biblioteconomia e de Auxiliar de Bibliotecário, fortalecimento das academias de Letras e dos institutos históricos e geográficos, que, segundo os relatos, tornavam-se, muitas vezes, as únicas instituições literárias e históricas nos estados.

A Câmara de Artes (BRASIL, 1968g) foi presidida por Clarival do Prado Valladares e aplicou uma metodologia de apresentação dos conselheiros federais e suas representações setoriais, em sequência as indagações sobre as respectivas áreas. Octávio de Faria inquiriu sobre a quantidade de salas de projeção de cinema nas cidades e nos estados, estimativa de produção, público, existência de filmoteca e clubes de cinema. Ariano Suassuna questionou a existência de marginalização do teatro nos estados e se existia literatura de cordel ou algo similar. Andrade Muricy questionou se a área da música continuava esquecida nas políticas estaduais e municipais e reivindicou a criação do Serviço Nacional de Música. Burle Marx solicitou aos delegados uma vigilância sobre os ajardinamentos das praças públicas e sobre a devastação das florestas a fim de aumentar a proteção do patrimônio natural. O conselheiro Sócrates Schnoor alertou que, no próximo zoneamento cultural a ser realizado pelo CFC, seriam incluídas questões para identificar as tipologias dos museus, acervos e exposições, o caráter público ou privado das instituições e os mecanismos de proteção existentes. Andrade Muricy sugeriu que o CFC publicasse uma metodologia-padrão para orientar as pesquisas sobre o folclore nos estados. A câmara debateu as edificações centenárias que abrigavam os teatros no país e os mecanismos de proteção, conservação, restauro e financiamento dos bens culturais. O conselheiro do CEC/CE Raimundo Girão denunciou que o Teatro José de Alencar, fundado em 1910, de arquitetura eclética e estilo *art nouveau*, tombado pelo Dphan, em 1964, estava em ruínas e com a estrutura metálica enferrujada, carecendo de reformas. Nelson Sampaio, representante do CEC/BA, lamentou o incêndio ocorrido no Paço Saldanha, monumento do século XVIII, em Salvador, e destacou que o sinistro ocorrera após a promessa de liberação de verbas para o restauro pelo CFC, criticando o processo moroso.

Essas reclamações evidenciam que o evento, além de ausculta social, mapeamento e diagnóstico dos equipamentos pelos conselheiros federais, foi de cobranças e reivindicações dos conselheiros e secretários estaduais para com o CFC. Entre más e boas notícias, foi anunciado pelos conselheiros Luiz Maria Souza Delgado, do CEC/PE, e Clóvis Silva de Moraes Rêgo, do CEC/PA, que o Teatro Santa Isabel de Recife e o Teatro da Paz de Belém foram equipados com novos instrumentos musicais e espetáculos, informação bem acolhida por todos os estados (BRASIL, 1968g).

A Câmara de Ciências Humanas (BRASIL, 1968e), sob a presidência de Arthur Cezar Ferreira Reis, aplicou um roteiro para a condução do debate, com a presença dos conselheiros Augusto Meyer, Manuel Diégues Jr., Djacir Lima Menezes, Gilberto Freyre e Gustavo Corção. Uma explicação inicial sobre o porquê de uma Câmara de Ciências Humanas, e não Ciências Sociais, no CFC foi dada por Manuel Diégues Júnior. Segundo sua avaliação, o campo das Ciências Humanas abrangia as áreas de antropologia, sociologia, ciências econômicas e políticas, folclore, história, demografia, linguística e psicologia social. Portanto, na câmara foi debatida a intersecção dessas áreas de conhecimento com a cultura.

A Câmara do Patrimônio (BRASIL, 1968f), presidida por Rodrigo Melo Franco de Andrade, contou com a presença dos conselheiros Raymundo de Castro Maya, Afonso Arinos de Mello Franco, Hélio Vianna e Pedro Calmon. O presidente, pragmático, conduziu as questões coletivas e alertou sobre a situação de "[...] desinteresse, incompreensão e verdadeira brutalidade com o patrimônio brasileiro [...] constatada pelo órgão federal de patrimônio [...] sacrificando os acervos artísticos e culturais do país [...] repositórios de documentos e coleção da maior importância." (BRASIL, 1968f, p. 123).

Nesse sentido, conclamou para que todos "encetassem um combate contra a indisciplina ou ignorância" (BRASIL, 1968f, p. 123), que destruía o patrimônio. Os participantes solicitaram a criação das regionais do Dphan e a dotação de verbas para secretarias e conselhos estaduais. Defenderam a implantação das casas de cultura, incentivos para cursos de museologia e formação teatral, artes plásticas, música e cinema para professores e alunos. Os delegados indicaram a necessidade de o CFC incentivar a produção de filmes de 13 a 16 milímetros para estimular a produção cinematográfica histórica e regional, enfatizando a riqueza cultural do Nordeste, região de interesse dos órgãos públicos.

O patrimônio e o folclore foram temas recorrentes nos debates em todas as câmaras setoriais e ilustraram que as edificações tombadas, os monumentos históricos e o registro do folclore permeavam as preocupações dos conselheiros federais e estaduais sobre a formação nacional e a manutenção dos costumes. Nesse sentido, foi recomendada a produção de um atlas etnográfico, social e linguístico a fim de registrar vocabulários, formas de expressão, celebrações, gastronomias, vestuários e os diferentes modos de viver regionais, assim como incentivos financeiros para a execução de pesquisas e produções de filmes documentários sobre os aspectos geográficos, culturais, culinários e religiosos das populações.

O Estado de S. Paulo registrou extensa reportagem sobre o conclave e estranhou a ausência das Comissões de Educação da Câmara e do Senado Federal, pois, em períodos de reforma administrativa, essa omissão significaria um problema para articulações da cultura junto ao Legislativo. O jornal noticiou o evento como "reunião de estudos" (INTEGRAÇÃO..., 1968, p. 18), composta por plenárias temáticas e atividades sociais, como a visita ao Alto da Tijuca, lugar em que os conselheiros apreciaram a exposição do bicentenário do pintor francês Jean-Baptiste Debret (1768-1848), na Fundação Raymundo Castro Maia.

Os nomes consagrados da cultura, comunicou o jornal, eram acadêmicos com "idade elevada, mas, nem por isso, menos dinâmicos [...] tomaram contato com a fragmentária realidade do país, aguçada pelos costumeiros contrastes" regionais (INTEGRAÇÃO..., 1968, p. 18). A principal deliberação dos conselheiros e secretários estaduais foi o FNC com destinação de 10% do orçamento federal para a cultura.

Mesmo a reportagem sendo publicada na íntegra na seção "Noticiário" do mensário *Cultura* (1968, n. 10), o órgão não omitiu as críticas do jornal a organização, mobilização e logística do evento. Os representantes estaduais viajaram despreparados para o Rio de Janeiro, e o único conselho que respondeu ao questionário enviado pelo CFC foi o CEC/SP, comunicou o jornal.

Um dos pontos mais criticados no evento e reforçados na reportagem foi o questionário enviado para as secretarias e conselhos estaduais pelo CFC. Nereu Correia, do CEC/SC, esclareceu que o documento chegara um dia antes da sua viagem, portanto sem condições de resposta. Outros conselheiros reclamaram que o questionário chegara a seus municípios quando se encontravam no Rio, e a ação foi um desastre, porque os conselheiros estaduais viajaram desinformados e sem um levantamento prévio de dados. Isso explica o porquê da metodologia adotada pelas câmaras setoriais para diagnosticar e mapear informações regionais.

Uma análise dos relatos dos delegados de CEC/PA, CEC/PE, CEC/PB, CEC/CE, CEC/SE, CEC/RN, CEC/GB, CEC/AL e CEC/SC evidencia que, além da desinformação dos conselheiros estaduais em relação ao encontro, existia desconhecimento dos conselheiros federais em relação aos conselhos estaduais. Como o caso relatado pelo folclorista e representante Théo Brandão, do CEC/AL, informando que seu estado já repassava 10% do orçamento do Fundo Estadual de Cultura para a área.

Existiam muitas informações desencontradas sobre a criação dos conselhos estaduais, de acordo com os relatos dos conselheiros nas reuniões setoriais. A exemplo do CEC/SC, cujo representante informou em plenária que o seu conselho fora instituído em 17 de abril de 1968, alguns dias antes do encontro. Entretanto, o CEC/SC fora criado pelo Decreto (estadual) 4.086, de 14 de dezembro de 1967, assinado pelo governador Ivo Silveira e publicado integralmente no periódico *Cultura* (BRASIL, 1967-1970, n.13) como uma espécie de modelo a ser seguido para a formação dos conselhos estaduais.

Outras questões polêmicas surgiram no encontro. O representante do CEC/GO, Luiz Fernando Valadares Fortes, expressou a "ignorância do seu estado quanto às atividades" do CFC e contestou as políticas de divulgação do órgão. Esse conselheiro foi o único a questionar o PNC, porque o CFC debatia a matéria e o teor das instituições culturais sem ter "feito uma conceituação do que se entende por Cultura", pois, se todos reivindicavam um Fundo Nacional de Cultura, quais seriam as instituições a serem atendidas (?), indagou Fortes (BRASIL, 1967-1970, n.10, p. 104).

Outro questionamento foi emitido pela então chefe do Dphan/PR, Dalena Guimarães Alves, inscrita como observadora no encontro. A professora interrogou, na segunda reunião de Ciências Humanas, qual seria a posição do CFC "no tocante ao problema dos índios", sobre a abertura de estradas federais em terras demarcadas. O conselheiro federal Manuel Diégues Júnior respondeu que a responsabilidade desse assunto seria do Ministério da Justiça, e não do MEC. O tema foi registrado na ata da 114ª plenária do CFC, de 1968, quando os conselheiros debateram a "destruição do patrimônio silvícola [...] uma situação de dramaticidade", enfatizada por Afonso Arinos. Arthur Cezar Ferreira Reis, estudioso e defensor da Amazônia, alertou que ocorria a "desagregação da cultura aborígene [...] mesmo com todas as providências que se adotem", registrou o mensário *Cultura* (BRASIL, 1967-1970, n. 19, p. 115).

Entre positividades e negatividades, a I Reunião Nacional dos Conselhos Estaduais de Cultura foi reveladora. A ata da última plenária foi publicada no mensário *Cultura* (1968, n. 10), em uma seção denominada "Parte final", na qual sistematizou os debates das câmaras e dos grupos regionais. Uma única palavra poderia resumir todas as discussões registradas: independência. A orientação deliberada para os estados indicou que Conselhos e Secretarias de Cultura, estaduais e municipais, deveriam se tornar independentes da educação, contudo observando a harmonia entre as áreas e os entes federados, ou seja, uma independência relativa. Entretanto, Raimundo Girão, secretário de Cultura do Ceará, acendeu uma luz de esperança ao informar que sua secretaria fora criada apartada da educação. Com esse depoimento, Josué Montello encerrou o conclave e vislumbrou no "futuro a criação do Ministério da Cultura" (CULTURA, 1968, n.10, p. 135).

3.8 Conselhos Municipais de Cultura

Os encaminhamentos deliberados na I Reunião Nacional de Conselhos Estaduais de Cultura foram questionados pelos governos estaduais, sobretudo pela indicação dos conselhos municipais como futuros administradores das casas de cultura. Pedro Calmon, relator da Comissão de Legislação e Normas, respondeu ao Processo 1.632/1968 por intermédio do Parecer 361, sobre a impossibilidade de o CFC atuar diretamente na criação das normas para os conselhos municipais. Conforme o relator, cabia aos conselhos estaduais orientar os órgãos municipais para a normatização desse processo. Essa questão foi registrada na ata da 94ª Sessão Plenária, de 1968 (BRASIL, 1967-1970, n. 15). O parecer foi apresentado e aprovado na sessão plenária seguinte, com o acréscimo de um adendo indicando a elaboração de um anteprojeto para a criação dos conselhos municipais pelo CFC.

O assunto retornou e foi registrado na ata da 101ª Sessão Plenária, de 1968 (BRASIL, 1967-1970, n. 16), quando Cassiano Ricardo (1968) questionou a desautorização imputada ao CFC para auxiliar a formação dos conselhos municipais por parte dos órgãos estaduais. Sua intervenção foi transcrita no mensário *Cultura*, na seção "Estudos e proposições". Ricardo (1968c, p. 12) contestou: "quererá dizer isto que fiquemos alheios ao caso?" E lamentou que todos os pronunciamentos dos delegados na primeira reunião nacional, inclusive do presidente do CFC, indicassem o contrário. Portanto, deveria ser acordada uma "medida necessária e benéfica para os ideais [...] de brasilidade" junto aos conselhos municipais.

Eloquente, o conselheiro recitou excertos do poema "Minha terra", de Casimiro de Abreu (1839-1860): "se todos cantam a sua terra, vou também cantar a minha" (RICARDO, 1968c, p. 12). E relatou o histórico do Conselho Municipal de Cultura de São José dos Campos/SP, sua cidade natal, como modelo de atuação em conjunto com os três entes federativos. O CMC do município paulista seguiu o desenho institucional do CFC e foi organizado conforme a primeira reunião nacional dos CECs. O conselheiro informou que o CMC fora instituído pela Lei 1.463/1968, e o Departamento de Educação e Cultura (DEC) da prefeitura, fundado em 1960, enquanto a Lei 1.378/1967 instituíra a I Semana Cassiano Ricardo, em sua homenagem.

As atividades do CMC de São José dos Campos, entre cursos de formação profissional, conferências, exposições, audições, madrigais, orquestras e publicações, tornaram o conselho municipal um paradigma nacional. A Câmara de Tradições Brasileiras do CMC organizou a I Feira Estadual de Arte Popular do Estado de São Paulo, com a participação dos grupos folclóricos do interior do estado. A câmara confeccionou um mapa folclórico do município e uma publicação sobre o folclore do Vale do Paraíba pelo folclorista Francisco Pereira da Silva, trabalhos apresentados no evento, informou Cassiano Ricardo (1968c).

O relato de Cassiano Ricardo transformou-se em um debate sobre as limitações políticas e financeiras do CFC no governo federal. O conselheiro advertiu que todas as atividades mencionadas estavam sendo custeadas com recursos locais, pois o CMC solicitou auxílio do CFC, mas recebera apenas 10% do que havia solicitado: "[...] NCr\$ 40.000,00, aprovado unanimemente pelo plenário [...] infelizmente foi reduzido na prática, apesar da boa vontade do Presidente Josué Montello, a NCr\$4.000,00, apenas um décimo do total, [...] dada a exiguidade das verbas com que contamos." (RICARDO, 1968c, p. 14).

O CFC organizou uma separata para ser publicada com o volume do mensário *Cultura*, n. 16, a fim de divulgar as boas práticas dos conselhos estaduais e municipais, começando pelo CMC de São José dos Campos. Os conselheiros Deolindo Couto e Arthur Reis sugeriram que a distribuição dessa publicação privilegiasse as cidades com mais de 200 mil habitantes para incentivar a criação de seus conselhos municipais. Essa separata foi a única publicação com esse escopo pelo CFC.

A separata intitulada "Conselhos Municipais de Cultura", de autoria de Cassiano Ricardo (1968b), transcreveu, praticamente, o discurso proferido no CFC. Similarmente à história dos Conselhos e Secretarias de Cultura no país, o CMC foi criado em 1968 e extinto em 1970. A extinção do órgão foi debatida por Cassiano Ricardo em plenárias. O conselheiro inconformado enviou missivas para o prefeito em nome do CFC para reverter a decisão. As correspondências foram respondidas, mas a extinção manteve-se, conforme os registros da ata da 190ª Sessão Plenária do CFC (BRASIL, 1967-1970, n. 33).

Em 1979, o CMC de São José dos Campos foi absorvido pelo DEC, que originou a Secretaria de Educação, Cultura e Esportes pela Lei 3.050, de 14 de novembro de 1985, após a criação do Ministério da Cultura. A Fundação Cultural Cassiano Ricardo foi reinstituída pela Lei 3.126, de 9 de março de 1987; e a Semana Cassiano Ricardo, retomada pela Lei 3.316, de 6 de abril de 1988. Os percalços, as extinções, as continuidades, os rompimentos e as reinvenções do CMC refletem os *modi operandi* dos Executivos para com as instituições culturais, em todos os períodos e por todo o país.

Excertos do discurso de Aloysio da Costa Chaves (CHAVES..., 1969), do CEC/Pará, publicados no mensário *Cultura* ilustram uma sintonia política do CFC com os CECs. No pronunciamento de posse, o conselheiro paraense ressaltou as parcerias e os convênios estabelecidos com o CFC e ratificou o conceito sociológico de cultura seguido pelo CEC. E alertou que, conceitualmente, não somente pelo aspecto etnológico dos fazeres humanos, mas pelas normatizações dos processos sociais, o CEC/PA seguia os teóricos Taylor, Durkheim e Paul Arbousse-Bastide, referências sociológicas do CFC.

Uma década após a I Reunião Nacional dos Conselhos Estaduais de Cultura, o conselheiro Adonias Aguiar Filho (1978) relatou o aumento dos conselhos municipais e das casas de cultura no país. Entre as cidades que assinaram os convênios com o CFC para a instalação de casas de cultura, listavam-se: Rio Branco/AC, Manacapuru/AM, Itacoatiara/AM, Castanhal/PA, Santarém/PA, Cametá/PA, Natal/RN, Lençóis/BA, Santo Amaro/BA, Nova Friburgo/RJ, Petrópolis/RJ, Uberaba/MG, Campo/MG, Sabará/MG, Campo Grande/MT, Limeira/SP, Araçatuba/SP, Joinville/SC e Bagé/RS.

Não obstante, entre o desenho estrutural projetado para a organização da cultura, em 1967, e a realidade política das articulações entre o CFC e o MEC, um abismo forjava-se. A constante ausência de recursos provocou a defesa para a urgência da criação do Ministério da Cultura. Os CECs e os CMCs seriam para o CFC um "arquipélago da Cultura", advertiu Arthur Reis (1969, p. 9). Mas a não aprovação do PNC para orientar as políticas e as instituições culturais tornou-se um entrave para o CFC.

3.9 Uma semente para o Ministério da Cultura

O "Noticiário" do mensário *Cultura* (TARSO..., 1968, n.8, p.117) intitulado "Tarso promete liberar verba para cultura", reproduziu excertos do *Diário de Notícias,* comunicando o valor de NCr$ 38.000.000 (trinta e oito milhões de cruzeiros novos) destinados ao programa de auxílio às instituições culturais. O periódico em outra nota denominada "Democracia" sinalizou a harmonia do CFC com o governo e reproduziu o que fora publicado no DN sobre o "clima superior da liberdade de pensamento [...] em termos democráticos" (TARSO..., 1968, p. 3). Executava-se a expansão da cultura no país para o progresso nacional.

Os procedimentos para a reforma administrativa no MEC, prometidos pelo secretário-geral Edson Franco na I Reunião Nacional dos Conselhos Estaduais de Cultura, foram instituídos por Tarso Dutra (1968, n.15) na exposição de motivos que nomeara um grupo de trabalho para organizar a reforma. Com "providências fundamentais para a modernização e eficácia dos órgãos de cultura", anunciou o *Jornal do Brasil* (COSTA..., 1968, p. 12). Esse GT foi constituído pelo Decreto 63.295, de 12 de setembro de 1968, anunciando estudar a reforma para a atualização das instituições culturais, informou o mensário *Cultura* (1968).

A presidência do GT ficou a cargo do ministro Tarso Dutra e foi composto por representações interministeriais, legislativas e culturais, entre elas: Luiz Alberto Americano, Ministério da Fazenda; Nestor Luiz dos Santos Lima, MRE; embaixador Donatelo Grieco (1914-2010), Departamento de Cultura do MRE; José Carlos Vieira de Figueiredo, Ronaldo Teixeira e Raul Edgar Bastos de Medeiros, Ministério do Planejamento; senador Manoel Villaça, Setor de Legislação Cultural do Senado Federal; Josué Montello e Pedro Calmon, CFC; Renato Soeiro, Dphan/CFC; general Umberto Peregrino, INL/CFC; professor Gilson Amado, Rádio e televisão; dramaturgo Joracy Camargo[17] (1898-1973), Serviço Nacional do Teatro; Yolanda Penteado, colecionadora.

Entre expectativas e realidades, Tarso Dutra na *Exposição de motivos* relacionou prioridades que deveriam ser consideradas pelo GT, como a construção de teatros nos estados, publicação de livros, instalação de bibliotecas, assistência ao folclore, reformulação dos institutos do teatro, livro e cinema e a instituição do Prêmio Roquette Pinto para roteiros cinematográficos inspirados em obras literárias nacionais. O documento praticamente compilou as deliberações da reunião nacional dos CECs.

Na ata da 1ª Sessão do GT, dia 9 de outubro de 1968, registrada no mensário *Cultura* (BRASIL, 1967-1970, n. 18), Josué Montello ratificou a necessidade da criação do Fundo Nacional de Desenvolvimento e do apoio do FND para a constituição da Seac. Nessa reunião, os conselheiros indagaram os representantes do Ministério do Planejamento sobre a concessão de verbas para tornar exequível o PNC e a Seac.

O então secretário-geral do MEC, Edson Franco, na 3ª Sessão do GT, informou que eram 40 órgãos de cultura sob a administração do MEC, portanto a criação da Seac centralizaria a área, encargo que recaía sobre o CFC. Em três meses de trabalho, as atas das sessões do GT revelaram que os problemas da cultura foram debatidos de forma intensa, ao ponto de o ministro do MRE, Nestor Santos Lima, afirmar que a cultura era um tema vastíssimo, mas a partir do GT seria plantada a "semente para a criação do Ministério da Cultura", registrou o mensário *Cultura* (1968, p. 151).

O mensário (CULTURA, 1968, p. 119) reproduziu uma reportagem do *Jornal do Brasil* de que, das atividades do GT, poderia "vir a criação de um Ministério da Cultura". Na mesma linha, o DN (NOVA..., 1968, p. 4) defendeu que com a "Revolução cresceu de maneira extraordinária o interesse oficial pela Cultura", prova disso foi o GT criado, que, entre numerosos anteprojetos, sinalizou a criação do Ministério da Cultura.

Por meio do Ofício 340, de 13 de dezembro de 1968, Josué Montello encaminhou para o ministro Tarso Dutra as deliberações finais do GT, com anexo contendo os 12 anteprojetos de leis para operar a reforma administrativa. Entre as minutas, foram encaminhadas as criações de Seac, Serviço Nacional de Música, Serviço Nacional de Folclore, Serviço Nacional de Artes Plásticas. Foi solicitada a concessão de autonomia administrativa para as unidades federais de cultura (BN,

---

[17] Substituído pelo diretor Felinto Rodrigues por motivos de doença.

Dphan, INL, MNBA, MHN, Museu Imperial — a ser renomeado para Museu D. Pedro II —, Serviço de Radiodifusão Educativa, SNT). O conjunto documental também solicitou a destinação de 10% dos recursos do MEC para o custeio do PNC, apoiado no Decreto-Lei 5.537, de 21 de novembro de 1968, bem como a criação da TV Educativa e Cultural com o Registro Nacional de Aparelhos Receptores de Televisão.

Todos os anteprojetos com os respectivos estudos realizados foram enviados para o Ministério do Planejamento a fim de se instituir um orçamento vinculado à cultura. Anexos ao processo, constavam documentos comprobatórios do trabalho do GT, a exemplo das atas e dos pareceres. Esse conjunto documental foi publicado no mensário (CULTURA, 1968) e reproduzido em 1969, após a entrega oficial para o novo ministro.

Uma análise dos documentos entregues em 1969 demonstra que foram reapresentados os anteprojetos do PNC e da Seac de 1967. As propostas foram atualizadas com base no GT de 1968, com o único diferencial do corpo interministerial e interdisciplinar signatário. Essa questão evidencia que o poder de argumentação dos conselheiros em prol dos anteprojetos foi insistente e acolhido pelos componentes do GT, inclusive pelas representações dos Ministérios da Fazenda e do Planejamento. Entretanto, em todos os governos, as propostas foram reiteradamente engavetadas.

Para compreender os interstícios da política pública, é necessário se ater aos mecanismos internos do trâmite e da aprovação burocrática dentro do Estado. Edson Franco (1968, p. 23), à época da sua palestra na reunião nacional dos CECs, em 1968, advertiu que a reforma administrativa pretendia eliminar os "padrões inadequados de trabalho". Pois:

> O sistema característico do serviço público do célebre processo cartorial, dos carimbos mais fortes ou mais fracos, dos encaminhamentos desnecessários e óbvios, dos "à consideração superior" destituídos de procedência, mais fiéis a uma hierarquia como **tabu** e como **mito**, só tem demonstrado, sobejamente, a presença de um "engarrafamento processualístico", de uma centralização de atribuições e poderes em poucas pessoas cujos dias se esgotam em "assinar papéis", acarretando o desprestígio e a inoperância da máquina de ação do Governo. (FRANCO, 1968, p. 23-24, grifo do autor).

A burocracia dos processos e a morosidade administrativa eram permeadas pelas negociações e pelos interesses corporativos, particulares e políticos, ou seja, as relações dos bastidores foram potencialmente volumosas em ditaduras, com o cerceamento do direito à informação.

O secretário do MEC, ao alertar os servidores, os dirigentes e os conselheiros, convocou-os a agir coletivamente para que a reforma administrativa da cultura não fosse de "cunho parnasiano [...] arte pela arte [...] reforma pela reforma". Pois aqueles que "militam" conferem "organicidade" aos "compromissos" e as "responsabilidades" da cultura, os quais não seriam contemplados com "simples alteração de rótulos dos órgãos" (FRANCO, 1968, p. 25-26).

O DN (MONTELLO..., 1968, p. 2) publicou a manchete "Montello deixa CNC com Plano Cultural" — a notícia, por engano, colocou-o como presidente do CNC, e não do CFC. O escritor foi indicado para ser adido cultural na Embaixada Brasileira em Paris, mas deixaria o legado dos anteprojetos do PNC e da Seac, além das propostas para a reforma administrativa. Em seu lugar, assumiu o advogado e ex-governador do Amazonas Arthur Cezar Ferreira Reis, eleito presidente em dezembro de 1968, com 23 votos. Adonias Filho recebeu apenas um voto. José Cândido de Andrade Muricy, com 19 votos, tornou-se vice-presidente, e Pedro Calmon recebeu 5 votos para esse cargo. A eleição secreta para o biênio de 1969/1970 realizou-se sob o escrutínio de Afonso Arinos.

A manchete do DN "Nova ordem cultural" foi reproduzida na seção "Noticiário" do mensário *Cultura*, anunciando que um confronto por recursos se forjara dentro do MEC, desde a criação do CFC. Contudo o órgão, com respaldo da "Revolução de 1964", mesmo atingindo o "objetivo revolucionário" (NOVA..., 1968, p. 4) do governo, estava disputando verbas dentro do MEC. O jornal enfatizou que o relatório do GT sobre a reforma administrativa ratificara que o Ministério da Educação também era da Cultura, por isso deveria manter a "contribuição revolucionária em favor da cultura", considerando a "nova política cultural [...] nova ordem" para salvaguardar o "patrimônio e a memória nacional" (CULTURA, 1968, p. 176).

Segundo a reportagem, as recomendações do GT atenderiam às expectativas do setor cultural, além das reivindicações antigas dos conselheiros e das instituições federais, estaduais e municipais, e demandas rotineiras do órgão. Entre as necessidades represadas, foram observados projetos, instalações, manutenções, conservações, modernizações, aquisições e restauros de equipamentos culturais.

A cerimônia de posse do novo presidente do CFC, em janeiro de 1969, ocorreu com a presença do ministro do MEC. Tarso Dutra (1969, p. 9) reforçou o discurso publicado pelo DN, e destacou a "contribuição do CFC" para impulsionar o projeto "reformista do governo revolucionário", conforme os princípios da "Revolução de 1964". As exaltações ao golpe militar permaneciam no discurso dos conselheiros, do governo e da imprensa, mesmo após a promulgação do AI-5 e a violência instalada na estrutura do Estado. No entanto, as prioridades temáticas dos discursos da presidência do CFC alteraram-se conforme as trocas de comando. Josué Montello era obstinado pela BN e mobilizava-a em todas as situações políticas. Já Arthur Cezar Ferreira Reis era entusiasta da miscigenação das três "raças", ponto crucial para a formação da cultura nacional, e fundamento das suas teorias. A tese oitocentista apresentada ao IHGB "Como se deve escrever a história do Brasil", de Carl Friedrich Philipp von Martius (1844), instituiu o mito das três raças, e as culturas indígena, negra e portuguesa foram apropriadas pelos teóricos e pesquisadores. Reis (1969, p. 11-15) considerava como matriz da formação nacional a miscigenação, tendo em vista "três estoques culturais e étnicos da [...] nação-continente [...] arquipélago cultural" chamado Brasil.

Arthur Reis (1969, p. 15), na cerimônia de posse, afirmou que, diante de um mundo predominado pela tecnologia, o PNC deveria compreender:

> [...] todo um vasto empreendimento de Estado, cobrindo as mais variadas latitudes da ordem cultural, desde a defesa do patrimônio humano, representado nas populações indígenas, atormentadas por um pioneirismo que destrói valores naturais e morais [...] patrimônio admirável que se encontra na natureza em estado de ser, e às atividades nos campos das letras e artes, das ciências e tecnologia, do inventário do que representa o espaço sobre o que construímos a pátria dela participando. (REIS, 1969, p. 21-22).

As questões morais e naturais do pioneirismo primitivo, aborígine ou silvícola, como os conselheiros se referiam às questões dos povos originários, começaram a fazer parte das sessões do CFC a partir da posse de Arthur Reis. O debate foi potencializado com a carga simbólica do moralismo patriótico, modernismo conservador e puritanismo católico. Isso na perspectiva de uma cultura superior que observa e estuda uma primitiva, que precisava alcançar a civilização. Em nome da pluralidade étnica e racialista, Reis tornou-se um defensor das políticas culturais para os negros e os indígenas. Para ele, esses grupos deveriam estar no PNC com políticas específicas. A obra *História da cultura brasileira* fora organizada e coordenada por Manuel Diégues Jr. (1973). Heron Domingues (1969), no DN, ratificou o esforço do presidente do CFC para que a obra fosse editada pelo órgão (Figura 17). Arthur Reis inseriu a temática indígena nos debates políticos do CFC.

Figura 17 – Recorte do *Diário de Notícias*

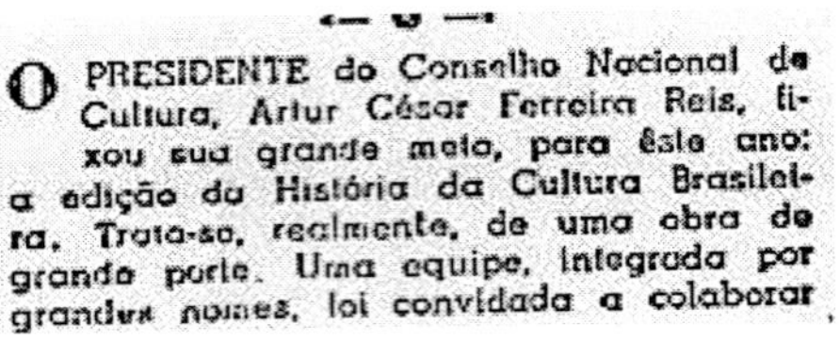

O PRESIDENTE do Conselho Nacional de Cultura, Artur César Ferreira Reis, fixou sua grande meta, para êste ano: a edição da História da Cultura Brasileira. Trata-se, realmente, de uma obra de grande porte. Uma equipe, integrada por grandes nomes, foi convidada a colaborar

Fonte: Domingues (1969, p. 6)

O debate registrado na ata da 117ª Sessão Plenária do CFC (BRASIL, 1967-1970, n. 19, p. 70), destacou uma análise de Djacir Menezes quando afirmara que o problema dos silvícolas não era exclusivo do Brasil, pois existia em várias nações americanas, sobretudo "quando há o encontro de uma cultura superior com uma inferior".

O mensário *Cultura* registrou o discurso de Manuel Diégues Júnior (1969) pronunciado no Ministério das Relações Exteriores, em 21 de março de 1969, data dedicada ao combate da discriminação racial. Diégues Júnior refletiu sobre o documento Declaração dos Direitos do Homem e do Cidadão, de 1948, da Organização das Nações Unidas (ONU). O conselheiro defendeu que os problemas relacionados à discriminação racial foram impulsionados por questões sociais e não raciais. Advertiu que o tema racial fora debatido nos encontros da Unesco, a exemplo de Paris, em 1967. Diégues Júnior concluiu que no Brasil não existia discriminação racial, pois o homem brasileiro seria o resultado da mestiçagem das três raças, branca, negra e indígena. O conselheiro listou os modos de fazer dos ofícios rudimentares dos mestiços como uma espécie de inventário:

> No quadro populacional brasileiro a importância do mestiço superou, em grande parte, a do próprio colonizador branco. Mestiço foi, e ainda é, o trabalhador rural, o agregado, o camboeiro, o carregador de açúcar nas labutas do engenho nordestino; o jangadeiro, o barqueiro, o canoeiro, o remeiro, o embarcadiço, nos serviços de transporte marítimo ou fluvial; o vaqueiro, o boiadeiro, o tangerino, o tropeiro, o peão, o sertanista, na penetração realizada pela pecuária; o garimpeiro, o bateiro, o faiscador na mineração; o pescador, o trepador de coqueiro, o seringueiro, o aguadeiro, o curtidor, o ervateiro, em várias atividades ou ocupações indispensáveis à vida econômica do Brasil. (DIÉGUES JR, 1969, p. 26).

O mestiço, em grande parte, ocupava funções operacionais e braçais, fundamentais para a economia do país. Na divisão social do trabalho que estrutura a sociedade brasileira, o discurso de Diégues Júnior afirmou a inexistência da discriminação racial, mesmo com uma legislação que combatia essa discriminação, proposta pelo conselheiro Afonso Arinos. Porém, sua análise pautava-se na profusão econômica criada pelo trabalho escravocrata no Brasil, o que, de fato, não deixava de ser uma questão coerente, pois os trabalhadores escravizados deixaram muitos homens ricos no país. No entanto, defendeu que os africanos escravizados encontraram no Brasil melhores condições de vida e de trabalho do que nas colônias norte-americanas. A miscigenação defendida por ele pautava-se na formação de um país que acolhia todos os indivíduos "cristãmente" (*sic*), uma verdadeira democracia racial, oriunda da "sociedade mestiça" e do "pluralismo étnico e racial", ratificou o conselheiro Diégues Júnior (1969, p. 28).

Além das reflexões racialistas das políticas advogadas pelo CFC e pelos discursos conselhistas, novas correlações de forças estavam em atividades dentro do MEC. Um ofício de número 149, de 18 de abril de 1969, em papel timbrado do MEC, encaminhou uma solicitação para o CFC, assinada por Tarso Dutra, para a entrega de um novo parecer sobre a reforma administrativa, considerando o

GT/1968. Para atender a essa solicitação, foi nomeada uma comissão presidida por Andrade Muricy, composta por Afonso Arinos de Mello Franco, Manuel Diégues Júnior, Pedro Calmon, Peregrino Júnior, Rodrigo Melo Franco de Andrade e Adonias Aguiar Filho. A incumbência da nova equipe seria detalhar o que foi sinalizado na reforma e quais as reestruturações prioritárias para os órgãos federais, com base nos 12 anteprojetos propostos no ano anterior.

O documento *Exposição de motivos* (BRASIL, 1969, n. 22), com ênfase na criação da Seac, reapresentou velhas e novas reivindicações. Os conselheiros rearranjaram as deliberações do GT/1968 com os 12 anteprojetos e o reencaminharam para o MEC. O único ineditismo desse processo foi o destinatário, isto é, o ministro interino Favorino Bastos Mércio, ex-chefe de gabinete, que estava no lugar de Tarso Dutra.

A semente do Ministério da Cultura que seria plantada em 1968 se revirou no terreno burocrático do Estado e não brotou, nem sob o horizonte de expectativas do CFC e nem pelo espaço de experiência do GT. Entretanto alguns representantes da classe artística se manifestaram publicamente a favor da criação do ministério. Cacilda Becker (1969, p. 7), em entrevista para a jornalista Anna Maria Funke, no DN, afirmou que seu "grande sonho para o teatro brasileiro" seria a criação do Ministério da Cultura. No entanto, diante de sonhos e frustrações, o diagnóstico do GT/1968 foi absorvido pela estrutura, conforme o prenúncio de Edson Franco, quando analisou os engarrafamentos dos projetos dentro do processo cartorial da burocracia do Estado.

A Seac, o custeio do PNC e a criação do Ministério da Cultura tornaram-se distantes para o alcance do CFC. O mensário *Cultura* persistia no seu cotidiano das láureas intelectuais. A ata da 160ª Sessão Plenária do CFC (BRASIL, 1967-1970, n. 27), registrou a homenagem pelo transcurso da Semana Cassiano Ricardo que ocorria, anualmente, em São José dos Campos. Mário Chamie lembrou que a obra do homenageado *Marcha para o Oeste* é considerada um marco historiográfico. Destacando a "ocupação da base física brasileira" (CHAMIE, 1984, p. 110)' demografia marcada pela miscigenação. Já a obra *Martim Cererê* foi uma "vertente do verde-amarelismo" modernista e trouxe a "caracterização étnica do povo brasileiro", afirmou Chamie (1984, p. 110)[18].

Entre homenagens e cultos aos célebres intérpretes do Brasil, um parecer de inconstitucionalidade do Ministério do Planejamento foi encaminhado para o MEC. Esse documento foi uma resposta ao ofício elaborado pelo CFC, com a reapresentação das documentações, do GT/1968. O conselho contrapôs o parecer, por meio do Ofício 257, de 13 de outubro de 1969, acusando o Planejamento de desarmar seu esquema financeiro para cumprir uma obediência legal, e alijando as responsabilidades do CFC, reiterou Afonso Arinos (1969).

Mesmo diante de numerosos infortúnios orçamentários e disputas políticas, os homens de pensamento e ação, em julho de 1969, lançaram a *Revista Brasileira de Cultura*. O periódico pretendia projetar o CFC internacionalmente para alcançar novos públicos e, sobretudo, acalmar os ânimos dos conselheiros. O corpo tipográfico da RBC media 29,3 cm x 19,4 cm, sendo impresso nas Oficinas da Gráfica Tupy Ltda. em papel-jornal, com encartes em papel *couché* preto e branco. A proposta editorial enaltecia os campos científicos das artes e das humanidades, tal como as câmaras setoriais do CFC. Apresentou seções dedicadas às artes, às ciências humanas, às letras e ao patrimô-

---

[18] Interessante conferir a reflexão promovida por Alcir Lenharo (1986, p. 53-99), na primeira parte do segundo capítulo da obra *Sacralização da política*, sobre a narrativa de Cassiano Ricardo, em *Marcha para o Oeste*, a qual o historiador considerou como uma "fabricação de imagens" para reforçar um sentimento de brasilidade, com base na formação do Estado nacional, da nação e da democracia no Brasil, assim como na formação do povo, considerando a triangulação das três raças, reforçada pelas bandeiras que impulsionaram o desenvolvimento econômico e social, como fundamentos que alicerçaram os princípios do Estado Novo.

nio histórico e artístico. O corpo editorial foi dirigido pelo conselheiro do CFC Mozart de Araújo, ex-conselheiro do CNC/1961.

A RBC pretendia refletir os problemas culturais com os "nomes mais destacados da cultura brasileira", anunciou o mensário *Cultura* (1969, p. 18). Seria enviada gratuitamente para os equipamentos culturais. O conselho da redação era composto por Clarival do Prado Valladares, Manuel Diégues Júnior, Adonias Filho e Pedro Calmon. Apesar de uma curta existência, a RBC não foi acometida pelo mal de sete números, que afligia os periódicos, que, na sétima edição, encerravam seus trabalhos por falta de recursos. Mesmo com inconstâncias na periodicidade, a RBC atingiu o total de 20 edições. O presidente Arthur Reis registrou em ata, na 230ª Sessão Plenária do CFC, que o periódico alcançara "prestígio no Brasil e exterior" (BRASIL, 1967-1970, p. 101). A capa da RBC ilustrava um mapa do Brasil (Figura 18), e adentrou as fronteiras internacionais com o auxílio do MRE, sendo distribuída nas embaixadas brasileiras.

Os conselheiros tentavam cumprir as prerrogativas do Decreto-Lei 74/1966, de criação do CFC; para isso, deixavam registrados, nos periódicos coordenados pelo órgão, *Cultura*, RBC e *Boletim*, os preceitos legais das suas funções. Os periódicos tinham a função de difundir as artes e a cultura, dialogar com jornais nacionais, reproduzir textos dos conselheiros, publicar matérias sobre o CFC e cooperar com pautas e artigos de cultura, de intelectuais nacionais e latino-americanos.

Figura 18 – Reprodução da capa da *Revista Brasileira de Cultura*

Fonte: RBC (1969, s/p)

Maia (2012, p. 129) contabilizou que os conselheiros com maior quantidade de artigos publicados na RBC foram: Arthur Cezar Ferreira Reis (17); Gilberto Freyre (7); Clarival do Prado Valladares (6); Octávio de Faria (5); Afonso Arinos de Melo Franco; Adonias Aguiar Filho e Hélio Vianna (4). Entre os convidados, Alphonsus de Guimaraens Filho (10); Álvaro Teixeira Soares, Mário Barata e Rodrigo Magalhães Júnior (5); Carlos Cavalcanti; e Vicente Sales (4). Dos artigos publicados, considerando suas respectivas seções, a autora considerou a distribuição por área: ciências humanas (105), letras (62), artes (35) e patrimônio histórico e artístico brasileiro (6). E afirmou que a concentração temática da RBC girara em torno da formação do homem brasileiro, portanto restringiu-se aos especialistas. Paz (2011) alertou que a égide do regionalismo, do tradicionalismo e do nacionalismo marcara o perfil da RBC, à luz dos conceitos de Gilberto Freyre.

O CFC majoritariamente norteava-se pelas concepções de Gilberto Freyre sobre a formação da sociedade brasileira. *O Globo* organizou uma reportagem especial sobre a trajetória do sociólogo, posições políticas e teóricas, considerado um panteão do pensamento brasileiro, uma referência internacional. Freyre projetou a cultura nacional com base na morenidade e na luso-tropicalidade, identificadas nos tipos regionais, transnacionais e transculturais. O brasileiro seria uma espécie de metarraça, pois fora o único povo a dominar o trópico amazônico, em um país de geografia continental, além de desmistificar a ideia de pureza racial ao miscigenar-se, registrou a seção "Noticiário" do mensário *Cultura* (O ESPAÇO..., 1969).

3.10 Mecenato para poucos

O *modus operandi* da política de cultura espraiou-se pelo Estado, não somente pelos cargos concedidos, mas pela prática do mecenato. Solicitações para patrocínios, residências, intercâmbios, exposições, estudos, pesquisas, concursos, contratações, encomendas, aquisição de obras e publicações foram avaliadas conforme valores morais e patrimoniais nacionalistas e com critérios técnicos e artísticos discutíveis.

O Requerimento 71.786/1967, encaminhado por José Antonio Portinari, sugeriu ao CFC que adquirisse a casa do seu irmão, o pintor Candido Portinari, em Brodósqui. O parecer do Processo 193 foi publicado em *Cultura* (1968). O documento foi redigido pelo conselheiro D. Marcos Barbosa, em 14 de dezembro de 1967, e submetido para análise do plenário. A argumentação, mobilizada em torno da contribuição de Portinari para o reconhecimento internacional da cultura brasileira, destacou que a residência do artista poderia se tornar uma casa-museu, pois abrigava um acervo com 14 afrescos de pintura religiosa, com exímias representações parietais do artista, os afrescos da Capela da Nonna.

O parecer de D. Marcos Barbosa foi publicado, em abril de 1968, no mesmo mensário dedicado à I Reunião Nacional dos Conselhos Estaduais de Cultura. Nessa edição, portanto, foi registrada a ata da 1ª Reunião da Câmara do Patrimônio (BRASIL, 1968f), realizada com o quarto grupo, formado com os estados do Sudeste, em que um comunicado do conselheiro Hélio Damante do CEC/SP informou que o 4º Distrito do Dphan/SP adquirira a casa de Portinari pelo valor de NCr$ 200.000 (duzentos mil cruzeiros novos). Além do acréscimo de NCr$ 40.000 (quarenta mil cruzeiros novos) para o restauro da edificação. Essa questão evidencia que os processos de mecenatos públicos eram margeados por articulações políticas paralelas em todos os níveis, pois, ao mesmo passo, a proposta foi enviada para o CFC e para o Dphan/SP.

Contudo a trajetória de Portinari e o seu reconhecimento nacional e internacional não seriam condicionantes para a aquisição do imóvel pelo CFC. O órgão não possuía verbas para esse fim, e encontrava-se esgotado diante de tantas demandas das instituições federais. O Conselho de Defesa do Patrimônio Histórico, Artístico, Arqueológico e Turístico de São Paulo (Condephaat) anunciou os tombamentos da residência do pintor, em 1970, pelo Dphan/SP, sob o Processo 16.223/1970, e o conjunto da obra sob o Processo 17.030/1970, ações saudadas no encontro dos governadores em Brasília. O Museu Casa Portinari foi inaugurado em 14 de março de 1970.

Sobre as relações imbricadas pelo mecenato federal e as encomendas para os artistas, Piazza (2003) pesquisou as disputas nas tramas de poder permeadas de negociações e imposições estéticas dos mecenas/contratantes, além das estratégias do contratado para realizar, a seu modo, suas obras.

O Estado foi providência para alguns, via mecenato, mas algoz para outros, parafraseando Bosi (1992). Sobretudo quando impôs padrões civilizatórios, estéticos e políticos, além de privilegiar uns em detrimento de outros. Entretanto há de se atentar sobre a participação dos mecenas privados em espaços públicos, como foi o caso de Raymundo Castro Maya e Yolanda Penteado, entre outros. Castro Maya foi conselheiro do CFC e circulava entre as esferas pública e privada com desenvoltura. Maya foi um colecionador voraz e, ao longo dos anos, adquiriu uma coleção expressiva de pinturas de Debret. A Fundação Castro Maya, ícone do colecionismo de uma elite despótica, recebeu recursos públicos ao longo da sua existência. Yolanda Penteado foi membro do GT/1968, da reforma administrativa, e era considerada a madrinha das artes no Brasil. Como já foi mencionado, colecionadores, *marchands* e industriais, como Ciccillo Matarazzo, assim como proprietários de jornais, como Assis Chateaubriand, foram fundadores de instituições museológicas de artes, como o MAM/SP, o Masp, a Bienal de São Paulo, o Museu de Arte Contemporânea da Universidade de São Paulo (MAC/USP), além de museus regionais. Os mecenas, majoritariamente colecionistas tornaram-se diretores de museus, presidentes de fundações, conselheiros e consultores de cultura. Tinham canais diretos de interlocução com os mandatários do Estado, desde a Semana de Arte Moderna de 1922, forjaram a formação de uma elite consagrada pelo apadrinhamento das artes.

O patrimônio ficou condicionado ao mecenato estatal e tornou-se a agenda prioritária das políticas culturais, desde a criação do Sphan, em 1937. Os modernistas ocuparam massivamente cargos públicos, mas não conseguiram se estabelecer em carreiras acadêmicas, como refletiu Cavalcanti (1995). Destacaram-se pela formação sólida de quadros e organizações corporativas na esfera pública. Entre articulações políticas junto ao Estado e ao episcopado, sobretudo no tombamento de igrejas, a gestão de Rodrigo Melo Franco de Andrade garantiu a longevidade dos modernistas na direção do órgão. Letícia Bauer (2015) afirmou que Rodrigo se tornara um homem-monumento. Diante das múltiplas interpretações realizadas sobre a sua obra e defesa do patrimônio, observa-se uma continuidade do pensamento e da ação de Rodrigo no órgão federal de patrimônio e no CFC. Ao se aposentar do Dphan, tornou-se presidente da Câmara de Patrimônio do CFC, em 1967, cargo ocupado até o seu falecimento, no dia 11 de maio de 1969. Seu sucessor foi Renato Soeiro (1911-1984), que o acompanhava desde a criação do Sphan. As redes de amizades garantiam não somente os mecenatos como as sucessões nos cargos públicos.

Os nacionalismos e os passadismos, advogados pelo CFC, foram empreendidos e defendidos pelos modernistas conselheiros. O patrimônio como cânone foi trabalhado nas atividades, obras e instituições culturais agraciadas com o mecenato estatal. O patrimônio deveria representar as "autênticas e valiosas" manifestações da cultura nacional, em todos os seus setores". Essa perspectiva justificava os pareceres emitidos pela Câmara de Patrimônio. Tornou-se o CFC "centro normativo e coordenador da ação dos órgãos culturais e dos estímulos à criação cultural, em todos os seus aspectos" (BRASIL, 1969, s/p).

O surgimento de unidades culturais, sob os parâmetros modernistas e cívicos, pode ser constatado no editorial do mensário *Cultura*. O posicionamento ultraconservador foi veiculado pelo CFC. O periódico anunciou o curso de Educação Moral e Cívica para professores que seria ministrado pelo almirante Adalberto Barros Nunes, ministro da Marinha, mas ressaltou a inexistência de "verdadeira cultura, sem amor à Pátria, nem tampouco cultura brasileira sem patriotismo sadio" (CULTURA..., 1970, n. 33, p. 7).

Entre patriotismos e civismos, a tentativa de imprimir a cultura enquanto direito constitucional, via SNC e PNC, foi uma das lutas árduas do CFC. O documento *Relatório de exposição de motivos* foi enviado para o MEC, via Ofício 149/1969, em abril, e retomou o conteúdo da PEC apresentada para a CF-1967. Justificou-se que a não vinculação orçamentária para a área limitara consideravelmente as possibilidades de uma legislação protetora da cultura. Na exposição de motivos, assegurou-se que o setor de patrimônio seria atingido, se não fossem inseridos instrumentos constitucionais de preservação. Estavam em risco a fiscalização em exportação de bens patrimoniais, as ações de vigilância para assegurar a integridade dos sítios históricos, arqueológicos, cemiteriais e arquitetônicos, além da execução dos projetos de restauro e conservação. A desautorização orçamentária constitucional conferiu um "duro golpe à defesa e ao incremento da cultura nacional" (BRASIL, 1969, p. 28). A PEC reapresentada para a CF-1969 foi novamente recusada pelo governo.

O mensário *Cultura* publicou o "Relatório das atividades do exercício de 1969" (1970), uma compilação detalhada dos orçamentos dispendidos pelo CFC para atender às instituições culturais federais, estaduais, municipais, privadas e públicas. Nesse documento, Arthur Reis advertiu que a função do Estado era "assistir, garantir, incentivar e criar condições que autorizem a criatividade" (CULTURA, 1970, n. 31, p. 8). Um crescimento econômico e social que desconsiderasse o desenvolvimento do espírito e da cultura seria nulo, considerou o conselheiro.

Os 12 anteprojetos reproduzidos pelo GT foram novamente entregues para o MEC. Insistia-se na reformulação das instituições culturais a fim de lhes conceder autonomia e estrutura administrativa adequada. Foi reapresentada a criação dos serviços nacionais para os setores do folclore, música e artes plásticas. E a Comissão de Legislação e Normas reenviou para a Comissão de Justiça nova PEC para que fosse organizado outro projeto de lei sobre as obrigações do Estado para a cultura (Figura 19).

A ata da 171ª Sessão Plenária, de 1969 (BRASIL, 1967-1970, n. 29), registrou a visita do ministro Jarbas Passarinho ao CFC, com publicação dos excertos dos discursos no editorial do mensário. Adonias Filho acolheu o ministro como um homem de diálogo e de cultura. O coronel do Exército Brasileiro, cinco anos na reserva, sentia-se desconfortável perante os conselheiros da cultura, pois considerava-se um "homem preparado para uma atividade, mas transferido para outra". E afirmou: "Não aceito cultura pré-moldada, não aceito cultura condicionada, não aceito as limitações à cultura, que representam distorções da capacidade criadora, não aceito regimes totalitários que queiram impor à cultura uma direção" (VISITA..., 1969, p. 10-11).

Figura 19 – Reprodução de imagem de reunião do CFC

Fonte: "Visita..." (1969, p. 9)

Após três anos consecutivos de elaboração, negociação e reapresentação, o CFC atualizou o anteprojeto do PNC e entregou para Jarbas Passarinho, em março de 1970. Reapresentaram-se os objetivos, diretrizes, detalhes dos programas, ações e orçamentos do CFC, mas não foi citada a Seac, tampouco o SNC (CULTURA, n. 31, 1970).

O MEC historicamente passou por uma dramática rotatividade de ministros. O contexto de insegurança institucional e de negociações inacabadas, junto ao MEC, tornavam os projetos do CFC voláteis. Essa inconstância política no ministério não ocorria no CFC. Tatyana Maia (2012) contabilizou que, de 1967 a 1975, 40 intelectuais passaram pelo plenário e pelas câmaras do CFC. Destes, 16 permaneceram até 1975. Ao todo, foram 15 substituições, sobretudo por conta dos falecimentos, como o caso de João Guimarães Rosa, em novembro de 1967, substituído pelo gaúcho José Otão (1910-1978), nome religioso do marista José Stefani, professor, idealizador e reitor da PUCRS.

No estudo prosopográfico (Quadro 6) sobre a trajetória dos ministros que circularam pelo MEC de 1967 a 1985, observam-se intersecções políticas, acadêmicas e profissionais semelhantes aos conselheiros. Foi recorrente a permanência dos médicos, no primeiro escalão do MEC, assim como, majoritariamente, o cargo de ministro foi ocupado por homens remanescentes das áreas de direito, saúde e Forças Armadas. O lastro histórico da indicação dos cargos públicos para o MEC, sem vinculação à educação e à cultura, fragilizava as negociações para a organização setorial.

Quadro 6 – Estudo prosopográfico dos ministros do MEC de 1967 a 1985

MINISTRO/GESTÃO	TRAJETÓRIAS
Paulo de Tarso de Morais Dutra, Porto Alegre/RS, 1914-1983. 15/03/67 a 05/12/67	Advogado, deputado constituinte estadual/RS (1948). Deputado federal (1951-1969), cinco mandatos consecutivos, exceção em 1967. Participou do Conselho de Segurança Nacional (CSN) para a formulação do AI-5. Senador (1971-1983). Partidos: Republicano Liberal, PSD, Arena.
Favorino Bastos Mércio, Bagé/RS, 1917. 13/12/67 a 03/11/69, interino	Promotor público. Partido: PSD.
Jarbas Gonçalves Passarinho, Xapuri/AC, 1920-2016. 03/11/69 a 15/03/74	Militar de carreira. Superintendente adjunto da Petrobras na Região Amazônica (1958). Superintendente-geral (1959-1960). Chefiou o Estado Maior do Comando Militar da Amazônia e da Oitava Região Militar de Belém (1962). Governador/PA (1964-1966). Ministro do Trabalho e Previdência Social (1967). Signatário do AI-5. Membro do CSN. Senador/PA (1967, 1975-1983, 1987-1995). Ministro da Justiça no governo Collor (1990-1992). Membro efetivo do Conselho da República no governo Fernando Henrique Cardoso (FHC). Membro do IHGB. Partidos: Arena, Partido Democrático Social (PDS), PPR, PPB.
Ney Aminthas de Barros Braga, Lapa/PR, 1917-2000. 15/03/74 a 30/05/78	Estudou na Escola Militar do Realengo. Chefe de polícia do Paraná (1952). Prefeito de Curitiba (1954-1958). Deputado federal/PR (1959-1961). Governador/PR (1961-1965, 1979-1982). Ministro da Agricultura (1965-1966). Senador/PR (1968-1974). Presidente da Itaipu Binacional (1985-1990). Partidos: PSP, PDC, Partido da Frente Liberal (PFL).
Euro Brandão, Curitiba/PR, 1924-2000. 30/05/78 a 14/03/79	Engenheiro civil (1946) e bacharel em Filosofia pela UFPR (1952). Segundo-tenente em carreira militar. Escritor e artista plástico. Superintendente da Rede Viação Ferroviária PR/SC (1966-1967). Diretor do Centro de Computação Eletrônica da UFPR. Secretário de Transporte do Estado/PR (1973-1974). Presidente do Instituto de Engenharia do Paraná (1965-1966). Reitor PUCPR (1986-1998). Presidente do Banco de Desenvolvimento do Paraná (1979-1983). Professor e reitor da PUC (1986-1998).
Eduardo Mattos Portella, Salvador/BA, 1932-2017. 15/03/79 a 26/11/80	Crítico literário, redator político (1951-1955). Técnico de Educação MEC (1956). Assistente do gabinete civil da Presidência da República (1956). Chefe de gabinete do estado da Guanabara (1960). Diretor executivo do Instituto Brasileiro Afro-Asiáticos (1961-1964). Professor da Faculdade Nacional de Filosofia da Universidade do Brasil. Coordenou o curso de Teoria Literária da Faculdade de Letras (1968). Diretor da Faculdade de Letras da UFRJ (1978). Doutor em Letras pela UFRJ (1970). Diretor do Departamento de Cultura da Secretaria de Educação e Cultura (SEC) do estado da Guanabara (1968-1971). Participou do Conselho Consultivo do INL, Conselho de Literatura do MIS/RJ e do Conselho Estadual de Cultura da Guanabara, exercendo a presidência consecutivamente. Membro ABL (1981). Vice-presidente do CFC (1985-1988). Secretário da Cultura/RJ (1987-1988). Presidente da Fundação Biblioteca Nacional (1996). Partido: PMDB.

Rubem Carlos Ludwig, Lagoa Vermelha/RS, 1926-1989. 27/11/80 a 24/08/82	Militar. Adjunto do Centro de Informações do Exército (1968). Adjunto da Subchefia do Exército do Gabinete Militar da Presidência da República (1969-1973). Serviu na Quarta Subchefia da Secretaria-Geral do CSN (1978). Assessor de imprensa e relações públicas da Presidência da República (1968). Chefe de gabinete da Secretaria-Geral do CSN (1979). Chefe militar da Presidência da República (1982). No encerramento do governo militar de Figueiredo, passou a atuar como conselheiro administrativo da Construtora Camargo Corrêa.
Esther de Figueiredo Ferraz, Mococa/SP, 1915-2008. 24/08/82 a 15/03/85	Advogada. Professora e reitora da Universidade Mackenzie. Redatora de projetos para combater a prostituição e o lenocínio no governo paulista de Lucas Nogueira Garcez (1951-1955). Secretária de Educação de São Paulo (1971-1975). Membro do CFE. Membro da Comissão Oficial de Reorganização Penitenciária/SP, que orientou a criação dos institutos penais agrícolas de São José do Rio Preto, Itapetinga e Bauru, entre outros. Elaborou, para o Instituto dos Advogados do Brasil, a mudança no Código Civil, sobre a capacidade civil e laborativa da mulher casada, aprovado pelo Congresso Nacional e promulgado pela Lei 4.121, de 27 de agosto de 1962, Estatuto da Mulher Casada. Membro do Conselho Curador Fundação Roberto Marinho (1981). Professora da Faculdade de Direito da USP (1985). Membro da Acadêmica Paulista de Letras.
Marco Antônio de Oliveira Maciel, Recife/PE, 1940-2021. 15/03/85 a 14/02/86	Advogado. Atuou no movimento estudantil. Deputado federal/PE (1971-1979). Governador/PE (1979-1982). Senador/PE (1983-1985, 1987-1994, 2001-2003). Ministro-chefe da Casa Civil (1986-1987). Deputado constituinte (1987-1988). Vice-presidente da República no governo FHC (1995-2003). Presidente da Fundação de Estudos Políticos e Econômicos Mílton Campos, órgão de pesquisa da Arena e do PDS. Membro do IHGB e da ABL. Partidos: Arena, PDS, PFL, DEM.

Fonte: a autora

Sirinelli (2003) indicou ser fundamental elaborar uma taxonomia política dos intelectuais e das instituições, pois não haveria como separar a história do político e intelectual, tampouco das instituições por eles percorridas. Cabe, então, refletir sobre a longeva tradição das políticas patrimonialistas e clientelistas, de amizades e hereditariedades investigadas por Miceli (2001), que demonstra, por meio da metodologia dos estudos prosopográficos, o *modus operandi* da cultura política brasileira. Ironicamente, André Malraux (1998, p. 60), em visita ao Palácio da Cultura, sede do MEC, no dia 28 de agosto de 1959, ao discursar sobre a colonização da cultura, a liberdade de espírito e a criação, sentenciou: "No Brasil tudo acaba em amizade".

3.11 Compromissos para a cultura

Mário Barata (1970) escreveu o artigo "Condições e exemplos de defesa do patrimônio histórico e artístico brasileiro", na RBC, a fim de relatar a participação da delegação brasileira na Conferência de Ministros dos Estados do Conselho de Cooperação Cultural em Bruxelas, 1969. Nesse evento, a apresentação do arquiteto Renato Soeiro sobre as políticas de proteção brasileiras confluiu com as orientações internacionais para os países signatários. Deliberou-se no encontro a criação de políticas estruturais para garantir aos bens imóveis, a execução de inventários e planejamento urbano para a integração do patrimônio em sua territorialidade. A conferência aprovou a proposta brasileira de que os governos adotassem medidas fiscais, por meio de fundos vinculados, para afiançar a proteção, a conservação e a restauração dos bens patrimoniais.

A partir desse evento, o MEC, o CFC e o Dphan organizaram o I Encontro dos Governadores de Estado, Secretários Estaduais da Área da Cultura, Prefeitos de Municípios Interessados, Presidentes e Representantes de Instituições Culturais, sob a temática "Encontro em defesa do patrimônio histórico e artístico nacional", de 1º a 3 de abril, em Brasília. O mensário *Cultura* (ENCONTRO..., 1970) transcreveu todos os discursos, as intervenções e as propostas do evento (Figura 20).

O encontro foi coordenado pelo então vice-presidente da República, almirante Augusto Radmaker Grunewald, que, após os discursos protocolares do MEC, CFC e Dphan, finalizou a sessão inaugural. Com ironia, mencionou os conselhos do ministro Jarbas Passarinho, que a sua presença no evento poderia ser sentida como tempo perdido, considerando seus compromissos oficiais. E contrapôs: como afirmado pelos "homens da cultura. [...] Ganhei tempo porque aqui vim e ganhei um pouco de cultura e vou sair daqui como o maior defensor do patrimônio histórico, porque penso que o futuro do Brasil está, justamente, na conservação do seu passado histórico." (ENCONTRO..., 1970, p. 24).

Os debates em torno do civismo, nacionalismo, culto ao passado e apologias ao regime ditatorial foram recorrentes no evento, a exemplo do pronunciamento de Osmar Sabino de Paula, vice-governador do Acre, que realizou homenagem ao sexto aniversário da "Revolução Democrática de 64". Para o gestor, a nova geração deveria compreender o que fora "um passado de lutas em prol das causas humanas e democráticas" (ENCONTRO..., 1970, p. 53-54).

O segundo dia do evento foi dedicado às explanações dos governadores, secretários, conselheiros, pesquisadores, professores, representantes estaduais do Dphan e instituições culturais, como o Instituto dos Arquitetos do Brasil[19]. Os palestrantes apresentaram diagnósticos das políticas culturais e do patrimônio e entregaram demandas estaduais para o MEC.

Jarbas Passarinho anunciou que seria criado na estrutura do MEC um Departamento de Assuntos Culturais, pois a área apresentava a "necessidade imperativa da criação de um Ministério da Cultura" (ENCONTRO..., 1970, p. 78). Diante do exposto pelo ministro, Lygia Martins Costa, secretária de Cultura e Educação, do Paraná, e chefe da seção de Artes da Dphan/PR, afirmou que as instituições culturais reivindicavam uma Seac, e não um DAC.

O presidente do CFC mediou a indignação de Lygia Costa, e afiançou que a criação do DAC seria uma "medida conciliatória" (ENCONTRO..., 1970, p. 78). Pois a criação da Seac estaria subordinada à aprovação de um órgão superior ao MEC, explicou Arthur Reis. Esse breve debate demonstrou que a criação do DAC estava sendo acordada nos bastidores do governo, entre o MEC e o CFC. Edson Franco, quando afirmou que não importava o rótulo, mas sim o órgão, sinalizou essa questão. O protesto da professora não foi registrado integralmente no periódico, mas condicionado aos parâmetros da relatoria do evento, evidenciando que as divergências eram silenciadas nos registros do mensário.

Por sugestão do conselheiro Pedro Calmon, presidente da Câmara de Patrimônio e do IHGB, foi elaborado o "Compromisso de Brasília" (1970)[20]. O conselheiro discursou que seria "preciso educar desde a infância para que a cultura brasileira seja cultuada e, assim, mantida através dos tempos". Em cada município, deveria haver "um museu para cultuar os seus heróis locais e colecionar suas relíquias" (CALMON, 1970, p. 60-61).

---

[19] Único professor citado no documento foi o médico Oswaldo Cabral (Ufsc), pesquisador que falou em nome do governo catarinense no evento.

[20] Alguns documentos sinalizam que Lúcio Costa redigira o documento; outros, que fora Renato Soeiro.

A defesa do DAC por Jarbas Passarinho foi endossada no documento final, assim como o entusiasmo dos participantes ao receberem a "[...] manifestação do Ministro de Estado sensível à conveniência da criação do Ministério da Cultura e consideram chegada esta oportunidade, tendo em vista a crescente complexidade e o vulto das atividades culturais no país." (COMPROMISSO..., 1970, p. 114).

Figura 20 – Reprodução de fotografia da abertura de evento do CFC

Fonte: Boletim (1970, n. 34, p. 9)

Jarbas Passarinho (1970, p. 13), no discurso inaugural, afirmou que do "Brasil, passado sem futuro" o país se transformaria em "Brasil, passado restaurado", em alusão ao tema do evento. Renato Soeiro (1970, p. 14), por sua vez, homenageou seu mestre: "O Patrimônio é a obra da vida de Rodrigo Melo Franco de Andrade". A história da legislação de proteção do patrimônio conferia a nobreza da missão cumprida pelo primeiro gestor do Sphan.

A grandiosidade da cultura e da educação sinalizava que elas deveriam ser apartadas institucionalmente, mas não politicamente. Em todas as proposições finais, foram previstas ações em conjunto, sobretudo para o patrimônio compor as disciplinas escolares a fim de ensinar o "conhecimento e a preservação do acervo histórico e artístico, das jazidas arqueológicas e pré-históricas, das riquezas naturais e da cultura popular" (COMPROMISSO..., 1970, p. 113). Esse escopo elevaria a consciência nacional. Uma "pedagogia de conservação e defesa do patrimônio" (ENCONTRO..., 1970, p. 78-79) foi sugerida por Edvaldo Boaventura, secretário de Educação e Cultura da Bahia.

As tipologias do patrimônio foram enunciadas sob a retórica das tradições do culto ao passado, da preservação das manifestações e das expressões do folclore e cultura popular. O discurso da ameaça constante ao patrimônio foi ensejado, mas, para evitar os riscos, o MEC deveria incentivar um processo de conscientização para a sociedade, principalmente para os estudantes.

O "Compromisso de Brasília" apresentou uma série de recomendações para todos os níveis escolares inclusive com matérias e disciplinas que deveriam constar nos currículos. Para o ensino primário, os conteúdos pedagógicos deveriam ilustrar os "monumentos representativos da tradição nacional". Para o nível médio, a disciplina de Educação Moral e Cívica ensinaria os princípios e símbolos nacionais. Para o nível superior, estava prevista uma cadeira de História da Arte no Brasil. Para os cursos "não especializados", a matéria de Estudos Brasileiros auxiliaria a divulgação dos bens "consagrados" da "tradição da cultura nacional" (COMPROMISSO..., 1970, p. 112-113). As cartas patrimoniais de Atenas[21] e Veneza foram retomadas para pactuar com o governo que, sem recursos vinculados, não existiria cultura e patrimônio, tampouco consciência nacional.

Na lista dos signatários do "Compromisso de Brasília" (1970), encontrava-se: ministro Jarbas Passarinho, do MEC; Arthur Cezar Ferreira Reis, do CFC; Renato Soeiro, do Dphan; além dos governadores coronel Hélio Prates da Silveira, do DF; coronel Alacid Nunes, do PA; José Sarney, do MA; Lourival Batista, do SE; Plácido Castelo, do CE; e o vice-governador Osmar Sabino de Paulo, do AC; secretário Heráclito Mourão Miranda, da Secretaria de Educação e Cultura/MG; e os presidentes estaduais de Cultura e representantes dos governos dos estados de BA, RN, PB, SC, SP, AM, MT, GO, AL, PR, GB, ES, RJ, PE e RS; além dos presidentes de instituições culturais, como IHGB, Arquivo Nacional, Centro Universitário de Brasília, UnB, Instituto dos Arquitetos do Brasil, Arquivo Histórico da Câmara dos Deputados e o Instituto Brasileiro de Desenvolvimento Florestal.

No agradecimento final, Jarbas Passarinho ressaltou a sua ousadia ao assinar o documento para a criação do Ministério da Cultura: "proposta de desmembramento do meu próprio ministério [...] identidade absoluta de descolonização entre mim e o mundo". O termo "descolonização", utilizado pelo ministro, foi esclarecido pelo presidente do CFC. Arthur Reis, na condição de estudioso da Amazônia, explicou que não significaria um rompimento com os laços históricos da colonização portuguesa, nem com os nativos indígenas, mas sim com as culturas alienígenas que se infiltravam no país. O conselheiro afirmou que o PNC adotaria a "cultura brasileira como cultura mestiça, fruto da presença e participação de etnias e culturas [...] instrumento fundamental para a política que o governo" implementaria (ENCONTRO..., 1970, p. 116, 121-122).

Jarbas Passarinho alertou que ninguém o tomasse por farsante, pois os compromissos seriam cumpridos, e confessou que sentiu um "frisson" que lhe "corria pela espinha" (ENCONTRO..., 1970, p. 123). A mesma emoção dos seus tempos de menino, quando saia correndo pelas ruas do Pará,

---

[21] A Carta de Atenas, em 1931, foi organizada pelo I Congresso Internacional de Arquitetos e Técnicos em Monumento, e uma carta homônima foi redigida por Le Corbusier, no IV Congresso Internacional de Arquitetura Moderna, em 1933. A Carta de Veneza foi resultado do II Congresso Internacional de Arquitetos e Técnicos em Monumento.

para ouvir a Banda de Música Militar tocar o Hino Nacional. O sentimento patriótico foi ratificado pelos conselheiros federais, quando registraram a promessa, na ata da 193ª Sessão Plenária, de 1970 (BRASIL, 1967-1970, n. 35), de criação do Ministério da Cultura.

Meses depois, foi instituído o DAC pelo Decreto 66.967, de 27 de julho de 1970, assinado pelos então presidente da República, general Emílio Garrastazu Médici (1905-1985), Jarbas Passarinho e ministro do Planejamento, João Paulo dos Reis Velloso (1931-2019), primeiro presidente do Instituto de Pesquisas Aplicadas (Ipea), em 1969. O decreto versou sobre a nova organização administrativa para o MEC e seus órgãos normativos como o CFE e o CFC, e instituiu o Conselho Nacional de Educação Moral e Civismo. A Resolução 94/70, publicada pelo TCU, determinou que os estados e municípios destinassem 5% do orçamento para a proteção do patrimônio, ação reivindicada no "Compromisso de Brasília".

Em dezembro de 1970, foi entregue o "Relatório do presidente do CFC" para Jarbas Passarinho. No documento, Arthur Reis (1970) descreveu as dificuldades de a cultura se estabelecer enquanto área autônoma; apesar do pronunciamento favorável para a criação do Ministério da Cultura, a declaração do ministro não "encontrou ressonância" nas "áreas da mais alta direção do Estado Federal", afirmou Reis (1970, p. 7-8).

Quais seriam as altas áreas do Estado que atravancariam a organização cultural independente dentro do MEC? O presidente do CFC forneceu algumas pistas para essa resposta, ao afirmar que a cultura "enquanto força expressiva de potencialidade" deveria ser considerada tão importante quanto qualquer atividade da qual se "resulta o poder econômico" (REIS, 1970, p. 7). Os conselheiros insistiam que a cultura desenvolvia a economia em várias frentes, como a turística e o entretenimento. Novamente, as restrições foram procedentes dos Ministérios da Economia e do Planejamento. Para eles, a falta de uma base mercadológica não justificaria um orçamento vinculado à cultura. Ao finalizar seu relatório, mesmo contrariado, Arthur Reis sugeriu que fosse encaminhado ao Congresso Nacional o anteprojeto do PNC para que tivesse celeridade na aprovação.

O documento reproduziu as 20 incumbências arroladas no Decreto-Lei 74/1966, de criação do CFC, para demonstrar a força legal do órgão. A reapresentação das atribuições via relatório almejava comprometer o ministro e o seu pronunciamento, no encontro dos governadores. Minucioso, o documento contabilizou os valores recebidos pelo CFC, durante o ano de 1970. Entre verbas contingenciadas e consignadas, o CFC recebeu Cr$ 4.738.400 (quatro milhões, setecentos e trinta e oito mil e quatrocentos cruzeiros), recursos que atenderam a administração burocrática e editorial do CFC, subvenções para instituições federais, casas de cultura, convênios estaduais, obras de patrimônio, supervisão, coordenação e fiscalização do plano de metas do PNC.

O relatório advertiu que a proposta de PNC entregue em fevereiro de 1970 não poderia ser confundida com as demandas e os programas anuais a serem executados no planejamento do CFC. O PNC não poderia ser tratado como "vislumbre" de uma "contenção ideológica", questão existente em países onde "o processo cultural é policiado pelo Estado", afirmou Reis (1970, p. 7).

Arthur Reis e Andrade Muricy foram reconduzidos para os cargos de presidente e vice-presidente para o biênio de 1971 a 1972. Em seus discursos de posse, enfocaram as responsabilidades do órgão para com o patrimônio (BRASIL, 1971, n. 1).

O II Encontro de Governadores para Preservação do Patrimônio Histórico, Artístico, Arqueológico e Natural do Brasil, ocorrido em Salvador, de 23 a 29 de outubro, originou o Compromisso de Salvador, em 1971. Nos primeiros parágrafos, os delegados reconheciam, aplaudiam e apoiavam as deliberações de Brasília, sobretudo, a criação do Ministério da Cultura. Esse reconhecimento coletivo realinhou as proposições e ações para preservação, restauração, conservação e dotação financeira para o patrimônio, sobretudo para o planejamento urbano das cidades, ação requerida nas cartas patrimoniais internacionais. O texto orientou municípios e estados para a elaboração dos planos diretores e legislação específica para a salvaguarda do patrimônio rural, urbano e natural, via processos de tombamentos e inventários. O Decreto 66.967, de 27 de julho de 1970, criou alterações na estrutura do MEC, entre elas a alteração da denominação do Dphan para Iphan.

O evento exclusivo para o patrimônio aprovou recomendações para uma dotação financeira específica para o Iphan, com base em uma legislação que possibilitasse a captação de recursos para financiamentos para os estados e municípios, a exemplo do Banco Nacional de Habitação (BNH), além da criação de um fundo de participação com plano de ações em restauro e conservação para edificações históricas que seria autorizado pelo TCU. O documento vislumbrou convênios e parcerias com a Coordenação de Aperfeiçoamento de Pessoal de Nível Superior (Capes) e universidades para fomentar pesquisas científicas em acervos patrimoniais e formação de especialistas.

O Compromisso de Salvador propôs a planificação da cultura, por intermédio do PNC, e ratificou a criação do Ministério da Cultura. Os signatários indicaram que os órgãos subordinados ao DAC deveriam organizar ações, promoções e incentivos para preservar as manifestações populares e folclóricas. No documento foi recomendada a elaboração de um calendário cultural para a divulgação das festas tradicionais.

Manuel Diégues Júnior (1971a) comemorou os 25 anos da Unesco, com um texto publicado no *Boletim* do CFC, na seção "Estudos e proposições". O conselheiro repudiou o racismo e refletiu sobre a deselitização e a valorização dos direitos culturais, a preservação dos bens culturais nos territórios para desenvolver a relação do homem e o seu meio ambiente. Destacou a difusão e o respeito à diversidade cultural, e a importância da cultura popular. "Os direitos culturais completam os direitos econômicos, os políticos e os sociais no quadro dos direitos da pessoa humana", analisou Diégues Jr. (1971a, p. 15).

Na mesma seção, assinou outro artigo, intitulado "Defesa do patrimônio da Bahia", no qual avaliou o encontro dos governadores. Demonstrou a sua surpresa ao ver a contribuição de duas moças na plateia, na "flor da idade" (DIÉGUES JR., 1971b, p. 43). As jovens fizeram intervenções em defesa do turismo cultural. O conselheiro ficou abismado com a juventude defendendo o patrimônio, até porque a pauta permanecia sob o monopólio dos sexagenários do CFC, do IHGB e do Iphan.

Nos textos e discursos dos conselheiros, as reivindicações continuavam ativas. Na ata da 291ª Sessão Plenária, de 1971 (BRASIL, 1971-1989, n. 4), foi registrado que a destinação dos 10% do orçamento do MEC para o PNC não aconteceria, mas um valor reduzido seria repassado para o CFC.

O *Boletim*, na seção "Estudos e proposições", publicou a palestra "A valorização da cultura no Brasil", com base em uma conferência ministrada por Arthur Reis (1971), em Florianópolis, a convite do CEC/SC e da Academia Catarinense de Letras. Após a análise sobre a formação histórica do país e seus condicionantes étnicos, Reis (1971, p. 64) questionou ao público se existia "realmente uma política cultural" no Brasil. E completou o questionamento com os dados da pesquisa realizada pelo CFC que mapeara no país 1.122 bibliotecas municipais, 252 museus e 69 milhões de livros comercializados pela indústria editorial. A afirmação seguida da indagação exemplificou que, mesmo sem o PNC, a política cultural se estabelecia pelas instituições e ações dos agentes culturais.

O *Boletim* (BRASIL, 1972, n. 5) registrou que o Processo 241.715.71, que dispôs sobre a compatibilização e a exequibilidade para o PNC, fora aprovado pelo Parecer 1.319, na sessão plenária, em 3 de fevereiro de 1972. O anteprojeto do PNC, dantes recusado pelo presidente da República e pelos órgãos técnicos e jurídicos responsáveis pelo orçamento da União, seria revisado pelo CFC e proposto, novamente, ao MEC.

A conselheira Rachel de Queiroz (1971), em entrevista para o jornalista João Clímaco Bezerra, na revista *O Cruzeiro*, explicou que, com a "Revolução de 1964", um grupo de amigos sugerira a Castello Branco a criação de um Ministério da Cultura, mas o projeto fora recusado pelo presidente, porque a "Revolução" não poderia "criar novos ministérios, novas despesas, novos encargos de vulto" (QUEIROZ, 1971, p. 106).

O *Jornal do Brasil* apresentou a matéria que, num universo de 1.600 PLs arquivado pelo Congresso Nacional, sem passar por comissão de análise, um deles era o da implantação do Ministério da Cultura (CÂMARA..., 1971, p. 3).

4

SECRETARIA FORTE E MINISTÉRIO FRACO

Renato Soeiro assumiu a direção do DAC, mas manteve-se tanto na direção do Iphan quanto na Câmara de Patrimônio do CFC. A resposta de Soeiro representando o CFC para o MEC sobre o Processo 1.454 demonstra que os papéis de conselheiro e gestor se confundiam nas responsabilidades institucionais.

Em nome da Câmara de Patrimônio, Renato Soeiro respondeu ao questionamento do MEC sobre a coleção de arte sacra do advogado, pintor, paisagista e mecenas Abelardo Rodrigues (1908-1971), que se encontrava em processo de tombamento por solicitação do arquiteto Alcides da Rocha Miranda, chefe da repartição do Iphan, em Brasília, DF. O acervo, segundo o parecer, seria destinado para a exposição "O espírito Criativo do Povo Brasileiro nas comemorações do Sesquicentenário da Independência do Brasil", registrou o *Boletim* (1972, p. 51).

Enquanto novas realocações políticas precisavam ser manejadas, velhas questões retornavam ao debate. Os conselheiros saudaram na 341ª Sessão Plenária o PL de isenção fiscal para projetos culturais, apresentado pelo senador José Sarney, o ex-governador do Maranhão foi signatário dos compromissos de Brasília (1970) e Salvador (1971), registrou o *Boletim* (1972). A proposta do PL foi recomendada pela delegação brasileira na Unesco, em 1969, orientando a criação de legislação de incentivos fiscais para os países-membros. A matéria era conhecida pelos conselheiros, pois a Comissão de Legislação e Normas, após o referendo da Unesco, redigiu uma PEC propondo a questão, totalmente, rejeitada pelos ministérios do Planejamento e Fazenda, à época.

A ata da 345ª Sessão Plenária (BRASIL, 1971-1989, n. 8) assinalou a despedida de Arthur Cézar Ferreira Reis da presidência e Andrade Muricy da vice-presidência do CFC. Entre as homenagens, muitos discursos enalteceram o caráter dos conselheiros. Foi ressaltado que Arthur Reis, estudioso consagrado da Amazônia, possuía uma personalidade forte com "atitudes rudes", que contrastava com a "generosidade simples" dos seus estudos sobre a "cultura em seu aspecto nacional". Destacou-se em Andrade Muricy o seu "humanismo" e a "alma musical", além do "espírito sempre jovem" (BRASIL, 1971-1989, n. 8, p. 124).

Para o biênio de 1973 a 1974, Raymundo Moniz de Aragão foi eleito presidente, com 18 votos, e Manuel Diégues Júnior vice-presidente, com 20 votos. Os dois nomes confirmavam a tradicional circularidade na ocupação das cadeiras principais do CFC. Na câmara de Patrimônio, Vianna Moog foi substituído por Hélio Vianna. Na câmara de Artes, Armando Schnoor e Ariano Suassuna foram substituídos por Silvio Meira e Maria Alice Barroso. Djacir Menezes assumiu a presidência da Câmara de Ciências Humanas.

A cerimônia da despedida de Arthur Reis, ocorrida no dia 4 de dezembro de 1972, no gabinete do ministro, abriu a temporada de exposições divergentes entre o CFC e o MEC. A seção Estudos e Proposições do *Boletim* publicou seu discurso completo, onde elogiou seus colegas conselheiros:

> [...] nas tarefas que lhe competiam, foram amigos e diligentes servidores, conscientes de suas responsabilidades e desta obra de tão singular expressão — a de assegurar aos brasi-

leiros, um estado de espírito voltado para as atividades culturais, essenciais, como capítulo especial, à nossa potencialidade e reflexo de nossa dinâmica na área da inteligência. (REIS, 1973, p. 10).

O ex-presidente enunciou críticas contundentes e denunciou que o orçamento destinado à cultura inviabilizava qualquer política, pois:

[...] o que a União despende é apenas 0,16% do orçamento nacional! É certo que a esses números precisamos juntar os dos orçamentos estaduais e municipais. Mesmo assim será ainda muito pouco, inexpressivo, face às obrigações que é preciso enfrentar. (REIS, 1973, p. 13).

Muitos boicotes foram realizados contra o CFC, pelos oposicionistas do órgão, afirmou:

[...] a toda sorte de contestações, de negações, de críticas desonestas, sim, desonestas porque nelas não se traz uma linha de cooperação, de esclarecimento, reduzidas que ficam à felonia de acusações maldosas que escondem frustrações de quem desejaria ser parte do Conselho. Embora, sem nos desviar-nos da nossa conduta legal estamos vencendo a fase de implantação, na experiência admirável que nos congrega visando assegurar, ao processo de desenvolvimento cultural do Brasil, aquilo que é essencial a esse mesmo desenvolvimento. (REIS, 1973, p. 13-14).

Os críticos do CFC questionavam as publicações do CFC, e as aproximações dos conselheiros com a Biblioteca Nacional:

Se há até os que desejam a extinção do Conselho, para isso tentando a negação de recursos financeiros, para as operações a que, por dispositivo de lei, devemos proceder! Se há os que se espantam e nos condenam com o fato de nós possuirmos biblioteca própria, à alegação de que a Biblioteca Nacional é perto, muito perto, do local onde funciona o Conselho! Se ache quem há desnecessário a série de publicações que fazemos para servir à cultura nacional! (REIS, 1973, p. 14).

Para contrapor as críticas, o conselheiro destacou a criação do CFC por Castello Branco. O presidente da República instituiu o órgão para brecar os desvios ideológicos de supremacias continentais que se alastravam sobre o Brasil. O CFC foi exitoso em sua trajetória institucional, com projetos reconhecidos pela Unesco e parcerias internacionais renomadas, a exemplo da comemoração do IV Centenário de *Os Lusíadas*, proposto por Gladstone Chaves de Mello, evento que reuniu a inteligência brasileira e portuguesa. Proposto por Rachel de Queiroz, o Projeto Capistrano de Abreu incentivou pesquisas universitárias em arquivos estaduais e no Arquivo Nacional, praticamente um inventário para a preservação do passado.

A independência da cultura foi alcançada em países que executaram os "passos iniciais para a criação de um Ministério da Cultura". A proposta foi perseguida, sistematicamente, pelos conselheiros federais no Brasil. Contudo o CFC mantinha-se ileso às questões que boicotaram o PNC e a Seac. O conselheiro mencionou exemplos positivos de institucionalização da cultura nos estados da Guanabara, Ceará e São Paulo, lugares que firmaram secretarias autônomas. "A um Ministério da Cultura, seguramente, é que caberá, com a competência e os recursos essenciais, a promoção da mais ampla e impetuosa política cultural", concluiu Reis (1973, p. 16).

O Ministério da Cultura, objeto do PL de Menotti del Picchia, em 1960, foi acolhido pelo ministro Jarbas Passarinho e recomendado nos Compromissos de Brasília (1970) e de Salvador (1971) por governadores e secretários estaduais. O não atendimento, pelo governo da principal deliberação dos encontros nacionais, um Ministério da Cultura, demonstrava que não havia vontade política.

Reis questionou: será que, entre os "homens de pensamento e de ação, não se criou ainda clima para o estabelecimento do Ministério, autorizado e aparelhado para as tarefas muito específicas do espírito e da criatividade?" (REIS, 1973, p. 15).

O ceticismo demarcava uma avaliação negativa sobre como o governo tratara as propostas e deliberações dos encontros, das reuniões e dos projetos do CFC. As promessas e os problemas aumentavam e não se resolviam. As críticas aos processos burocráticos e políticos do governo federal estenderam-se para os estados e municípios.

Arthur Reis lembrou que os Conselhos Estaduais e Municipais de Cultura foram criticados pela baixa eficiência. Essas críticas se desdobravam para o CFC em decorrência do não reconhecimento político do órgão. As críticas de ineficiência encobriam a negligência governamental: "Por que não lhes dão ouvidos, não lhes creditam recursos para suas tarefas?", indagou Reis (1973, p. 16).

Se de um lado os governos exigiam eficiência dos conselhos, de outro os conselheiros reclamavam do desconhecimento daqueles que deveriam "alimentá-los, dar-lhes vigor", afirmou Reis (1973, p. 16). O CFC demonstrou que, onde existiam investimentos, as instituições se consolidavam. O órgão mapeou mais de 20 Conselhos de Cultura, somente no estado do Rio de Janeiro, na década de 1970. Além da execução do Plano Estadual de Cultura do CEC/GO.

O financiamento para a cultura foi uma deliberação central da Carta Internacional sobre a Conservação e o Restauro de Monumentos e Sítios, Carta de Veneza (1964). Uma proposta brasileira acolhida por todos, segundo o relato de Arthur Reis:

> Em Veneza, recentemente, as nações que ali se reuniam, por convocação da Unesco, para examinar o problema cultural como ele se apresentava, país a país, em particular no financiamento estatal aos empreendimentos culturais, deliberamos, para exemplificar, e essa deliberação resultou na iniciativa da delegação brasileira, que numa política cultural deveria considerar-se a participação da iniciativa privada, através dos incentivos fiscais. (REIS, 1973, p. 16).

A proposta, aprovada em âmbito internacional, no Brasil foi desconsiderada, com a "[...] alegação de que havia desconto demasiado no imposto de renda, o que impedia nova sangria, esta agora, representada no investimento na área dos bens culturais!", lamentou Reis (1973, p. 16). Por isso, o CFC endossou o PL do senador José Sarney:

> [...] não podia deixar de merecer o aplauso do Conselho. É que na base dos recursos inexpressivos que nos são consignados no Orçamento da União, não pode o Conselho ampliar suas atividades. Como sem o Plano Nacional de Cultura, tampouco poderá partir para programas que, no fim de contas, devem ser consequência imediata do Plano, que será o texto fundamental. (REIS, 1973, p. 16).

Mesmo em consonância política com a ditadura, Arthur Reis expôs as contradições políticas e financeiras sofridas pelo CFC para implantar seus projetos. Os custeios para a implantação do PNC e da Seac foram negados, sucessivamente, afetando o atendimento dos compromissos firmados com as instituições culturais. O conselheiro revelou que, para cumprir o planejamento anual de 1972, apelara para uma concessão de recursos ao ministro Jarbas Passarinho para a implantação do PNC:

> Quanto ao Plano Nacional de Cultura, imperativo legal do Conselho, elaborado há quase três anos, não foi ainda submetido ao Congresso Nacional. É que uma burocracia, incapaz de compreender-lhe a importância, que honra, dignifica a diligência e a competência do Conselho, tem dificultado, numa evidente prova de má vontade, de incompreensão, de total ausência de consciência do dever. (REIS, 1973, p. 17).

O vocábulo "dever" enunciado no discurso de Arthur Reis pode ser avaliado sob o parâmetro da análise de discurso de Antoine Prost (2003), enquanto uma estratégia para imputar a obrigação moral do Estado para com o CFC.

Segundo Reis, por conta dos constantes questionamentos, o PNC não progrediu, a ponto de não ser encaminhado para aprovação do Congresso Nacional. Todas as observações arroladas e analisadas pela Comissão de Legislação e Normas mostravam a inconsistência e ausência de validade dos argumentos contrários. Mas, diante de novas promessas, talvez o PNC fosse "levado ao Parlamento, para que possa vigorar", ironizou Arthur Reis (1973, p. 17). O ceticismo latente do conselheiro vislumbrou que o ano de 1973 seria mais um período cheio de promessas evasivas.

Arthur Reis (1973, p. 16) ratificou que, em sua gestão, a proposta para o PNC incluiu a "defesa e a conservação da natureza e da população indígena, como patrimônios fundamentais que o país deve preservar". Em 1969, a matéria entrou nos debates do CFC e do PNC, após o conselheiro assumir a presidência. Frequentemente, eram denunciados os incêndios e a devastação florestal da Amazônia como consequências da construção da Estrada Transamazônica, afetando as populações originárias. O debate entrou gradualmente nas esferas do MEC enquanto assunto de política cultural. A questão indígena foi vinculada ao Ministério da Justiça via Serviço de Proteção ao Índio e Localização de Trabalhadores Nacionais, pelo Decreto 8.072, de 20 de junho de 1910. As populações indígenas foram remanejadas para a Fundação Nacional do Índio (Funai), a partir de 1967.

Arthur Reis retomou os dispositivos da CF-1968 sobre a garantia de liberdade de expressão e criação para as artes, para a cultura e para a proteção do patrimônio e povos indígenas. Recordou que a PEC redigida pela Comissão de Legislação e Normas sobre a ampliação do direito cultural, a salvaguarda do patrimônio e financiamento da cultura via isenção fiscal auxiliaria a proteção e a restauração dos bens protegidos culturalmente. O direito autoral também foi previsto, era um assunto caro para os escritores conselheiros. Segundo Reis (1973, p. 19), o CFC "condenou a portaria que regularia a censura, nos moldes ali estabelecidos", e retomou a defesa da liberdade de expressão e criação artística, deliberada pela Convenção de Veneza, da qual foi "fiel ao princípio".

Lia Calabre (2005) concluiu que, dos três planos de cultura elaborados pelo CFC, em 1968, 1969 e 1973, nenhum fora posto em prática. Acredito que os múltiplos anteprojetos do PNC e da Seac foram fruto de negociações e reelaborações, sem grandes mudanças entre eles, o que indica que, em vez da não execução, as disputas em torno da organização da cultura foram recorrentes, ocasionando arquivamentos em série, sem discussão no Legislativo.

Prova disso foram os numerosos anteprojetos, planos emergenciais, reformas, emendas constitucionais, pareceres jurídicos e grupos de trabalhos organizados pelo CFC. O PNC não foi aprovado pelo Ministério do Planejamento, tampouco enviado ao Congresso Nacional. Uma análise do discurso de Reis (1973) indica que o PNC foi negociado e recomposto conforme a prática política vigente. Dessa forma, as alterações e as reapresentações do PNC e da Seac ficaram condicionadas às negociações e às disputas exógenas para a sua operacionalização, questão que não ocorreria via Congresso.

Ainda que o PNC fosse rejeitado no interior do governo, os programas do CFC eram executados à luz da sua diretriz política. Publicações, parcerias, difusões, convênios, concessões de subsídios e implantações de casas e Conselhos de Cultura demonstraram que o PNC se tornara mais do que um plano, senão um projeto executivo para a operacionalização da política cultural. As ações desse plano não oficializado foram executadas, mesmo que condicionadas ao orçamento enviesado do MEC para o CFC.

Os tensionamentos em torno da aprovação e custeio do PNC refletiram sobre as competências do CFC. Ao defenderem a criação do Ministério da Cultura, os conselheiros acreditavam que projetariam uma solução financeira para a área:

> Faz-se necessária a criação de uma consciência cultural do país, como há sobre a criação econômica, a formação dos quadros dirigentes pela obra da educação, a que tanta dinâmica se vê emprestando. A consciência cultural, que em Veneza verificamos ser, mesmo no mundo soberano que nasce na África e na Ásia, como também na outra América, a de raiz ibérica, a espanhola, verificamos ser um propósito, uma decisão de Estado, pelo que representa, pelo que expressa, pela potencialidade que assegura, precisa ser também uma constante da nossa vida. (REIS, 1973, p. 22).

O avanço tecnológico, a comunicação de massa e os novos hábitos de consumo contrastavam com um país marcado pelo analfabetismo, migração populacional, vazios geográficos, pobreza social e desigualdade econômica. Ademais, o povo estava alheio aos debates nacionais. O complexo cenário nacional foi problematizado pelo conselheiro. Para Arthur Reis, as transformações pretendidas dependiam do estabelecimento de uma nova consciência cultural.

> Estamos vivendo um mundo em mudança vertiginosa. A tecnologia avançada, as novas práticas da vida, o processo de consciência política, as criações artísticas, revolucionárias, a inquietação da mocidade, tudo a revelar aquelas transformações, sem medida, exigem uma atitude que não pode ser a de expectativa, mas de participação ativa, imediata, profunda, de todos. Ainda não civilizamos a hinterlândia brasileira. Há muitos milhares de brasileiros que não se beneficiaram ainda da alfabetização. (REIS, 1973, p. 23).

O processo de integração nacional via tecnologia era uma inconteste realidade. "E na estratégia do desenvolvimento, de que estamos participando com tanta velocidade e intensidade, o capítulo do crescimento cultural precisa ser considerado em seu valor exato e em suas consequências positivas [...]. Estamos a serviço do Brasil." (REIS, 1973, p. 24-25).

O discurso, taquigrafado e transcrito em 14 laudas, foi anunciado como uma fala no sumário do *Boletim*, mas além das seções e dos títulos sumariados, existiam os bastidores da política cultural. Moniz de Aragão, sucessor de Arthur Reis, foi empossado no dia 22 de janeiro de 1973, no Palácio da Cultura. Seu discurso, com apenas cinco laudas, foi publicado sequencialmente ao do seu antecessor no periódico.

Aragão (1973, p. 26) enalteceu o "governo revolucionário" iniciado em 1964. O conselheiro afirmou que o legado de Jarbas Passarinho ficaria para a "História, como o de um Ministro atuante, criativo, capaz; que o realce a luz que nimba a figura dos detentores de poder, que acolhem e honram a sabedoria inerme". Sobre o PNC, o presidente limitou-se a refletir sobre os planejamentos de Estado que o CFC elaboraria:

> Tal plano, porém concebido em obediência ao transitório dos imperativos conjunturais, há, ainda assim, de atender a diretrizes amplas e alongadas no tempo, elaboradas e periodicamente retificadas por um órgão, para isso e por isso constituído de elementos representativos dos quadrantes culturais e físicos do país, e tornados intemporal, por sua renovação, por parte e a períodos. (ARAGÃO, 1973, p. 26).

Aragão prometeu que, até o mês de março de 1973, seriam entregues ao governo as diretrizes para o PNC. O discurso do conselheiro foi apaziguador e direcionado para o que os conselheiros gostavam de se ater, debates teóricos, sobre a diferença entre ciências exatas e humanas, além de reflexões sobre o espírito científico da nova sociedade.

Um novo aceno à cultura científica seria preciso para a evolução da sociedade tecnológica, que, literalmente, engolfava a cultura tradicional. "Não há uma cultura tecno-científica essencialmente diversa e divergente da cultura humanística, porque a técnica — e, com ela, a ciência que a impulsiona e conduz, — está presente em todas as expressões da vida moderna." (ARAGÃO, 1973, p. 29).

Ao finalizar o discurso, o novo presidente do CFC sugeriu a renomeação da Câmara de Ciências Humanas para Ciência e Tecnologia.

No entanto, o discurso de despedida de Arthur Reis, dias antes, esquematizou o discurso de Jarbas Passarinho na posse de Moniz de Aragão como uma espécie de réplica. O ministro afirmou que o ex-presidente do CFC foi conduzido ao cargo por dois mandatos consecutivos, com a anuência do presidente da República, sendo que o Executivo poderia ter usado a sua discricionariedade para nomear outro candidato. Porém, observou que o discurso contestador do escritor amazônida fora movido pelas emoções da despedida, mas que a sua personalidade não lhe extraía os méritos de sua produção intelectual.

> Por duas vezes, o amazônida apenas aparentemente áspero no trato da coisa pública, o historiador brasileiro que trouxe indesmentível e apreciada contribuição à interpretação do processo histórico brasileiro, o intelectual que sempre se encontrou na primeira trincheira da defesa da Amazônia brasileira, mesmo e principalmente, quando essa atitude, poderia gerar ressentimentos de poderosos, esse bravo, ardoroso e apaixonado Arthur Reis por duas vezes — repito — foi convocado pelo voto de seus pares à Presidência desta Casa. (PASSARINHO, 1973, p. 31).

O discurso do general da cultura, contraposto ao discurso do coronel do Exército, tornou-se um duelo político nas páginas do *Boletim*. O ministro contornou as críticas enunciadas pelo ex-presidente do CFC, pois a defesa da cultura *tout court* seria "um perigoso mascaramento de ideologia. A Alemanha nazista teve um Ministro da Cultura, a União Soviética, o tem, ainda hoje", alertou Passarinho (1973, p. 33). Para o ministro, a exemplo desses países, um Ministério da Cultura no Brasil poderia insuflar totalitarismos sobre os processos de criação cultural. Contudo, na URSS e na Alemanha, não existiam Ministérios da Cultura, mas somente conselhos de ministros. Nos casos soviético e alemão, existia uma junção da imprensa e propaganda, próxima do que foi o DIP e o SNI, ambos para o controle e a censura.

Jarbas Passarinho respondeu às acusações dos valores escassos à cultura e às constantes citações da Unesco realizadas por Arthur Reis. O ministro fez questão de declarar que o órgão internacional não disponibilizava fomentos para os países-membros:

> E eu gostaria de lembrar, não diria o meu espanto, não estivesse nesse Plenário, mas o meu "alumbramento" quando, Ministro da Educação participei do I Congresso da Unesco e pude examinar-lhe os documentos, verificando quão pobre era o seu orçamento. [...] A Unesco não tem significação, pois, pelo que ela pode oferecer do seu orçamento à cultura do mundo, mas pelo que ela oferece, não em dinheiro, mas pela excelência dos recursos humanos treinados e pelos seus conselhos nos momentos oportunos. É isto que deve sair deste Conselho em benefício da cultura brasileira. (PASSARINHO, 1973, p. 35).

Ao demonstrar a ausência de recursos em âmbito internacional, o ministro realinhou o seu recuo em relação ao Ministério da Cultura e aos empecilhos políticos para a execução e aprovação do PNC, Seac e outras demandas do CFC. E completou sobre o CFC:

> O papel do Conselho Federal de Cultura, longe de episódico ou limitado, é abrangente, na medida em que a assessoria de alto nível que presta ao Ministro de Estado implica até

> mesmo a função fiscalizadora, atuante, permanente em favor da cultura em todas as suas manifestações e não apenas como se aqui, se alinhassem estáticos, os guardiões do patrimônio artístico, histórico, arqueológico ou natural. Isto já seria muito, não há como negar, mas extremamente pouco quando se compara com os objetivos de uma política de cultura que deve ser global, ligada a uma concepção de conjunto da sociedade e cuja finalidade última é o "acesso de todos à plenitude da dignidade humana que não se cessa de conquista e cuja perspectiva se abre em horizonte sem fim", exaure com o simples preparo do plano nacional de desenvolvimento da cultura. (PASSARINHO, 1973, p. 35).

O ministro justificou que os questionamentos do consultor-geral da República sobre o PNC, que levaram ao seu arquivamento, receberam anuência do presidente da República. Portanto, foram decorrentes dos dispositivos que contrariavam os "diplomas legais vigentes", sinalizou Passarinho (1973, p. 37).

Para finalizar o seu discurso, o ministro conclamou os conselheiros para que projetassem o olhar para a educação e seu dinamismo, sobretudo para a imbricação da cultura no processo educativo. Passarinho (1973) leu excertos da pesquisa realizada por Pierre Bourdieu e Alain Darbel (1969), publicada na França, sobre a massificação da cultura. A obra no Brasil foi divulgada com o título *O amor pela arte.* O ministro relatou que na França foram investigados visitantes de 22 museus. O público fora dividido em categoriais: "1% de agricultores, 4% de operários, 5% de artesãos e comerciantes pequenos, 18% de empregados e 46% provenientes de quadros superiores", descreveu Passarinho (1973, p. 37). Para o ministro, os números revelavam que as massas populares alcançariam a cultura somente com base na educação formal. Essa questão tornava-se central para a apreensão cultural, condição que deveria ser o objetivo maior do CFC.

4.1 Diretrizes para uma Política Nacional de Cultura

A ata da 357ª Sessão Plenária do CFC (BRASIL, 1971-1989, n. 9) registrou o alerta do presidente Moniz de Aragão para que o texto da "Diretrizes nacionais para uma política nacional de cultura" não fosse divulgado antes da entrega oficial ao ministro Jarbas Passarinho, agendada para o dia 16 de março de 1973. O evento ocorreria durante uma cerimônia no Museu Imperial de Petrópolis, em homenagem ao aniversário da cidade. Contudo, um artigo do Irmão José Otão (1973), publicado no *Correio do Povo* e reproduzido na seção "Estudos e proposições" do *Boletim*, indicou que o documento fora aprovado na 356ª Sessão Plenária[22], em 14 de março, e, sob a relatoria de Afonso Arinos fora apresentado na reunião do CFC, no dia 15 de março, um dia antes da data oficial de divulgação.

Otão (1973, p. 10-13) afirmou que a Política Nacional de Cultura (PNC) e o Fundo Nacional de Desenvolvimento da Cultura (FNDC) demonstravam que "bons planos e bons projetos são, por vezes, preparados, mas não são executados por falta de recursos". Nada de novidade na explicação do conselheiro, com exceção da alteração de Plano para Política na denominação PNC. O CFC atualizou os anteprojetos e incorporou as deliberações acumuladas, desde 1967, de todos os encontros nacionais, desde a reunião com os Conselhos Estaduais de Cultura, o GT da reforma administrativa e os encontros dos governadores e secretários de Cultura. Todos esses documentos enfatizaram a proteção e a conservação das distintas tipologias de patrimônio, além do incentivo à criatividade e às pesquisas sobre a formação da sociedade brasileira para consubstanciar os preceitos da cultura para atuação do Estado.

---

[22] Ao analisar essa ata, não constatei a sua aprovação pela plenária, mas apenas a aprovação do ministro para a finalização do documento, o que indica que, entre os encaminhamentos da entrega oficial, da elaboração e da aprovação, houve interferência do ministro.

O direito autoral, a difusão e o apoio às manifestações culturais, a democratização da cultura por intermédio dos meios de comunicação de massa, as parcerias com as universidades, os institutos de pesquisa, as instituições culturais privadas e públicas, a criação dos serviços nacionais do folclore, da música e das artes plásticas foram ressaltados no texto das "Diretrizes para uma Política Nacional de Cultura" (1973). Destacaram-se os incentivos para a criação e funcionamento dos conselhos estaduais e municipais, das casas de cultura, dos cursos profissionais de arte, patrimônio e restauro, entre outros convênios e parcerias institucionais, considerando a segurança nacional. Esse documento foi pautado pelos preceitos da Escola Superior de Guerra (ESG), cujas metas, cujos programas e instituições culturais se condicionariam à implantação do FNDC para sua execução.

O documento sublinhou que a institucionalização da cultura no Brasil ocorreu com a criação do CFC e DAC. O CNC foi deliberadamente ignorado nos textos políticos dos dois órgãos, assim como o DAC também foi negligenciado na estrutura hierárquica do CFC (Figura 21), mesmo sob a direção dos próprios conselheiros.

Figura 21 – Reprodução da ficha técnica do *Boletim*

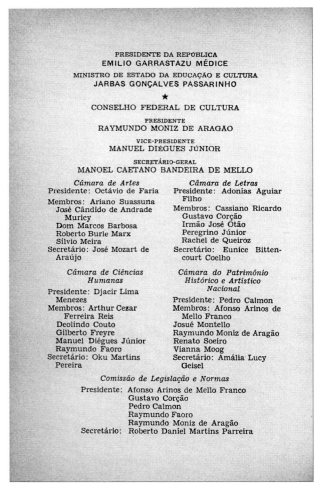

Fonte: *Boletim* (1973, n. 9, p. 2)

Sobre a criação do Ministério da Cultura, o texto "Diretrizes para uma Política Nacional de Cultura" ressaltou: "A esta altura da experiência adquirida [...] considerar, dada a complexidade administrativa do país, acentuada pelo surto de desenvolvimento socioeconômico que lhe foi imprimido"; e a emergência da "necessidade da divisão da área de competência do Ministério da Educação e Cultura para a criação do Ministério da Cultura". Do "Ministério dependerá, em grande parte, não só a validade de uma Política Nacional de Cultura" para "projeção transnacional", publicou o *Boletim* (DIRETRIZES..., 1973, p. 63).

O documento mencionou grupos e subgrupos, ajustamentos e desajustamentos, indicando uma relação de controle cultural, fundamentado na ESG. Apresentou o Ministério da Cultura como uma etapa a ser ultrapassada para o desenvolvimento nacional, devido às complexidades culturais, econômicas e sociais do país. A Comissão de Legislação e Normas do CFC destacou que apartar a Cultura da Educação era uma reivindicação antiga do conselho.

A seção "Noticiários" do *Boletim* reproduziu a matéria publicada no *Correio Braziliense* intitulada "Impacto na Cultura" (1973). A notícia informou que, para o biênio 1973 a 1974, seriam destinados o valor de Cr$ 95.000.000 (noventa e cinco milhões de cruzeiros) a fim de atender aos projetos aprovados pelo MEC para execução do DAC e do CFC:

> E o impacto da cultura. E afinal o Plano Nacional de Cultura tomando corpo e começando a produzir os seus frutos tão esperados. É o começo, pelo menos. E em última análise, o início da marcha para o Fundo Nacional da Cultura que garantirá num futuro que esperamos esteja próximo, o suprimento dos auxílios indispensáveis em forma de incentivo, a dinamização dos movimentos nacionais e regionais vinculados a exteriorização as mais diversas formas de expressão da inteligência e do espírito criador da nossa gente, parte importante do próprio interesse nacional de desenvolvimento. Desenvolvimento global, integrado, desdobrando-se em todas as áreas de atividades do povo brasileiro, e não apenas naquela que diz respeito a economia. (IMPACTO..., 1973, p. 4).

A velha compreensão da cultura enquanto artefato/mercadoria para ser entregue e consumida voltou com força no texto "Diretrizes para uma Política Nacional de Cultura". O jornal acolheu com entusiasmo a ideia, pautada no civismo da ESG:

> A ideia do Governo é levar cultura ao povo, em vez de tentar trazer o povo à cultura. Desiderato tantas vezes provado incompatível com as realidades de um país como o nosso, de tamanha vastidão geográfica e de tantas e tão marcantes peculiaridades regionais de formação cultural. Precisamente considerando essa diversificação extraordinária e rica de nuanças características do múltiplo poder de criatividade dos brasileiros, unidos pela argamassa de uma nacionalidade una e indestrutível, e que a administração federal porfia em executar uma saudável e patriótica política de integração no plano do espírito e inteligência. De acordo com a orientação traçada pelo ministro Jarbas Passarinho, os projetos culturais prioritários, no âmbito do MEC previamente apreciados e aprovados pelo Conselho Federal de Cultura vão estender-se a todo o território do Brasil, e não apenas a esta e aquela cidade, a este ou aquele estado, a esta ou aquela região. O que se pretende estabelecer, no campo dos empreendimentos culturais, é uma filosofia de trabalho marcada pelo dinamismo, uma linha de ação viva, atuante, participadora, atingindo comunidades distantes, umas das outras, geográfica e culturalmente, unindo-as no ideal comum, verdadeiramente nacional, de uma cultura integrada. (IMPACTO..., 1973, p. 4).

No documento "Diretrizes...", algumas políticas, como o Programa das Cidades Históricas (PCH), instituído em maio de 1973, foram impulsionadas pelos compromissos de Brasília e de Salvador a fim de gerenciar problemas dos centros urbanos históricos. O PCH recebeu, aproximadamente, "17,3 milhões de dólares", de 1973 a 1979, informou Correa (2016, p. 16).

Se alguns programas e planos recebiam investimentos vastos, por que o CFC não? A crítica de Arthur Cézar Ferreira Reis ao deixar a presidência do CFC não vinha de um vazio histórico, mas de demandas represadas nas disputas de poder, pois novas estruturas foram criadas com apoio financeiro e interministerial, a exemplo do PCH.

O registro da ata da 366ª Sessão Plenária, de 1973 (BRASIL, 1971-1989, n. 10), questionou a reportagem de *O Estado de S. Paulo* sobre a necessidade da criação de um Estatuto Nacional da Cultura, assunto mencionado por agentes culturais. O PNC de Plano passou para Política, e os jornais noticiavam um estatuto desconhecido pelos conselheiros.

O mencionado estatuto foi respondido por Gilberto Freyre em um manifesto, lido em reunião, reiterando que ao Estado caberia amparar o desenvolvimento da cultura, e não impor uma "orientação estatizante". Afonso Arinos retificou que o trabalho do CFC forneceria as "diretrizes para um Plano Nacional de Cultura, e não um Estatuto, que pressupõe ação unilateral do Estado". Moniz de Aragão ponderou que as diferentes interpretações da matéria não deveriam ofuscar o "relevo" do "espírito democrático" do ministro Passarinho (BRASIL, 1971-1989, n. 10, p. 123-124).

Maria Alice Barroso (1928-2012) foi a segunda mulher a ser indicada para o CFC. Bibliotecária da Biblioteca Regional de Copacabana, dirigiu a Discoteca Pública do Rio de Janeiro, o Instituto Nacional do Livro, a Fundação da Biblioteca Nacional e o Arquivo Nacional. Nomeada diretamente pelo presidente Médici para o CFC, registrou a ata da 378ª Sessão Plenária, de 1973 (BRASIL, 1971-1989, n. 11), o que indicava sua notoriedade e influência. A conferência de posse da conselheira, intitulada "Despertar para a Cultura", foi registrada na seção "Estudos e proposições" do *Boletim*. A conselheira criticou o "modelo de cultura de micros-repetições" propagadas pelo eixo Rio/São Paulo, como uma "cultura massificante do Kitsch" (BARROSO, 1973, p. 40). Pois:

> Não pretendo que sejamos originais nem acadêmicos, vanguardistas nem tradicionais: reivindico o posicionamento daquele que trabalha (ou melhor, moureja), a cada hora, construindo, anonimamente, a cultura do seu país, repudiando as obras faustosas, em nome da Cultura, que mais espantam do que atraem o povo humilde e modesto de nossos vilarejos do interior. (BARROSO, 1973, p. 41).

A conselheira propôs que fossem considerados outros paradigmas para o Plano de Ação Cultural (PAC), com base na Política Nacional substituta do PNC. A integração da cultura valendo-se da composição étnica do povo pautaria o teor do PAC visando ao desenvolvimento regional: "Como brasileiros, sul-americanos de raça lusa, podemos dizer que somos um povo de sons portugueses, cercados pelo sonido espanhol por todos os lados" (BARROSO, 1973, p. 42).

As integrações regionais costuradas pelo CFC para a criação dos conselhos e das casas de cultura foram enaltecidas na 384ª Sessão Plenária, no dia 10 de outubro de 1973, reunião concomitante ao II Encontro Fluminense de Conselhos Municipais, promovido pelo CEC/RJ. Na ocasião, o ex-presidente Arthur Reis anunciou um novo encontro nacional com os conselhos estaduais e municipais. O evento, realizado no auditório do Serviço Nacional de Aprendizagem Comercial, em Niterói, foi coordenado pelo governador Raymundo Padilha e pelo professor Paulo Ribeiro Campos, presidente do CEC/RJ. As discussões demarcaram que as integrações regionais visavam a parcerias institucionais entre os órgãos de cultura. Embora estivesse sendo discutido paralelamente o PAC, a Política e o Plano Nacional de Cultura, sob a incumbência do CFC, permanecia uma ideia viva para os conselheiros e em disputa dentro do MEC. Registros da ata da 392ª Sessão Plenária, de 1973, demonstram que a pauta retornou à Câmara de Letras, conforme relatou Adonias Filho.

4.2 Política Nacional de Cultura

Na 396ª Sessão Plenária, de 1974 (BRASIL, 1971-1989, n. 13), o ministro Jarbas Passarinho anunciou encaminhamentos para que as "Diretrizes para uma Política Nacional de Cultura" se convertessem no PAC. Moniz de Aragão (1974a, p. 25) agradeceu o valor de "quatro milhões de cruzeiros [...] partilhados através das três áreas fundamentais do Conselho, patrimônio, incentivo à criatividade e difusão à cultura".

O discurso de Arthur Reis ainda assombrava a relação entre o MEC e o CFC, por isso precisava ser expurgado para que a gestão de Jarbas Passarinho não ficasse no limbo da história. Moniz de Aragão ratificou que os recursos garantiram a criação de 36 casas de cultura "sentinelas avançadas [...] destinadas a chamar e alistar brasileiros, na grande cruzada da cultura" (ARAGÃO, 1974a, p. 25). O ministro Jarbas Passarinho em nenhum momento interveio nas ações do CFC, afiançou o presidente do CFC, e a maior prova dessa questão foi que o Acre, seu estado natal, não recebera nenhuma casa de cultura. Ressalta-se que as maiores relações políticas do ministro eram com o estado do Pará, que recebera três casas de cultura.

Jarbas Passarinho (1974a) visitou o CFC na 403ª Sessão Plenária, em 5 de março de 1974, para uma despedida oficial. Ao avaliar a sua gestão no MEC, lamentou suas ausências no órgão, justificadas pela distância geográfica. Comunicou que a decisão de transferir o MEC para Brasília fora do presidente da República, porém a cultura, o CFC, permanecera no Rio, por sua escolha, já que a cidade era o centro cultural do país, avaliou.

O ministro reiterou que a Política Nacional de Cultura, apesar das adversidades, fora elaborada conforme as orientações do diretor-geral da Unesco, o professor René Maheu (1905-1975), cujos ensinamentos delinearam a construção dos planos nacionais. Desse modo, um plano nacional deveria ser pautado pelas especificidades de cada país, com adaptações às suas realidades, mas estabelecendo de três a quatro pontos em comum para interligar as regiões. Os ensinamentos de Maheu sobre os Planos Nacionais de Cultura foram direcionados para a Política Nacional. A política de cultura operacionalizar-se-ia com o desenvolvimento social a fim de evitar os colonialismos culturais, preservando a consciência nacional. No entanto, o Estado deveria se pautar pela orientação, e não pela "interferência [...] cerceamento à liberdade criadora do intelectual e do artista", sentenciou Passarinho (1974a, p. 29).

O ministro alertou que as medidas executivas para a elaboração das novas políticas de cultura impulsionaram críticas externas ao governo inclusive de que o Estado se transformara em um "instrumento fascista de condução do pensamento brasileiro". Os críticos esqueciam a sua postura em relação à censura, quando se dirigiu pessoalmente ao Ministério da Justiça para mediar a solução do problema. Enquanto "ministro [...] não fugiu às suas responsabilidades, nem lavou as mãos". Contudo a censura cultural se institucionalizou com mais força por meio dos mecanismos oficiais. O conselheiro Gilberto Freyre recebeu um agradecimento do ministro, por ter defendido o presidente da República das críticas de utilização das companhias teatrais como "[...] instrumento de louvação pessoal do governo", afirmou Passarinho (1974a, p. 30), por intermédio do PAC. E lembrou que em sua juventude viveu os extremismos ideológicos:

> Àquela altura, havia uma bipolarização: de um lado, o Cavaleiro da Esperança; de outro, o senhor Plínio Salgado. Quem não se polarizasse por um desses dois extremos cometia a brutal injustiça de ser considerado portador de uma doutrina política podre. O Conselheiro Silvio Meira é dessa época. Vi violências. Sofri poucas. Intencionalmente, não as

> fiz. Mas, ao longo de toda uma vida, verificamos que foi necessária uma guerra mundial para que essa mancha inapagável da civilização humana que se chamou nazi-fascismo fosse exposta a nu, graças ao trabalho de revolvimento dos vitoriosos que chegaram ao que fora o território do III Reich e trouxeram à tona toda a história do que tinha sido praticado pela violência contra a pessoa humana. De súbito o mundo todo tornou-se anti-hitlerista, mas esse mesmo mundo se esqueceu da presença de um tirano, no meu entender, das mesmas proporções de tirania que na União Soviética dirigia a ferro e fogo os destinos daquele povo e que se chamava Joseph Stalin. Foi preciso que aparecesse um camponês, depois operário e, finalmente, dirigente de seu país, na figura até certo ponto de bonachão de Khruschow, para que, no discurso proibido do XX Congresso do Partido Comunista Soviético trouxesse a nu toda a violência estúpida cometida contra a pessoa humana. Vimos matar e morrer, vimos milhões de pessoas serem trucidadas e ainda hoje vemos jovens que acreditam nos postulados do socialismo como sendo a forma de trazer a libertação total do homem e a produzir violência, que já não interessa saber se é de número um, dois ou três. (PASSARINHO, 1974a, p. 32-33).

O ministro acusou Stálin de destruir obras de arte e de perseguir escritores como Máximo Gorki. Uma situação constrangedora para o escritor e sua obra proibida. Lamentável a "total submissão do intelectual e do artista pela violência contra sua criação, a sua subordinação ao poder político e policial", aferiu Passarinho (1974a, p. 33).

Essas polarizações ideológicas, para o ministro, permaneceram nos anos 60 e 70, a exemplo das organizações armadas clandestinas de esquerda, extremistas e terroristas, em confronto direto com o regime democrático em vigência. Entre os dois extremos, nazismo e stalinismo, o ministro advogou para si uma neutralidade no suposto regime democrático que se forjara no Brasil desde 1964. Para os militares, a ditadura civil-militar tornou-se uma alternativa aos dois extremos, justificando as ações do governo em nome da segurança nacional.

Entretanto o ministro ignorou os grupos paramilitares de direita, cujos membros foram absorvidos na estrutura policial do governo, e a truculência das ações do Estado brasileiro contra qualquer oposicionista. Mesmo diante do recrudescimento da ditadura, os conselheiros consideravam o ministro um democrata, tal qual Castello Branco. Moniz de Aragão (1974b, p. 34) destacou que Passarinho foi a "autoridade mais alta de uma democracia coroada: reina, mas não governa [...]".

As reticências colocadas no fim da transcrição do discurso, intencionalmente, demonstram que houve uma edição do texto. E transparece uma crítica sobre os poderes estabelecidos dentro do governo federal, pois reinar e não governar significava a ausência da discricionariedade do poder. Justificativa para a não resolução do ministro em questões ligadas às demandas do conselho. O presidente do CFC agradeceu o trabalho em prol da cultura e a amizade de Jarbas Passarinho, detentor de um [...] espírito de homem amante da liberdade [...] devotamento e patriotismo" (ARAGÃO, 1974b, p. 35).

O ministro afirmou ter recebido um "puxão de orelhas cordial" do conselheiro Gustavo Corção sobre a sua baixa frequência nas reuniões do CFC. A crítica foi acolhida como um elogio, pois "não se sentem saudades de presenças que não são desejadas" assegurou Passarinho (1974b, p. 37). Confessou ter assumido o cargo de ministro sem ser uma voz autorizada na área:

> É a este conjunto de ilustres homens do pensamento, da cultura artística literária brasileira, do pensamento filosófico que me estou dirigindo para agradecer: primeiro a bondosa atitude de tolerar um Ministro que não era homem da grei; e segundo, por essa capacidade de transformar, ao longo do tempo, uma mera expectativa generosa em uma participação tão simpática, em que me sinto, como que por um ato de feitiçaria inexplicável, convertido em velho membro desta Casa. (PASSARINHO, 1974b, p. 37-38).

Passarinho (1974b) terminou seu discurso refletindo sobre a apatia orçamentária para a cultura, mas que, mesmo diante dessa fragilidade, aumentou em 300% os investimentos do DAC para que a Política Nacional fosse transformada em PAC e atendesse as solicitações do CFC. Apesar do saudosismo, para os conselheiros o Plano Nacional de Cultura permanecia no limbo.

4.3 Cultura e desenvolvimento

Na 407ª Sessão Plenária, foi anunciada a nomeação de Diégues Júnior para diretor-geral do DAC e Raymundo Faoro para a vice-presidência do CFC. Na ata da 410ª Sessão Plenária do CFC (BRASIL, 1971-1989, n. 14), foi registrado que o jurista Miguel Reale assumira o lugar de Cassiano Ricardo na presidência do CFC.

O ministro Ney Braga visitou a sede do CFC, no dia 8 de abril de 1974, afirmando que continuaria o trabalho do antecessor, e expressou seus anseios para o país: "[...] queremos um Brasil forte economicamente, queremos um Brasil que seja modelo pelas suas instituições de justiça social, queremos um Brasil respeitado por sua cultura, queremos um Brasil que respeite as tradições do passado." (BRAGA, 1974, p. 10-11).

Em nome do presidente Geisel, reiterou que a cultura era uma das prioridades do governo. Moniz de Aragão (1974b, p. 13) afirmou ser o ministro um "soldado de brilhante fé de ofício exemplar; no político atuante e de retas intenções, prestando serviços ao seu Estado e a sua Pátria; acreditamos no administrador experiente, provadamente capaz".

O ex-presidente Arthur Reis relatou para Ney Braga a conferência ministrada por Raymundo Moniz de Aragão no Fórum de Ciência e Cultura, na UFRJ, sobre os problemas culturais brasileiros. Conforme o seu relato, Aragão apresentou uma manifestação coletiva dos conselheiros que indicou a necessidade de criação do Ministério da Cultura. Ratificou que o CFC mantinha essa pauta, além do Plano Nacional de Cultura entregue ao MEC e devolvido oito meses depois, com "argumentos de um assistente jurídico impugnando vários pontos deste trabalho" (BRASIL, 1971-1989, n. 14, p. 121).

Manuel Diégues remediou a crítica disparada por Reis e explicou que o PAC fora baseado no PNC. O DAC acompanhou o pensamento do CFC, em relação às políticas planejadas, entretanto a reformulação solicitada pelo governo priorizava somente "a defesa dos bens culturais, os estímulos à criação e difusão cultural" (BRASIL, 1971-1989, n. 14, p. 122).

Moniz de Aragão explicou para Ney Braga que os Decretos 74/1967 e 200/1967, sobre a criação e regimento do CFC, além das propostas do GT da reforma administrativa, resultaram em um acordo do órgão com o ministro Passarinho. O CFC seria o responsável pela Política Nacional; e o MEC, pelo Plano Nacional de Cultura, convertido em PAC, em "caráter conjuntural e de ação executiva" (BRASIL, 1971-1989, n. 14, p. 122). Os conselheiros, nas trocas ministeriais, por cordialidade e estratégia política, colocavam-se à disposição dos ministros e reapresentavam seus anteprojetos.

Em um artigo comemorativo ao nascimento de Rui Barbosa, Dia Nacional da Cultura, 5 de novembro, o conselheiro Djacir Menezes (1974) lamentou o que acontecia no Brasil. A palavra "cultura", sem refletir sobre os seus significados, era utilizada de forma incorreta. Esse texto foi apresentado na sessão plenária do CFC no dia 7 de novembro de 1971[23], conforme o *Boletim* (1971)[24]. A reprodução

---

[23] As informações adicionadas ao fim do texto não condizem com as atas do início de novembro de 1971. Naquele mês, foram publicadas as atas dos dias 8, 9, 10, 11, 12, 29 e 30 de novembro. Do período anterior, foi registrada a ata de 8 de outubro de 1971. Do ponto de vista administrativo e arquivístico, observa-se uma ausência de regularidade nas reuniões do CFC, mesmo que o conselho, periodicamente, optasse por reuniões na primeira ou segunda semana do mês. As reuniões, na década de 1970, ao que tudo indica, podem ter sido excluídas da publicação.

[24] A constatação de informações desencontradas, referências inexistentes e a prática de reaproveitamento de produções textuais, sobretudo em datas comemorativas, demonstram que a alta produtividade intelectual dos conselheiros pode ser questionada por um processo de pastiche intelectual.

textual retomou o debate conceitual que delineou a década de 1970, no âmbito das políticas públicas sobre a materialidade e a imaterialidade da cultura. A imaterialidade da cultura simbolizava, para Djacir Menezes, o oposto da materialidade, a apreensão e a reprodução do conhecimento:

> Todo o mundo diverso do natural, que é precisamente o mundo espiritual. Este implica outras formas de percepção, que vem de sentidos íntimos, desenvolvidos com o maravilhoso crescimento da *facultas signatriz*, a faculdade de intuir o simbolismo variado, que começa na riqueza dos sons, das cores, das formas expressivas e vai às mais altas intuições do universo e da vida. (MENEZES, 1974, p. 11-12).

O conselheiro defendeu a cultura sob o aspecto material, que se ancorava na definição dos antropólogos, sobre os vestígios tangíveis:

> Sabemos que os antropólogos definiram a cultura material como sendo os objetos que vemos, tocamos, palpamos, saboreamos, em suma, que verificamos sensorialmente. Mas essas propriedades captadas ou verificadas não são a *significação* do objeto. O mundo da cultura é o mundo das *significações axiológicas*. Isto é, dos *valores*. Que valores interessam à cultura nacional? Eis a pergunta que preludia os trabalhos deste Conselho. (MENEZES, 1974, p. 12, grifo do autor).

O conselheiro dilatou a perspectiva conceitual da cultura. Indicou que a orientação política do CFC deveria estar orientada para os valores da convivência social:

> Digamos sem reservas: aqui nos interessam os *valores políticos "político"* no sentido largo e rico da palavra, com inspiração aristotélica e tintura platônica. Insere-se no ético e no cívico, na plenitude do drama humano, nos estilos variados da *con*-vivência. No acentuar *con*-, carregamos-lhe a tonalidade insinuativa, que veicula os valores. (MENEZES, 1974, p. 12, grifo do autor).

O conselheiro retomou as ideias de Rui Barbosa, e nivelou os conceitos de cultura, povo e nação como uma trindade sagrada cívica:

> Valores artísticos, científicos, históricos, eles têm luminescência própria para a retina espiritual, que não esmoreceu na percepção do sentido da pátria, conservando o "instituto da nacionalidade" de que falou o escritor imortal. Mas as crises da mentalidade moderna, que refletem as transformações, têm efeito perturbador na ótica transcendente desses valores. Valores que cumpre preservar para sobreviver. É a tarefa máxima deste órgão: a visibilidade nacional do processo de nossa consistência como povo. Esta, a verdade a ser meditada como *"sursun corda"*, no dia que passa, para que esses valores não passem nunca. (MENEZES, 1974, p. 13).

O ensaio articulou os significados e os significantes do vocábulo "cultura", questão de debate público, desde as pesquisas etnográficas de Mário de Andrade materializadas no anteprojeto para o Span, em 1936. No entanto, apesar das controvérsias conceituais e políticas, o patrimônio tangível e intangível, para os conselheiros do CFC, pautava-se sob o crivo da divisão social do trabalho, ou seja, a cultura separada em duas dimensões: clássica/superior e popular/inferior.

O texto de Djacir Menezes foi ao encontro da vinda do recifense Aloísio Magalhães no CFC, em 3 de dezembro de 1974, registrada na ata da 439ª Sessão Plenária (BRASIL, 1971-1989, n. 16), na qual apresentou a conferência denominada "Preservação de dados culturais". A palestra versou sobre como garantir a integridade da personalidade nacional em face do desenvolvimento tecnológico, com base nas pesquisas que seriam realizadas no Instituto Brasileiro de Documentação, órgão que se estruturava institucionalmente.

Aloísio Magalhães relatou aos conselheiros suas experiências artísticas e transições conceituais dos planos da comunicação discursiva para a visual e da pintura para o design. Desse modo, explicou como a moeda nacional se tornara fonte de inspiração para as novas formas comunicacionais da cultura nacional. O designer tinha autoridade no assunto, pois projetou sua carreira quando concebera o logotipo para o IV Centenário do Rio de Janeiro (1965), e venceu os concursos para a criação das cédulas do cruzeiro novo (1966) e do logotipo para o Sesquicentenário da Independência (1972).

O registro da ata demarcou a mudança de pensamento de Aloísio Magalhães e a sua compreensão sobre a diversidade cultural:

> Passou então a interessar-se pela caracterização cultural brasileira, no contexto da cultura do Mundo Ocidental, em que a interpretação das culturas dos vários povos foi grandemente acelerada pelos recentes meios de comunicação de massa, que em muitas vezes, infelizmente, a compreensão de outras culturas leva à eliminação de valores nossos, cabendo-nos zelar pela preservação das nossas características culturais. (BRASIL, 1971-1989, n. 16, p. 107-108).

Magalhães, ao mobilizar o pronome possessivo na expressão "nossa cultura nacional", aproximou-se da narrativa dos conselheiros, com base na retórica do risco da perda do patrimônio, situação que impulsionava fomentar as políticas preservacionistas. Ademais, o designer refletiu que a cultura de massa não deveria ser descartada, pois a televisão e outras tecnologias importadas, se usadas corretamente, fortaleceriam as raízes culturais. Abordou a imaterialidade da cultura, portanto, valendo-se das diferentes tipologias nacionais:

> Estendeu-se em considerações sobre os vários tipos de cultura em diversos continentes e nos países americanos, classificando-os e exemplificando-os, e acentuou as vantagens que possui o nosso País no particular, pela sua extensão territorial, ausência de uma cultura forte a qual viesse sobrepor-se a portuguesa, bem como outros aspectos, como unidade de língua, mistura de raças, o que nos dá o privilégio de criar uma civilização com características próprias e impõe o dever de preservar esta cultura diante de influências estranhas, assim chegando ao que denominou de "Projeto Brasília", que visa a compartilhar a personalidade nacional com a necessidade de assimilação de processos tecnológicos e de acelerar o ritmo de desenvolvimento, o que conduz à necessidade de criação de um centro de documentação capaz de entrosar o desenvolvimento acelerado brasileiro com a adoção de modernas tecnologias, dando características peculiares ao desenvolvimento cultural brasileiro, tarefa difícil mas necessária. Para tanto, seria criado em Brasília um centro nacional de referência ou documentação, que codificaria tudo o que fosse pertinente, detectando os índices brasileiros de cultura, índices do desenvolvimento histórico e da nossa civilização, no contexto geográfico, elementos que caracterizam o processo cultural brasileiro. Passou a expor detalhes do projeto, com apresentação de gráficos reticulados e o conceito de módulos, de amplitude variável, sobrepondo-se no tempo, segundo os vários setores a serem apreciados. (BRASIL, 1971-1989, n. 16, p. 108).

Entretanto o projeto anunciado não tinha uma identidade definida. Aloísio Magalhães divagou sobre a sua implantação e, metaforicamente, citou que o projeto poderia ser realizado como as casas construídas pelo BNH, arquitetadas conforme a estrutura cultural dos seus moradores, ignorando a padronização das casas populares. Magalhães, em suas análises, costumava utilizar analogias e metáforas para explicar suas pretensões. Explicou que o Centro de Documentação seria institucionalizado, considerando que a cultura não seria um fim, mas um processo, como as técnicas construtivas, os modos, os saberes e os costumes das tradições, do patrimônio imaterial. Nessa primeira interlocução com o CFC, pode-se observar no discurso do designer a mudança de paradigma projetada para o patrimônio e as políticas culturais, extraídas do projeto do Span (1936) de Mário de Andrade.

Não obstante, Aloísio Magalhães indicou a negociação e articulação de um projeto nacional para a cultura, que envolveu os Ministérios do Planejamento, da Justiça e do MEC. Uma frente interministerial foi articulada para a operacionalização de um projeto indefinido, mas que, segundo Aloísio Magalhães, poderia ser um centro, um instituto, um "museu dinâmico da cultura brasileira" (BRASIL, 1971-1989, n. 16, p. 108). O designer anunciou que necessitaria da anuência dos homens da cultura do CFC para a realização desse projeto.

Se o projeto era um escorço, não era esse o problema. Astuto e eloquente, Aloísio Magalhães convencera os conselheiros e recebeu menções elogiosas, além de numerosas intersecções das suas ideias com os projetos do CFC. Moniz de Aragão alertou que os preceitos abordados tinham sido deliberados na Conferência da Unesco, em 1966, cuja carta final orientou que as políticas nacionais fossem construídas conforme a diversidade cultural. O conselheiro advogou que, em nome do governo, conciliar-se-iam as novas tecnologias com as tradições humanísticas. Gilberto Freyre destacou que, entre a cultura de massa e as tecnologias de informação, deveria existir um consumo controlado, como o existente nos distritos educacionais mapeados pelo CFE que evitava descaracterizar as tradições da cultura regional brasileira. Esse filtro advogado nada mais era do que a censura cultural oficial, que vigorava na educação e na cultura.

O jurista Afonso Arinos lembrou que, enquanto relator da Reforma Administrativa de 1969[25], a fim de viabilizar o Plano Nacional de Cultura, elaborara um texto que realizava uma "indissolúvel ligação entre a preservação dos valores culturais autênticos e a segurança nacional". Entretanto, para o conselheiro, o documento não foi compreendido em suas significações políticas, porque a preservação do patrimônio "que se impõe em face dos fatores desagregadores do desenvolvimento econômico" (BRASIL, 1971-1989, n. 16, p. 109) garantiria uma suposta unidade nacional. Para Arinos, o projeto apresentado por Aloísio Magalhães auxiliaria a reconstituição do PNC.

Clarival do Prado Valladares saudou a trajetória de Aloísio Magalhães. E afirmou não concordar com o termo "designer", palavra americana que não representava um "abridor de letras", que seria Magalhães. Na sua acepção, "as três fontes da cultura brasileira, portuguesa, africana e indígena" (BRASIL, 1971-1989, n. 16, p. 109), deveriam ser trabalhadas sem esquecer a contribuição dos estudos de Silvio Romero sobre o folclore. A tese monográfica das três raças formadoras da cultura brasileira, elaboradas pelo naturalista Carl Friedrich Philipp von Martius, no século XIX, foi repetidamente vinculada como mito fundador do povo brasileiro, nos discursos dos conselheiros.

Além da conferência de Aloísio Magalhães, a 439ª Sessão Plenária do CFC definiu mudanças nas composições das câmaras setoriais: 1) Câmara das Artes, Clarival do Prado Valladares, Clodomir Vianna Moog, Andrade Muricy, Dom Marcos Barbosa, Octávio Farias e Silvio Meira; 2) Câmara de Ciências Humanas, Djacir Menezes, Arthur Reis, Deolindo Couto, Gilberto Freyre, Manuel Diégues Júnior, Miguel Reale e Raymundo Faoro; 3) Câmara de Letras, Adonias Filho, Gustavo Corção, Herberto Sales, Irmão José Otão, Maria Alice Barroso, Peregrino Júnior e Rachel de Queiroz; 4) Câmara de Patrimônio, Pedro Calmon, Afonso Arinos, Josué Montello, José Candido de Melo Carvalho, Renato Soeiro e Raymundo Moniz de Aragão; 5) Comissão de Legislação e Normas, Afonso Arinos, Raymundo Faoro, Miguel Reale, Pedro Calmon, Moniz de Aragão e Silvio Meira (BRASIL, 1971-1989, n. 16).

---

[25] Existiram dois GTs, um de 1968 e outro de 1969; o segundo repetiu o conteúdo do primeiro.

A ata da 440ª Sessão Plenária (BRASIL, 1971-1989, n. 16) sinalizou a reeleição de Moniz de Aragão e Raymundo Faoro para presidente e vice-presidente do CFC, ambos com 20 votos. Poucas mudanças na composição garantiam a preservação do perfil político atrelado aos princípios modernistas conservadores.

A recondução e a solenidade da posse de Aragão e Faoro foram registradas na ata da 442ª Sessão Plenária do CFC (BRASIL, 1971-1989, n. 17), com a presença do paranaense Ney Braga. O ministro reiterou serem a cultura e o desenvolvimento cernes da sua administração. O editorial do *Boletim* apresentou os excertos dos discursos e comunicou que, em 1974, o CFC recebera CR$ 6.000.000 (seis milhões de cruzeiros), que atenderam a 88 entidades culturais, sobretudo de patrimônio. O presidente reeleito avaliou que, das 404 solicitações de instituições culturais enviadas para o CFC, 213 processos foram apreciados, em 48 sessões plenárias ordinárias. A alta produtividade e os investimentos foram contrapostos às críticas de Arthur Reis, dois anos antes, que, possivelmente, impulsionaram as verbas concedidas. Moniz de Aragão ratificou a resolutividade no atendimento das demandas, o CFC firmou convênios para a proteção e a conservação do patrimônio, difusão e estímulo à criatividade, demonstrando o sentido da cultura em consonância à segurança nacional.

Moniz de Aragão (1975) anunciou que as "Diretrizes para a Política Nacional de Cultura" seriam reapresentadas com base no Plano Nacional de Cultura, com vigência de 1975 a 1979. Novas perspectivas promissoras para a cultura desenhavam-se no âmbito do CFC com "a crescente expansão [...] de suas atividades em todo o território nacional; o que fortalece a velha aspiração de quantos militam em campo tão vasto e complexo: a criação de um Ministério da Cultura", acenou Aragão (1975, p. 18).

Em 1975, a ideia de um Ministério da Cultura abria o horizonte de expectativas para os conselheiros. Contudo essa não era a mesma perspectiva do ministro, que em seu discurso citou as ações humanas do chefe do Executivo, presidente Ernesto Geisel, para demarcar os compromissos do governo com a "felicidade do povo brasileiro" (BRAGA, 1975, p. 19). Ney Braga ratificou que a tarefa de construir uma nação deveria ser conduzida pelos valores do nacional-desenvolvimentismo:

> Os países que alcançaram os mais notáveis resultados materiais são, na maioria dos casos, exatamente, aqueles que buscam, desesperadamente, a recomposição de uma autêntica qualidade de vida. A história, nesse particular, quebra o tabu das regras sem exceções — pois nunca se soube da existência, com sucesso, ao longo de tantos milênios, de uma nação, onde o progresso pudesse desvincular-se da civilização. Podemos, sem exagero ou qualquer artifício literário, afirmar que essas duas palavras — progresso e civilização — estão ligadas uma à outra, como irmãs siamesas. (BRAGA, 1975, p. 19).

Para esse escopo, educação e cultura deveriam estar unidas sob o mesmo instrumento político de governo. O ministro conclamou os conselheiros para a manutenção dos propósitos patrióticos nos organismos culturais, em nome da preservação da memória nacional, a fim de evitar a descaracterização identitária do homem brasileiro.

Enquanto perspectiva de governo, o perfil nacionalista do homem brasileiro alicerçado em única identidade foi mobilizado para a negação da proposta de Ministério da Cultura. Ney Braga reiterou que as atividades culturais espalhadas pelo "mundo brasileiro", um território superlativo, auxiliavam o "cultivo do espírito" para uma espécie de "revelação cultural". Um novo projeto de redescobrimento do Brasil, próximo daquilo que os modernistas de vanguarda arquitetaram no início do século XX. Igualmente, Ney Braga defendeu as novas estratégias para o comando do MEC e para a organização da cultura. O MEC propiciaria os intercâmbios entre as artes no interior do país para romper com o "isolacionismo xenófobo", indicou Ney Braga (1975, p. 21). Para promover incentivos à formação e à produção do artista, do pensador e do escritor, os intercâmbios seriam, enfim, trocas culturais e arrancariam as regiões do isolamento cultural, para a unificação da cultura nacional.

Calabre (2005) e Maia (2012) sinalizaram que o declínio político do CFC iniciara a partir do mandato de Ney Braga. O ministro, militar de carreira, decidiu fazer um percurso diferente para o estabelecimento da política cultural. Do seu gabinete, organizou uma comissão via DAC para a elaboração do novo PNC, cabendo ao CFC apenas a apreciação. No entanto, nos períodos anteriores, é possível observar o enfraquecimento do CFC nos sucessivos planos elaborados e, reiteradamente, ignorados. Desde a criação do CNC, posteriormente CFC e DAC, a falta de recursos potencializou o esgotamento do conselho. A partir do DAC, as atribuições do CFC foram questionadas dentro do MEC. Surgiram novas perspectivas em torno do comando da cultura, com articulações institucionais, a exemplo de Aloísio Magalhães, que fundou com o matemático Fausto Alvim Júnior o Centro Nacional de Referência Cultural (CNRC), em 1975.

Novas expectativas dentro do CFC fizeram com que Gilberto Freyre escrevesse um artigo para o *Diário de Pernambuco*, no qual afirmou que Ney Braga seria de fato um ministro da Cultura. O texto foi lido em sessão plenária e reproduzido integralmente no *Boletim* (FREYRE, 1975). Freyre (1975, p. 25) destacou que os movimentos artísticos nas décadas de 1920, 1930 e 1940 despontaram com "notáveis surtos de criatividade". A mesma análise não poderia ser feita nas décadas subsequentes, 1950, 1960 e 1970, mas um ministro com o olhar voltado à cultura, no MEC, talvez resolvesse o problema.

"Nenhum Villa-Lobos. Nenhum Portinari. Nenhum Oscar Niemeyer ou Lúcio Costa. Nenhum novo Vicente do Rego Monteiro. Nenhum novo Alberto Cavalcanti. Nenhum novo Di Cavalcanti ou Cícero Dias", constatou Freyre (1975, p. 25), ou seja, nenhuma novidade artística e espiritual surgiu nas últimas décadas. O conselheiro, na análise, ignorou a construção de Brasília como exemplo da inventividade brasileira, como fez Menotti del Picchia, no PL de Ministério da Cultura, em 1960, tampouco mencionou a bossa nova, o cinema novo, o tropicalismo, o concretismo e outros movimentos de vanguardas, demonstrando, na realidade, que ainda estava atrelado ao movimento estético do início do século XX.

Um ministro focado em cultura criaria as condições necessárias para o ressurgimento de movimentos culturais autênticos, além de fomentar a emergência dos novos gênios. O lamento contextual de Gilberto Freyre estendeu-se para os movimentos estéticos culturais: "Nenhuma Semana da Arte Moderna como a de São Paulo. Nenhum movimento, como o, aliás, pouco falado no Rio ou em São Paulo Regionalista, Tradicionalista e a seu modo Modernista em Recife na mesma década de 20", reiterou Freyre (1975, p. 25). Os discípulos desses movimentos adentraram a década de 1930 com "[...] vigores de originalidade [...] pintura de Lula Cardoso Ayres, a pintura e a cerâmica de Francisco Brennand, o teatro de Ariano Suassuna, o de Jorge Andrade, a ficção de Guimarães Rosa, a arquitetura de Henrique Midlin." (FREYRE, 1975, p. 26).

Para o sociólogo, esses artistas eram exemplos do vigor das artes plásticas no Brasil. No campo das ciências, destacou "a pesquisa histórica de Arthur Reis, a antropológica dos Egon Schaden, a sociológica dos Renato Campos, dos Diégues Júnior, dos Medina, dos Cardoso, dos Freitas Marcondes"; e, da pesquisa "geográfica de toda uma constelação de geógrafos, uns paulistas, como Rocha Penteado, outros recifenses, como Gilberto Osório" (FREYRE, 1975, p. 25-27).

Gilberto Freyre (1975, p. 26) autodeclarou-se "veterano [...] há anos ligado a movimentos sociais, ora como espectador, ora como participante". Em sua trajetória, atuou para manter acesa a chama política que iluminava o horizonte de expectativas da sua geração. O CFC tornou-se um instrumento para esse fim. Entre práticas saudosistas de consagração para os afetos políticos, intelectuais e artísticos, Freyre negou e desqualificou as manifestações e criações estéticas, éticas e políticas dos outros movimentos, a chamada contracultura, que, vista pelos seus olhos octogenários não era cultura, tampouco conhecimento.

Os homens de cultura acreditavam que a juventude dos anos 60 e 70 fora abduzida por uma estética política que não lhe fazia sentido, o que chamavam de terrorismo de esquerda. A censura, a ditadura e a perseguição aos jovens não foram reconhecidas pelos conselheiros. Por sua vez, os jovens não reconheciam o CFC como um órgão e um mediador cultural entre os artistas, o Estado e a sociedade.

A questão ilustra o porquê de as reivindicações do Ministério da Cultura e do projeto de isenção fiscal para projetos culturais terem sido recusadas pelos jovens artistas e intelectuais das esquerdas e movimentos estilísticos. Eles eram excluídos das subvenções do CFC. A construção de uma política nacional em comum foi excludente. Por isso, o CFC também foi negado dentro e fora das órbitas do Estado.

O artigo "Cultura, a base do desenvolvimento", do jornalista, crítico de cinema e escritor Hélio Pólvora (1928-2015), publicado no *Jornal do Brasil* (PÓLVORA, 1975), foi comentado por Arthur Reis na 464ª Sessão Plenária como um texto "muito bem escrito" (BRASIL, 1971-1989, n. 18, p. 170). O conselheiro indicou a sua reprodução na seção "Estudos e proposições" do *Boletim*.

Hélio Pólvora iniciou seu artigo afirmando que o PL proposto por José Sarney pretendia criar o "estímulo à literatura, às artes e às pesquisas históricas [...] repor o conceito de desenvolvimento" na cultura no país. Com base nesse propósito, refletiu que o tema não poderia estar restrito ao acúmulo de riquezas materiais, tampouco atrelado ao consumo da cultura enquanto mercadoria, nem ser mensurado pelo crescimento do PIB, com um "conceito subdesenvolvido de desenvolvimento [...]. O progresso será sempre uma falácia, se promovido parcialmente em compartimentos estanques", advertiu Pólvora (1975, p. 2).

O jornalista defendeu sua concepção de desenvolvimento valendo-se da trindade sagrada cultura, povo e nação. Elementos que garantiriam o "bem-estar [...] fundamento da condição humana" (PÓLVORA, 1975, p. 2). O PL de Sarney reacendeu a possibilidade de se pensar a cultura segundo outros indicadores sociais, que, segundo o jornalista, para "[...] ser desenvolvido, um povo terá de ser necessariamente culto e precisa identificar seu crescimento econômico com valores subjetivos, para que o desenvolvimento pretendido não se deforme nem se imponha." (PÓLVORA, 1975, p. 2).

Para que o crescimento social e cultural não fosse executado com prejuízos, deveria ser observado que o "patrimônio pré-existente: a paisagem que emoldura o Homem", é que concede "significado à sua vida, a memória coletiva, a imaginação criadora", defendeu Pólvora (1975, p. 2).

Para Pólvora, a cultura era uma área menosprezada diante das áreas hegemônicas que disputavam recursos federais. A cultura necessitava, portanto, de um investimento do Estado com a "mesma disposição com que reativa a indústria e moderniza o comércio. Sem os constrangimentos da censura, sem a pretensão de dirigir a criatividade". Dessa forma, "um projeto, como o do Senador José Sarney, contempla através de incentivos fiscais — deduções de Imposto de Renda —, o apoio ao escritor estreante ou de obra ainda não realizada", refletiu Pólvora (1975, p. 2). Uma alternativa financeira para uma área alijada, historicamente, no rol dos recursos públicos. Para o articulista, seria necessária uma ação tripartite para viabilizar soluções via fomento federal: "Por que não vincular então a pessoa jurídica, pública e privada, ao esforço do desenvolvimento mental, fazendo-a participar de projetos culturais, que os orçamentos públicos beneficiam apenas com as sobras da sua manipulação?" (PÓLVORA, 1975, p. 2).

Desse modo, todos deveriam estar envolvidos para o desenvolvimento intelectual do país, e quem patrocinava deveria conhecer o objeto do patrocínio e os resultados do seu investimento ou do seu poder de decisão.

O PL mostrava-se ambicioso e contemplaria o "patrimônio histórico e artístico — abandonado e depredado", ao longo da história nacional, e estimularia a "pesquisa histórica — antes que venhamos de uma vez por todas a pagar pesados *royalties* para ler, em tradução, nossa História escrita por universitários norte-americanos", refletiu Pólvora. A história nacional não poderia correr o risco de ficar à mercê da produção estrangeira, no entanto esse perigo se estendia para o teatro, para a música e para as artes. O PL proporcionaria uma forma de "mecenato direto ou indireto [...] fomento da criatividade", aludiu Pólvora (1975, p. 2). A produção cultural nacional seria preservada:

> Um país só se desenvolve de fato quando enriquece o conceito de Nação, tanto às suas vocações, psicologia e particularidades. Um país que quer crescer quanto nação deve sair do colonialismo cultural. Afinal o investimento imaginação é um requisito do verdadeiro desenvolvimento. (PÓLVORA, 1975, p. 20).

O texto foi saudado no *Boletim* como um alerta sobre que tipo de colonialismo o Brasil deveria combater. Os estrangeirismos provocados pela cultura de massa e a indústria cultural foram demonstrados não somente pelo protecionismo do mercado das artes, mas como preocupação que alimentava os discursos dos intelectuais e dos artistas, das esquerdas e das direitas, sob a via da defesa das raízes nacionais. O termo "indústria cultural" foi conceituado pelos alemães Theodor Adorno e Max Horkheimer (1985), quando refletiram sobre a apropriação das artes e da produção cultural nos meios de comunicação de massa enquanto linguagem hegemônica, desconsiderando os processos singulares das culturas nacionais.

No Brasil, segundo Daniel Pécaut (1990), as eleições de 1974 fortaleceram o MDB, e a possibilidade de reorganização das oposições foi vislumbrada por meio dos movimentos sociais de base. Nesse período, alguns intelectuais voltaram a assumir posições políticas contrárias à ditadura civil-militar.

Nessa conjuntura política, o CFC empreendeu uma batalha contra o colonialismo e a indústria cultural. Um exemplo dessa questão foi registrado na ata da 464ª Sessão Plenária (BRASIL, 1971-1989, n. 18), quando Arthur Reis e Miguel Reale, por intermédio da Comissão de Legislação e Normas, inseriram reflexões sobre o PL do deputado federal, o general Florim Coutinho, do MDB. O PL propôs a obrigatoriedade da veiculação no rádio e na televisão de "músicas nacionais na proporção de oito para cada música estrangeira", cujas empresas fossem "exploradas por concessão do poder público". O mesmo cálculo seria utilizado para os cinemas, alertaram os conselheiros, e advertiram que o assunto seria resolvido com apenas um decreto do Executivo para uma "interferência do Estado nas atividades econômicas" (BRASIL, 1971-1989, n. 18, p. 174).

O PL de Sarney sobre a isenção fiscal para projetos culturais, além da discussão econômica e protecionista, emergiu no plenário do CFC o tema indigesto da censura. Em artigo publicado na seção "Ensaios e proposições", intitulado "Censura e cultura", Menezes (1975, p. 30) criticou uma declaração de Tristão de Athayde, que, segundo sua análise, colocou-se como "o avesso de si mesmo" ao falar em "autoritarismo político e sensorial" do governo.

Na 466ª Sessão Plenária, Menezes (BRASIL, 1971-1989, n. 18, p. 88) sentenciou: "O problema é que a censura não pode suprimir a capacidade criadora, mas deve fiscalizar seu consumo". A censura sobre o consumo da criação artística era considerada ação legítima do Estado. Majoritariamente, os conselheiros manifestavam-se a favor da censura por classificação etária e defendiam restrição aos produtos culturais estrangeiros como um paliativo necessário, conforme os preceitos constitucionais da CF-1968 de liberdade de criação. Muitos eram a favor da censura ideológica em nome da segurança nacional.

Diante das expectativas de uma tímida e processual abertura democrática, os posicionamentos divergentes começaram a ser expostos nos boletins do CFC. O Decreto 74.583, de 20 de setembro de 1974, mudou a legislação do conselho e aumentou a composição do plenário, de 24 para 26 membros. A modificação incluiu como membros natos os diretores do DAC e do INL, nomeados e indicados pela Presidência da República. O mandato dos conselheiros ampliou-se de dois para seis anos, com possível remoção de um terço dos membros, após uma recondução. Uma matemática controversa para controlar os mandatos ocupados por conselheiros que se revezavam entre as múltiplas câmaras setoriais a fim de proteger o perfil político do CFC. Por sua vez, o decreto não alterou a principal atribuição do órgão, que era elaborar o PNC, questão não alcançada pelo CFC.

4.4 Diretrizes conceituais para a Política Nacional de Cultura

A ata da 474ª Sessão Plenária, de 1975 (BRASIL, 1971-1989, n. 19), registrou o debate sobre a PEC elaborada pela Comissão de Legislação e Normas, entregue para o ministro da Justiça em 1969. A PEC incidia sobre o dever do Estado de amparar a cultura e o patrimônio, além de garantir financiamentos via isenção fiscal. Afonso Arinos, à época relator da PEC, historiou sobre o PNC. O plano foi perseguido por todos os presidentes do CFC visando cumprir o Decreto-Lei 74/1966, reinterpretado no governo Geisel à luz do Decreto-Lei 200/1967. Essa reinterpretação do arcabouço legal do CFC redimensionou suas atribuições e indicou que o planejamento da cultura fosse concentrado no MEC. Entretanto a orientação estendeu-se para todos os ministérios, portanto aos ministros caberia a elaboração dos planejamentos setoriais.

Desta forma, o CFC não teria mais a incumbência de elaborar o PNC. Josué Montello e Arthur Reis relataram os percursos e encaminhamentos para aprovação do PNC, que nem sequer foi enviado pelo MEC para o Congresso Nacional. Contudo o PNC foi articulado de forma interministerial e internacional, com apoio direto da Unesco.

No *Boletim* foi publicada a Portaria 545, de 24 de outubro de 1975, que dispôs sobre a alteração do Regimento do CFC. A portaria definiu um único objetivo regimental: "formular a política cultural nacional, baixar diretrizes e normas necessárias à sua execução e prover medidas para a sua implantação" (BRASIL, 1975, n. 20, p. 55). A mudança relacionava-se ao Decreto-Lei 66.967, de 3 de junho de 1970, sobre a organização administrativa do MEC, em que o CFC atuaria no assessoramento do ministro (BRASIL, 1970a). A Política Nacional de Cultura foi publicada pelo MEC apenas em 1977. A partir daí, caberia ao CFC cumprir com a "[...] formulação e definição de diretrizes e estratégias para a ação governamental na área cultural [...] colaborar na formulação da Política Nacional de Cultura e exercer atuação normativa e orientadora que assegure a observância da referida política". (BRASIL, 1978, n. 31, p. 136)[26].

---

[26] Esse assunto retornou em diferentes períodos nas reuniões do CFC.

A Comissão de Legislação e Normas aprovou o parecer elaborado por Afonso Arinos denominado "Bases para a formulação da Política Nacional". Tratava-se de uma súmula da concepção política e cultural, que foi empreendida na história do CFC. O texto, entregue em novembro de 1975, separou as três palavras, "política", "nacional" e "cultura", que formam o título Política Nacional de Cultura, para explicar os conceitos relacionados.

Ao versar sobre o discurso do Estado de direito, o documento demarcou que política "é o exercício do poder pelos governantes para o atingimento do bem comum nas sociedades humanas", mas pode sofrer variações conforme as "ideologias e doutrinas dos regimes políticos em causa". Um conceito jurídico generalista para o vocábulo "política" foi redimensionado em perspectivas sociológicas, filosóficas e científicas para explanar o que seria política cultural. De forma didática, o conceito de política cultural foi situado como um produto do século XIX, uma ação do Estado no campo da educação. No século XX, desenvolveu-se enquanto área legalmente constituída para deixar "de ser privatista e confessional para ser de direito público"; para Afonso Arinos (1975. p. 1-2), a cultura fortaleceu-se após a Segunda Guerra (1939-1945) como política de Estado.

No entanto, o domínio do Estado sobre a educação e a cultura impulsionou resistências às políticas e imprimiu a necessidade de um planejamento público. O jurista alertou que, enquanto um fenômeno mundial, o planejamento tornara-se um "processo inseparável da ação governativa [...] atividade básica [...] administração de qualquer país" (ARINOS, 1975, p. 2). Lembrou que o planejamento da cultura fora perseguido por sucessivas gestões do CFC, entretanto o PNC não seria obstinação ou capricho do órgão, mas uma necessidade vital para a administração pública. O CFC, diante dos percalços para a elaboração e a operacionalização do PNC, admitiu que o MEC elaborasse o plano, possibilitando a execução pelo Estado.

O documento alertou que, ao desenvolver determinadas políticas, os estadistas perceberam que os problemas culturais se encontravam além do processo da "criação do homem em sociedade". A cultura deveria ser "considerada tanto sociológica quanto espiritualmente" e desenvolver-se-ia conforme a "liberdade da ação criadora dos indivíduos, grupos e coletividades no contexto de uma nação" (ARINOS, 1975, p. 2). A priori, em nome da liberdade de criação, o parecer, de modo tímido, colocou em xeque as questões éticas relacionadas à cultura, após o acirramento da censura perpetrado pelo AI-5. Contudo o vocábulo "censura" foi omitido no documento do CFC.

A liberdade de criação, na perspectiva do CFC, seria alcançada com a elaboração de planos estaduais de desenvolvimento social. O desenvolvimentismo regional emergiu a partir de 1950 — uma questão percebida em países nos quais a sociedade se afirmou junto ao Estado —, ou seja, países que adotaram o bem-estar social. No entanto, Arinos ponderou que muitos planos de Estados foram dominados por ditaduras que pretendiam o "fim da luta de classes". Um movimento contrário ao esquerdismo foi adotado pelos conselheiros, velhos combatentes das "Revoluções de 1930 e 1964", para demarcar que o problema das políticas culturais e do planejamento estatal para a cultura ocorreu pela cessão de liberdade artística nos países inspirados pelas "assertivas de autores, como Saint-Simon, Proudhon, Marx ou Lenine [...] utopia marxista para o desaparecimento do Estado" (ARINOS, 1975, p. 2). A confusão teórica enredou o marxismo, socialismo utópico e anarquismo para a ilustração do pensamento de Arinos.

O documento jurídico endossou as bases da sociologia política moderna de "Hegel, Von den Stein, Laband e Karl Schmitt", autores que "sustentavam pensamento oposto" aos marxistas. Nesse sentido, "a subordinação de todos os elementos diversos da sociedade, inclusive a cultura", deveria estar sob o "poder soberano do Estado", como preconizava a sociologia moderna, evitando o cerceamento à liberdade artística. O texto redigido pelo conselheiro, um dos fundadores da Arena, tentou contemporizar os fantasmas da ditadura presentes na cultura política brasileira, representados na censura, prisão, tortura e perseguição ideológica. Ao sinalizar críticas ao autoritarismo de Estado das esquerdas, Arinos defendeu o projeto de país que sua geração perseguira, em que a sociedade e o Estado não eram "entidades distintas nem muito menos antagônicas". Enquanto principal instituição, o Estado tornara-se objeto da sociologia política em múltiplas pesquisas científicas, sobretudo em estudos sobre "as relações entre a instituição estatal e outras instituições sociais". Ademais, "o problema das relações entre Estado e cultura passou de questão vexatória" para "um capítulo da sociologia" (ARINOS, 1975, p. 3).

Para o conselheiro, o planejamento governativo e a política cultural democrática foram garantidos na CF-1967 e mantidos na CF-1969. Os governos brasileiros não sobrepuseram "seus poderes constitucionais" ou impuseram "suas próprias concepções e diretrizes culturais". Para Arinos, o Estado não se impôs aos "valores espontâneos e coletivos da sociedade", que deveriam ser transmitidos e preservados, a exemplo da coerção política, "própria dos regimes totalitários [...] comunismo e marxismo" (ARINOS, 1975, p. 3). Controversamente, o documento tergiversou sobre o recrudescimento do regime ditatorial de Costa e Silva a Médici, como se o Brasil vivesse uma democracia no campo da cultura no governo Geisel.

Para o documento, a CF-1969 foi paradigmática e não incidiu sobre a liberdade de criação artística e espiritual, exceto em alguns "procedimentos de estímulo, apoio e preservação em todos os campos da cultura". Sendo assim, o planejamento político e a cultura democrática dos governos não negligenciaram a "noção de bem comum", tampouco o "não reconhecimento de pseudomanifestações culturais que, de fato, ferem ou subvertem os valores sociais, políticos, morais e outros que caracterizam a sociedade brasileira no seu estágio de desenvolvimento" (ARINOS, 1975, p. 3). O documento, enfim, acusou as movimentações culturais esquerdistas de violarem a autenticidade da cultura nacional, um valor perseguido pelos homens do CFC.

O documento aprovado pelo plenário do CFC defendeu que os conselheiros eram contra o cerceamento da liberdade de criação, porém a favor da vigilância sobre as pseudomanifestações da cultura, como os estrangeirismos, a contracultura, as organizações e as atividades de esquerda, consideradas culturas de vanguardas. Essa antinomia delineou as ações dos modernistas conservadores do CFC, desde a década de 1920, sobretudo ao defenderem uma visão de modernidade calcada entre o que assimilar e o que rejeitar, em nome da preservação da cultura nacional.

Para Daniel Pécaut (1990, p. 93), a "preservação da liberdade cultural" excluiu do campo cultural as manifestações da contracultura, pois fragilizava "os valores característicos da personalidade nacional", advogados pelas vozes autorizadas na ditadura.

O documento alertou que a política cultural deveria ser nacional, e não nacionalista, pois o "[...] desenvolvimento é dinâmico e pressupõe, como forma de enriquecimento permanente, a absorção de influências e elementos estrangeiros em todos os setores, tanto populares, como eruditos, ou melhor, tanto sociológicos como espirituais." (ARINOS, 1975, p. 5).

A "sociedade brasileira [...] um caso raro e exato não apenas da integração [...] harmoniosa de raças diferentes", deveria ser analisada pelo resultado da "aculturação fecunda de manifestações culturais, populares ou eruditas, das mais variadas origens", ou seja, as culturas das três raças, portuguesa, africana e indígena, consideradas autênticas para a formação nacional (ARINOS, 1975, p. 5).

As teorias sobre a cultura miscigenada, desde as décadas de 1930 e 1940, auxiliaram as políticas de Estado e os gestores da cultura. Rodrigo Melo Franco de Andrade (1944), em nota para a obra *Desenvolvimento da civilização material no Brasil*, de Afonso Arinos, patrocinada pelo Ministério da Educação e Saúde, indicou que o trabalho compilou uma série de conferências de Arinos para a repartição do Sphan, de outubro a novembro de 1941, nas quais foram analisadas a contribuição e a fusão das três raças do século XVI ao XIX para o desenvolvimento cultural da nação.

O termo "expressão nacional" foi utilizado por Arinos (1975) para sinalizar a unidade cultural da nação. Como uma comunidade imaginada, unida pela língua e pelo território, retomo Anderson (2005) para compreender como se forjou a ideia de nação dentro do CFC.

A expressão nacional foi retomada por Afonso Arinos para ser "uma conceituação contrária à ideia de federalismo político", mas sem "contestar política nacional com divisão estadual das culturas, porque a Federação" deve ser compreendida como "uma entidade jurídico-política e não cultural". A integração nacional pleiteada para a implantação da política nacional necessitava do amparo estatal para "todas as expressões culturais [...] tradução da complexa personalidade nacional brasileira", exceto às pseudomanifestações. A cultura nacional diversa "se apresenta una, mas não unificada". Afonso Arinos explicou que "dizer que ela só pode ser visualizada em termos da contribuição de todos os elementos culturais regionais, que são os traços definidores da nossa fisionomia peculiar da nação" (ARINOS, 1975, p. 8).

O debate sobre a preservação da diversidade regional no documento "Bases para a formulação da Política Nacional" indicou que as políticas culturais seriam orientadas "pela extensão territorial, pela densidade populacional e diversificação etnográfica, pela unidade linguística, pela variedade climática, pela riqueza de atributos regionais". O brasileiro era um dos povos mais singulares no mundo, justamente "por causa da riqueza integradora da sua harmoniosa diversidade" (ARINOS, 1975, p. 8).

Diante da complexa diversidade regional e nacional, a cultura deveria prover a liberdade de criação para ser resguardada, pois os artistas e intelectuais que compreendem a cultura "como um conjunto de conhecimentos, criações, valores, costumes, objetivos e tendências que marcam a personalidade de uma nação, e que se manifesta, na parte criativa, tanto no plano coletivo-social quanto no individual-espiritual" (ARINOS, 1975, p. 5). "[A] cultura se transmite por herança social e não biológica, e distingue-se da educação na medida em que excede ao âmbito no qual compete ao Estado orientar a acumulação e aplicação dos conhecimentos." (ARINOS, 1975, p. 5).

Os fenômenos da contracultura foram combatidos frontalmente pelos conselheiros, já que eram "caracterizados pela alienação de parte da mocidade aos valores culturais transmitidos pela geração paterna". A "contracultura dos hippies, das drogas, das perversões sexuais e do terrorismo é um processo antissocial, pelo seu caráter radical, por vezes irracional e outras intelectualizado, e extremamente minoritária" (ARINOS, 1975, p. 6). Uma análise totalmente parcial do jogo ideológico censor, que perseguia os agentes culturais que não se enquadrassem em seus parâmetros morais.

Os conselheiros, homens brancos, anciãos, héteros, conservadores, não compreendiam a contracultura como vanguarda, mas como manifestação política de "protesto e negação" da cultura tradicional. "Nada representa de criativo, de utilizável ou de transmissível por herança social"; nesse sentido, cabia ao Estado ao elaborar a "Política Nacional de Cultura [...] valer-se dos meios de convicção de que dispõe, em benefício da difusão cultural, como dissuasão das investidas antis-sociais da contracultura", porque a liberdade de criação incorreria na "liberdade no uso do tempo" (ARINOS, 1975, p. 7).

Os usos do tempo e da tecnologia, questão investigada por Gilberto Freyre, foram inseridos no parecer como uma preocupação coletiva do CFC. A "tecnologia aplicada à industrialização diminui cada vez mais o tempo obrigatório" para o trabalho e libera o homem para atividades criativas. Todavia, se o ócio não for adequadamente utilizado, tornar-se-á uma "fonte de desajustamentos pessoais e sociais" (ARINOS, 1975, p. 7). A contracultura era composta por intelectuais boêmios e intelectuários; tornava-se, portanto, desqualificada pelos autodeclarados verdadeiros intelectuais.

Nesse sentido, o uso do tempo deveria estar vinculado à organização cultural do lazer, possibilitando a "atração das coletividades jovens [...] até a assistência cultural aos solidários idosos". A cultura de massa, com os "espetáculos culturais públicos de música, teatro, dança ou atletismo [...] transportados pela televisão para milhões de lares", deveria elevar o padrão cultural dos espectadores e ser controlada e direcionada para os "valores culturais nacionais" que "fazem da liberdade do tempo uma alegria e não uma angústia ou um meio de alienação e de contracultura" (ARINOS, 1975, p. 7).

O patrimônio enquanto herança cultural deveria incentivar a prática do "turismo interno intensivo" e estimular o "emprego cultural do lazer" para a utilização do tempo livre. Para Arinos, existia "na Cultura a fusão dos tempos [...] passado, presente e futuro", que devem ser observados no "planejamento cultural". Dessa maneira, a "herança social funde-se com a ação presente e a visão do futuro". Um entrelaçamento "tridimensional do tempo da cultura tem influência na política cultural" (ARINOS, 1975, p. 8). O Estado deve coordenar as iniciativas juvenis com as experiências acumuladas de outras gerações para valorizar as políticas culturais arquitetadas por homens experientes e profissionais. Quaisquer contestações dos jovens às políticas culturais seriam ilusórias, o que demarcaria o desconhecimento da notoriedade e da experiência dos conselheiros do CFC.

Além do discurso sobre a anulação da crítica política dos jovens, o texto invocou as inovações tecnológicas da TV, do rádio e do cinema, inicialmente repelidas pelos intelectuais veteranos. O fenômeno da inovação na comunicação, não poderia ser mais desprezado, tampouco a sua herança cultural. O documento apresentou uma trégua ao afirmar que a "pretensa crise entre gerações vem da negação da cultura acumulada [...] por parte dos jovens" e do "desinteresse pela criatividade autenticamente cultural dos jovens, por parte dos mais velhos". Um "erro visto nas suas duas faces", pois o "Estado não pode apoiar nem estimular qualquer aspecto dessa estéril confrontação" (ARINOS, 1975, p. 8). Ação válida de aproximação entre as gerações, desde que os jovens acompanhassem a cultura nacional sob o crivo de valor do CFC.

A aceitação da cultura de massa, ressalvada sob o viés da segurança nacional, indicava que a recusa dos jovens pelas referências autênticas deveria ser compreendida como desconhecimento; por isso, tornava-se imprescindível incluir as disciplinas de patrimônio na educação. Sobre a difusão cultural, os meios de comunicação de massa deveriam banir os níveis de "absorção mecânica de produções estrangeiras não qualificadas culturalmente" (ARINOS, 1975, p. 9). E privilegiar produções nacionais com caráter integrador.

O patrimônio foi a principal diretriz mobilizada pelo documento, seguida pela tecnologia e pelo incentivo à criatividade. Essas diretrizes sinalizavam que o Estado deveria incentivar e apoiar a produção cultural em diversos campos. Dispender apoio editorial e financiamentos de publicações para obras clássicas, autores consagrados ou novos, salvaguardando seus direitos autorais. Suporte financeiro para criação, composição, representação e produção teatral, bem como à formação de plateia e profissionalização dos artistas e trabalhadores da área. Fomento à produção cinematográfica nacional "genuinamente artística", desvinculada da pornochanchada, que "deseduca o gosto do público [...] afasta-o da produção nacional em benefício da estrangeira". Estímulo à produção musical, protegendo os direitos autorais dos compositores e dos artistas executantes, cantores e instrumentistas de distintos gêneros, sobretudo regras a execução e transmissão da música popular nos meios de comunicação. Apoio à dança para preservação e enriquecimento dos "símbolos gestuais e mímicos" da cultura nacional, "relacionando com suas fontes e seus significados valorativos" (ARINOS, 1975, p. 9) da cultura popular e erudita.

Sobre o patrimônio regional vinculado às "atividades artesanais e folclóricas", o documento versou sobre a integração do homem em seu meio social e das "fontes primárias da realidade cultural nacional". A miscigenação cultural integrou europeus e africanos com os povos indígenas em suas expressões culturais, "arte plumária, as máscaras, as danças, as cerâmicas" (ARINOS, 1975, p. 9).

Para a organização cultural, a Política Nacional de Cultura deveria incentivar a criação e o funcionamento dos Conselhos Estaduais e Municipais de Cultura, casas de culturas, câmaras de patrimônio histórico e artístico e sessões estaduais do Iphan. O DAC deveria ser apoiado pelo CFC, pontuou o documento, para prover o órgão dos "meios para seu relacionamento com outras instituições públicas ou particulares, tendo em vista as importantes finalidades da sua competência legal" (ARINOS, 1975, p. 9). Controversamente, o DAC foi se distanciando do CFC como dois órgãos em disputa pelo protagonismo cultural oficial.

A Política Nacional de Cultura deveria estimular parcerias e intercâmbios com as universidades para fortalecer os "elementos de grande força contributiva na criação e na difusão cultural", considerando a "população essencialmente jovem" (ARINOS, 1975, p. 10). Prover a integração dos sistemas nacionais de bibliotecas, arquivos e museus, uniformizando dados. Promover pesquisas nos arquivos públicos, eclesiásticos e judiciários, formando um índice geral dos elementos das heranças culturais. Fomentar intercâmbios culturais, concursos, trabalhos e cursos de literatura, artes plásticas, teatro, cinema e aspectos culturais das ciências com enfoque nas questões regionais e expressões nacionais. Promover a formação universitária e cursos técnicos para a profissionalização de trabalhadores culturais, sobretudo nas áreas de preservação, restauração e arquivística. Incentivar assinaturas de convênios com instituições culturais e científicas para pesquisas, mapeamentos e promoções do patrimônio e acervos arqueológicos, históricos, etnográficos, artísticos, folclóricos, natural e ambiental. A Política Nacional de Cultura, com apoio do Ministério das Relações Exteriores, realizaria levantamentos das documentações brasileiras de interesse cultural custodiadas no estrangeiro.

O documento indicou que a coordenação nacional da cultura fosse executada pelo MEC, por meio dos órgãos especializados, CFC e DAC. Com a perda de poder do CFC, observada nos projetos recusados, criação do DAC e atribuições reduzidas, compartilhar autoridade seria melhor do que submergir completamente. Portanto, trabalhar com DAC, Fundação Nacional de Artes (Funarte) e Sphan, tornava-se providencial, porque, mesmo diante da justificativa extensa de Afonso Arinos, a Política Nacional de Cultura foi publicada pelo MEC, e posicionou o CFC apenas como órgão "normativo e incentivador" (BRASIL, 1977, p. 24).

4.5 Estratégias para manutenção do poder

Na comemoração do Sesquicentenário de D. Pedro II, sessão de encerramento do Congresso de História e Segundo Reinado, promovido pelo IHGB, órgão presidido por Pedro Calmon, no dia 2 de dezembro de 1975, o ministro Ney Braga afirmou que D. Pedro II fora "um dos grandes estadistas do seu tempo, um político de paz e um servidor das ciências e das artes". O segundo imperador do Brasil foi, para alguns analistas, como o primeiro ministro da Cultura, antes mesmo de qualquer ministério. E seu legado simbolizou a junção da tradição com a inovação, da educação com as artes e da cultura com as ciências. Para Ney Braga, os jovens deveriam conhecer "melhor o passado [...] compreender o presente [...] se orientar para o futuro" (BRAGA, 1975, n. 20, p. 11-12).

Os jovens, em meados dos anos 70, tornaram-se o público-alvo dos discursos do CFC e do MEC. Os ventos da redemocratização traziam as incertezas aos dirigentes estabelecidos no poder, e tornava-se urgente pacificar os ânimos acirrados, desde 1968, sobretudo em disputas geracionais, como refletiu Zuenir Ventura (1988), quando mencionou a desconfiança juvenil com os velhos acima dos 30 anos.

O alicerce de situar na história os grandes nomes e os grandes feitos não era somente uma tática discursiva e celebrativa. Porém, retomando as reflexões de Philipe Lejeune (2014), pode-se analisar na história do CFC e do MEC a prática evocativa para angariar discípulos para as hostes patrióticas do IHGB, do CFC e da ABL.

Como representantes legítimos da ciência, os conselheiros foram homenageados por meio do IHGB, que, para Ney Braga, seria o órgão maior:

> Das lições e dos ensinamentos dos eruditos e dos especialistas todos nós nos valemos e nos socorremos, principalmente quando provém de fontes como este admirável Instituto Histórico e Geográfico Brasileiro, que, à ciência de seus componentes alia o amor, a dedicação, a verdadeira veneração às coisas da Pátria comum e querida de todos. (BRAGA, 1975, n. 20, p. 12).

Passado, presente e futuro foram projetados como afirmações da nacionalidade:

> Os *amanhãs* das Nações e dos Povos serão tão mais grandiosos e ricos quanto mais os seus *hojes* fecundos se calquem e se inspirem nos *ontens* generosos, brilhantes, sonhadores dos pioneiros, dos predecessores, dos seus verdadeiros genitores, se me permitem a comparação. É por isso, que nos curvamos ante a memória dos que, vindos antes de nós, tiveram nos seus atos e pensamentos, o seu espírito e sua visão projetados, não apenas para o seu realce e destaque na época, mas para o *futuro* que hoje somos nós como no porvir seremos o *passado* e, praza aos céus, passado tão respeitosamente rememorado como os dos que nos antecederam na construção da História. (BRAGA, 1975, n. 20, p. 12, grifo do autor).

O discurso do ministro conclamou os jovens a conhecer os antecessores da história, pois seria importante refletir sobre qual presente se desejaria construir para determinar que passado se registraria nos escritos históricos sobre o Brasil.

Uma percepção sobre o tempo histórico calcada na linearidade e alicerçada nas memórias dos grandes homens. Um passado desenhado conforme os interesses de uma elite intelectual, demarcando a história enquanto consequência do empreendedorismo dos pioneiros, genitores e predecessores esclarecidos. Uma visão iluminista dos déspotas esclarecidos que transitavam em espaços de poder e consagração na área da cultura.

O discurso do ministro, alicerçado em um passado escrito de forma gloriosa, demarcou que, mais do que vislumbrar o futuro, era preciso pensar sobre qual passado se deixaria para a história nacional e quais memórias e patrimônios. O presente determinante do passado não destoava dos debates internacionais realizados em relação ao patrimônio, a exemplo do Ano Europeu do Patrimônio Arquitetônico, sob o tema "Um futuro para o nosso passado", que previa ações de preservação do patrimônio europeu para o ano de 1975.

A invenção do passado era mais concreta do que a projeção do futuro, portanto não se apontava para um futuro a se perseguir, mas para qual passado se queria legar. O discurso do ministro apaziguou os ânimos dos conselheiros colocados em papel coadjuvante em relação ao Plano Nacional de Cultura. Considerou a colaboração dos conselheiros na orientação dos jovens para não deixarem de lado as "lições e ensinamentos dos eruditos e dos especialistas", afirmou Ney Braga. A história nacional seria escrita conforme a experiência dos "homens que se fazem os povos e as Nações [...] homens que fazem a história, que escrevem a história, que estudam e que trabalham, que sofrem e que amam", reiterou Braga (1975, n. 20, p. 13, 15).

Concluindo o discurso, o ministro Ney Braga mencionou a criação da Funarte e da Política Nacional de Cultura, aprovada pelo CFC, por meio de um parecer entregue em novembro para o MEC. O Ministério da Cultura tornou-se novamente um projeto arquivado, e as reorientações atributivas estenderam-se a outros órgãos de cultura. A recém-criada Funarte acolheu as questões da cultura popular e do folclore, reivindicação antiga do CFC para a criação do Serviço Nacional de Folclore, e a Política Nacional de Cultura, mencionada pelo ministro, acabou se dissolvendo dentro do PAC.

Enquanto técnica e gestora da fundação e do MinC, Isaura Botelho (2000) trouxe à luz as interpretações dos trabalhadores da Funarte sobre esse processo histórico. Do ponto de vista técnico, relatou os numerosos conflitos decorrentes das atribuições da Funarte, fundada para atender às múltiplas linguagens das artes modernas e contemporâneas. A fundação absorveu o Instituto Nacional de Música e o Instituto Nacional de Artes Plásticas, reivindicados pelo CFC nos anteprojetos do PNC. A Funarte assumiu a coordenação do PAC, sob o comando de Jaime Frejat, sobrepondo-se ao DAC, ou seja, coordenou a Política Nacional de Cultura.

Os processos políticos seguiam, e a ata da 478ª Sessão Plenária, de 1975 (BRASIL, 1971-1989, n. 20), registrou os encaminhamentos para a organização do Primeiro Encontro Nacional de Conselhos e Secretarias de Cultura, agendado pelo CFC para os dias 5 a 7 de novembro de 1975, em Salvador, com o escopo de debater as diretrizes da Política Nacional de Cultura e a formulação das estratégias para a ação governamental.

Moniz de Aragão (BRASIL, n. 20, 1975) sinalizou que o evento pretendia: 1) incentivar a maior participação dos estados nas políticas culturais; 2) estabelecer as bases para o levantamento dos recursos institucionais existentes; 3) esboçar estratégias para uma ação governamental integrada na área da cultura. Além desses objetivos, estavam previstas para o encontro reuniões das câmaras setoriais, conferências, plenárias e uma visita à Casa de Rui Barbosa, no Dia da Cultura, em 5 de novembro, com o lançamento do *Calendário cultural do Brasil 76*.

No dia 7 de outubro de 1975, o assunto retornou na 479ª Sessão Plenária, e Moniz Aragão comunicou que estava verificando horários de voos e hospedagens para os conselheiros. Na 480ª e na 481ª Sessões Plenárias, de 1975, dias 8 e 9, o assunto não foi registrado. Na sessão plenária seguinte, informou-se que o evento alusivo ao Dia Nacional da Cultura seria realizado às 14 horas, na Fundação Casa de Rui Barbosa, Rio de Janeiro. Na 483ª Sessão Plenária, Irmão Otão sugeriu que fosse adiado o encontro nacional com os Conselhos de Cultura, de dezembro para março de 1976, considerando o "fim do ano letivo [...] atividades universitárias de encerramento, provas, colações de graus" (BRASIL, 1971-1989, n. 20, p. 126-127). Uma agenda universitária intensa mobilizava os conselheiros que eram professores e reitores.

Afonso Arinos, na 490ª Sessão Plenária, de 1976 (BRASIL, 1971-1989, n. 21), comentou uma reportagem no *Jornal do Brasil* sobre a Política Nacional de Cultura, ratificando que a Comissão de Legislação e Normas escrevera a parte conceitual do PAC, cujas metas resultaram dos debates acumulados dos anteprojetos do Plano Nacional de Cultura.

Os créditos da autoria começavam a ser requeridos para os processos de elaboração das políticas culturais dentro e fora do CFC. E alguns nomes silenciados começavam a retornar ao panteão do conselho. Gustavo Capanema foi saudado, pela primeira vez na história do CFC, por conta de um PL apresentado no Senado Federal, para proibir a incineração de arquivos judiciais. Na segunda vez, quando o ex-ministro manifestou um apreço destinado ao amigo Afonso Arinos pela elaboração do documento "Bases para a Política Nacional de Cultura". Majoritariamente os conselheiros, velhos combatentes nacionalistas, pertencentes às hostes modernistas conservadoras, não aderiram às duas saudações para Capanema. A diferença de tratamento para outros intelectuais dos anos 30 e 40 pode ser mensurada nas reverências dos membros egressos da AIB, a exemplo de Miguel Reale, Adonias Filho e Hélio Vianna.

Miguel Reale foi um dos "principais teóricos integralistas", analisou Pécaut (1990, p. 77). No aniversário de falecimento de Plínio Salgado, no dia 5 de dezembro de 1975, Reale incitou uma homenagem ao líder integralista dentro do CFC. A láurea foi registrada na ata da 492ª Sessão Plenária, de 1976 (BRASIL, 1971-1989, n. 21), na qual a trajetória de Plínio Salgado foi lembrada como um romancista formatado por elevado patriotismo comparado aos nomes de Visconde de Mauá, Euclides da Cunha e Oliveira Vianna. Pécaut (1990) considerou *O estrangeiro* uma obra com forte conotação xenófoba. Entretanto, para o CFC, marcou o início de uma nova fase no romance brasileiro" (BRASIL, 1971-1989, n. 21, p. 179). O CFC considerava que as obras filosóficas *Psicologia da revolução* e *A quarta humanidade* apresentavam valiosos estudos sobre a integração da cultura brasileira. Adonias Filho reiterou que, com o "velho paulista modernista", muitas "gerações aprenderam nacionalismo em uma ocasião de maior internacionalismo bolchevista e soviético" (BRASIL, 1971-1989, n. 21, p. 180).

Entre Plínio Salgado e Gustavo Capanema, os conselheiros não titubeavam em consagrar os ideais integralistas, patrióticos, católicos, corporativistas, hierárquicos de integração nacional e de cultura homogênea, bandeiras do modernismo antissalonista ligadas ao primeiro nome. Questão condicionante para que Capanema fosse colocado no limbo da história pelos conselheiros do CFC. O legado do ex-ministro foi silenciado nos documentos oficiais do órgão, salvo nas duas homenagens mencionadas; e, quando se despediu da vida pública, foi homenageado por amigos próximos, como Afonso Arinos.

Os conselheiros consideravam o golpe de 1964 democrático; e o de 1937, autoritário. O ano de 1964 era tratado como efeméride nacional, questão vislumbrada em um artigo do conselheiro Arthur Cezar Ferreira Reis, publicado na seção "Estudos e proposições", intitulado "Aniversário da revolução de 1964". Arthur Reis classificou a libertação da escravatura, a Proclamação da República, a "Revolução de 1930" e a "Revolução de 1964" como mudanças pacíficas no "sistema de viver", devido à tranquilidade da colonização lusa, condicionante para a formação do caráter de pacificação do povo brasileiro, ao contrário das colonizações espanholas. Para o conselheiro, o golpe de 1964 resolvera os problemas do Brasil com a necessária segurança, porque fora empreendido por um "homem da estatura de Castelo Branco". Para o CFC, o dia "31 de março" representava dupla efeméride de "extraordinária importância, porque lhe devemos a fundação do Conselho Federal de Cultura", destacou Reis (1976a, p. 11-12).

Destaca-se no texto a troca da data oficial do golpe de 1964 — do dia 1º de abril, popularmente conhecido como o "dia da mentira", para 31 de março —, além da comparação da colonização espanhola com a portuguesa, a primeira tratada como violenta; e a segunda, como pacífica. São exemplos de como a história nacional foi registrada e difundida pelos conselheiros federais conforme suas convicções e conveniências ideológicas.

4.6 *Calendário cultural do Brasil 76*

O *Calendário cultural do Brasil 76* (Figura 22), programado para ser lançado em Salvador, foi reagendado para o Rio de Janeiro, na FCRB, no dia 5 de novembro de 1975, Dia Nacional da Cultura, segundo a ata da 484ª Sessão Ordinária (BRASIL, 1971-1989, n. 20). A solenidade foi composta pelo diretor da FCRB, Américo Jacobina Lacombe, pelo presidente da ABL, Austregésilo de Athayde, e pelo reitor da UFRJ, Hélio Fraga.

O patrono da cultura, Rui Barbosa, foi lembrado por Moniz de Aragão na apresentação do calendário como "expressão perene, viva e atualizada da memória nacional", uma das "efemérides de maior significação da cultura nacional e regional" (BRASIL, 1976b, p. 5).

Figura 22 – Reprodução da capa do *Calendário cultural do Brasil 76*

Fonte: Brasil (1976b, s/p)

Apresentado o calendário como uma publicação oficial do CFC, sua capa central, com múltiplas fotografias, ilustrava a interpretação imagética da cultura nacional. Uma análise semiótica da capa como um mosaico cultural iconográfico proposto é salutar para compreender o seu propósito. No canto superior esquerdo, uma imagem panorâmica do conjunto arquitetônico de Ouro Preto, fotografia de Raul Lima, cidade tombada pelo Sphan, em 1938, ratificou a criatividade brasileira por meio da genialidade mestiça de Aleijadinho e da singularidade do barroco brasileiro. No centro superior do mosaico, encontra-se a coroa de D. Pedro II para simbolizar a irradiação da civilização e do progresso, um artefato célebre do acervo do Museu Imperial de Petrópolis, que representou o legado do primeiro patrono da cultura no Brasil. No canto superior direito, a imagem da Escola de Samba da Mangueira, fotografia de Sebastião Barbosa, com dois passistas, uma mulher negra e um homem branco, ratificava a harmonia racial e a democracia cultural advogadas pelo CFC. No canto inferior esquerdo da capa, fotografia de Luiz Humberto, uma imagem da Bandeira do Divino empunhada por crianças em uma procissão em Pirenópolis, Goiás, demonstrando a espiritualidade católica do povo brasileiro. No canto inferior direito, a imagem do boi-bumbá do Maranhão, fotografia de Luiz Humberto, celebrando o folclore e o misticismo multifacetados da cultura popular.

Raymundo Moniz de Aragão (BRASIL, 1976b), na apresentação do calendário, creditou a ideia, criação, organização da publicação do projeto a Josué Montello. E destacou a diversidade brasileira proposta:

> As diferenças regionais que o País exibe, consequentes às diversidades ecológicas que ostentam vários segmentos do território pátrio, às enormes distâncias que sobre ele se percorrem, ao contributo ponderalmente (sic) variável, senão qualitativamente diverso das etnias que concorreram a formar, em cada caso, as pedras do mosaico em que se constitui a sociedade nacional, exigem este trabalho de integração pela *memória*. (BRASIL, 1976b, p. 5, grifo do autor).

Contudo alertou que o CFC não aspirava uma única perspectiva para realizar as políticas culturais:

> Não aspirando à uniformidade constrangedora, respeitando e mesmo incentivando as peculiaridades culturais das várias regiões, impõe-se a nossa política cultural, em contrapartida, promover-lhes a integração, pela solidariedade incorruptível do *caráter brasileiro*, para o que é indispensável o recíproco conhecimento e o essencial culto de tradições comuns. (BRASIL, 1976b, p. 5, grifo do autor).

Da democracia racial para a democracia cultural, da diversidade para a comunhão de interesses, o *Calendário cultural do Brasil 76* tornou-se uma das estratégias de enfrentamento político para a manutenção do comando do CFC na área da cultura.

O texto do ministro Ney Braga (BRASIL, 1976b, p. 4) discorreu sobre a concepção de cultura:

> A cultura é um conjunto orgânico de manifestações da vida de um povo. E é nossa preocupação no Ministério de Educação e Cultura, apoiar e estimular tais manifestações, de forma a possibilitar a ação cultural espontânea de indivíduos e de grupos. O Ministério não reivindica dirigir a cultura nacional, mas colaborar com ela. (BRASIL, 1976b, p. 4).

O não dirigismo da cultura enviou um recado para os dissidentes, para aqueles que desejavam um Ministério da Cultura apartado da Educação. Ao MEC não interessava a bifurcação das pastas.

O *Calendário* alternou a datação diária conforme as efemérides, não seguindo uma sequência completa dos dias. Tornou-se uma espécie de agenda nacional comentada. Os meses apresentavam os dias com efemérides e homenagens às personalidades, às instituições e às obras culturais. A agenda cultural, disposta na ordem do nacional para o regional, demarcava uma hierarquia nas comemorações. O layout, encadernado em formato de edições seriadas anualmente, pode ser classificado como um periódico cultural, por selecionar e comunicar reflexões divididas em seções, com base em uma concepção historicista.

As informações enviadas pelos Conselhos e Secretarias Estaduais de Cultura e de Educação para compor o calendário podem ser interpretadas como um mapeamento cultural, reivindicado nos encontros nacionais. Enfim, um inventário de eventos cívicos, econômicos, desportivos, religiosos, institucionais e sociais considerados relevantes para a memória nacional e regional, publicados sob a designação de atividades culturais.

A disposição das informações vislumbra uma ausência de curadoria ou classificação temática na organização das atividades culturais, o que evidencia divergências conceituais sobre o vocábulo "cultura". As efemérides e homenagens convergiam com o ano de 1976 e listavam fatos como o sesquicentenário do primeiro jornal da Paraíba, o início da "Segunda Regência da Princesa Isabel" (BRASIL, 1976b, p. 12), o centenário do município catarinense de Araquari, a Festa do Arroz no Rio Grande do Sul, a fundação da ABI, a cerimônia de entrega do Troféu de Ouro do Instituto Nacional do Cinema, entre outros.

Divulgavam-se, entre as atividades culturais, festas folclóricas, celebrações de colheitas agrícolas, exposições agropecuárias, feiras industriais e comerciais, bailes da primavera, festas de clubes sociais, dias comemorativos dos estados, cívicos e temáticos, cronogramas das reuniões do CFC e dos CECs, aniversários dos conselheiros, seminários, congressos e cursos. E ações de instituições, entre elas, ABL, IHGB, Palácio da Cultura, Associação dos Museus de Arte do Brasil, Salão Nacional de Belas-Artes, entre outras.

A Romaria do Padre Cícero, a Festa dos Vaqueiros, a Semana Farroupilha e o Festival de Música Villa-Lobos eram anunciados entre os jogos estudantis, competições esportivas, concursos de corais, orquestras, músicas, monografias históricas e feira de ciências. As atividades e datas comemorativas alternavam-se entre comemorações religiosas, esportivas, sociais e econômicas. O mosaico da diversidade cultural tornou-se um agrupamento confuso de informações esparsas.

O viés historicista das concepções culturais mobilizadas pelos conselheiros em torno das artes aplicadas, das ciências humanas, do patrimônio e do folclore enquanto símbolos representativos da formação cultural miscigenada estruturava-se nas narrativas elaboradas para algumas manifestações e celebrações culturais. As nortistas e nordestinas eram designadas folclore; e as sulistas, revestidas da aura da tradição.

Interessante, nesse sentido, a análise dessa dissociação realizada pela historiadora Letícia Nedel (2008), com base nas interlocuções e narrativas dos folcloristas gaúchos no cenário cultural nacional, como o conselheiro Moisés Vellinho do CFC, representante da cultura tradicionalista sulista rio-grandense. Os enfoques semânticos das apologias ao tradicionalismo para o Sul e do folclore/cultura popular para o Norte e Nordeste podem ser identificados na *Revista Brasileira de Folclore* (1961-1976) e em instâncias gaúchas de consagração cultural, como o Museu Júlio de Castilhos e no IHGB, sobretudo na profusão de formas de distinção regional da cultura como sobreposições valorativas entre tradição/folclore e folclore/cultura popular. Essa questão pode ser igualmente avaliada no conjunto documental do CFC e no *Calendário cultural do Brasil 76*.

Narrativas sobre as referências culturais de matriz africana, como o Carnaval enquanto símbolo da cultura popular nacional, e as celebrações religiosas africanas sincréticas são classificadas em distintas escalas de valores. Nesse caso, cita-se a agenda de dezembro e as informações relacionadas a duas festas religiosas.

A primeira foi a Festa de Iansã ou Festa de Santa Bárbara, abordada sob o crivo do sincretismo, com a explicação de que a santa, para os descendentes de escravos, seria Iansã, "divindade do fogo, do relâmpago e do trovão". Os "festejos de ação de graças promovidos pelos comerciantes e barraqueiros" (BRASIL, 1976b, p. 57) no Mercado de São Miguel e na Baixa do Sapateiro, em Salvador, ocorrem em três dias de festas consecutivos, conforme informação no calendário

A segunda comemoração foi a Festa da Imaculada Conceição ou Festa da Conceição da Praia, anunciada com "dias de maior animação [...] o ápice das festividades [...] quando se reúne, em torno da Igreja, incalculável multidão a festejar ruidosamente uma das mais populares datas do calendário litúrgico" (BRASIL, 1976b, p. 57). O texto reforçou a festa como referência no território nacional, desde as cidades gaúchas às amazônicas, espécie de hegemonia da religião católica nos festejos populares, sem considerar que a Festa de Iansã também se espraiava territorialmente.

A narrativa saudosista para uma festa e pedagógica para a outra vislumbrou a afirmação do catolicismo enquanto religião oficial do Estado, além da cautela didática nas informações veiculadas para a cultura de matriz africana. O cuidado para não confrontar Estado e Igreja confluía com a leitura de que a miscigenação era fruto de uma escravidão amena que incorporara culturas e promovera a cordialidade entre as raças, pensamento defendido pelo CFC. As problematizações históricas que promoviam o preconceito e a violência estrutural eram silenciadas nas plenárias do colegiado, no entanto essas pautas eram provocadas. Por exemplo, no registro da ata da 57ª Sessão Plenária publicada no mensário *Cultura*, quando o conselheiro Augusto Meyer questionou qual seria a abordagem do CFC em relação ao folclore diante "sobrevivência das práticas religiosas da raça negra" (BRASIL, 1967-1970, n. 6, p. 151), o questionamento não foi respondido, apenas registrado.

Outro exemplo da distinção ou silenciamento no tratamento da cultura dos povos de matriz africana pode ser evidenciado no mensário *Cultura*, em informação publicada em caixa-alta no *Calendário Nacional Cultural*: "Por solicitação do Teatro Experimental do Negro, o Conselho Federal de Cultura, incluiu no seu Calendário deste ano o octogésimo aniversário da Abolição da Escravatura do Brasil" (CULTURA, 1968, n. 7, p. 93). O termo "por solicitação" demarcou que a pauta não surgira dos debates internos, mas de um pedido externo de uma instituição da sociedade civil. A escravidão no Brasil, sob a análise de conselheiros como Arthur Cézar Ferreira Reis, foi moderada e com cordialidade (BRASIL, n. 24, 1976), não precisaria ser lembrada pelo prisma da violência.

Na apresentação da Política Nacional de Cultura, Ney Braga sinalizou que a cultura indígena, a europeia e a negra foram as três "fontes principais da nossa civilização", classificação patenteada pelo CFC. O ministro ratificou a vocação universalista do povo brasileiro. Na introdução do texto, foram notificadas as qualidades da miscigenação na feição do "homem brasileiro: democrata por formação, espírito cristão, amante da liberdade e da autonomia" (BRAGA, 1977, p. 5-6, 8).

No entanto, entre segregações raciais revestidas de democracia e autoritarismos revestidos de liberdade, existiam as segregações de gênero. O mundo da consagração cultural e da reverência intelectual era preponderantemente masculino. Maia (2012) contabilizou 44 homenagens nos calendários, de 1969 a 1974; entre estas, apenas uma mulher homenageada, a poeta Narcisa Amália de Oliveira, no cinquentenário do seu falecimento, em 1974. Entre as personalidades políticas, 13 homens, nenhuma mulher.

No *Calendário cultural do Brasil 76* (Quadro 7), as homenagens destinavam-se aos homens da cultura nacional. A importância do laureado era vislumbrada pela quantidade textual destinada à composição das biografias e das bibliografias. As escalas de valores empreendidas eram divididas entre datações de sesquicentenários, centenários, cinquentenários e os mortos chamados de "desaparecidos".

Quadro 7 – Estudo prosopográfico sobre os centenários homenageados no calendário de 1976

CENTENÁRIOS DE NASCIMENTOS (1876-1976)
Antônio Austregésilo — Médico e escritor recifense. Deputado federal/PE (1922-1930). Professor honorário da Faculdade de Medicina de Pernambuco e emérito da Universidade do Brasil. Membro da ABL.
Roberto Correia — Poeta e professor baiano. Membro da ABL/BA.
Cláudio de Sousa — Médico e jornalista paulista, trabalhou em inúmeros jornais. Professor da Escola de Farmácia de São Paulo. Fundador da Liga Moral e Sanitária. Sócio correspondente da Academia das Ciências de Lisboa e do Instituto Argentino de Cultura. Membro da Cooperação intelectual da Liga das Nações e presidente perpétuo do PEN Clube do Brasil. Autor das seguintes obras: *As mulheres fatais* (1928); *Três novelas* (1933); *De Paris ao Oriente*, 2 v. (1928); *O teatro luso-brasileiro do século XVI ao XIX* (1941); *Maria e as mulheres bíblicas* (1921) e *Fascinação* (1933). Membro da ABL.
Irineu Marinho — Jornalista fluminense, fundador do Grupo Globo e jornal *O Globo*.
Afrânio Peixoto — Médico baiano. Defendeu a tese de doutoramento *Epilepsia e crime*. Em 1900, estreou na carreira literária com *Rosa mística*. Diretor do Hospício Nacional de Alienados. Professor de Higiene e de Medicina Legal da Faculdade do Rio de Janeiro. Reitor da Universidade do Distrito Federal. Deputado federal/BA (1924-1930). Criador da cadeira de Estudos Camonianos da Universidade de Lisboa. Membro do IHGB, da ABL, da ANM e da ABL/BA. Autor das seguintes obras científicas e literárias: *A esfinge* (1911); *Maria Bonita* (1914); *Fruta do mato* (1920); *Bugrinha* (1922); *As razões do coração* (1925); *Uma mulher como as outras* (1928); *Sinhazinha* (1929); *Estudos camonianos* (1932); *Breviário da Bahia* (1945) e *Livro das horas* (1947).
João Antônio Pereira Barreto — Poeta sergipano, jornalista e crítico literário.

Fonte: a autora

A composição semiótica do *Calendário cultural do Brasil 76*, entre representações imagéticas, apresentou o patrimônio em suas múltiplas linguagens, do artístico ao literário, do intelectual ao arquitetônico, e pontuou marcações simbólicas para a evolução cultural. O desfile cívico, o patriotismo e o Palácio da Cultura foram destacados como símbolos nacionais (Figuras 23 e 24). Destacam-se duas reproduções fotográficas. A primeira imagem anunciou a seção do mês de setembro e representava as comemorações cívico-militares, fotografia cedida pela *Revista Manchete*, sem autoria, conforme informações do calendário. A segunda imagem representou a antiga sede de MES, MEC, CNC e CFC, Palácio da Cultura, e inaugurou a seção de maio, fotografia de Raul de Lima.

Figura 23 – Reprodução de fotografia no *Calendário Cultural do Brasil 76*

Fonte: Brasil (1976b, p. 39)

Do ângulo fotográfico de Raul de Lima (1911-1985), professor, jornalista e diretor do Arquivo Nacional (1969-1980), o Palácio da Cultura, ícone modernista, foi projetado em perspectiva com o céu azul, uma tela de fundo contrastada e ladeada pela vegetação nativa, o verde das folhagens convergindo com a bandeira tremulante à frente da fachada de *brise-soleil*, no qual o palácio de vidro espelhou a natureza e a imponência do modernismo nacional.

Figura 24 – Reprodução de fotografia no *Calendário cultural do Brasil 76*

Fonte: Brasil (1976b, p. 22)

Incluídas no calendário, as publicações institucionais de equipamentos culturais eram divulgadas, a exemplo dos anais da Biblioteca Nacional, em menção ao centenário do primeiro volume editado, em 1876, sob a direção do Barão Benjamin Franklin de Ramiz Galvão. Apesar de o CFC enaltecer sua regularidade anual, o periódico estava no 93º volume, e divulgava a preciosidade dos códices e manuscritos da BN.

A história arquitetônica da Biblioteca Nacional foi retomada no calendário para lembrar o passado glorioso das letras no processo de colonização e na constituição cultural do país. Situada no histórico conjunto arquitetônico da Cinelândia/RJ, a "mais bem aparelhada biblioteca da América do Sul" (BRASIL, 1976b, p. 66) seria inclusa no Sistema Nacional de Informação Científica e Tecnologia como órgão de apoio científico. Essa informação foi motivo de comemoração para os conselheiros, pois a BN simbolizava um importante elo de pertencimento e consagração para os homens das letras.

Algumas menções honrosas para obras literárias tricentenárias, bicentenárias, sesquicentenárias e centenárias foram apresentadas ao fim do calendário. Capas de obras consideradas clássicas foram reproduzidas para convergir com o ano de 1976, consagrando-as como efemérides literárias. As publicações, interpostas entre regionais, nacionais e internacionais, demonstravam o alcance universal das obras brasileiras, a exemplo de *O estrangeiro* (Plínio Salgado, 1926), *Contos gauchescos e lendas do Sul* (Simões Lopes Neto, 1926), *Coelho Neto e sua obra* (Péricles Morais, 1926) e *The conquest of Brazil* (Roy Nash, 1926). A capa da obra centenária *Helena*, de Machado de Assis (1876), e das obras cinquentenárias *Toda a América*, de Ronald de Carvalho (1926), e *O Losango Caqui*, de Mário de Andrade (1926), foram ilustradas (Figuras 25, 26 e 27).

Figura 25 – Reprodução da obra centenária de Machado de Assis (1876)

Fonte: Brasil (1976b, p. 66)

Figura 26 – Reprodução da capa da obra cinquentenária de Ronald de Carvalho (1926)

Fonte: Brasil (1976b, p. 67)

Figura 27 – Reprodução da capa da obra cinquentenária de Mário de Andrade (1926)

Fonte: Brasil (1976b, p. 67)

Nessa seção do calendário, livros de autores novos e consagrados eram divulgados para fortalecer e promover o campo literário, a circulação e o intercâmbio cultural. Para finalizar, o calendário apresentou obras de artes plásticas e dramáticas. A apresentação da tela *A Primeira Missa no Brasil*, de Victor Meirelles, na Exposição Internacional de Filadélfia, em 1861, e no Salão de Paris, foi celebrada como exemplo das interlocuções internacionais do patrimônio artístico nacional. Na dramaturgia, a peça Álvaro, *o farrapo*, de Múcio Teixeira, encenada no Teatro São Pedro, em Porto Alegre, 1876, demarcava-a como uma obra centenária.

Maia (2012, p. 205) classificou os calendários do CFC enquanto lugares de memórias, segundo a categoria de Pierre Nora. A autora vislumbrou que os calendários funcionavam como "espaços políticos na formação das identidades sociais". Porque, diante da "incapacidade de transmissão" de uma memória coletiva na sua integralidade com o risco da perda, o CFC, atento à modernidade, divulgava os "acontecimentos históricos, eventos e personagens considerados representativos da nacionalidade" (MAIA, 2012, p. 205). Uma forma de divulgar e preservar a cultura nacional.

A historiadora pesquisou os calendários dos anos de 1969, 1970, 1973 e 1974 e sinalizou divergências em relação às composições das efemérides e da agenda nacional. A organização dos calendários até o ano de 1973 ficou sob os cuidados do conselheiro Pedro Calmon e, posteriormente, de Mozart de Araújo. O calendário apresentava-se como seção nos periódicos do CFC, *Cultura*, *Revista Brasileira de Cultura* e *Boletim*, até esta versão impressa independente, de 1976, mas a instabilidade financeira afetou a produção do calendário e o folhetim retornou para as páginas do *Boletim*, nos anos 80.

A distribuição do calendário foi defendida para a promoção do turismo regional nos encontros dos Conselheiros Estaduais de Cultura (1968), nos encontros de Brasília (1970) e Salvador (1971) e no Encontro dos Secretários de Cultura, em abril de 1976, que deliberaram sobre a produção do *Calendário cultural do Brasil 76* como ação central para a difusão cultural.

Os calendários dos anos de 1976, 1977 e 1978 eram considerados "repositório [...] fiel dos fatos do Brasil cultural" (CALENDÁRIO..., 1979, n. 35, p. 8). As ideias de autenticidade e de fidelidade aos fatos históricos pautavam os critérios para a sua organização e curadoria.

O modernismo, revivido nos anos 60 e 70, de acordo com Maia (2012), foi retomado pela via do patriotismo cívico, em busca da consciência nacional. Os fatos considerados verdadeiros foram transformados em efemérides e símbolos para a projeção de brasilidade e apresentaram um pretenso mosaico cultural de diversidade, calcado nos ideais do movimento. O modernismo foi considerado um "estuário" dos fenômenos de transformação da sociedade brasileira, como definiu o conselheiro Peregrino Júnior (1969, p. 171).

4.7 Em busca da integração nacional

Somente na 496ª Sessão Plenária foi anunciado que o I Encontro de Conselhos e Secretarias Estaduais de Cultura[27] aconteceria em julho de 1976. Na 500ª Sessão Plenária, dia 9 de março, foram submetidas as cópias da Política Nacional de Cultura para a aprovação dos conselheiros. O documento, após a saída de Jarbas Passarinho, percorreu um contrafluxo, foi retomado pelo MEC e aprovado pelo CFC. As atas registraram os caminhos da elaboração e aprovação do documento e sobre a participação do CFC na sua elaboração, sobretudo com o parecer de Afonso Arinos.

Irmão Otão registrou que a 500ª reunião do CFC confluíra com a entrega da Política Nacional, uma "coincidência feliz para significar o grande trabalho do órgão em prol da cultura brasileira" (BRASIL, 1976, n. 21, p. 195).

Os registros documentais das intervenções dos conselheiros nas plenárias do CFC eram compostos por táticas de repetição narrativa. Dessa forma, idolatravam-se personagens e acontecimentos como evocação e persuasão para ressaltar determinados temas junto ao MEC. No entanto, a omissão do registro das divergências nas atas conferia ao público uma pseudoideia de unidade de pensamento e de ação ou um suposto consenso negociado, como advertiu Maia (2012). As efemérides eram divulgadas e comemoradas, mas as divergências, omitidas.

A ausência do registro sobre os problemas da organização do Primeiro Encontro Nacional de Conselhos e Secretarias de Cultura demonstra que as celeumas não foram somente editadas, mas silenciadas. A ata da 496ª Sessão Plenária do CFC *Boletim* (1976, n. 21) mencionou que o evento fora reagendado de novembro de 1975 para os dias 6 a 9 de julho de 1976, por conta das atividades docentes dos conselheiros e secretários de cultura, mas não explicitou os impasses da organização e da mobilização. O evento, programado para ser em Salvador, ocorreu nos dias 12 a 14 de abril de 1976, em Brasília, convocado pelo MEC e renomeado para Encontro dos Secretários de Cultura. O documento final foi publicado em formato de separata pelo MEC e DAC, e intitulado *Conclusões do Encontro dos Secretários de Cultura: subsídios para um programa de integração cultural* (BRASIL, 1976a) (Figura 28). O CFC recebeu apenas uma citação no documento. Novas correlações de forças nas políticas culturais estavam sendo demarcadas dentro do MEC.

A conferência de abertura, proferida por Ney Braga enfatizou a integração cultural como o maior desafio a ser enfrentado pelo MEC, DAC, CFC e secretários estaduais de Cultura. A cultura seria um "definidor da nacionalidade [...] permite a manutenção de vínculos indissolúveis que identificam uma determinada consciência nacional, unindo os homens no espaço e no tempo" (BRASIL,

---

[27] Observa-se que o nome desse encontro muda conforme os documentos analisados.

1976a, p. 9). A Política Nacional de Cultura retomaria as dimensões regionais e os seus elos de pertencimentos culturais para endossar a singularidade nacional e a brasilidade a ser alcançada.

Figura 28 – Reprodução da capa de Conclusões do Encontro dos Secretários

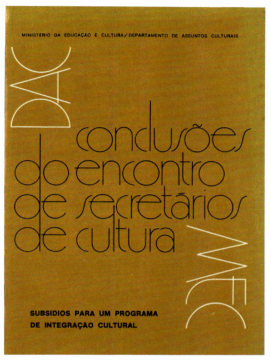

Fonte: Brasil (1976a, s/p)

O potencial criativo do povo brasileiro e a diversidade geográfica e cultural, temas recorrentes nos encontros e nos documentos antecedentes, foram ratificados para a valorização do patrimônio e da territorialização da cultura pelo crivo regional. A cultura nacional não poderia atrasar a regional, tampouco a regional se diluir na nacional. O ministro anunciou que a Funarte, a Empresa Brasileira de Filmes (Embrafilme) e o Conselho Nacional de Direitos Autorais (CNDA) foram conquistas da sua gestão, pois o Estado deveria "estimular, apoiar e possibilitar a produção cultural dos indivíduos e grupos que, como conjunto orgânico, são manifestações da vida do nosso povo" (BRASIL, 1976a, p. 10).

Na tentativa de finalizar as celeumas em torno da elaboração e custeio do PNC sob a coordenação do CFC, e a elaboração da Política Nacional de Cultura em gabinete por técnicos do DAC, foi acordado que novas relações institucionais seriam efetivadas entre a Federação, os estados e os municípios para atender às reivindicações por verbas federais, sinalizou Botelho (2000).

Contudo a apresentação da Política Nacional de Cultura, por estratégia governamental ou não, foi feita pelo presidente do CFC, Raymundo Moniz de Aragão. O conselheiro conhecia os trâmites burocráticos do MEC, pois fora ministro, em 1966, e reitor da UFRJ, de 1966 até 1969. Ao ser designado para apresentar a Política Nacional, e não o Plano Nacional de Cultura, tornou o CFC coautor da primeira, sem deixar passar ilesa a angústia dos conselheiros em relação ao segundo documento. Moniz de Aragão enalteceu Ney Braga e os secretários estaduais de Cultura:

> O Senhor Ministro da Educação e Cultura desejando, como sempre o faz, distinguir o Conselho Federal de Cultura, concede ao seu Presidente o privilégio de dizer estas palavras em oportunidade que para ele é tão honrosa e tão feliz. Honroso é, para mim, falar por quem falo, e a quem falo: por minha colegiada, e para o conjunto de Secretários de Educação e Cultura cujas cabeças, vistas daqui, são como os cumes mais altos de uma imensa cordilheira da Cultura recobrindo o Território Nacional. E é feliz porque, o que mais tenho desejado é ver as normas que partem do Ministério — e que são necessariamente obrigatórias apenas na esfera federal — contribuírem, através do entendimento, para a constituição de sistemas nacionais de ação. (ARAGÃO, 1976b, p. 13).

A autorização para falar não tinha o mesmo prestígio de ser o redator da Política Nacional de Cultura. Esta, entre outras questões, foi debatida por Botelho (2000), Calabre (2005) e Maia (2012), quando sugeriram que, em vez de autor, o CFC se tornara avalista. Essa conclusão, a priori, poderia ser tomada como uma desautorização da principal atribuição do CFC, mas, no conjunto das diretrizes da Política Nacional de Cultura, observa-se o conteúdo programático do PNC e o parecer de Afonso Arinos.

Os conselheiros realinharam os encaminhamentos sobre a Política Nacional de Cultura e aproximaram a incumbência original do CFC às novas orientações adotadas pela gestão Ney Braga. Moniz Aragão, ao se afirmar na condição de governo, e não de conselho, nivelou-se aos secretários e redirecionou seu discurso para enaltecer a mobilização do CFC para a luta em prol da cultura, empreendida desde sua criação, a fim de desbravar a personalidade nacional. O CFC estava a serviço do governo federal.

Enquanto político experiente, atacou os inimigos tradicionais do governo e ratificou sua posição de opositor ferrenho ao bolchevismo e suas ramificações no Brasil. Alertou que, do modelo soviético, somente os ensinamentos sobre a planificação do Estado poderiam ser absorvidos para o fortalecimento da administração pública, questão defendida por Afonso Arinos, no parecer sobre a Política Nacional de Cultura. A inspiração do planejamento público tornou-se instrumento de atividade administrativa. Os conselheiros defendiam um Estado forte sem ideologia, como se fosse possível.

O discurso veio ao encontro do governo e contornava a celeuma sobre a paternidade e a elaboração do Plano Nacional de Cultura, que, segundo Moniz de Aragão, alçava-se por extensão na Política Nacional de Cultura. Entretanto as disputas pelos papéis, de autor e de avaliador mantinham-se em ebulição; e, pela ordem hierárquica de construção política, o Plano auxiliou a Política, e não o contrário. O CFC e o CFE eram estratégicos em defender a formulação de uma política ampla de cultura e de educação e mantinham lealdade ao ministro, conforme Aragão (1976b).

Uma análise prosopográfica (Quadro 8) dos signatários do documento *Conclusões do Encontro de Secretários de Educação e Cultura* (1976a) sinaliza que o evento se aproximava mais de uma convenção da Arena do que uma atividade voltada para debater as políticas culturais.

Quadro 8 – Estudo prosopográfico dos secretários estaduais no Encontro Nacional

REPRESENTAÇÃO DOS SECRETÁRIOS — REGIÃO SUL
Albino Zeni — Piraquara/PR, 1917-2016. **Secretário de Educação e Cultura/SC** (1975-1977), governo de Antônio Carlos Konder Reis (1975-1979). Foi secretário da Saúde e Educação/SC (1958-1960). Médico e político da Arena, vereador, deputado estadual e deputado federal por quatro mandatos consecutivos (1963-1977). Conselheiro do TCE/SC (1977).

Francisco Borsari Netto — Jaboticabal/SP, 1936. **Secretário de Cultura/PR**, governo de Jayme Canet (1975-1979). Engenheiro civil, especializado em Saneamento Ambiental. Deputado estadual (1971-1975) pela Arena. Professor do Departamento de Hidráulica e Saneamento da UFPR. Foi diretor do TCE/PR.

Airton Santos Vargas — Pelotas/RS, 1933-2013. **Secretário de Educação e Cultura/RS**, governo de Synval Guazzelli (1975-1979). Deputado estadual pela Arena (1978). Foi presidente da Assembleia Legislativa do Estado do Rio Grande do Sul (Alers) e governador interino (1982-1983) pelo PDS. Sua trajetória é lembrada no sítio eletrônico da Alers apenas como secretário de Educação.

REPRESENTAÇÃO DOS SECRETÁRIOS — REGIÃO SUDESTE

Myrthes de Luca Wenzel — Além Paraíba/MG, 1917-2004. **Secretária de Educação e Cultura/RJ**, após a fusão dos estados do Rio de Janeiro e da Guanabara sob o governo do Almirante Floriano Peixoto Faria Lima (1975-1979), da Arena. Prestou concurso público para o cargo de inspetora federal do Ensino Médio do Ministério de Educação e Saúde (1942). Nos anos 50, obteve os títulos de bacharelado, licenciatura em Geografia e História pela Faculdade de Filosofia, Ciências e Letras da Universidade do Distrito Federal.

Max Feffer — São Paulo/SP, 1926-2001. **Secretário de Cultura, Ciências e Tecnologia/SP**, governo de Paulo Egydio Martins (1975-1979), da Arena. O engenheiro e empresário foi um dos fundadores do Grupo Suzano, indústria de celulose de eucalipto. Foi um dos criadores do Festival de Jazz e do Festival de Inverno de Campos do Jordão e membro do Conselho da Fundação Padre Anchieta (1987). Foi diretor do Masp em 1994 e sócio-fundador do MAM.

José Fernandes Filho — Bambuí/MG, 1929. **Secretário de Educação e Cultura/MG**, governo de Aureliano Chaves (1975-1979), da Arena. O magistrado e professor de Direito exerceu inúmeros cargos públicos até ser nomeado delegado do TCU (1978). Doutor em Direito e professor assistente de Direito Administrativo na UFMG.

Alberto Stange Júnior — Santa Leopoldina/ES, 1910. **Secretário de Educação e Cultura/ES**, governo de Élcio Alvarez (1975-1979), da Arena. O advogado formou-se em Ciências Jurídicas e Sociais pela Faculdade de Direito do Rio de Janeiro. Foi diretor da Universidade Federal do Espírito Santo, presidente de honra do IHGB/ES e membro da Academia Espírito-Santense de Letras. O escritor tem obras publicadas, como *Folclore na antropologia*, em sua biografia arrolada no site da Secretaria de Fazenda do Espírito Santo. Observa-se que ele foi o primeiro deputado evangélico a ocupar a cadeira da presidência da Assembleia Legislativa do estado.

REPRESENTAÇÃO DOS SECRETÁRIOS — REGIÃO NORDESTE

Murilo Rocha Mendes — Maceió/AL, 1934. **Secretário de Educação e Cultura/AL**, governo de Divaldo Suruagi (1975-1978), da Arena. Bacharel em Ciências Jurídicas e Sociais pela Universidade Federal de Alagoas (1953). Presidiu a Comissão Estadual da Reforma Tributária (1965-1966). Assumiu a Secretaria de Fazenda no governo de Antônio Lamenha Filho (1966-1971). Deixou a pasta da Educação para candidatar-se a deputado federal pelo MDB (1978). Retornou para a chefia do Ministério Público junto ao TCE/AL (1983).

Carlos Correia de Meneses Santana — Salvador/BA, 1931-2003. **Secretário de Educação e Cultura/BA**, governo de Roberto Santos (1975-1979), da Arena. O médico foi professor adjunto concursado de Pediatria na Ufba. Com uma relação próxima a Antônio Carlos Magalhães, foi um dos maiores defensores do golpe de 1964, sendo considerado um dos "duros da Arena". Deputado federal (1979-1985). Foi ministro da Saúde (1985-1986) e da Educação no governo Sarney (1989-1990). Participou da criação do Partido Popular e foi um dos articuladores para a sua fusão com o PMDB.

Francisco Ernando Uchoa Lima — Fortaleza/CE, 1932. **Secretário de Cultura /CE**, governo de José Adauto Bezerra (1975-1978) e de Valdemar Alcântara (1978-1979), da Arena. Licenciado pela Faculdade Católica de Filosofia e bacharel pela Faculdade de Direito do Ceará (1959). Foi líder do movimento estudantil nacional, estadual e municipal. Foi conselheiro do TCE/CE. Como suplente, assumiu o Senado pela Arena (1978). Membro da Academia Cearense de Letras e de Oratória da OAB. Tem livros publicados na área de literatura.

Jerônimo Pinheiro — São Bento/MA, 1929-2010. **Secretário de Educação e Cultura/MA** (1975-1978), governo de Nunes Freire (1975-1979). Professor titular do curso de Odontologia da Ufma, diretor da Faculdade de Odontologia e reitor da instituição (1988-1992).

Tarcisio de Miranda Burity — João Pessoa/PB, 1932-2003. **Secretário de Educação e Cultura/PB**, governo de Ivan Bichara (1975-1978), da Arena. Bacharelou-se em Ciências Jurídicas e Sociais pela Faculdade de Direito da Universidade Federal da Paraíba (UFPB). Cursou Sociologia na Universidade de Poiters, na França, e doutorado em Ciência Política no Instituto Universitário de Altos Estudos Internacionais, em Genebra, Suíça (1967). Nomeado chefe de gabinete do reitor da UFPB (1968-1971). Diretor da Faculdade de Direito (1968-1974). Assumiu o governo da Paraíba (1979-1982) por indicação da Arena. Foi deputado federal pelo PDS (1983-1987). Governador da Paraíba (1987-1991) pelo PMDB.

João Faustino Neto — Recife/PE, 1942-2014. **Secretário de Educação e Cultura/RN**, governo de Tarcísio de Vasconcelos Maia (1975-1979), da Arena. Pedagogo licenciado pela Universidade Federal do Rio Grande do Norte (UFRN) (1966-1968). Diretor da Escola Técnica Federal, professor da UFRN. Secretário de Educação e Cultura de Natal. Delegado do MEC (1972-1975). Deputado federal por quatro mandatos consecutivos, pela Arena, PDS (1979-1987) e Partido da Social Democracia Brasileira (PSDB, 1991-1998).

Luiz Gonzaga Pires — Teresina/PI, 1922-2012. **Secretário de Cultura/PI**, governos de Dirceu Arcoverde (1975-1978) e de Lucídio Portela Nunes (1978-1979) da Arena. O médico foi professor e um dos fundadores do curso de Medicina da Universidade Federal do Piauí (Ufpi).

José Jorge de Vasconcelos Lima — Recife/PE, 1944. **Secretário de Educação e Cultura/PE**, governo de Moura Cavalcante (1975-1979), da Arena. O engenheiro mecânico e economista foi professor no Departamento de Economia e Administração e na Faculdade de Filosofia da Universidade Católica de Pernambuco e professor do Departamento de Estatística e Informática e da Escola de Engenharia da Ufpe. Secretário de Habitação no governo de Marco Maciel (1979-1982). Deputado federal (1983-1999) pelo PDS. Deputado constituinte (1987-1988). Senador (1999-2007) pelo PFL. Ministro das Minas e Energia (2001-2002) no governo FHC. Retornou ao cargo de secretário de Educação, Cultura e Esportes de Pernambuco no governo de Joaquim Francisco (1991-1995).

Everaldo Aragão Prado — [19--?]. **Secretário de Educação e Cultura/SE**, governo de José Rollemberg Leite (1975-1979), da Arena. Economista e folclorista.

REPRESENTAÇÃO DOS SECRETÁRIOS — REGIÃO CENTRO OESTE

José Alves de Assis — Mineiros/GO, 1935-1978. **Secretário de Educação e Cultura/GO** no governo de Irapuan Costa Júnior (1975-1979), da Arena. Bacharel pela Universidade Federal de Goiás. Deputado federal (1978) pela Arena.

Lourembeg Ribeiro Nunes da Rocha — Poroxéu/MT, 1942. **Secretário de Educação e Cultura/MT**, governo de José Garcia Neto (1975-1979), da Arena. Bacharel em Direito (1965). Mestre em Filosofia e Teoria Geral do Direito pela USP (1973). Secretário de Educação e Cultura, presidente do Conselho Deliberativo da Fundação Cultural e vice-chanceler da Universidade Estadual de Mato Grosso (1975-1978). Deputado federal de Mato Grosso (1979-1983) pela Arena. Deputado constituinte e senador pelo PMDB (1987-1995).

Wladimir do Amaral Murtinho — São José/Costa Rica, 1919-2002. **Secretário de Educação e Cultura/DF**, governo de Elmo Serejo Farias (1975-1978), da Arena. Conhecido como diplomata curador, trabalhou no MRE, que selecionou as obras de arte para o Palácio do Itamaraty à época da transferência do MRE para Brasília, com base em um grupo de trabalho organizado, em 1959, de arquitetos e diplomatas.

REPRESENTAÇÃO DOS SECRETÁRIOS — REGIÃO NORTE

Mario Coelho Amorim — [19--?]. **Secretário de Educação e Cultura/AM**, governo de Henoch da Silva Reis (1975-1979), da Arena. Presidente do Conselho Estadual de Ensino (1975-1977). Fundou a Escola de Serviço Público do Estado do Amazonas. Atuou na Superintendência do Desenvolvimento da Amazônia. Secretário de Educação e do Planejamento do Amazonas, subcontrolador da Controladoria Geral do Estado.

Acy de Jesus Neves de Barros Pereira — Irituiá/PA, 1933-1979. **Secretário de Cultura, Desportos e Turismo/PA**, governos de Aloysio Chaves (1976-1978) e de Clóvis Rego (1978-1979), da Arena. Professor de língua portuguesa e da Universidade Federal do Pará, membro do Conselho Estadual de Educação e de Cultura. Secretário de Educação (1966-1971) no governo de Alacid da Silva Nunes (1976).
Maria José Bezerra dos Reis — Sena Madureira/AC, 1920-1999. **Secretária de Educação e Cultura/AC**, governo de Geraldo Mesquita (1975-1978), da Arena. Pedagoga formada pelo Curso de Normal Pedagógico na Escola Lourenço Filho. Formada em Letras pela Universidade Federal do Acre (Ufac). Professora primária em toda a sua carreira, compôs o Conselho Estadual de Educação. De secretária de Educação do Estado, foi nomeada pelo ministro Ney Braga para o Conselho Diretor da Ufac. Participou da Legião Brasileira de Assistência.
Aldo Gomes da Costa — [19--?]. **Secretário de Educação e Cultura do Território de Roraima**, governo do Cel. Fernando Ramos Pereira (1975-1979), da Arena. Pedagogo e professor da Faculdade de Educação da Universidade Federal do Amazonas.

Fonte: a autora

Os secretários e conselheiros estavam onipresentes nas amplas esferas da vida pública, dos órgãos colegiados aos cargos eletivos e às sinecuras de cargos comissionados em seus estados. O que demonstra que os agentes políticos se movimentavam no "tabuleiro da política", como diria Serge Berstein (2003, p. 70), em instâncias de cultura com a mesma desenvoltura que circulavam nos Tribunais de Contas dos Estados, Judiciários, Legislativos e Executivos. Alguns tinham carreira acadêmica de licenciatura e gestão, tradicionalmente em áreas de direito, medicina e engenharia. Eram diretores e reitores de universidades, e muitos entravam na área da cultura por conta de estudos e atuações nos campos da literatura e do folclore como autores de obras ficcionais ou científicas. Enquanto pesquisadores, a história e o folclore eram objetos de curiosidades e colecionismos dos profissionais diletantes, que circulavam em espaços onde vigoravam as políticas de amizades e familiares, condicionantes para a ocupação de cargos públicos.

A Política Nacional de Cultura, elaborada pelo MEC/DAC, em 1976, foi legitimada no Encontro de Secretários de Educação e Cultura. Ney Braga (1977, p. 5) afirmou que a Política Nacional de Cultura "recebeu valiosa contribuição" do CFC e fora composta por quatro linhas de ação: 1) defesa do patrimônio cultural e natural; 2) incentivo à criatividade; 3) difusão cultural; 4) participação da educação no processo cultural.

O Ministério da Cultura não foi reivindicado no texto *Conclusões do Encontro de Secretários de Educação e Cultura* (BRASIL, 1976a), tampouco na publicação da *Política Nacional de Cultura* (BRASIL, 1977). Esses documentos sugeriram a necessidade de reorientar e descentralizar as políticas culturais em nome de uma adequação às especificidades regionais, reforçando a autonomia financeira dos estados e municípios.

A conferência Regionalização e Inter-Regionalização da Cultura foi ministrada por Manuel Diégues Júnior (1976), diretor do DAC, quando apresentou as estratégias para atingir a Política Nacional de Cultura:

> No Brasil a sociedade nacional antecedeu ao Estado, e antes que este se organizasse, a aglutinação inter-regional já tornava possível a unidade territorial e — por extensão — a unidade social. Daí porque, ao mesmo tempo que situamos o Brasil unido na sua dimensão histórica, não podemos ignorar a regionalização, em sua dimensão espacial. Foi esta regionalização que tornou possível — por paradoxal que pareça — a unidade nacional. É nela que encontramos a nossa identidade nacional. E é por isso que tanto somos os

> vaqueiros dos campos de Marajó, como os gaúchos do Rio Grande do Sul; a voz arrastada do nordestino e o sotaque caipira paulista. (DIÉGUES JR., 1976, p. 17).

Pela diversidade regional existente, o Brasil seria uma espécie de matriz da miscigenação. A transnacionalidade originou o tipo brasileiro, o mestiço. E a transnacionalidade foi um dos argumentos de Gilberto Freyre (1971) para a divulgação da tese da miscigenação das raças. A singularidade nacional, amparada regionalmente, absorveria os recortes geográficos e a diversidade cultural, econômica e social do país:

> Não se pode esconder, na caracterização cultural do Brasil, a importância do regional como fator da maior significação. Por isso, tornou-se possível o intercâmbio entre as regiões, preservando valores que lhes são próprios, mas identificando-os por um mesmo espírito comum. É este espírito que permite a cada brasileiro entender o carimbó ou o frevo, o canto dos xangôs e a dança do pau-de-fita, não raro, pela existência de uma mesma ideia envolvida pela forma de ser regional. (DIÉGUES JR., 1976, p. 18).

Para o conselheiro Diégues Jr., as parcerias com as universidades reforçavam os laços institucionais, o fomento para as pesquisas e a divulgação do conhecimento, numa perspectiva academicista de cultura e educação. Esta seria, aliás, a justificativa para a não separação das pastas:

> Seria supérfluo ignorar o papel que cabe à Universidade nesse processo de desenvolvimento cultural. Seria ocioso repetir que não é possível realizar cultura — em qualquer sentido em que possamos colocá-la — sem a participação da Universidade. E na realidade brasileira não poderia existir situação mais adequada do que a simbiose Educação e Cultura num mesmo Ministério, em que os dois elementos não apenas se completam, mas sobretudo se associam para um trabalho comum. (DIÉGUES JR., 1976, p. 19).

O governo federal, com o auxílio dos estados e dos municípios, incentivaria o trabalho dos artistas, das universidades, dos escritores e dos pensadores para estimular a criação artística e intelectual, e enriquecer a criatividade do povo buscando novos valores:

> Umas e outras — iniciativas públicas ou privadas — devem completar-se em benefício da criação cultural. Ou seja, capaz esse trabalho de levar o incentivo a todos os níveis sociais, a todos os grupos da população. Não se quer uma massificação da cultura. Muito ao contrário. O que se quer é levar cultura às massas, em todos os níveis e em todas as áreas, abrangendo sempre, e cada vez mais, maior número de beneficiados. O que se quer, portanto, é levar cultura a todos os grupos da população e em todas as áreas. A cultura pode ser atendida, alcançada e compreendida se colocada sempre como expressão do espírito de criatividade do homem: no caso, do brasileiro. (DIÉGUES JR., 1976, p. 20).

Maia (2012) ressaltou a importância da trajetória acadêmica dos conselheiros federais enquanto professores e reitores das universidades, públicas ou privadas, para o estabelecimento de parcerias e projetos com o governo federal. A trajetória dos conselheiros projetava-se sobre a história das instituições culturais e universitárias no âmbito da pesquisa e gestão. Os conselheiros transitavam em instituições intelectuais e políticas e garantiam o reconhecimento e a reprodução da consagração, tal qual o CFC.

Com base nesses argumentos, é possível analisar como a cultura, sob o crivo da ciência, necessitava da universidade como matriz produtora. A simbiose da cultura com a educação foi tratada na Política Nacional de Cultura reforçando essa tese, e a união das pastas. O documento desconsiderou a histórica defesa dos secretários, conselheiros e gestores de cultura para a criação do Ministério da Cultura, e pretendeu arquivar o assunto diante das dificuldades de implantação do PNC, que seria um instrumento para a gestão do SNC, defendido desde 1968, pelo CFC.

Maia (2012), apoiada em um estudo comparativo de Lúcia Lippi, considerou que a Política Nacional de Cultura não enfocou o patrimônio como tema preponderante. Sob minha análise, nas seções correspondentes ao tema, o patrimônio foi distribuído nas ações e metas do documento como vértebra da formação da memória nacional, apesar de estar destacado somente no primeiro eixo da Política Nacional de Cultura. A preservação do patrimônio não se restringia ao incentivo para a criação de museus e bibliotecas, mas abrangia a manutenção e criação de arquivos públicos e inserção do tema nos currículos escolares:

> Na realidade, é nesta área de ensino, praticada sob a responsabilidade dos governos estaduais e municipais, que se pode animar o espírito criativo das novas gerações, estimulando-lhes o gosto pelas letras e pelas artes, o apreço pelo nosso patrimônio histórico e tradicional, o interesse pela difusão das belas artes. (DIÉGUES JR., 1976, p. 19).

As políticas de educação e de cultura para o patrimônio seguiram o teor argumentativo dos Compromissos de Brasília (1970) e de Salvador (1971). As duas áreas absorveriam as novas tecnologias para a formação e profissionalização das artes e do patrimônio. Para esse argumento, a comunicação de massa auxiliaria o desenvolvimento cultural para preservar as referências nacionais, sem descaracterizar os "autênticos valores pela transmissão permanentes" (DIÉGUES JR., 1976, p. 19).

Os estrangeirismos não seriam totalmente rejeitados ou repudiados, pois a cultura se enriqueceria com a troca cultural entre os povos. Baseado nesses princípios, Diégues Júnior acrescentou que a ação do DAC ampararia e estimularia as vocações culturais regionais a fim de promover a divulgação da cultura e da preservação do patrimônio em busca da autenticidade e da tradição regional, assim como respeitaria as práticas culturais espontâneas, compreendidas em "sua natureza dinâmica [...] sujeita à evolução" (DIÉGUES JR., 1976, p. 20).

O MEC, com base na Política Nacional de Cultura, apresentou um plano setorial para a Cultura, com a intersecção das áreas sob a gestão de Ney Braga. Os planos setoriais da Educação e Desportos estavam garantidos pelo Estado. O diretor do DAC alertou que a Política Nacional seria implantada para defender a cultura nacional a fim de "investir no homem, tendo por meta o seu desenvolvimento integrado" (DIÉGUES JR., 1976, p. 19).

Apesar de defenderem formatações ministeriais distintas, nota-se uma proximidade argumentativa no discurso de Manuel Diégues Júnior com o de Capanema quando defendeu o Ministério da Cultura Nacional, sobretudo nos elementos que estruturam a concepção da formação integral do homem para o estabelecimento da cultura nacional e da massificação da cultura para atingir um maior número de beneficiados, sob o viés da regionalização. Entretanto a Política Nacional de Cultura, segundo Diégues Júnior, apresentava-se como pioneira para a sistematização de uma política de Estado:

> Na verdade, pela primeira vez, em nossa história republicana, um governo formaliza uma Política pela qual orientará suas atividades no campo do patrimônio histórico, música, literatura, teatro, cinema, pesquisa social, folclore. Nacional (e não exclusivamente Federal), esta ação do Governo no campo da Cultura prevê um amplo sistema de colaboração entre órgãos federais (não só do próprio MEC, como de outros Ministérios), além da participação ativa de organismos estaduais e municipais, das Universidades e de instituições privadas. (DIÉGUES JR., 1976, p. 21).

As diretrizes apresentadas na Política Nacional de Cultura não seriam "ocasionais, passageiras e transitórias" (DIÉGUES JR., 1976, p. 21). O Estado, sem dirigismos e paternalismos, estimularia as ações empreendidas pelos grupos, artistas ou instituições culturais para promover a autêntica ação cultural:

Com este documento sobre a POLITICA NACIONAL DE CULTURA, o Governo não apenas define sua posição face aos problemas de cultura, mas revela a disposição de realizar uma autêntica ação cultural. Encarando a Cultura em todos os seus aspectos, e fazendo com que ela se realize ao alcance das populações brasileiras — sem distorções, nem discriminações — tem-se afinal delineados os objetivos de integração e preservação do espírito nacional. (DIÉGUES JR., 1976, p. 21).

Para esse objetivo, o SNC operacionalizaria a Política Nacional de Cultura elaborada pelo DAC, ordenando e supervisionando as políticas culturais do MEC. O CFC integrar-se-ia a esse esquema operativo, atuando ocasionalmente. Para essa atuação sistêmica, o diretor do DAC conclamou uma atitude integradora dos secretários de Cultura: "A integração da ação cultural em todo o País é objetivo do Ministro Ney Braga que atende, desta maneira, ao desejo expresso por Sua Excelência o Senhor Presidente Ernesto Geisel, para que entre nós exista um federalismo verdadeiramente solidário" (DIÉGUES JR., 1976, p. 23).

Não obstante, a cada qual a sua parte, conforme suas competências, e a presença do CFC na direção da cultura tornava-se distante na estrutura almejada de SNC/PNC. A Política Nacional de Cultura propôs uma espécie de federalismo solidário que promoveria atividades culturais, incentivaria a criação, auxiliaria a manutenção das instituições culturais, públicas e privadas, em programas específicos, mas com recursos próprios para a independência do governo federal, ou seja, os estados deveriam alcançar outras fontes de fomento para a cultura.

As diretrizes integração, cooperação, regionalização e autonomia financeira tornaram-se as chaves para o "desenvolvimento global do homem na plenitude de sua pessoa". A separata *Conclusões do Encontro dos Secretários de Cultura: subsídios para um programa de integração cultural* sinalizou que o evento ocorrido fora uma troca de ideias que elevara o espírito de cooperação entre as esferas públicas. O respeito às diversidades regionais do patrimônio, das tradições e dos valores das sociedades interioranas fortaleceria a "democratização e a interiorização da cultura" (BRASIL, 1976a, p. 23, 26).

Com base nessas prerrogativas, alguns eixos norteariam a Política Nacional de Cultura. O primeiro eixo, Política Inter-Regional, versou sobre os valores e a harmonia dos programas regionais. A Política Nacional de Cultura compatibilizaria os planos estaduais e municipais de cultura. Pretendia-se unificar os equipamentos culturais correlatos, como museus, arquivos, teatros, bibliotecas, em centros integrados de cultura para garantir a preservação dos perfis regionais e buscar economia de custos.

O segundo eixo, Estímulo à Criatividade, advogou sobre os sistemas educacionais e instituição de prêmios, festivais, concursos literários, monografias históricas, aquisição de espetáculos teatrais, musicais e obras plásticas. O mecenato projetado, controversamente, reiterava a não interferência do Estado na produção artística, mas expressava o receio sobre uma visão nacional que valorizasse apenas as características regionais da cultura nacional. Este eixo pretendia orientar as promoções artísticas fomentadas pelo Estado. A orientação pedagógica do que deveria ser elaborado com base nas tradições nacionais reconhecidas pelo governo era, de certa maneira, um dirigismo travestido de neutralidade.

O terceiro eixo, A Cultura e a Educação, propôs a intersecção das duas áreas, pelo prisma de uma organização ministerial, no entanto direcionou a cultura para alcançar autonomia financeira e se tornar independente dos recursos provenientes do MEC, que deveriam ser exclusivos para a educação. Além dessas questões, o terceiro eixo versou sobre a formação escolar, do ensino primário ao ensino superior, do operacional ao especialista, para atender aos interesses nacionais do patrimônio e da preservação das tradições culturais. Seriam firmados convênios com as universidades em um programa federal destinado à qualificação de profissionais na área de patrimônio e das artes, entre eles, arquitetos, mestre de obras, especialistas em restauro e conservação, professores de educação artística, museólogos, arquivistas e fonotecários, para subsidiar os estados e os municípios com mão de obra especializada.

A elaboração da Política Nacional de Cultura, pautada sob a égide da profissionalização de ofícios para o patrimônio, não enumerou historiadores, sociólogos e antropólogos como campos profissionais a serem atendidos, possivelmente porque o governo considerava essas áreas supridas pelo IHGB e seus congêneres regionais e federais. Existia uma relação estreita entre os membros do CFC e do IHGB, que facilitava a celebração de convênios entre os dois órgãos. Somente em 1969, dos 11 convênios estabelecidos entre o CFC e entidades culturais, 7 foram para o custeio e a manutenção do IHGB, destacou Luzes (2010). Uma relação de ajuda mútua, garantida não somente pelas políticas de amizades e redes de sociabilidades, mas pela filiação dos conselheiros ao IHGB e ao CFC — alguns eram sócios grande-beneméritos, como Pedro Calmon, Américo Jacobina Lacombe e Afonso Arinos.

Sobre o terceiro eixo, deveriam ser observadas as políticas instituídas, as "inclinações e preferências da comunidade [...] espontaneidade das manifestações artísticas", visando à educação para o patrimônio. As referências da cultura popular seriam assistidas por um programa de "escola aberta para a comunidade" com atividades culturais de ação universitária (BRASIL, 1976a, p. 28).

Três questões destacaram-se neste eixo e merecem interpretações. A primeira questão refere-se à formação dos artistas em oficinas abertas para alcançar as "vocações autênticas" do país, sob o argumento de que o "artista não se forma: informa-se". Um controle cultural, sobre o que deve ser ensinado e apreendido, sob a escala de valor cívico. A segunda versou sobre a criação e a produção artística como vocação inata, carente de qualificação técnica. O artista precisaria se adequar ao mercado e se profissionalizar para atender às regulamentações trabalhistas, porque a arte e o artista deveriam se sustentar sem a provisão dos recursos públicos. A terceira questão discorreu sobre o uso da comunicação de massa como potente instrumento de integração cultural. O MEC deveria "responsabilizar os meios de comunicação de massa" que deturpassem os "valores nacionais da cultura [...] pela ausência de veiculação de temas nacionais brasileiros nos programas que produzem". O texto discorreu sobre um controle no uso dos estrangeirismos. Para tanto, estava prevista a criação de redes regionais integradas, televisivas e radiofônicas, educativas e culturais "com apoio e assistência federal" (BRASIL, 1976a, p. 28, 30) para controle da programação sob as prerrogativas do civismo nacional.

Outra questão a se refletir sobre as propostas deliberadas pelos secretários para a Política Nacional de Cultura versou sobre o reconhecimento dos esportes como manifestação cultural. Apesar de o MEC indicar a elaboração dos planos setoriais para as áreas de cultura e educação, nos anos 60 e 70, as Secretarias de Cultura também estavam agregadas ao esporte e turismo. Entretanto o compartilhamento com os desportos tornava-se estratégico, porque o fundo orçamentário da pasta era maior, se comparado à cultura. Não por acaso, o DAC avaliou que fossem usados os recursos da Loteria Esportiva ou congêneres para cultura, pois, se a pasta dividia espaço com o esporte em muitas secretarias, nada mais justo que um quinhão do valor arrecadado pelos esportes viesse para a cultura:

> Finalmente, lembrando que já se propôs ao País a comovente campanha de assegurar-se o repouso e aposentadoria dos nossos melhores atletas, pondera-se que seria extremamente oportuno que se reservassem alguns dos recursos da Loteria Esportiva, ou iniciativas

congêneres, para o desenvolvimento de programas culturais regionais e nacionais, conside-rando-se, para isso, que o esporte é também manifestação cultural. (BRASIL, 1976a, p. 29).

A regionalização pela interiorização da cultura nacional projetava-se como forma de demo-cratizar a cultura e levar atividades culturais, consideradas inacessíveis, para os recantos afastados dos grandes centros populacionais. O patrimônio, na perspectiva do turismo de massa, deveria buscar o desenvolvimento econômico por intermédio da cultura, mas sem a depredação cultural e natural de empreendimentos turísticos com fluxo intenso, a exemplo do que estava ocorrendo com as cidades históricas mineiras.

Na Política Nacional de Cultura, o patrimônio, pelo prisma dos costumes regionais e das manifestações folclóricas, estaria inserido em um Programa de Artesanato Tradicional e Popular para reduzir as distorções sobre a produção regional, nos órgãos públicos. Para garantir a "valoriza-ção, a defesa e a conservação do patrimônio cultural da comunidade, do estado e do país" (BRASIL, 1976a, p. 29). Destacava-se a inclusão do folclore, nos currículos estaduais de ensino e nas atividades e programas educativos.

O mecenato de Estado, na Política Nacional de Cultura, foi envernizado com a pátina da autonomia financeira e artística, mas com a exigência da autenticidade cultural. Desse modo, o "inte-resse em comum" seria o critério estabelecido para o patrocínio em prêmios literários, exposições artísticas, concursos de monografias históricas, artísticas e científicas. O juízo de valor travestido pelo consenso Estado/instituição/artista seria utilizado para a produção, formação e circulação de espetáculos de dança, música, teatro, filmes, entre outros. Os valores dos ingressos patrocinados pelo Estado, previstos na política nacional, seriam irrisórios para valorizar a prática cultural. Para a contratação de mão de obra dos criadores e espetáculos culturais, para o fomento de concursos, prêmios, encomendas de obras e contratação de artistas, o documento orientou a criação de critérios "límpidos" (BRASIL, 1976a, p. 31).

No rol das recomendações políticas, o encontro de abril de 1976 não trouxe nenhuma novi-dade para o CFC, comparando-se ao produzido nos anteprojetos do PNC. Entre as recomendações, encontravam-se: 1) a proposição de "nova sistemática [...] apoio técnico e financeiro do MEC" e um novo "mecanismo de liberação de recursos" para as atividades culturais dos estados, a exemplo das atividades educacionais; 2) a elaboração de um estudo para custear intercâmbios de programas e eventos que eram ações onerosas para os estados; 3) a "organização e distribuição de um questio-nário para levantamento do perfil cultural dos estados" a fim de obter dados para a implantação da Política Nacional de Cultura; 4) o estudo para a criação de um Banco de Recursos Humanos para assistência técnica e financeira para os estados; 5) o "cadastramento de manifestações, acervos e agentes de cultura [...] dados para a composição de um calendário cultural nacional que vise evitar a duplicação ou sobreposição de eventos, esforços ou iniciativas" (BRASIL, 1976, p. 26). Essa reco-mendação ignorava o calendário cultural já executado pelo CFC.

Ressalva-se que essas reivindicações, acompanhadas pelos verbos "estudar" e "estimular", subjetivavam a pactuação requerida pelos secretários estaduais de Cultura, que necessitavam de respostas concretas para suas demandas. As sugestões dos secretários para a Política Nacional de Cultura, sobretudo, enfocavam o financiamento cultural e a autonomia financeira das regiões. A PNC ignorou parte das deliberações do CFC, e demonstrou que o governo nutria outros planos para a cultura.

4.8 A constituição da memória nacional

A Política Nacional de Cultura elaborada pelo DAC, em 1975, e publicada pelo MEC, em 1977, propôs um "registro sistemático, visual e tônico de documentos vivos e/ou estáticos da história brasileira contemporânea" para "imediata atenção de todos os que se preocupam com a preservação das manifestações culturais brasileiras" (BRASIL, 1977, p. 32).

O documento *Conclusões do Encontro dos Secretários de Cultura: a preservação do patrimônio histórico, artístico e cultural* trouxe demandas da cultura para o desenvolvimento social e econômico. E emergiu uma área considerada prioridade para o CFC na década de 1970, a arquivística. "De igual significação é a preservação dos acervos dos arquivos estaduais, públicos ou privados [...] tratamento técnico específico, restauração e conservação de documentos". A problemática das unidades arquivísticas para a preservação da memória nacional foi uma reivindicação antiga do CFC. Um "plano nacional de microfilmagem, como preservação de fonte histórica, com vistas a evitar a multiplicação de esforços e o alto custo operacional da manutenção de vultosas hemerotecas em vários Estados" (BRASIL, 1977, p. 32, 29).

O colecionismo documental e material de artefatos delineou a prática de pesquisa dos folcloristas, etnógrafos, antropólogos, sociólogos e historiadores, diletantes ou não, dos anos 30 aos 70. Essa prática incentivou a coleta e o registro do acervo documental, iconográfico e artístico, considerados representativos da história brasileira do ponto de vista da diversidade étnica regional. O colecionismo foi instigado pelas instituições de patrimônio e de folclore, Sphan e Comissão Nacional de Folclore.

Chuva (2017), Fonseca (1997), Gonçalves (1996) demonstram que, ao longo da história do órgão de patrimônio federal, Sphan/Dphan/Iphan/Sphan, foi elevada a preservação do colonial/barroco, sobretudo no Sudeste e Nordeste. A criação de instituições museais e arquivísticas foi estimulada para representar e registrar a memória, o folclore e a história regional, salvaguardando os vestígios da colonização europeia, principalmente no Sul do país.

Os equipamentos culturais, como arquivos e museus, foram constituídos para alimentar o ímpeto colecionista de salvaguardar os vestígios europeus da colonização e as autenticidades nacionais e regionais a fim de materializar uma narrativa memorialística, com a curadoria de seletas fontes históricas sob o crivo dos pesquisadores, especialmente dos folcloristas.

Santa Catarina, por exemplo, um estado geograficamente pequeno, se comparado aos outros estados da Federação, teve um processo massivo de constituição de arquivos públicos. Janice Gonçalves (2006) pesquisou a constituição das instituições catarinenses à luz das disputas historiográficas em torno do registro das memórias e histórias locais segundo a distinção cultural do legado colonial europeu. A autora identificou a mobilização dos membros do IHGB, historiadores diletantes, folcloristas, memorialistas, professores, conselheiros e gestores de cultura na organização dos arquivos municipais.

Os estados do Norte e do Nordeste reclamavam, nos Encontros Nacionais de Cultura, da escassez de bibliotecas e dos arquivos e reivindicavam mão de obra qualificada para a pesquisa, o registro e a preservação das manifestações culturais, que corriam o risco do desaparecimento em "ritmo acelerado" (BRASIL, 1977, p. 32).

A Política Nacional de Cultura defendeu que os estados e municípios deveriam preservar o patrimônio arquitetônico, e, em casos extremos, as medidas adotadas deveriam ir ao tombamento. O documento orientou a criação de medidas "urgentes [...] para salvaguardar da especulação imobiliária os espaços rituais, tais como os do candomblé baiano" (BRASIL, 1977, p. 32). Os monumentos, espaços culturais, edificações e documentações históricas ressaltavam o valor da história, incluindo a cultura popular e espaços de religiosidades de matriz africana.

Os problemas mencionados pelos secretários de Cultura em 1976 demarcaram duas direções que merecem reflexão. A primeira, sobre a cultura preservacionista voltada para o desenvolvimento econômico da cultura popular, inclusive de matriz africana. A segunda, sobre a cultura preservacionista para a escrita oficial da história.

As tentativas de preservar o tradicional diante da modernidade foram pautadas por José Reginaldo Gonçalves (1996) quando trabalhou a acepção do vocábulo *"longing"*, da poeta e crítica literária Susan Stewart, como um desejo que nunca se satisfaz, acentuado em um ímpeto colecionista de aquisição de *souvenirs*, relíquias e objetos artísticos, etnográficos e históricos.

No Brasil, o ímpeto colecionista foi incentivado e encontrou em determinados estados um apoio governamental significativo. Não sem motivo, as 26 instituições arquivísticas do estado de Santa Catarina estavam vinculadas aos gabinetes dos Executivos municipais. A produção da memória local projetava-se como uma singularidade para a memória nacional. Os arquivos tornavam-se centros de controle administrativo da produção e da organização da memória regional, com base em uma curadoria política do que deveria ser registrado e salvaguardado no complexo mosaico da cultura nacional, sem destoar das orientações da Política Nacional de Cultura.

A questão dos arquivos foi sinalizada como problema importante na I Reunião dos Conselhos Estaduais de Cultura, em 1968, além de ser constantemente debatida e publicada nos periódicos *Cultura*, *Boletim* e *Revista Brasileira de Cultura*, do CFC. A ata da 254ª Sessão Plenária registrou uma indagação do conselheiro Tales de Azevedo, do CEC/BA, sobre a existência de um mapeamento dos arquivos privados no estado baiano. A indagação provocou a constatação de que o governo federal não tinha um mapeamento dos arquivos públicos e privados no país. Pedro Calmon, ao ser questionado por Josué Montello, admitiu a inexistência de dados institucionais sobre o assunto, e reiterou a urgência da aplicação do Sistema Nacional de Arquivos (Sinar) para a atuação regional sob a coordenação do Arquivo Nacional. A insistência em institucionalizar e burocratizar uma cadeia de órgãos afins indicava a intenção de padronizar e controlar a escrita e a salvaguarda da história.

O assunto retornou no Encontro dos Secretários Estaduais de Cultura, em abril de 1976, organizado pelo DAC, e no Primeiro Encontro Nacional de Cultura, em julho de 1976, organizado pelo CFC. No último evento, as estratégias de implantação do Sinar foram amplamente debatidas. Raul Lima, diretor do Arquivo Nacional, fez um diagnóstico do setor (Quadro 9) e alertou: "A arquivalia brasileira sofre de padecimentos graves" (LIMA, R., 1976, p. 51). Além da insuficiência de verbas, constatou-se a necessidade de reformas estruturais, de recursos humanos e de organização sistêmica das informações arquivísticas, conforme publicado no *Boletim* (1976, n. 23).

O AN, vinculado ao Ministério da Justiça, foi disputado nas décadas de 1930 e 1940 pelo Mesp/MES, e, em 1967, foi reivindicado para o MEC pelo CFC, via reforma administrativa. Em 1976, foi pleiteado pelos secretários e conselheiros estaduais de Cultura para integrar o MEC, novamente sem êxito. O depoimento de Raul Lima (1976) expôs a insuficiência orçamentária para a criação, manutenção e modernização das instituições arquivísticas e os desafios da preservação da memória, história e cultura.

O Primeiro Encontro Nacional de Cultura apresentou uma compilação dos resultados de um questionário formulado pelo Serviço de Registro e Assistência do Arquivo Nacional, respondido pelos estados. A pesquisa pretendia mapear a data de fundação, a vinculação institucional, as tipologias de acervos e as idades das documentações mais antigas a fim de demonstrar um panorama dos arquivos estaduais e suas relíquias. O mapeamento indicou, com exceção do Acre e do Distrito Federal, que todos os estados possuíam arquivos estaduais. No entanto permanecia o compartilhamento dos espaços físicos das instituições arquivísticas com as bibliotecas. Apesar de muitos arquivos estarem vinculados às Fundações e às Secretarias de Cultura, outros permaneciam ligados às Secretarias de Justiça, Administração e Governo. Os arquivos eram denominados centros, departamentos e setores de documentação. Uma das atribuições do Sinar seria normatizar as tipologias e os acervos de arquivos, fosse estes eclesiásticos, fossem cartorários, judiciários, estaduais, municipais, federais, coleções, fundos, públicos ou privados de interesse nacional.

Quadro 9 – Apresentação do diagnóstico por Raul Lima (1976)

INSTITUIÇÃO ESTADUAL	FUNDAÇÃO	VINCULAÇÃO	LEIS/DECRETOS CRIAÇÃO/ FUNDAÇÃO	ACER- VO MAIS ANTIGO
Divisão do Arquivo Público do Amazonas	1897	Secretaria do Estado da Administração	[S. I.]	1883
Biblioteca e Arquivo Público do Pará	1871	[S. I.]	[S. I.]	Séc. XVII
Arquivo Público do Maranhão	1974	Fundação Cultural do Maranhão	Decreto 5.266, 21 jan. 1974	Séc. XVIII
Arquivo Público do Piauí	1909	Secretaria da Educação e Cultura	[S. I.]	Séc. XVIII
Arquivo Público Menezes Pimentel do Ceará	1866	Secretaria de Cultura	Lei 1.222, 20 jan. 1866	1670
Setor de Documentação e Publicação do Rio Grande do Norte	1970	Centro de Desenvolvimento Cultural	Lei 3.867, 21 jan. 1970	[S. I.]
Departamento de Documentação e Arquivo da Paraíba	1943	Secretaria da Administração	[S. I.]	1699
Arquivo Público Estadual de Pernambuco	1945	Secretaria de Interior e Justiça	Decreto-Lei 1.265, 4 dez. 1945	Séc. XVIII
Arquivo Público de Alagoas	1961	Secretaria de Educação e Cultura	Lei 2.428, 30 dez. 1961	1711
Arquivo Público do Estado de Sergipe	1843[28]	Secretaria de Educação e Cultura	Lei 845, 15 out. 1843	1822

---

[28] Existem informações desencontradas nos dados fornecidos pelos estados. Nesse caso, a data de criação informada foi 1848, porém a primeira lei de fundação é de 1843. O arquivo passou por inúmeros decretos de criação e de fundação, além de ter sido vinculado à Secretaria de Governo, Justiça e Educação e Cultura.

Arquivo do Estado da Bahia	1890	Secretaria de Educação e Cultura	Ato de 16 jan. 1890	1546
Arquivo Público Mineiro	1895	Secretaria do Governo do Estado	Lei 126, 11 jul. 1895	Séc. XVII
Arquivo Público Estadual do Espírito Santo	1908	Secretaria de Administração	Decreto 135, 18 jul. 1908	1718
Arquivo Público do Estado do Rio de Janeiro	1931	Departamento Geral de Documentação da Secretaria da Justiça	Decreto 2.638, 26 ago. 1931	[S. I.]
Divisão de Arquivo do Estado de São Paulo	1892	Secretaria de Cultura, Ciência e Tecnologia	Decreto 30, 10 mar. 1892	1578
Departamento de Arquivo Público do Paraná	1855	Secretaria do Interior e Justiça	Lei 33, 7 abr. 1855	1853
Arquivo Público Estadual de Santa Catarina	1960	Secretaria de Administração	Lei 2.378, 18 jun. 1960	1703
Arquivo Público do Estado do Rio Grande do Sul	1906	Secretaria do Interior e Justiça	Decreto 876, 8 mar. 1906	Séc. XVIII
Arquivo Histórico do Rio Grande do Sul	1903	Departamento de Assuntos Culturais da Secretaria de Educação e Cultura	Decreto 589, 30 jan. 1903	1750
Departamento de Documentação e Arquivo de Mato Grosso	1896	Secretaria de Administração	[S. I.]	1645
Arquivo Histórico de Goiás	1974	Superintendência de Assuntos Culturais da Secretaria de Educação e Cultura	Decreto 169, 31 jul. 1974	1728
Arquivo Geral do Estado de Goiás	1728	Serviço de Documentação da Secretaria de Administração	[S. I.]	Séc. XVIII

Fonte: a autora

A preocupação dos conselheiros pelos acervos documentais arquivísticos e bibliográficos ultrapassava a fronteira do patrimônio e da memória nacional. A afirmação e a valorização da pesquisa, do registro e da difusão da produção intelectual, sob a via científica, eram um pré-requisito para a formação humanista dos homens das letras, da cultura e do pensamento e ação, como os conselheiros federais se autoafirmavam.

4.9 Primeiro Encontro Nacional de Cultura

Em 3 de junho de 1976, Manoel Caetano Bandeira de Mello (1976, p. 9) convidou os secretários e conselheiros de Cultura para uma "troca de ideias", no Primeiro Encontro Nacional de Conselhos e Secretarias de Cultura. Na oportunidade, seria lançada a Política Integrada de Cultura a fim de sanar os desacordos nos encaminhamentos das políticas culturais entre CFC, DAC e MEC, visando a uma reintegração de forças. No convite, o poder discricionário do MEC foi sinalizado enquanto convocação ministerial, com base nas deliberações dos secretários de Cultura, em abril de 1976.

Contudo o evento foi reorganizado e renomeado pelo CFC para Encontro Nacional de Cultura, e, depois de sucessivos adiamentos, ocorreu nos dias 5 a 7 de julho de 1976, em Salvador. A programação principal aconteceu na reitoria da Ufba, em virtude da celebração do 30º aniversário da instituição. As atividades paralelas ocorreram no Instituto de Música da PUC. As recepções sociais foram realizadas na Associação Atlética da Bahia e no Salão de Convenções do Othon Palace Hotel, onde foi lançada a exposição sobre o centenário de Afrânio Peixoto (1876-1947), médico baiano, historiador literário, acadêmico da ABL, pioneiro na medicina do trabalho no Brasil.

A dimensão política do encontro pode ser analisada pelo prisma de uma conferência nacional de cultura, que nunca havia acontecido. O Conselho Nacional ou Federal de Educação, desde os anos 30, realizava sistematicamente a conferência nacional de educação enquanto ação de normatização política do órgão. No entanto, o CFC, desde 1968, promovia encontros nacionais com desenho institucional semelhante ao da CNE, mas sem adotar essa terminologia.

O governo tradicionalmente comandava os encontros e as conferências públicas em busca de convergência política. Os conselheiros eram indicações governamentais e colocavam-se como representantes autorizados do governo. As metodologias adotadas dos eventos organizados pelo CFC seguiam os mesmos procedimentos, com grupos de trabalho, plenárias setoriais e gerais, votações de moções, proposições, recomendações e deliberações, além da produção de um relatório final. O evento de julho firmou um novo pacto político do DAC/MEC com o CFC para inaugurar uma organização, por isso a denominação Primeiro Encontro Nacional de Cultura.

A convergência política era uma pretensão e projeção mútua. Mesmo em períodos da ditadura civil-militar, os delegados, ou seja, os conselheiros, secretários, dirigentes de cultura, ouvintes, observadores ou convidados, posicionavam-se e divergiam sobre os encaminhamentos e deliberações. A participação da sociedade civil, fora da órbita governamental, mostrava-se inexpressiva, mas sem impeditivo para o comparecimento.

O CFC coordenou as principais sessões plenárias e assumiu o protagonismo das atividades programadas. A direção-geral foi presidida por Moniz de Aragão; e a secretaria-geral, por Carlos Corrêa Menezes de Sant'Anna, secretário do SEC/BA; a coordenação do plenário-geral, por Manoel Caetano Bandeira de Mello, do CFC; e a relatoria-geral, por Diégues Jr., do DAC. As assessorias administrativas dos plenários ficaram sob a responsabilidade dos secretários das câmaras setoriais do CFC e da SEC/BA.

O crescimento exponencial da área (Quadro 10) pode ser conferido com a participação de 20 Conselhos Estaduais, além de sete Fundações Culturais, três Departamentos de Assuntos Culturais e três Departamentos de Cultura. Os números demonstram que o esforço dispendido pelo CFC para a institucionalização da área, com base na criação dos conselhos e das secretarias autônomas de cultura, desde 1968, fortaleceu-se. As Secretarias de Educação e Cultura mantinham-se predominantes, com a participação de 23 delas; outras eram compartilhadas com os Desportos e Turismo (SCDT), Ciência e Tecnologia (SCCT), Desporto e Promoção (SCDP).

Quadro 10 – Encontro Nacional e suas representações institucionais

DELEGADOS E PARTICIPANTES	
Instituições	Total
Instituições federais de Cultura — FCRB; IJNPS; DAC; Funarte; BN; MNBA; MHN; INL; Iphan; Museu Imperial.	10
Instituições federais de Educação — Mobral; Fundação Centro de TV Educativa; Fundação Nacional de Desenvolvimento da Educação; Divisão de Artes Auxiliares do DAC; Serviço de Radiodifusão Educativa; Fundação Nacional de Material Escolar.	6
Secretarias Estaduais de Educação e Cultura — SEC/AC; SEC/AL; SEC/AP; SEC/AM; SEC/BA; SEC/DF; SEC/ES; SEC/GO; SEC/MA; SEC/MG; SEC/MT; SEC/PA; SEC/PB; SEC/PR; SEC/PE; SEC/PI; SEC/RN; SEC/RS; SEC/RJ; SEC/RO; SEC/RR; SEC/SC; SEC/SE.	23
Secretaria do Estado da Cultura, Ciência e Tecnologia[29] — SCCT/SP.	1
Secretaria de Cultura, Desporto e Turismo — SCDT/SP.	1
Secretaria de Cultura, Desporto e Promoção — SCDP/CE.	1
Fundações Culturais — FC/AM; FC/DF; FC/GO; FC/MA; FC de Curitiba/PR; FC/RN; FC de José Augusto/RN.	7
Conselhos Estaduais de Cultura — CEC/AC; CEC/AL; CEC/AM; CEC/BA; CEC/ES; CEC/GO; CEC/MA; CEC/MG; CEC/MT; CEC/PA; CEC/PB; CEC/PR; CEC/PE; CEC/PI; CEC/RN; CEC/RS; CEC/RJ; CEC/SC; CEC/SP; CEC/SE.	20
Departamentos de Assuntos Culturais — DAC/PB; DAC/PR; DAC/RS.	3
Departamentos de Cultura — DC/PE; DC/RJ; DC/SE.	3
Órgãos ministeriais — Arquivo Nacional; Departamento de Cooperação Cultural, Científica e Tecnológica do Itamaraty.	2
Órgãos internacionais — Unesco.	1
Personalidades — Arcebispo da Bahia Cardeal Primaz do Brasil D. Avelar Brandão Villela; Reitor da Ufba Augusto Mascarenhas; Reitor da PUC/BA Pe. Augusto Anchieta Amazonas McDowell; Reitor da UFRJ Hélio Fraga; Governador/BA Roberto Santos; Diretor do Arquivo da Bahia Renato Berbet de Castro.	6
Outros — Coordenador de Cultura/MG; Secretaria de Governo/SC.	2

Fonte: a autora

A ausência de instituições culturais importantes, como o Conselho Nacional do Direito Autoral, criado pela Lei 5.998, de 14 de dezembro de 1973, e o Conselho Nacional de Cinema (Concine), criado pelo Decreto 77.299, de 16 de março de 1976, foi sentida. Por outro lado, observa-se a participação expressiva de instituições federais da educação, serviços radiofônicos e televisivos. O Mobral participou enquanto órgão de mediação inserido nas comunidades para a valorização da cultura popular regional. O órgão imprimiu uma versão apolítica e patriótica da educação para jovens e adultos, como substituto do Centro de Cultura Popular, projeto desenvolvido pela UNE nos anos 60, com base no método de educação de jovens e adultos do educador pernambucano Paulo Freire (1921-1995), perseguido e exilado pela ditadura (SOUZA; BORBA, 2007).

A relação da Igreja Católica com a cultura foi ratificada com a presença do Primaz do Brasil, o então arcebispo da Bahia, Cardeal D. Avelar Brandão Villela, convidado pelo CFC. Os conselheiros nacionais evocaram os princípios cristãos do Estado brasileiro enfatizados nos discursos protocolares do ministro Ney Braga, do governador da Bahia, Roberto Santos, e do reitor da Ufba, Augusto Mascarenhas. Todos demarcaram o catolicismo enquanto religião oficial do Estado.

---

[29] Na listagem de entidades, o CFC sinalizou a presença das secretarias estadual e municipal de São Paulo.

Nenhum registro de representações das religiões de matrizes africanas, predominantes no território baiano, ou demais crenças religiosas foi realizado. Entretanto o discurso de Ney Braga (1976, p. 21) enalteceu a "Bahia de todos os santos" como símbolo de tolerância cultural e lugar onde todas as etnias se integravam fraternalmente:

> Este é um Encontro da cultura nacional. Por isso vos tenho falado sobre alma baiana. Porque dela vem contribuição fundamental ao que existe de mais especificamente nosso. Na sua tríplice formação: branca, índia e negra. No sincretismo com que soube absorver e articular as contribuições de todas essas origens, no exemplo de tolerância no "saber viver" que é, seguramente, uma lição para o mundo. (BRAGA, 1976, p. 22).

Para o ministro, a mistura étnica baiana seria o exemplo do multiculturalismo e da singularidade da cultura nacional:

> Mas o que é particularmente importante é que essa é uma contribuição autêntica. Porque enraizada. Não é uma cultura de imitação ou saudosismo — e sim, própria e atual. Sem preconceitos, porque incorporando traços culturais das mais diversas fontes. Mas numa incorporação que é uma transubstanciação. O que dela resulta é algo novo, dotado de caráter próprio, sem ser infiel às suas origens.

> Assim se vai fazendo o que podemos, cada vez com maior propriedade chamar de "A Cultura Nacional". Homogênea, em seus fundamentos básicos. Diversificada, nas contribuições recebidas. Plural, nas suas manifestações. Ágil, na sua evolução. Inventiva, na sua permanente mutação. Fiel, na sua lealdade ao passado. Aberta, inquieta, generosa, capaz de conviver com a máquina, mas voltando sempre à natureza. Centrada no homem. (BRAGA, 1976, p. 22-23).

Os significados e significantes das palavras mobilizadas pelo ministro, como "homogeneidade", "pluralidade", "evolução", "invenção" e "fidelidade", eram recorrentes nos anteprojetos tanto do PNC quanto da Política Nacional de Cultura.

Pedro Calmon (1976) foi o responsável por homenagear o 30º aniversário da Ufba. Na ocasião, relatou a sua participação para o nascimento da instituição, pois, enquanto deputado federal, propôs um PL para a criação da Universidade da Bahia, em 1935, projeto rejeitado, segundo ele, por ser opositor ao regime varguista. Entretanto, a Ufba, inaugurada em 2 de julho 1946, emergiu sob um "crepúsculo cético", mas provou a força dos pensadores baianos; da monarquia à república, não se conhecia outro "terreno em que a Democracia Racial não tivesse sido realizada em termos tão suaves e humanos" (CALMON, 1976, p. 30). A Bahia era o exemplo da cultura nacional forjada sob a miscigenação harmônica, cordial, multicultural e transnacional. A convivência das três raças imprimiu a unidade baiana, assim como a unidade nacional.

O regimento norteou a metodologia dos trabalhos, e as plenárias setoriais foram organizadas por temários (Quadro 11). Os debates sobre a regionalização da cultura e a criação dos cinco subsistemas nacionais de cultura foram mediados por gestores de instituições de referência: 1) Raul Lima, diretor do Arquivo Nacional; 2) Gerardo Britto Câmara, diretor do Museu Histórico Nacional (1971-1984); 3) Fernando de Mello Freyre (1943-2005), sociólogo e diretor executivo do Instituto Joaquim Nabuco de Pesquisas Sociais[30], filho de Gilberto Freyre; 4) Janice Monte-Mor, bibliotecária e diretora da Biblioteca Nacional (1971-1979); 5) Sérgio Marinho, professor e secretário executivo do Mobral.

---

[30] O IJNPS foi autarquia federal, de 1971 a 1979. Renomeado para Fundação Joaquim Nabuco (Fundaj), criado pelo Decreto 84.561, de 15 de março de 1980. Fernando de Mello Freyre conduziu o IJNPS como diretor-executivo. De 1980 a 2003, foi presidente da Fundaj, órgão que atuou por mais de 30 anos.

Desde 1968, o CFC defendia que essas instituições formariam núcleos irradiadores das políticas setoriais nos estados e municípios para a regionalização e territorialização da cultura como forma de reproduzir os padrões nacionais para as estruturas locais. Nesse momento, o CNRC encontrava-se em atividade, mas não houve menção ao órgão, tampouco ao nome de Aloísio Magalhães, seu mentor e administrador.

Quadro 11 – Temários do Encontro Nacional

SESSÃO PLENÁRIA	TEMÁRIOS E MINISTRANTES
1ª sessão	Discurso do presidente do CFC — Moniz de Aragão
1° tema	Legislação e cultura: defesa do patrimônio — Afonso Arinos
2ª sessão	
2° tema	Defesa do patrimônio cultural brasileiro — Renato Soeiro
3° tema	Sistema Nacional de Arquivos — Josué Montello
4° tema	Arquivo Nacional como peça fundamental para o Sinar — Raul Lima
3ª sessão	
5° tema	Integração regional da cultura — Miguel Reale
6° tema	Regionalização e inter-regionalização cultural — Manuel Diégues Júnior
7° tema	Experiência de regionalização no Nordeste — Fernando Freyre
4ª sessão	
8° tema	Sistema Nacional de Bibliotecas (SNB) — Herberto Sales
9° tema	Biblioteca como peça fundamental do SNB — Janice Monte-Mor
10° tema	Projeto da Biblioteca Municipal de São Paulo e sua integração com o SNB — Sábato Magaldi
11° tema	Mobral: Uma ação educativa e cultural — Sérgio Marinho
5ª sessão	
12° tema	Integração dos museus na educação do povo — Clarival Valladares
13° tema	Sistema museológico brasileiro — Gerardo Câmara
14° tema	Sistema nacional de museus históricos — Josué Montello

Fonte: a autora

Moniz de Aragão discursou sobre o Sistema Nacional de Cultura, que seria a vértebra da Política Nacional de Cultura. O presidente do CFC teceu elogios ao presidente Geisel, ao ministro e à Bahia como o "mosaico da cultura nacional" (ARAGÃO, 1976a, p. 35). Ney Braga, por sua vez, declarou que Moniz de Aragão era um "homem público e professor" que encontrara no MEC o "apoio e colaboração para executar a Política Nacional de Cultura" (BRAGA, 1976, p. 23).

O discurso de Moniz de Aragão foi pautado no documento "Bases para a formulação da Política Nacional de Cultura", elaborado por Afonso Arinos (1975). Moniz de Aragão (1976a) ratificou a convergência ideológica do CFC com o MEC. Afirmou que, em nome da segurança nacional, a Política Nacional de Cultura seguiria as orientações da ESG, uma vez que um encontro de culturas entre as três raças poderia gerar um movimento de "confrontação [...] agressão voluntária ou despercebida" (ARAGÃO, 1976a, p. 36). Portanto, para o conselheiro, caberia ao Estado estabelecer a ordem democrática e harmônica cultural, por meio de hierarquia e obediência.

Moniz de Aragão (1976a) retomou o dilema da origem soviética do planejamento público, questão não impeditiva para que o instrumento fosse utilizado pelo Estado brasileiro, porém de forma democrática. O SNC, com os subsistemas setoriais de museus, arquivos e bibliotecas, promoveria a inter-regionalização conforme as peculiaridades culturais e geográficas em busca da "harmonia" e preservação da "personalidade nacional" para manter a "unidade de pensamento" e a "unidade de ação" (ARAGÃO, 1976a, p. 36-37).

O presidente da Comissão de Legislação e Normas, Afonso Arinos (1976), responsável pelo tema da 1ª Sessão, Legislação e Cultura, abordou as alterações constitucionais e as mudanças nas atribuições do CFC, com base no Decreto-Lei 200, de 25 de fevereiro de 1967, que designou a "competência privativa dos ministros para a elaboração dos planos, no âmbito das referidas pastas" (ARINOS, 1976, p. 41).

Arinos (1976) reposicionou antigas defesas e reinterpretou a legislação conforme os novos acordos firmados entre o CFC e o MEC. Além de situar a realocação de atribuições com a gestão de Jarbas Passarinho, por conta da solicitação de elaboração das "Diretrizes para uma Política Nacional de Cultura" (1973), que subsidiou o documento "Bases para a formulação da Política Nacional de Cultura" (1975) com a nova versão da Política Nacional de Cultura (1976), cuja implantação vinculava-se ao FNC.

Afonso Arinos era um dos representantes do CFC mais aclamados, por conta do seu capital cultural e da sua trajetória consagrada no campo jurídico e político. Em seus relatórios da Comissão de Legislação e Normas, sempre fundamentava o dever constitucional do Estado em amparar a cultura, conforme o Art. 180 da CF-1967, "ponto básico da política cultural democrática [...] sufragado unanimemente" pelo CFC (ARINOS, 1976, p. 42).

A Política Nacional de Cultura fora aprovada pelos conselheiros federais, pois tinha lastro histórico dentro do CFC, apesar da autoria do MEC. Ao considerar a versão expressa por Afonso Arinos no Primeiro Encontro Nacional de Cultura, conclui-se que a Política Nacional de Cultura se originou do PNC e de seus anteprojetos como um palimpsesto. Dessa forma, existem mais aproximações do que distâncias entre os dois documentos. E o CFC, novamente, mostrava-se aderente às mudanças políticas ocorrentes nos bastidores do MEC e às alternâncias ministeriais.

Arinos advertiu ao plenário sobre duas questões essenciais da Política Nacional de Cultura: a primeira, sobre a liberdade de criação artística a ser assegurada pelo Estado; a segunda, sobre a autonomia dos estados e dos municípios em relação às políticas culturais implantadas pela União. Salientou que somente um entrosamento federativo garantiria o funcionamento do SNC, ao mencionar os Compromissos de Brasília e de Salvador como um "conjunto patrimonial" fundamental para a "identidade nacional" e "segurança do Estado" (ARINOS, 1976, p. 43).

Renato Soeiro inaugurou a 2ª Sessão e abordou os problemas do patrimônio arquitetônico. A sua apresentação foi alvo de contestação pública de seu colega Miguel Reale, do CFC, sobre a legalidade ou não dos tombamentos de bens imóveis. Divergências explícitas entre os conselheiros não ocorriam em eventos públicos, e eram silenciadas nos documentos administrativos, nos quais prevaleciam as adjacências cordiais. Reale, ao contrapor a argumentação de Soeiro, questionou o estatuto do tombamento, Decreto 25/1937, e propôs o seu fim em nome da propriedade privada, um debate extremamente caro para a história do órgão de patrimônio, desde Rodrigo Melo Franco de Andrade. A questão não foi encaminhada para votação na plenária final, indicando desaprovação da mesa diretora à postura de Reale, mas evidenciou que os mecanismos de proteção ao patrimônio não eram consenso entre os conselheiros, e estavam sempre correndo o risco da extinção.

Após as sessões temáticas, a plenária final votou as recomendações e as moções emitidas pelas delegações estaduais e municipais, coletivas ou individuais (Quadro 12). Nenhuma moção de protesto ou de alerta foi apresentada, e as recomendações apresentavam demandas setoriais e regionais específicas. O patrimônio foi o protagonista nas intervenções e nas recomendações, em relação a restauro, conservação dos museus, arquivos e acervos, mapeamento e inventário dos bens móveis e imóveis. Além destes, entraram no rol de recomendações a preservação do folclore, o georreferenciamento e a costumeira falta de recursos para a cultura.

Como se observa no quadro demonstrativo, as questões ligadas à educação e ao meio ambiente intercalaram-se com as questões culturais, e as regionais sobressaíram-se às questões nacionais. O Primeiro Encontro Nacional de Cultura tornou-se uma oportunidade de reivindicar antigas políticas regionais, em vez de construir uma Política Nacional de Cultura ampla e norteadora. Nota-se a ausência de recomendações em áreas historicamente organizadas, como teatro, dança, artes plásticas e cultura popular, mas essas áreas foram retomadas nos eixos de ação da Política Nacional de Cultura.

Quadro 12 – Recomendações do Primeiro Encontro Nacional de Cultura

PROPONENTE E INSTITUIÇÃO	RECOMENDAÇÕES
Manuel Veiga Presidente Câmara de Arte/CEC/BA	Levantamento da etnomusicologia brasileira de todas as regiões do país; Oferecimento de cursos nas universidades de Musicologia Histórica, Etnomusicologia e Musicologia Sistemática; Enriquecimento de currículos com oferta de disciplinas de formação científica e de formação artística; Treinamento de músicos brasileiros no exterior; Formação de equipes multidisciplinares com músicos, antropólogos, sociólogos, historiadores e educadores.
Fausto Cunha Conselheiro CEC/RJ	Criação de um catálogo permanente com todas as bibliotecas do país; Inclusão nas bibliotecas do registro da Numeração Internacional Normalizada de Livros (ISBN); Produção de um Anuário Editorial Brasileiro via INL; Dotação de fundos orçamentários para atender ao sistema bibliotecário do país via INL; Estímulo aos Institutos Estaduais do Livro e Comissões Estaduais Literárias para a edição ou reedição de obras novas ou raras; Reativação do Depósito Legal de Obras; Aquisição de obras pelo INL, científicas e literárias, nacionais e traduzidas; Incentivo à pesquisa literária por meio de bolsas e estágios remunerados.
Mário Calvet Fagundes Conselheiro CEC/RS	Criação de Fundo Nacional e Fundos Estaduais de Cultura.

Wladimir Murtinho Secretário SEC/DF	Obrigação e fiscalização pelo Departamento Nacional de Telecomunicações (Dentel) de execução de dois terços de música brasileira na programação do sistema televisivo e radiofônico brasileiro; Participação do CFC na próxima reunião em Brasília sobre os problemas dos museus; Criação na capital federal de um Museu de Artes e Tradições Populares; Exame dos problemas existentes nos museus de ciências e tecnologias.
Moacir Medeiros de Sant'Anna Conselheiro CEC/AL Imanoel Caldas Conselheiro CEC/AL Anilda Leão Representante SEC/AL	Inclusão nos currículos das universidades brasileiras das disciplinas facultativas de História da Cultura Brasileira, História da Cultura, Antropologia Brasileira e Folclore; e uma obrigatória de História do Estado ao qual a universidade pertence.
Paulo de Albuquerque Melo Diretor DAC/PB	Proposição para que o INL indique que as livrarias contenham uma ou duas estantes dedicadas, exclusivamente, aos autores brasileiros, excluídos os livros didáticos; Que, nas vitrines e exposições de livrarias, o número de livros nacionais seja no mínimo equivalente ao número dos estrangeiros.
Irmão José Otão Conselheiro CFC	Mobilização de universitários para mapeamento de bens culturais no país; Estudos de regiões geoculturais.
Delegação do Estado de São Paulo, representantes SCCT/SP Antonio Soares Amora José Geraldo Nogueira Moutinho Waldisa Pinto Russio	Inclusão para o próximo Encontro Nacional de Cultura do tema "Estímulos às criações linguísticas regionais para preservar a unidade linguística nacional, a partir dos sistemas escolares"; Sugestão de temário para o próximo Encontro Nacional de Cultura: "Responsabilidades dos meios de comunicação de massa para a formação do conhecimento da cultura brasileira para preservação e estímulo da mesma" (sic).
José Joaquim Marques Marinho Superintende FC/AM	Integração dos estados do Norte por meio da Funarte e do DAC/MEC.
José Candido de Melo Carvalho Conselheiro CFC	Inclusão do Departamento de Parques Nacionais do Instituto Brasileiro de Desenvolvimento Florestal, sob a forma de Serviço de Parques Nacionais na Secretaria Especial de Meio Ambiente do Ministério do Interior.
Ernando Uchoa Lima Presidente SCDP/CE	Criação de um Fundo de Cultura para o Ceará.
Leonardo Dantas Silva Diretor do Departamento de Cultura SEC/PE	Fiscalização e execução obrigatória de dois terços de música brasileira na programação do sistema televisivo e radiofônico brasileiro pelo Dentel.

Raul Lima Diretor Arquivo Nacional	Restabelecimento da denominação arquivista e criação do cargo de arquivologista no serviço público federal; Definição no Código Civil, da natureza jurídica de documentos públicos dos arquivos como bens dominiais; Instituição de arquivos, manutenção dos existentes e restabelecimento da denominação "arquivo" nos entes federados.
Américo Simas Filho Conselheiro CEC/BA	Criação do Parque Histórico Nacional Garcia D'Avilla.
Gumercindo Rocha Dórea — Representante da Fundação Nacional de Material Escolar (FENAME)	Criação de fonte de renda para ampliar a produção de material escolar para alunos necessitados; Utilização de recursos públicos de forma permanente, recorrendo a outras verbas, somente quando necessário; Mobilização nacional de postos da FENAME para distribuição de produto cultural nos estados e municípios.
Octávio de Faria Conselheiro CFC	Preservação da memória do cinema brasileiro em cinematecas, SECs, DCs, Casas de Cultura e Cineclubes.
José Mendonça Teles Conselheiro CEC/GO	Realização de Feira Nacional de Cultura Brasileira.
Edson Motta Conselheiro CEC/RJ Paulo Afonso Grisolli Diretor Departamento de Cultura SEC/RJ	Criação de Serviços do Patrimônio Histórico e Artístico para os municípios e estados; Formação de profissionais na área do restauro e conservação em parceria com o MEC; Preparação de um manual nacional para proprietários de bens tombados, com direitos e deveres, para os estados e municípios; Proposição de um Seminário Nacional de Educação para a integração do sistema escolar do país no Plano Nacional de Cultura.
Francisco de Assis Barbosa Conselheiro CFC	Emissão de um selo do livro para correspondências com transferências da verba arrecada para o Plano Nacional de Cultura.
Lucia Bittencourt Oliveira Representante SEC/BA	Realização de um Sistema Nacional de Integração Escolar; Cadastramento dos bens culturais da Bacia de Paraguaçu.
Flávio Guerra Conselheiro CEC/PE Ernando Uchoa Lima Presidente SCDP/CE	Dotação orçamentária para o CFC com base em recursos da Loteria Federal e cotas do Imposto de Renda — idênticas ao que ocorre com os Conselhos da Saúde, Educação e Desportos, com distribuição equânime entre os estados e municípios para fins exclusivamente culturais.
Delegações da Bahia, Rio de Janeiro, Distrito Federal e Paraíba	Destinação de 5 a 10 % de percentual do Salário Educação — Quota Estadual para a construção e manutenção de bibliotecas nos estados e municípios em escolas de primeiro grau e em centros comunitários.

Fonte: a autora

O Fundo Nacional de Cultura, questão crucial para os agentes e gestores culturais, reivindicação antiga do CFC, foi mencionado em apenas duas recomendações. O FNC seria a fonte de financiamento da Política Nacional de Cultura e garantiria os subsídios para os estados, municípios e instituições federais. Mário Calvet Fagundes, conselheiro do CEC/RS, presidente do Instituto Estadual do Livro (IEL/RS), de 1972 a 1976, fez críticas contundentes ao processo e questionou que, com a inexistência do FNC, que tipo de liberdade artística e civil seria possível no campo cultural, sem a vinculação de verbas para a operacionalização das políticas. Também questionou a funcionalidade dos preceitos constitucionais de amparo à cultura em face dos resquícios da censura e do controle ideológico, ainda presentes na sociedade.

Ernando Uchoa Lima (1976, p. 198), secretário de Cultura, Desportos e Promoção do estado do Ceará, foi o único dirigente estadual a se manifestar sobre "a criação de um Ministério da Cultura [...] aspiração dos homens de pensamento", mas que, por algum motivo, não se discutiria naquele encontro, e sem previsão de inserção nos próximos. Essa intervenção demarcou que, apesar dos acordos políticos entre o CFC e o MEC, a reivindicação de um ministério próprio para a cultura permanecia presente nas expectativas dos secretários estaduais.

O secretário cearense alertou que, sem a criação do FNC, não existiriam políticas sólidas para a cultura, pois a área não poderia depender das verbas do MEC. Desse modo, sugeriu que o governo angariasse recursos do Imposto de Renda e da Loteria Federal, pois a cultura, desprovida de verbas, não "implantar[ia] a Política Nacional de Cultura", tampouco "transformar[ia] em realidade o sonho que acalentamos de difundir, democratizar e popularizar a cultura deste país" (LIMA, E. U., 1976, p. 198).

O *Boletim*, edição especial número 23, de 1976, dedicou 312 páginas ao registro integral do evento com os discursos, as conferências, as intervenções e os debates travados durante as sessões temáticas, incluindo o *Relatório final do Primeiro Encontro Nacional de Cultura*. Interessante observar que as críticas de Mário Calvet Fagundes e Ernando Uchoa Lima foram mantidas no registro histórico do *Boletim*. Os relatórios parciais e as sessões temáticas foram sistematizadas e apresentadas por Manuel Diégues Jr. na plenária de encerramento. O conselheiro concluiu o discurso com agradecimentos religiosos católicos destinados aos representantes de CFC, MEC, DAC, delegados estaduais e ao berço dos 400 anos de formação do Brasil, a Bahia.

No dia 9 de julho 1976, os delegados realizaram uma visita técnica às cidades históricas de Cachoeira e Santo Amaro, um encontro dos conselheiros com as origens do Brasil por meio do patrimônio baiano, apontou o relatório.

Ainda no encerramento do evento, o embaixador Wladimir Murtinho, secretário de Cultura do Distrito Federal, falou em nome dos colegas secretários de Cultura. E lembrou a celeuma política ocasionada pela escolha de Capanema para a construção modernista da sede do MES:

> Quando aqui cheguei, em 1938, achávamo-nos em plena polêmica, pois Gustavo Capanema decidira convocar Lúcio Costa, Niemeyer, Reidig (sic) e Jorge Moreira, entre outros, para construir o edifício do Ministério da Educação, hoje Palácio da Cultura. Foi um momento decisivo na história da cultura nacional, mas certamente decisivo na história da cultura universal. Era então, por decisão de um Ministro da Educação, que assumíamos o nosso papel de vanguarda e pela primeira vez — vejam como é curioso — todas as ideias que se tentavam desenvolver e executar no exterior vinham e se cristalizavam aqui, com os nossos próprios artistas e artífices. Queria dizer-vos da repercussão, que teve este gesto do Ministro Capanema. No mundo inteiro, a partir desse momento, passamos a contar, isto é, aquela equipe que ele soube reunir, de intelectuais e de artistas, todos de vanguarda, tiveram a sua posição reconhecida internacionalmente. Mas nós éramos ainda um país com uma população pequena e com uma situação de desenvolvimento econômico ainda por ser feito. (MURTINHO, 1976, p. 295-296).

O discurso de Murtinho foi uma das poucas referências ao legado do ex-ministro nos periódicos e encontros do CFC. O secretário lembrou aos delegados que o maior patrimônio de Capanema para o país fora o Palácio da Cultura.

4.10 CFC: uma década de atividades

O então presidente da Câmara de Letras, o romancista e crítico literário Adonias Filho, preparou em 1976 uma avaliação para comemorar os dez anos da trajetória institucional do CFC. A obra *O Conselho Federal de Cultura* foi publicada somente em 1978 (Figura 29), por conta das crises orçamentárias, mas, à época da sua produção, pretendeu relatar os principais trabalhos, desafios e conquistas do órgão. O maior desafio do CFC foi a sua dotação financeira, sobretudo para a execução do Plano Nacional de Cultura. O conselheiro recordou o Decreto 74/1966, que determinava que os recursos dos fundos nacionais do ensino primário, médio, superior e outras fontes fossem utilizados para o PNC, mas, por conta da inconstitucionalidade alegada pelo Ministério do Planejamento, não ocorrera o uso dos recursos. Adonias Aguiar Filho (1978) destacou que, mesmo com os parcos recursos financeiros, o plano editorial do CFC fora desenvolvido e promovera a produção intelectual dos conselheiros para contribuir, divulgar e aperfeiçoar a cultura nacional.

Figura 29 – Reprodução da capa comemorativa do decênio do CFC

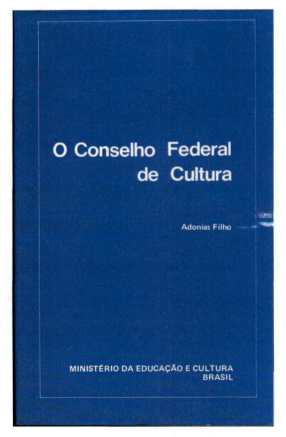

Fonte: Aguiar Filho (1978, s/p)

O CFC organizou e publicou a obra *Coleção centenário*, a qual registrou os centenários dos escritores nacionais ilustres, assim como publicou as obras completas de Graça Aranha, Afonso Arinos e obras escolhidas de Oliveira Lima. O CFC procurou "preencher lacunas de nossa bibliografia", advertiu Aguiar Filho (1978, p. 9).

O conselheiro lembrou a atuação do CFC na organização e publicação do *Atlas cultural do Brasil* (1972), pioneiro no gênero, proposta deliberada na I Reunião Nacional de Conselhos Estaduais de Cultura, em 1968, cumprindo com a meta de realização de um georreferenciamento da cultura nacional pelas particularidades regionais. Um novo mapeamento foi proposto pelo conselheiro Irmão Otão no Primeiro Encontro Nacional de Cultura. O conselheiro comunicou que a obra coletiva *História da cultura*, cinco volumes, cujos dois primeiros foram lançados em convênio com a Fename, fora indicada para compor o currículo universitário pelos delegados do evento. A obra *Viagem filosófica pelas capitanias do Grão-Pará, Rio Negro e Cuiabá*, escrita entre 1783 e 1792, do naturalista Alexandre Rodrigues Ferreira, fora lançada em dois volumes, sendo composta por registros textuais e iconográficos que permaneceram por mais de 150 anos na seção de Manuscritos da Biblioteca Nacional. Esse acervo inédito foi considerado uma das mais importantes publicações realizadas pelo CFC, situou Adonias Filho. Outra obra relevante foi o *Dicionário bibliográfico brasileiro (1827-1903)*, reprodução fac-símile em sete volumes, organizada por Sacramento Blake, bibliógrafo de renome.

Adonias Filho realizou um compêndio (Quadro 13) das obras dos conselheiros e dos escritores nacionais para promover a formação da cultura nacional. O conselheiro declarou que as publicações do CFC faziam parte de um plano editorial que delineara a construção do PNC. O mecenato estatal, via CFC/MEC, e as parcerias institucionais com IHGB, Departamento de Imprensa Nacional, ABL, INL, Arquivo Nacional e Editora José Olympio foram cruciais para o projeto editorial do conselho.

O interesse por obras literárias e pela história da literatura convergia com a atuação profissional e intelectual dos conselheiros polímatas. Maia (2012) contabilizou, de 1969 a 1975, que três dezenas de publicações foram patrocinadas pelo CFC, obras autorais e coletivas, estratégicas para a divulgação dos discursos e ações dos conselheiros.

Adonias Aguiar Filho (1978) ratificou um entrosamento político entre o CFC e o DAC nas deliberações sobre as políticas culturais. Desde a criação do DAC, o cargo de diretor-geral fora ocupado por um conselheiro, o que garantia o *modus operandi* do CFC.

Quadro 13 – Obras compiladas por Adonias Filho (1978)

AUTOR	OBRA	ANO	EDITORA/ MECENATO
Clarival do Prado Valladares	Arte e sociedade nos cemitérios brasileiros. 2 v.	1972	CFC/Imprensa Nacional
Afonso Arinos de Mello Franco	Desenvolvimento da civilização material no Brasil	1944 1971	Sphan/ABL CFC/MEC
Manuel Diégues Júnior	Ocupação humana e definição territorial do Brasil	1971	CFC/MEC
Djacir Menezes	O Brasil no pensamento brasileiro	1957[31]	Inep/MEC

---

[31] Data de publicação original.

Marcos Carneiro de Mendonça	Raízes da formação administrativa do Brasil	1972	CFC/IHGB
Oswaldo Cabral	As defesas da Ilha de Santa Catarina no Brasil colônia	1972	CFC/IHGB
Herbert Wetzel	Mem de Sá	1972	CFC/MEC
Clophie Pearson de Matos	Catálogo temático da obra do Padre José Maurício Nunes Garcia	1970	CFC/MEC
Teixeira Soares	História da formação em fronteiras do Brasil	1972	CFC/MEC
Roberto Mendes Gonçalves	Um diplomata austríaco na Corte de São Cristóvão	1970	CFC/MEC
Andrade Muricy	Panorama do movimento simbolista	1951 1973	Imprensa Nacional CFC/INL/MEC
Roberto Pontual	Dicionário de artes plásticas	1969	Civilização Brasileira
Jean-Michel Massa	A juventude de Machado de Assis	1971	Civilização Brasileira
Alberto Rangel	Marginados: anotações às cartas de D. Pedro I a D. Domitila	1974	Arquivo Nacional/CFC
Clóvis da Costa Rodrigues	Inventiva brasileira	1973	CFC/INL/MEC
Pedro Calmon	História de D. Pedro II	1975	José Olympio Arquivo Nacional/CFC

Fonte: a autora

O decênio comemorado pelo CFC não trouxe novas perspectivas sobre a construção política da organização da cultura. O ponto de vista dos homens brancos, sexagenários, septuagenários e octogenários, modernistas, católicos e conservadores ratificava o teor discursivo cívico e missionário dos anteprojetos elaborados pelo CFC até a data do Primeiro Encontro Nacional da Cultura.

As trajetórias profissionais e acadêmicas dos conselheiros convergiam com as trajetórias das suas instituições. As circularidades e ocupações de cargos no Poder Judiciário, Legislativo e Executivo, universidades, equipamentos culturais e repartições públicas lhes conferiam autoridade. Os conselheiros fundaram e colaboravam regularmente com periódicos culturais e diários, espaços de sociabilidades, de produção da escrita e de trocas culturais que fortaleciam os elos de pertencimentos e articulações políticas.

Essa questão se torna crucial para compreender o ceticismo que pairou sobre um Ministério da Cultura, antes e após a sua criação, em 1985. Mesmo com divergências, os homens da cultura não desatavam os acordos políticos e ideológicos entre eles nos espaços de poder. Os conselheiros cultuavam seus pares, suas biografias e bibliografias, e estudavam as obras e trajetórias dos seus afetos e desafetos políticos.

O dirigismo estatal que os conselheiros e a ditadura civil-militar advogavam inexistente, na prática, amedrontou, coagiu e alijou os intelectuais e artistas que não convergiam com os ideais de país, de sociedade e de cultura propagados oficialmente. As normativas para as ações do CFC foram defendidas como técnicas e tentavam encobrir o viés ideológico e político de uma concepção de cultura iluminista, nacionalista e moralista cristã que orientava a atuação dos conselheiros.

Não por acaso, existia uma circularidade entre os conselheiros nas câmaras setoriais e nos cargos executivos, o que criava mandatos praticamente vitalícios. Essa recondução contínua nos quadros do CFC garantiu o controle e a interlocução direta dos conselheiros com os ministros e com os presidentes da República. As sucessivas alterações na gestão do MEC enfraqueciam os anteprojetos e acordos formulados, e, principalmente com a gestão Ney Braga, as interlocuções políticas foram centralizadas nas mãos do ministro e desestruturaram a confiança dos conselheiros. Entretanto permanecia a reserva de mercado em cargos estatais e as sinecuras nos subsídios de mecenato para os projetos dos seus pares e instituições como o IHGB e a ABL, reverenciadas como lugares de consagração intelectual, pertencimento e reconhecimento dos conselheiros federais.

A notoriedade e as trajetórias consagradas compunham as narrativas em torno da história do conselho, por isso a ideia do CFC, de autoria de Josué Montello (1968), era reconhecida publicamente. Austregésilo de Athayde, em discurso no Dia da Cultura, sessão plenária ocorrida na sede da ABL, em 5 de novembro de 1976, sinalizou que o encontro do CFC com a ABL fora:

> [...] ato de confraternização em que as maiores expressões da vida cultural do Brasil se uniam para juntamente celebrarem os altos ideais que orientam as duas agremiações e elevar o Brasil às culminâncias de seu destino, através dos seus homens de cultura, dos que pensam e compreendem a vida por seus valores espirituais e fazem do amor à Pátria a religião das suas vidas. (BRASIL, 1976, n. 25, p. 7).

Na ocasião, o advogado e teatrólogo Sábato Magaldi, à época secretário de Cultura do estado de São Paulo, no governo de Olavo Setúbal (1975-1979), da Arena, foi escolhido para discursar em nome dos conselheiros. Magaldi (1976) declarou ser a ABL um templo sagrado dos homens de cultura, cujo verbo latino *"colere"* era ressiginificado em cada sessão. Em vez da contraposição do homem versus natureza, a "cultura é o próprio homem", aquele que cultiva a terra, pois o "homem culto é aquele que se encontra na plenitude das suas faculdades humanas" (MAGALDI, 1976, p. 16).

Magaldi citou os Arts. 22 e 27 da Declaração Universal dos Direitos do Homem e do Cidadão da Assembleia Geral das Nações Unidas, de 1948, os quais preconizavam a equidade dos direitos culturais. O conselheiro destacou que a Conferência Geral da ONU, em 1966, ratificara que todas as culturas eram dignas e tinham "valores que devem ser respeitados e salvaguardados" o direito de cada povo de desenvolver sua cultura. A diversidade cultural é um "patrimônio comum da humanidade", afirmou Magaldi (1976, p. 17).

No discurso, Sábato Magaldi advogou que os direitos culturais, de liberdade de criação e de desenvolvimento da cultura em sua diversidade deveriam ser ratificados na Política Nacional de Cultura sob o comando do ministro Ney Braga. Essas diretrizes se alicerçavam na liberdade, que deveria ser o "cerne da cultura, como pressuposto e objetivo" (MAGALDI, 1976, p. 18). O modelo republicano de liberdade de Sábato Magaldi foi ao encontro do ideal de progresso, desenvolvimento econômico, social e cultural do discurso liberal ao utilizar a educação e a cultura como âncoras para retirar o povo do analfabetismo. Ressaltou:

> Às vezes, chega-se a pensar que a cultura é um luxo, quando os benefícios da educação ainda não atingem expressivas camadas populacionais. Se grande parte do país sofre o flagelo do analfabetismo, a cultura parece um programa elitizante, à margem de uma realidade maior. Mas ninguém se deve enganar com esse raciocínio capcioso. Abandonar a cultura, em face de um esforço prioritário na educação, importará em tornar inviável, em pouco

> tempo, o próprio trabalho educativo. Educação e cultura são movimentos paralelos e o descaso no trato de um implicará na falência do outro. Descuidar da educação acabará por subtrair também a vitalidade da cultura. (MAGALDI, 1976, p. 19).

Para o conselheiro, a Política Nacional de Cultura deveria combater a divisão entre cultura superior e inferior, cultura da elite e do povo, assim como os preconceitos advindos dessas classificações. Um tratamento que somente interessava aos propósitos colonialistas e classistas. A crítica de Magaldi (1976) contrapôs a distinção social historicamente mobilizada pelo CFC.

4.11 Cultura do caju

A nova diretoria do CFC para o biênio de 1977 a 1978, sob a presidência de Adonias Aguiar Filho e da vice-presidência de José Cândido de Melo Carvalho, presidente da Funarte (1976-1981), não apresentou grandes mudanças na sua estrutura. Na Câmara de Artes, Silvio Meira foi substituído pelo jornalista maranhense, novelista, poeta e cronista Odylo Costa Filho (1914-1979). Na presidência da Câmara de Letras, assumiu Josué Montello. Na presidência da Câmara de Ciências Humanas, Miguel Reale. Na presidência da Câmara de Patrimônio, a paranaense da cidade de Lapa Cecília Maria Westphalen (1927-2004), licenciada em Geografia e História, em 1950, pela Faculdade de Filosofia, Ciências e Letras e bacharel em Direito, em 1952, pela UFPR. Nas demais Câmaras e Comissão de Legislação e Normas, não houve alteração na composição e na presidência. Durante os dois semestres de 1977, as pautas das plenárias restringiram-se às aprovações de subsídios solicitados por instituições culturais, anúncios de publicações dos conselheiros e intelectuais parceiros, homenagens de aniversários, falecimentos e centenários de obras e autores.

Na ata da 566ª Sessão Plenária, de 6 de julho de 1977, a conselheira Cecília Maria Westphalen informou que aconteceria em Florianópolis, entre os dias 17 e 24 de julho, o IX Simpósio da Associação Nacional de Professores Universitários de História (Anpuh), com a temática "O homem e a técnica", conforme os registros da ata, no *Boletim* (BRASIL, 1971-1989, n. 28). Westphalen compreendia que a Anpuh deveria ser exclusiva para os professores universitários, como forma de manter a consagração da academia e da pesquisa científica sob uma elite intelectual.

As referências dos estudos históricos do CFC permaneciam ancoradas no IHGB, ainda que a Anpuh estivesse em atividade desde 1961 e fosse presidida, desde então, por um notório membro do IHGB, o professor Eurípedes Simões de Paula (1910-1977), que permaneceu no cargo até o dia 21 de novembro de 1977, data do seu falecimento.

No dia 13 de setembro de 1977, a ata da 573ª Sessão Plenária (BRASIL, 1971-1989, n. 28) registrou um comunicado de Gilberto Freyre acerca da parceria firmada entre o Instituto Joaquim Nabuco de Pesquisa Sociais e o CNRC para realizar um estudo e simpósio multidisciplinar sobre a cultura do caju em Pernambuco. Com entusiasmo os conselheiros receberam a notícia da parceria.

Afonso Arinos referiu-se a Aloísio Magalhães como um cientista e saudou o estudo e o material de divulgação do seminário. O conselheiro José Cândido de Melo Carvalho, professor do Museu Nacional, recordou uma viagem realizada ao Rio Grande do Norte, ocasião em que conhecera "grandes plantações de cajueiros, feitas à base de incentivos fiscais", e que, mesmo com a "devastação em certas áreas", o Nordeste conseguira produzir o fruto em escala comercial. Rachel de Queiroz anunciou ser a única entre os conselheiros que sabia fazer "cajuína e vinho de caju". Odylo Costa informou que, por iniciativa do senador piauiense Sigefredo Pacheco, fora incluso na legislação federal o reflorestamento de "árvores frutíferas de grande porte, pensando sobretudo no cajueiro".

Djacir Menezes lembrou sua infância, quando os "cajueiros extensos cercavam Fortaleza e foram cruelmente derrubados", mas o fruto sobrevivia em sua memória e na poesia de Carlyle Martins. Vianna Moog aludiu que o "cajueiro mais célebre do Brasil é o referido por Humberto de Campos e estava de pé", na Parnaíba. Freyre, por sua vez, informou que seria desenvolvido um inventário da produção do caju enquanto referência cultural (BRASIL, 1971-1989, n. 28, p. 186).

Entre exibicionismos e experiências tácitas, literárias, degustativas e paisagísticas sobre o fruto do caju e os cajueiros, os conselheiros receberam o CNRC e Aloísio Magalhães como inovação e conquista na área do patrimônio. Vocábulos como "multidisciplinaridade", "interdisciplinaridade", "bens e referências culturais" começaram a ser mobilizados nos registros das atas do CFC, a partir da inserção de Aloísio Magalhães nas políticas culturais. Terminologias como "inventário", "cultura popular", "folclore" receberam outras interpretações semânticas e colocaram em xeque o trabalho dos folcloristas. Um campo de disputas começou a emergir com as ações propostas pelo CNRC, além de uma concorrência institucional com os órgãos e os pesquisadores da área.

Essas disputas podem ser percebidas, ainda que tímidas, no registro da ata da 574ª Sessão Plenária, quando o presidente Adonias Filho comunicou a entrega da "coleção de discos e boletins da Campanha Nacional do Folclore" pelo diretor Bráulio Nascimento a fim de comprovar sua "operosidade à frente daquele órgão" (BRASIL, 1971-1989, n. 28, p. 188).

Na ocasião, a professora, musicóloga e compositora Helza Cameu (1903-1995) convidou os conselheiros para o lançamento da obra *Introdução ao estudo da música indígena brasileira*, patrocinada pelo CFC. O trabalho apresentava 47 anos de pesquisa ao "testemunhar" a organização do acervo nos "anos em que foi diretora do Museu Nacional". Arthur Cezar Ferreira Reis agradeceu o convite, lembrando que fora o indígena quem havia indicado os caminhos a serem trilhados pelos portugueses, apresentado a alimentação nativa e contribuído com a linguística "mestiça", que distinguia o Brasil do "quadro hispano-americano". E complementou que, "pelo sangue da mulher indígena", foi formada a "mestiçagem" brasileira, e sugeriu que fosse "inventariada e proclamada [...] contribuição cultural indígena" para a formação nacional (BRASIL, 1971-1989, n. 28, p. 188).

A obra de Helza Cameu foi divulgada na seção "Noticiário" do *Boletim* com a manchete "Livro mostra imagem positiva do índio brasileiro". Arthur Reis comentou que "finalmente se fazia justiça ao índio brasileiro", pois "a imagem de indolente e preguiçoso" fora substituída "pela de artífice também da nossa cultura" (LIVRO..., 1977, p. 198). Um ano depois, o *Boletim*, na seção "Noticiário", informou que a obra recebera um prêmio da Caixa Econômica Federal no valor de Cr$ 100.000 (cem mil cruzeiros), no XII Encontro Nacional de Escritores, promovido pela Fundação Cultural/ DF, na categoria de "melhor interpretação da cultura brasileira" (PREMIADA..., 1978, p. 179).

No dia 8 de novembro de 1977, Aloísio Magalhães foi ao plenário do CFC, convidado por Afonso Arinos, para explicar o trabalho que seria desenvolvido pelo CNRC. Os registros da ata da 581ª Sessão Plenária sinalizaram que parte da exposição de Magalhães fora uma releitura da conferência "Cultura e processo civilizatório", ministrada no Seminário Perspectivas do Ensino, em Brasília, no mês de maio de 1976. Esse texto foi reproduzido na seção "Estudos e proposições" do *Boletim*, sob o título "Centro nacional de referência cultural" (MAGALHÃES, 1977). Ao comparar os dois textos, observam-se pequenas diferenças, como a subtração do primeiro parágrafo sobre o acúmulo de experiências e conhecimentos das culturas nacionais e seus processos civilizatórios.

O texto articulou conceitualmente os múltiplos sentidos da cultura, próximo do que Mário de Andrade defendia como concepção etnográfica. Aloísio Magalhães (1977, p. 158) articulou a orientação simbólica da cultura e sua dimensão antropológica e histórica, "Uma cultura é avaliada no tempo e se insere no processo histórico, não só pela diversidade dos elementos que a constituem, ou pela qualidade de representações que dela emergem, mas, sobretudo, pela sua continuidade". E retomou as elucubrações do patrimônio em seu aspecto intangível, situado a partir do anteprojeto do Span de 1936.

A continuidade, entretanto, é portadora de "modificações e alterações num processo aberto e flexível, de constante realimentação o que garante a cultura a sua sobrevivência" (MAGALHÃES, 1977, p. 158). O designer vislumbrou a cultura em sua dimensão simbólica, humana e em constante processo de devir, ao contrário do insulamento nacionalista advogado pelo CFC.

O registro científico a ser empreendido pelo CNRC tornou-se um instrumento de salvaguarda para a cultura nacional. Ajustado à conjuntura política, à ditadura militar e aos preceitos do CFC, Aloísio Magalhães entoou o discurso de que o "desenvolvimento harmonioso, pressupõe a consciência de um largo segmento do passado histórico" (MAGALHÃES, 1977, p. 158). E explicou que o CNRC se encontrava em processo de estabelecimento de parcerias, pesquisas e convênios, a exemplo do IJNPS sobre a utilização do caju para a economia e para a cultura brasileira, conforme registrado na ata da 581ª Sessão Plenária (BRASIL, 1971-1989, n. 29).

O designer mencionou o interesse da União Soviética pela importação da farinha da castanha de caju, fruto que, futuramente, poderia ser utilizado da mesma maneira que a soja na alimentação, na medicina, entre outras finalidades. Gilberto Freyre endossou o trabalho realizado pelo CNRC para enriquecer os aspectos históricos, artísticos, antropológicos, ecológicos, econômicos e literários dos produtos nacionais.

Clarival do Prado Valladares mencionou a festa portuguesa de Exaltação do Divino, uma celebração religiosa tratada sob o viés artístico da apropriação do bem cultural para a economia da cultura lusitana. Essa celebração no Brasil é conhecida como a Festa do Divino. Para Valladares, Aloísio Magalhães (BRASIL, 1971-1989, n. 29, p. 224), descobriu "a gema do processo" ao pesquisar o artesanato do Triângulo Mineiro com base no "instrumento de trabalho que era o tear vertical", que se tornou patrimônio cultural. O conselheiro alertou o designer para não se esquecer do tear baiano em suas pesquisas.

Francisco de Assis Barbosa mostrou-se preocupado com uma possível descontinuidade do trabalho, se acaso o CNRC não vingasse. Ele lembrou a necessidade de sua institucionalidade. O órgão surgiu, ocasionalmente, após o ministro da Indústria e Comércio Severo Gomes (1924-1992) contratar Aloísio Magalhães para uma pesquisa sobre a fisionomia dos produtos industriais brasileiros, em 1975. Trabalho que evidenciou a necessidade de uma instituição nacional de pesquisa para as referências culturais.

Aloísio Magalhães respondeu que institucionalizar prematuramente o CNRC traria limitação na capacidade de ação e adaptação do órgão em futuras parcerias e convênios privados. O CNRC estava em fase de elaboração de uma metodologia para o registro e a indexação das pesquisas, já que os processos adotados eram "experimentais" e sem uma "normalização satisfatória dos procedimentos" (BRASIL, 1971-1989, n. 29, p. 226). Ademais, convênios estavam sendo firmados com ministérios, universidades, instituições culturais, prefeituras e governos estaduais, a exemplo do Distrito Federal e da UnB, que cedeu espaço para o CNRC se instalar.

Especificamente, nessa reunião, não foram abordados os inventários dos bens culturais imateriais e a dimensão simbólica da cultura mencionada no texto lido. Verbalmente, o designer preferiu o pragmatismo político ao enfatizar a dimensão econômica da cultura. Eloquente, abordou a cultura pela perspectiva dos conselheiros ao mobilizar vocábulos como "consciência", "passado", "desenvolvimento", "harmonia", palavras recorrentes nas composições narrativas do CFC. Os conceitos lidos sobre a cultura antagônica em constante processo de transformação, forjados em concepções científicas antropológicas, sociológicas e históricas, foram substituídos por uma perspectiva linear, causal e historicista, estratégia discursiva de moldar a fala conforme o público ouvinte e de acordo com o cenário estabelecido.

A distinção do texto lido e reproduzido no *Boletim* para a exposição oral é sintomática, e os argumentos verbalizados pretendiam garantir a anuência do CFC para o CNRC. Para esse escopo, o designer retomou elementos do texto, como o estilingue e o caju, duas referências culturais recorrentes em seus pronunciamentos e entrevistas públicas, para explicar a relação complementar entre o moderno e o tradicional. O estilingue representava a elasticidade da cultura, movimento dinâmico que, ao receber um objeto externo, "uma pedra", poderia ir "mais longe, na medida em que a borracha do badoque é suficientemente forte e flexível para suportar uma grande tensão, diametralmente oposta ao objetivo da sua direção" (MAGALHÃES, 1977, p. 159).

Nessa analogia, o designer construiu a ideia de que em cultura não existia o novo, pois toda novidade seria uma apropriação do original, do tradicional ou do passado que fora transformada, alargada ou contraída com a inserção de novos repertórios criados no presente. Essa transformação "enriquecida do processo, ou revelada de um repertório latente", advém das experiências, do olhar e da direção, que lançam "incidência de luz" para a construção da referência cultural, aludiu Magalhães (1977, p. 158).

O relato do seminário interdisciplinar em Pernambuco, por Aloísio Magalhães, ratificou a relação inerente entre ciência e cultura. Foram convidadas 11 personalidades para contribuir sobre o universo e a "riqueza, e a penetração multidimensional" do caju no "contexto cultural brasileiro" (MAGALHÃES, 1977, p. 159). Um encontro de gerações com depoimentos vivos e distintos saberes. Os vocábulos "fazeres" e "saberes" tornaram-se vertebrais nas políticas de patrimônio imaterial a partir do CNRC.

"Curiosamente, três gerações se defrontavam naquele encontro: a geração de um saber cristalizado e completo; a geração na plena afirmação da madureza; e a geração de inquieta curiosidade e expectativa de atuação", afirmou Magalhães (1977, p. 159). Tradição e modernidade, velhice e juventude, erudito e popular, ciência e cultura não seriam mais antíteses contrapostas nas políticas de patrimônio, mas complementares nessa relação ressignificada de passado, presente e futuro.

Para Aloísio Magalhães (1977), a geração do químico Oswaldo Gonçalves Lima (1908-1989) trouxe uma rica contribuição ao encontro. O professor da Ufpe, ao apresentar seus trabalhos dos microrganismos aos fármacos, expôs uma

> [...] admirável multiplicidade de aspectos; o da ética e integridade moral do cientista; o da precariedade de recursos face a imensa responsabilidade social do pesquisador nos países em desenvolvimento; o da integração harmoniosa entre ciência e humanismo. (MAGALHÃES, 1977, p. 159).

Aloísio Magalhães (1977) fez uma analogia, com base na conferência do químico, aproximando os campos da cultura e da ciência. De um lado, o viés humanista, questão presente no modernismo conservador; de outro, a cultura enquanto organismo vivo, alçada na concepção andradina, seu principal objeto de estudo. E reiterou que o encontro de gerações fora um intercâmbio de conhecimentos. No texto publicado no *Boletim*, parafraseou Antonio Candido pelas palavras do professor

Carlos Guilherme da Mota, de que, para superar a dependência econômica e cultural, seria necessário produzir obras de primeira instância, sem modelos estrangeiros, segundo as experiências nacionais.

4.12 Humanismo dirigido

Novas reformulações foram dispostas pelo Decreto 81.454, de 17 de março de 1978, de criação da Secretaria de Assuntos Culturais, que reformulou a organização e as competências administrativas do MEC, suas instituições e seus conselhos. O nono artigo incumbiu o CFC de "colaborar na formulação da Política Nacional de Cultura e exercer atuação normativa que assegure a observância da referida política" (BRASIL, 1978, s/p). Pelo 22º artigo, foi criada a Seac, com a finalidade de "[...] planejar, coordenar e supervisionar a execução da política cultural e das atividades relativas à cultura em âmbito nacional e prestar cooperação técnica e financeira às instituições públicas e privadas, de modo a estimular as iniciativas culturais." (BRASIL, 1978, s/p).

Antes de se licenciar para concorrer ao governo do Paraná, Ney Braga assinou a instituição da Seac, registrada na ata da 600ª Sessão Plenária. Para os conselheiros, de acordo com os registros da ata, o ministro identificou-se com a aspiração do CFC. Josué Montello, comovido com o decreto de substituição do DAC pela Seac[32], recordou que a antiga reivindicação serviria para o "equacionamento correto do problema da cultura no âmbito federal" (BRASIL, 1971-1989, n. 31, p. 137).

A Seac, para o CFC, seria uma instituição forte, centralizada e com recursos orçamentários vinculados. Em disputa desde 1966, as aspirações do CFC para a organização da cultura foram dificultadas por conta da parca dotação financeira para a área, e os inúmeros anteprojetos elaborados eram a prova dessa questão. Para o órgão, não faltava planejamento, nem proposta de reforma administrativa, tampouco formação de grupos de trabalho com proposições.

No lugar de Ney Braga, assumiu o ministro interino Euro Brandão (1924-2000), graduado em Engenharia (1946) e Filosofia (1952). Foi professor da Faculdade de Engenharia, em 1950, na UFPR. Por circular no mundo da literatura e das artes, o paranaense foi recepcionado no CFC como um homem das letras, em 8 de junho de 1978.

Josué Montello (1978, p. 12) saudou o novo ministro e informou que uma das tradições que permaneciam no órgão eram as visitas ministeriais, que garantiam uma sólida relação do Estado com a cultura. Mencionou que o ministro recebia com a criação da Seac uma estrutura da cultura estabelecida, a exemplo de Funarte, INL e TV Educativa. As artes estavam organizadas, mas cabia ao Estado garantir à cultura sua livre manifestação, sem imposição de "um comportamento, uma direção, um modo de ser". Cada organismo deveria atuar na esfera que lhe competia para preservar a harmonia, a segurança e o enriquecimento da cultura nacional. Sinalizando uma mudança na orientação das políticas culturais, Josué Montello referiu-se a Euro Brandão como um ministro da Cultura e advertiu-o de que o patrimônio se encontrava em "desamparo absoluto".

Após o Primeiro Encontro Nacional de Cultura, de 1976, infindáveis discussões e elaborações do PNC e da Política Nacional de Cultura foram substituídas pelos debates e aprovações de subsídios, pareceres, homenagens, menções honrosas, premiações, congressos, congratulações de aniversários e notas de pesares. Entre um desses ensejos congratulatórios e encomiásticos, a ata da 635ª Sessão Plenária (BRASIL, 1971-1989, n. 33) registrou a intervenção de Gilberto Freyre sobre a despedida do senador Gustavo Capanema da vida pública.

---

[32] No entanto, em 1978, as atas do CFC ainda se referiam administrativamente ao DAC, e não à Seac, o que, provavelmente, teve um processo de implantação paliativo.

O assunto rendeu uma homenagem na seção "Estudos e proposições", no *Boletim*, na qual Gilberto Freyre e outros conselheiros reverenciaram o ex-ministro como o grande incentivador da arquitetura modernista no Brasil. Uma arquitetura monumental e inovadora, lembrou o sociólogo (GUSTAVO..., 1978). Além de venerar Capanema pelos nomes da vanguarda modernista que o cercavam — Portinari, Villa-Lobos, Celso Antonio, Oscar Niemeyer, Lúcio Costa, Rodrigo Melo Franco de Andrade, Mário de Andrade e Carlos Drummond de Andrade.

Afonso Arinos endossou as palavras de Gilberto Freyre e refletiu sobre o artigo publicado por Carlos Drummond de Andrade no *Jornal do Brasil*. Ressaltou que Capanema, Drummond e Freyre faziam parte de uma geração de intelectuais humanistas.

Arinos relembrou o perfeccionismo de Capanema e o sofrimento dos taquígrafos da Câmara e do Senado Federal, pois o amigo solicitava seus pronunciamentos para revisá-los e não os devolvia para o arquivamento das casas legislativas. Nutria amizade com o ex-ministro desde o Colégio Arnaldo dos Padres da Congregação do Divino, em Belo Horizonte. Lembrou que, quando Capanema migrara para o Rio, trouxera consigo as mineiridades do seu estado, lugar onde a zona da cultura do gado, do café e da mineração havia fornecido ao Brasil riquezas econômicas e políticos combatentes para a transformação nacional. Dentre os legados de Capanema para a cultura, destacou o Sphan e o Palácio da Cultura. O ex-ministro apresentou ao Brasil intelectuais como Drummond e Mário de Andrade, constelação reunida por um apaixonado pela política. Recordou a sua sugestão para o tema dos afrescos dos murais do Palácio da Cultura, 12 ciclos econômicos da história do país, acolhida por Capanema e encaminhada para Portinari. Ao findar a vida pública, Capanema encontrava-se com as "mais altas e mais puras faculdades intelectuais e de seus primores morais". Em um sentido "gotheano", foi um "universalista curioso de todas as artes, de todas as formas de humanismo", com um "coração cheio de Minas Gerais" (GUSTAVO..., 1978, p. 81-82).

Francisco de Assis Barbosa concluiu que tudo o que existia no Brasil em "matéria de organização cultural é devido ao grande estadista Gustavo Capanema" (GUSTAVO..., 1978, p. 83), sobretudo o estímulo aos artistas modernos. Diferentemente das homenagens transformadas em efemérides, arquitetadas pelos conselheiros, que disputavam a fala em infindáveis exercícios retóricos com citações de clássicos da literatura e da história universal, a homenagem a Capanema rendeu poucas páginas no *Boletim*, na seção "Estudos e proposições", apenas três discursos sob o título "Gustavo Capanema". Na 640ª Sessão Plenária, em 5 de fevereiro de 1979, Adonias Filho comunicou um telegrama de Capanema agradecendo a homenagem do CFC (BRASIL, 1971-1989, n. 34).

Na edição posterior, o tema do mecenato voltou a ser mencionado, não em nome de um estadista como Capanema, mas de uma instituição, a Funarte. O assunto foi registrado na ata da 642ª Sessão Plenária (BRASIL, 1971-1989, n. 34), no debate épico travado entre Clarival do Prado Valladares e Pedro Calmon sobre suas compreensões políticas e estéticas. Esse embate foi publicado na seção "Estudos e proposições" sob o título "Humanismo dirigido" (1979). O conselheiro Valladares mencionou trabalhos financiados via mecenato estatal pela Funarte, a exemplo do *Atlas folclórico brasileiro*, um mapeamento com "descrição dos hábitos das tradições folclóricas" (HUMANISMO..., 1979, p. 44); e do programa *Pesquisa*, agraciando 58 projetos, que concedeu bolsas de estudos para artistas iniciantes e consagrados, como o artista português radicado no Brasil Antonio Manuel da Silva Oliveira.

Antonio Manuel foi um "jovem desafiante, um homem de vanguarda". Causou alvoroço no Salão de Arte Moderna do MAM/RJ, em 1970, ao propor seu corpo como obra de arte, refletiu Clarival Valladares. A *performance* escandalizou o público e a crítica, porque não compreenderam a arte conceitual apresentada. O conselheiro Pedro Calmon indagou Valladares: "Ele se desnudou como demonstração de arte?" Como resposta, Valladares explicou os propósitos do artista e da arte conceitual. E Calmon chamou-o de "artista maluco". Valladares argumentou que a construção estética da arte conceitual desde os gregos apresentava a nudez escultórica para ornar os palácios. Calmon contra-argumentou: "É um caso psiquiátrico". Distintas ponderações de Valladares não fizeram Pedro Calmon declinar dos seus preconceitos, e este acusou: "O artista que fica nu para mostrar que é um objeto de arte é um verdadeiro anormal" (HUMANISMO..., 1979, p. 45).

A querela entre Valladares e Calmon explicitou algumas contrariedades existentes entre os conselheiros no campo político e estético, um raro registro nos periódicos do CFC. Valladares inúmeras vezes defendeu pesquisas experimentais de arte e de artistas fora dos espaços de consagração. Em nome da manutenção da política do consenso, Valladares mudou de assunto, repentinamente, e passou a elogiar o trabalho monográfico *A arquitetura de Grandjean de Montgny e sua importância na Arquitetura no Brasil*, de Donato Melo Júnior, e ratificou que todos os trabalhos mencionados foram beneficiados pela Funarte com o "mecenato brasileiro" pautado em um "humanismo dirigido" (HUMANISMO..., 1979, p. 49).

O debate entre os dois conselheiros sobre a orientação, criação e concepção da arte, leitura e recepção do público foi um exemplo de como as mudanças estéticas ocorrentes nos anos 60 e 70 ressignificaram a arte de vanguarda, cujo preceito conceitual incomodava os membros do CFC. O humanismo dirigido advogado no CFC demonstrou que os recursos públicos, via Funarte, estavam fomentando outras linguagens estéticas.

Enfim, as divergências políticas começavam a ser registradas no periódico do CFC, fosse no campo literário, fosse no histórico, estético ou religioso. Ao mesmo passo, predominava a égide cristã. A ata da 647ª Sessão Plenária registrou uma homenagem à santidade do Papa João Paulo II e a Campanha da Fraternidade de 1979, intitulada "Preserve o que é de Todos" — promovida pela CNBB —, tema que aproximava a Igreja Católica dos órgãos federais de cultura, sobretudo no campo do patrimônio cultural e natural.

O conselheiro José Cândido de Melo Carvalho celebrou os *Cadernos de folclore*, série publicada pela Funarte em parceria com o Instituto Nacional do Folclore (INF). Clarival Valladares comunicou que algumas obras foram distribuídas aos conselheiros, a exemplo de *Quilombo*, de Théo Brandão (1978); e *O Divino, o Santo e a Senhora*, de Carlos Rodrigues Brandão (1978), obra agraciada com o Prêmio Silvio Romero e supervisionada por Diégues Júnior, diretor do DAC. A obra *O santo também come*, publicada por meio da parceria entre o IJNPS e o INF, foi um "trabalho que trata da cozinha afro-brasileira", esclareceu o conselheiro (BRASIL, 1971-1989, n. 34, p. 184).

Clarival Valladares e Gilberto Freyre, por conta da parceria com o IJNPS, foram conselheiros que se posicionaram favoráveis às diretrizes do CNRC e à visão plural da cultura arquitetada pela Funarte. No entanto os conselheiros, majoritariamente, não se afastaram dos estigmas religiosos e estéticos do modernismo conservador.

Isaura Botelho (2017), em depoimento para o CPDOC, lembrou que numerosas indagações surgiram após a incorporação de diversas instituições à Funarte, sobretudo do folclore. A função de financiadora de projetos culturais projetou na Funarte a perspectiva de se transformar em Ministério da Cultura. O folclore, sob o raio de ação da Funarte, provocou nos artistas a reivindicação de uma instituição exclusiva para todas as linguagens artísticas.

Entre as múltiplas disputas estéticas e políticas dentro do CFC, foi registrado no *Boletim* (1979) o ato de transmissão de cargo do ministro Euro Brandão para o advogado e escritor baiano

Eduardo Mattos Portella (1932-2017). O novo ministro retomou as negociações entre o CFC e o governo sobre as políticas culturais. Pequenas mudanças foram realizadas na composição do CFC. Na Câmara de Artes, entrou o musicólogo Eurico Nogueira França (1913-1992); e, na Câmara de Letras, foram realocados Odylo Costa e o juiz do trabalho Geraldo Bezerra de Menezes (1915-2002).

Portella (1979, p. 11-12) anunciou que o cargo lhe fora confiado pelo presidente da República, o general João Batista de Oliveira Figueiredo (1918-1999), e que sua gestão não cairia em "tentação messiânica" nem buscaria milagres, mas trabalharia para que a educação e a cultura fossem uma "unidade viva onde se misturam e se completam os fenômenos da reprodução e da criação".

O ministro afirmou a importância de "encarnar o nosso pluralismo, congênito e identificador", além de sinalizar que o seu método de trabalho vislumbraria o diálogo. "Indispensável à participação criadora de toda a comunidade científica e cultural, do professor ao estudante, do artista ao artesão". Se sua atuação não era messiânica, tampouco mostrava-se modesta, pois prometeu "democratizar a informação cultural e, consequentemente, ativar a distribuição da renda nacional" (PORTELLA, 1979, p. 12-13).

Euro Brandão (1979, p. 13) avaliou os dez meses da sua gestão, resultado da confiança nutrida pelo presidente Ernesto Geisel, com o objetivo de continuar a atuação "dinâmica e profícua" de Ney Braga, cujo nome foi destacado pelos conselheiros como o ministro responsável por articular a cultura e a educação ao efetivar a Política Nacional de Cultura e a Seac.

Após a posse de Portella, em março de 1979, o DAC e o gabinete do ministro enviaram o Processo 076/79, do Plano de Desenvolvimento Cultural, para apreciação das Câmaras Setoriais e da Comissão de Legislação e Normas. O documento, submetido ao CFC, reformulou a Política Nacional de Cultura, nos seguintes tópicos: 1) Política Nacional de Cultura e sua projeção; 2) Sentido de cultura e o processo de desenvolvimento, Educação e Cultura; 3) O Estado e a Cultura; 4) Preparação de pessoal; 5) Difusão cultural; 6) Os bens culturais; 7) Preservação de bens culturais; 8) Atuação do órgão central; 9) Projetos específicos; 10) Aprovação e Execução.

As Câmaras Setoriais e a Comissão de Legislação e Normas, ao emitirem os pareceres, posicionaram-se de forma distinta. A Câmara de Patrimônio Histórico e Artístico Nacional manifestou-se de acordo, relatou o presidente Pedro Calmon na seção de "Pareceres" do *Boletim* (BRASIL, 1979b). A Câmara de Artes colocou a impossibilidade de emitir uma decisão do colegiado, por inexistência de tempo hábil para elaborar parecer em uma única reunião. O parecer, sob a relatoria de Clarival Valladares, ponderou: "em face da complexidade e multiplicidade dos assuntos abordados, muitos a merecem aplausos, outros a suscitarem meditação, estudo e consulta por parte de cada um dos membros desse colegiado" (BRASIL, 1979b, p. 132).

Todas as câmaras reuniram-se, no dia 7 de março de 1979, exceto a de Patrimônio, para ler e emitir um parecer sobre o documento enviado pela DAC. O documento foi entregue, oficialmente, para as Câmaras Setoriais, um dia antes, na 645ª Sessão Plenária do CFC, mas a Câmara de Patrimônio comunicou que recebera antecipadamente o documento. Existem informações desencontradas nos registros do *Boletim* sobre o recebimento do pedido da apreciação.

A Câmara de Letras pontuou que o processo atendia, em linhas gerais, à Política Nacional de Cultura, mas desejava que as autênticas manifestações culturais tivessem apoio e crescimento vertiginoso. Geraldo Bezerra de Menezes (BRASIL, 1979) assinou o parecer e sinalizou algumas concordâncias conceituais. O parecer questionou a criação do Instituto de Altos Estudos, destinado a promover intercâmbios entre intelectuais brasileiros e estrangeiros, e saudou a criação da Seac com ponderações sobre suas atribuições. Todavia advertiu que para a disciplina Pensamento Brasileiro, pleiteada às universidades, competia análise do CFE e da Comissão Nacional de Moral e Civismo, e não do CFC.

Gilberto Freyre, relator da Câmara de Ciências Humanas, assinou o parecer em 7 de março de 1979. O texto ressaltou a pertinência do processo para a afirmação das relações entre educação e cultura para alcançar "justiça social" em um "sentido nacionalmente brasileiro da cultura" (BRASIL, 1979, n. 34, p. 136). A influência da parceria do CNRC com o IJNPS estava presente nas prerrogativas sugeridas pelo conselheiro, sobretudo ao pontuar que as expressões artísticas, intelectuais, estéticas e educativas fossem valorizadas sem os sectarismos religiosos, para o fortalecimento da comunidade nacional. O parecer acentuou que o Plano de Desenvolvimento Cultural deveria romper com a noção de superioridade cultural europeia:

> Essa superação inclui o reconhecimento de valores de origem analfabética ou rústica, que aliás, se vêm fazendo presentes, de modo criativo, em várias manifestações culturais brasileiras. E, entre elas, uma culinária, uma doçaria, uma drinkologia, de modo algum, insignificantes — sem nos esquecermos do muito o que a própria língua literária do Brasil vem absorvendo de extra-europeu, de extra-erudito, de extra-alfabético com grande vantagem para a sua expressividade. (BRASIL, 1979, n. 34, p. 137).

Eduardo Portella empossou Aloísio Magalhães para o cargo de diretor-geral do Iphan no dia 27 de março de 1979, em Brasília. Com a reformulação do MEC, Aloísio Magalhães foi escolhido para dirigir o órgão sagrado do patrimônio. Renato Soeiro foi exonerado. O ex-diretor iniciou sua carreira no órgão federal em 1937, e estava no comando do Iphan desde 1967, após a aposentadoria de Rodrigo Melo Franco de Andrade. Diante de tantas mudanças na estrutura do órgão federal de patrimônio, foi registrada uma homenagem para Renato Soeiro na ata da 665ª Sessão Plenária. Afonso Arinos, decano do Conselho Consultivo do Iphan, afirmou ter acompanhado a "competência, a probidade, a experiência e o charme de Renato Soeiro", predicados que não poderiam ser "esquecidos pelos Poderes Públicos" (BRASIL, 1971-1989, n. 36, p. 187). Como prêmio de consolação, Soeiro foi nomeado diretor da FCRB. E, dentro do MEC, as disputas estavam deflagradas para o comando da cultura e do patrimônio.

O CFC mantinha seu projeto de organização dos Conselhos de Cultura em face dos novos realinhamentos políticos. A conselheira Cecília Maria Westphalen registrou em ata, na 644ª Sessão Plenária, que representou o CFC no "Primeiro Encontro Catarinense de Conselhos de Cultura", nos dias 13 e 14 de fevereiro, na cidade de Gravatal/SC. No evento, estavam presentes o DAC, a Funarte, o MEC, o CFC e 12 conselhos municipais catarinenses. A elaboração do anteprojeto do Plano Estadual de Cultura, principal pauta do evento, foi apoiada pelo governador Antônio Carlos Konder Reis (1924-2018), que explanou os avanços das áreas de educação e de cultura na sua gestão.

Entre notícias alvissareiras dos Conselhos de Cultura, o assunto espinhoso da censura voltou ao plenário do CFC, nos dias 4 e 5 de abril de 1979. Os conselheiros debateram a restrição de indicação bibliográfica da obra de Miguel Reale, executada por alguns professores do Departamento de Filosofia da PUC-Rio. A censura ocasionou o pedido de demissão da professora Ana Maria Moog Rodrigues, em protesto, e recebeu a solidariedade e a indignação dos conselheiros. O debate foi registrado na seção "Estudos e proposições" do *Boletim*, sob o título "O sofisma da liberdade acadêmica" (1979). Manifestaram-se a favor de Miguel Reale 11 conselheiros, inclusive Djacir Menezes. A posição coletiva do CFC contra a censura da obra também gerou uma manifestação contrária ao "sofisma da propaganda comunista no meio universitário" (O SOFISMA..., 1979, p. 47). Menezes era classificado por Afonso Arinos como um hegeliano que se utilizava da dialética para explicar seus pensamentos (O SOFISMA..., 1979).

A defesa da liberdade de expressão e de criação artística e intelectual foi questão defendida pelo CFC, segundo suas idiossincrasias, nos poucos debates registrados nos periódicos do órgão quanto à ditadura civil-militar. Entretanto o caso de Reale indicou uma reinterpretação da censura pelos conselheiros, sob o viés do cerceamento da liberdade de expressão pelo totalitarismo marxista, bolchevique, stalinista e cubano (O SOFISMA..., 1979). Os argumentos giraram em torno de que a obra, ao ser retirada da lista de bibliografia da universidade, fora censurada no plano de ensino por professores que não admitiam pensamentos contrários aos seus e, por isso, não prezavam o debate de ideias divergentes.

Adonias Filho mencionou que o livro de Jean François Revel *A nova censura*, lançado na França, em 1977, denunciara a censura empreendida pela esquerda contra os intelectuais humanistas. E ressaltou a importância da luta dos comunistas brasileiros em defesa da democratização do país, como o direito ao sufrágio universal, à greve, à liberdade de imprensa e à defesa dos Direitos Humanos, mas não podia admitir a imposição de censuras (O SOFISMA..., 1979). Pedro Calmon concluiu que somente um "homem com mau caráter" seria um professor em uma universidade católica sem ser católico, e destilou uma série de apartes morais acusatórios, conservadores, sob o verniz da liberdade de expressão. Afonso Arinos, em nível comparativo entre direita e esquerda, alertou que transitara no "regime militar" (O SOFISMA..., 1979, p. 64, 71) sem sofrer retaliações pelo seu posicionamento liberal. Esse debate sobre a censura promovida pela esquerda tornou-se um tratado em defesa das liberdades políticas e de cátedra dos conselheiros, mas a censura praticada pela ditadura civil-militar contra professores, intelectuais, estudantes e artistas de esquerda foi omitida no CFC.

Na seção "Noticiário" do *Boletim*, o assunto foi notificado com o título "Denúncia de novo tipo de censura comunista na imprensa". A reportagem reproduziu algumas considerações dos conselheiros sobre a obra banida. Gilberto Freyre advertiu sobre o perigo de se implantar no Brasil um "terrorismo cultural animado por um grupo sectário, diretamente ligado à linha Soviética". A obra de Jean François Revel (1977) foi novamente mencionada para ilustrar os métodos de censura praticados pelos partidos comunistas. Afonso Arinos, em nome da liberdade intelectual, reforçou: "Não se pode ensinar democraticamente se não se pensa democraticamente". Miguel Reale agradeceu a solidariedade, e salientou que sua obra apenas "pregava a liberdade mais absoluta" negada pelos "países da cortina de ferro" (DENÚNCIA..., 1979, p. 150).

Enquanto os conselheiros defendiam suas produções intelectuais e posicionamentos políticos, a conjuntura administrativa do CFC alterava-se aceleradamente. Na 648ª Sessão Plenária, Adonias Filho foi eleito presidente com 19 votos; e José Candido Carvalho, vice-presidente, com 20 votos, além de ser indicado para substituir Josué Montello na Câmara de Patrimônio para o biênio de 1979 a 1980. Diante dessas mudanças protocolares, foi registrada na ata da 652ª Sessão Plenária a nomeação do catarinense de Blumenau Marcio Tavares d'Amaral (1947-), 32 anos, professor da UFRJ, para direção do DAC (1979-1980) e para a Câmara de Letras. Como membros natos do CFC, assumiram os diretores do Iphan, Aloísio Magalhães, e da Biblioteca Nacional, Plínio Doyle. O diretor do DAC assumiu com status de primeiro secretário da Seac. Os conselheiros saudaram-no, mencionando suas relações familiares, políticas e amigáveis com os membros do CFC. D'Amaral era genro de Odylo Costa Filho e afilhado de casamento de Rachel de Queiroz e de Assis Barbosa (BRASIL, 1979).

Para a direção executiva da Funarte, foi nomeado Roberto Daniel Martins Parreira. O novo diretor, em entrevista para o *Programa Vozes*, da Funarte/SP, afirmou que desde cedo fora funcionário do CFC, portanto acompanhara de perto a instalação das políticas e instituições culturais do órgão. Sobre a criação da Funarte, afirmou que ocorrera de forma natural, "[...] porque o pessoal do conselho tinha uma presença muito forte dentro do MEC na área cultural. Quando eu digo "o pessoal do conselho", eu digo Manuel Diégues Júnior, eu digo Rachel de Queiroz, eu digo Gilberto Freyre. Era um elenco inacreditável." (PARREIRA, 2017, s/p).

Apesar do elenco notório e das políticas de amizades que influenciavam a estrutura das políticas culturais, a falta de recursos financeiros e humanos permanecia latente. O periódico do CFC, por exemplo, não alcançava a regularidade almejada, e a distribuição do *Boletim* do último trimestre de 1978 ocorreu apenas no dia 5 de julho de 1979, conforme registrou a ata da 663ª Sessão Plenária, em comunicado do presidente Adonias Filho. Um retrocesso considerável para um periódico que pretendia ser um instrumento de diálogo, difusão e mobilização do CFC entre suas representações regionais. O atraso nas publicações foi um condicionante para a distância progressiva entre o CFC e as instituições culturais.

4.13 Homens da cultura

Na ata da 664ª Sessão Plenária, Aloísio Magalhães anunciou ao CFC a criação do Fundo Nacional Pró-Memória. Sua exposição foi transcrita para a seção "Estudos e proposições" do *Boletim*.

> Entende-se por Pró-Memória um conjunto de ações integradas e organicamente estruturadas que objetivam identificar, documentar, proteger, classificar, restaurar e revitalizar bens do patrimônio cultural brasileiro, propiciando à comunidade nacional melhor conhecimento, maior participação social e o uso adequado desses bens. (MAGALHÃES, 1979b, p. 109).

Junto com o Iphan, o Pró-Memória trabalharia os "[...] elementos do passado interagindo com os do presente e proporcionando uma visão de futuro (MAGALHÃES, 1979b, p. 109). A proposta foi alicerçada no artigo 180 da CF-1967 de amparo à cultura.

> Assim concebida, Pró-Memória atuará de forma descentralizadora e ágil como elemento catalisador de energias, recursos humanos, metodológicos, financeiros, interagindo com organismos regionais, públicos e privados, interligando problemas comuns e distinguindo as peculiaridades dentro da heterogeneidade e dos níveis de especificidade do mosaico cultural brasileiro. (MAGALHÃES, 1979b, p. 109).

O Pró-Memória mostrou-se ambicioso em seus escopos, e Magalhães advertiu que necessitava do apoio, expertise, história e reconhecimento político do Iphan para assumir a direção do mecanismo. Dessa forma, o Programa Cidades Históricas, o CNRC e o Pró-Memória formariam um conjunto interinstitucional com o objetivo de alcançar o que vislumbrava o anteprojeto do Span de Mário de Andrade, de 1936, institucionalizado parcialmente por Capanema e Rodrigo Melo Franco de Andrade no Estado Novo.

O corpo legal do Decreto 66.967, de 27 de julho de 1970, em seu 15º artigo, incumbiu o Iphan de um fundo para a captação de recursos via instituições privadas e públicas. Esses recursos garantiriam a receita necessária para o Pró-Memória, que exerceria a gestão de bens imóveis tombados pela União, os quais poderiam ser alienados ou rentabilizados pela fundação e administrado por um Conselho de Gestão a fim de agilizar e auxiliar as atividades e os projetos das instituições culturais. Para esse intuito, seria criada a Empresa Brasileira de Produtos Originais, responsável por coordenar a qualificação e disponibilizar a mão de obra especializada de artesãos e mestres detentores de conhecimentos tradicionais. O Pró-Memória estimularia os "empreendimentos artesanais, pré-industriais e industriais" do saber "fazer do homem brasileiro" (MAGALHÃES, 1979b, p. 111).

Mudanças estruturais foram anunciadas, mas os conselheiros mantinham-se no cumprimento das suas atividades. No dia 5 de novembro de 1979, na 676ª Sessão Plenária, Dia Nacional da Cultura, Afonso Arinos (1979), em nome do CFC, celebrou a efeméride com um discurso que enalteceu Rui Barbosa. A conferência foi publicada sob o título "Dia da Cultura", na seção "Estudos e proposições".

> [...] um homem da cultura, que está acima do advogado, do jornalista, do polemista e do dicionarista. É o conjunto que faz da obra de Rui uma espécie de acumulação fenomenal do saber genérico, que é próprio da Cultura, porque generalidade do saber é que é inerente à Cultura. Identifica-se a Cultura pela generalidade do saber, essa generalidade que se opõe ao saber científico. (ARINOS, 1979, p. 12).

O saber científico que é o saber especializado, cria o especialista, mas não um homem de cultura, assim como as generalidades dos homens da cultura adentram o campo da distinção social e podem criar um artista. Para Arinos (1979, p. 12): "A especificidade do saber não é cultural. É, científica, ao passo que a generalidade do saber é cultural. O artista pode ser um gênio, e não, um homem de cultura".

Em uma ladainha filosófica, Afonso Arinos (1979) ilustrou o que seria a distinção entre um generalista e um especialista. "Mas a verdade é que temos artistas geniais, que não são expressões culturais" (ARINOS, 1979, p. 12), em todos os períodos da história, dos romanos aos gregos, do medievo à modernidade, concluiu.

Arinos (1979) problematizou o avanço tecnológico na Europa, quando no século XIX o vocábulo "cultura" se tornara correlato ao de "civilização", e o vocábulo "civilização", correlato ao de "progresso". Abordou os fenômenos culturais pelas transformações dos hábitos e dos costumes, pela compreensão política do Estado e da sociedade, e ratificou os princípios da CF-1967, do amparo e à transmissibilidade da herança cultural ao conceito de civilização, um refinamento atrelado ao conceito de modernidade.

Qual seria o objetivo de Afonso Arinos ao propor a dissociação entre um especialista e um homem da cultura? Seriam as disputas políticas deflagradas no campo da cultura protagonizadas por Aloísio Magalhães? O designer foi acolhido no CFC como professor, artista e cientista, mas não como homem da cultura, intelectual com formação humanística. Aloísio Magalhães era um especialista, um artista em busca de um trabalho específico no campo do patrimônio. A conferência de Arinos marcou as fronteiras entre a trajetória artística do designer e a trajetória humanista dos conselheiros, homens da cultura. As hegemonias das políticas culturais estavam sendo redimensionadas com criações institucionais, e os homens da cultura precisavam ser distintos dos demais.

Nos bastidores políticos do MEC, Aloísio Magalhães estava sendo projetado como futuro ministro da Cultura. Em inúmeros momentos, foi citado pelos agentes públicos sob o status ministerial, pelo seu poder de articulação, captação de recursos, aprovação de projetos, interlocução e negociação com o governo federal. Muitos o consideravam naturalmente vocacionado para o cargo, mas ele veementemente o recusava.

A proposta de agenciamento da cultura via sustentabilidade econômica com participação social auxiliaria o mapeamento das referências culturais e incentivaria o desenvolvimento social para a independência financeira das instituições culturais. De um lado, a captação de recursos foi um problema histórico para a cultura, e causava uma dependência do mecenato do Estado para a execução dos projetos culturais. De outro, o desenvolvimento tecnológico impulsionava novas apropriações da cultura enquanto consumo e produção. Aluísio Magalhães fundamentava sua defesa na autonomia e sustentabilidade financeira da cultura.

No dia 1º de outubro de 1979, a ata da 672ª Sessão Plenária registrou a posse do embaixador Paschoal Carlos Magno para substituir Josué Montello; e o médico Carlos Chagas Filho (1910-2000) substituiu Odylo da Costa Filho, que falecera no dia 9 de agosto de 1979. Os conselheiros saudaram as formações humanistas, as trajetórias intelectuais e artísticas dos novos conselheiros, do falecido e do afastado.

Carlos Chagas foi saudado por sua trajetória científica na Pontifícia Academia de Ciências do Vaticano, Unesco, ABL e em numerosas instituições científicas. Paschoal Carlos Magno, nas palavras de Sábato Magaldi, foi fundamental na história no teatro brasileiro. Assis Barbosa considerou-o, no país, um dos maiores "animadores culturais" (BRASIL, 1971-1989, n. 37, p. 153). Entre todas as menções elogiosas, Clarival do Prado Valladares lembrou que Paschoal Magno fora secretário-geral do antigo Conselho Nacional de Cultura, de 1961 a 1964. O retorno de Paschoal Magno ao Conselho de Cultura foi breve. O teatrólogo faleceu no dia 24 de maio de 1980, em decorrência de um Acidente Vascular Cerebral (AVC), e homenagens póstumas foram registradas na ata da 704ª Sessão Plenária. A formação humanista foi uma distinção dos homens da cultura, tornou-se um critério para as escolhas dos membros do CFC. Entretanto o poder do órgão dissipava-se com a emergência das novas instituições e dos agentes culturais.

4.14 Conclaves à revelia do CFC

Nas 676ª e 677ª Sessões Plenárias do CFC, em pauta inserida por Afonso Arinos no *Boletim* (BRASIL, 1971-1989, n. 37), nos dias 4 e 5 de novembro de 1979[33], foi debatida, com indignação a ausência do CFC na reunião convocada pela Seac com os secretários estaduais de Cultura. O evento foi intitulado Seminário sobre Política e Planejamento da Educação e Cultura, organizado pelo MEC, em Brasília, nos dias 2 a 4 de julho de 1979.

O texto final desse encontro foi publicado pelo MEC (BRASIL, 1979a) e situou a preocupação do governo federal com a desintegração da cultura nas Secretarias Estaduais e Municipais de Educação, sobretudo nos estados da região Sul, lugar de secretarias autônomas de cultura.

A orientação da gestão Eduardo Portella direcionou o MEC para o fortalecimento da cultura, da educação e dos desportos em única pasta, sem a separação almejada pelo CFC. Após a realização do seminário, o MEC e a Seac convocaram seus gestores e técnicos e os secretários estaduais de Cultura para nova reunião, nos dias 15 e 16 de agosto.

Esse debate rendeu ao *Boletim* do CFC 14 páginas, na seção "Estudos e proposições", sob o título "Política de Cultura, diretrizes e execução". O texto apresentou recortes das intervenções com base nos registros nas atas das 676ª e 677ª Sessões Plenárias, sobretudo a indagação de Afonso Arinos sobre a exclusão do CFC no evento organizado pela Seac. Entre posicionamentos indignados ao ocorrido, o debate sobre qual a incumbência legal do CFC diante da MEC emergiu. Os conselheiros sentiam-se alijados das suas atribuições legais e afrontados pela direção da Seac.

Afonso Arinos denunciou que o CFC fora ignorado pelo MEC/Seac, e notificou que tomara ciência do evento por intermédio da conselheira Cecília Westphalen, que lhe apresentara a cópia mimeografada do documento final da atividade. O conselheiro questionou a existência do conclave visando à nova versão da Política Nacional de Cultura, sem o CFC, uma vez que esse documento fora aprovado pelo CFC em 1977.

---

[33] Os registros do debate em ata aconteceram no dia 4; no dia seguinte alusivo ao Dia da Cultura, não houve registro, no entanto o debate foi compilado na seção "Estudos e proposições".

MEC e Seac negligenciaram o percurso da elaboração da Política Nacional de Cultura pelo CFC e realizaram uma recopilação da política, observada em três eixos, afirmou Arinos: 1) O desenvolvimento cultural; 2) Terceiro Plano Nacional de Desenvolvimento; 3) Política Nacional de Cultura.

O presidente da Comissão de Legislação e Normas advertiu que o CFC era um "órgão consultivo do Executivo" (BRASIL, 1979, n. 37, p. 55), porquanto qualquer ação que fosse executada sobre a política cultural nacional deveria ser submetida ao CFC para consulta e análise, um ditame legal obrigatório. E desabafou: "Gostaria de ter conhecimento oficial, como membro do Conselho Federal de Cultura, destes debates e destas conclusões. [...] Ao meu querido diretor do DAC Marcio Tavares d'Amaral, por quem tenho uma afeição quase paternal." (BRASIL, 1979, n. 37, p. 55).

Arinos alertou que os conselheiros do CFC necessitavam de informações a respeito do evento ocorrido, e realizou uma advertência familiar ao filho desobediente, afinal os homens da cultura prezavam as relações pessoais e desejavam ser respeitados pela experiência acumulada. O CFC não poderia ser excluído das decisões da Seac, pois a sua atribuição seria orientar o MEC e a Seac, e não o contrário.

Contudo, a linha cruzada entre as competências dos dois órgãos provoca duas reflexões. Primeira, estaria Marcio Tavares d'Amaral cometendo uma falha por conta da sua inexperiência administrativa? Segunda, existiria uma reformulação institucional empreendida por Eduardo Portella para redesenhar os procedimentos protocolares da organização da cultura? As duas questões podem ser respondidas positivamente.

O diretor da Seac justificou: houve um entretempo no convite remetido ao CFC, pois o presidente Adonias Filho fora convidado, mas tinha compromisso de viagem e não conseguiu comunicar o vice-presidente José Candido de Melo Carvalho. No entanto, sublinhou ironicamente, o evento de Brasília foi uma "espécie de presente" para o CFC, pois foram sistematizadas as conclusões do encontro, numa forma de "sentir a reivindicação das várias regiões" para elaborar um "planejamento descentralizado e participativo" (BRASIL, 1979, n. 37, p. 168). O documento compatibilizaria os pontos em comum para um Plano Setorial de Educação, Cultura e Desportos que seria implantado em 1980.

Ao referir-se ao documento final do seminário como um presente para o CFC, D'Amaral negou o protagonismo político do órgão. E, ao defender a elaboração de um Plano Setorial em perspectiva multidisciplinar, cultura, educação e desportos, pisou no calcanhar de Aquiles do CFC, pois os conselheiros defendiam, obstinadamente, um projeto de independência vislumbrado na criação do Ministério da Cultura.

Ademais, a argumentação de que era preciso conhecer a reivindicação dos secretários estaduais para elaborar a Política desconsiderou a histórica mobilização dos conselheiros nos encontros e reuniões nacionais para a criação do Plano e dos anteprojetos. Foram desprezadas, igualmente, as interlocuções efetuadas entre os Conselheiros Nacionais com as Secretarias e os Conselhos Estaduais e Municipais de Cultura, criados sob orientação do CFC. A Seac, sob a gestão de D'Amaral, negligenciou a expertise do CFC e as trajetórias dos conselheiros, numa afronta ao trabalho empreendido para a organização da cultura.

Também surgiram indagações ao diretor da Seac, quando se referiu ao Plano Setorial de Educação, Cultura e Desportos enquanto áreas complementares na Política Nacional de Cultura, apresentada pelo ministro Eduardo Portella como política em comum. O que pretendia, afinal, o MEC: um plano ou uma Política Nacional de Cultura? Os acordos firmados com o ministro Jarbas Passarinho e Ney Braga sobre a Política Nacional de Cultura seriam novamente ignorados? Diante desses embates causados pelas ações da Seac, estavam fechadas todas as negociações; e arquivados os documentos escritos, reformulados e acordados. O propósito de firmar a área da cultura, institucionalmente, para garantir-lhe dotação orçamentária e independência da Educação foi perseguido pelo CFC, mas a orientação da Seac e do MEC era oposta.

Marcio Tavares d'Amaral justificou aos conselheiros que, em todas as resoluções, recomendações e proposições deliberadas pelos secretários estaduais e municipais, nos dois encontros coordenados pela Seac, a cultura fora lembrada nos cinco pontos do Plano Nacional Intersetorial. E concluiu que seu maior desejo seria "colocar a Cultura acima e além das ideologias", sem o "aspecto recolhido" de prioridade executiva da Seac (BRASIL, 1979, n. 37, p. 168). A justificativa agravou a relação institucional, pois isenção ideológica e posição apolítica da cultura foram questões defendidas pelos conselheiros. Além da neutralidade advogada, qual seria o viés ideológico questionado pela Seac no MEC?

Adonias Filho ponderou que, se o diretor da Seac era membro nato do CFC, não necessariamente os dois órgãos não estavam representados nos encontros mencionados. E advertiu que o conselho deveria avançar no debate sobre a desautorização da participação dos conselheiros do CFC naqueles eventos. Adonias Filho aludiu sobre o que poderia estar nos bastidores dessa decisão, mas Afonso Arinos explicou a D'Amaral que todas as atividades relacionadas à Política Nacional de Cultura, sem exceção, eram de competência do CFC.

Propondo uma política de apaziguamento, Adonias Filho reforçou, conforme o relato do diretor da Seac, que o escopo do encontro foi uma espécie de planejamento com os secretários estaduais; controversamente, o evento iniciou sem o CFC. Arinos reiterou que o não convite para os conselheiros do CFC fora uma contramão na direção da Seac. "No funcionamento de instituições democráticas um órgão cultural", ser impedido de "debater matéria cultural" torna-se equívoco grave. Sua indagação pautava-se na condição de conselheiro nomeado pelo Estado: "Temos o direito de saber o que está acontecendo no Plano da Cultura Nacional" (BRASIL, 1979, n. 37, p. 60).

Miguel Reale argumentou que, ao fim da gestão Ney Braga, fora entregue um documento com todos os pressupostos elaborados pelas câmaras setoriais do CFC para a orientação da Política Nacional de Cultura. O mesmo conjunto documental foi entregue para o novo ministro do MEC e para o novo secretário da Seac. Portanto questionou o porquê de esse arcabouço ser desconsiderado nas reuniões convocadas pela Seac. Diante dessas incompreensões, seria necessário fixar claramente as atribuições do CFC, pois a função consultiva não funcionava em "caráter facultativo" (BRASIL, 1979, n. 37 p. 62).

O conselheiro retomou o arcabouço legal do Decreto-Lei 74/1966, que dispôs ao CFC o caráter normativo e consultivo de cooperação ativa com o MEC. Ao CFC competia elaborar o Plano Nacional e a Política Nacional de Cultura, já que o Decreto 81.454, de 17 de março de 1978, juridicamente não poderia se sobrepor à legislação antecedente, que designara a primeira competência do CFC.

Para Reale, o conselho deveria "necessariamente se manifestar. E o verbo 'dever' tem aí um sentido muito preciso de imperatividade. Não é apenas esse conselho que deve se manifestar. O Plano Nacional de Cultura deve ser fixado em conjunto com o Conselho Federal de Educação" (BRASIL, 1979, n. 37, p. 62). Um "Estado de direito" não pode exclusivamente se basear "[...] pela existência de normas constitucionais, mas, sim, pela obediência às normas jurídicas. Pois, do que valeria uma norma constitucional, se pudesse ser desrespeitada por uma regra de natureza complementar ordinária?" (BRASIL, 1979, n. 37, p. 64).

Ele alertou que o Decreto-Lei 74/1966 determinava que o Plano e a Política Nacional de Cultura e de Educação deveriam ser aprovados em sessão conjunta do CFC com o CFE, questão nunca observada e cumprida. E concluiu: "Nem tudo aquilo que a Lei dispõe, converte-se em realidade, porque o caminho é muito grande a ser percorrido, da vigência formal à eficácia prática das normas, no plano social" (BRASIL, 1979, n. 37, p. 64).

Do debate em torno da ausência do CFC nas atividades promovidas pela Seac, emergiu a velha questão das competências do CFC perante o MEC, a qual conduziu realinhamentos e interpretações sobre a conjuntura política estabelecida. Moniz de Aragão conceituou o que seria política e plano segundo as instruções da ESG, instituição que orientou as bases políticas do governo. Conforme a ESG, a política cultural deveria ser compreendida como "uma orientação que se estende no tempo. Dentro dessa Política, que o Governo deve observar, a cada ciclo governamental pode ocorrer à elaboração de um plano" (BRASIL, 1979, n. 37, p. 63).

Os argumentos favoráveis à postura da Seac foram enunciados pelo secretário Marcio Tavares d'Amaral e pelo presidente Adonias Filho, do CFC. Os conselheiros pronunciaram-se em defesa da história e da legislação do CFC, do PNC, da Política Nacional de Cultura e das instituições, Secretarias e Conselhos de Cultura. Miguel Reale reiterou que o CFC fora criado com a "função administrativa, através de atribuição de sindicância", para atuar na "participação direta" junto às instituições na seleção e na destinação das verbas para os auxílios. Dessa forma, ao "CFC cabe formular a Política Nacional de Cultura e a SEAC de planejar, coordenar e supervisionar a sua execução" (BRASIL, 1979, n. 37, p. 66, 68). Controversamente, essa interpretação sugeriu que o CFC seria o responsável pela Política, e não pelo Plano.

Importante problematizar esses argumentos para ilustrar que os posicionamentos divergentes entre o CFC e o MEC aumentaram após a criação do DAC/Seac. O registro documental no periódico do CFC sobre essas e outras contendas ilustrou a necessidade de publicar as divergências dos encaminhamentos e posicionamentos no estabelecimento do DAC. As mudanças e perspectivas em disputas no campo político, jurídico e conceitual tornaram-se evidentes a partir da Seac. Ironicamente, depois do Ministério da Cultura, uma secretaria para os assuntos culturais foi a instituição mais reivindicada pelo CFC

Na reunião do dia 5 de novembro de 1979, a presença de Aloísio Magalhães não foi registrada na introdução da ata, mas somente no fim do documento. O diretor do Iphan foi convidado pelo presidente para compor a mesa de trabalhos apenas no fim dos trabalhos, quando informou as mudanças em relação ao órgão. Seu atraso não lhe proporcionou participar do debate inicial sobre os imbróglios entre a Seac e o CFC.

Magalhães informou que o CFC poderia solicitar o envio de revistas como a *Documenta* do CFE[34]. E "cientificou" que o presidente da República, em 12 de novembro de 1979, visitaria o "pequeno núcleo inicial do Iphan", um ato político "extremamente positivo" (BRASIL, 1979, n. 37, p. 169), pois haveria uma confluência da reunião do Conselho Consultivo do Iphan com a posse do conselheiro José Lins. Politicamente estratégico, o designer, ao fim da reunião, informou que as mudanças implantadas no Iphan trariam autonomia financeira e administrativa, e comunicou que o ministro Delfim Neto autorizara a transferência da gestão executiva do Programa Cidades Históricas, sob gestão do Planejamento, para o Iphan. Essas discussões permaneciam em disputas, e as trocas na direção do MEC, DAC, Seac e Iphan agravaram os debates sobre as competências do CFC, um assunto encerrado desde o Encontro Nacional de Cultura em 1976.

---

[34] O que indica que não havia uma proximidade dialógica e política entre os dois conselhos, pois, até então, o CFC não recebia a *Documenta*, periódico do CFE, e o Iphan não recebia o *Boletim*, do CFC.

4.15 Fundação Nacional Pró-Memória e a Sphan

O Ministério da Cultura, o Plano Nacional de Cultura, a Secretaria de Assuntos Culturais e o Fundo Nacional de Cultura foram reivindicações históricas do CFC. Por meio do Decreto 84.198, de 13 de novembro de 1979, o Programa das Cidades Históricas, o Centro Nacional de Referência Cultural e a Fundação Nacional Pró-Memória (FNPM) foram acoplados institucionalmente ao Instituto do Patrimônio Histórico e Artístico Nacional, renomeado como Secretaria do Patrimônio Histórico e Artístico Nacional. Aloísio Magalhães articulou no Congresso Nacional a aprovação da Lei 6.757, de 17 de dezembro de 1979, que dispôs sobre a criação da FNPM, enquanto o Plano de Ação Cultural continuava sob a coordenação da Funarte; e a Política Nacional de Cultura, sob o comando da Seac.

De caráter interministerial, a Pró-Memória foi assinada pelo presidente da República e pelos ministros Karlos Rischbieter, da Fazenda; Eduardo Portella, do MEC; e Delfim Netto, da Secretaria do Planejamento. A FNPM seria de "[...] personalidade jurídica de direito privado, destinada a contribuir para o inventário, a classificação, a conservação, a proteção, a restauração e a revitalização dos bens de valor cultural e natural existentes no país." (BRASIL, 1979, s/p).

Presidida por Aloísio Magalhães, a Pró-Memória pretendia resolver o histórico problema financeiro das políticas culturais, sendo inscrita no Registro Civil de Pessoas Jurídicas para garantir a transferência dos bens móveis e imóveis sob a jurisdição administrativa do Sphan para o seu domínio (BRASIL, 1979).

Os autores Rezende *et al.* (2015) explicam que a dotação financeira pública[35] e o caráter privado da FNPM[36] concediam vantagens inexistentes no serviço público, tais como desburocratização, contratação financeira direta, celeridade administrativa, autonomia para a captação de recursos, convênios e parcerias.

A coordenação ficou a cargo de um conselho curador, composto por cinco membros nomeados pelo MEC, sendo o presidente Aloísio Magalhães, indicado pela Presidência da República. Suas competências versavam sobre a definição de programação anual, aprovação de propostas orçamentárias, verificação da regularidade de atos relativos à gestão financeira, patrimonial e consultoria ao presidente.

Ao absorver algumas diretrizes e competências do Iphan/Sphan, a FNPM atravessou as atribuições e normativas do CFC e da Câmara de Patrimônio, pois o órgão permanecia auferindo solicitações de verbas. No entanto, a Pró-Memória apresentava o diferencial de ter fundos próprios; o Art. 11 da Lei 6.757/1979 destinou-lhe "Cr$250.000.000,00 (duzentos e cinquenta milhões de cruzeiros)" como "crédito especial" (BRASIL, 1979a, s/p).

Os modernistas conservadores, enaltecedores da Semana de 22, disputavam narrativas com os homens defensores da tecnologia e da apropriação cultural via mercado. Conceitos como produção, circulação, consumo e apropriação dos bens culturais, para Magalhães (1985), conferiam novas interpretações ao vocábulo "modernidade".

---

[35] Pode-se especular que a Fundação Pró-Memória antecedia, no campo das políticas culturais, o que seriam as Parcerias Públicas Privadas (PPPs) e as Organizações Sociais, desdobramentos do Programa Economia Solidária, coordenado pela primeira-dama Ruth Cardoso no governo Fernando Henrique Cardoso, do PSDB (1995-2003), e impulsionado e expandido nas gestões consecutivas do Partido dos Trabalhadores, em nível federal.

[36] No entanto, o regimento interno da Pró-Memória foi publicado somente em 1986, um ano após a criação do MinC. Em 1990, a Fundação Pró-Memória e a Sphan foram extintas pela Lei 8.029, de 12 de abril, quando foi criado o Instituto Brasileiro do Patrimônio Cultural (IBPC) para substituí-las.

Entretanto as bases conservadoras das políticas culturais resistiam aos tempos de abertura democrática, enaltecendo os mitos fundadores da ditadura civil-militar. A ata da 680ª Sessão Plenária registrou o acolhimento da moção enviada pelo CEC/Pará, assinada pelo professor Otávio Mendonça para a comemoração do "Primeiro Cinquentenário da Revolução de 1930"; a proposta sugeriu ao CFC organizar um concurso de monografias sobre o tema, considerado um marco do desenvolvimento político do país pelo conselho. As "Revoluções de 30 e de 64" ainda eram consideradas rupturas "democráticas", para os conselheiros federais e estaduais (BRASIL, 1971-1989, n. 37, p. 180).

4.16 Patrimônio em risco

O conselheiro Francisco de Assis Barbosa, conforme os registros da ata da 680ª Sessão Plenária, retomou o assunto da crise institucional da Biblioteca Nacional, que "alcançou um ponto crítico" (BRASIL, 1971-1989, n. 37, p. 182). A BN era tratada como um problema histórico pelo CFC, e Barbosa trouxe à tona velhas reivindicações. Desde 1967, as demandas foram recorrentes nas plenárias, nos discursos e nos planos do CFC sobre a instituição. Manuel Diégues Júnior relatou que, quando estivera à frente do DAC, havia efetuado um acordo com o ministro Ney Braga para iniciar as reformas estruturais da BN, entretanto o diretor Plínio Doyle solicitara a intercessão do CFC junto ao ministro Eduardo Portella porque as reformas não haviam sido realizadas e o equipamento necessitava da atuação efetiva do MEC. Marcio Tavares d'Amaral respondeu que a BN, em parceria com a Seac, estava elaborando para o ano de 1980 um plano de salvação. Diante de antigas reivindicações, o patrimônio retornava para a agenda com problemas históricos e divergências nos encaminhamentos políticos da gestão. A precarização do patrimônio histórico, artístico e documental aumentava tanto quanto a quantidade de promessas não cumpridas.

A ata da 681ª Sessão Plenária (BRASIL, 1971-1989, n. 37) registrou o anúncio do presidente Adonias Filho de que o Fundo Nacional de Educação destinaria o valor de CR$ 2.000.000 (dois milhões de cruzeiros) para atender às solicitações das instituições culturais apreciadas pelas câmaras setoriais. E completou a informação com a notícia de aumento de 22% no jetom dos conselheiros, conforme o reajuste do salário mínimo. A concessão de verbas via FNE e o aumento dos jetons sugeriam um novo pacto entre o CFC, a Seac e o MEC.

A Biblioteca Nacional foi tema do discurso de Aloísio Magalhães um ano antes da instalação da Seac. Os problemas permaneciam latentes para os gestores, conselheiros, pesquisadores e usuários da BN, do Museu Histórico Nacional e do Arquivo Nacional. A falta de verbas e de manutenção das instituições públicas causava sinistros irreparáveis. Em numerosas oportunidades, o CFC debateu os incêndios que acometeram o patrimônio, a exemplo da Cinemateca de São Paulo, em 1969. Em 1976 foram registrados incêndios na Biblioteca de Porto Alegre e no Arquivo da Bahia; em 1978, nos sobrados de Ouro Preto e no MAM/RJ, além de incêndios em parques florestais, frequentemente debatidos pelo conselheiro Burle Marx. Essas notícias dramáticas impulsionaram a "Moção de alerta do Conselho Federal de Cultura contra a devastação do patrimônio cultural pelos incêndios" (1981).

Os recursos insuficientes, a falta de manutenção, as trocas de gestões, a morosidade para a implantação do Plano ou da Política Nacional de Cultura afetavam diretamente a estrutura e os serviços oferecidos pelos equipamentos culturais de referência. Para acalentar a ineficiência orçamentária destinada à cultura, promessas e prenúncios de mudanças foram projetados visando manter a aquiescência política das instituições e dos intelectuais. Os conselheiros, homens da cultura e das letras, imortais da ABL, sócios beneméritos do IHGB, catedráticos e ostentadores de insígnias tornavam-se impotentes diante da escassez orçamentária para a cultura.

O desenho institucional da FNPM prometia celeridade para desburocratizar os processos financeiros e administrativos da cultura, com ênfase no patrimônio. O projeto da FNPM poderia ter sido inspirado nos Compromissos de Brasília e Salvador, deliberados por MEC, CFC, Conselhos e Secretarias Estaduais de Cultura. Segundo Magalhães (1985, p. 237), a proposta da FNPM foi inspirada nos projetos e concepções de Mário de Andrade e de Rodrigo Melo Franco de Andrade[37], um gestor com "auto-exigência [...] rigoroso escrúpulo", defensor obstinado do patrimônio junto ao Estado, ao clero e à sociedade. Ao creditar suas concepções aos dois ícones do patrimônio, Magalhães (1985) projetou legitimidade e autoridade para seus projetos e paternidade política para suas ações.

Chuva (2017) destacou que, além das relações políticas e de amizades, existiu um caráter mobilizador e articulador de Rodrigo Melo Franco de Andrade. Uma questão inspiradora para sucessivas gestões do Iphan, sobretudo para Aloísio Magalhães. Botelho (2000) sinalizou que Magalhães fortalecera suas ideias apoiando-se nas políticas de amizades dentro e fora do MEC, principalmente no governo militar. Ressalta-se, igualmente, o poder de articulação e mobilização para a materialização dos seus projetos.

Mesmo com as aquiescências políticas junto ao regime militar, Aloísio Magalhães revolucionou os conceitos de educação e cultura. A educação tornou-se fundamental à defesa do processo de decodificação, transmissão e continuidade do fenômeno cultural. Para Mário de Andrade, a preservação do patrimônio passava por um processo de alfabetização. E, para Rodrigo Melo Franco de Andrade, o patrimônio era uma causa a ser seguida, difundida e apreendida, sem estar reclusa nas burocracias do poder, mas inserida na grade curricular do ensino básico ao superior. Conforme Magalhães, os dois Andrades eram matrizes inspiradoras. Nesse sentido, todos os sítios paisagísticos urbanos, rurais e naturais, os bens móveis, imóveis, arqueológicos, etnográficos, documentais e artísticos ampliavam os conceitos dos "bens agenciados pela indústria humana", afirmou (MAGALHÃES, 1985, p. 237).

Na gestão da FNPM, Aloísio Magalhães incentivou projetos de educação ao patrimônio e voltados às comunidades, preconizando o protagonismo popular e a dimensão dialógica e dialética do patrimônio cultural. A cultura popular, além de abarcar o etnográfico e o artístico, seria um instrumento de transmissão cultural da herança do saber fazer. Uma "educação para a liberdade", conforme afirmou, em analogia à obra de Paulo Freire *Educação como prática da liberdade*, de 1967. A educação popular, considerada informal, não era composta por exercícios escolares repetitivos e elitizados, uma "educação para o príncipe", como lhe foi apresentado em uma visita a Tiradentes/MG, que ilustrava as tarefas de D. Pedro II quando criança, exemplo usado nas suas analogias (MAGALHÃES, 1985, p. 243-249).

No *Boletim da Sphan/Pró-Memória*, Irapoan Cavalcante de Lyra (1980), assessor-geral da direção da Sphan e articulador da fusão do CNRC, Iphan e PCH, esclareceu que a junção desses órgãos não causaria perda de identidade ao órgão de patrimônio federal. As diretrizes do Pró-Memória seriam pautadas nos 43 anos de experiência federal na área do patrimônio para fazer cumprir a legislação com o "poder de polícia e foro privilegiado" (LYRA, 1980, p. 11). A fiscalização e a autuação dos infratores não eram domínios da FNPM, mas da Sphan; em compensação o Pró-Memória tinha autonomia para captação de recursos, condição crucial para operacionalizar as políticas.

---

[37] Em 1987, o Iphan criará o Prêmio Nacional Rodrigo Melo Franco de Andrade, que objetivava laurear boas práticas de preservação e educação patrimonial.

A Sphan, sob o comando de Aloísio Magalhães, pretendeu alcançar autonomia financeira para as instituições patrimoniais. O *Boletim do Iphan/Pró-Memória* de 1979 mensurou os gastos investidos na área e a distribuição geográfica alcançada com os recursos do Programa das Cidades Históricas de 1973:

> Dirigido inicialmente a nove Estados do Norte/Nordeste, quatro anos depois o Programa ampliaria sua atuação até aos Estados da região Sudeste. Além de carrear à preservação do patrimônio cultural recursos nunca antes possibilitados — Cr$ 700 milhões, enquanto que o orçamento próprio do Iphan nunca ultrapassou a Cr$ 15 milhões — o programa proporcionalizou a responsabilidade da tarefa de preservação, ao exigir dos beneficiados a contrapartida de 20 por cento dos recursos previstos para qualquer obra. Ao mesmo tempo, o Iphan passou a cuidar da modernização da sua estrutura administrativa, a promover a realização de cursos de pós-graduação em restauração de bens móveis e imóveis e a buscar a institucionalização da interação com outros segmentos da vida pública e da área privada (AOS 43 ANOS..., 1979, p. 3).

Sobre o CNRC, o *Boletim do Iphan/Pró-Memória*, noticiou que um "sistema referencial básico a ser empregado na descrição e análise da dinâmica cultural brasileira" auxiliaria a preservação do patrimônio. Desse modo, o CNRC "vinha desenvolvendo desde a sua instalação" a elaboração de um "número de projetos com vistas à valorização do artesanato e à preservação das chamadas tecnologias patrimoniais ou endógenas" e executando "levantamentos de processos de transformação sociocultural" (AOS 43 ANOS..., 1979, p. 3). Pretendia-se estudar modelos alternativos de desenvolvimento.

Um registro institucional da história do Iphan (2016) defendeu que a sua junção com o CNRC e o PCH para formar a FNPM potencializou o debate sobre o patrimônio imaterial valendo-se da noção antropológica de cultura para o protagonismo da participação social das comunidades em seus territórios. Para esse escopo, foram promovidos muitos seminários pelo Pró-Memória com as populações e os governos.

Aloísio Magalhães redigiu a apresentação do *Boletim da Sphan/Pró-Memória*, e conceituou o que seriam as manifestações, as referências e os bens culturais segundo a indissociabilidade do conhecimento estabelecido entre a cultura e a educação:

> Definir o que seja bem cultural implica por princípio numa antidefinição, dada à multiplicidade das manifestações que emergem das estruturas sociais formadoras da civilização brasileira. Assim, chegaríamos a tantos conceitos de bem cultural quantas fossem as situações específicas geradoras de cultura. Cultura entendida aqui como o processo global que não separam as condições do meio ambiente daquelas do fazer do homem. Que não privilegia o produto – habitação, templo, artefato, dança, canto, palavra – em detrimento das condições do espaço ecológico em que tal produto encontra-se densamente inserido. Dessa forma, cultura e educação evidenciam também a sua indissociabilidade, uma vez que a formação erudita do profissional que projeta a casa, a escola, a igreja, a cidade, tem o seu equivalente na aprendizagem só aparentemente informal do artífice popular, que desde a infância, absorve dos mestres locais a elaborada tecnologia ligada à atividade da agricultura, da pesca, e à produção da olaria, de trançado, de tecelagem. (MAGALHÃES, 1979a, p. 1).

As apropriações semânticas e as variações da cultura popular enquanto patrimônio foram representadas na capa do *Boletim da Sphan/Pró-Memória* (Figura 30). Simbolicamente, para demonstrar o mosaico cultural brasileiro, foram apresentados alguns bens culturais, por exemplo, fachadas de edificações religiosas e urbanas, estatutárias, mobiliários, artesanatos em trançados de palhas, o ofício do oleiro em processo de produção de pote de barro, um cartaz de divulgação do vinho artesanal de caju, um engenho de roda d'água e um desenho de tear manual.

Figura 30 – Reprodução da capa do *Boletim* da Sphan/Pró-Memória

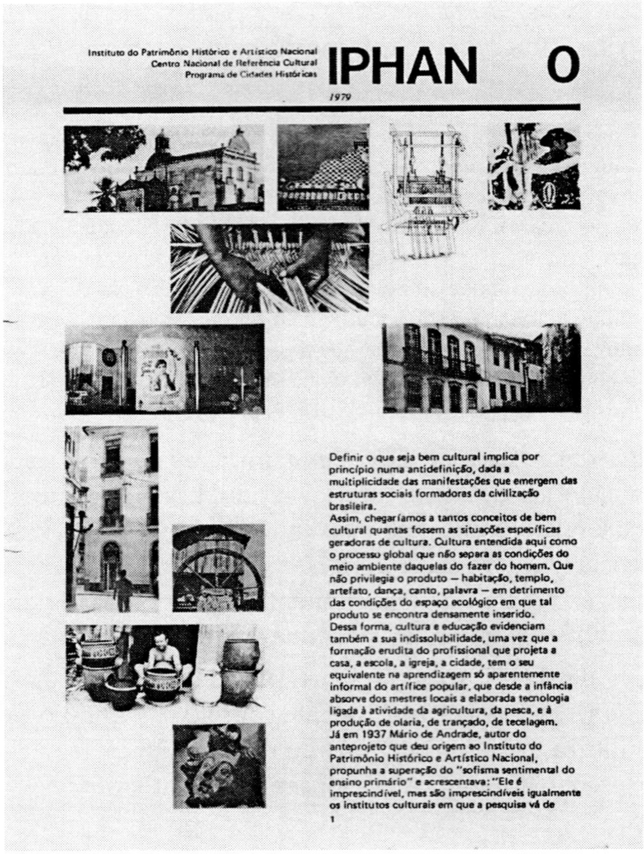

Fonte: *Boletim* do Sphan/Pró-Memória (1979)

O patrimônio foi demonstrado pelo trabalho do artífice e do designer, e analisado pela perspectiva do conhecimento tácito e científico. Esse enquadramento fundamentou a interpretação de Aloísio Magalhães sobre as referências e os bens culturais enquanto processo de conhecimento/trabalho como pensamento e trabalho vivo, possivelmente inspirado na obra "O artista e o artesão", de Mário de Andrade (1975).

Esse conceito de patrimônio foi retomado no texto constitucional de 1988, em que o patrimônio, material e imaterial, foi redimensionado enquanto direito cultural. Aproximadamente uma década depois, o direito constitucional foi operacionalizado conforme o *Registro de Bens Culturais de Natureza Imaterial*, por meio do Decreto-Lei 3.551, de 4 de agosto de 2000, que estabeleceu o Programa Nacional do Patrimônio Imaterial do Iphan.

O CFC acompanhava as reformulações da FNPM conforme as comunicações administrativas eram realizadas no órgão. Na 677ª Sessão Plenária, Aloísio Magalhães comunicou que os membros do Conselho Curador da FNPM, Fernando Roberto Moreira Salles, Fernão Carlos Botelho Bracher, Joaquim de Arruda Falcão Neto, Jorge Hilário Gouveia Vieira e Márcio João Andrade Fortes, visitaram o Palácio do Planalto, no dia 12 de novembro de 1979. A visita, noticiada no *Boletim do Iphan/Pró-Memória*[38], foi concomitante à "inspeção" do presidente João Figueiredo à sede do Iphan. Aloísio

---

[38] Do número 6 em diante, o *Boletim* é impresso como Sphan/Pró-Memória.

Magalhães, no discurso de agradecimento ao general, reiterou: "É surpreendente que seu governo, lidando com tantas adversidades, seja justamente o que está tocando em tantas áreas adormecidas [...]. O país volta a olhar para si próprio" (VISITA..., 1980, p. 8).

O presidente Figueiredo retribuiu a cordialidade com as seguintes palavras:

> Se no meu governo muita coisa está sendo despertada, porque estava meio adormecida é porque eu conto com os senhores. Eu acho que não querendo relembrar os meus tempos de soldado, quem deve tocar a alvorada nessas coisas adormecidas são os senhores [...] homens da cultura, homens que gostam da história e amam as coisas dessa nossa terra, que amam os nossos costumes e as nossas tradições, o nosso patrimônio cultural [...] hoje em dia o nosso patrimônio moral, é que cumpre dizer quais as coisas que devem ser despertadas. (VISITA..., 1980, p. 8).

Os homens de cultura acordaram as questões adormecidas, mas em sintonia com os preceitos cívicos, nacionalistas e morais pleiteados pela ditadura. Aloísio Magalhães (1985, p. 72) presenteou o presidente com um bastão indígena de comando e de ordem, mas que representava um "sentimento musical, sentimento próprio do brasileiro [...] barulho da chuva, sinal de fertilidade e de criação". Em numerosas analogias ao patrimônio, a semiótica poética do design dialogava com os ritos do poder.

Aloísio Magalhães, junto às instituições federais de cultura, sempre colocou as suas políticas de amizades acima das clivagens ideológicas. Para justificar sua opção política contraditória, lembrava-se do seu histórico familiar. Filho de Ageu de Godoy Magalhães (1898-1949) e sobrinho de Agamenon Magalhães (1893-1952), Aloísio afirmava que sua trajetória estava calcada na "formação [...] tradição [...] família de políticos fortes". Seu tio fora ministro do Trabalho, da Indústria e Comércio (1934-1937) do governo de Getúlio Vargas e do MJNI (1937), quando foi indicado para ser interventor do estado de Pernambuco (1937-1945). O pai faleceu aos 51 anos de idade, e foi um ferrenho opositor do regime varguista. Foi diretor da Faculdade de Medicina de Recife e solicitou exoneração do cargo, após a instalação do Estado Novo. Dois homens fortes com posicionamentos divergentes na mesma família. Essa condição era um motivo de orgulho para Aloísio Magalhães, que afirmava possuir o contraditório da política em si mesmo (MAGALHÃES, 1985, p. 105).

As articulações entre políticas familiares e de amizades mostravam-se necessárias para o trato administrativo. Suas ideias foram confirmadas em uma entrevista concedida por Aloísio Magalhães, em abril de 1979. A sua capacidade de captação de recursos foi justificada com base no "convencimento de uma ideia". A habilidade para convencer investidores desenvolvia-se como a defesa de uma ideia sobre um projeto ou produto. As políticas de amizades eram uma questão que facilitava a abertura de portas para apresentar o seu ideário e "buscar o dinheiro", como afirmou. O designer argumentava que os captadores tradicionais tinham dificuldades de apresentar seus projetos sobre o fenômeno cultural e realizar uma adequada leitura das correlações políticas e das relações comerciais que envolviam o mecenato, assim como desconheciam o mecenas e seus anseios e a capacidade de explanar os benefícios do produto para a sociedade e o Estado (MAGALHÃES, 1985, p. 121-122).

Muitos homens da cultura do CFC e que, desde a década de 1920, se orgulhavam dos seus projetos e ideários defendidos para as políticas culturais conheciam a estrutura do mecenato de Estado e os mecenas privados, entretanto não conseguiam aprovação para implantar os projetos do CFC, mesmo nutrindo políticas de amizades duradouras. O que demonstrava, segundo a análise de Aloísio Magalhães, deficiência na capacidade de convencimento ou a existência de fortes adversários contrários aos seus projetos.

Com ou sem consentimento e consenso, os conselheiros federais foram nomeados pelo Estado e eram provenientes de partidos, associações, instituições corporativas e sindicatos. Os membros do CFC estavam em constante processo de disputa por hegemonia. Ao protagonizarem articulações e negociações na arena das políticas culturais, captações de recursos e aprovação de políticas, alcançavam vitórias e derrotas. Com Aloísio Magalhães não foi diferente, apesar de o horizonte de expectativas e dos espaços de experiências mostrar-se distante dos homens de cultura do CFC. Entretanto uma reorganização da cultura estava sendo redesenhada no âmbito do MEC.

4.17 Debates sobre arte contemporânea e abertura política no CFC

Com perspectivas e trajetórias distintas, a sociedade civil e os agentes do Estado representavam instituições com interesses distintos. Essa correlação de forças se desdobrou em disputas pela hegemonia, dentro e fora do Estado. O questionamento de Afonso Arinos sobre a não participação do CFC nas ações da Seac e do MEC, em julho de 1979, evidenciou como aconteciam essas disputas.

Para Gramsci (1995), alguns indivíduos não desejavam somente ocupar posições na esfera pública do Estado, mas acreditavam ser o próprio Estado. Membros do CFC, como Moniz de Aragão, colocavam-se enquanto governo, mesmo que estivessem fora dos arranjos políticos vigentes. Dessa forma, as instituições culturais, a favor ou contra o governo, de acordo com o pensamento gramsciano, disputam a hegemonia dos espaços, das concepções políticas e teóricas em distintas esferas da sociedade, sobretudo o comando do Estado. Essa perspectiva teórica auxilia a compreender e problematizar o papel político de Aloísio Magalhães e os conflitos políticos com os conselheiros federais, considerando sua proposta de organização da cultura.

O *Boletim* do CFC de 1980 não mencionou uma linha sequer sobre a Política Nacional de Cultura ou sobre os novos encaminhamentos políticos do governo. A ata da 692ª Sessão Plenária registrou a primeira visita do ministro Eduardo Portella, em sessão dedicada ao aniversário de 80 anos de Gilberto Freyre. Entre os discursos de homenagens, o aniversariante agradeceu a presença do ministro e comparou-o a "André Malraux caboclamente brasileiro". O diretor da Caixa Econômica Federal (CEF) Marcos Vinícios Vilaça entregou a prova zero da efígie do bilhete da loteria, extração de 15 de março, uma láurea ao aniversário de Freyre, único "brasileiro vivo" a receber a honraria, registrou a seção "Estudos e proposição" do *Boletim* (PRONUNCIAMENTO..., 1980, p. 27).

Os modernistas conservadores continuavam sendo a inspiração intelectual e artística do regime ditatorial. Mas as novas direções conceituais estavam sendo disputadas e a defesa do humanismo e das tradições culturais ainda era o esteio do CFC.

A ata da 701ª Sessão Plenária, publicada no *Boletim*, registrou um ofício de Aloísio Magalhães comunicando a aquisição efetuada pelo Banco do Brasil, via leilão em Londres, de "documentos relativos à condenação dos eclesiásticos na Inconfidência Mineira" (BRASIL, 1971-1989, n. 39, p. 172), celebrando o patrimônio documental brasileiro repatriado. Em entrevista para o *Boletim da Sphan/Pró-Memória*, Magalhães (1980, p. 11) afirmou que participaria de uma reunião na Unesco, em Paris, em fevereiro de 1980, para advogar a promoção de Ouro Preto a Patrimônio Cultural da Humanidade. As cidades deveriam ser redesenhadas com "itinerários culturais", pois o "curso de rio pode ser tombado da mesma forma que uma igreja ou um velho sobrado", afirmou Magalhães. Essas possibilidades dos usos do patrimônio são processos essenciais para a cultura das cidades, por meio da educação e da participação da sociedade nos territórios em que o bem cultural está inserido.

A chancela de Patrimônio Cultural da Humanidade foi concedida para Ouro Preto em 2 de setembro de 1980, pela Unesco. Aloísio Magalhães pretendia promover o Brasil, internacionalmente, por meio das cidades históricas barrocas, diferentemente de Capanema, que projetava o modernismo como estilo nacional. Afonso Arinos (1980) comemorou o reconhecimento do patrimônio mundial em um texto publicado na seção "Estudos e proposições": "Quem sabe o que é Ouro Preto não pode duvidar do Brasil". Mas alertou: "O Brasil atravessa uma fase de dúvida sobre si mesmo. Dificuldades de toda ordem se acumulam e a nação parece hesitante frente a elas" (ARINOS, 1980, p. 120).

Além de Gilberto Freyre, outro octogenário de aniversário homenageado pelos conselheiros foi lembrado por Clarival do Prado Valladares na 696ª Sessão Plenária. Tratava-se do trotskista Mário Pedrosa, ex-secretário do CNC. Valladares, desde a criação da Funarte, inseria homenagens não habituais no plenário do CFC, sobretudo de arte contemporânea. No dia 8 de abril de 1980, a ata da 697ª Sessão Plenária (BRASIL, 1971-1989, n. 39, p. 165-166) registrou o "magnífico pronunciamento" de Clarival Valladares sobre Hélio Oiticica (1937-1980); o artista buscou "uma verdadeira e aventurosa contemporaneidade", e, entre os homens da sua idade, tornou-se exemplar.

Mas Oiticica não buscou em vida as verdades, tampouco os exemplos, e sim a desconstrução desses paradigmas. O pronunciamento de Valladares (1980) colocou-o como um arquétipo da sua geração. O discurso foi publicado na íntegra, na seção "Estudos e proposições" do *Boletim*, no qual advertiu que a singela homenagem realizada ao artista, falecido no dia 22 de março de 1980, merecia um pedido de desculpas por homenagear um artista tão jovem, acometido aos 41 anos por um AVC. Para Valladares, os trabalhos de Oiticica poderiam compor exposições, tais como os oito quadrienais, em Kassel, Alemanha.

> Imprimiu-se essa orientação para o sentido da renovação estética, em termos de vanguarda. Mas fantástico é recordá-lo como um brasileiro independente de influências, de carimbos estereótipos, estrangeiros, fazendo, por conta própria, sua vivência, sua denúncia, clamando, e dentro de uma originalidade inquestionável. (VALLADARES, 1980, p. 124-125).

Destacou que existiu uma influência da cultura popular no trabalho do artista, das redes do Nordeste usadas como suporte e expostas no MoMA como ninhos ao parangolé que vestia os moradores da favela e demonstrava os hábitos de trabalho dos favelados com sacos de juta e estopas. A poética de Oiticica simbolizava a "geometricidade simples dos morros das favelas cariocas já trazem em si o princípio estético universal, que corresponde à arquitetura mais simples do tetraedro helênico, na sua arquitetura" (VALLADARES, 1980, p. 126). Suas obras eram um misto de denúncia sociológica e ecológica, e criou parâmetros de arte no seu humilde atelier, por isso Valladares solicitou o reconhecimento do CFC para um artista que desafiara as questões convencionais de consagração artística.

Clarival Valladares inseriu no panteão de homenagens do CFC os personagens execrados pela ditadura militar, a exemplo de Antonio Manoel da Silva, Mário Pedrosa e Hélio Oiticica, e confrontou concepções estéticas e ideológicas conservadoras dos conselheiros. Praticamente um ano depois, a ata da 772ª Sessão Plenária registrou outra moção de pesar do então presidente da Câmara de Artes, Clarival Valladares. Na ausência do conselheiro, a moção foi lida, a pedido de Valladares, pela conselheira Heloísa Lustosa. A moção lamentou o desaparecimento de Mário Pedrosa, de quem Hélio Oiticica foi discípulo. O primeiro secretário-geral do CNC foi um marxista convicto e viveu parte da sua vida no exílio, na Alemanha. Pedrosa foi saudado por Afonso Arinos e Vianna Moog, que, apesar das divergências políticas e ideológicas, prestaram-lhe homenagens. Pedro Calmon ressaltou que, embora não "comungasse" das ideias daquele "homem da esquerda, idealista, desinteressado e filósofo da sua ideologia", lembrou que Mário Pedrosa lhe confessara ter se "desagarrado do stalinismo ao filiar-se nos pensamentos de Trotsky" (BRASIL, 1971-1989, n. 45, p. 134-135).

Os conselheiros, mediadores culturais colocavam-se como guardiães da memória e da cultura nacional. As divergências tornaram-se explícitas a partir da criação do DAC, rompendo a homogeneidade advogada pelos conselheiros no CFC. No entanto os posicionamentos divergentes não podem ser tomados como disputa por hegemonia dentro do conselho, pois a disputa deflagrada foi contra DAC, Seac e MEC. Os conselheiros tentavam manter o grau de importância do CFC nas políticas do Estado.

Clarival Valladares posicionou-se publicamente a favor da mudança política, estética e conceitual vislumbrada no fim da década de 1970. E, muitas vezes, defendeu suas posições sem adesão dos conselheiros. A homenagem para Oiticica, por exemplo, não foi endossada pelos colegas, e a troca de assunto abrupta no registro da ata ilustra essa questão. A homenagem foi publicada na seção "Estudos e proposições" do *Boletim* por solicitação do conselheiro, o que indicou um desejo solitário e não coletivo.

Pequenas aberturas representavam muito para os intelectuais octogenários que ainda viviam sob a prática da veneração dos seus pares. Quando Valladares pediu desculpas para homenagear Hélio Oiticica, morto jovem por um AVC, sinalizou uma licença para laurear um artista contemporâneo que preconizava a desconstrução da arte.

O culto à arte e ao artista pode ser tomado pela personificação do Estado, categoria formulada por Gramsci (1995), quando os homens da cultura pensam ser o Estado ou ter autorização para falar em nome dele. Alguns intelectuais, na execução das suas tarefas políticas e burocráticas, se confrontavam com o Estado, a exemplo de alguns modernistas nas décadas de 1930 e 1940, mas muitos se consideravam o Estado, como os conselheiros do CFC. Por isso, nomes externos ao órgão, nomeados para a Seac, atravancavam as relações institucionais entre os conselheiros e o MEC.

No dia 8 de maio de 1980, Marcio Tavares d'Amaral entregou aos conselheiros o jornal *Engenho & Arte* (Figura 31). Não houve participação do CFC em sua elaboração, tampouco menção na ficha técnica do periódico. Musa, Engenho e Arte eram nomes de três deusas encontradas na obra *Lusíadas*, de Camões (1916). O impresso, sem remeter à obra camoniana, trabalhou a cultura pelo viés do cotidiano, e não mais do Olimpo das belas-artes. O jornal foi financiado com recursos de Funarte, Embrafilme, Sistema Nacional do Teatro e TVE, e tinha como objetivo promover a difusão da arte e cultura, sem a dependência da imprensa diária:

> Quisemos, portanto, ter um veículo de comunicação ágil, rápido e leve, que fosse difícil de colocar na cesta de papel como um boletim oficial; que não fosse de chapa branca, mas que, ao mesmo tempo, expressasse, na sua orientação geral, as diretrizes da Política Cultural, emanadas do Ministério da Educação e Cultura e deste Conselho, e os planos, programas e projetos desenvolvidos pela Secretaria de Assuntos Culturais e pelos diversos órgãos a ela vinculados ou subordinados. (ARTE... 1980, p. 127-128).

Alguns conselheiros, a exemplo do presidente Adonias Filho e Herberto Sales, coordenador do INL, saudaram a publicação. O jornal pretendia auxiliar a divulgação das atividades e a reflexão sobre as políticas culturais. O secretário da Seac comunicou que o jornal refletia sobre todas as áreas culturais, "do problema dos filmes de curtas metragens, cuja importância ninguém desconhece, da abertura chegando ao teatro brasileiro, portanto, o grave e sempre polêmico problema da censura". No fim de sua exposição, D'Amaral avisou: "Desnecessário dizer que esse é um órgão 'do' e 'para' o Conselho Federal de Cultura" (ARTE..., 1980, p. 128-129). As novas orientações políticas para o comando da cultura eram apresentadas para os conselheiros, não mais formuladas/protagonizadas por eles.

Figura 31 – Reprodução da capa do *Engenho & Arte*

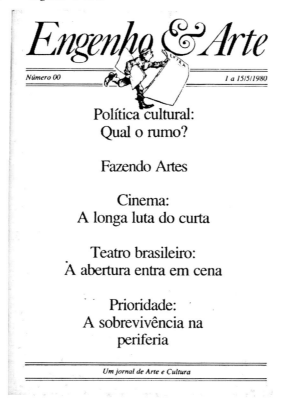

Fonte: *Engenho & Arte* (1980)

"Uma nação se fará com historiadores e poetas", alertou o editorial do jornal *Engenho & Arte* (EDITORIAL, 1980, p. 4), número 00, edição experimental e pautada na perspectiva da cultura enquanto processo histórico. Com analogias sobre cultura e jardim, plantação e colheita, retomou o verbo latino *colere* ao explicar a compreensão de cultura advogada pelo MEC no editorial:

> Na verdade, este negócio de cultura é como cuidar de um jardim. Ou melhor, cuidar da terra. Não vê?: tem que ser bom jardineiro, deixar a planta viver por si só, sem inibir nem inventar o crescimento dela, e, principalmente, espalhar as rosas por todo o jardim, para que um lado dele, a frente da casa, não fique toda perfumada, e os fundos com ervas daninhas e capim. Claro, o jardim, a horta, ou o roçado ou mesmo as grandes plantações.
>
> No entanto, nesse assunto, não basta apenas ser bom plantador e paciente colhedor, tem também que ter jornal. Tem, sim. E jornal, não só para ler, mas para falar, expor, debater e, principalmente, ouvir. Pois, há certas coisas que é necessário que não sejam feitas entre quatro paredes apenas como a outras que pedem que o sejam. (EDITORIAL, 1980, p. 3).

As flores do jardim seriam a cultura. Por isso, caberia ao MEC: "Compreender cultura como processo, eis a coisa nova. E viva o novo, que consegue milagrosamente dar esperanças aos homens" (EDITORIAL, 1980, p. 4). O patrimônio seria o velho:

> Pois, é preciso não criar o novo sem o extermínio do velho: ao contrário, o bom jardineiro só fará o bom jardim se souber exatamente que plantas é necessário preservar, que outras é necessário mudar, quais é necessário deixar de lado por seu ciclo vital terminado.

Nada de apologia ao velho. Longe disso. Mas é preciso lembrar que o sapato velho é que se amolda ao pé. É repetindo infinitamente que o cantador grava seus cantos na cabeça de quem passa; que o barreiro faz seu barro; que o ritmo do bumba-meu-boi consegue não acabar. Respeite-se também o velho. (EDITORIAL, 1980, p. 4).

Essas analogias de novo e velho eram repetidas por Aloísio Magalhães. E alertou o editorial:

É preciso, ainda arrumar o jardim e casa; ter ferramentas, também fertilizantes e mudas. Assim como numa política de cultura, é necessário ter bons órgãos, uma boa televisão, bons teatros, boas escolas, programas e projetos bem feitos, boas verbas. Enfim, um sistema de órgãos que funcione coordenada e alegadamente, uma máquina bem gerenciada que possa plantar e colher. (EDITORIAL, 1980, p. 4).

A intenção de Aloísio Magalhães (1985) foi de trabalhar a dimensão intangível da cultura, o patrimônio além da pedra e cal. Dessa forma, o jornal não difundiria somente as aparências da cultura, mas o aspecto rudimentar, o processo do saber e fazer. E o texto de abertura questionou: "Aparências não: rudes mãos e rudes rostos do povo não são capazes de fazer delicados doces de Santa Catarina, ou delicadíssimas rendas no Ceará?" (EDITORIAL, 1980, p. 4).

O patrimônio protagonista histórico das políticas culturais passou a dividir espaço com o teatro e o cinema. Cinco publicações no *Engenho & Arte* ilustraram novas orientações para o MEC, as duas primeiras, com autor desconhecido, foram intituladas "A longa vida do curta e teatro brasileiro: a abertura em cena", provavelmente elaboradas pelo SNT e pela Embrafilme, pois questionavam as obras censuradas e os artistas perseguidos pela ditadura, com críticas diretas ao Conselho Superior de Censura. Alguns artistas foram entrevistados, entre eles Fernanda Montenegro, para emitirem opiniões sobre a abertura democrática. A atriz foi enfática — será uma "abertura vigiada", declarou ao *Engenho & Arte* (A LONGA..., 1980, p. 13).

O terceiro artigo, "Política cultural, qual rumo?", de Marcio Tavares d'Amaral (1980), ratificou as mudanças nas orientações políticas de MEC e Seac, sobretudo referente ao sistema de financiamento da cultura. Apontou a existência dos projetos e "fatos culturais dispersos, descoordenados, avulsos" que não apresentavam "nenhuma sistematicidade, nenhuma organicidade" (AMARAL, 1980, p. 16), mas que eram financiados pelo Estado. Muitos desses projetos eram aprovados e subsidiados pelo CFC. Pode-se vislumbrar uma crítica aos subsídios deliberados pelo CFC, quando enfatizou que um projeto de desenvolvimento econômico deveria considerar diferentes contextos sociais, econômicos e culturais da sociedade. Pois,

[...] onde os hábitos de trabalho não forem compatíveis com o projeto — e hábitos de trabalho são traços culturais — irá gerar um choque entre as potencialidades culturais da população e as necessidades econômicas tecnologicamente, tecnocraticamente, definidas. (AMARAL, 1980, p. 19).

A realidade deveria ser operada em sentido de transformação, e não pelo prisma da distinção entre cultura superior e inferior:

A atuação da SEAC se quer longe daquela posição conceitual apriorística geradora da separação valorativa entre cultura "popular" — cultura "superior". Conceituação que, partindo de um certo/errado, bom/ruim, belo/feio, partindo de um medo de "contaminação" das variáveis não controláveis do processo cultural, passou à repressão: isto é, isto não é arte. Arte que, neste caso, é tomada como sinônimo de "cultura superior" e assume, inconscientemente, uma função repressora. (AMARAL, 1980, p. 19).

O autor advogou sobre o descarte de concepções esteticistas, a exemplo da substituição do vocábulo "criação" para o vocábulo "produção". O secretário da Seac imprimiu uma direção contrária ao pensamento defendido pelos conselheiros do CFC.

> Em lugar de criação foi usado o termo produção justamente para fugir à concepção de cultura como verniz e inserir uma abordagem mais ampla. Criação é uma palavra típica de determinada concepção de cultura centrada no gênio, na personalidade do criador, no momento de inspiração. Na concepção de cultura como criação de objetos artísticos, como obra de arte. Criação de objetos para a fruição que, em termos estéticos, é o polo oposto à criação. Tudo isto tem muito a ver com as ideias de objeto único, com a cultura de elite. Mas não tem a ver com as manifestações sociais que, produzindo coisas tidas como bens culturais, são manifestações da criatividade da subsistência. (AMARAL, 1980, p. 19).

As reflexões andradinas ressoavam no texto do sociólogo, afinado com o discurso de Aloísio Magalhães (1985), ao defender a função social do design e a construção conceitual da cultura voltada à produção, à circulação e ao consumo.

Se o modernismo arquitetônico de Oscar Niemeyer e Lúcio Costa seguiu a perspectiva de Le Corbusier, então a escola de Bauhaus foi a grande inspiradora para Aloísio Magalhães na junção do tradicional ao moderno. Ao sugerir um uso social do design e rever os conceitos de patrimônio, Magalhães potencializou o uso das referências culturais para pensar os artefatos culturais como peças de design ou produtos para designers. Artefatos são considerados expressões e linguagens da cultura popular. Aloísio Magalhães, assim como Lina Bo Bardi, utilizava-se das referências culturais em suas produções. A arquiteta ítalo-brasileira inovou ao utilizar as madeiras nacionais e tecidos populares, como a chita, nas suas criações. Lina viajava pelo país e pesquisava expressões da cultura popular, sobretudo em Salvador, na Ladeira da Misericórdia e no Solar do Unhão, lugares de suas pesquisas para criar um design com perfil nacional. Lina projetou a "poltrona preguiçosa" e a "cadeira de compensado e chita", utilizando sisal e cedro no encosto e estrutura, concluiu Robledo Duarte (2019, p. 23).

A cultura é vista enquanto meio de existência e sobrevivência econômica. Destaca-se a conclusão de Amaral (1980, p. 19-20): "Dentro desta concepção a SEAC volta, prioritariamente sua atenção programática para o tipo de realidade em que, no limite, a produção de bens culturais é também uma forma de sobrevivência econômica e de reprodução de condições sociais existentes.".

Escrito por Antônio Houaiss (1980), o quarto artigo, intitulado "Panelas cheias", problematizou as transformações sociais, culturais e raciais dos hábitos alimentares.

> A própria experiência de uma só vida — de alguém que esteja na casa dos sessenta e que tenha tido interesse pelo fato — mostra que a tradição culinária comporta mais inovação do que se pode presumir à primeira vista. Mostra até mais: mostra que tradição — no bom sentido de transmissão cultural (de saberes, de fazeres, de costumes, de crenças, de valores, de funções) — não se pode compreender sem inovação. (HOUAISS, 1980, p. 21).

Pela análise do filólogo, a colonização cultural expandia-se pela cultura alimentar:

> Na medida em que esses conceitos vão sendo superados em certas áreas das relações humanas — na sexual, por exemplo —, vão sendo reinaugurados noutras. Na massificação industrializada, a busca obsessiva — bem colonialista, consumista e racista — era pelo puro, que se caracterizava pela finura e brancura, como nos açúcares, nas farinhas, nos sais, nos arrozes, nos leites. E puro era o que não se misturava, era finamente superior, daí a brancura com branquidão e branquitude dos brancos, puros, finos, meigos, doces, inteligentes, sábios — e lá vai (permitam-se) empulhação com exploração: *the white man's burden*, o fardo do homem branco, civilizador, sofrendo indizivelmente por ter de mandar e dominar. (HOUAISS, 1980, p. 22).

Essa crítica problematizou um campo caro para os conselheiros do CFC, a triangulação das raças que resultou na miscigenação, principal característica do povo brasileiro. Houaiss explicou como a cultura branca se sobrepusera pela opressão inclusive pelos hábitos alimentares:

> Mas já hoje, já agora, o puro e o virgem em comida — no sentido próprio — tendem cada vez mais a ser o que tenha tido o mínimo de manipulação prévia, o máximo de preservação do estado da natureza. Neoromânticos, já que não podemos mais conviver com o bom *sauvage*, tentemos ao menos recuperar alguns dos seus hábitos, sem preconceitos quanto a esse bom selvagem — bem dentro de nossa perspectiva branquicêntrica e ocidicêntrica —, seja ele, bom selvagem, preto, pardo, vermelho (como raça, hem!...) ou amarelo... (HOUAISS, 1980, p. 22).

O autor questionou a matriz eurocêntrica do pensamento cultural brasileiro, mas ressaltou a ideia da modernidade em equilíbrio com a tradição. Para ilustrar o ensaio, foi publicada uma caricatura de Houaiss, por Poty Lazzarotto (1924-1998) (Figura 32).

Figura 32 – Reprodução da caricatura de Poty Lazzarotto

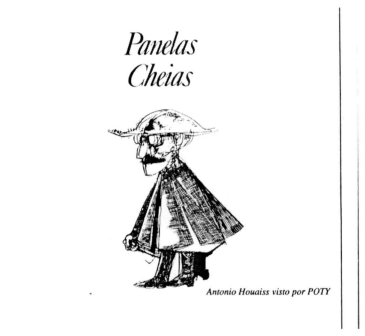

Fonte: Houaiss (1980, p. 21)

"Cultura e sobrevivência" foi o título da quinta publicação apresentada no jornal. Em forma de relatório, apresentou o processo de pesquisa, metodologia, resultado, análise e depoimentos dos pesquisadores que emergiram em vivências sociológicas em duas comunidades periféricas, durante uma semana. Uma ação ocorreu na favela da Mangueira/RJ, e outra na periferia do Vietnam, Recife/PE, em parceria com o Centro Josué de Castro de Estudos e Pesquisas (CULTURA..., 1980). O projeto foi desenvolvido pela Coordenadoria de Pesquisa da Subsecretaria de Estudos, Pesquisa e Referência Cultural.

Os pesquisadores procuraram os traços do urbanismo, processos de trabalho e experiências culturais dos moradores nas artes, na religiosidade e no lazer. Para esse escopo, frequentaram bares, igrejas, festas e escolas. Uma pesquisa etnográfica com vivência da rotina, mas sem uso de cadernos de anotações, um instrumento comum em pesquisas de campo para estabelecer a condição de observadores participantes.

A pesquisa lembra alguns recortes das viagens etnográficas de Mário de Andrade, a experiência do DCSP e suas pesquisas sociológicas com os operários e os lixeiros. O relatório de pesquisa abordou a cultura por um viés social não elitista, e sim pela perspectiva dos trabalhadores das periferias urbanas, a fim de estimular a participação social nas comunidades, em consonância com as instituições vigentes e seus propósitos:

> Coerente com a concepção abrangente de cultura adotada pelo MEC, as pesquisas não se esgotam na verificação do universo simbólico das comunidades estudadas. Seu interesse se estende a todas as formas de produção de sobrevivência, incluindo as atividades sociais, políticas e econômicas. (CULTURA..., 1980, p. 25).

O texto alertou: "A SEAC tem consciência das dificuldades para a mobilização de lideranças em comunidades baixamente institucionalizadas como as periféricas" (CULTURA..., 1980, p. 25). Por isso, as políticas culturais não teriam mais a lógica de levar a cultura, mas sim valorizar a cultura existente nos locais onde era produzida.

A última seção do jornal foi denominada "Moenda" e foi destinada a divulgar as atividades dos órgãos culturais, ilustrada como um engenho em movimento.

Os boletins da Sphan/Pró-Memória dedicaram ao CFC, entre o período de 1979 a 1989, apenas cinco menções, conforme pesquisa realizada na Hemeroteca Digital da Biblioteca Nacional. O CFC, por sua vez, não divulgou no seu periódico as atividades geridas por Aloísio Magalhães, como Sphan, Seac e Pró-Memória, exceto quando a pauta estava inclusa nas sessões plenárias.

4.18 Uma geração em desaparecimento

A ata da 708ª Sessão Plenária registrou a posse do sociólogo Marcos Almir Madeira (1916-2003), ex-diretor do Arquivo Público do Estado do Rio de Janeiro, delegado do MEC/RJ e membro da ABL. Madeira foi nomeado pelo presidente Figueiredo para substituir Paschoal Magno na Câmara de Artes. Na 712ª Sessão Plenária, o novo conselheiro solicitou que o CFC consultasse o MEC para "reavivar o Plano de Desenvolvimento Cultural" (BRASIL, 1971-1989, n. 40, p. 252). O PNC, entregue no fim da gestão Ney Braga, explicou Adonias Filho, deveria ser reencaminhado com os documentos dos GTs e pareceres das câmaras setoriais.

Diante de novas expectativas, na 713ª Sessão Plenária os conselheiros saudaram uma publicação fac-símile da revista *Festa*, periódico que modificou a dinâmica do campo literário brasileiro. A revista carioca circulou em duas fases, na primeira de 1927 a 1929, e na segunda de 1934 a 1935, e foi dirigida por Tasso Silveira e Andrade Muricy.

As intervenções dos conselheiros foram publicadas na seção "Estudos e proposições" do *Boletim* sob o título "Festa e modernismo" (1980), e demonstraram numerosas discordâncias entre o CFC e a Seac. Marcio Tavares d'Amaral explicou que duas ações pretendiam "aproximar [...] diversas vertentes do modernismo brasileiro" (FESTA..., 1980, p. 63) preenchendo uma lacuna existente. Foi realizada uma parceria da Seac com o Instituto Estadual do Livro (Inelivro/RJ), e a publicação fac-símile da revista *Estética*, patrocinada por Eduardo Portella, diretor da Seac/RJ.

Os intelectuais do CFC foram provocados na sua área de domínio pelo diretor da Seac, que, por sua vez, recebeu uma aula sobre os periódicos modernistas. Os conselheiros apresentaram as inúmeras revistas modernistas publicadas em fac-símiles, como a *Klaxon* e a *Revista de Antropofagia*, de São Paulo, patrocinadas pelo empresário e bibliófilo José Mindlin; *Terra Roxa* e *Outras Terras*, financiada pelo editor José de Barros Martins; *Verde*, de Cataguases; *Madrugada*, do Rio Grande do Sul; *Novidade* e *Maracanã*, de Alagoas; *Arco e Flecha*, patrocinada pela Fundação Cultural da Bahia. Demonstraram que o movimento modernista se espraiara pelo país, e em Recife a organização ficara por conta de Gilberto Freyre e Cícero Dias. Os conselheiros comunicaram ao diretor da Seac que não existia lacuna histórica entre o modernismo e as publicações literárias, mas falta de verbas para a cultura, a exemplo do CFC.

Sábato Magaldi, na 714ª Sessão Plenária (BRASIL, 1971-1989, n. 40), apresentou o Parecer 2.607, referente ao Processo CFC-175/80, enviado pelo gabinete do ministro, sobre o PL do senador José Sarney que tratava da isenção de impostos para espetáculos de artes cênicas. Magaldi historiou: "Muitos espectadores de baixa renda não frequentam os espetáculos por causa do alto preço dos ingressos. [...] Sabe-se que desde a Grécia clássica, os espetáculos de cunho cultural são subsidiados pelo Estado ou por particulares." (BRASIL, 1971-1989, n. 40, p. 235).

A partir da 719ª Sessão Plenária do CFC, na seção "Estudos e proposições", foi registrado o debate no *Boletim* (BRASIL, 1971-1989, n. 40) sobre o PL 55/1979, encaminhado pelo gabinete do ministro para a apreciação da Comissão de Legislação e Normas. O PL extinguia a censura sobre os livros e as obras teatrais, revogava o Decreto-Lei 1.077 e alterava a Lei 5.536/1968.

O relator Miguel Reale apontou as inconstitucionalidades no PL e alertou que a censura no Brasil guardava a moral e os bons costumes, ou seja, os princípios constitucionais datados de 1946, 1968 e 1969 que garantiram o "processo democrático [...] liberdade de manifestação política, ideológica ou filosófica" (BRASIL, 1971-1989, n. 40, p. 182). A censura invocada na Lei de Segurança Nacional estava sendo revista. Reale advertiu sobre a proposição do PL:

> Ao invés da revogação total do referido Decreto-lei melhor seria reformá-lo, com a revogação da **censura prévia** a livros, nacionais e estrangeiros, — a qual na realidade jamais se executou, como o demonstram centenas de revistas e livros pornográficos expostos à venda, em livrarias e bancas de jornais, — estabelecendo-se um sistema de medidas que habilite o Governo a impedir com eficácia e presteza a circulação de obras de licenciosidade manifesta. A alegada possibilidade legal de busca e apreensão de obras atentatórias aos bons costumes ou de pregação de processos violentos para subverter a ordem pública e social, etc., tal como se acha disciplinada pela Legislação penal vigente, tem-se revelado insuficiente a debelar o flagelo das publicações que propagam toda sorte de vícios, com estampas obscenas à vista do púbico. (BRASIL, 1971-1989, n. 40, p. 183, grifo do autor).

A supressão da censura para classificação etária seria uma inconveniência para Reale, pois demonstrava uma afronta às normas jurídicas constitucionais mencionadas. Afonso Arinos (BRASIL, 1971-1989, n. 40) endossou o posicionamento do relator à luz da sua experiência política. Para ele, as Constituições de 1946 a 1969 foram ofendidas pelo radicalismo de esquerda, que as classificaram de conservadoras e fascistas. Arinos alertou que a supressão não caberia diante do arcabouço legal existente.

Os conselheiros Arthur Ferreira dos Reis, Sábato Magaldi, Marcio Tavares d'Amaral e Clarival Valladares pronunciaram-se a favor do PL, pela supressão da censura, apoiando o texto na íntegra de Eduardo Portella. Arthur Reis declarou indignação com as obras literárias sendo censuradas em delegacias de polícia. Magaldi afirmou que a lei de instituição do Conselho Superior de Censura (1968) dispôs sobre uma abordagem classificatória, não sendo possível conseguir a abolição total da censura, como desejava a classe artística. O conselheiro discordou de Afonso Arinos e de Miguel Reale, além de discorrer sobre os conceitos de moral e ética que se transformaram ao longo do tempo.

Mencionou que sete obras de Nelson Rodrigues foram interditadas. Marcio Tavares d'Amaral alertou que uma censura classificatória poderia ser aceitável, considerando o livre arbítrio e a heterogeneidade do público que definiria a que assistir e o que ler. Alertou que a prática da censura mutilava a obra e o CFC defendia a liberdade de criação artística. Clarival Valladares refletiu sobre a liberdade concedida à cultura de massa com o advento da televisão, fato que ocasionou mudanças radicais nos costumes e consumos da sociedade. Classificou a questão de liberalidade dos enlatados e sugeriu que fosse outorgada a mesma liberdade de expressão ao teatro e a literatura (BRASIL, 1971-1989, n. 40).

Um mês depois, o redator da única moção do CFC contrária à censura faleceu, em 17 de outubro de 1980. Octávio de Faria, autor do ciclo romanesco *A tragédia burguesa*, de 1963, foi considerado pelos seus pares um ser controverso, pois defendia o catolicismo e manteve-se contrário à censura até o fim da sua vida. Lafetá (1974) classificou-o como péssimo escritor por conta dessa obra, na qual o sofrimento e as dores foram descritos como se o sentido das palavras fosse a estética da construção literária. Lamentações e homenagens foram registradas na ata da 725ª Sessão Plenária e publicadas em uma seção de láureas ao conselheiro no *Boletim* (BRASIL, 1971-1989, n. 41).

Os homens da cultura despediam-se dos seus pares. Paschoal Magno, Moysés Vellinho, Octávio de Faria, uma lista de óbitos que aumentava com as incertezas do futuro do CFC. Os desaparecimentos indicavam o prenúncio da morte de um projeto para a cultura, protagonizado por uma geração egressa do modernismo conservador. A ata da 738ª Sessão Plenária (BRASIL, 1971-1989, n. 41) registrou o comunicado de Adonias Filho sobre a confecção de uma placa de homenagem patrocinada pela Construtora Odebrecht S/A para Gilberto Freyre. Diante de muitos desaparecimentos, as homenagens em vida tornavam-se cruciais para os rituais de consagração.

Além das homenagens póstumas e tributos, existiam as disputas. No comando da cultura, algumas divergências entre os conselheiros federais eram pautadas pela imprensa. No *Diário de Pernambuco*, Gilberto Freyre (1980) revelou divergências com Afonso Arinos. O pernambucano ressaltou que, mesmo na condição de companheiro solidário às ideias dos posicionamentos do mineiro, eram seres conflitantes. O motivo da discordância entre os nomes da alta cúpula do CFC voltava-se para a remota Lei Afonso Arinos, de 1951. Para Freyre, não adiantava ter aprovado uma lei contra a discriminação racial, pois mais efetivo teria sido fazer uma campanha de conscientização nos meios de comunicação para atingir a sociedade e, principalmente, as escolas. A lei poderia ser facilmente burlada, pois bastava um hotel que não desejasse um hóspede preto informar a inexistência de vagas (FREYRE, 1980, p. A-4).

Os conselheiros do CFC divulgavam suas ações e defesas regionalistas nos jornais dos seus estados. Ariano Suassuna (1980), em um artigo de opinião no *Diário de Pernambuco*, relatou suas intervenções no plenário do CFC em prol da preservação e do restauro do patrimônio nordestino. Mencionou preocupações com o Teatro Valdemar de Oliveira, Teatro Popular e Teatro Amador do Nordeste, castigados por muitos incêndios.

O regionalismo nordestino estava impresso nos jornais pelas análises dos editorialistas, articulistas e colunistas que advogavam o legado dos seus conterrâneos para as representações culturais nacionais. Na coluna "Periscópio", de Edmundo Morais, no *Diário de Pernambuco*, a entrada de Mauro Mota no CFC foi saudada como a garantia da "continuidade da tradição [...] predominância dos filhos" da "velha província naquele colégio" (MORAIS, 1980, p. A-29).

As disputas de ideias eram verdadeiras teses regionais de olhares sobre a brasilidade e explicações da cultura nacional. O viés da regionalidade predominava e era comemorado pelos jornais locais, dos pleitos da ABL às nomeações do CFC. A disputa entre Eduardo Portella e o poeta Mário Quintana por uma cadeira na ABL foi noticiada pelo *Diário de Pernambuco* (EDUARDO..., 1981) como uma vitória nordestina, e não uma consagração literária do eleito. Portella derrotou Mário Quintana, com 31 votos a 6, na eleição da ABL. Os ministros e parlamentares em pleno exercício dos seus cargos concorriam às vagas da ABL e mobilizavam o capital político e as políticas de amizades para esse escopo, como Octávio Mangabeira, João Alves, Lauro Muller e José Sarney.

Os debates teóricos e políticos, temas polêmicos e as trajetórias das personalidades e das instituições alimentavam as colunas de alguns jornalistas, que, especialmente, recebiam o *Boletim* do CFC e notificavam o agradecimento público como uma elite seleta a receber um material raro. O *Diário de Pernambuco* (O "BABALAÔ"..., 1981), veículo parceiro do CFC, informou o recebimento do número 38, referente ao aniversário de Gilberto Freyre, e reproduziu excertos da homenagem publicada no *Boletim* ao intelectual mais representativo de Pernambuco, anunciou o jornal. Os periódicos culturais enquanto instâncias de consagração serviam para registrar, lembrar e ensinar as trajetórias e ideais dos intelectuais, majoritariamente, articulistas e colaboradores desses veículos.

4.19 O ministro que não queria o ministério

O CFC abriu seus trabalhos no ano de 1981 com a posse de um novo ministro da Educação e Cultura, o general Rubem Carlos Ludwig (1926-1989). Na 732ª Sessão Plenária, o presidente da octogenária Academia Pernambucana de Letras e membro da ABL, o poeta Mauro Mota (1911-1984), foi empossado na Câmara de Artes em substituição a Octávio de Faria. Renato Soeiro retornou para a Câmara de Patrimônio, e Aloísio Magalhães assumiu o lugar de Marcio Tavares d'Amaral na Seac.

Aloísio Magalhães, no discurso de posse, lembrou que se fez presente no CFC apenas quatro vezes, registrou o *Boletim* (MAGALHÃES, 1981b, p. 40-41). Pois "há muito tempo" rondava a "Casa, cautelosamente". Anunciou que estava no comando da Seac e da Sphan/ Pró-Memória por conta da confiança depositada pelo ministro Ludwig.

Aloísio Magalhães enunciou a palavra "respeito" para reverenciar os conselheiros decanos, e recordou o seu primeiro encontro com o CFC, a convite de Afonso Arinos:

> Por isso, parece-me que, nesse momento de tanta precariedade, de tanta dificuldade, de recursos financeiros tão curtos, de medidas que tomam prioridades assustadoras em outras áreas, o nosso papel se reforça. E é da nossa área que poderão vir, talvez, indicadores mais preciosos e mais importantes do que se possa imaginar. Porque serão determinantes no desenho de um perfil projetivo, de uma identidade e de uma visão harmônica da trajetória da nossa cultura. Nada existe de novo, disse eu, neste recinto, há alguns anos. O novo é, apenas, uma forma revista do passado. O novo é um ângulo de um cristal que pode ser visto através da incidência de uma nova luz. Mas o cristal é o mesmo. As faces são as mesmas e o conteúdo que ele espelha é sempre o mesmo. (MAGALHÃES, 1981b, p. 42).

Diplomático, tentou apaziguar as relações entre Seac e CFC, e afirmou que sua gestão seria transitória:

> Para encerrar, eu diria que minha missão talvez seja temporária, nesta dupla função; talvez seja, apenas, o tempo necessário para estabelecer uma adequação mais nítida, dentro do sistema do trato cultural, da responsabilidade do Estado e definir, talvez, melhor o que sejam as duas grandes vertentes do bem cultural, a vertente patrimonial e a vertente de ação cultural. E parece nítida essa divisão que, na verdade, é mais para efeito de trato metodológico, do que, na realidade, uma divisão de áreas. (MAGALHÃES, 1981b, p. 42).

A cultura enquanto organismo vivo, em constante transformação histórica, seria abordada em duas vertentes, por uma perspectiva metodológica de compreensão, e não dividida em áreas. A primeira vertente seria a patrimonial, e poderia ser simbolizada como um círculo de diâmetro amplo, mas com rotação lenta. A segunda, a ação cultural, seria um círculo de diâmetro pequeno, mas com rotação rápida, aludiu Magalhães (1981b).

Mauro Mota, no *Boletim* (BRASIL, 1971-1989, n. 41), enalteceu o diretor empossado como mais um pernambucano a se destacar em âmbito federal. E colocou-se à disposição para seguir o que preconizava a Política Nacional de Cultura, de acordo com as novas orientações e perspectivas para a prevalência do contato intercultural.

Na 733ª Sessão Plenária (BRASIL, 1971-1989, n. 42, p. 129), foi aprovado o Parecer 2.630, redigido por Afonso Arinos sobre o Processo CFC-294/80, PL de Sarney, uma ação "em favor do desenvolvimento de uma política nacional de cultura". A Política Nacional de Cultura voltou à cena nos discursos dos conselheiros empossados e nas cordialidades trocadas entre o novo representante da Seac e os novos membros do CFC.

Diante de novidades nas representações conselhistas, muitas publicações doadas ao CFC aumentavam o acervo da Biblioteca Hélio Vianna. Na 736ª Sessão Plenária, o presidente Adonias Filho acusou o recebimento de doações da Editora Vozes, de Petrópolis, doadora assídua de obras para o CFC. Os títulos destoavam dos conceitos do conselheiro integralista que nomeava a biblioteca do CFC: *Psicologia da religião ocidental e oriental*, de Carl Jung; *América Latina: novas estratégias de dominação*, de Luís Maria e Herbert José de Souza; *A farsa do petróleo*, de Ricardo Bueno; *Consciência operária e liberdade sindical*, de Abdias José dos Santos e Erey Rocha Chaves.

Alguns anos depois, o recebimento de doações de livros ao CFC foi debatido no colegiado. A ata da 915ª Sessão Plenária registrou a sugestão do conselheiro Herberto Sales para que fosse realizada uma triagem mensal das obras. As publicações que não fossem do interesse do CFC deveriam ser encaminhadas para a Biblioteca Pública de Brasília. Nessa reunião, foram anunciadas mais doações pela Editora Vozes, que, ciente da preferência literária e política dos conselheiros, insistia em inserir outras leituras do mundo dentro do órgão, a exemplo de: *Como se faz para sobreviver com um salário mínimo*, de Ana Lagoa; *Como se faz análise de conjuntura*, de Herbert de Souza; *Como trabalhar com o povo*, de Clodovir Boff; *Como se faz uma comunidade eclesial de base*, de Dom Luís Fernandes; *Mulheres na força de trabalho da América Latina*, de Neuma Aguiar (BRASIL, 1971-1989, n. 56-65, p. 81-83). Leituras das esquerdas para conselheiros das direitas foram recebidas com ressalvas pelo CFC.

A ata da 736ª Sessão Plenária (BRASIL, 1971-1989, n. 42) registrou que os conselheiros declinaram da vaga no Conselho Superior de Censura. Desde a primeira solicitação, por sugestão do ex-conselheiro Raymundo Faoro, indicava-se um funcionário do MEC para o assento do CSC, decisão estratégica para não macular a trajetória intelectual do CFC, com a prática da censura. O ex-diretor da Embrafilme, Leandro Tocantins foi nomeado, e Clarival Valladares sinalizou positivamente seu nome para o CSC. Na 739ª Sessão Plenária (BRASIL, 1971-1989, n. 42), Afonso Arinos celebrou o artigo de Alceu Amoroso Lima no *Jornal do Brasil* sobre a comemoração do 50º aniversário da Editora José Olympio. Os cultos dos homens das letras mantinham-se acesos, mesmo em face das reclamações orçamentárias para a cultura. Naquela reunião, a conselheira Cecília Maria Westphalen fez um apelo dramático para que o CFC intercedesse no governo federal para quitar as anuidades atrasadas do Brasil com a Unesco.

Na ata da 743ª Sessão Plenária (BRASIL, 1971-1989, n. 42), Arthur Cezar Ferreira Reis saudou o quinto aniversário da Funarte sob a gestão de Roberto Parreira. E comunicou que seriam expostas rendas brasileiras com mostruários de peças de Santa Catarina e do Recife no Centro de Estudos Folclóricos. Rachel de Queiroz retificou que esse convite deveria ser emitido por ela, pois era a única entre os conselheiros que sabia fazer renda de bilro. A Funarte prosseguia com os projetos de artes, cultura popular e parcerias com instituições de ensino superior. A conselheira Westphalen saudou o projeto *Dança de Trabalho e Arte*. Clarival Valladares retomou a defesa do mecenato brasileiro da Funarte e mencionou os projetos *Pixinguinha* e *Arco-Íris*. A Funarte foi batizada como a representante do genuíno mecenato brasileiro, de acordo com Clarival Valladares. Sob a perspectiva dos técnicos, seria o protótipo do Ministério da Cultura, aludiu Botelho (2000).

Aloísio Magalhães estava sendo cogitado como ministro da Cultura pela opinião pública. O *Jornal da Tarde* em entrevista questionou o designer: "Nós entrevistamos o Ministro da Cultura?"; "Não, vocês entrevistaram alguém que está preocupado com o problema cultural. Esse é o trabalho que tem que ser feito com uma espécie de obsessão", respondeu Magalhães (1985, p. 141).

Se Aloísio Magalhães, por um lado, obstinadamente, perseguia a ideia do bem cultural, a imprensa, por outro, obcecadamente o reverenciava como ministro da Cultura. Botelho (2017, p. 2) sugere que o designer "tinha um status de ministro, pela sua própria personalidade e capacidade de articular", por isso recebia essa alcunha.

A recusa de Aloísio Magalhães pelo Ministério da Cultura também foi obstinada. A fragilidade administrativa e financeira das instituições culturais era o seu argumento, pois acreditava que o MEC deveria prezar pelo amadurecimento da Secretaria de Cultura, antes de a transformar em ministério. Em entrevista para o *Jornal do Brasil*, argumentou:

> Eu me sinto muito à vontade para falar na criação deste ministério porque não é de hoje que tenho analisado o problema e que tenho me manifestado contra. Não quero dizer que seja uma coisa impossível; ao contrário, acho que é uma coisa inevitável dentro de determinada trajetória da Nação, porque à medida que o país se desenvolve os sistemas se tornam mais complexos e a tendência aí é fracionar, atribuir maior especificidade às áreas de atendimento. (MAGALHÃES, 1985, p. 139).

Se o desenvolvimento econômico e social seriam argumentos centrais para o amadurecimento da SEC, Magalhães advertia que um diagnóstico da diversidade cultural no território nacional seria imprescindível para as políticas culturais e um exclusivo ministério para a cultura. "Num país de grande desenvolvimento cultural, de sedimentação étnica e de valores, com um perfil nítido em todas as áreas, pode-se muito bem permitir certas divisões". O MEC deve se preparar para essa separação, mas com cautela: "É como uma célula que se prepara para a divisão. Quando está madura, ela gera um novo componente que, às características anteriores, acrescentará outras novas, definindo a sua própria personalidade" (MAGALHÃES, 1985, p. 139). O Ministério da Cultura não nasceria prematuro. "Antes do tempo, a coisa começa a se fragmentar. Entretanto veja bem, a complexidade dos problemas, a complexidade dos fenômenos e o tamanho do país nos levam a encarar os fatos: pode vir a ser necessário. E aí, nós devemos estar preparados." (MAGALHÃES, 1985, p. 140).

Poucos dias após essa entrevista, foi instituída a Secretaria da Cultura, por meio da Portaria 274, de 10 de abril de 1981. A Seac e o Sphan/Pró-Memória tornaram-se organismos executivos da SEC; a primeira seria responsável para a ação cultural; e a segunda, exclusiva para o patrimônio. Além de designer, Aloísio Magalhães era museólogo de formação, e, ao discursar no VII Congresso Nacional de Museus/RJ, no Dia Internacional de Museus, em 18 de maio de 1982, afirmou que a SEC estava sendo estruturada sob o parâmetro histórico e conceitual da década de 1930:

> É do velho Iphan, da concepção de Mário de Andrade e da luta admirável, persistente de Rodrigo, é da extraordinária presença desse grupo inicial a partir da década de 30, mais precisamente a partir de 37, é dessa filosofia, é dessa conceituação que hoje emerge toda uma visão projetiva do bem cultural do Brasil. Eu me sinto profundamente orgulhoso de poder deter esse passado, de poder, baseado nesse passado, baseado nessas conquistas vindas da primeira colocação do Iphan, em cima desse passado e à base desse passado, tentar organizar uma situação projetiva. E aí é que me parece existir a coerência da atitude. (MAGALHÃES, 1985, p. 155).

O horizonte de expectativas para a construção das políticas culturais dos anos 30, retomado por Aloísio Magalhães, reformulava-se conforme as suas experiências políticas. As categorias de Koselleck (2006) são chaves para esta análise, pois, entre os jogos de poder e as disputas pela hegemonia do comando da cultura, os argumentos de renovação vinham acompanhados das antíteses; novo e velho, moderno e tradição.

Na 752ª Sessão Plenária, o conselheiro Arthur Cézar Ferreira Reis registrou que Dom Marcos Barbosa, Renato Soeiro e Manuel Diégues Júnior foram substituídos no colegiado. Reis solicitou ao plenário que fosse emitida uma mensagem de agradecimento aos conselheiros pelo trabalho dispendido em prol da cultura nacional.

Foi registrado na ata que Aloísio Magalhães, em concordância, afirmou: "embora se deva louvar o trabalho daqueles que não voltaram, não se deve esquecer o lado positivo que representa esta renovação". E assinalou que a intenção do ministro foi reconduzir somente aqueles que tinham cumprido apenas um mandato. Para Magalhães, seria uma "demonstração de que o princípio que procura respeitar a Casa se mantém íntegro", e a criação da SEC seria debatida em ocasião oportuna, pois o ministro pretendia realizar com o CFC "uma aproximação maior [...] uma forma de vivência mais profunda e mais atuante" (BRASIL, 1971-1989, n. 43, p. 144).

A rotina administrativa do CFC manteve-se, mas o regulamento foi modificado pelo ministro Rubem Carlos Ludwig. Os mandatos poderiam ter apenas uma recondução consecutiva, regra questionada pelos conselheiros. Moniz de Aragão alertou sobre o governo exercer seu poder discricionário nas indicações do CFC, por isso não entendia que tipo de renovação seria pretendida, uma vez que sempre existiu a "capacidade de o Chefe da Nação" (BRASIL, 1971-1989, n. 43, p. 144) indicar as suas afinidades para o cargo.

Dois meses após a criação da SEC e da posse no cargo, Aloísio Magalhães ainda não tinha agendado um debate sobre como seria a estrutura da nova secretaria. No entanto as mudanças de recondução dos conselheiros feriam os princípios vertebrais do CFC, sobretudo o *status quo*, pois os conselheiros revezavam-se entre as câmaras setoriais para garantir a permanência do perfil político e do projeto de cultura do órgão.

O presidente da República, mesmo com o seu poder discricionário, consentia com as indicações dos conselheiros, que, por sua vez, acolhiam cordialmente as decisões do chefe de Estado. Desde Castello Branco, existiram acordos tácitos para manter as representações, mas, com a criação do DAC, as pactuações foram rompidas.

Raramente existiam conselheiros com apenas um mandato. Maria Alice Barroso, indicação de Jarbas Passarinho, após um mandato foi substituída por Sábato Magaldi em 1976, mas retornou ao CFC em 1981. Rachel de Queiroz, indicada por Castello Branco; Miguel Reale, por Costa e Silva; Assis Barbosa e Sábato Magaldi, por Geisel, tiveram mandatos longevos, de 15 anos.

A ata da 756ª Sessão Plenária registrou o agradecimento da mineira nomeada pelo presidente Figueiredo, Heloísa Aleixo Lustosa de Andrade, filha de Pedro Aleixo, vice-presidente do Museu da Imagem do Inconsciente e diretora executiva do MAM/RJ.

Mesmo com a entrada de novos membros, o horizonte de expectativas projetado por Aloísio Magalhães para a cultura foi atravessado pelas influências políticas dos conselheiros em constantes disputas pelo espaço de experiências do CFC. Exemplo dessa disputa foi a recondução de Josué Montello ao plenário, pelo presidente da República, significando que as peças no tabuleiro da política federal se moviam nos dois lados.

Apesar de a ocupação das cadeiras serem regimentadas para um mandato, a mesa diretora do CFC mantinha-se coesa, pois Aloísio Magalhães prometia não mexer nos princípios do CFC. Além do que, ao se apresentar como mediador entre o CFC e o ministro, Aloísio Magalhães anunciou que as ideias, formas e alterações na legislação do conselho, sugeridas pelo ministro, garantiriam que o CFC fosse legitimamente reconhecido pelo MEC como um "órgão de assessoria direta" (BRASIL, 1971-1989, n. 43, p. 144). Contudo, na prática, a distância entre o CFC e o MEC aumentava. A relação construída historicamente do CFC com o MEC e a presidência da República era de interlocução direta. Com a criação de DAC, Seac e SEC, essa relação passou a ser intermediada.

A nomeação de Aloísio Magalhães para o governo foi resultado da sua amizade com o general Golbery do Couto Silva (1911-1987), que o indicou para o general Ludwig. Aloísio Magalhães posicionava-se contrário ao governo ditatorial e a favor da abertura democrática, mas mantinha relações de amizades que lhe conferiam trabalhos, interlocução e autonomia. O ministro Ludwig publicamente pronunciava que os assuntos da cultura eram com o Aloísio Magalhães. Lavinas (2014) afirmou que Magalhães era um político centrado e aguerrido, tinha projetos de um Estado delineado pela regionalização, pela descentralização e pelo desenvolvimento econômico do setor cultural.

A relação de confiança entre Golbery e Magalhães chancelou a relação política entre o secretário e Ludwig. As proposições da SEC eram encaminhadas sem objeções pelo ministro, que repassou para o secretário a representação ministerial no Encontro de Ministros de Cultura, na Itália, em 1982, viagem que encerrou sua carreira.

O patrimônio e a ação cultural delinearam as políticas implantadas na SEC sob três finalidades, de acordo com o regimento interno, instituído pela Portaria 626, de 25 de novembro de 1981. A primeira destinou a "programar, coordenar, supervisionar a execução da política nacional, definida pelo Ministério da Educação e Cultura" (BRASIL, 1981e, s/p) para centralizar a política nacional em todos os níveis de operacionalização e concepção. A segunda pretendia, retomando a missão institucional da Sphan, "[...] coordenar e supervisionar o inventário, classificação, tombamento, conservação e restauração de bens de valor histórico, arqueológico, etnográfico, bibliográfico e artístico [...] proteção do acervo natural e paisagístico do país." (BRASIL, 1981e, s/p).

A terceira, atuar na "cooperação técnica e financeira às instituições públicas e privadas nas suas áreas de competência" (BRASIL, 1981e, s/p).

A legislação da SEC endossou a legislação da Pró-Memória, ou seja, a autonomia financeira para a cultura e as parcerias públicas e privadas. Entretanto não seria uma instituição autônoma com poder superlativo, porque a portaria de criação da SEC não mencionara quais órgãos estariam a ela subordinados, tampouco citara o nome do CFC. Aloísio Magalhães (1981a, p. 2-3), na revista *Cultura* do MEC, explicou que a secretaria seria única, mas teria "duas Subsecretarias: uma principalmente patrimonial, e outra principalmente da criação do bem cultural."

A primeira subsecretaria seria a Sphan, destinada a coordenar e executar atividades do patrimônio, como inventários, cadastramentos, classificações, tombamentos, restauros e conservações de bens culturais. A segunda subsecretaria seria a Seac, responsável por coordenação, supervisão, planejamentos das atividades e manifestações culturais, como estímulo e apoio à cultura e às instituições estaduais, municipais, públicas e privadas. A Funarte ficaria condicionada à Seac; e a Pró-Memória, à Sphan; a SEC coordenaria todos os órgãos. Sobre um Ministério da Cultura, afirmou Magalhães:

> Não se trata, como já foi dito diversas vezes, de criar um Ministério da Cultura, embora não se possa descartar essa ideia para um futuro ainda distante, quando o avanço do progresso vier a exigir a separação entre educação e cultura. Mas, porquanto, isto é, prematura e indevida, pois um Ministério da Cultura seria um órgão fraco, tanto do ponto de vista financeira quanto do conceitual. (MAGALHÃES, 1985, p. 137).

O *Jornal do Brasil*, em reportagem assinada por Danúsia Bárbara, no "Caderno B", em comemoração ao cinquentenário da Livraria e Editora José Olympio, publicou excertos das resenhas e estatística das obras lançadas pela empresa. A jornalista inseriu na reportagem uma ilação irônica do editor José Olympio Pereira Filho, que, ao ser questionado sobre as políticas da área, disse ter sido notificado de que o MEC não renovaria os mandatos dos conselheiros do CFC: "É sinal de que, enfim, resolveram fazer uma revolução política neste país" (BÁRBARA, 1981, p. 9). A José Olympio e outras empresas foram financiadas pelo mecenato estatal, gerido pelo CFC, o que demonstra que as narrativas contrárias ou favoráveis ao CFC eram construídas de acordo com as conveniências políticas na formação do campo cultural.

4.20 Biblioteca Nacional, uma história de promessas não cumpridas

Josué Montello questionou a SEC sobre a Biblioteca Nacional, registrou a ata da 756ª Sessão Plenária. Aloísio Magalhães relatou ter visitado a BN com o ministro Ludwig, ocasião em que constataram o "descalabro, o horror e a tristeza" do abandono da instituição. E considerou que, se esse problema não fosse resolvido, não existiria sentido em nenhuma política cultural. Para o secretário, o MEC criou numerosas instituições culturais desde sua fundação, mas deixou as antigas e consolidadas completamente abandonadas. Os sinais do abandono da BN podiam ser vistos pelas goteiras, iluminação inadequada, livros sem indexação, acondicionamento impróprio das obras raras e deficiência na informatização (BRASIL, 1971-1989, n. 44, p. 106).

Aloísio Magalhães indagou como poderia uma nação capaz de construir Itaipu não apresentar condições de fomentar a tecnologia, os recursos para a organização e o planejamento da Biblioteca Nacional. O secretário confirmou aos conselheiros o interesse de realocar o acervo da BN no Palácio da Cultura.

A reportagem de *O Globo* intitulada "Quem protege deve estar sentado ao lado de quem programa", sobre a questão estrutural e organizacional dos equipamentos culturais, foi debatida pelos conselheiros e agravou a crise política entre o CFC e a SEC. Os conselheiros estavam alheios às decisões da SEC. Magalhães, na sessão plenária, avaliou que os problemas dos equipamentos públicos seriam resolvidos com novas sedes, com parâmetros da arquitetura modernista universal, já sugerido por Gustavo Capanema na década de 1930. Aloísio Magalhães prometeu para o ano de 1982 "cento e setenta e cinco milhões de cruzeiros" para resolver o problema da Biblioteca Nacional, cujo histórico institucional estava repleto de lamentações e promessas (BRASIL, 1971-1989, n. 44, p. 107).

O assunto retornou na 759ª Sessão Plenária (BRASIL, 1971-1989, n. 44), quando Moniz de Aragão sugeriu que o CFC organizasse uma comissão especial para executar um diagnóstico da BN. Esse debate foi publicado na seção "Estudos e proposições", sob o título "Biblioteca Nacional" (1981), no *Boletim*. A proposta de Aragão motivou um debate épico protagonizado por Clarival Valladares, que, ao parafrasear a obra de Hélio Oiticica, *"Seja marginal, seja herói"*, autodeclarou-se marginal nos assuntos dos museus e das bibliotecas, sobretudo nos acordos políticos estabelecidos nos bastidores do poder. O conselheiro, especialista em patrimônio funerário, posicionou-se contra o governo e atribuiu para si uma marginalidade que buscava independência política para conferir "liberdade e crédito [...] simples testemunha de um homem que estuda, constantemente, os problemas a que se dedica" (BIBLIOTECA NACIONAL, 1981, p. 114).

Valladares repetiu cinco vezes a denominação "um marginal", como se colocasse sua posição à margem dos apadrinhamentos políticos. E expressou o estranhamento ao ver o secretário Aloísio Magalhães participar de forma esporádica no CFC, "ao invés do conselheiro vir aqui a cada segunda--feira do mês, nos trazer um monólogo, não nos proporcione o termo de um diálogo abrangente aos assuntos deste colegiado". A relação com a SEC tornou-se unilateral; ocasionalmente, os conselheiros eram comunicados das notícias, mas não participavam das elaborações como órgão de assessoria. "Somos um órgão eminentemente de debate. Por isso mesmo não aceitaria permanecer aqui um dia se não tivesse o direito de voz que vários presidentes me creditaram", afirmou o conselheiro (BIBLIOTECA NACIONAL, 1981, p. 115).

As críticas do médico, à época com 64 anos, eram reconhecidas por seus pares por defender concepções estéticas contemporâneas. Valladares poderia ter ensejado a proposta de Aloísio Maga-lhães, mas, ao contrário, realizou um protesto emblemático no CFC, em favor da sua independência política: "Nisso é que mereço respeito, mais nada. Não represento órgão nenhum. Não quero nenhum relacionamento do meu nome com qualquer dependência ou administração dos que representam esses órgãos" (BIBLIOTECA NACIONAL, 1981, p. 119). Criticou os processos estabelecidos pela SEC de reorganização das instituições, onde "se formou, curiosamente, uma sinonímia ou uma homonímia entre o que se caracteriza no Instituto Nacional do Livro, com toda sua configuração de um órgão estatal", e a "Biblioteca Nacional, ao ponto de que esta foi, numa entrelinha, dita ou considerada um museu de livros, ou um museu" (BRASIL, 1971-1989, n. 44, 215-216).

Valladares afirmou estar indignado com o atraso das tecnologias para a modernização da BN, obra criada pelo primeiro mecenas do Brasil, D. João VI. Debateu o direito ao acesso, ao conhecimento e à informação, para que todos os cidadãos, além do território nacional, pudessem conhecer o acervo raro da biblioteca, a exemplo das gravuras de Albrecht Dürer (1471-1528). Algumas obras originais do precursor da xilogravura na Europa foram descobertas no acervo da BN. O conselheiro soube da existência dessas gravuras pelo relato do amigo Henrique Oswaldo, que viajou para Nuremberg para conhecer a casa de Dürer, onde seu acervo fora destruído pelo bombardeio da Royal Air Force (RAF). As obras raras precisavam ser microfilmadas, mas o plano de microfilmagem da BN encontrava-se no mesmo nível das obras de restauro, atrasadas, uma situação deplorável.

> Foi Josué Montello quem salvou essas gravuras que estavam enroladinhas, com um grampo ou alfinete. É essa estória simples, que se pode contar. De fato, todas as gravuras de Dürer, se tivéssemos, na Biblioteca Nacional um centro transmissor, do outro lado, um **receiver** competente, dentro desse sistema eletrônico, poderiam ser transmitidas. Não, somente, as palavras são transmitidas. Mas o sinalzinho eletrônico transmite, também, imagem. Poderiam ser impressas, dentro de duas ou três horas, com fidelidade suficiente para onde fossem solicitadas. O que nos falta é a participação efetiva, tanto da Medicina, como da

> Ciência, da Literatura, da Arte, nesses processos. Lamento concluir de maneira melancólica. Não vejo sinal de conscientização, por parte do Governo, especialmente do Ministro e do seu imediato que é nosso companheiro Aloísio Magalhães. Não vejo sinal de nossa data. Esta cobrança eu faço e queiram transmitir, oficialmente, as minhas palavras a Aloísio Magalhães, com meu susto em vê-lo, como homem tão moderno, sofrendo de defasagem. Era o que tinha a dizer. (BIBLIOTECA NACIONAL, 1981, p. 119, grifo do autor).

A crítica direta a Aloísio Magalhães pode ser interpretada por duas questões: primeiro, a não priorização dos recursos para a modernização da BN, e o secretário afirmava que dinheiro existia, mas não existiam projetos; segundo, o discurso de Magalhães pautava-se na participação social, mas alienava a presença dos conselheiros nos processos decisórios, promovendo um monólogo semanal com o CFC.

Os conselheiros não endossaram as críticas de Clarival do Prado Valladares contra Aloísio Magalhães, mas sinalizaram que os problemas da BN eram tão antigos quanto as promessas e os projetos para solucionar as questões debatidas. Plínio Doyle reafirmou que, mesmo com numerosas dificuldades, existia uma colaboração entre a BN, o ministro e o secretário em sua gestão (BRASIL, 1971-1989, n. 44).

No rol das marginalidades, Heloísa Lustosa inseriu nesse debate outra reportagem publicada no *O Globo*, em que informava que o MEC vislumbrava uma nova estrutura administrativa a partir de setembro. A conselheira questionou o porquê de a discussão não ter sido encaminhada para o plenário do CFC; e a SEC, informado aos conselheiros seus procedimentos e interesses sobre o órgão.

Na 764ª Sessão Plenária (BRASIL, 1971-1989, n. 44), foi registrado o pedido de desculpas de Aloísio Magalhães ao plenário por não conseguir acompanhar as reuniões do CFC. E acrescentou que não era sua intenção substituir os arautos de Pernambuco, Gilberto Freyre e Mauro Motta, no CFC. Seu trabalho estava voltado para a missão de recuperar o patrimônio documental brasileiro no exterior. Magalhães sugeriu uma nota de pesar pelo falecimento de Glauber Rocha, no dia 22 de agosto de 1981, um cineasta que, antes de completar o ginásio, já havia dirigido seu primeiro filme, lembrou. As críticas de Clarival Valladares ressoaram sobre o secretário a ponto de Aloísio Magalhães ter que responder ao plenário por suas ações.

4.21 Diretrizes para operacionalizar a política cultural

A SEC publicou "Diretrizes para operacionalização da política cultural do MEC", em agosto de 1981, documento alicerçado no planejamento do MEC. O texto propôs reunir as políticas dos organismos vinculados à SEC e redirecionar parte do seu regimento para as deliberações do seminário realizado em Brasília, com os dirigentes culturais. O documento arrolou todas as instituições vinculadas à SEC, como Sphan, Seac, BN, Coordenação de Museus e Casas Históricas, Embrafilme, FCRB, Fundação Joaquim Nabuco, Funarte, Instituto Nacional de Artes Plásticas, Instituto Nacional do Folclore, Instituto Nacional da Música, Pró-Memória, INL, Museu Histórico Nacional/Museu da República, Museu Imperial, Museu Nacional de Belas Artes, Museu Villa-Lobos, Serviço Nacional do Teatro, além de dez diretorias regionais da SEC, representando os estados brasileiros. O CFC não foi citado entre os signatários.

A SEC reivindicou um conceito amplo de cultura em um sistema independente, ordenado e dinâmico das atividades humanas. A cultura, de um ponto de vista sistêmico, foi representada pelo patrimônio material e suas abrangências, móvel, imóvel, histórico e artístico, e pelo patrimônio imaterial, reconhecido em hábitos, comportamentos, saberes e fazeres que permeiam o cotidiano humano nos seus ambientes sociais, sobretudo de moradia e trabalho. O documento enfatizou os valores culturais comunitários. Para esse escopo, seria importante mapear os identificadores sociais e econômicos para nortear as políticas culturais e garantir um desenvolvimento pautado numa cultura autêntica brasileira fundada em elementos próprios do sistema cultural (BRASIL, 1981a).

Foram elencados oito princípios para a operacionalização da política cultural pretendida, inter-relacionados com patrimônio e produção cultural, conforme as duas vertentes de atuação da SEC:

1. Descentralização: promover a aproximação do MEC/SEC com as realidades e experiências das instituições e dos cidadãos. As comunidades seriam fóruns de análise e de comando para a operacionalização das políticas culturais;

2. Interdisciplinaridade: conjugar diversas áreas do conhecimento com metodologia de abordagem para investigar a heterogênea sociedade brasileira;

3. Inter-relação: relacionar a criação e produção individual com a coletiva, visando à emergência dos bens culturais e patrimoniais. Potencializar a produção de forma ampla, confiante e livre, despertando a responsabilidade dos setores mais abastados para os mais vulneráveis e realimentando o processo criativo;

4. Reconhecimento da pluralidade cultural: possibilitar e reconhecer a diversidade cultural e as culturas marginalizadas como pertencentes à cultura brasileira;

5. Interação das diferentes culturas: promover a reciprocidade, sem sobreposição hierárquica;

6. Valorização dos bens culturais não consagrados: revisar os critérios de avaliação, sem exclusividades, a fim de abranger a diversidade cultural brasileira;

7. Produção do produto cultural brasileiro: incentivar a entrada da produção cultural no mercado nacional para garantir a distribuição e difusão, facilitando o consumo;

8. Devolução: fortalecer o princípio de que a população deveria ter a propriedade dos bens culturais, ou seja, "quem está próximo do bem cultural ou o produz é verdadeiramente quem deve cultivá-lo". A participação da comunidade nas ações de preservação dos bens culturais é fundamental para "favorecer a preconizada distribuição de responsabilidades entre todos os envolvidos [...] organismos do poder público, entidades privadas e, sobretudo, a população", para que a "comunidade possa deter não só o uso e o benefício, mas também o gerenciamento e a produção" (BRASIL, 1981a, p. 2-9).

Esses princípios materializavam as defesas conceituais de Aloísio Magalhães no CNRC, Pró-Memória, Sphan e SEC. Nota-se que, além da preservação, existia a preocupação de inserir o produto cultural brasileiro no mercado nacional e internacional, via mecenato público e privado. A economia da cultura movimentaria a comunidade para o reconhecimento e o empoderamento sobre o bem cultural produzido *in situ* a fim de garantir a continuidade e a transmissão do saber fazer. O secretário de Cultura defendia que as comunidades estivessem inseridas em todos os processos de preservação dos bens culturais. Sem usar o termo "indústria cultural", o texto defendeu a proteção ao mercado cultural brasileiro visando potencializar a economia da cultura para e pelo patrimônio material e imaterial, sobretudo pelas produções de bens regionais.

As linhas programáticas de criação, produção e difusão cultural direcionavam-se a uma política de consumo das referências culturais, consideradas patrimônios ou não. A justificativa pautava-se em um equilíbrio entre produção, comercialização e consumo, especialmente para as linguagens artísticas, como fotografia, teatro, cinema, artes plásticas, literatura, arquitetura, manifestações folclóricas e patrimônio.

O texto preconizou o aperfeiçoamento da legislação cultural e o estabelecimento de incentivos fiscais, principalmente para o patrimônio cultural. O caráter simbólico foi ressaltado sem desconsiderar a cultura da pedra e cal para os registros e inventários visando a "contextualização passada e presente desses bens culturais" (BRASIL, 1981a, p. 11-13).

O documento apresentou a educação e a participação da sociedade como elementos-chave na preservação e difusão das políticas culturais e na manutenção e transmissão dos valores comunitários. Não apenas pelo processo de educação formal, mas ultrapassando as fronteiras escolares, numa apropriação pedagógica freireana de Aloísio Magalhães. A escola não seria o único lugar de formação pedagógica, pois as associações, os teatros, os sindicatos, os grupos e os movimentos sociais também formavam, transmitiam e transformavam ensinamentos sociais e culturais.

As escolas, as universidades e as associações populares deveriam ser incentivadas pelo Estado para estimular a inserção das múltiplas linguagens artísticas no cotidiano escolar e associativo. Havia a preocupação de inserir a questão patrimonial na estrutura curricular, visto que as manifestações culturais deviam ser reconhecidas nos processos sociais e econômicos onde estavam inseridas. Considerando as tradições, os novos hábitos e os comportamentos inter-relacionados, o texto defendia o equilíbrio do tradicional com o moderno, pela produção artística, cultural e educacional. O documento ratificou a importância da formação dos recursos humanos à área da cultura, uma ação crucial para a operacionalização das políticas culturais. Esse foi sempre um projeto reivindicado por artistas e intelectuais, dentro e fora do CFC/CNC.

As divergências nos encaminhamentos das políticas estruturadas por Aloísio Magalhães aumentavam não somente entre os conselheiros do CFC. No plano das ideias, as formulações mostravam-se audaciosas e democráticas, mas na prática eram controversas. Na ata da 778ª Sessão Plenária, foi registrada a presença do então secretário de Turismo e Cultura da Prefeitura Municipal de Ouro Preto, Angelo Oswaldo de Araújo Santos, a convite de Heloísa Lustosa. O secretário municipal lamentou a ausência de Aloísio Magalhães na reunião, pois não ouviria a crítica à sua gestão da Sphan/Pró-Memória/SEC.

A exposição de Angelo Oswaldo (SANTOS, 1981) foi transcrita integralmente na seção "Estudos e proposições" no *Boletim*, sob o título "Exposição do secretário de Cultura de Ouro Preto". Oswaldo criticou a ausência de financiamento para bens reconhecidos como patrimônio mundial. A cidade de Ouro Preto, no dia 21 de abril de 1981, data alusiva à morte de Tiradentes, recebeu a chancela de Patrimônio Cultural da Humanidade, pela Unesco. O secretário municipal indagou ao CFC sobre os possíveis benefícios que a cidade mineira receberia pelo reconhecimento, uma vez que os desafios do patrimônio histórico e daquilo que se convencionou chamar de memória nacional eram muitos. Afirmou que o estado de Minas Gerais e o Brasil sofriam de esvaziamento cultural e financeiro, por isso a sua visita ao CFC. Pretendia buscar auxílio ao "problema do patrimônio, seu destino e utilização" (SANTOS, 1981, p. 14). Entre os problemas do patrimônio, mencionou a diminuição dos quadros técnicos do Iphan e a histórica falta de recursos, agravada com a reformulação administrativa da gestão Eduardo Portella.

Angelo Oswaldo indicou que, diante do neologismo de agilizar a captação de recursos, somado ao discurso de descentralização e participação popular, orientação das políticas da Sphan/Pró--Memória/SEC, acreditou que as políticas para o sítio histórico visassem acabar com a burocracia centralizadora do Estado.

As políticas empreendidas em Ouro Preto aumentaram os problemas e foram absorvidas pelos vazios tecnocráticos. O município não estava mais conseguindo dialogar com a Sphan, tampouco com a Pró-Memória e a SEC. O secretário fez analogias com o modernista Oswald de Andrade:

> Lembro-me de Oswald de Andrade, quando dizia que os modernistas não queriam que a cultura brasileira fosse macumba para turista. Nós, também, em Ouro Preto — e acredito que todos os brasileiros — não desejamos que o patrimônio cultural da Nação seja macumba para turista. Queremos, efetivamente, um processo de conservação de Ouro Preto, porque a cidade só tem sentido de ser conservada como um todo, pois foi toda tombada como monumento, em 1933, declarada, então, Cidade Monumento Nacional, e em 1937, quando se inscreveu no Livro de Tombo da União. (SANTOS, 1981, p. 16).

Os gestores do Pró-Memória estavam assistindo ao esvaziamento do sistema que criaram; ao mesmo passo, a Sphan estava se definhando por estrangulamento burocrático. As alternativas de racionalização do planejamento urbano empreendidas pelos técnicos e gestores, por meio das numerosas reuniões com entidades e população, apenas cumpriam ritos burocráticos, sem ações concretas, avaliou Angelo Oswaldo (SANTOS, 1981, p. 16).

A crítica voltada aos fundadores e gestores do Pró-Memória foi direta, sobretudo ao ritual burocrático: "Ouro Preto quer ser um centro de cultura e não uma cidade que recebe pacotes, geradores de farta produção de relatórios, papéis e documentos que pesam toneladas e vão cumprir sua carreira tecnoburocrática nos labirintos do governo" (SANTOS, 1981, p. 17).

> Não há mais perigo de Ouro Preto se transformar numa caricatura porque tudo foi documentado. Hoje, a Fundação Pró-Memória pode dispor de todo um elenco de levantamentos, porque mandou equipes de sociólogos, de comunicólogos, de arquitetos, que foram verificar a potencialidade da comunidade para saber de que forma esta pode participar, como se estivéssemos num teatro de marionetes e a população local fosse os bonecos desse jogo. (SANTOS, 1981, p. 17).

Angelo Oswaldo solicitou o registro em ata da sua perplexidade sobre a indefinição da Sphan/Pró-Memória/SEC para uma política dos monumentos. Ademais, questionou a afirmação de Aloísio Magalhães à imprensa de que "Ouro Preto era um problema resolvido" (SANTOS, 1981, p. 20).

O secretário municipal questionou a SEC por conta dos numerosos problemas que apresentava Ouro Preto. Aloísio Magalhães estava em campanha para reconhecer Olinda como Patrimônio Cultural da Humanidade pela Unesco. Quais as vantagens de ser um patrimônio mundial? Olinda era uma cidade que "luta contra o mar e contra os homens", para manter-se viva, analisou Ângelo Oswaldo (SANTOS, 1981, p. 20-21).

A exposição de Angelo Oswaldo foi interpretada como protesto por Josué Montello, mas o secretário municipal afirmou não ter enunciado palavras de protesto, até porque a Secretaria Municipal de Ouro Preto já realizava protestos frequentes sobre o assunto. Justificou a sua visita ao CFC e os lamentos constantes de Ouro Preto: "Temos protestado porque essa é, ainda, maneira política e democrática, de chamar atenção sobre determinados fatos que precisam ser elucidados, através do diálogo" (SANTOS, 1981, p. 26). Suas palavras não pretendiam uma desconexão política, lamento ou denúncia, mas apontar as soluções para que a Sphan efetuasse uma política concreta de ações que ajudasse a resolver o problema da urbanização e do patrimônio de Ouro Preto.

No Brasil existem muitas perguntas e respostas sem consenso: "O que é patrimônio, para que preservá-lo e como preservá-lo?" E recordou uma conversa com Aloísio Magalhães, na qual o secretário nacional afirmou existir um "aperreio" entre a "prefeitura de Ouro Preto e o Patrimônio". Pois, enquanto secretário nacional, cabia-lhe resolver esse aperreio, concluiu Angelo Oswaldo (SANTOS, 1981, p. 20-30).

4.22 Projeto longevo e poder efêmero

Aloísio Magalhães faleceu em Pádua, Itália, no dia 13 de junho de 1982. Sofreu um derrame cerebral no dia anterior, em Veneza, enquanto discursava no Seminário sobre Cooperação entre América Latina e Países da Europa, promovido pela Unesco. O conclave foi destinado aos ministros da Cultura para definição de políticas culturais. Magalhães viajou com a missão de defender a elevação de Olinda a Patrimônio Cultural da Humanidade pela Unesco. Em sequência desse compromisso, viajaria para Cracóvia, Polônia, a fim de negociar a aquisição de documentos históricos brasileiros.

A 804ª Sessão Plenária (BRASIL, 1971-1989, n. 48) foi dedicada à memória do secretário nacional de Cultura. A seção "Estudos e proposições", no *Boletim*, publicou discursos dos conselheiros sob o título "Homenagem a Aloísio Magalhães" (1982). Mauro Mota foi o escolhido para homenagear seu conterrâneo, em nome do CFC:

> Aloísio Magalhães como criatura humana e componente de uma das mais importantes dinastias pernambucanas, a dos Magalhães. Perdemos um sistema de ação pessoal e pública, que ele encarnava com uma força de vida e confiança de pasmar. Onde botava a mão seria feito, e bem feito, o que ele queria, e, isto, ainda mais surpreende, sem reivindicações individualistas. Sempre com o olho num interesse de comunidade. (HOMENAGEM..., 1982, p. 25).

O conselheiro retomou a trajetória de Aloísio Magalhães desde o ginásio no Recife. Mauro Mota fora seu professor e lembrou que Aloísio Magalhães foi um "adolescente transparente" (HOMENAGEM..., 1982, p. 25). Um artista com opiniões bem fundamentadas. Destacava-se, pois era

> [...] um ás em bibliotecnia aliado aos seus talentos de pintor, à sua paisagística transfiguradora dos ares, das luzes, das cores, e dos cheiros do Recife, nem copista, nem copiosa, expressa em traços antieloqüentes, interpretações dele mesmo, da mesma forma presentes nos seus mares nada bravios e nos seus rios de confluências e navegações inaugurais. (HOMENAGEM..., 1982, p. 25).

O conselheiro referenciou seu espírito de coletividade, em defesa das culturas e comunidades tradicionais, em busca da brasilidade:

> Todos os sentimentos nesse antiegocêntrico, nesse nacionalista, expressavam-se em função do povo e em contribuir para compor, na área cultural, um itinerário de governo abrangente da nossa cultura tradicionária e das novas técnicas capazes de fazê-la respectiva e circulante. (HOMENAGEM..., 1982, p. 26).

Aloísio Magalhães foi um artista multifacetado, detentor de uma arte em diversos suportes, lembrou Mauro Mota:

> Tudo invento, e jamais invencionice, de Aloísio Magalhães, aplicado a todo o seu fazimento: a pintura, os "cartemas", os desenhos impressos em células e moedas, os logotipos. Nas artes e na administração, sem confundi-las, mas em tantos casos, juntando-as no mesmo destino do êxito, o poder criativo marcava a sua forte e inquieta personalidade. Ele mesmo, Aloísio, foi uma excelente criação de Deus. (HOMENAGEM..., 1982, p. 26).

Cartemas eram composições artísticas de colagens de cartões-postais, denominação criada por Antônio Houaiss. Nessa ocasião, Bezerra de Menezes lembrou que o designer fora um homem generoso e um defensor do patrimônio artístico e histórico. "Sempre afável, e um bom expositor, de linguagem escorreita" (HOMENAGEM..., 1982, p. 26).

Muitos conselheiros destacaram a trajetória artística e política do designer em defesa do patrimônio. Não foram registrados os discursos de José Cândido de Melo Carvalho, Carlos Chagas Filho, Assis Barbosa, Plínio Doyle, Vianna Moog, Pedro Calmon, Josué Montello, Sábato Magaldi e Adonias Filho no *Boletim*, ausência justificada por conta de uma queda de energia elétrica na reunião, que prejudicou a captação sonora, apesar de as anotações serem feitas por meio de produção taquigráfica (HOMENAGEM..., 1982).

Clarival do Prado Valladares (1982), que anteriormente criticara o gestor, na sessão homenageou o artista lendo o texto de um catálogo da exposição de Aloísio Magalhães, realizada na Galeria da Praça, em 15 de abril de 1974. O texto foi publicado na seção "Estudos e proposições" do *Boletim*, intitulado "Aquarelas, litogravuras e cartemas de Aloísio Magalhães. Na leitura, retomou a trajetória artística do designer desde o *Gráfico Amador*, em Recife, na década de 1950, suas pinturas do Rio Capibaribe, suas litogravuras memorizadas dos sobrados de Olinda, suas participações em bienais, salões de arte, seus logotipos famosos e programas visuais, como as estampas gráficas do papel-moeda, que resumiam sua arte em um artista-comunicador e um desenhista-comunicador.

As imagens das cidades pernambucanas foram representadas em suas litogravuras, cartemas (Figura 33) e refratas das aquarelas:

Figura 33 – Reprodução da *Série Cartemas Brasileiros*, 1972[39]

Fonte: Itaú Cultural (2017-2021, s/p)

A *Folha de S. Paulo*, no caderno "Folha ilustrada", anunciou a manchete "Aloísio Magalhães morre aos 55 anos". A reportagem lembrou que, embora o secretário nacional de Cultura fosse bacharel em Direito, sobretudo o recifense fora um artista de talento e detentor de uma trajetória artística reconhecida, fosse como pintor, fosse como figurinista, cenógrafo, artista plástico, museólogo ou designer de sucesso. A reportagem realinhou as redes de sociabilidades e de poder que permearam a existência política de Aloísio Magalhães no MEC. E publicou um depoimento do historiador Carlos Guilherme Mota (1941-), que afirmara que o secretário era "inteligente e cheio de charme" (ALOÍSIO..., 1982, p. 25), mas não tinha projeto para a cultura.

---

[39] O sítio eletrônico do Itaú Cultural (2017-2020, s/p) reproduziu a exposição *Série Cartemas Brasileiros*, de 1972. Uma das obras é realizada com base em cartões-postais justapostos colados sobre Eucatex, medindo 90 cm x 60 cm, de autoria de Aloísio Magalhães (Figura 33).

A perspectiva de Mota difere da canonização *post mortem* realizada sobre Aloísio Magalhães e pesquisada por diversos autores, a exemplo de Lavinas (2014). As trajetórias artísticas e políticas foram consagradas na história das instituições culturais, como CNRC, Fundação Pró-Memória, Sphan e SEC. O projeto de cultura de Aloísio Magalhães existiu e foi executado. Prova dessa questão foi a sagração da sua gestão do ponto de vista administrativo, executivo e financeiro nas políticas dos anos 80 aos anos 2000.

Nesse sentido, interessante contrapor a entrevista concedida pelo designer ao escritor Zuenir Ventura (1931-) para a revista *Isto É*, um ano antes do seu óbito. O projeto de Aloísio Magalhães não foi acolhido por alguns intelectuais. Em alguns casos, por sua ligação com o poder e os militares, mas na entrevista, quando foi indagado sobre a existência de um divórcio entre os intelectuais e o poder, respondeu: "É o seguinte: nos países como o nosso, em formação, crescer dói. Em qualquer circunstância. E na verdade as instituições são fracas" (MAGALHÃES, 1985, p. 106). A introdução dada para a resposta evidencia que a ação de crescimento e desenvolvimento econômico, intelectual, social e cultural seria fator de controvérsias, divergências e disputas. Qualquer crescimento causaria sofrimento, não somente nas relações internas do poder, mas nas relações da sociedade e dos intelectuais com o poder. Magalhães defendia a distância do fazer intelectual e do fazer político, uma suposta neutralidade ideológica.

As instituições eram fracas, refletiu Aloísio Magalhães. Os intelectuais estavam afastados delas, porque não queriam assumir postos de comando ou por não as compreenderem enquanto espaços de poder. O designer explicou para Zuenir Ventura — "O que vale são as pessoas" (MAGALHÃES, 1985, p. 106), pois as instituições, para existirem, precisavam das pessoas.

Questiona-se quais seriam as pessoas mencionadas por Aloísio Magalhães: os usuários, os gestores, os intelectuais ou os políticos? O secretário classificava-se como um intermediador entre artistas, intelectuais, gestores, empresários, Estado, burocratas, técnicos, militares e a sociedade. Esse tipo de intermediador ou mediador, como explica Sirinelli (2003, p. 255), autopromove-se como legatário do "patrimônio dos mais velhos" e autoprojeta-se acima das clivagens ideológicas de esquerda e direita ou das gerações a fim de circular em diferentes espaços de poder e consagração.

A negação da política para com a cultura solidificou a vinculação da história das políticas culturais enquanto ações personalistas, autorais e localizadas em determinados sujeitos. O caráter personalíssimo de alguns intelectuais na organização da cultura imprimiu a lógica de que alguns indivíduos se consideravam ou eram reconhecidos como o próprio Estado, de acordo com Gramsci (1995). Esses intelectuais criam a falsa ilusão de que, sem a ação ou o controle das suas ações, determinadas políticas desaparecem ou são invalidadas e destruídas, como se não existisse um processo antagônico de apropriações conceituais políticas e históricas. Não por acaso, Aloísio Magalhães pronunciava-se como legatário de Mário de Andrade e de Rodrigo Melo Franco de Andrade. Contudo, para a manutenção dos legados, as políticas de amizades e de articulações são fundamentais para a execução dos projetos. Para Agamben (2012), as políticas pautadas em amizades redimensionam as trajetórias de determinados atores sociais. O redimensionamento para Aloísio Magalhães estava acima das clivagens políticas, uma autoridade da cultura atribuída pelos seus círculos de amizades, fosse com os militares, fosse com os intelectuais, como Antônio Houaiss.

Angelo Oswaldo de Araújo Santos, em depoimento para esta obra, ponderou sobre o percurso do designer no MEC:

> Aloísio Magalhães morreu em 1982 e o Ministério da Cultura foi criado em 1985. Magalhães foi chamado ao MEC por Eduardo Portela, e ali continuou após a queda do ministro,

> pois seu projeto tinha a chancela do programa de distensão lenta e gradual. Quando ele disse ser preferível uma Secretaria forte, defendeu exatamente a posição que alcançara – secretário de Cultura do MEC – certo de que não havia condições políticas para sua transformação em Ministério no governo do general Figueiredo. O Ministério da Cultura foi uma decorrência e uma prova do fim do regime de 1964. (SANTOS, 2019, p. 2).

O fim da ditadura civil-militar iniciada em 1964 ressoou sobre os horizontes de expectativas dos intelectuais e artistas e sobre os espaços de experiências de poder, após a década de 1980. O ceticismo, a esperança e a resistência política dos agentes culturais sobre o Ministério da Cultura e o CFC tinham uma razão histórica. Pois, na estrutura de poder, mesmo em face da redemocratização, destacavam-se nos meandros dos governos resquícios da violência da ditadura. Os conselheiros federais eram vistos dessa forma.

O mérito de Aloísio Magalhães foi retomar as ideias de Mário de Andrade e Rodrigo Melo Franco de Andrade, no projeto para o CNRC, mas considerar o arquivo institucional do Iphan como um lugar de memória. A categoria de Nora (1993) auxilia a compreender os percursos dos fragmentos documentais e das memórias apropriadas pelo designer em seus estudos, práticas e projetos.

O olhar do artista foi redimensionado para o olhar do gestor com base nos dois Andrades, ícones da gestão do patrimônio. A reinvenção das referências e dos bens culturais foi apropriada nas políticas do Ministério da Cultura, a partir de 1985, quando empreendeu teorias sobre a economia da cultura e a cultura do cotidiano. Não por acaso, essas questões foram retomadas na CF-1988, sobretudo as referências culturais e o patrimônio intangível.

Aloísio Magalhães (1985), em entrevistas e pronunciamentos públicos, reconheceu numerosas divergências contra o seu trabalho, dentro e fora do Estado. Muitos desejavam a sua saída. Como um articulador, considerava as tensões como resultado do jogo político. Projetou sua gestão pelo viés da cultura popular, pela perspectiva do design inerente aos processos de trabalho, pela perspectiva da participação social enquanto aprendizagem à cidadania adquirida na prática das políticas culturais. Essas questões foram apropriadas para a estruturação do Ministério da Cultura inclusive com Angelo Oswaldo de Araújo Santos, na criação e formatação do MinC, sob a gestão Celso Furtado.

O advogado pernambucano Marcos Vinícios Vilaça (1939-), membro do CNRC e presidente da Pró-Memória, substituiu Aloísio Magalhães na SEC. No CFC, foi empossado conselheiro da Câmara de Patrimônio, conforme registrou a ata da 812ª Sessão Plenária no *Boletim*. Os discursos da sua posse foram registrados na seção "Estudos e proposições" (VILAÇA, 1982). Vilaça foi recepcionado pelo conterrâneo Gilberto Freyre: "hoje, Secretário de Cultura e — quem sabe — amanhã, o primeiro ministro da Cultura que terá o Brasil" (VILAÇA, 1982, p. 94). A mensagem de Freyre orientou as defesas que deveriam ser escolhidas pelo novo secretário nacional, pois a pauta do Ministério da Cultura mantinha-se em evidência.

Vilaça assumiu a SEC como um vice-ministro da Cultura. Era um velho conhecido dos conselheiros, ex-aluno de Moniz de Aragão e afilhado de casamento de Gilberto Freyre e de Mauro Mota. Apresentou-se como um aluno atento aos conselhos dos seus mestres, e prometeu para Josué Montello não solicitar assessoria do CFC, mas orientação.

No MEC houve troca de gestão, e uma mulher, finalmente, foi indicada para ser ministra, a professora Esther Figueiredo Ferraz. No CFC, a ministra foi recepcionada por Gilberto Freyre, que se lembrou de um conselho emitido para o presidente da República general Figueiredo: "Não deixe de ter no seu Ministério duas figuras indispensáveis, uma mulher, à altura de ser Ministro de Estado, e um brasileiro, caracteristicamente afro-negro, também à altura de ser Ministro de Estado" (BRASIL, 1971-1989, n. 48, p. 94).

A ministra foi saudada por Adonias Filho como uma amiga dos conselheiros, artistas e escritores, sobretudo de São Paulo. Os conselheiros reafirmaram que, com a velha conhecida, finalmente o CFC retomaria seu antigo caminho (BRASIL, 1971-1989, n. 48). Na 812ª Sessão Plenária, Maria Alice Barroso saudou a indicação de Esther Ferraz, a primeira mulher a ocupar o cargo mais importante do MEC:

> Sr. Presidente, é com grande alegria, mas não com o sentimento revanchista das feministas, que venho saudar a nossa primeira Ministra. E não vou usar, como muitos gramáticos desejam, o masculino. Acho isso, um preconceito, pois, se é uma mulher que ocupa o cargo, por que não Ministra? [...] E tinha que ser no Ministério da Educação, onde as mulheres, como professoras, têm dado uma contribuição tão grande. (BRASIL, 1971-1989, n. 48, p. 139).

Barroso lembrou que, quando foi diretora do Instituto Nacional do Livro, tornara-se amiga de Esther Ferraz, à época secretaria de Educação de São Paulo, ocasião que lhe propusera uma parceria no Programa do Livro Didático, acolhida com entusiasmo pela SEC/SP. A conselheira prometeu pronunciar a palavra "ministra" para se referir à primeira mulher a ocupar o cargo de maior prestígio da Educação no país. A historiadora e membro da Anpuh Cecília Westphalen analisou a nomeação, sob o parâmetro da meritocracia:

> O meu regozijo é muito grande, não, apenas, por ser uma mulher que ocupa, pela primeira vez, uma pasta de Estado, mas, sobretudo, porque ela vem da *carrière*, ou seja, uma professora que foi, pouco a pouco, galgando as mais altas posições com respeito e dignidade, e, sobretudo, com sabedoria e cultura. (BRASIL, 1971-1989, n. 48, p. 139).

O realinhamento de CFC, MEC e SEC retomou as antigas negociações. E o CFC iniciou uma nova era após a morte de Aloísio Magalhães. A ministra prometeu ao presidente Adonias Filho que buscaria a isonomia financeira para as fundações e os conselhos federais, como o CFC e CFE (BRASIL, 1971-1989, n. 48).

Esther Ferraz visitou o CFC, oficialmente, no dia 6 de outubro de 1982, conforme os registros da ata 818ª Sessão Plenária, publicada no *Boletim*. Na seção "Estudos e proposições", os discursos foram publicados sob o título "Visita da ministra Esther Figueiredo Ferraz ao CFC". Moniz de Aragão saudou sua ex-colega de CFE, recordando as afirmações da ex-conselheira: "Os Ministros e os Secretários não se perpetuam nos cargos, mas os conselhos permanecem guardiães e fiéis executores de um programa", o qual "pode ficar adstrito à transitoriedade das administrações". O discurso da ministra no CFC foi breve, sem promessas, e reservou o seu espaço de fala para homenagear o conselheiro Gilberto Freyre: "cujos 80 anos de prestígio e glória desbordaram os limites nacionais e continuam a florejar numa poderosa juventude espiritual, lembrando o vigor gotheano". Ao CFC, reiterou o seu respeito e admiração cordial (MINISTRA..., 1982, p. 14).

Ainda nesse *Boletim*, Marcos Almir Madeira (1982), na seção "Estudos e proposições", publicou "Por uma larga política de cultura". O artigo emergiu o debate naufragado do Plano e da Política Nacional de Cultura, competências do CFC e dos anteprojetos apresentados para o MEC.

5

AS INSTITUIÇÕES SÃO FRACAS

Nos boletins do CFC de 1983, o Plano e a Política Nacional de Cultura não foram mencionados, tampouco o papel do CFC em relação à SEC e ao MEC. Os recursos destinados ao conselho para serem distribuídos entre as instituições e projetos culturais, solicitações e subvenções financeiras, via câmaras setoriais, também não foram pautados nos debates do órgão. Desde a instituição da SEC, os pareceres ficaram restritos às análises dos projetos de leis encaminhados pelo Senado e pela Câmara Federal.

As atas registraram efemérides, congratulações, homenagens, aniversários, centenários de obras e autores, lançamentos e moções de pesar e desaparecimentos de conselheiros, intelectuais, artistas e amigos. As demonstrações retóricas foram publicadas na seção "Estudos e proposições", assim como as entradas e saídas dos membros no CFC.

A relação política entre o MEC, a SEC e o CFC parecia estar em perene calmaria. Adonias Filho foi reconduzido para a presidência; José Cândido de Melo Carvalho, para o cargo de vice-presidente. O poeta Mário Chamie, ex-secretário de Cultura de São Paulo, foi nomeado para a Câmara de Letras e no discurso de posse, registrado na ata da 828ª Sessão Plenária (BRASIL, 1971-1989, n. 50), publicado na íntegra na seção "Estudos e proposições", Chamie sinalizou o amadurecimento da consciência do CFC sobre a importância de instituir nos estados e municípios, secretarias "independentes e interdependentes de outros setores" (BRASIL, 1971-1989, n. 50, p. 77). Saudou o crescimento dos Conselhos de Cultura e creditou ao CFC a criação da SEC sob a estrutura do MEC, e a sintomática mudança na geografia cultural brasileira em decorrência dos planos, ações e políticas do governo federal.

Os conselheiros mantinham-se firmes em suas convicções políticas e ancorados em suas redes de amizades, perspectiva demonstrada nas homenagens realizadas nas reuniões do primeiro trimestre do ano. Na seção "Estudos e proposições" do *Boletim*, Ney Braga foi homenageado. Cecília Maria Westphalen homenageou o seu conterrâneo como um grande "animador e administrador da Cultura". O gestor foi responsável por ações no teatro, cinema, artes plásticas, literatura e por organizar a primeira Secretaria de Cultura e Turismo do estado paranaense. Em Curitiba, Ney Braga entregou à população o Teatro Guaíra, afirmou a conselheira. Moniz de Aragão afirmou que o ex-ministro foi o que melhor "entendeu o papel" do conselho (NEY..., 1983, p. 30, 35).

Maria Alice Barroso, provocada pela derrota no Pará de Jarbas Passarinho ao Senado Federal para Hélios Gueiros do PMDB, proferiu homenagem ao ex-ministro e à sua história. No Brasil muitos falavam em abertura democrática, mas poucos compreendiam a política empreendida em 1964. Lembrou que, ao trabalhar com o general no Ministério do Trabalho, viveu a democracia, pois convivera no regime que Passarinho não somente criara em torno de si, mas estendera para o país. Para a conselheira: "ao largar as armas, o coronel Passarinho se dedicara às almas, como alguém dissera sobre De Gaulle". O militar não retornou para Brasília com as urnas cheias de votos, mas voltou honrado ao ser o "último líder da Arena" (BRASIL, 1971-1989, n. 50, p. 123, 125).

As disputas entre direitas, centros e esquerdas começavam a atingir o panorama político do CFC. Contudo, no rol da panteonização, os nomes considerados importantes para a cultura brasileira continuavam sendo homenageados. Na 832ª Sessão Plenária, o jornalista Roberto Marinho, diretor das Organizações Globo e da Fundação Roberto Marinho, foi saudado pela inauguração do centro cultural Casa do Bispo, no Rio de Janeiro, a pedido da conselheira Heloísa Lustosa. Pela contribuição à cultura nacional, Marinho foi convidado a comparecer no CFC e receber o tributo oficial, registrado na ata da 857ª Sessão Plenária e na seção "Estudos e proposições" (HOMENAGEM..., 1983b).

O CFC, como uma espécie de linha de produção em série de homenagens, seguia o parâmetro dos seus órgãos congêneres, a exemplo das sessões do IHGB e da ABL. A seção "Estudos e proposições" do *Boletim* tornou-se o espaço de registro da memória de personagens, instituições e obras consagradas. As notas de pesares, congratulações, discursos em defesa do patrimônio, relatos de viagens e conferências tomaram o lugar dos conflitos ocasionados por PNC e Seac. As divergências políticas desapareceram dos registros das atas com a SEC sob o comando de Marcos Vinícios Vilaça. A relação entre a SEC e o CFC tornou-se amistosa, com a participação assídua do secretário nas reuniões do conselho e a submissão de suas ações para o parecer do colegiado. A SEC, para a tomada de decisões, solicitava orientações e autorização dos notórios da cultura.

O ano de 1983 mostrava-se incerto politicamente, ao mesmo tempo que requeria dos conselheiros a afirmação de algumas certezas. O culto de uma geração de intelectuais que desaparecia reiterava a prática do registro histórico nos anais da história institucional do CFC. Esse processo patenteava as compreensões políticas das referências nacionais de cultura, povo e nação projetadas no órgão pelos conselheiros, na sua maioria egressos do projeto modernista conservador.

Na 833ª Sessão Plenária (BRASIL, 1971-1989, n. 50), o conselheiro Mauro Mota foi homenageado pela obra *O cajueiro nordestino*. O caju como um fruto-símbolo da cultura nacional foi impresso nos registros do CFC, assim como o café foi reverenciado na poética dos modernistas paulistas, sobretudo Mário de Andrade e Candido Portinari. No entanto, no *Boletim* houve um silêncio sobre a personagem Aloísio Magalhães, que, frequentemente, trazia o caju como objeto dos seus discursos e pesquisas no CNRC. O tributo a Mauro Mota ressoou a disputa em torno da autoria de transformar o caju em símbolo nacional.

Francisco Assis Barbosa, no dia seguinte a essa reunião, sem citar o caju, atentou para o fato de que fora Aloísio Magalhães quem trouxera o know-how da linguagem artística dos gráficos para o CFC, expertise apreendida com João Cabral de Melo Neto, no *Gráfico Amador* em Recife. Marcos Vinícios Vilaça indicou que a 834º Sessão Plenária tornara-se uma tarde de reparação à memória de Aloísio Magalhães. E afirmou que a SEC estava em tratativas com o governo da Paraíba para o tombamento da Fábrica de Vinhos de Caju Tito Silva e para a criação do Museu da Rapadura na cidade de Areia. O tombamento da fábrica foi registrado na ata da 890ª Sessão Plenária (BRASIL, 1971-1989, n. 55)[40].

Entre homenagens e disputas de autorias, o *Correio Braziliense*, em matéria assinada pela jornalista Maria do Rosário Caetano (1983), anunciou a Feira da Cultura Brasileira, organizada pela Secretaria de Cultura de São Paulo, sob o comando do pianista João Carlos Martins. O evento seria capaz de radiografar as referências culturais do país, observou a reportagem. A feira foi proposição das Secretarias Estaduais de Cultura, Instituto Nacional de Artes Cênicas (Inacen), Embrafilme e Pró-Memória, com base em uma reunião, no fim de 1982, com o MEC em Brasília. O escopo seria

---

[40] Informação contrária ao que afirmou Botelho (2000), de que a fábrica foi tombada na gestão de Aloísio Magalhães.

projetar uma nova organização da cultura, sobretudo a retomada da proposta de criação do Ministério da Cultura, por meio de uma carta a ser entregue ao MEC. A feira pretendia arregimentar novas argumentações para a reivindicação. A matéria questionou a ausência dos estados de Pernambuco, Rio de Janeiro e Distrito Federal na feira, mas assinalou que essas omissões foram justificadas pelo dramaturgo Plínio Marcos como questões políticas, embora sem mencionar os pontos divergentes.

A ausência do CFC nem sequer foi mencionada pela reportagem ou pelos organizadores da feira. Os novos comandos da cultura estavam em transformação, e a organização do bastão de comando do processo de redemocratização mantinha-se sob as mãos do general Figueiredo. O ceticismo na área cultural esteve presente, contudo os ares da mudança política pareciam não afetar o *modus operandi* do CFC. No entanto o registro na ata da 837ª Sessão Plenária demarcou uma leitura da mudança conjuntural. Gilberto Freyre solicitou que o CFC enviasse cumprimentos para o novo governador do Rio de Janeiro, Leonel Brizola, eleito pelo PDT e pela nomeação do vice-governador Darcy Ribeiro para ser secretário estadual de Cultura. O antropólogo, ex-ministro da Educação no governo de João Goulart, em 1962, exerceria um papel articulador na reorganização dos secretários estaduais para a instalação do Ministério da Cultura com José Aparecido de Oliveira, em 1985.

No dia 9 de março de 1983, a ata da 838ª Sessão Plenária registrou homenagem ao 50º aniversário da publicação de *Casa grande & senzala*, considerada por Francisco Assis Barbosa "imorredoura" (BRASIL, 1971-1989, n. 50, p. 172). Em Lisboa, a obra foi homenageada pela Fundação Calouste Gulbenkian; e no Recife, pela IJNPS. Programações comemorativas foram realizadas na Sala Aloísio Magalhães, sede da Funarte/RJ.

Em tempos de cordialidades entre o CFC e a SEC, a seção "Noticiários" do *Boletim* (BRASIL, 1971-1989, n. 51) divulgou que o MEC destinaria, para os anos de 1983 e 1984, 2,7 bilhões de cruzeiros para o patrimônio. Entre as notícias alvissareiras, a elevação de Olinda a Patrimônio Mundial da Humanidade foi registrada na ata da 840ª Sessão Plenária (BRASIL, 1971-1989, n. 51), ocasião em que Mauro Mota ratificou a atuação de Aloísio Magalhães e de Marcos Vilaça para a chancela que alcançaria recursos da Unesco para a cidade histórica.

Se de um lado o patrimônio arquitetônico alçava valorização internacional e o patrimônio literário de Gilberto Freyre era canonizado, do outro lado o problema do Sistema Nacional de Arquivo permanecia sem resolução. Velhas reivindicações voltaram a latejar com a despedida da historiadora Cecília Maria Westphalen, por conta das mudanças regimentais do CFC promovidas pela gestão Ludwig, no MEC. A historiadora, constantemente, manifestava suas inquietações com a gestão documental arquivística, pois o Sinar coordenaria o Plano de Microfilmagem e Documentação, diretriz para a salvaguarda da memória nacional.

Os conselheiros preocupavam-se sobre os descartes dos arquivos judiciários e cartoriais, entretanto o projeto do senador Gustavo Capanema previa que o controle do descarte documental jurídico e cartorial seria coordenado pelo Arquivo Nacional, "cabeça natural da comunidade arquivística do país" (BRASIL, 1971-1989, n. 23, p. 52). O AN comandaria o Sinar. Desde 1967, estava sendo arquitetada uma reforma administrativa para estruturar um Sinar e o Conselho Nacional de Arquivos, com oito membros, junto ao Ministério da Justiça. Essa proposta foi apresentada no Primeiro Encontro Nacional de Cultura, em 1976. O Sinar, subsistema decretado, em 1978, ainda não estava implantado em 1983.

Plínio Doyle registrou na ata 840ª, publicada no *Boletim* (BRASIL, 1971-1989, n. 51), que o AN, sem uma política de gestão, estava proibido de eliminar documentos, mas autorizava os "escrivães, os escreventes a eliminarem [...] processos, é um verdadeiro crime" (BRASIL, 1971-1989, n. 51, p.

47). O problema do descarte documental provocou numerosas discussões no CFC. Marcos Vilaça ponderou que o AN vinculado ao MJ não seria competência do CFC, mas a ministra do MEC poderia intervir no Ministério da Justiça.

A saída de Cecília Maria Westphalen foi lamentada por Gilberto Freyre, pois poucos eram os historiadores com a "competência e visão nacional" (BRASIL, 1971-1989, n. 51, p. 168) da pesquisadora. Os registros da ata da 844ª Sessão Plenária indicaram que o substituto da conselheira, Abgar Renault, tinha uma trajetória de mais de 12 anos no CFE. Renault (POSSE..., 1983, p. 74) em discurso classificou o CFE como uma "casa irmã" do CFC. Os conselheiros transitavam de um conselho para outro e realizavam trocas culturais que inferiam em uma manutenção de poder.

Renault, em sua posse, indicou que suas preocupações giravam em torno da problemática dos exames vestibulares, ensino superior e educação primária. E parafraseou a ministra Esther Ferraz em dois momentos; no primeiro, "pode existir educação sem cultura, mas não existe cultura sem educação"; no segundo, tudo no Brasil se transformara em democracia, uma "palavra mágica", mas "pode existir cultura sem democracia, mas não existe democracia sem cultura" (POSSE..., 1983, p. 75).

Os conselheiros pernambucanos tinham uma prática de apadrinhamento de Gilberto Freyre, uma forma de garantir o legado do sociólogo e de Pernambuco no CFC. O cientista social Vamireh Chacon (1934-) foi empossado por esse prisma e indicou que o CFC era um senado da cultura nacional, sendo Adonias Filho presidente desse senado.

Entre notícias trágicas e promissoras, novidades e tradições, despedidas e recepções, abandonos e proteções, a Câmara de Ciências Humanas, por intermédio do presidente Djacir Menezes, emitiu um parecer contrário ao Processo CFC 141/1983, sobre o PL 76/1983 do deputado federal Jorge Leite, que propusera a instituição de uma comemoração nacional denominada "Acorda Zumbi", no dia 20 de novembro, mas a justificativa do indeferimento ao PL indicara que:

> Não se nos afigura necessário acordar o grande lutador negro para iluminar a consciência política dos negros no Brasil. A grande data de 13 de maio, pela sua forte significação cívica é o ponto de convergência, que observe as efemérides congêneres, no curso da nossa história, dispensando-nos de alinhar mais razões de desaprovação do feriado proposto. Nesse opinar não vai a menor restrição aos intuitos cívicos que porventura palpitem no referido projeto do ilustre deputado. (BRASIL, 1971-1989, n. 51, p. 144).

Os temas relacionados à escravidão e à abolição deveriam ser tratados pelo prisma da nação miscigenada, elemento da singularidade nacional. Porque a data a se comemorar seria a da assinatura da abolição, e não da luta e resistência do movimento negro. Essas questões incomodavam os conselheiros, e os dissensos políticos, por mais que estivessem ausentes nas atas, emergiam nos pareceres das câmaras setoriais, demarcando que as mudanças de orientação política e identitárias na Câmara e no Senado Federal abalavam as estruturas ideológicas dos conselheiros.

Na 862ª Sessão Plenária, foi debatido o parecer da Câmara de Ciências Humanas sobre o Processo CFC 250/1983, acerca do PL 1.361/1983, do deputado federal Abdias do Nascimento (1914-2011), que propusera a instalação de um memorial na Praça dos Três Poderes, em Brasília/DF, em homenagem ao *Escravo Desconhecido*. O monumento seria uma "ação compensação visando à isonomia social do negro", mas o parecer do CFC classificou a proposta de "inoportuna, prejudicial e desnecessária" (BRASIL, 1971-1989, n. 52, p. 163). Os adjetivos arrolados eram graves para um debate caro nas políticas culturais. Para os conselheiros que avaliaram a proposta, um memorial com essa temática não caberia no lugar indicado, tampouco em qualquer lugar do Plano Piloto.

O deputado negro Abdias do Nascimento foi um velho conhecido dos conselheiros, pois em sua juventude participara dos quadros da AIB, mas rompeu com a organização ao constatar o cunho racista desta. Entretanto sua trajetória acadêmica, artística e parlamentar foi em defesa das políticas culturais afro-brasileiras. Foi um dos fundadores do Teatro Experimental do Negro e do Instituto de Pesquisas e Estudos Afro-Brasileiros. Entre os conselheiros, existiam divergências sobre essas identidades culturais e das proposições de comemorações de matrizes africanas do povo brasileiro.

Foi realizada uma homenagem na 848ª Sessão Plenária sobre o "passamento" (BRASIL, 1971-1989, n. 51, p. 176) de Clarival do Prado Valladares, falecido no dia 13 de maio de 1983. Francisco de Assis Barbosa lembrou que confessara para o amigo que tinha um projeto engavetado para escrever e valorizar as trajetórias de negros como Lima Barreto, autor da frase: "É triste ser negro no Brasil" (AS HOMENAGENS..., 1983, p. 18). Valladares, ao ouvi-lo, declarou seu interesse em participar do projeto, pois vislumbrava trabalhar com as memórias dos negros que tinham orgulho de ser negros. Essa ilação indica que nem todos os conselheiros consideravam a miscigenação com positividade dentro do CFC.

"Abandonou a Medicina pela Arte" (AS HOMENAGENS..., 1983, p. 23), afirmou Pedro Calmon. Valladares foi um conselheiro que divergia frequentemente dos seus pares. Como se observa nas atas e nos documentos, a visão predominante do CFC foi pautada por segregacionismos e racialismos do processo histórico. A homenagem para Clarival do Prado Valladares retomou a sua trajetória profissional, por meio das obras, pesquisas e concepções do conselheiro, na seção "Estudos e proposições" do *Boletim*. O editorial do periódico intitulou a homenagem "Cavaleiro Clarival" (1983) e apresentou excertos dos discursos dos seus amigos conselheiros:

> Nosso companheiro Afonso Arinos de Melo Franco — a observação é ainda de Josué Montello — chegou a afirmar, certa vez, risonhamente, mas dizendo uma verdade, Clarival sabia mais do que podia. Nós associávamos a este *podia* a fragilidade da figura física, porque todos nos acostumamos, desde que aqui chegamos a reconhecer em Clarival, uma figura perenemente enferma. Ele trazia em si aquela palidez natural do homem marcado pela morte, e que, neste corpo a corpo jamais se omitiu, porque tinha uma espécie de serenidade pessoal, diante da morte, que o levava enfermo, quase a um passo da sepultura, a conviver com as lápides funerárias e a interpretá-las com olhos de artista. (CAVALEIRO..., 1983, p. 7, grifo do autor).

Enquanto crítico de arte, sua produção versou em torno do artesanato brasileiro e da arte funerária, foi um polímata reconhecido pela erudição e produção e autoconsiderava-se alheio às tramas de poder. Vianna Moog, controversamente, classificou Clarival Valladares como "um príncipe da renascença e um santo" (CAVALEIRO..., 1983, p. 7).

Clarival Valladares foi substituído pelo conservador Tarcísio Padilha, professor e presidente da Sociedade dos Filósofos Católicos. Em registro na seção "Noticiários" do *Boletim*, foi homenageado como um "líder da filosofia católica no Brasil" (TARCÍSIO..., 1983, p. 169). Considerava-se humanista, sendo conselheiro do CFE por uma década.

O centenário de nascimento de Oliveira Vianna, no dia 20 de junho, foi lembrado com o ensaio monográfico de Geraldo Bezerra de Menezes (1983). O conselheiro abordou a carreira, as obras e a elaboração sociológica de um dos intérpretes do Brasil inclusive com a polêmica defesa da "arianização progressiva do povo brasileiro [...]. Entretanto pontuou que o homenageado reviu seus conceitos, preocupando-se em demonstrar não a arianização, e sim a branquitude progressiva de nossa gente" (MENEZES, 1983, p. 46).

O ex-presidente da Comissão Nacional de Moral e Civismo destacou a evolução social, jurídica e política do Brasil, a organização do Estado em perspectivas filosóficas e humanistas, a "recristianização do trabalho e da vida" (MENEZES, 1983, p. 48). A formação do povo miscigenado pelas três raças passou pela elaboração teórica de Oliveira Vianna.

O desaparecimento de Alceu Amoroso Lima, no dia 14 de agosto de 1983, foi mencionado na 860ª Sessão Plenária (BRASIL, 1971-1989, n. 52) com discursos sequenciais de divergências e menções elogiosas. Djacir de Menezes, Josué Montello, Vianna Moog, Pedro Calmon e Abgar Renault foram companheiros do imortal por mais de 40 anos na ABL. Eles reiteraram a postura reservada do acadêmico, avesso à sala de chá da academia. Controverso, o intelectual trabalhou ao lado do ditador Getúlio Vargas e, ao mesmo tempo, ao lado de Jackson Figueiredo e do Padre Leonel Franca, dois ícones para os conselheiros.

Os desacordos políticos e ideológicos com o intelectual eram públicos e notórios, fosse por meio de missivas, fosse mediante publicações em jornais e revistas. Quando Arthur Cézar Ferreira Reis foi governador do Amazonas, Amoroso Lima questionou-o sobre a "Revolução de 64", publicamente, e denunciou que estava sendo instituído um regime autoritário no país. Arthur Reis lembrou que conseguira convencê-lo da necessidade daquele momento histórico, por meio de trocas epistolares.

Alceu Amoroso Lima foi um militante do laicato católico e pertenceu às hostes da Ação Católica. Escreveu e dirigiu a revista *A Ordem*, ligada ao Cardeal Dom Sebastião Leme. Foi uma figura exponencial na defesa do ensino católico nas escolas públicas e nos embates com os escolanovistas. Amoroso Lima era homem do debate público e de grandes polêmicas no campo intelectual, escrevia e mantinha colaborações com vários órgãos da imprensa. Josué Montello classificou Amoroso Lima como um homem de contradições; e Vianna Moog considerava-o possuidor de uma personalidade misteriosa. "O intelectual onde à maneira francesa: medido, bem comportado, sempre coerente. Sempre coerente ele não foi, nem anatoliano" (HOMENAGEM..., 1983a, p. 16), afirmou Gilberto Freyre. Ocasionalmente, colocava-se como intolerante de esquerda e de direita, em suas constantes mudanças de opinião, uma posição corajosa e contraditória naquele contexto:

> O Dr. Alceu foi, bravamente, corajosamente, contraditoriamente, intolerante. Soube ser intolerante. Soube ter a coragem da intolerância: uma intolerância de que toda a Literatura necessita por parte de alguns de seus escritores. Ele foi intolerante, tanto quanto homem, vamos usar a expressão convencional de que não gosto — da "direita" quanto essa intolerância de homem da direita — em que sua intolerância me atingiu como quando homem de "esquerda". Sua intolerância para comigo nada teve a ver com o meu relacionamento com ele. Homem da "esquerda", ele foi intolerante. Mostrou que era homem de convicções fosse homem da "direita", como foi, fosse homem da "esquerda", como se tornou. (HOMENAGEM..., 1983a, p. 16).

Pedro Calmon falou que Alceu Amoroso Lima não era somente um católico oficial, desses que o prelado reconhecia no fim da vida. O intelectual foi "com seu catolicismo ostensivo, proficiente e laborioso, a posição ímpar de líder, no Brasil, do homem religioso, isto é, do homem religioso, na melhor acepção da palavra", ponderou Pedro Calmon. Carlos Chagas enfatizou a sua capacidade de evolução, [...] a não permanência em quadros fechados" (HOMENAGEM..., 1983, p. 19, 22).

A leitura dos conselheiros acerca do modernismo do início do século XX e da ditadura civil-militar nos anos 60 e 70 daquele século, assim como os debates sobre militarismo, nacionalismo, civismo e catolicismo no CFC, indicava pouca dilatação política no olhar de uma geração que assistia à emergência do movimento cultural dos anos 80 com os olhos dos anos 30. A cultura de massa, a contracultura, a educação e os debates das políticas públicas, dos novos monumentos e patrimônios, assim como dos novos intelectuais e artistas, revelavam aos conselheiros que o desaparecimento da sua geração estava em ascensão.

No ano de 1983, entre os desaparecimentos dessa geração, estavam Peregrino Júnior, falecido em 12 de outubro; Abeilard Barreto (1908), pesquisador gaúcho do IHGB, em 3 de novembro; e o cineasta Humberto Mauro (1897), em 5 de novembro. No rol das homenagens registradas, nota-se que as décadas de 1920 e 1930 permaneciam como a principal lente de enquadramento dos conselheiros, fosse nos afetos, fosse nos desafetos. Algumas certezas permeavam os discursos dos conselheiros, como a obrigação de fazer a afirmação política das suas idiossincrasias e da geração que deveria ser cultuada nos registros da história. As sessões do CFC foram transformadas em momentos de láureas permanentes para os conselheiros e suas proximidades no campo intelectual, artístico e político. Uma geração que perseguia um projeto de país, mesmo com suas divergências intrínsecas e extrínsecas, precisaria ser monumentalizada nos registros do CFC.

O projeto de país que o CFC compreendia pautava-se no internacionalismo da cultura nacional e, sobretudo, nos intercâmbios das representações intelectuais brasileiras com as latino-americanas. Um relato de viagem realizado por Pedro Calmon provocou um debate curioso sobre a percepção do Brasil na América Latina. Calmon participou da Reunião das Sociedades Bolivarianas em Caracas, Venezuela, e relatou suas impressões na 849ª Sessão Plenária (BRASIL, 1971-1989, n. 51).

O evento de comemorações do bicentenário de nascimento de Simon Bolívar pelo olhar dos conselheiros foi revelador. Calmon confessou aos delegados suas ideias sobre a união da América Latina: "Discretamente, porém, brasileiramente protestei: a unidade é utópica. Agora, o que é essencial, importa a união. A união é necessária. É conveniente. É possível, e devemos encorajá-la" (SIMON..., 1983, p. 101). A exposição dos conselheiros na 849ª Sessão Plenária transformou-se em um colóquio sobre a colonização portuguesa e espanhola na América Latina, além do papel desenvolvido por Simon Bolívar nos processos de independência de vários países.

Vamireh Chacon, presente na reunião em Caracas, comunicou, orgulhoso, que o Brasil fora bem representado nos preparativos do bicentenário de Bolívar, por ele, Pedro Calmon e Gilberto Freyre. A autorização autoatribuída para a representação nacional foi reforçada no discurso de Gilberto Freyre, que, além da legitimação coletiva, escreveu um ensaio especial para a seção "Estudos e proposições" do *Boletim*, intitulado "Bicentenário de Simon Bolívar". Enquanto integrante da Comissão Organizadora do Bicentenário de Simon Bolívar, Freyre ministrou uma conferência a respeito das suas obras e afirmou a mestiçagem de Simon Bolívar. Sua mãe havia morrido quando este era criança, e aí residia a mestiçagem da sua criação, estava representada no fato de que "Bolívar foi criado por uma mãe negra, equivalente das brasileiras". Essa questão estimulou a abertura e ascensão de altos cargos dos seus exércitos para o povo "afro-negro" venezuelano. Bolívar, para o sociólogo, teve uma origem e educação aristocrática, por isso uma dimensão transnacional. Ele foi um filho de Casa Grande, das mais fidalgamente brasileiras, portanto um aristocrata territorial, e líder de um exército que libertou mais de seis países. A conferência de Freyre foi recebida com muitas felicitações, as mais expressivas foram emitidas por um cubano e um russo, presidente do Instituto de Estudos Latino Americanos da Rússia. Freyre mostrou-se admirado com a eloquência, a erudição e o conhecimento da América Latina demonstrada pelos dois representantes que conhecera. Ironicamente, afirmou que por pouco não saiu do evento na condição de "um quase extremista de esquerda" (FREYRE, 1983, p. 39-41).

A ata da 876ª Sessão Plenária (BRASIL, 1971-1989, n. 54) registrou a homenagem para a obra e a vida de Cassiano Ricardo. E saudou a visita do ministro da Cultura francês Jaques Lang no Brasil, além do retorno de Plínio Doyle para o CFC. O ano iniciava com novidades, e Marcos Vinícios Villaça informou a chancela de Patrimônio Cultural da Humanidade para São Miguel das Missões/RS, concedida por unanimidade pela Unesco, além da criação do Plano Nacional de Obras Raras (Planor) pela SEC. Mário Chamie notificou que a Biblioteca de Filosofia e Ciências Sociais da USP, em plena comemoração dos seus 50 anos, estava com um acervo de mais de 60 mil livros correndo riscos e armazenados entre paredes úmidas. Apesar das lamentações, o *Boletim* do primeiro trimestre de 1984 registrou comemorações, obras, viagens, homenagens e prêmios recebidos pelos conselheiros.

O centenário de nascimento de Roquete Pinto, homem das letras, foi lembrado pela sua contribuição para a análise da formação da democracia racial no Brasil. Foi autor de *Rondônia* (1917) e *Seixos rolados* (1927). A trajetória do naturalista, médico e antropólogo foi relacionada em suas participações do I Congresso Internacional das Raças em 1911, Londres. Atuou em pesquisas etnográficas sobre os indígenas e história natural, além de organizar o acervo de zoologia, botânica, etnologia e geologia do Museu Nacional, atuando como servidor concursado e diretor.

A amizade e as parcerias de Roquette Pinto com Cândido Rondon e Humberto Mauro foram recordadas pelo CFC, incluindo a coordenação da Rádio Educativa e o Instituto do Cinema Educativo do MES. A homenagem foi publicada na seção "Estudos e proposições", referente à ata da 882ª Sessão Plenária (HOMENAGEM..., 1984b, p. 11-31).

Por outro lado, debates como o promovido pelo *Correio Braziliense* sobre o cinema de Júlio Bressane (1946-) não foram debatidos no *Boletim*. Claudio Lysias (1984b), editor de "Atualidades" do jornal, noticiou que o cineasta estava propondo uma nova linguagem sobre a cultura brasileira pela perspectiva da obra de Machado de Assis *Memórias póstumas de Brás Cubas*. Buscou explicar aos tecnocratas do governo que era possível fazer uma releitura cinematográfica da obra machadiana por meio de uma linguagem poética-histórica. E concluiu: "Como o país mergulhado na maior crise da sua história poderia pensar em brasilidade, cultura", sem dispor de verbas vinculadas? O Brasil "merece um investimento [...] um Ministério da Cultura, antes que afundemos, de vez, na ignorância histórica e cultural", alertou Lysias (1984b, p. 17).

As críticas ao governo por conta da falta de recursos eram recorrentes, assim como a organização dos artistas, intelectuais e secretários de Cultura. Esses agentes ensejavam a reivindicação de um Ministério da Cultura. No entanto, o CFC estava alheio aos processos e parecia não sentir as transformações culturais no seu entorno. Seguia com as habituais comemorações, fosse de morte, fosse de aniversário, a exemplo dos 70 anos do conselheiro Francisco de Assis Barbosa, um dos patrimônios intelectuais da cultura brasileira, afirmou Josué Montello (OS SETENTA..., 1984).

No início de 1984, um tempo precioso foi dedicado para as pautas celebrativas. A conselheira Maria Alice Barroso foi saudada pela nomeação à direção da Biblioteca Nacional. O lançamento do selo comemorativo dos 50 anos de *Casa grande & senzala* pela Empresa Brasileira de Correios e Telégrafos foi comemorada. A obtenção do título de livre docência do conselheiro Sábato Magaldi na USP foi reverenciada. As doações para a Biblioteca Hélio Vianna eram anunciadas, e as publicações dos conselheiros, como a obra *Homens e ideias: a luz da fé*, de Geraldo Bezerra de Menezes, sobre a atuação de intelectuais católicos no Brasil, foram objetos dos discursos conselhistas. Enquanto esses temas eram pautados nos discursos dos conselheiros, a crise instaurada na cultura aprofundava-se, e as mobilizações para a criação do Ministério da Cultura não entraram nas plenárias do CFC. O Ministério da Cultura tornou-se reivindicação de outros grupos, não somente dos modernistas conservadores do CFC.

Dentro da tradicional rotina do CFC, Mário Chamie solicitou que o plenário enviasse um telegrama de congratulação pela nomeação do ator ítalo-brasileiro, comunista, Gianfrancesco Guarnieri (1934-2006) para a Secretaria Municipal de Cultura de São Paulo (1984-1986). Moniz de Aragão acrescentou o envio de outro telegrama para o prefeito Mário Covas pela coragem de indicar o ator para o cargo. Novos tempos cruzavam as esferas congratulatórias e as tarefas burocráticas do conselho. Entre láureas, rotinas administrativas e acordos políticos, os ventos da redemocratização começavam a atingir as estruturas do CFC.

5.1 Projeto de inventário para o CFC

A professora Júlia Azevedo (1984), secretária do plenário do CFC, conforme registros na ata da 877ª Sessão Plenária, apresentou um inventário administrativo do CFC, um trabalho coletivo realizado com as secretárias setoriais Dayse Pacca, Vilma d'Almeida, Tereza Domingues, Aurelina Góis dos Santos e Vânia Granato Bahia. A equipe compilou aproximadamente mil pareceres fichados, classificados e mimeografados, em uma espécie de gestão documental do órgão. Foram mapeados os estudos e as intervenções dos conselheiros publicados nos periódicos *Cultura* e *Boletim*. Uma prova histórica do trabalho realizado em 14 anos de existência do CFC, entre gestões, conselheiros, trajetórias, pareceres, homenagens e documentações produzidas.

A metodologia de registro adotada pelas secretarias do CFC foi a de mapear a produção dos presidentes das câmaras setoriais em agrupamentos temáticos, como cinema, letras, recursos humanos e os resultados em quadros demonstrativos, conforme o plano de trabalho de Azevedo (1984).

Desde a fundação do CFC, em 1966, 56 conselheiros circularam pelos seus quadros, apontou o documento. Nesse ínterim, o órgão ficou sob a responsabilidade de seis presidentes da República e seis ministros da Educação e Cultura. O CFC foi dirigido por quatro presidentes eleitos pelos pares: Josué Montello, com um biênio de mandato; e Arthur Cezar Ferreira Reis, Raymundo Moniz de Aragão e Adonias Filho, com um quadriênio cada. Dos 56 conselheiros, 5 possuíam carreiras no campo jurídico, e os demais se distribuíam nas áreas de Biologia, Arquitetura, Biblioteconomia, Escultura e Belas-Artes. Curiosamente, a Medicina não foi contabilizada no inventário realizado, mas Moniz de Aragão, Clarival Valladares e Carlos Chagas eram médicos.

Foram compilados 18 mandatos conselhistas interrompidos por motivos distintos, como falecimentos e ocupação de cargos em outras estruturas. Por sua vez, o relatório indicou que, entre o intervalo de cinco anos, foi constatado que a maior incidência geracional na ocupação das cadeiras variava entre 61 e 65 anos, sendo apenas um conselheiro com 60 anos e outro com menos de 30[41]. A presidência da Comissão de Legislação e Normas manteve-se sob o comando de Afonso Arinos de Melo Franco pelo período de 14 anos, e Pedro Calmon na Câmara de Patrimônio Histórico e Artístico com 13 anos de mandato. Na Câmara de Artes, foi registrado o menor mandato de um presidente, com apenas dois anos, o que demonstrou um cargo com alta rotatividade.

Um cômputo do trabalho das câmaras setoriais registrou que foram emitidos pela Câmara de Letras 120 pronunciamentos, 2 sobre teoria literária, 85 sobre literatura brasileira e 22 sobre literatura estrangeira. Quanto ao cinema, o relatório contabilizou 21 pronunciamentos, todos do conselheiro Octávio de Farias, mas não relacionou a área com a Câmara de Artes. Entre os discursos sumariados, foram contabilizados quatro sobre cinema nacional, um sobre curta-metragem, dez

---

[41] Não consegui identificar o nome desse conselheiro, mas acredito que tenha sido Marcio Tavares d'Amaral, que assumiu o DAC, em 1979, com 32 anos, o que indica um erro no relatório.

sobre longas-metragens nacionais, dois sobre longas-metragens estrangeiros, dois sobre festivais de cinema e dois sobre bibliografias cinematográficas (AZEVEDO, 1984).

Os dados demonstram uma preocupação em registrar a memória institucional para que as mudanças ocorrentes na política nacional e as novas frentes de articulação em disputa para o comando da cultura não atingissem a história do CFC. Urgia a necessidade do registro histórico para comprovar a produtividade do órgão.

5.2 Novas perspectivas para os conselheiros federais de Cultura

Assuntos diversos permeavam as reuniões internas do CFC, enquanto o Ministério da Cultura se tornava pauta pública. A ata da 888ª Sessão Plenária registrou o debate acerca do Processo 23004.00005/84-3, com parecer de Afonso Arinos, relator da Comissão de Legislação e Normas, sobre a renomeação da Câmara de Ciências Humanas para Câmara de Ciências. Nesse parecer foi incluído um adendo indicando a inserção das reuniões das setoriais nos intervalos das plenárias do colegiado, conforme as convocações dos presidentes. O texto final foi publicado pela Resolução 1, de 3 de abril de 1984.

Na ata da 890ª Sessão Plenária (BRASIL, 1971-1989, n. 55), foi comunicado o falecimento do antropólogo Paulo Duarte, no dia 23 de março de 1984. O estudioso auxiliou as expedições de Mário de Andrade pelo interior do Brasil, e com Sérgio Milliet estruturou o Departamento de Cultura e Recreação de São Paulo na década de 1930. Duarte manteve uma parceria com Carlos Drummond de Andrade na revista *Anhembi* por mais de uma década, lembraram os conselheiros.

Diante de questões burocráticas e homenagens, alguns acontecimentos indicavam que na década de 1980 seria finalmente criado o Ministério da Cultura. A ata da 899ª Sessão Plenária (BRASIL, 1971-1989, n. 55) registrou o tombamento do Terreiro de Candomblé Casa Branca Mãe Teté, em Salvador. As reorientações das políticas culturais construídas nos anos 70 pelo CNRC e pela Funarte continuaram com Marcos Vinícios Vilaça. A busca pela afirmação da política identitária, sobretudo pelo reconhecimento do patrimônio cultural de grupos sociais não consagrados, além da redemocratização e novas articulações para a revisão conceitual sobre democracia racial, foi inserida nas políticas de CFC, Sphan e SEC.

Gilberto Velho (2006), chefe do Departamento de Antropologia do Museu Nacional, relatou sua experiência dentro do Conselho Consultivo da Sphan, acerca da deliberação do processo de tombamento do terreiro em Salvador, uma disputa histórica travada com a Igreja Católica sob a pressão dos representantes conservadores. A sessão que deliberou o tombamento do terreiro foi acompanhada pessoalmente pelo Cardeal Primaz do Brasil Dom Avelar Brandão, uma decisão que resultou em três votos favoráveis, um contra e duas abstenções com uma declaração de voto para o adiamento do processo. Essa questão litigiosa ilustrou as tensões que pairavam sobre o patrimônio cultural não consagrado, que deveria ser patrimonializado e estruturado enquanto memória nacional. O Iphan, anos depois, avaliou que "aplicar o instrumento do tombamento a um bem não ligado à tradição luso-brasileira, cuja expressão material não se enquadrava nos critérios de excepcionalidade então vigentes", fez com que o Estado reconhecesse a "importância do candomblé como manifestação cultural e religiosa de parcelas significativas da população, especialmente na cidade de Salvador" (IPHAN, 2016, s/p).

A partir desse tombamento, outros processos de terreiros foram votados, assim como de outras representações imigratórias, como a Casa de Chá Japonesa em São Paulo e a moradia vernacular de um colono no Rio Grande do Sul. Sob a categoria de patrimônio intangível, foram reconhecidos pelo Estado os rituais indígenas do Quarup e as referências das culturas tradicionais e populares como as paneleiras de Goiabeiras, em Vitória/ES.

Na mesma sessão em que foi apresentado o parecer sobre o tombamento do terreiro, foram aprovadas notas de pesar para duas referências geracionais que auxiliaram a imprimir um estereótipo do homem brasileiro. Uma para o escultor Celso Antonio, autor de obras escultóricas no Palácio da Cultura, outra para o médico Pedro Nava, que em suas obras dissertou sobre os intelectuais que saíram de Minas Gerais, nos anos 30 e 40.

A exemplo dos intelectuais mineiros, o mecenato estatal e privado foi seletivo no patrocínio e no recrutamento de trabalhadores e gestores. Apesar das críticas ao processo político pelo qual passava o MEC, o único conselheiro que projetou a cultura além da estética conservadora do CFC foi Clarival Valladares, conselheiro homenageado com o patrocínio da empreiteira Odebrecht em seu aniversário de morte, com o conjunto das suas obras publicadas pela empresa.

Na seção de pareceres referente à 901ª Sessão Plenária (BRASIL, 1971-1989, n. 56-65), o assunto da democracia racial voltou ao colegiado, não somente via Sphan, mas via Legislativo federal. O Processo 2.741 foi analisado pela Câmara de Ciências Humanas, sob a relatoria de José Cândido de Melo Carvalho, referente ao Processo 23004.000133/84-4, sobre o PL 3.233/1984, do deputado Agnaldo Timóteo, que criaria o Conselho Nacional de Integração Social sobre a temática da inclusão racial. O relator desse processo, para salvaguardar a sua tarefa, solicitou a opinião do antropólogo Gilberto Velho, que, por ofício, emitiu uma série de considerações acerca da matéria. O consultor destacou que o Estado brasileiro reconheceu e se posicionou contra a discriminação racial desde a Lei Afonso Arinos, de 1951, mas o problema racial não estava somente atrelado à questão social. Pois essa questão não seria resolvida com a criação de um conselho ou qualquer entidade burocrática, uma vez que a noção de raça seria uma terminologia complexa, questionada cientificamente, e deveria ser considerada nas políticas públicas, com base na inclusão dos grupos étnicos que constituíam a sociedade brasileira. Mais importante do que o PL seria criar mecanismos para reconhecer a identidade negra e lutar pelos seus direitos de cidadania; o consultor foi além da falsa integração racial, por meio de um conselho, cuja proposta não eliminava, mas acirrava as fronteiras entre as etnias. Velho concluiu que o Brasil não era uma democracia racial nem uma sociedade de castas, registrou o *Boletim*. O antropólogo sinalizou que o órgão proposto pelo deputado seria burocrático e inoperante para a inclusão das políticas públicas (BRASIL, 1971-1989, n. 56-65).

Gilberto Velho questionou a existência do próprio CFC, pois os conselhos não eram vistos como instrumentos de mediação política entre o Estado e a sociedade civil, mas como legitimadores das políticas estatais. Os conselhos eram vistos como elitistas, e a crítica parecia não atingir o CFC, pois permanecia no Olimpo das efemérides e homenagens aos seus pares.

No falecimento de Andrade Muricy, dia 9 de junho de 1984, o crítico literário foi saudado pelos seus estudos acerca do simbolismo brasileiro na música, na prosa e na poesia. A ata da 900ª Sessão Plenária, de 2 de julho de 1984, registrou os discursos em homenagem ao ex-conselheiro com participação do seu irmão, o general Antonio Carlos da Silva Muricy. As obras *Villa-Lobos, uma interpretação* (1961) e *Panorama do simbolismo brasileiro* (1973), editadas pelo MEC/INL e organizadas pelo CFC, foram exemplos de consagração de um intérprete da cultura brasileira. Gilberto Freyre enalteceu a "largueza da sua cultura [...] intensidade do seu patriotismo" (BRASIL, 1971-1989, n. 56-65, p. 16).

No entanto, no meio das análises estilísticas e conceituais sobre Andrade Muricy, Arthur Reis lembrou-se de um comentário profético emitido pelo conselheiro. Afirmou que o DAC, sob a análise profética de Andrade Muricy, seria o "primeiro organismo" que deveria "dirigir, administrativamente, a parte cultural do Ministério" e extirparia "do Conselho toda a sua força". Arthur Reis endossou a análise do amigo falecido, afirmando que foi "justamente o que aconteceu. Ele teve a previsão dos acontecimentos" (BRASIL, 1971-1989, n. 56-65, p. 13, 11).

O alerta de Andrade Muricy não fez com que os conselheiros mudassem a rotina política e a obstinação pelas homenagens e moções de pesar. Na ata da 909ª sessão Plenária, Marcos Vilaça comunicou sobre uma parceria da SEC com a FGV para desenvolver "estudos concernentes à participação de Gustavo Capanema na política cultural brasileira", e o governo estava realizando tratativas federais para a doação do arquivo pessoal do ex-ministro para a FGV, aludiu o secretário (BRASIL, 1971-1989, n. 56-65, p. 71).

O nome de Capanema atrelado à figura do ditador Getúlio Vargas foi silenciado no CFC, como se o órgão estivesse a escrever uma nova história da institucionalização da cultura a partir de Castello Branco, em 1964. As ambiguidades de interpretação dos fatos históricos e a relutância em não compreender as mudanças históricas fizeram com que o CFC anulasse o legado de Capanema nas políticas culturais, retomado por Aloísio Magalhães quando criou a SEC. Mas Vilaça, apesar de se mostrar subserviente ao CFC, articulava-se externamente em outras direções para a organização da cultura nacional.

Na 912ª Sessão Plenária (BRASIL, 1971-1989, n. 56-65), Sábato Magaldi anunciou o Prêmio Moinho Santista para os nomes ilustres da literatura, como Jorge Amado e Menotti del Picchia. Além deles, foi premiado o jovem Marcelo Rubens Paiva, autor da obra *Feliz ano velho*, cujo pai, Rubens Paiva, fora preso e assassinado nos porões da ditadura. Nada foi comentado sobre o autor e sua obra, tampouco sobre a sua luta em denunciar o assassinato do pai. As questões da violência da ditadura brasileira pareciam não afetar as idiossincrasias dos conselheiros, e a ditadura continuava um assunto proibido dentro do CFC.

Entre menções de láureas e assuntos velados, o Dia da Cultura foi comemorado na 916ª Sessão Plenária. Moniz de Aragão propôs que a Lei 5.579, de 15 de maio de 1970, fosse revista pela ministra Esther de Figueiredo Ferraz, considerando que o dia dedicado à cultura fosse, igualmente, o Dia da Ciência, pois a dissociação era inapropriada. Os humanistas julgavam a cultura enquanto ciência, noção que permeava as redes de pertencimentos e sociabilidades dos conselheiros, fosse nas artes, fosse na política. A ciência e a cultura eram as matrizes principais do humanismo para Aragão (BRASIL, 1971-1989, n. 56-65).

O ano de 1984 avançava com discussões nos jornais sobre a criação do Ministério da Cultura. Entre opiniões favoráveis e contrárias, questionava-se se a cultura deveria ser dirigida e patrocinada pelo Estado ou ser livre e descompromissada.

Na rotina das láureas, a morte do jornalista Mauro Mota, dia 22 de novembro de 1984, ocupou o lugar do debate político no CFC, para uma série de homenagens registradas na seção "Estudos e proposições" do *Boletim* (A DESPEDIDA..., 1984). Quatro reuniões consecutivas foram dedicadas para laurear a trajetória e obra do humanista, autor dos poemas "Pernambucâncias" e "Guararapes". As sessões tornaram-se um campeonato de revezamentos retóricos. A certeza do desaparecimento geracional fez com que os conselheiros se protegessem em suas idiossincrasias discursivas e se mantivessem alheios às movimentações políticas da criação do Ministério da Cultura. A ata da 920ª

Sessão Plenária registrou que Mauro Mota fora mais um representante da geração de 1945 que desaparecia na penúltima década do século XX, reiterou Mário Chamie. Rachel de Queiroz corrigiu-o e localizou Mauro Mota na geração de 1930 (BRASIL, 1971-1989, n. 56-65).

As bases de atuação da geração das décadas de 1920, 1930 e 1940 estavam ancoradas no modernismo conservador, que tinha um projeto de país que articulava cultura nacional, religião, disciplina e civismo na mesma perspectiva. Uma geração de humanistas e polímatas que circulavam em múltiplas áreas do conhecimento, a exemplo de Mauro Mota, geógrafo, sociólogo, poeta, ecólogo e autor de obras consagradas. Mário Chamie lembrou que o escritor de *Cajueiro nordestino* homenageara em sua obra uma planta que nascia em "terra desértica [...] arenosa" com "raízes profundas" no seu entorno, onde se erguiam sobre o solo visíveis "tentáculos" (BRASIL, 1971-1989, n. 56-65, p. 100). A analogia estendeu-se do cajueiro para as trajetórias dos conselheiros, cujas obras profundas se espraiavam pela cultura e pelo território nacional.

Heloísa Lustosa leu um texto sobre o aniversário dos 16 anos do AI-5, ação registrada na ata da 923ª Sessão Plenária e publicada na seção "Estudos e proposições" do *Boletim* (BRASIL, 1971-1989, n. 56-65). A conselheira promoveu um debate controverso no CFC sobre os que se posicionaram favoráveis ao golpe de 1964, mas contrários ao AI-5. E esclareceu que seu pai não tinha responsabilidades com o AI-5, pois o vice-presidente Pedro Aleixo votara contrário àquele ato ditatorial.

Com base na obra *A revolução e o governo Costa e Silva*, do general Jayme Portela, a conselheira lembrou-se que todos os nomes presentes na fatídica reunião do Conselho de Segurança Nacional que determinou o AI-5 votaram a favor, exceto o seu pai. Entre os presentes, à época, estavam dez generais, entre militares da ativa e reserva, e ministros, inclusive Tarso Dutra, do MEC. O AI-5 foi aprovado como um remédio para "extirpar a onda de subversão que avassalava o país" (BRASIL, 1971-1989, n. 56-65, p. 92). A votação teve 23 votos favoráveis e um contra, de Pedro Aleixo, cujo voto contrário encerrou a possibilidade de um dia assumir a Presidência da República. Heloísa Lustosa lembrou que Aleixo propusera, em lugar do AI-5, apenas um Estado de sítio para garantir a ordem e a segurança nacional (BRASIL, 1971-1989, n. 56-65).

Os conselheiros, emocionados com a relato de Heloísa Lustosa, lembraram as relações amistosas com Pedro Aleixo e com a "Revolução de 1964". Nenhum dos intelectuais do CFC se posicionou favorável ao AI-5. Josué Montello, Rachel de Queiroz e Arthur Reis sugeriram que a conselheira escrevesse as memórias do seu pai. Abgar Renault afirmou não ter se surpreendido com o voto do seu colega da Faculdade de Direito, um democrata com autonomia de caráter. A data de 13 de dezembro de 1968 foi sinistra, reiterou Renault. Miguel Reale defendeu a CF-1967, ao informar que fora elaborada por uma Comissão de Alto Nível, cujos membros não dialogavam com o famigerado AI-5. Reale afirmou que o presidente Costa Silva tinha intenção de revogar o AI-5, mas a sua morte o impedira de fazê-lo (BRASIL, 1971-1989, n. 56-65).

A conjuntura política confrontava os conselheiros em seus princípios e trajetórias individuais e políticas. O CFC, em plena redemocratização do país, não se declarava contrário aos mecanismos ditatoriais, como as censuras, as prisões e as torturas ocorrentes, desde 1964. A resistência dos conselheiros em se desvencilhar desse contexto de violência, sem se posicionar como contrários à ditadura, atribuiu ao CFC a acusação de estar a serviço da ditadura.

As conexões e articulações entre a SEC, o MEC e o movimento dos secretários estaduais de Cultura isolaram politicamente e financeiramente o CFC. O conselho foi atingido justamente no seu maior orgulho, a sua produção intelectual. O periódico *Boletim* publicava periodicamente atas, pareceres, discursos, homenagens e textos autorais. O atraso nas publicações afetou a logística de distribuição do boletim e seu formato, mas também atingiu o moral dos conselheiros.

A seção "Estudos e proposições" foi compartimentada em edições semestrais e anuais, e, para compensar o atraso do periódico, foi publicado um suplemento intitulado "Boletim MEC" com os números atrasados de 56 e 57, com 120 páginas, composto apenas pelas seções "Estudos e proposições", com os pronunciamentos dos conselheiros e convidados. O segundo suplemento, intitulado "Boletim MinC", apresentou os números atrasados, de 56 a 65, com 372 páginas, e publicou uma compilação das atas e dos pareceres, em uma espécie de combo do segundo semestre de 1984 ao último trimestre de 1986 (Figuras 34, 35, 36, 37 e 38). As dificuldades financeiras aumentavam sobre o CFC, e as novas orientações políticas pareciam não atingir a atuação e a percepção dos conselheiros sobre a cultura nacional idealizada, que estavam acostumados a defender. A cultura política nacional estava sendo repaginada, no contexto de democratização dos anos 80, e os conselheiros não faziam uma análise de conjuntura adequada para perceber os novos tempos políticos e o que aconteceria com o CFC, naquele momento histórico. A incerteza política criou uma insegurança administrativa e jurídica nos atos burocráticos do órgão, além de uma celeuma editorial nos planos da comunicação do periódico.

Figura 34 – Capa do *Boletim* suplementar do CFC

Fonte: *Boletim* (1984, n. 56-57)

Figura 35 — Capa do *Boletim* suplementar do CFC

Fonte: *Boletim* (1984-1986)

Figura 36 — Capa do *Boletim* suplementar do CFC

Fonte: *Boletim* (1985, n. 58-59)

Figura 37 — Capa do *Boletim* suplementar do CFC

Fonte: *Boletim* (1985, n. 60-61)

A publicação dos boletins foi interrompida por "motivo de insuficiência orçamentária" (BRASIL, 1971-1989, n. 56-65, p. 7), alertou a nota explicativa dos números 56 e 57, e a sua retomada foi garantida pelo empenho do ministro José Aparecido de Oliveira quando retornou ao MinC, em 1988, conforme informação da data de 22 de novembro de 1988, nos boletins suplementares. Outra nota explicativa no *Boletim*, dos números 58 a 65, de 28 de novembro de 1988, registrou na ficha técnica a nova composição do CFC: José Aparecido de Oliveira, presidente, cargo nato do ministro, e vice-presidente, conselheiro eleito pelo colegiado, Geraldo Bezerra de Menezes. Entre os conselheiros que permaneceram, encontravam-se Abgar Renault, Carlos Chagas Filho, Herberto Sales, Mário Chamie, Miguel Reale, Raymundo Moniz de Aragão, José Cândido de Carvalho e Vamireh Chacon.

Novos conselheiros foram arrolados na ficha técnica do boletim, como Álvaro dos Santos Pacheco, Antonio Callado, Bernardo Élis, Celso Ferreira da Cunha, Elisabeth Figueiredo Agra Marinheiro, Evaristo de Moraes Filho, Francisco Cezar Leal, Francisco Iglésias, Gerardo Mello Mourão, Hélio Ribeiro da Silva, Jean Claude Bernardet, Marcus Accioly, Newton de Almeida Rodrigues e Vasco Mariz. Retornaram ao CFC: Eduardo Matos Portella, ex-ministro do MEC; e Marcio Tavares do Amaral[42], ex-diretor do DAC.

5.3 Articulações para o Ministério da Cultura

A partir de 1983, José Aparecido de Oliveira tornou-se figura central na articulação dos fóruns de secretários estaduais de Cultura para a criação do Ministério da Cultura. Em torno do secretário de Cultura mineiro, foi criado um processo de mitificação que lhe credenciou a alcunha de candidato natural ao cargo de ministro, referiu Botelho (2000). Perspectiva consoante têm os autores Ferron (2017) e Ferron e Arruda (2019) e Poerner (1997). A bibliografia referida não relaciona a proposição do Ministério da Cultura na história do CFC, tampouco a emergência das secretarias, dos conselhos e dos encontros nacionais de Cultura enquanto determinantes para a instituição do ministério. Todas essas articulações foram coordenadas pelo CFC, antes do movimento articulado por José Aparecido à época da sua nomeação para o SEC/MG.

Mesmo o CFC sendo considerado um instrumento ideológico da ditadura civil-militar, ele contribuiu para a organização da cultura autônoma, nos âmbitos regional e nacional, nas décadas de 1960 e 1970. Portanto não é possível desconsiderar a atuação do CFC em defesa do sistema estruturante da cultura, PNC, FNC, SNC, Seac, DAC e Ministério da Cultura. A defesa do CFC para a separação das pastas Cultura e Educação pode ser comprovada em todos os documentos produzidos pelo CFC. E não se pode negligenciar o papel de Aloísio Magalhães na década de 1970, tampouco do PL de Menotti del Picchia na década de 1960. Ainda reitero que o projeto de Ministério da Cultura começou com o projeto de Ministério da Cultura Nacional de Capanema e os projetos de Mário de Andrade no DCSP, na década de 1930. Todos esses nomes e projetos foram condicionantes para o projeto de institucionalização do Ministério da Cultura, conforme a minha tese defendida na Ufsc (SOUZA, 2021).

A análise dos processos históricos, em sua amplitude, proporciona um olhar panorâmico sobre as disputas de poder inseridas dentro e fora das instituições culturais. Assim como as disputas redesenharam novas propostas de territorialização e regionalização da cultura pela multiplicação das secretarias, fundações, casas de Cultura e conselhos municipais e estaduais. Os órgãos de cultura participavam dos trabalhos do CFC e trocavam correspondências com o órgão, desde 1966. Nesse sentido, o processo de articulação para a criação do Ministério da Cultura, na década de 1980, pelos secretários estaduais de Cultura provoca outras análises teóricas sobre as disputas à época.

Francisco de Assis Barbosa, na 921ª Sessão Plenária (BRASIL, 1971-1989, n. 56-65), relatou uma reunião com os Conselhos Estaduais de Cultura em Santo Ângelo/RS, de 14 a 16 de novembro de 1984, com a participação do jurista italiano Paulo Grossi. As notícias relatadas pelos conselheiros demonstravam que as atividades ocorriam sem a participação do CFC. Os conselheiros ofendidos com a exclusão não realizaram protestos sobre a ausência do CFC nos conclaves organizados pela SEC e pelo MEC, tampouco reivindicaram a participação efetiva entre os secretários estaduais nos fóruns organizados para articulação do Ministério da Cultura. Por outro lado, o fórum dos secretários estaduais de Cultura desvencilhou suas ações do CFC e do governo militar.

No entanto, os conselhos estaduais mantinham uma proximidade hierárquica com o CFC para manter a legitimidade política. Um exemplo dessa questão foi registrado na ata da 624ª Ses-

---

[42] A grafia do nome de d'Amaral passou a ser publicada no *Boletim* como do Amaral, a partir desse número.

são Plenária sobre a eleição do presidente Oswaldo Ferreira de Melo para o CEC/SC. Embora os conselheiros e secretários estaduais pretendessem se distanciar do CFC, existia uma proximidade ideológica nas trajetórias dos conselheiros nos três níveis de atuação. Uma espécie de *modus operandi* demarcava o perfil dos conselheiros e secretários de Cultura, como no caso do CEC/SC, cujo presidente eleito foi jurista, escritor, compositor musical, pesquisador da imigração açoriana e do folclore catarinense, além de professor da Ufsc. Oswaldo Ferreira de Melo foi autor de obras sobre a área jurídica, como o *Dicionário de política jurídica*, publicado pela OAB/SC, e atuou em espaços de consagração cultural, como o Instituto Histórico e Geográfico de Santa Catarina e a Academia Catarinense de Letras.

As trajetórias intelectuais, as longas permanências políticas e as circularidades nas secretarias, nos departamentos, repartições e equipamentos culturais, nos estados e municípios, além de outras esferas da administração pública, sobretudo às jurídicas, eram similares aos conselheiros de CFC, CECs e CMCs. O presidente do CEC/SC permaneceu no cargo de conselheiro de 1970 a 2003, e no Conselho Estadual de Educação de SC de 1963 a 1969, evidenciando que os mandatos longevos dos conselheiros estaduais e municipais reproduziam a prática de ocupação dos espaços públicos de consagração com mandatos praticamente vitalícios, pautados, sobretudo, em políticas de amizades com raros revezamentos de poder.

Os conselheiros estaduais e municipais visitavam o CFC, frequentemente, como convidados ou de forma espontânea. O CFC, sediado no Palácio da Cultura, emanava uma aura consagratória para o círculo de contatos desses intelectuais, mediadores e agentes públicos. Muitas solicitações e reivindicações eram trazidas para o CFC pelos CECs e CMCs. O professor Oswaldo Ferreira de Melo participou da 861ª Sessão Plenária (BRASIL, 1971-1989, n. 52) para que o CFC intermediasse com as instituições federais auxílio para o estado catarinense, acometido por enchente, que sofrera danos irreversíveis ao patrimônio.

Na 624ª Sessão Plenária, os conselheiros foram informados, via fax, pelo governador goiano Irapuã Costa Junior (MDB), que Belkiss Spenciére Carneiro de Mendonça (1928-2005) seria presidente da recém-criada Fundação Cultural do Estado de Goiás. A professora goiana foi tradutora de francês, musicista, compositora e pianista, era considerada uma das maiores intérpretes da obra de Bach. Foi fundadora da Universidade Federal de Goiás e do Conservatório de Música de Goiânia. Foi a primeira presidente da Academia de Letras de Goyaz, jornalista, contista e redatora nos periódicos *O Lar* e *O Popular*, vice-diretora do Gabinete Literário Goiano e membro da Academia Feminina de Letras e Artes de Goiás (AFLAG, c2019). Sua trajetória foi reconhecida no mundo da consagração intelectual. Era uma velha conhecida do CFC, pois acompanhava o órgão desde a sua criação, conforme registrou a ata da 335ª Sessão Plenária (BRASIL, 1971-1989, n. 8).

Os conselhos municipais também enviavam comunicados sobre mudanças na gestão e pedidos de auxílios, a exemplo do CMC de Joinville/SC. O órgão municipal comunicou via correspondência, conforme a ata da 844ª Sessão Plenária (BRASIL, 1971-1989, n. 51), a recondução do presidente Carlos Adauto Vieira e do vice-presidente Afonso Imhof para o CMC.

Mesmo com fragilidades políticas, financeiras e considerado um instrumento da ditadura civil-militar, o CFC foi uma referência para a cultura, sobretudo quando exercia o caráter normativo e organizacional. O CFC, historicamente, organizava os encontros nacionais de cultura com os secretários e conselheiros estaduais e municipais auxiliando na elaboração de planos e anteprojetos para a cultura. Aos poucos, o caráter executivo foi colocado de lado com a ascensão dos órgãos congêneres, DAC, Funarte, Seac e SEC, sobretudo nas tarefas mais representativas para os conselheiros, como seleção de projetos, elaboração de pareceres, concessão de subsídios, celebração de convênios, reformas de instituições e coordenação das políticas culturais. O histórico do CFC foi desconsiderado enquanto órgão de política cultural no processo de reivindicação do Ministério da Cultura, e excluído dos órgãos que auxiliaram a organização, como os CECs, CMCs e SECs.

As pautas, mesmo com o processo de exclusão do CFC, permaneciam sendo a defesa do acesso à cultura, a criação do FNC, o fortalecimento da Política Nacional de Cultura e a salvaguarda do patrimônio. Essas matérias foram reapresentadas pelos secretários estaduais no movimento de articulação para a fundação do Ministério da Cultura, contudo essas pautas vinham sendo construídas desde os anos 60. A perda das atribuições e o isolamento do CFC, provocado pelo movimento dos secretários estaduais, acrescido da escassez orçamentária nos anos 80 para a área, fizeram com que o CFC ficasse reduzido a sua plenária, muitas vezes sem pautas e pareceres para discussão e análise. Mesmo o CFC sinalizando, desde os primeiros encontros nacionais, a partir de 1968, que fosse imperativo criar no Brasil um ministério independente da educação, a trajetória do CFC foi ignorada pelo MEC, pelo MinC e pelos secretários e conselheiros municipais e estaduais.

O fato de o CFC ter sido legitimado sob os princípios da "Revolução de 1964" e ter se mantido em silêncio sobre o AI-5, perante a violência da ditadura, foi o condicionante para o órgão ser sido excluído da criação do Ministério da Cultura.

Sob a voz autorizada dos secretários e dos conselheiros estaduais, o Ministério da Cultura tornou-se a prova da redemocratização e dos novos horizontes vislumbrados pela nova República. No entanto as ambiguidades ideológicas dos conselheiros federais, ora defendendo os princípios "democráticos" do golpe de 1964, ora os princípios ditatoriais da censura moral e cultural, fizeram com que o CFC fosse limado do *métier* dos dirigentes e conselheiros estaduais e municipais. Os conselhos nacionais foram fortalecidos no governo Vargas e nos governos militares, mas a expansão e a regionalização dos conselhos nos estados e municípios tornaram-se os tentáculos do controle cultural.

Em 1983, foi criado o movimento Fórum de Secretários Estaduais de Cultura (FSEC). Em 1984, José Aparecido de Oliveira tornou-se presidente do FSEC. O jornalista mineiro trabalhou em diversos periódicos culturais e diários. Foi editor político de *Correio do Dia*, *Jornal do Commercio* e Rádio Inconfidência. Diretor e presidente do *Diário de Minas* e da *Revista Alterosa* e presidente da Editora Saga. Seguiu carreira no mercado financeiro como diretor do Banco Bandeirantes S/A e da Nacional Companhia de Seguros. Essa trajetória lhe garantiu postos políticos de comando e de assessoria no serviço público. Em Minas Gerais, foi chefe de gabinete do prefeito de Belo Horizonte (1954-1958), diretor do Serviço de Jornalismo e Propaganda, chefe da Divulgação do Serviço de Radiodifusão, assessor do secretário da Agricultura (1950), do Governo do Interior e de Justiça (1962-1964) e secretário de Estado do Governo (1983). Na esfera nacional, foi assistente do deputado Magalhães Pinto na presidência da UDN e secretário particular do presidente Jânio Quadros (1961).

Era reconhecido como representante da Bossa Nova na UDN. Foi eleito deputado federal, em 1961, e cassado em 1964. Retornou para a Câmara Federal em 1982 pelo PMDB, com "uma das maiores votações registradas em Minas", ressaltou José Aparecido de Oliveira (1984a, p. 8), o quarto mais votado no estado, com 137 mil votos.

As influências políticas de José Aparecido de Oliveira garantiram a sua indicação para a SEC/MG em 1983, no governo de Tancredo Neves. O lema da sua gestão, "Memória e Transformação", reverberou os debates sobre cidadania e participação social nos movimentos sociais, institucionais e culturais. Contudo foi adversário de Tancredo Neves na Resistência Democrática, antiga UDN, conforme registrou *O Cruzeiro* (CULTURA, 1985).

A autoria da proposição do Ministério da Cultura, atribuída ao secretário José Aparecido, desconsiderou a constelação de secretários estaduais de Cultura no movimento FSEC, como o antropólogo Darcy Ribeiro, do SEC/RJ; Fernando Ghignone, do SEC/PR; Jorge Cunha Lima, do SEC/SP; e Joaquim Salles de Oliveira Itapary Filho, do SEC/MA.

Itapary, por exemplo, com formação humanista reconhecida, foi bacharel em Direito pela Faculdade de Direito de São Luís e circulou em distintas áreas. Atuou como especialista em Problemas de Desenvolvimento Econômico pela Cepal, ONU e BNDES; e em Política Internacional e Desenvolvimento pela Cepal, ONU e Ministério das Relações Exteriores. Trabalhou na Programação Orçamentária da Superintendência de Desenvolvimento do Nordeste, em 1963, com Celso Furtado. Foi redator dos projetos de desenvolvimento para a Sudene e governo do Maranhão. Foi diretor, secretário e articulista de jornais e periódicos culturais, como *Jornal do Povo, O Combate, Diário da Manhã, O Estado do Maranhão* e *Revista Legenda*. Foi deputado estadual na Assembleia Legislativa do Maranhão (1971-1974). Laureado com medalhas de condecoração e de mérito por sua obra e trajetória em numerosas instâncias de consagração, desde as instituições políticas, jurídicas, culturais e militares. Professor da Escola de Administração Pública do estado do Maranhão, diretor superintendente do Sebrae, conselheiro e presidente da Fundação José Sarney. Autor de obras ficcionais, romanescas, poéticas e membro da Academia Sambentuense e Academia Maranhense de Letras (AML, 2019).

Na história do Ministério da Cultura, a articulação de José Aparecido de Oliveira sobrepôs-se e ultrapassou as fronteiras do movimento criado pelos secretários estaduais. O mineiro não restringiu a sua atuação ao FSEC, mas atuou no cenário político nacional, a exemplo da interrupção do processo de aprovação da PEC 5/1983, do deputado federal Dante de Oliveira, do PMDB, sobre o restabelecimento de eleição direta para presidente da República. Em novembro de 1984, devido à insuficiência de quórum parlamentar, de dois terços de votos em plenário, para enviar a matéria ao Senado Federal, o Colégio Eleitoral manteve a eleição indireta, apesar das manifestações populares do movimento "Diretas Já".

José Aparecido de Oliveira tornou-se um dos principais articuladores da candidatura de Tancredo Neves pela Aliança Democrática, uma junção do PMDB com o PFL, para a Presidência da República em 1984. De acordo com as avaliações de pesquisadores como Monteiro e Barros (2009), foi essa articulação que garantiu a vaga de ministro da Cultura para José Aparecido. O mineiro permaneceu no cargo por três meses, quando assumiu o governo do Distrito Federal (1985-1988), único estado na Federação que não elegeu diretamente seu governador. Sua trajetória contrapõe os novos argumentos sobre sua participação na história da criação do Ministério da Cultura. Primeiro, o seu protagonismo; segundo, a sua articulação com o FSEC.

A matéria intitulada "Os presidenciáveis diante da cultura brasileira" no *Correio Braziliense*, assinada por Maria do Rosário Caetano (1984b, p. 15), indicou que, nos projetos dos candidatos Marco Maciel (1940), Mário Andreaza (1918-1988), Paulo Maluf (1931-) e Aureliano Chaves (1929-2003), vice-presidente da República (1979-1985), não existia proposta concreta à cultura; os planos restringiam-se a retóricas.

Na mesma página jornalística, um texto de Claudio Lysias analisou que o Estado e a cultura no Brasil estavam divorciados, antes de 1964. A cultura foi considerada inimiga do Estado, com projetos negados sob o crivo da análise do Dops. Para o analista, não seria a eleição indireta para presidente que repararia o divórcio histórico, portanto sugeriu a criação do Ministério da Cultura "forte, pluripartidário e independente" para que se pudesse "definir uma política cultural para o país"; pois corria-se o risco de o Brasil entrar nos anos 2000 com "posição humilhante" diante das nações desenvolvidas (LYSIAS, 1984a, p. 15).

O slogan "Muda Brasil", da campanha presidencial de Tancredo Neves, foi o título de uma extensa entrevista concedida para a *Folha de S. Paulo*. A manchete destacou a afirmação de Tancredo: "No Brasil só os pobres e a classe média pagam impostos". O jornal questionou o presidenciável sobre temas controversos para o Brasil, além dos resquícios militares dentro do Estado. Tancredo respondeu sobre Estado laico, teologia da libertação, movimento sindical e civis, incluindo povos indígenas e negros, homossexualidade, censura cultural e política, ditadura militar, distribuição de renda, reforma agrária, violência urbana, comercialização de armas, robotização, informática, greves e votos dos analfabetos. Essas questões incomodavam a base de comando da economia nacional e eram temas do debate público na imprensa, na academia e no parlamento. E, ao ser indagado se existia em seu plano de governo um projeto para a política cultural, Tancredo respondeu: "Existe" (NEVES, 1984, p. 10).

Para Tancredo, o "Ministério da Educação se tornou grande demais com objetivos por demais complexos para poder abranger, também, o setor da Cultura". Por isso, planejava seriamente criar o Ministério da Cultura; como em Minas Gerais, instituíra a Secretaria de Cultura, pois os "objetivos da Cultura não coincidem com os da Educação, contudo o Ministério da Cultura, da Ciência e de Tecnologia" estava "amadurecido para ser implantado no Brasil" (NEVES, 1984, p. 10). Discurso distinto do CFC, pois, mesmo que a cultura, a ciência e a tecnologia fossem consideradas áreas correlatas do ponto de vista dos conselheiros federais, a defesa da criação do ministério para a cultura sempre se pautou em completa independência.

Do outro lado, na concorrência presidencial, Paulo Salim Maluf, do PSD, defendeu no plano de governo a criação de uma estrutura: o Ministério da Cultura, Esporte e Turismo. A justificativa pautava-se na Secretaria de Estado da Cultura de São Paulo, instituída pelo Decreto 13.426, de 16 de março de 1979, na sua gestão.

Um Ministério da Cultura, enfim, seria criado tanto por Tancredo quanto por Maluf, mas os dois candidatos não desejavam uma pasta autônoma. A autonomia foi o mote do movimento capitaneado por José Aparecido de Oliveira e, historicamente, pelo CFC. Sob a presidência de José Aparecido, a articulação para o Ministério da Cultura ultrapassou as fronteiras do FSEC para o debate público com políticos, intelectuais, parlamentares, partidos, associações, artistas, movimentos sociais e identitários.

O regimento do FSEC, reproduzido por Poerner (1997), indicou que o direito ao voto se restringiu aos secretários estaduais e de capitais, o que demarca uma participação hierárquica e elitizada nos fóruns, pois os secretários municipais não votavam. O comando do fórum foi composto por uma comissão executiva, a qual tinha um presidente e dois vice-presidentes, dois secretários, um geral e um executivo, e dois tesoureiros. A comissão orientou-se no objetivo de coordenar as atividades políticas e administrativas dos eventos nacionais e regionais, divididos, trimestralmente, nos meses de março, julho e novembro. A eleição anual da diretoria ocorreu de 1983 a 1989. Ao todo foram mensurados 21 fóruns, concomitantes às reuniões executivas do FSEC.

Apesar de José Aparecido de Oliveira ter sido lançado como a principal referência do FSEC, Ney Braga, ex-ministro, enquanto governador do Paraná, auxiliou a organização nacional e tencionou uma disputa na direção desse processo, embora tenha prevalecido o poder de José Aparecido de Oliveira. Interessante observar que, desde novembro de 1983, data do I FSEC, até novembro de 1984, período do V FSEC, foram realizados cinco fóruns consecutivos, com apenas um hiato bimensal, o que indica que o espaço de experiência desses fóruns estava imbricado na articulação política pré-eleitoral.

No *Correio Braziliense*, José Aparecido de Oliveira (1984a, p. 8), em artigo de opinião, analisou a importância da cultura na história da humanidade. Demarcou que a principal conclusão do I Encontro Nacional de Política Cultural deliberou sobre a necessidade de criação do Ministério da Cultura, ação que seria atendida com os "novos e democráticos tempos".

No dia seguinte, Oliveira (1984b, p. 9) retornou às páginas do *Correio Braziliense* e, em entrevista, rememorou a sua trajetória em favor da cultura, marcada pelo combate ao processo de colonização instituído após o ano de 1964, que em sua opinião abriu a comercialização estrangeira cultural no país. Sinalizou que as eleições diretas para os governos dos estados impulsionaram uma ocupação mais representativa das secretarias de cultura estaduais, antes "clubes fechados, destinados a atender os amigos e promover discutíveis assuntos culturais". Agora esses espaços eram ocupados por homens não burocratas e dispostos ao diálogo, narrativa essa que pressupôs certa renovação do debate político do Estado com a cultura. Todavia as trajetórias de José Aparecido de Oliveira e dos membros do FSEC indicavam outra direção.

Entre temários, atividades, participações, deliberações, moções e recomendações do I Encontro Nacional de Política Cultural e dos fóruns, as repetições das pautas do CFC faziam-se presentes (Quadro 14).

Quadro 14 – Informações compiladas com base em Poerner (1997)

FÓRUM NACIONAL DE SECRETÁRIOS DE CULTURA				
FÓRUM	**PERÍODO**	**CIDADE/ ESTADO**	**ESTADOS REPRESENTADOS**	**SOCIEDADE CIVIL E AUTORIDADES**
I	11 e 12/11/1983	Curitiba/PR	13 estados	Professores, parlamentares, intelectuais e secretários municipais.
II	19 e 20/03/1984	Rio de Janeiro/RJ	19 estados	Vice-governador e secretário de Cultura/ RJ Darcy Ribeiro, professores, intelectuais e artistas.
III	21/04/1984	Ouro Preto/MG	16 estados	Professores, intelectuais, artistas, ABL, povos indígenas e movimento negro, deputado federal Abdias do Nascimento, governador Tancredo Neves e embaixador da França Robert Richard.
IV	27 a 29/06/1984	São Luís/MA	[*S. I.*]	Professores, intelectuais e artistas, OAB, Associação Brasileira de Emissoras de Rádio e TV (Abert), senador Afonso Camargo (PMDB), deputado federal Homero Santos (PDS).
V	16 e 17/11/1984	Maceió/AL	13 estados	Professores, intelectuais e artistas, senador Afonso Arinos (PFL).
VI	13 e 14/03/1985	Goiânia/GO	[*S. I.*]	Professores, intelectuais e artistas.

Fonte: a autora

A síntese apresentada no quadro[43] evidencia a inconstância na periodicidade dos fóruns e a ausência do MEC, da SEC e do CFC para sinalizar independência e o não reconhecimento dessas instituições, deslegitimando as políticas implantadas.

Ferron (2017); Ferron e Arruda (2019) indicam que uma aliança foi firmada para a criação do Ministério da Cultura no I Encontro Nacional de Política Cultural, ocorrido simultaneamente ao III Fórum de Secretários Estaduais de Cultura, em Ouro Preto e Belo Horizonte. Destaca-se a participação no evento dos seguintes intelectuais: escritor Millôr Fernandes (1923-2012), economista Celso Furtado, poeta Ferreira Gullar (1930-2016), jornalista Cláudio Abramo (1923-1987) e deputado federal Abdias do Nascimento. O governador Tancredo Neves participou da abertura. A presença do então embaixador da França no Brasil, Robert Richard, foi emblemática, pois, se para os conselheiros do CFC André Malraux havia sido a grande inspiração, para José Aparecido de Oliveira e seus séquitos o ministro Jack Lang tornou-se a orientação paradigmática.

Ferron e Arruda (2019) indicaram numerosas reuniões de organização dos fóruns no Sudeste e defenderam que a mobilização para o Ministério da Cultura ocorreu após a criação da SEC/SP por Maluf[44], uma espécie de gatilho para a reprodução das secretarias e departamentos apartados da educação. Todavia é necessário problematizar que as Secretarias e Fundações de Cultura se mantinham atreladas com o turismo e o esporte, sem autonomia administrativa.

Nesse sentido, dois exemplos da região Sul são ilustrativos para contrapor o argumento defendido pelos autores. O primeiro exemplo é a Fundação Catarinense de Cultura (FCC), instituída pelo Decreto 7.439, de 24 de abril de 1979, cujo Conselho Curador foi composto pela Secretaria de Cultura, Esporte e Turismo no governo de Jorge Konder Bornhausen, da Arena. Apesar de a FCC ter sido criada um mês após a secretaria paulista, observa-se que o órgão foi fruto do constructo político, desde os anos 60, sobretudo no governo de Celso Ramos do PSD. Por meio do Decreto 2.975, de 18 de dezembro de 1961, foi estabelecida a Secretaria de Estado dos Negócios de Educação e Cultura e o Conselho Estadual de Educação e de Cultura. Essa questão evidencia que os conselhos não eram criados à sombra das secretarias ou fundações, mas muitas vezes antecediam às suas estruturas.

O segundo exemplo é da Secretaria do Estado da Cultura e do Esporte do Paraná, criada pelo Decreto 708, em 26 de junho de 1979, por Ney Braga, do Partido Democrata Cristão. O ex-ministro foi sacralizado nas políticas culturais pela criação de Funarte, Concine, Conselho Nacional de Direitos Autorais e reformulação da Embrafilme como força política do seu nome e legado. Esses dois contrapontos indicam que CNC/1938, CNC/1961 e CFC/1966 serviram como paradigma para a criação dos Conselhos e Secretarias Estaduais de Cultura, a partir da década de 1960.

A instalação do Colégio Eleitoral, após uma mobilização massiva da campanha "Diretas Já", em 1983, não agradou parte considerável da população que fora às ruas e reivindicara inúmeras mudanças políticas, sobretudo a possibilidade de votar em eleições diretas para todas as esferas.

Ferron (2017) e Ferron e Arruda (2019) defendem que o FSEC foi impulsionado pela abertura política, após o ápice na campanha das "Diretas Já". Nesse contexto, secretários de Cultura foram remanejados dos mandatos eleitorais para fortalecer as bases de apoio no período da transição, a exemplo de José Aparecido de Oliveira e Darcy Ribeiro. O FSEC potencializou as articulações

---

[43] Poerner (1997) reproduziu em sua obra as fontes analisadas, documentos como estatuto, regimento, cartas e pronunciamentos dos participantes dos fóruns e do I Encontro Nacional de Cultura. No entanto, pesquisei outras fontes no acervo digital do CPDOC/FGV, sobretudo discursos e anais dos fóruns.

[44] Os autores advertem que a intenção de Maluf, em vez de fortalecer a pasta, seria de criar um atrativo político para arregimentar aliados e ampliar a oferta de cargos políticos para a classe artística malufista.

políticas entre os gestores, os parlamentares e as entidades da sociedade civil para a criação do Ministério da Cultura.

Maia (2012) reflete que, mesmo com uma concepção conservadora e aquiescente à ditadura civil-militar, o CFC imprimiu no setor cultural um dinamismo de organização, proposição e encaminhamento das reivindicações ao Estado para a execução das políticas culturais. Em concordância com a historiadora e contrapondo Ferron e Arruda (2019), defendo que os encontros nacionais promovidos pelo CFC, a partir de 1968, foram condicionantes para o amadurecimento da proposta de criação do Ministério da Cultura.

O regimento do FSEC indicou que o movimento procurou elaborar diretrizes para estabelecer uma política nacional comum. Sobretudo ao criar programas de captação para as múltiplas políticas setoriais: "Reunir esforços, captar recursos e organizar meios para as políticas e atividades nas diversas áreas da cultura, visando ao intercâmbio a nível nacional e a obtenção do apoio federal" (POERNER, 1997, p. 135). O FSEC pretendia:

> Procurar as ações integradas para maior apoio e difusão de manifestações culturais que ocorrem no Território Nacional, respeitando-se as características heterogêneas de Estados e regiões. Fortalecer as expressões e manifestações criativas que reafirmem a identidade cultural nacional. (POERNER, 1997, p. 135).

Essas atribuições não diferiam das competências do CFC em relação à sua performance, evidenciando mais uma disputa pelo comando da cultura do que sobre as concepções e os escopos da organização. Se analisadas as pautas do FSEC, encontrar-se-á uma proximidade latente com os textos finais dos encontros nacionais organizados pelo Dphan e pelo CFC, sobretudo os Compromissos de Brasília (1970) e Salvador (1971).

Entre as prioridades, estavam arroladas a preservação e conservação do patrimônio, a criação do Ministério da Cultura, a dotação orçamentária vinculada, a política nacional em comum, a regionalização da cultura, a musealização das referências culturais, os estudos sobre a formação do homem brasileiro, a defesa das raízes nacionais e o mapeamento da cultura. Todas essas questões foram velhas reivindicações do CFC, pautadas no discurso da educação moral e cívica e da identidade nacional.

Os fóruns organizados a partir de 1983 apresentaram debates e deliberações (Quadro 15) que não fugiam à compreensão política dos eventos coordenados pelo CFC, no contexto da ditadura civil-militar. A preservação da memória nacional foi pautada com base em sugestões para a criação e manutenção de museus e arquivos, distribuição equânime de verbas para os setores, políticas específicas para o teatro, patrimônio, literatura e a criação do FNC. Mas o que de fato se tornou inovador nas plenárias dos fóruns foi a inclusão dos grupos identitários nas políticas culturais, embora essa questão tenha começado a ser defendida dentro do MEC com a criação de Funarte, Seac, CNRC e SEC. A articulação entre os entes federados pelas secretarias estaduais tornou os fóruns lugares de formação política para os gestores que não tinham percorrido o caminho tracejado pelo CFC nos anos anteriores.

Quadro 15 – Deliberações dos fóruns, segundo informações de Poerner (1997)

PRINCIPAIS DELIBERAÇÕES	I FÓRUM	II FÓRUM	III FÓRUM	IV FÓRUM	V FÓRUM	VI FÓRUM
Formular uma política nacional comum	X	X	X	X	X	X
Aumentar a dotação orçamentária para a cultura	X	X	X	X	X	X
Proteger o patrimônio cultural	X	X	X	X	X	X
Defender o patrimônio ecológico	X		X		X	
Criar o Museu do Homem Brasileiro	X					
Destinar 1% do orçamento estadual para a cultura		X	X	X		
Propor leis de incentivo fiscal para projetos culturais		X	X	X	X	
Promover campanhas de apoio da inciativa privada para projetos culturais		X		X	X	
Repudiar toda forma de censura		X				
Estabelecer o ano de 1985 como Ano Nacional da Cultura		X				
Criar o Fundo Nacional de Desenvolvimento pela Cultura		X	X	X	X	X
Participar na elaboração do Plano Nacional de Cultura		X	X	X	X	
Renomear a disciplina de Educação Moral e Cívica para Cultura Brasileira			X		X	
Reformular a legislação brasileira sobre cultura			X	X	X	
Revisar as políticas de bibliotecas no país			X	X		
Criar o Ministério da Cultura			X	X	X	
Democratizar os meios de Comunicação	X		X			
Atualizar a legislação sobre direito autoral	X		X	X		
Criar o Museu da Cultura Afro-Brasileira	X		X	X		X
Defender as raízes culturais brasileiras						X
Realizar o mapeamento da cultura nacional						X
Listar proposições para estruturar o Ministério da Cultura						X

Solucionar as questões regionais dos tombamentos, equipamentos culturais entre outras reivindicações					
Participar do IV Plano Setorial de Educação					
Participar do IV Plano Nacional de Desenvolvimento					
Dinamizar o Plano das Cidades Históricas					

Fonte: a autora

Celso Furtado (2012), em Belo Horizonte, apresentou a conferência "Sete teses sobre a cultura brasileira", transformada no documento que se tornou a diretriz da sua gestão à frente do Ministério da Cultura, em 1986. Nele abordou a mudança cultural com a Semana de 22 incorporada nas ações de governo de Capanema e Mário de Andrade.

As sete teses problematizavam a formação cultural brasileira, com base nos seguintes argumentos: 1) o Brasil recebera influências renascentistas italianas por meio das navegações intercontinentais que resultaram na colonização portuguesa com a mundialização da cultura ocidental; 2) a cultura brasileira tornara-se fruto da mutação, apropriação e expansão da cultura europeia; 3) a colonização portuguesa no Brasil predominara sobre as culturas africana e "aborígene"[45], subjugadas ao poder colonial econômico, social, político, cultural, cujos legados foram "isolados das matrizes culturais respectivas e privados da memória histórica"; 4) a incorporação da cultura do colonizador e da estrutura de dominação social fora dividida entre os senhores de terras e os "estamentos burocráticos, civil, religioso e militar"; 5) o barroco brasileiro fora a síntese da expressão do renascimento cultural materializado na figura do mestiço Aleijadinho, o "último grande gênio da idade média"; 6) a modernização dependente da economia, no Brasil pós-barroco, provocara um distanciamento entre a elite e o povo, quadro agravado com a modernização cultural dependente; 7) a "concentração de renda não é senão o verso da modernização dependente". Para finalizar, o intelectual defendeu que, para uma "nova síntese cultural que recolha a força criativa do povo, pressupõe o aprofundamento de democratização e a redução da heterogeneidade social" (FURTADO, 2012, p. 37, 40).

No número 6 explicou o porquê da origem do distanciamento entre povo e elite:

> As elites voltam-se como que hipnotizadas, para os centros da cultura europeia. O povo era reduzido a uma referência negativa, símbolo do *atraso*. O indianismo de um Carlos Gomes ou de um Alencar não é mais do que uma rejeição ao povo real. E a ironia sutil com que Machado observa este tem o sabor de uma escusa em face de um tema proibido. (FURTADO, 2012, p. 38-39, grifo do autor).

Ao iniciar a conferência com o questionamento de que somos, e não de quem somos, o economista "coisificou" o povo brasileiro, sob a via da subjugação colonial e mercantil da divisão historiográfica francesa, enquadrando o movimento histórico pré-cabralino, colonial, pós-colonial e industrial, pelo prisma da Idade Antiga, Média, Moderna e Contemporânea, permeada pela teoria da dependência do capital e modernização cultural. Ao fim da exposição, retomou o ponto inicial com uma indagação a ser sinalizada para a elaboração da política cultural no Brasil. O que seria um Ministério da Cultura?

---

[45] Termo usado por Furtado na Conferência.

5.4 Política cultural, um movimento antagônico

Em pouco menos de um ano, o debate em torno da necessidade de existência de um Ministério da Cultura no Brasil tornou-se acirrado entre os intelectuais e artistas, em razão das campanhas de Paulo Maluf, do Partido Democrático Social, e de Tancredo Neves, do Partido do Movimento Democrático Brasileiro, candidatos à Presidência do país. Os dois defendiam a independência entre a Educação e Cultura em nível ministerial.

A *Folha de S. Paulo*, em matéria assinada por Norma Couri, intitulada "Que dizer de um Ministério da Cultura", no caderno "Folha Ilustrada", apresentou convergências e divergências sobre a promessa das plataformas eleitorais. Mencionando as palavras de Joseph Goebbels (1897-1945) — um dos ideólogos do governo nazista (1933-1945) de Adolfo Hitler (1889-1945), que afirmou que, quando ouvia a palavra "cultura", tinha vontade de sacar uma arma de fogo —, Couri (1984) problematizou o autoritarismo, encerrado em tese no Brasil, mas que havia perseguido, aprisionado, exilado e assassinado artistas e intelectuais, além de destruir, censurar e confiscar obras consideradas subversivas e degeneradas. As ações ditatoriais, ainda presentes na conjuntura da década de 1980, não somente foram resquícios, sombras e fantasmas, mas permaneciam na estrutura da cultura política do regime civil-militar.

A mobilização e reorganização dos partidos políticos e dos movimentos sociais, artísticos e intelectuais em meio à transição democrática foi vislumbrada, desde os meados da década de 1970, mas não impediu que os apologistas da ditadura permanecessem no cotidiano, na estrutura estatal e nas relações políticas. Com apreensão e ceticismo, muitos artistas e intelectuais que se posicionaram contra a repressão, o dirigismo estatal e a censura cultural exercida nos anos ditatoriais acreditavam que essa situação permaneceria com a instalação de um Ministério da Cultura.

Norma Couri dividiu a sua matéria em subdivisões de entrevistas, intituladas: "Com ressalvas"; "Radicalmente contra"; "Vinculação ou não"; "Inteiramente a favor". Os agentes culturais selecionados para compor os quadros classificatórios distinguiam-se em áreas de atuação, trajetórias e posicionamentos políticos.

Os depoimentos de Arrigo Barnabé (1951-), cantor, compositor e pianista paranaense de Londrina/PR, e de Wesley Duke Lee (1931-2010), artista plástico paulistano, estavam arrolados na seção "Vinculação ou não", que questionou se a Educação deveria estar integrada à Cultura. Arrigo Barnabé, com 33 anos, e Lee, com 53 anos, à época, demonstram que as trajetórias e as gerações, não no sentido biológico, ressignificaram o sentido das mudanças da política federal para distintas personagens, o que demonstra que a criação do Ministério da Cultura pouco interferiria no fazer cultural, pois o que estava em voga seria uma mudança efetiva e estrutural da organização da política brasileira. Arrigo Barnabé demonstrou a ausência de expectativas políticas: "se um governo mudar, mesmo, basicamente, não importará que a cultura, seja ou não ligada à Educação. O que importa é mudar a concepção de cultura". A concepção questionada pelo cantor estava presa ao viés conservador e excludente da cultura erudita, portanto, com ministério ou não, seria necessária uma mudança conceitual e política. Wesley Duke Lee ensejou um protesto: "Enquanto eu não puder votar para presidente estou ocupado para emitir opiniões" (COURI, 1984, p. 66).

O cartunista mineiro Ziraldo (1932-) e o artista plástico cearense Aldemir Martins (1922-2006) manifestaram suas opiniões na seção "Inteiramente a favor", e defenderam a criação do Ministério da Cultura por uma perspectiva corporativa, mais relacionada ao financiamento da cultura do que com a construção de uma política pública para a área. Ziraldo foi classificado pelo jornal como um "tancredista doente". O cartunista apresentou dados estatísticos, sem citação das fontes de sua informação: "80% dos produtores desse país apoiam o Tancredo, portanto não haverá burocracia" (COURI, 1984, p. 66). Contudo não explicou qual burocracia seria extinta, se acaso Tancredo vencesse, se a exigida para o financiamento dos projetos culturais ou para a proposição de políticas. O cartunista elaborou uma análise correlata entre o Brasil e os Estados Unidos para exemplificar a independência dos artistas estadunidenses em relação ao governo, mesmo quando o Estado era o mecenas da cultura:

> Há uma grande possibilidade do Estado patrocinar a cultura sem paternalizar, por que não? Nos Estados Unidos acontece assim. Os maiores críticos do governo, como os escritores James Baldwin e Truman Capote, tiveram experiências gratificantes, e qualquer sulamericano de êxito pode ganhar rios de dinheiro nas universidades como visiting professors, qualquer museu ao domingo tem mais gente do que o Maracanã. Essa coisa de patrocínio da intelectualidade é besteira só para sociedades desatentas, esse não é mais o nosso caso. (COURI, 1984, p. 66).

As mencionadas "sociedades desatentas" precisavam ser abolidas, e, segundo Ziraldo, os "rios de dinheiro" do Estado qualquer um poderia ganhar. Para demonstrar sua teoria, mencionou algumas campanhas governamentais, como o "Projeto Viva Lendo", criado pela SEC/MG comandada por José Aparecido de Oliveira no governo de Tancredo Neves. Essa campanha diminuiu os valores dos livros no mercado editorial, concluiu Ziraldo, amigo do governador Tancredo e do secretário de Cultura José Aparecido. No entanto, declarou-se politicamente independente: "Vou continuar crítico desse governo e dessa política cultural a ser implantada. Humorista não precisa do Estado" (COURI, 1984, p. 66). Contraditoriamente, Ziraldo esqueceu que os artistas precisavam dos financiamentos públicos, e muitos lutavam por essa questão. Ademais, os cartunistas inspiravam-se e contestavam os governos e suas personagens para criar charges, tirinhas e histórias em quadrinhos. Algumas campanhas publicitárias e projetos culturais eram subsidiados pelo governo, a exemplo da campanha mencionada por ele, em Minas, que auxiliou o mercado editorial. Quando o Ministério da Cultura foi criado, em 1985, Ziraldo assumiu por alguns meses a presidência da Funarte. Botelho (2000) sinalizou que a sua administração foi isolada dos técnicos e alheia aos projetos da instituição.

Outra visão corporativista destacada, mas que assumiu o tom de denúncia, foi a de Aldemir Martins. O Ministério da Cultura seria a representação do empreguismo dos intelectuais e artistas. O artista afirmou: "que ele seja um cabide de emprego. E daí se for? Pode nos ajudar assim mesmo criando uma cadeira de Artes Plásticas nas universidades específicas, espalhando quadros e esculturas nas áreas estudantis" (COURI, 1984, p. 66). Martins, ao contrapor a estrutura da ditadura civil-militar, ainda presente no Estado, disparou: "E depois um país que tem um general Newton Cruz, um general Venturini, pode muito bem se dar ao luxo de ter uns dez intelectuais no poder. É melhor ter cabide de emprego com intelectuais do que com generais de cinco estrelas." (COURI, 1984, p. 66).

Em defesa da classe artística, sugeriu que as artes plásticas fossem previstas em disciplinas do ensino superior, e que o novo ministério adquirisse obras de arte para compor a paisagem cultural das universidades.

A acusação de Aldemir Martins para o general carioca Newton Araújo de Oliveira e Cruz (1924-2022) tinha uma razão concreta. O militar foi um dos articuladores do golpe de 1964 e do AI-5. Compôs a ESG e fez parte do CSN. Foi diretor adjunto do SNI, nas décadas de 1960 e 1970. E o coronel Danilo Venturini (1922-2022), de Itarana/ES, foi chefe-adjunto do SNI no governo do marechal Castello Branco, chefe do SNI e da Escola Nacional de Informações, no governo do general

Ernesto Geisel. Foi nomeado pelo general João Batista Figueiredo como ministro de Estado, chefe do governo militar. Em 1982, foi exonerado para assumir o cargo de ministro de Estado Extraordinário para Assuntos Fundiários (ARAGÃO, 2009).

A trajetória dos militares e seus séquitos, fosse em órgãos de repressão, fosse de comando, ainda estava presente na estrutura do Estado. Artistas, jornalistas, intelectuais, operários e estudantes não se sentiam seguros com o período da chamada "transição democrática". Newton Cruz foi acusado, em 1981, de ter participado do atentado à bomba, no Riocentro, em 1983, e de ser o mandante dos assassinatos do jornalista e ex-diretor da revista semanal ilustrada *O Cruzeiro* Alexandre von Baumgarten (1930-1982), da esposa deste, Jeanette Hansen, e do barqueiro Manoel Valente Pires. Um dossiê póstumo elaborado pelo jornalista foi publicado pela revista *Veja*, em 1983, no qual Baumgarten, apesar de informante assíduo do SNI, denunciou desacordos com o general sobre os valores negociados entre o governo e o periódico. Dessa forma, o militar seria o primeiro interessado na sua morte. O bailarino Claudio Werner Polila, 24 anos, à época, testemunhou o crime. Esses homicídios foram investigados pelo delegado Mário Covas, da Corregedoria da Polícia Civil/RJ, e presidente da Comissão de Sindicância. No entanto a acusação ratificada pelo promotor Murilo Bernardes Miguel, em 1986, teve o processo julgado pelo Tribunal do Júri, em 1992, que absolveu por unanimidade o acusado.

A ironia de Aldemir Martins, para Norma Couri, denunciou a ditadura mantida dentro do Estado, por isso a ocupação dos cargos públicos por artistas e intelectuais seria mais interessante do que por militares. As Forças Armadas permaneciam no poder, ocupando cargos no governo e mantendo suas redes de influências. E, ainda, disputavam pleitos eleitorais pela via democrática, logo as apreensões sentidas pelos artistas não eram em vão.

A reportagem apresentou alguns gestores e agentes culturais contrários à criação do Ministério da Cultura: Carlos Drummond de Andrade (1902-1987), Antônio Houaiss (1915-1999), Jorge da Cunha Lima (1931-2022), a atriz Ítala Nandi (1942) e o escritor Antônio Callado (1917-1997). Todos tinham trajetórias políticas no campo da esquerda, mas a autonomia pretendida para a pasta da Cultura contradizia a desigualdade econômica e social do Brasil, além das precárias dotações orçamentárias do MEC, afirmaram os entrevistados para Norma Couri (1984).

Jorge da Cunha Lima, secretário de Cultura de São Paulo no governo Franco Montoro, afirmou que a cultura sempre fora e continuaria sendo a prima pobre do governo federal. O gestor ponderou que, se o Ministério da Cultura fosse criado segundo as pretensões dos candidatos à Presidência da República, o órgão estaria atrelado à Ciência e à Tecnologia. A sua defesa seria pela autonomia do Ministério da Cultura, pois estava articulando com José Aparecido e Darcy Ribeiro essa proposta no FSEC.

O lexicógrafo, tradutor, crítico literário, professor, diplomata e filólogo Antônio Houaiss declarou que:

> [...] a criação do Ministério da Cultura é uma fantasia maléfica que nos leva imaginar a correta divisão do bolo em relação às dotações. Este ano as dotações para o MEC caíram 33% em relação a 1980; será dessa falta que se criará um novo ministério? Prefiro antes a criação do Ministério da Alimentação Básica. (COURI, 1984, p. 66).

Carlos Drummond de Andrade, ex-chefe do gabinete de Capanema, afirmou ser contrário ao Ministério da Cultura:

> [...] não por temer controle das cabeças pensantes sob as asas do governo. Antes sugiro a criação do Ministério da Educação Primária. Nele, caberiam cidadãos de 1 a 80 anos,

> inclusive deputados, senadores e o presidente da República. A superestrutura da cultura é muito frágil para se criar essa estrutura em torno dela. (COURI, 1984, p. 66).

Com uma produção cultural reconhecida e aclamada, o romancista fluminense, dramaturgo e jornalista Antônio Callado, cujas obras colocavam o povo brasileiro como protagonista, respondeu à jornalista que, para um país pobre, um Ministério para a Cultura seria um luxo desnecessário. E questionou: "será que não correríamos o risco de criar um Mobral para a área cultural?" (COURI, 1984, p. 66).

A feminista e atriz gaúcha Ítala Nandi inaugurou o nu frontal no teatro na década de 1960. Foi uma das fundadoras e diretoras do Teatro Oficina, em 1964. Encenou obras dirigidas por José Celso Martinez, como *Pequenos burgueses* (1963), *Os inimigos* (1965), de Máximo Gorki; *Galileu Galilei* (1968) e *Selva das cidades* (1969), de Bertold Brecht. Com uma trajetória militante, nos anos 1960, 1970 e 1980, posicionou-se contra o Ministério da Cultura, pois a produção cultural com financiamento público: "É um excesso de burocracia para a pobreza de projetos culturais" (COURI, 1984, p. 66).

A inexistência ou não de um Ministério da Cultura para os entrevistados, observa-se, não foi o problema central dos posicionamentos, mas a orientação política que o órgão assumiria e para quem seria destinado. Entre todos os debates políticos e econômicos contrários ao Ministério da Cultura, existiram aqueles que defendiam a arte e o mercado artístico em sua forma clássica, enquanto consagração e distinção social, e os que defendiam o papel social da arte, enquanto instrumento político para romper a estrutura desigual da sociedade brasileira em suas múltiplas composições sociais e culturais.

Entre aqueles que apoiavam com ressalvas a criação do Ministério da Cultura, estava o diretor, curador e marchand do Masp Pietro Maria Bardi (1900-1999), cuja instituição dirigiu por 44 anos. O entrevistado afirmou que o Ministério da Cultura até poderia existir, "desde que a cultura a ser divulgada não seja a cultura popular" (COURI, 1984, p. 66). Controversamente, a opinião do ítalo-brasileiro remeteu a construção, estabelecimento e demarcação do campo das artes populares e artes eruditas como divergentes na essência, e corroborou a perspectiva dos conselheiros do CFC, entre cultura inferior e superior, defendida por eles na história das políticas culturais.

A reportagem de Norma Couri demonstra um entendimento divergente dos entrevistados sobre a cultura popular e o seu lugar nas políticas culturais. A reorientação política e conceitual baseada em Mário de Andrade e Aloísio Magalhães foi retomada na articulação do FSEC, mas, ao inserir a cultura popular, a participação social e o acesso à cultura como base de argumentação para a criação do Ministério da Cultura, essas questões foram contestadas. O debate em torno da criação do Ministério da Cultura, em 1984, trouxe em seu âmago as discussões históricas, as experiências de gestão e as perspectivas conceituais sobre a cultura. As preocupações de centralizar a cultura em um ministério próprio ou incorporá-la em outro indicavam um debate complexo na história das políticas culturais no Brasil.

O depoimento de Pietro Bardi, por exemplo, evidenciou a preocupação de que o Ministério da Cultura não privilegiasse a cultura popular em detrimento das outras linguagens, tensões que polarizaram o assunto em torno da arte popular versus arte erudita, como polos opostos. A forma como a reportagem de Norma Couri foi conduzida camuflou a disputa histórica por espaços, orçamentos, projetos, participação e poder institucional dentro dos setores e pelos agentes culturais.

A noção econômica da história da arte e sua estrutura social desigual aflorou a opinião contrária ao Ministério da Cultura inclusive naqueles que estudavam a arte popular, a exemplo do escritor amazonense Márcio Gonçalves Bentes de Souza (1946-), militante de esquerda e perseguido pela ditadura civil-militar. Sua trajetória literária foi pautada em narrativas e contos da cultura popular do seu estado. Defensor da arte com função social, Márcio Souza criticou a forma estereotipada e romântica da defesa à cultura popular pelos ideólogos do Ministério da Cultura, sobretudo de Darcy Ribeiro:

> [...] concordo com Bardi e achei ridícula a atitude do Darcy Ribeiro no Municipal, de onde se esperam temporadas líricas. Esse cultivo do "popular", dos cantadores cegos, só perpetua o atraso cultural. O repentista é cego, por falta de alimentos na infância, e sua poesia oral tem refrãos repetitivos, porque o artista foi infinitamente explorado pelo latifundiário. (COURI, 1984, p. 66).

Márcio de Souza, crítico do latifúndio da terra, desaprovou o antropólogo defensor da cultura popular e posicionou-se ao lado do patrono das artes clássicas Pietro Bardi. O intelectual contestou o mito da criação artística do Nordeste como autêntica e representativa da cultura nacional. As produções primitivas e originais encontradas e salvaguardadas pelos homens letrados e modernistas foram questionadas pela opinião do escritor, pois o repentista cego que repetia versos seguia intencionalmente a sua inspiração artística e elaboração conceitual, mas vivia a condição intelectual de um trabalhador explorado, um subnutrido e analfabeto. Márcio Souza retrucou:

> Tenho horror desses ideólogos, que veem na nordestina a verdadeira cultura brasileira. Tudo bem que se estimule o maracatu em Cabrobó e os santeiros de Pirapora, mas que o ministro da Cultura também faça chegar Shakespeare em Cabrobó e Pirapora. Agora a burocracia, isso dependerá do grau de organização política dos artistas. (COURI, 1984, p. 66).

Márcio Souza e Pietro Bardi demarcaram suas opiniões com base em posicionamentos de classe. O *marchand* amparou-se na defesa das artes clássicas para garantir a sobrevivência dos espaços de consagração, dos museus às galerias, lugares onde se produzia o mercado de bens simbólicos do glamour ao fetiche da obra de arte. Esses espaços museológicos transformavam a arte em artefato cultural comercializável e neles se consagrava o reconhecimento dos artistas, fosse por sua técnica, fosse por sua trajetória ou produção. Já o escritor amazonense pretendia criar o acesso à cultura, num sentido pedagógico. Em sua visão, o povo que trabalhava e produzia cultura popular, a exemplo dos ribeirinhos, marisqueiros, sertanejos, cortadores de cana, pescadores artesanais, colonos, assim como os operários residentes nas periferias das grandes cidades, encontravam-se alijados, fosse pela questão geográfica marcada pela lavoura arcaica, fosse pela estrutura social e econômica desigual. Características de uma sociedade de classes, da divisão social do trabalho e da produção de mais-valia, em que os trabalhadores eram impossibilitados de contemplar exibições de cinema, concertos musicais, visitar museus e galerias, participar de atividades culturais, como peças teatrais de Shakespeare, privilégios dos grandes centros econômicos e da classe dominante.

No entanto, apesar do teor argumentativo das artes em sua perspectiva integradora e função social, sobretudo como instrumento pedagógico de apreensão humanística, Márcio de Souza diria não ao Ministério da Cultura, se o mote dessa criação fosse para valorizar a cultura popular marcada pela injustiça social e econômica do povo brasileiro.

Contudo as negações para a criação do Ministério da Cultura tiveram em Aloísio Magalhães (1985) uma fundamentação predominante à época da sua gestão na SEC. Alguns agentes culturais acreditavam que o ex-secretário de Cultura estava correto em sua análise da necessidade do amadurecimento da ideia de um ministério próprio para a cultura; como uma espécie de premonição política, repetiam o argumento de que uma secretaria forte valeria mais do que um ministério fraco.

Norma Couri, ao mobilizar os entrevistados e organizar uma espécie de sistema classificatório, contrapôs a narrativa dos depoentes com o risco da neutralização e cooptação dos artistas com a possível criação do Ministério da Cultura. Existir ou não poderia sugerir a recriação de um paternalismo e dirigismo estatal, por isso a jornalista retomou a longeva gestão de Gustavo Capanema no Mesp/MES, argumentando erroneamente que o ex-ministro fora nomeado antes dos 30 — contudo ele tinha 34 anos à época da sua nomeação. Novamente, a questão da suposta imaturidade administrativa de Capanema serviria para demonstrar os desvios ideológicos dos jovens artistas e intelectuais. Com base nessa análise, mencionou os artistas e intelectuais que tiveram obras neutralizadas com a política varguista ou com o mecenato de Capanema:

> [...] nomeado antes dos 30 anos, atraiu parte da intelectualidade do país, (os poetas Carlos Drummond de Andrade e Abgar Renault, o arquiteto Oscar Niemeyer, os escultores Bruno Giorgi e Maria Martins, o artista plástico Paulo Werneck, o compositor Villa-Lobos, o sociólogo Gilberto Freyre, o romancista José Lins do Rego, entre outros), neutralizando-a na opinião de muitos. (COURI, 1984, p. 66).

A neutralização da cultura poderia significar estagnação, mas a jornalista reportou o controle da produção, por meio do financiamento da atividade artística, criativa e intelectual. E demonstrou uma convergência com a teoria de cooptação, preceito teórico que transformara os artistas, intelectuais e agentes culturais em burocratas ou funcionários da repartição pública no Estado Novo, como defendeu Miceli (1984, 2001), a exemplo de Drummond e Renault. Essa teoria foi questionada por autores como Chuva (2017), Gomes (2000), Nogueira (2005), Piazza (2003), Schwartzman *et al.* (2000), Williams (2011).

A ata da 903ª Sessão Plenária, publicada no *Boletim* do CFC, registrou o relato de Josué Montello sobre a realização do IV FSEC, em São Luís do Maranhão, um "Encontro reunindo as Secretarias Estaduais de Cultura e os membros do Conselho Estadual local" (BRASIL, 1971-1989, n. 56-65, p. 57). O conselheiro comunicou que a representação do CFC fora realizada pelo secretário executivo Manoel Caetano Bandeira de Mello, indicado pelo MEC, que ministrara uma conferência muito aplaudida pelos jornais locais.

Os conselheiros federais recebiam as notícias dos fóruns dos secretários, mas não compreendiam a dimensão do movimento para a criação do Ministério da Cultura. Acreditavam que essa articulação não seria exitosa, pois nenhum dos trâmites realizados pelo CFC tivera sucesso. Uma análise mais concreta sobre a mobilização do FSEC para a criação do ministério foi debatida no colegiado do CFC somente em 1984. Valendo-se da notícia trazida por Josué Montello, os conselheiros decidiram propor uma reunião com a ministra Esther Ferraz em conjunto com o CFE a fim de apresentar a proposta de divisão do MEC em dois ministérios e para que a "Cultura possa ter realmente aquilo a que faz jus" (BRASIL, 1971-1989, n. 56-65, p. 57).

Entretanto a ministra estava em articulação com os diferentes agentes em processo, sobretudo com o FSEC, sem o conhecimento do CFC. Esther Ferraz, no dia 8 de outubro de 1984, reuniu-se com o ministro da Cultura português Antonio Coimbra Martins para tratar de parcerias entre os dois países e sinalizou a criação do Ministério da Cultura no Brasil, notícia veiculada no *Correio Braziliense* (MINISTRO..., 1984).

Maria do Rosário Caetano (1984a), em um artigo intitulado "A Cultura entre Ciência, Turismo e Esportes", no *Correio Braziliense*, situou quais seriam os ministros da Cultura dos candidatos Tancredo Neves e Paulo Maluf. Nos bastidores da campanha tancredista, no *staff* que acompanhava o ministeriável José Aparecido de Oliveira, encontrava-se o secretário da Cultura Marcos Vinícios

Vilaça. No *staff* malufista, ao lado do ministeriável João Carlos Martins, estava o conselheiro do CFC Mário Chamie e o deputado Cunha Bueno. Enquanto conselheiro federal, Chamie não registrava suas opiniões políticas no *Boletim* do CFC, assim como os outros conselheiros, acerca da eleição presidencial. Entretanto o pianista João Carlos Martins negou assumir o cargo, se o PDS vencesse a eleição. Na linha de nomeação malufista, portanto, existiam mais "dois pesos-pesados", exclamou Caetano, o publicitário Fahad Said e o jogador Pelé. A jornalista ironizou sobre Pelé: "Bola ele sabe jogar; turismo ele faz todos os meses na rota Nova Iorque-Rio, e a cultura, hoje, está sempre a seu lado através da loura figura da manequim, cantriz e apresentadora de TV Xuxa Meneghel" (CAETANO, 1984a, p. 17).

O *Correio Braziliense* (ARTISTAS..., 1984, p. 4) sinalizou que, do lado malufista, se encontravam artistas favoráveis à ideia de criação do Ministério da Cultura, a exemplo do comediante dos Trapalhões Mussum, que, após um almoço oferecido por Maluf em sua residência para os artistas, declarou: "Agora estamos malufandis". Com esse candidato estavam os artistas Chacrinha, Jesse Valadão, Milionário, Zé Rico, Hebe Camargo, Antonio Marcos, Sérgio Malandro, entre outros.

José Aparecido de Oliveira ([1984?]), no V Fórum Nacional dos Secretários Estaduais de Cultura, em Maceió/AL, nos dias 18 a 20 de novembro de 1984, expôs suas pretensões para o Ministério da Cultura. No discurso do ministeriável, declarou ser um "contemporâneo do Ministério da Educação, criado após o Ministério do Trabalho, para dar resposta aos compromissos renovadores da Revolução de 1930 [...] nasceu englobando os assuntos da Saúde". José Aparecido situou a "Revolução de 30" como a gênese do nacionalismo patriótico e da consciência nacional. No MES, Mesp e MEC, a cultura foi subjugada dentro da estrutura, apesar de as áreas trabalharem juntas. No caso do MEC, explicou: "A experiência mostrou que estavam sendo sacrificadas ambas as atividades básicas. A cirurgia política ao separar a área da Saúde repetiu o erro anterior, pois associou os poucos órgãos de política cultural, então existentes". O MEC precisaria ser reestruturado como ocorreu em países como França, Portugal e Alemanha. "O surgimento do Ministério da Cultura é uma reivindicação da consciência nacional", aludiu Oliveira. Nesse fórum, encontrava-se o senador Afonso Arinos de Melo Franco, saudado como o idealizador do *Manifesto dos mineiros*, representando as "lições de resistência democrática", destacou Oliveira. No discurso registrado, não mencionou o parlamentar como conselheiro federal da Cultura, tampouco o CFC (OLIVEIRA, [1984?], p. 6).

Excertos do discurso de José Aparecido de Oliveira foram publicados no *Correio Braziliense* sob o título "Cultura pede ministério e mais recurso". O ministeriável defendeu que deveria ser revisto o erro que "transformou o c em letra morta na sigla do MEC". Ele e seus pares cunharam uma frase que serviria de ideia e força para o movimento: "Educação sem cultura é como corpo sem alma" (CULTURA..., 1984, p. 7).

Afonso Arinos relatou aos conselheiros do CFC suas impressões sobre o evento do FSEC, na 925ª Sessão Plenária, registradas na seção "Estudos e proposições", sob o título "Criação do Ministério da Cultura" (1985), no *Boletim*. O conselheiro explicou que a sua presença no conclave partira de um convite do amigo, do governador alagoano Divaldo Suruagy, pois o V Fórum fora promovido pelo governo estadual e pela SEC/AL, comandada pelo professor Noaldo Dantas.

Afonso Arinos explanou que assistiu, consternado, no interior do "Teatro Deodoro [...] teatro provinciano, muito bonito", a um conjunto de deliberações aprovadas pelos secretários estaduais. O documento final do conclave definiu sobre a criação do Ministério da Cultura. Ao defender essa proposta, José Aparecido de Oliveira mencionou alguns Ministérios da Cultura europeus, mas o ministério espanhol fora esquecido, um lapso, sinalizou Arinos, pois, desde 1978, aquela instituição deliberava sobre a cultura espanhola. Para Arinos, uma forte razão para que os conselheiros do CFC, em "nosso tempo", almejassem uma ação do Estado para a cultura, o que não estaria apenas ligado ao "caráter intelectual, criativo, da inteligência desinteressada", mas da cultura enquanto "um dos aspectos fundamentais da política". Arinos, ao proferir o pronome possessivo "nosso", mostrou-se afrontado com um evento de cultura realizado à revelia do CFC e interpretou o Fórum como um evento de esquerda. E destrinchou retoricamente as contradições do marxismo europeu para que o Brasil não absorvesse os erros daquele "movimento cultural" (CULTURA..., 1985, p. 40-41). E sentenciou:

> A nova República, que poderá nascer em 15 de março, tem de tomar esses aspectos não como uma proteção, apenas, do elemento cultural, mas como um modelo, um instrumento, uma arma de natureza política, para poder vencer as contradições territoriais e históricas, os queixumes, os ressentimentos, as mágoas, e promover, então, através da política, um desenvolvimento cultural que seja necessário e útil a esta fase de transição. (CULTURA..., 1985, p. 41).

O discurso de Afonso Arinos expressou a angústia dos conselheiros excluídos das articulações para o estabelecimento do Ministério da Cultura, além de ratificar a experiência do CFC para mediar uma possível transição política para a instalação dessa pasta. Os conselheiros estavam acostumados a serem reverenciados, cultuados e convidados aos eventos de cultura. A notoriedade das suas trajetórias era uma questão a ser considerada para qualquer evento que tratasse dos problemas da cultura nacional, competência do CFC. Com o relato de Arinos, os conselheiros finalmente entenderam a emergência da correlação de forças para a nova organização da cultura que se forjava.

Afonso Arinos advertiu que, embora considerasse oportuna a instituição do Ministério, o CFC não tinha informações sobre o assunto. O conselheiro afirmou que a situação econômica e orçamentária do país não permitiria a criação do Ministério da Cultura. Justificou a análise com base nos problemas latentes, como a dívida externa, as pensões para os desempregados, as negociações com os sindicatos, entre outros agravantes econômicos. Portanto, considerava improvável a destinação de recursos para um Ministério da Cultura, mas alertou que a defesa histórica do CFC para a proposição dessa instituição não poderia ser descartada pelos secretários do FSEC, tampouco silenciada nos registros da história política, pois "temos que armar o pensamento dos governantes para esse objetivo" (CULTURA..., 1985, p. 42). Esse foi um dos últimos discursos de Afonso Arinos no CFC.

Se os conselheiros estavam alheios às articulações para a criação do Ministério da Cultura, o mesmo não ocorria com o MEC (BRASIL, 1985, n. 56-65). A proposta de que 1985 fosse o Ano Nacional da Cultura foi endossada no II e V Fórum para celebrar o ministério a ser criado. A efeméride foi instituída pela ministra Esther Ferraz e comunicada por Marcos Vilaça ao CFC, conforme registrou a ata da 921ª Sessão Plenária no *Boletim* (BRASIL, 1971-1989, n. 56-65).

O secretário de Cultura anunciou que, para a comemoração, o Ministério da Fazenda decretaria uma portaria para facultar "às pessoas físicas a dedução do imposto de renda e às pessoas jurídicas" (BRASIL, 1971-1989, n. 56-65, p. 91), como o abatimento dos impostos para apoios aos projetos culturais. No dia seguinte, na 922ª Sessão Plenária, foi registrado que seria instituído o Programa Nacional de Preservação à Documentação Histórica – Pró-Documento, uma instância para orientar e normatizar a preservação de arquivos privados com acervos de valor permanente (BRASIL, 1971-1989, n. 56-65).

A desconfiança dos conselheiros à organização do fórum crescia gradativamente conforme os rumores e as notícias que recebiam, por meio das plenárias do CFC. José Aparecido de Oliveira, em discurso no V Fórum, sinalizou que o Ano Nacional da Cultura seria um marco para repensar a cultura além das clivagens ideológicas. A cultura deveria transcender o lado "ideológico, pois não é só a expressão de uma classe desejosa de poder" que deveria ser atendida, mas "todos os seguimentos da realidade social", afirmou Oliveira. Para ultrapassar os "interesses episódicos de um grupo ou de um momento", o ministeriável sugeriu que o Ministério da Cultura deveria "traduzir a consciência mais abrangente, confundindo-a, se possível, com a nação". E que, mesmo com todas as dificuldades, a cultura em perspectiva nacional, deveria estar dissociada das ideologias, para que fosse considerada a "sua importância [...] sua grandeza [...] além das contingências" para buscar "um sentido para a existência de uma totalidade mais ambiciosa" (OLIVEIRA, [1984?], p. 4).

A análise de José Aparecido de Oliveira parecia estar destinada ao CFC. Entretanto a defesa da cultura dissociada das clivagens ideológicas e políticas foi uma alegação defensiva do CFC. Uma justificativa controversa para ambos os lados, fosse para o CFC, fosse para o FSEC, porque os conselheiros e secretários eram majoritariamente políticos de carreira que se colocavam acima das ideologias, mas viviam estabelecidos no poder. Não obstante, a insistência discursiva de José Aparecido tentou demarcar um posicionamento, além dos "interesses episódicos de um grupo ou de um momento" (OLIVEIRA, [1984?], p. 4). Questão controversa, pois a correlação de forças em disputa pretendia romper com o passado elitista, o mesmo argumento usado na tática discursiva dos modernistas, fossem eles de vanguarda, fossem conservadores. Portanto a disputa faz parte do jogo político.

José Aparecido de Oliveira, ao articular o vocábulo "cultura" correlato ao de "nação", alicerçou o discurso na ideia da promoção da consciência nacional, perspectiva próxima do CFC. Se os conselheiros federais eram ambíguos politicamente, o mesmo ocorria com os secretários de Cultura. O que sugere algumas questões para reflexão: quais seriam os interesses em disputa? Quais seriam as diferenças políticas entre os posicionamentos ideológicos dos novos agentes que disputavam a hegemonia da cultura? O CFC estaria, de fato, disputando o comando da cultura nacional ou somente tentando manter a sua posição sacralizada das políticas culturais?

Os debates travados nas plenárias do CFC acusavam algumas respostas para essas questões. O processo sob a interpretação dos conselheiros. Acredito que, em vez de dominar o comando da cultura, os conselheiros almejavam manter o reconhecimento simbólico da geração que atuou para que o Ministério da Cultura existisse. Nesse sentido, desejavam que as políticas culturais desenvolvidas pelo CFC fossem consideradas. O CFC era um espaço consagrado, um lugar de memória da geração modernista.

Não por acaso, a cultura, defendida como apolítica, homogênea, mestiça, conciliatória das classes sociais e além das ideologias, foi uma defesa constante do CFC em seus anteprojetos. Todavia o FSEC demonstrava que um viés elitista foi construído nesse processo e deveria ser rompido a fim de se vislumbrar a criatividade, imaginação, inteligência e sensibilidade do povo simples, valores que não eram encontrados facilmente em "grupos sociais mais abonados", defendeu Oliveira. Por isso, as políticas culturais deveriam estar voltadas ao povo, sobretudo em sua simplicidade. Uma idealização da pureza e criatividade intocada, próxima do que almejavam os modernistas de vanguarda, inspirados por Mário de Andrade. José Aparecido retomou Aleijadinho para exemplificar que a genialidade de "criação não escolhe estratos da sociedade", mas florescia em "todos eles" (OLIVEIRA, [1984?], p. 5).

As palavras enunciadas demonstram as mesmas ambiguidades dos conselheiros na distinção da cultura nacional. No entanto o discurso contra a elitização da cultura defendido por Oliveira mostrava-se contraditório, quando afirmou que os melhores exemplos de criação cultural emergiam das classes baixas. José Aparecido, ao defender Aleijadinho como melhor exemplo do povo, reorientou o discurso para uma conciliação entre as classes. Talvez esse discurso tenha delineado a interpretação de Afonso Arinos sobre o marxismo cultural no interior do fórum dos secretários de Cultura.

Os discursos públicos de Aloísio Magalhães e Marcio Tavares d'Amaral nos anos 70 e 80 questionavam a cultura elitizada defendida pelos conselheiros no interior do CFC. Um retrospecto dos conflitos entre o CFC e a Seac e SEC demarca essa disputa, cujo tema da inclusão social e da cidadania orientou a formulação das políticas culturais no MEC, defendidas pelos gestores. Todavia, igualmente, em ambos os casos, permaneciam os resquícios do nacionalismo e do patriotismo da "Revolução de 30" enquanto marco civilizatório da modernização do Estado, contradição com as mobilizações sociais da redemocratização, que requeriam mais participação social dos novos sujeitos de direitos, uma mudança efetiva das políticas nacionais. Esse temário ressurge no V Fórum, nos discursos de Darcy Ribeiro e de Celso Furtado, quando enfocaram a cultura e a educação pela ótica do desenvolvimento econômico e social. O conceito da cultura defendido por Aloísio Magalhães, por meio da produção, circulação e consumo, dialogou com o PL de Sarney sobre a isenção fiscal.

Se observadas as deliberações propostas nos fóruns, como a criação de um Fundo Nacional de Desenvolvimento da Cultura, 1% do orçamento à cultura, incentivo fiscal para projetos culturais, constata-se que essas pautas foram defendidas nos encontros nacionais organizados pelo CFC. Exceto a proposta da porcentagem à cultura, que foi ridicularizada por Sábato Magaldi, conforme a ata da 925ª Sessão Plenária, cujas intervenções dos conselheiros foram registradas na seção "Estudos e proposições" no *Boletim* sob o título "Ministério da Cultura" (BRASIL, 1971-1989, n. 56-65).

Magaldi afirmou sua perplexidade ao presenciar no V Fórum a reivindicação da irrisória percentagem à cultura, defendida para todas as esferas. Em 1978, a cidade de São Paulo já destinava 2% do orçamento à cultura, contexto em que foi o "primeiro secretário municipal de Cultura". O conselheiro narrou as dificuldades de pleitear um orçamento condigno para que a "cultura tivesse ressonância maior na esfera administrativa e na prestação de serviços à comunidade" (BRASIL, 1971-1989, n. 56-65, p. 42). Todavia explicou que, com a força aparente do movimento dos secretários, um valor maior poderia ser solicitado, já que houvera um consenso entre os secretários, gestores e conselheiros de cultura para a criação do Fundo Nacional de Cultura. Essa proposta resolveria a escassez dos recursos e impulsionaria a implantação do Ministério da Cultura (BRASIL, 1971-1989, n. 56-65).

O V Fórum Nacional dos Secretários Estaduais de Cultura contou com a participação de 20 estados e elegeu a gestão de 1984/1985 com 12 representações estaduais (Quadro 16).

Quadro 16 – Diretoria eleita no V Fórum

CARGO	SECRETÁRIO	ESTADO
Presidente	José Aparecido de Oliveira	MG
1º vice-presidente	Joaquim Itapary Filho	MA
2º vice-presidente	Acyr Castro	PA
Secretário-geral	Fernando Ghignone	PR
1º secretário	Pe. Antônio de Oliveira Godinho	SP
1º tesoureiro	Rosário Congro Neto	MS
2º tesoureiro	Noaldo Dantas	AL
Coordenação de Política Cultural	Jorge Cunha Lima	SP
Coordenação de Patrimônio Cultural	Darcy Ribeiro	RJ
Coordenação de Produção Cultural	Olívia Barradas	BA
Coordenação de Intercâmbio	Sérgio Cardoso	AM
Coordenação de Legislação	Francisco Bandeira de Melo	PE

Fonte: a autora

José Aparecido, articulado desde o Fórum de Ouro Preto e Maceió para ocupar o cargo de ministro da Cultura, tornou-se o presidente do FSEC, legitimando os acordos nos bastidores políticos. As direções da executiva e das políticas específicas ficariam a cargo do GT instituído para a estruturação do Ministério da Cultura, proposta deliberada no VI FSEC para a transição institucional do MEC para MinC.

O Ministério da Cultura, instalado em 15 de março de 1985, não surgiu apenas do convencimento dos intelectuais do CFC, tampouco das articulações dos secretários estaduais. A trajetória de José Sarney, e sua obstinação em prol do PL para a isenção fiscal, foi determinante para a institucionalização do MinC. Sarney participou de todos os conclaves organizados pelo MEC, DPHAN, CFC e Unesco nos anos 60 e 70.

A chapa Tancredo Neves e José Sarney contabilizou 480 votos, contra 180 de Paulo Maluf. A eleição do Colégio Eleitoral, em 15 de janeiro de 1985, foi questionada por alguns partidos, a exemplo do PT, que ensejou uma campanha para a abstenção de votos dos seus parlamentares. O PT obteve 26 abstenções, os dissidentes foram expulsos por votar em Tancredo, como a atriz Bete Mendes (1949-).

No término do VI Fórum de Secretários Estaduais de Cultura, em 14 de março de 1985, em Goiânia, o presidente Tancredo foi internado, um dia antes da sua posse. Os secretários de Cultura, no conclave, aprovaram duas moções, uma de apoio ao presidente e outra de aplausos pela sua vitória. Tancredo Neves faleceu no dia 21 de abril de 1985, data consagrada à memória nacional, dia do inconfidente Tiradentes.

5.5 Operários da cultura

Apesar do destaque de alguns atores políticos, sublinha-se que os processos de mobilizações organizados pelos gestores, trabalhadores, artistas, parlamentares e intelectuais foram condicionantes para o redesenho das políticas culturais em meados do século XX, fosse pela participação social endógena, fosse exógena, no raio do Estado, a exemplo dos conselhos e mecenatos públicos, ou pela oposição dessa estrutura.

O constructo social vislumbrado desde a década de 1930 demonstra os rompimentos, invenções e reinvenções das políticas que se expandiam e se comprimiam entre o Estado e a sociedade civil, contestando ou conservando as relações sociais e a manutenção do *status quo* nos anos 60, 70 e 80.

A sociedade civil, em perspectiva gramsciana, é um sujeito coletivo, um movimento antagônico e uma organização política que se forja fora ou dentro do Estado para disputar o seu comando. As disputas que se inserem dentro do Estado são ocorrentes dessa correlação de forças em busca da hegemonia. Os agentes políticos organizavam-se e mobilizavam-se em torno de concepções e pautas da cultura, sejam os burocratas, sejam os técnicos, conselheiros, gestores, intelectuais, pesquisadores, professores ou os artistas, entre outros sujeitos.

A hegemonia da organização da cultura no Brasil projetou-se via conselhos públicos e ministérios. Desde o CNC de Capanema, os dirigentes, secretários e conselheiros tornaram-se representantes oficiais do Estado e exerceram funções de comando, fosse nas áreas de gestão, fosse nas áreas técnica ou de consultoria.

Mil novecentos e oitenta e cinco, Ano Nacional da Cultura, prometia muitas transformações no contexto cultural, mas também a defesa dos conservadorismos. A ata da 924ª Sessão Plenária registrou a substituição do conselheiro Mauro Mota pelo advogado paulista Ubiratan Borges de Macedo (1937-2007), professor da ESG. Os conselheiros arriscavam manter as suas matrizes conceituais e políticas dentro do CFC, mesmo com as mudanças conjunturais determinantes.

A homenagem póstuma para Renato Soeiro demarcou uma posição do CFC diante dos novos tempos. As disputas pelo comando da cultura ecoavam no campo da consagração cultural e precisam ser reafirmadas. Por isso, a compilação dos discursos publicados na seção "Estudos e proposições", referente à ata da 924ª Sessão Plenária, sob o título "Renato Soeiro, servidor da Cultura" (1985), demarcou a gênese da organização das políticas culturais e das propostas para um Ministério da Cultura.

Renato Soeiro foi um conselheiro "que desapareceu em silêncio", afirmou Josué Montello, ao exaltar a gentileza, polidez e educação do conselheiro morto. Soeiro assumiu duas tarefas polêmicas, foi o primeiro diretor do DAC e o único gestor que teria condições de substituir Rodrigo Melo Franco de Andrade, um exemplar diretor do órgão federal de patrimônio que reproduzira uma "admirável equipe de seguidores da sua obra". Soeiro estava na "primeira linha" dos "discípulos" de Rodrigo, por isso foi um "continuador" (RENATO..., 1985, p. 14) da sua obra.

O título de discípulo de Rodrigo Melo Franco de Andrade foi requisitado por Aloísio Magalhães e José Aparecido de Oliveira. Por isso, demarcar a quem, de fato, pertencia a sucessão foi uma disputa política simbólica pela memória do Iphan e do CFC. Renato Soeiro foi considerado pelos membros do CFC um conselheiro que não se alterava nem se exaltava, e jamais se sobrepôs à figura do mestre. Essas eram qualidades fundamentais para a continuidade do projeto modernista da cultura, refletiram Montello e Arthur Reis. Soeiro submeteu-se ao mestre com a convicção de defender o patrimônio, sobretudo quando chefiou a delegação brasileira na Unesco, em 1966, apesar da sua reconhecida timidez.

Afonso Arinos destacou que o arquiteto fora um "inglês na Amazônia" com "extremo bom gosto de suas posições [...] o requinte, a finura, a aristocracia cultural, não tinha nada de social no sentido de convívio de sociedade". Arinos relatou que Renato Soeiro fora o responsável pelo projeto arquitetônico da sua biblioteca particular, portanto convivia em um lugar pensado por Soeiro. Moniz de Aragão homenageou a vida e a obra do "servidor da memória nacional"; e Assis Barbosa lembrou que Soeiro fora "discreto, modesto, polido", pois circulara pelo Iphan/FCRB e deixara a sua contribuição para a cultura, mesmo após ser exonerado para que Aloísio Magalhães acumulasse o cargo de secretário da Sphan e da SEC (RENATO..., 1985, p. 16, 18).

Para Pedro Calmon, a continuidade da obra de Rodrigo Melo Franco de Andrade foi executada com esmero por Renato Soeiro, mesmo sofrendo os reveses da vida:

> Na aparência débil, tímido, retraído, lento e de poucas palavras, era entretanto, tenaz combativo e inflexível nas opiniões que defendia, a bem da Memória Nacional. [...] Não era homem de grandes frases, de eloquência fácil, de comunicação frequente. [...] Lembro-me da sua decadência física recente, golpeado que foi pela morte da esposa. Parecia um condenado à morte. (RENATO..., 1985, p. 18).

Calmon ressaltou que Soeiro estava: "Na linha dos grandes operários da Cultura nacional, ele a singularizou por esse misto de modéstia e recolhimento, de retraimento sistemático e dedicação cotidiana e honrada" (RENATO..., 1985, p. 18-19).

Carlos Chagas lembrou a "desarrogância" de Renato Soeiro nas sessões da Unesco e ressaltou sua responsabilidade profissional quando tivera que organizar o "projeto arquitetônico do plano piloto do Pelourinho". Abgar Renault elevou o caráter do "técnico, primoroso" e "administrador severo, isento e honrado". Vianna Moog projetou Renato Soeiro como "um dos homens mais admiráveis deste país", que sempre "porfiara em omitir-se", de tal maneira que não se poderia nunca "recompor sua silhueta" (RENATO..., 1985, p. 19-20).

As homenagens para Renato Soeiro indicam que os conselheiros estavam no processo de canonização da autoria das políticas culturais do modernismo no Iphan e CFC. Os argumentos giravam em torno das classificações de continuador, mestre e discípulo, questões que legitimavam o modernismo como um campo construído pelo desempenho missionário dos conselheiros, operários da cultura.

Enquanto o contexto de articulação para a criação do Ministério da Cultura se fortalecia no âmbito dos estados e governo federal, os operários da cultura continuavam com a sua rotina administrativa de homenagens e efemérides e produzindo pareceres sobre temas de relevância à preservação da cultura nacional. O MEC enviava para o CFC processos indigestos politicamente para análise e parecer das câmaras setoriais.

Após a criação do Ministério da Cultura, continuou o envio de processos para pareceres do CFC, procedimento questionado somente pela gestão de Celso Furtado. Os processos procediam dos ministérios, Congresso e Senado Federal, Comissão Nacional de Moral e Civismo, conselheiros e secretários estaduais e municipais, proprietários de empresas culturais e instituições de pesquisas. Enquanto o Ministério da Cultura estava em processo de instituição, os conselheiros debatiam temas controversos e elaboravam pareceres distantes da conjuntura de instalação do Ministério da Cultura, demonstrando que o isolamento político do CFC, em relação ao processo estabelecido para o MinC, fora também provocado pelo MEC.

A análise dos pareceres via câmaras setoriais seguia um rito administrativo com a abertura de processo, elaboração de parecer, assinatura do relator, leitura e submissão para a apreciação coletiva nas plenárias do CFC. Em alguns casos, ocorria a participação de consultoria externa. Os pareceres do segundo semestre do ano de 1984 e do ano de 1985 (Quadro 17) foram publicados no *Boletim*, ano 17, n. 56-65 (BRASIL, 1971-1989, n. 56-65).

Quadro 17 – Mapeamento de processos encaminhados para pareceres do CFC

PROCESSOS	AUTORIA	PARECER N.º	MATÉRIA
23004.000133/84-4	Dep. Agnaldo Timóteo	2.741	PL 3.233/1984 — Dispõe sobre medidas de integração racial.
23004.000145/84-2	Dep. Francisco do Amaral	2.742	PL 3.335/1984 — Dispõe sobre a criação de Centros Sociais e Urbanos.
23004.000186/84-0	Dep. Francisco Dias	2.743	PL 3.662/1984 — Dispõe sobre o horário de funcionamento de museus e bibliotecas.
23004.000200/84	Ministério da Fazenda	2.744	Aviso 543 do Ministério da Fazenda ao Ministério da Cultura, alterando a Lei 6.757/1979.
23004.000185/84-4	Dep. Wall Ferraz	2.745	PL 3.591/1984 — Dispõe sobre a criação da Biblioteca de Brasília.
23004.000256/84-9	Sen. Roberto Saturnino	2.746	PL 155/1984 — Acrescenta dispositivo à Lei 5.869/1973, que inclui entre os bens empenhoráveis os de valor histórico, artístico e cultural das instituições de ensino, cultura e arte.
23004.000120/84-0	Dep. Santinho Furtado	2.747	PL n.º 3.075/1984 — Fixa normas em defesa do patrimônio histórico brasileiro e dá outras providências, em relação à proteção da grafia nacional.
23004.000263/84-5	Dep. Mendes Botelho	2.748	PL 4.092/1984 — Cria o Fundo e a Comissão de Desenvolvimento de Valores Humanos.
23004.000265/84-81	Dep. Marcelo Linhares	2.749	PL 3.654/1984 — Prevê e regula a aquisição e o emprego de obras de arte, quando da construção de prédios urbanos.
23004.000269/84-3	Dep. Jorge Arbage	2.750	PL 4.166/1984 — Altera a letra do Hino Nacional.
23004.000264/84-1	Dep. Sérgio Philomeno	2.751	PL 3.696/1984 — Autoriza o poder público a instituir o Museu da Abolição no município de Redenção/CE.
23004.000308/84-0	Comissão de Moral e Civismo	2.752	Solicita intervenção do CFC/MEC para proibir erros de grafia, a exemplo da *Revista Chico Bento*, da Editora Abril.
23004.000007/85-78	Dep. Freitas Nobre	2.753	PL 4.733/1984 — Dispõe sobre a incorporação de Quilombo dos Palmares ao Patrimônio Histórico e Artístico Nacional.
23004.000008/85	Dep. Oswaldo Lima Filho	2.754	PL 4.715/1984 — Determina ao Poder Executivo erigir em Brasília o Memorial da Independência.
23004.000.312/84-6	Dep. Luiz Sefair	2.755	PL 4.513/1984 — Dispõe sobre a exibição de telenovelas.
23004.000009/85-01	Dep. Stélio Dias	2.756	PL 4.530/1984 — Dispõe sobre as obras editadas pelo Instituto Nacional de Livros.
23004.000351/84-1	Dep. Arildo Teles	2.757	PL 4.586/1984 — Institui a Semana da Biblioteca.

23004.000288/84-8	Dep. Wall Ferraz	2.758 2.758-A	PL 3.910/1984 — Proíbe a titulação de discos, fitas e similares gravados pelas gravadoras estabelecidas no país, em língua estrangeira. PL 3.910/1984 — Conclusão do Parecer 2.758.
23004.000289/84-4	Dep. João Cunha	2.759	PL 4.350/1984 — Determina a elaboração e publicação de gramática-padrão para a língua portuguesa a cargo do MEC.
23004.000129/85-55	Maria Alice Barroso	2.760 2.760-A 2.760-B 2.760-C 2.760-D	Anteprojeto sobre a questão dos depósitos legais de obras impressas para a Biblioteca Nacional.
23004.000174/85-18	Dep. Freitas Nobre	2.761	PL 2.131 — Propõe regulamentação da profissão de escritor.
23004.000160/85-03	Presidência do CEC/MS	2.762	Sugere formulações ao ministro da Cultura quanto à atuação dos Conselhos de Cultura.
4004.000021/86-1	Min. Aluísio Pimenta	2.763	Envia missiva propondo reestruturação regimental e funcional do CFC.
40004.000018/86-76	Vice-presidente do CFC Eduardo Portella	2.764	PL 18 — Propõe sobre a participação do CFC nos estudos em torno de uma futura legislação de incentivos fiscais às atividades artístico-cultural.
23004.000-248/85-44	Trajano Goltzesco	2.765 2.765-A 2.765-B	Apresenta convite para a exposição no CFC de Trajano Goltzesco, proprietário da Nova Galeria de Arte, sobre os problemas de importação de livro.
23004.000300/85-62	Min. Aluísio Pimenta	2.766	Apresenta sistema ortográfico unificado para todo o domínio do nosso idioma.
23004.000301/85-25	Dep. estadual Harlan Gadelha – PE.	2.767	Indicação 1.976 — Propõe desapropriação da área de acesso ao Parque Estadual das Heroínas de Tejucopapo em Goiana/PE.
40004.000144/86-21	Gérsio Marcos Rodrigues	2.768	Apresenta missiva de Gérsio Marcos Rodrigues manifestando críticas e preocupações sobre a ortografia da língua portuguesa.
40004.000132/86-41	Sen. Amaral Peixoto	2.769	PL 39/1985 — Dispõe sobre a recondução de membros do CFC.
[S.I]	CFC	2.770	Reorganiza composição e funções do CFC pelo Decreto 92.489, de 24 de março de 1986.
23000.017805/84-0	Ministério da Cultura	2.771	Propõe isenção do salário educação para a Associação Brasileira de Normas Técnicas.
23.000.016040/84-0	Ministério da Cultura	2.772	Propõe isenção do salário educação para a Fundação de Amparo e Desenvolvimento da Pesquisa de Belém/PA.
40004.000107/86-02	Dep. José Frejat	2.773 2.773-A	PL 6.690/1982 — Concede isenção de impostos federais na importação de instrumentos musicais.

Fonte: a autora

Observa-se que os temas encaminhados e debatidos nas câmaras setoriais do CFC versavam sobre distintos assuntos, desde a classificação de horário e faixa etária para a exibição de telenovelas, até a padronização dos horários para o funcionamento das bibliotecas e dos museus. Medidas de integração racial e de valorização dos direitos humanos misturavam-se com as matérias de regulação do funcionamento do CFC e de preservação da língua nacional.

Não é intenção debater os méritos desses processos, tampouco dos pareceres, mas identificar, do ponto de vista do CFC, sobretudo das autorias das matérias, o que estava sendo proposto à cultura nacional no contexto de instauração do Ministério da Cultura. Os temários voltados para a patrimonialização de bens culturais identitários, a exemplo do sítio histórico de Quilombo dos Palmares, foram rechaçados pelo conselheiro Pedro Calmon, relator da Câmara de Patrimônio. Calmon reiterou: "Somos contra a importação de fenômenos que já não ocorrem no Brasil. Pretos, neste país? Perdão, no Brasil só há brasileiros" (BRASIL, 1984-1986e, n. 56-65 p. 15). No processo para a edificação de um monumento sobre a independência do Brasil, Calmon enalteceu: "A ideia de levantar-se em Brasília um monumento em honra da Independência Nacional só merece elogios" (BRASIL, 1984-1986f, n. 56-65 p. 16).

Heloísa Lustosa, ao conceder parecer favorável para a criação do Museu da Abolição, destacou o incentivo para a criação de museus no interior do Brasil, ação incentivada por Mário de Andrade e Rodrigo Melo Franco de Andrade para a consagração da memória nacional. A conselheira nem sequer mencionou o assunto da abolição e da violência da escravidão (BRASIL, 1984-1986g, n. 56-65).

Após o dia 15 de março de 1985, sublinha-se que os temas considerados de relevância nacional encaminhados pelo Ministério da Cultura para o CFC indicavam uma curadoria política. Os PLs consensuais não eram enviados para análise das câmaras, somente PLs divergentes nos debates públicos.

Essa curadoria foi uma tática utilizada pelo MEC e ininterrupta pelo MinC, sobretudo na gestão de Aluísio Pimenta, como forma de se eximir dos juízos de valores empreendidos pelos pareceres dos conselheiros, principalmente aos méritos dos deferimentos e indeferimentos das pautas apresentadas pelos parlamentares, conselheiros e agentes culturais.

Um exemplo dessa questão foi o PL do deputado Jorge Arbage, que, incomodado com a segunda parte do Hino Nacional, "Deitado eternamente em berço esplêndido", propôs a alteração da letra com a seguinte argumentação:

> O Hino Nacional representa os valores pelos quais os brasileiros lutam. São seus dizeres motivo de coragem e de aperfeiçoamento. Representam os versos do Hino Nacional um ideal a ser, sempre, perseguido. Os versos, cuja substituição ora se propõe, não são condizentes com os ideais do povo brasileiro. Não somos indolentes nem preguiçosos. Pelo contrário, temos procurado, com intenso ardor, a promoção do desenvolvimento e da melhoria de condições de vida de todos os nossos patrícios. A modificação, ora proposta, em nada altera a métrica ou a musicalidade do Hino Nacional. Estou certo de que esse projeto merecerá a aprovação de todos os verdadeiros patriotas. (BRASIL, 1984-1986c, n. 56-65, p. 13).

Abgar Renault, relator da Câmara de Letras, concordou com os argumentos arrolados pelo parlamentar sobre a desatualização do hinário e a representação pejorativa do brasileiro, mas indeferiu a mudança porque o hino era um patrimônio nacional.

Outro PL nacionalista foi de autoria do deputado Wall Ferraz e versou sobre a proibição de grafia estrangeira em títulos dos discos, fitas cassetes e similares pelas gravadoras no Brasil. Além disso, o PL indicou a necessidade de uma fiscalização sobre os nomes dos estabelecimentos comerciais, peças de vestuário, cardápios de restaurantes, a exemplo de *"pub"*, *"t-shirt"* e *"breakfast"*, entre outros grafismos estrangeiros em estampas de roupas, como a inscrição "USA". As empresas seriam fiscalizadas; e as grafias, traduzidas para o português em todas as peças comerciais.

O PL pretendia abrasileirar e salvaguardar a língua nacional dos modismos e estrangeirismos da cultura de massa. Esse processo foi apreciado pela Câmara de Artes, sob a relatoria da conselheira Maria Alice Barroso, que reencaminhou o PL para a Comissão de Legislação e Normas para um parecer jurídico. Miguel Reale considerou a preocupação do deputado relevante, mas a matéria, de cunho chauvinista.

Ainda nessa linha, o PL do deputado Santinho Furtado propôs o controle e a proteção da grafia nacional em defesa do patrimônio brasileiro. O Estado deveria proibir vocábulos estrangeiros em logradouros, espaços públicos, publicações didáticas e veículos de comunicação, como jornal, rádio e televisão. O parecer da Câmara de Letras, sob a relatoria de Bezerra de Menezes, fez uma analogia ao PL do deputado Rubem Figueiró, que "proibia o uso de barbarismo na publicação oral e escrita nas denominações de estabelecimentos comerciais" (BRASIL, 1984-1986b, n. 56-65, p. 9).

O controle da língua nacional, como já foi demonstrado por Anderson (2005), tornou-se um importante instrumento de coesão política, a partir do século XIX, sobretudo no campo literário. A propagação da ideia de pertencimento e homogeneidade nacional para o estabelecimento de uma comunidade imaginada passava pela organização cultural da nação e do país por intermédio das teorias nacionalistas. A preocupação da integridade da grafia da língua nacional contra os estrangeirismos evidenciou o preservacionismo da cultura nacional contra a cultura de massas. Essa questão colocava-se presente nas preocupações dos parlamentares, conselheiros, secretários, artistas e intelectuais das diversas vertentes ideológicas.

Outro processo nacionalista/chauvinista foi enviado pela Comissão Nacional de Moral e Civismo, sob o argumento de salvaguardar a integridade da língua nacional. A comissão defendeu a língua portuguesa abrasileirada e erudita, sem caipirismos e deboches na grafia. A matéria propôs a proibição de erros gramaticais, a exemplo da revista em quadrinhos *Chico Bento*, do cartunista Mauricio dè Sousa, da Editora Abril (Figura 39). O parecer de Abgar Renault, da Câmara de Letras, endossou a matéria, pois revistas infantis com erros de grafia exerciam um "papel deseducativo" e inutilizavam o "esforço escolar"; fazia-se imperioso que o MEC solicitasse a colaboração das editoras com as escolas, "em vez de perturbar-lhes a ação criadora" (BRASIL, 1984-1986d, n. 56-65, p. 14-15).

Figura 39 – Recorte da matéria no *Correio Braziliense*

Fonte: W. Lopes (1985, p. 15)

A reportagem do *Correio Braziliense*, "Caderno de atualidades", assinada por Wilma Lopes (1985), esclareceu que a ação empreendida pela Comissão Nacional de Moral e Civismo fora motivada pelo vereador Claudio Silva Rufino (PDT), de Ijuí/RS, aprovada pela Câmara de Vereadores. "A que ponto chegamos?", indagou a jornalista ao relatar o percurso do processo até chegar àquela comissão nacional. O processo obteve uma posição favorável do filólogo e catedrático Evanildo Bechara no parecer de Abgar Renault no CFC. A questão, segundo o jornal, foi motivada por preconceito linguístico, pois a linguagem peculiar de Chico Bento representava uma parcela da população que sobrevivia da agricultura, mantendo-se analfabeta pela omissão do Estado.

A posição de Abgar Renault (BRASIL, 1984-1986, n.56-65), aprovada pelo CFC, defendeu o protecionismo da língua nacional. O conselheiro pontuou que o Estado não deveria impor severa rigidez, mas considerar a criação e a evolução linguística para o progresso cultural sob o viés da norma culta da língua, e não das apreensões populares.

5.6 Ministério da Cultura, autoria em disputa

Entre espaços de experiências e horizontes de expectativas, o assunto sobre o Ministério da Cultura retornou ao debate na 925ª Sessão Plenária, por sugestão de Sábato Magaldi, ao solicitar que fosse enviada ao presidente da República uma proposta formal de criação do ministério. Os registros da ata demonstram um longo debate sobre o assunto, publicados na seção "Estudos e proposições" do *Boletim* (BRASIL, 1971-1989, n. 56-65).

O CFC foi transformado em um órgão meramente consultivo, entretanto o conselheiro ressaltou que, em relação à nova pasta, poderia contribuir com propriedade sobre o "problema da conveniência, ou não, de se criar um Ministério específico da Cultura", alertou Sábato Magaldi. José Cândido de Carvalho concordou e afirmou que o CFC deveria se recompor como um órgão ativo para se inserir na nova fase política do país. Moniz de Aragão recordou que, na condição de ministro, em 1966, referendara a criação do CFC ao presidente Castello Branco, uma ideia de Josué Montello, por isso indicara o nome do amigo para a presidência do órgão. A gestão de Montello marcou um "início vigoroso", que, se tivesse "permanecido no tempo", teria alçado o CFC "numa altura e numa situação bem melhor". Moniz de Aragão alertou sobre o CFC retomar a sua "autoridade [...] fazer mais do que está fazendo". "*En passant*", lembrou que o "Encontro Nacional de Cultura" ocorrido na Bahia, em 1979, fora organizado e presidido pelo CFC com convite para todos os secretários estaduais de Cultura, mas constatara, decepcionado, que os secretários se reuniram a distância do CFC, nem sequer convidando o seu presidente (BRASIL, 1971-1989, n. 56-65, p. 97, 43).

A inclusão do CFC nos debates sobre o Ministério da Cultura tornou-se um ponto de honra para a retomada da legitimidade do órgão em relação ao governo. Os conselheiros revezaram-se em discursos indignados com a afronta dos fóruns dos secretários e dos encontros de cultura realizados à revelia do CFC. O órgão não foi convidado para os debates públicos sobre a pertinência ou não do Ministério da Cultura dentro do MEC, tampouco os conselheiros foram chamados para o debate que se fazia nos jornais. Josué Montello afirmou:

> Quando pensamos na existência de uma cultura, que valorizamos as suas ideias, que levamos para o lado especulativo, no sentido de encontrar as matrizes, as raízes e as direções, de ordem filosófica, para essa cultura, evidentemente não podemos assistir, com uma certa indiferença, a que o problema da cultura seja colocado em termos, meramente, jornalísticos, com um palpite lateral, quando, na verdade, o assunto tem que ser discutido, porque estamos discutindo a estrutura mesma da consciência e das ideias fundamentais brasileiras. (BRASIL, 1971-1989, n. 56-65, p. 42-43).

O Ministério da Cultura e o Plano Nacional de Cultura tiveram suas autorias reivindicadas pelo CFC. Portanto, para os conselheiros, caberia ao órgão a coordenação desses projetos. Dessa forma, os conselheiros deveriam elaborar estratégias de intervenção para reforçar a criação do ministério, afirmou Moniz de Aragão:

> Na realidade, cabe a nós inverter essa situação, dar um passo à frente, inquietar, incomodar, dizer aquilo que possa não agradar ouvir, mas que é necessário em defesa da Memória e do futuro do Brasil. Deve-se lutar pela criação do Ministério da Cultura, pois nunca a Cultura estará suficientemente atendida se estiver unida à Educação. (BRASIL, 1971-1989, n. 56-65, p. 44).

Ao contrapor o discurso jornalístico de que o Ministério da Cultura seria desnecessário em face da educação, Moniz Aragão afirmou:

> Enquanto Educação se reclama, aos berros, na rua a Cultura é quase considerada um requinte. É a panela de barro, junto à panela de ferro. Eu sugeri ao ministro Ney Braga quando visitou este Conselho, oficialmente, que o fizesse. Mas S. Exa. não aproveitou o momento que se lhe oferecia, de marcar-se uma posição na História do Brasil, definitivamente. Contudo, ainda é tempo. Quem sabe alguém, com desejo, com ímpeto, com decisão e, sobretudo, com tenacidade, seja capaz de bater sobre este ferro frio e fazer com que nele se molde aquilo que é indispensável ao desenvolvimento brasileiro e à defesa da sua presença, no cenário mundial. Porque, como disse, certa vez, o contato de culturas é uma espécie de mútua agressão. E o Brasil precisa se defender da agressão que lhe fazem as demais culturas, defendendo a sua e impondo-a, pelo seu vigor, nessa troca, às outras nações. Que o Ministério da Cultura venha, e venha logo. (BRASIL, 1971-1989, n. 56-65, p. 44).

Nas 926ª e 927ª sessões plenárias (BRASIL, 1971-1989, n. 56-65), o assunto retornou para a pauta, quando Josué Montello lera o texto "Cultura", de 1968, de sua autoria. O conselheiro lembrou que, na primeira reunião com os secretários estaduais de Cultura, em abril de 1968, fora enviado um questionário para os governadores encaminharem aos gestores visando conhecer com objetividade as demandas regionais. Foi a primeira vez que os conselhos estaduais foram valorizados pela importância dos seus trabalhos. A partir dessa ação, muitos convênios foram elaborados e assinados com o CFC, portanto não se poderia perder na história do CFC o auxiliou que o órgão forneceu à criação dos Conselhos Estaduais e Municipais de Cultura, sempre "obedecendo ao zoneamento cultural do país" (BRASIL, 1971-1989, n. 56-65, p. 45). Aos conselhos municipais, aliás, foi destinada a administração das casas de cultura.

Montello advertiu que os projetos gestados pelo CFC foram apresentados e elogiados nas conferências da Unesco, tornando-se referências internacionais, mas o reconhecimento estrangeiro não repercutira no governo federal. Internamente, ocorreu uma árdua batalha para a implantação da proposta sobre a isenção fiscal dos projetos culturais, aprovada no conclave internacional. Montello defendeu que os projetos elaborados pelo CFC faziam parte de um ideal, uma missão que fora acometida por numerosos ataques e desafios, desde os parcos recursos para as tarefas burocráticas, até o atraso da publicação dos periódicos, o espelho dos trabalhos do órgão. O envio tardio dos periódicos às secretarias, às instituições e aos Conselhos de Cultura gerou a impressão de que o CFC estava estagnado politicamente. O texto trazido por Josué Montello relatou as infinitas negociações entre o CFC e o MEC para a reivindicação das reformas nos equipamentos culturais, criação da Seac, operacionalização do PNC e proposição do Ministério da Cultura. Contudo os conselheiros nutriam a esperança de que o país teria uma estrutura adequada para responder aos processos enviados pelo CFC e pelas instituições culturais. Montello endossou o discurso de Moniz de Aragão, e mostrou-se indignado:

> Devo pedir perdão aos Srs. Conselheiros, por sentir uma certa indignação, quando se fala em Ministério da Cultura, de ver tanta bobagem dita, as vezes com opinião de pessoas da mais alta responsabilidade e que não tem conhecimento do esforço que se fez aqui, para alterar esta situação, e que as coisas que hoje existem, existem funcionando. Elas decorrem, precisamente, da política de cultura, trazida a este Ministério por este Conselho. (BRASIL, 1971-1989, n. 56-65, p. 47).

Para Montello, o CFC deveria adentrar o novo contexto político:

> É preciso que o Conselho se revigore, que tenha uma outra posição. Devemos reexaminar. Vamos entrar numa fase nova de política brasileira. Estou informado do interesse que terá o futuro Presidente da República pelos problemas de cultura. Não é hora para ficarmos apenas, perplexos. Temos que chegar e elaborar alguns documentos fundamentais, para que o Conselho saia da situação de pescador à linha, em que, naturalmente, se encontra. É preciso revigorar isso, porque as ideias estão aqui. O plano está aqui. É só retomar o que foi feito. Digo isso com certo orgulho, porque isto aqui não é, apenas, meu. Isso é o resultado das conversas que tive com meus companheiros das primeiras horas do Conselho Federal de Cultura. E, daí, naturalmente, provieram as ideias essenciais que aqui são debatidas. Portanto, o Conselho nada mais faz que retomar aos seus documentos inaugurais, daí partindo para ajudar a implantação necessária do Ministério da Cultura. Enquanto não fizermos isso, serão meramente ancilares, de tal maneira que se vai pensar que a cultura tem que ficar a reboque da Educação, que é um negocinho, assim, que trata de teatro, cinema, e que, ocasionalmente, faz um filme, um festival. Não. É a maior estupidez quando se saem com essas ideias, com essa compreensão. Isso mostra que, quando a gente está diante de alguém que tem essa opinião, não trata de uma pessoa culta. Isso é preciso dizer, com uma certa veemência. (BRASIL, 1971-1989, n. 56-65, p. 47).

Os conselheiros tentavam rearticular e reapresentar os projetos do CFC, mas a implantação do Ministério da Cultura estava em processo. Nesse sentido, a intervenção de Josué Montello instigou os conselheiros para a elaboração de uma estratégia a fim de inserir o CFC no jogo em andamento e comandá-lo.

Os conselheiros estavam cansados das infinitas guerras, negociações e reapresentações dos anteprojetos, entretanto foram provocados por Montello. Para compor a estratégia de rearticulação, foram designados para procurar em seus arquivos pessoais os textos, projetos e discursos que poderiam servir de subsídio para um maior desenvolvimento das atividades do CFC.

Os ex-presidentes Josué Montello, Arthur Reis e Moniz de Aragão estavam se reorganizando para uma intervenção mais efetiva no processo de constituição do Ministério da Cultura. Adonias Filho e Geraldo Bezerra de Menezes reforçaram a posição *a latere* de que nenhuma reunião dos conselhos e secretários estaduais de Cultura poderia ocorrer sem a presença do CFC. Moniz de Aragão retomou a sugestão de reunir todos os planos, políticas e propostas de subsistemas setoriais nacionais de arquivos, museus e bibliotecas para reapresentá-los ao governo de Tancredo Neves e Sarney.

Josué Montello afirmou que em sua gestão fora criada uma rotina para a cultura. Porque a função do CFC havia sido instrumental, ao fornecer os elementos de aplicação da política cultural e não fazer cultura. Portanto seria necessário dialogar com a SEC para compreender o que estava em processo para atuar com propostas de longo prazo. Maria Alice Barroso sugeriu que o PNC fosse reexaminado, mas Montello interpelou: "Esse Plano está ultrapassado" (BRASIL, 1971-1989, n. 56-65, p. 50). O CFC, com sua capacidade de resiliência, deveria reapresentar o PNC como um estudo para o governo. Para esse escopo, seria necessário historiar ao novo governo a luta empreendida pelo CFC para a incorporação da cultura em preceitos constitucionais, negados sucessivamente, além da restrição do papel e competências do órgão a cada mudança de gestão no MEC (BRASIL, 1971-1989, n. 56-65).

Josué Montello começava a estruturar uma estratégia de resistência, contudo demarcou a autocrítica: "Todos sabem que a gente fica até um pouco constrangido em vir aqui falar das efemérides, dos mortos, dos vivos. Mas tem aquele caráter de opinião". Esse caráter opinativo, mas envergonhado, demonstrava que o CFC deveria retornar à sua antiga orientação de assessoria, do MEC para o MinC, mas para esse intuito deveria ultrapassar a "linha de perplexidade" e de "arrefecimento gradativo", pois era um órgão composto por um "elenco de altas figuras". Cada conselheiro, com suas especialidades e experiências, tinha autoridade em assuntos específicos para auxiliar o governo. Montello afirmou que Tancredo Neves, ao criar a Secretaria de Cultura de Minas Gerais, entregara-a "para uma pessoa capaz", mas em nível federal caberia ao CFC apresentar as "soluções exequíveis" para não ocorrer com a cultura do país a "dança dos conselheiros como a Tv Manchete faz a dança dos políticos" (BRASIL, 1971-1989, n. 56-65, p. 50-51). O discurso vislumbrou a aproximação com José Aparecido de Oliveira, sem mencionar seu nome, mas classificando-o pela sua capacidade de comando na SEC/MG. Mesmo diante de um processo articulado à revelia do CFC, o órgão estava disposto a negociar, e a conselheira Maria Alice Barroso lembrou o inventário apresentado na Unesco e coordenado pela equipe da secretária Júlia Azevedo, um documento que poderia ser enviado para conhecimento do novo governo.

Na 929ª Sessão Plenária, Adonias Filho, após seis anos na presidência do CFC, anunciou que seu mandato expiraria, no dia 2 de março de 1985, mas que a ministra Esther Ferraz prorrogara para o fim daquele mês o seu mandato e de seis conselheiros. José Cândido de Carvalho comunicou que o seu mandato terminaria, no dia 10 de fevereiro de 1985, e o cargo de vice-presidente seria ocupado por Pedro Calmon, decano do CFC.

5.7 Com um pires nas mãos

Na reportagem especial no *Correio Braziliense*, caderno "Atualidades", Maria do Rosário Caetano (1985a, p. 5) afirmou que o CFC "carregava o carma" de ser considerado a ABL n.º 2. A jornalista alertou sobre o fato de o Ministério da Cultura herdar o CFC, um órgão que no mês de abril tinha sete conselheiros que completariam 18 anos de serviço em um colegiado de "notáveis desconhecidos", presidido por Adonias Filho, um "artista sensível [...] um cidadão extremamente conservador" e defensor da "permanência da censura".

O *Correio Braziliense* (ENCONTRO..., 1985) publicou uma reportagem sobre o I Encontro da Música Popular Brasileira, ocorrido em Araxá, Triângulo Mineiro. No evento, o assunto mais comentado foi a criação do Ministério da Cultura com a participação do ministeriável Zé Aparecido, reconhecido pelos artistas como o ministro que seria nomeado.

Dois dias depois da reportagem, praticamente uma semana antes da posse do novo presidente da República e da instalação oficial do MinC, artistas, intelectuais e agentes culturais debateram os problemas do dirigismo e a intervenção do Estado na cultura. "Empresa e cultura" e "Cultura e liberdade de expressão" foram duas mesas de debates no Seminário Internacional sobre Legislação e Cultura, em São Paulo, no dia 9 de março de 1985. Com a proeminência da criação do Ministério da Cultura, a *Folha de S. Paulo* não poupou ironia ao intitular a reportagem sobre o evento como "Cultura, esse debate dá samba", tergiversando sobre o senso comum de que no Brasil assuntos polêmicos terminavam em pizza ou em samba.

Foram debatidas no seminário as possibilidades econômicas de sustentabilidade da produção cultural, questões que seriam vencidas na conjuntura com a criação do MinC. O evento, realizado no Maksoud Plaza, lugar de distinção social da elite, recebeu participações consagradas da política nacional e empresarial, a exemplo do vice-presidente eleito José Sarney; senador Fernando Henrique Cardoso (PMDB); presidente da Federação das Indústrias de São Paulo (Fiesp) Luiz Eulálio Bueno Vidigal; presidente do Banespa Luiz Carlos Bresser Pereira; e representante do Fórum de Secretários Estaduais da Cultura e do SEC/SP Jorge Cunha Lima.

O encontro pretendeu realinhar acordos para a nova República em assuntos complexos como economia, política e cultura. Uma espécie de conciliação de interesses da classe artística com a indústria cultural foi proposta para garantir a produção rentável, reconhecida e facilitada. A mesa principal foi composta pelo presidente da União Brasileira de Teatro Juca de Oliveira, pela cantora Fafá de Belém e pela atriz Irene Ravache. Juca de Oliveira denunciou o monopólio das emissoras de TV, que descaracterizava o perfil do povo brasileiro. O discurso foi ancorado nos movimentos contrários aos estrangeirismos, defendendo uma formação cultural do povo sem a importação de referências culturais. A indústria cultural foi objeto do debate entre os agentes culturais, artistas e intelectuais, desde 1930, mas, com o advento da televisão, a influência estrangeira tornou-se um perigo eminente para a cultura nacional, alertado tanto pelas direitas quanto pelas esquerdas. Por isso, as propostas de resistências refletiam sobre a aculturação realizada pelos veículos de comunicação, acirrada pela emergência do liberalismo econômico internacional. Em relação ao Ministério da Cultura, a classe artística cética assistia ao movimento dos secretários estaduais de Cultura e às defesas do mercado cultural intermediadas pelo Estado.

Bresser Pereira defendeu que os serviços de cultura deveriam ser pagos pelo público, e não pelo meio empresarial ou pelo Estado. Em vias da nova proposição da lei de incentivo fiscal, o banqueiro sinalizou que, se a iniciativa privada patrocinasse eventos culturais, deveria receber retorno promocional via mecenato. Fafá de Belém classificou Bresser Pereira de conservador travestido de progressista, pois, ao "posar de socialista o dia inteiro", vivia a "remarcar os preços do Pão de Açúcar de madrugada", conforme registrou a *Folha de S. Paulo* (CULTURA..., 1985, p. 45).

Duas manifestações de vaias e de aplausos auxiliam a compreensão das disputas naquele evento: a primeira vaia foi destinada ao vice-presidente eleito, autor de sucessivos projetos de lei, desde 1973, para patrocínio de produtos e atividades culturais. Segundo a reportagem, Sarney foi reprimido pelo desprezo da classe artística, que, além da vaia, fez "caras e bocas" (CULTURA..., 1985, p. 45). O político defendeu o PL de isenção fiscal, mas, para os artistas, isso significava dirigismo estatal na seleção e no financiamento dos projetos.

Por sua vez, Fernando Henrique Cardoso, ao discorrer contra o dirigismo estatal, recebeu aplausos quando defendera o liberalismo econômico e cultural. O sociólogo sugeriu cautela para a criação do MinC: "Se for para ampliar o espaço e a participação para a cultura e a liberdade de expressão, ótimo. Mas, se for para burocratizar será um perigo" (CULTURA..., 1985, p. 45).

Os artistas mostravam-se contrários ao PL de isenção fiscal e desconfiavam do MinC. Essas propostas eram vistas com ceticismo pelos agentes culturais, trabalhadores de cultura, artistas, intelectuais e políticos. Outra preocupação se reportava ao tema da cultura inserido na Assembleia Nacional Constituinte em formação.

O jornal relatou que a deputada estadual Ruth Escobar, do PMDB/SP, "foi muito aplaudida ao dizer que já era hora de a classe artística parar de sair com um pires na mão, esmolando favores e boa vontade ao invés de falar de direitos culturais" (CULTURA..., 1985, p. 45). Direitos culturais, para a coordenadora do seminário, deveriam ser debatidos do ponto de vista da liberdade artística de criação, produção e captação de recursos.

Ironicamente, a vaia mais emblemática do seminário foi destinada ao futuro ministro da Cultura dos anos 2000. O cantor Gilberto Gil foi zombado por trocar os nomes dos ministérios, registrado pela *Folha de S. Paulo* quando afirmou que "não esperava nada pessoalmente sobre a criação de um Ministério da Educação ou de uma Constituinte feita à toque de caixa". O jornal não poupou o deslize, e publicou, sem nenhuma ressalva, o depoimento. E registrou que o músico, ao se referir conceitualmente à cultura, "relacionou filosoficamente mais uma vez, em um rápido discurso, o equilíbrio entre o yin e o yang, os polos negativos e positivos chineses que direcionam o homem" (CULTURA..., 1985, p. 45) em sua energia cósmica. Essa apologia se tornou clássica na gestão de Gilberto Gil no MinC, nos anos 2000, quando foram criados sob a sua gestão os Pontos de Cultura. Para o ministro Gil, os lugares de produção e circulação artística deveriam ser massageados pelo Estado como se massageava o corpo com a técnica do *Do-In* a fim de estimular o equilíbrio dos polos opostos.

Em 1985, Gilberto Gil participou da mesa "Cultura e liberdade de expressão" e, ao chegar a vez do seu pronunciamento, passou a palavra adiante e reivindicou o direito ao silêncio, em protesto. Ao ser vaiado coletivamente, foi interpelado por uma participante: "se você pode falar e não fala o que será de nós?" (CULTURA..., 1985, p. 45). Entre os silêncios, pronunciamentos, aplausos e vaias, o seminário ilustrou a conjuntura de criação do MinC fora dos plenários do CFC, controversa, tensa e cética.

Três dias depois do seminário, no dia 10 de março de 1985, Gustavo Capanema faleceu, e nenhuma nota foi registrada nos *Boletins* do CFC. Seu nome foi mencionado dois meses antes, no caderno especial sobre cultura da *Revista Nacional*. O periódico era uma publicação em consórcio com uma rede de jornais, em nível nacional, com periodicidade semanal, sob a direção e editoria de Mauritônio Meira. Sua redação tinha nomes como Adonias Filho, Antônio Houaiss, Aurélio Buarque de Holanda, Guilherme Figueiredo e Joel Silveira.

A *Revista Nacional* respondeu ao desabafo de um leitor de Salvador, Mauro do Carmo Lobato, na seção de "Cartas", que mostrara indignado com os posicionamentos de José Sarney em relação à "Revolução de 1964", considerando que se elegera na eleição indireta de 1984, mesmo sendo um opositor do regime instaurado. O leitor também questionou os colaboradores da revista ao afirmar: "O Brasil não é um país sério", frase, segundo ele, de autoria de Charles de Gaulle. Os interlocutores da *Revista Nacional* esclareceram ao leitor que a célebre frase atribuída ao general De Gaulle era do embaixador brasileiro, em Paris, Alves de Sousa, desafeto de João Goulart, que, após uma reunião com o presidente francês, disparou essa conclusão aos repórteres que o aguardavam após a audiência. A frase, creditada ao general, foi retificada pelo embaixador em suas memórias.

O semanário contrapôs a questão com outra citação célebre no espaço político e com autoria confundida — "o importante não é o fato, é a versão" —, e atribuída a José Maria Alckmin, mas cujo autor seria Gustavo Capanema. A revista afirmou: "uma das melhores figuras da República", pois "foi deputado, senador — o diabo", em resposta ao leitor Mauro Carmo Lobato (1985, p. 2).

O Fluminense noticiou que o novo governo se nortearia pela figura do falecido Capanema, que dedicara a sua vida à cultura nacional. O ex-ministro deu "importância a criatividade artística do homem brasileiro, descobrindo e valorizando artistas e intelectuais" (PRIORIDADE..., 1985, p. 4). Exemplo dessa questão, reiterou o jornal, foi a nomeação do poeta Carlos Drummond de Andrade para chefe do seu gabinete.

5.8 O primeiro ministro da Cultura

Gustavo Capanema faleceu no dia 10 de março de 1985. Cinco dias depois, foi instituído o Ministério da Cultura. Enquanto uns celebravam o nascimento da instituição apartada da Educação, outros reverenciavam o legado do homem considerado o primeiro ministro da Cultura do Brasil. Entre os cinco dias que separaram a morte do ex-ministro para o nascimento do MinC, foram lembrados os 55 anos de políticas culturais federalmente implantadas. Os jornais publicaram sucessivas homenagens póstumas dos amigos do ex-ministro. O legado de Capanema foi condicionante à criação do MinC.

No ano anterior, Carlos Drummond de Andrade, em entrevista para Isa Cambará, repórter da *Folha de S. Paulo*, afirmou que o ministro Capanema fora um "autêntico homem público". E o seu maior legado para a história da educação e da cultura fora o prédio do MES. Sobre a competência administrativa do amigo, Drummond acrescentou: "Não conheço capacidade igual de pensamento e de ação consequente, lúcida e produtiva. Ao lado disso, um homem encantador, pela modéstia e finura de sentimentos" (ANDRADE, 1984, p. 72).

A história do "político que nasceu com o século", escreveu Antônio Carlos Villaça (1985, p. 6) no *Jornal do Brasil*, "1º Caderno". Demonstrava as impressões de uma geração que vivera intensamente o breve século XX, parafraseando Hobsbawm (1995). No Brasil, a brevidade do século iniciou com a modernidade pleiteada nos anos 20, o ufanismo da "Revolução de 30", marco político nacionalista, incorporado à ditadura civil-militar nos anos 60, 70 e, posteriormente, nos anos 80 com a reinvenção da redemocratização do país.

Amigos, familiares, intelectuais, artistas e políticos próximos da trajetória política de Capanema conferiram-lhe um status patrimonializado de primeiro ministro da Cultura. Carlos Castello Branco (1985), no *Jornal do Brasil*, "1º Caderno", enfatizou que, por conta da promoção e da modernização da cultura realizada em sua gestão, esse cargo lhe cabia:

> Capanema morre no momento em que se cria o Ministério da Cultura. Ele foi na República o primeiro, o mais brilhante e o mais arrojado ministro da Cultura, embora titular de um Ministério que se chamava de Educação e Saúde. Ele tinha apetite voraz para todos os temas que estavam sob seu exame e dedicou-se a toda gama de problemas de sua pasta. Mas a imagem que lhe definiu a presença no governo de Getúlio Vargas, por onze anos, foi a de promotor e modernizador da cultura brasileira. (BRANCO, 1985, p. 2).

Capanema viveu a brevidade secular com mudanças significativas na estrutura da cultura política brasileira, em muitas delas exerceu protagonismo. Ainda que fosse acusado de manter intelectuais e artistas à sombra do paternalismo, do dirigismo e da cooptação, foi reverenciado por uma geração que acompanhou a sua probidade administrativa, como defendeu Badaró (2000).

5.9 O Palácio da Cultura

Aproximadamente um mês após a criação do MinC e do falecimento de Capanema, o Decreto-Lei 91.188, de 8 de abril de 1985, assinado pelo presidente José Sarney e pelo ministro da Educação Marco Maciel, determinou que o nome do edifício que fora a sede do antigo MES fosse denominado Palácio Gustavo Capanema. Quatro considerações estruturavam a renomeação:

> CONSIDERANDO ter sido Gustavo Capanema uma das personalidades brasileiras que melhor souberam marcar sua vida pública pelo empenho em preservar e dinamizar a educação e a cultura do país;
>
> CONSIDERANDO a magnitude de sua obra como Ministro de Estado, no período de 1934 a 1945, estabelecendo seguras e inovadoras bases e diretrizes para a educação nacional;
>
> CONSIDERANDO sua destacada presença no cenário político brasileiro, como Senador da República e, nessa condição, colocando-se, mais uma vez, a serviço da educação, no exercício, por sucessivas legislaturas, da presidência da Comissão de Educação e Cultura do Senado Federal;
>
> CONSIDERANDO, finalmente, que uma das mais significativas realizações de Gustavo Capanema, como estímulo à liberdade criadora, foi a construção do edifício do Ministério da Educação na Esplanada do Castelo, no Rio de Janeiro, marco da nova arquitetura brasileira, cujo significado conseguiu projetar-se, mundialmente,
>
> DECRETA:
>
> Art. 1º — O edifício do Ministério da Educação, localizado na Esplanada do Castelo, no Rio de Janeiro, passa a ser denominado "Palácio Gustavo Capanema". (BRASIL, 1985b, s/p).

A homenagem póstuma veio como uma espécie de indulgência à família e aos amigos, pois, nos jornais de março, muitos deles se revezaram, indignados com a não cessão do Palácio da Cultura para o velório do ex-ministro. A construção desse prédio, em especial, tornou-se uma das maiores guerras empreendidas por Capanema. Para alguns autores, o ministro solidificou o modernismo no Brasil; para outros, o prédio tornou-se símbolo do autoritarismo e da arbitrariedade na sua condução do MES. Esse processo foi analisado por autores como Badaró (2000); Costa (2018); e Lissovsky e Sá (1996), que compilaram matérias jornalísticas à época que classificavam a obra de sinfonia inacabada, edifício que não era edifício, aberração arquitetônica, entre outras críticas.

Os textos reunidos por Badaró (2000) imputaram a classificação de ministro da Cultura para Capanema. A estrutura biográfica promoveu o enaltecimento do homem e da sua obra para atestar a incólume obstinação que o ex-ministro tinha pelo trabalho e pela coisa pública, questões caras para a política brasileira na contemporaneidade. O biógrafo registrou duas injustiças históricas em sua obra, a primeira versou sobre o não reconhecimento da trajetória intelectual de Capanema pela ABL, e a segunda sobre o fato de o Estado brasileiro não ter velado o corpo do ex-ministro no Palácio da Cultura.

> Capanema cumpria o destino dos políticos honrados, daqueles que abandonam tudo para se entregar de corpo e alma à tarefa pública. Deixam à margem seus interesses pessoais e se afastam da profissão que escolheram. Procedem com honradez e inatacável probidade no exercício das funções de governo ou no parlamento, e quando delas se afastam em direção ao ostracismo, seja pela derrota nas urnas, seja por cair no desamor, às vezes, nas iras, dos poderosos do dia, não mais tem caminho de volta, às oficinas onde trabalham. Desatualizam-se nas artes da profissão, perdem contato com a clientela, enfim, imobilizam-se numa situação muitas vezes próxima do desespero. (BADARÓ, 2000, p. 264).

Contestando as derrotas de Capanema para a ABL, o *Jornal do Brasil*, no "1º Caderno", editorial "Um homem e sua obra", declarou:

> Também Capanema não precisaria ter publicado livro algum para ser reconhecido em toda a dimensão da grande obra que realizou, como em sua condição, indisfarçável de artista da palavra, salvo se alguém já conseguiu excluir a eloquência do campo da literatura. O candidato à vaga de Pontes de Miranda construiu ao longo da vida a reputação de um de nossos expoentes máximos nessa arte difícil e complexa, a que os antigos votaram tanto apreço e cuja importância jamais foi negada por nenhum historiador literário. (UM HOMEM..., 1980, p. 10).

Os discursos de Capanema eram feitos com uma eloquência inseparável da literatura, segundo o editorial. Paulo Pinheiro Chagas, citado por Badaró (2000, p. 518), classificou Capanema como um "escritor sem livros", porque candidatara-se por duas ocasiões para a ABL, sem êxito na esfera de consagração que tanto admirava e a qual sonhara em pertencer. Capanema (1980) escreveu dois livros, um com discursos parlamentares e outro com pensamentos.

A narrativa biográfica de Badaró (2000) tergiversou sob a dimensão de uma escrita romanesca e saudosista; se problematizada à luz da ilusão biográfica de Bourdieu (2006), torna-se próxima à narrativa de Paulo Duarte (1985) sobre Mário de Andrade. Acontecimentos articulados entre si, permeados por vocações e ideais, em que a força de vontade é compensada pela meritocracia, apesar das inúmeras injustiças históricas e dos sofrimentos alhures. Os dramas da modernidade foram vividos por Capanema e por Mário de Andrade de forma heroificada, sob a leitura dos dois autores.

Se, para o patrimônio cultural, o legado de Mário de Andrade foi patrimonializado, o de Capanema tornou-se um mito fundador das políticas federalizadas no Brasil. A trajetória política de ambos marcou o rompimento da velha para a nova República, com o surgimento dos grandes homens na história, no sentido da história *magistra vitae*. É pertinente o artigo de Malerba (2014, p. 33), quando analisa a escrita da história por não historiadores, mas por obras biográficas que enaltecem os grandes feitos e grandes homens, "ornadas com as lembranças e os preconceitos dos mais velhos".

A relevância do ministro de Getúlio Vargas foi projetada por alguns intelectuais em analogia diacrônica com o ministro francês André Malraux. O diplomata Afonso Arinos de Melo Franco Filho (2000) afirmou que nascera no auge da "Revolução de 1930", no prefácio da obra de Simon Schwartzman (2000), e que, ao recordar algumas palavras do seu pai, o senador Afonso Arinos, sinalizara que Capanema "foi Malraux antes de Malraux; no Brasil sua obra é comparável à de Rio Branco no Itamarati". Franco Filho afirmou que o Palácio da Cultura tornou-se o exemplo internacional de racionalização administrativa no serviço público pelo movimento moderno arquitetônico.

Em 1990, quando estava em um posto diplomático na Holanda, recebeu uma carta do seu pai denunciando a desestruturação do antigo prédio do MES: "demolição da infraestrutura cultural do Estado brasileiro, empreendida pelo governo Collor", a "bela edição do Barlaeus, feita no tempo do Capanema, (o nosso grande Capanema; agora estão acabando com a obra dele)", relatou Franco Filho (2000, p. 15).

Capanema autocompreendia-se como um homem de Estado e movido por ideais de transformação da sociedade. Essa missão vocacionada foi refletida por Lahuerta (1997) e Miceli (1984, 2001), ao analisarem as trajetórias políticas dos modernistas. Carlos Drummond de Andrade, em reportagem do *Jornal do Brasil*, no "1º Caderno", afirmou: "chamá-lo de político não é defini-lo bem. Foi antes um humanista que se debruçou sobre a política, como forma de realização de um ideal ético". Sobre as "agências do Estado, que cuidam do ensino, da cultura e da saúde dos brasileiros", declarou: "Pouco importa que a memória desses benefícios se apague ou mesmo seja negada. Capanema não trabalhou para se projetar. Trabalhar foi o seu destino" (INTELECTUAIS..., 1985, p. 8).

5.10 "Recusado por muitos e desejado por poucos"

O MinC foi instituído pelo Decreto-Lei 91.144, de 15 de março de 1985, assinado pelo presidente da República José Sarney; pelo advogado recifense Marco Maciel (1940-2021), ministro da Educação; por José Aparecido de Oliveira, ministro da Cultura; e pelo economista paulista João Sayad (1945-2021), ministro da Secretaria de Planejamento. O decreto dispôs sobre a estrutura, as atribuições do órgão, com base em uma longa exposição de motivos, dividida em quatro considerações:

> Considerando que o crescimento econômico e demográfico do país, a expansão da rede escolar e universitária, a complexidade cada vez maior dos problemas ligados à política educacional, nas suas diferentes funções no desenvolvimento nacional, bem como o enriquecimento da cultura nacional, decorrente da integração crescente entre as diversas regiões brasileiras e da multiplicação das iniciativas de valor cultural, tornaram a estrutura orgânica do Ministério da Educação e Cultura incapaz de cumprir, simultaneamente, as exigências dos dois campos de sua competência na atualidade brasileira;

> Considerando que a transformação substancial ocorrida nas últimas décadas, tanto com os assuntos educacionais quanto com os assuntos culturais, tem suscitado, em relação às duas áreas, a necessidade de métodos, técnicas e instrumentos diversificados de reflexão e administração, e tem exigido políticas específicas bem caracterizadas, a reclamarem o desmembramento da atual estrutura unitária em dois ministérios autônomos;

> Considerando que os assuntos ligados à cultura nunca puderam ser objeto de uma política mais consistente, eis que a vastidão da problemática educacional atraiu sempre a atenção preferencial do Ministério;

> Considerando que a situação atual do Brasil não pode mais prescindir de uma política nacional de cultura, consistente com os novos tempos e com o desenvolvimento já alcançado pelo país. (BRASIL, 1985a, s/p).

Sob a administração do MinC, ficaram CFC, CNDA, Concine, SEC, Embrafilme, Funarte, FNPM, FCRB e Fundaj, uma gama de instituições criadas no Estado Novo e renomeadas nas décadas de 1960 e 1970 pela ditadura civil-militar.

Antes de o CFC encaminhar as propostas de organização da cultura para o ministro José Aparecido de Oliveira, a estruturação do MinC já estava recebendo críticas públicas. Um artigo de opinião no *Correio Braziliense* do cineasta Geraldo Sobral Rocha (1985), intitulado "Ministério carioca da Cultura?", indicou que, entre todas as instituições sob o raio do MinC, apenas a Pró-Memória não se localizava no Rio de Janeiro.

O *Correio Braziliense*, suplemento especial, apresentou as propostas e novidades do governo Sarney para as áreas do governo. Para o MinC, foram publicadas as impressões de alguns artistas, entre eles a atriz Irene Ravache e os cantores Tonico e Tinoco. Todos afirmaram aguardar boas notícias do ministério recém-criado. Para a dupla caipira, a "cultura vem da lavoura [...] é preciso que o governo dê mais atenção a ela". João Ubaldo Ribeiro afirmou que fora favorável à criação do Ministério da Cultura, mas, após o decreto-lei, posicionara-se contra. Na França existia um intelectual do porte de André Malraux para convencer o general Charles de Gaulle, mas no Brasil a imprensa e o governo eram parciais e o MinC seria um negócio ou "instrumento para promover grandes mordomias no exterior", com a justificativa de divulgar a cultura brasileira, avaliou o escritor (O QUE VAI..., 1985, p. 38).

Entre as desconfianças sinalizadas pelo jornal, existia o lastro histórico dos resquícios da ditadura. A eleição indireta não agradou os intelectuais e os artistas. O mecenato estatal, os subsídios financeiros e estruturais para projetos, instituições, artistas e intelectuais estavam historicamente conjecturados em políticas de amizades, interesses corporativos, partidarismos estéticos e ideológicos. Pairava um ceticismo em relação ao MinC e a conselhos públicos como o CFC, recriado sob os auspícios do regime militar.

O *Correio Braziliense*, no caderno "Atualidades", realizou uma longa reportagem, assinada pelo repórter Antonio Gomes (1985), com José Aparecido de Oliveira. O ministro defendeu que a cultura finalmente seria desmarginalizada perante os outros ministérios. O Ministério da Cultura chegou atrasado ao processo histórico brasileiro; segundo o ministro, o povo seria o grande protagonista da nova República. José Aparecido mencionou cinco nomes importantes para a institucionalização da cultura nacional, Gustavo Capanema, Mário de Andrade, Juscelino Kubitschek, Aloísio Magalhães e Marcos Vinícios Villaça. Sobre o CFC, indicou que o órgão precisava se adequar aos novos tempos, mas reconhecia a importância e a necessidade da sua renovação.

No dia 8 de abril de 1985, na 936ª Sessão Plenária do CFC, foi anunciado que o ministro assumiria a presidência do CFC, conforme o decreto de instituição do MinC, no dia 15 de março. Os conselheiros realizaram uma matemática hierárquica entre as faixas etárias dos decanos com seus mandatos longevos para interinamente indicar quem presidiria aquela sessão até o comparecimento do novo presidente, ou seja, o ministro.

Apesar de Geraldo Bezerra de Menezes ser o conselheiro mais antigo em uma câmara setorial, era Pedro Calmon o conselheiro mais antigo de CFC. Miguel Reale, entretanto, assumiu temporariamente a presidência no lugar de Calmon, que estava enfermo, sem acompanhar as plenárias do órgão, após a criação do MinC. Na mesma sessão, Herberto Sales anunciou o seu desligamento da direção do INL. Os conselheiros manifestaram preocupação com a saúde do presidente Tancredo Neves e enviaram congratulações ao vice-presidente José Sarney pela instituição do Ministério da Cultura.

Na 937ª Sessão Plenária, Josué Montello saudou seu conterrâneo e confrade da ABL Miguel Reale como um "escritor emérito [...] contista e poeta admirável" (BRASIL, 1971-1989, n. 56-65, p. 115-116), E a função nobre de presidir o CFC não poderia estar em melhores mãos. Fábio Magalhães (1942-) foi nomeado o novo secretário da SEC e saudado pelos conselheiros. Reale lembrou que o artista plástico fora seu assistente na cadeira de Estilística e Comunicações na Faculdade de Artes Plásticas da USP. Fábio Magalhães foi diretor da Pinacoteca de São Paulo (1979-1982), secretário municipal de Cultura de São Paulo (1983), ex-assessor da Secretaria Estadual de Cultura de São Paulo, professor da Universidade Mackenzie/SP e da PUC-Campinas, na cadeira de História da Arquitetura, conforme os registros da seção "Estudos e proposições", sob o título "Saudação ao secretário de Cultura, professor Fábio Magalhães" (1985) no *Boletim*.

A plenária do CFC debateu a situação da Biblioteca Demonstrativa Castro Alves e da Biblioteca Euclides da Cunha, que estava alocada no quarto andar do Palácio da Cultura. Os conselheiros questionaram ao novo secretário se as bibliotecas ficariam sob a responsabilidade do MEC ou do MinC. Fábio Magalhães respondeu que o decreto de criação do MinC estabelecera Comissões Interministeriais para assuntos pertinentes à Educação e à Cultura. O conselheiro Ubiratan Borges de Macedo alertou sobre a divisão administrativa desigual: mantivera-se o MEC com organograma administrativo e financeiro superior ao do MinC. Magalhães advertiu que o decreto apresentara um texto generalista para realinhar alguns organismos que se harmonizariam com o MinC. Caberia ao CFC, portanto, auxiliar e delinear a nova estrutura do ministério, interesse manifestado pelo então presidente do órgão, o ministro José Aparecido de Oliveira (BRASIL, 1971-1989, n. 56-65).

O conselheiro Vamireh Chacon destacou que o CFC tomara "conhecimento oficial da existência do Ministério da Cultura" pelo secretário Fábio Magalhães naquela reunião, mas saudou a atitude do governo de criar o MinC na hora certa, um momento em que o Brasil executava "outros passos, na direção da democracia plena" (BRASIL, 1971-1989, n. 56-65, p. 119). Reale ratificou o papel e as competências do CFC, sobretudo o caráter normativo; dessa forma, o dinamismo do órgão estaria à disposição do ministro, pois o MinC foi reivindicado pelo órgão.

Fábio Magalhães foi empossado na Câmara de Artes na 938ª Sessão Plenária (BRASIL, 1971-1989, n. 56-65). Na oportunidade, os conselheiros aproveitaram para emergir antigas reivindicações arquivadas. Josué Montello reiterou a necessidade de se criar um Sistema Nacional de Bibliotecas e um Sistema Nacional de Museus, proposição que seria encaminhada ao ministro. Maria Alice Barroso reforçou que a Biblioteca Nacional possuía apenas um terminal de telex para 45 mil usuários, mas um subsistema nacional de bibliotecas auxiliaria a formatação do acesso de outros estados.

Em um momento de rupturas e de apreensões políticas, velhas reivindicações voltavam à tona na 939ª Sessão Plenária. Josué Montello foi eleito vice-presidente do CFC, com 12 votos, contra 1 voto para Miguel Reale. Moniz de Aragão lembrou que Montello empreendera no CFC o programa institucional que havia incentivado a criação de Conselhos, Secretarias e casas de Cultura.

Na reunião, Geraldo Bezerra de Menezes sugeriu que os conselheiros redigissem uma proposta política para o Ministério da Cultura com base na avaliação realizada por Montello em seu discurso de agradecimento, publicado na seção "Estudos e proposições" do *Boletim* (BRASIL, 1971-1989, n. 56-65). Josué Montello mostrou-se otimista com a criação do MinC, que, apesar de ser fruto de um decreto-lei, extremamente sóbrio, comportava interpretações e sugestões para uma melhor definição do papel a ser assumido pelo CFC.

Montello sugeriu que o CFC estivesse atento aos encaminhamentos dados pelo ministro, durante a estruturação do ministério, e mencionou um artigo da sua autoria publicado na *Revista*

Manchete e no *Jornal do Brasil*, no qual analisou que o ministério da Cultura deveria "atravessar três fases muito importantes" (BRASIL, 1971-1989, n. 56-65, p. 69) para a sua consolidação. A primeira fase seria a de implantação instrumental, momento em que se aproveitaria a eficácia dos instrumentos já existentes para verificar se deveriam ou não ser modificados. A segunda fase seria para a organização de eventos culturais e rotinas para incorporar em um calendário de atividades. A exemplo do Calendário Cultural do CFC, o MinC organizaria um demonstrativo das atividades culturais regionais como um instrumento de divulgação e criação de uma "consciência da continentalidade do país". O calendário não somente divulgaria as atividades do Rio Grande do Sul ao Ceará, mas realizaria a aproximação e intercâmbio entre os estados e as instituições culturais. Para Montello, a única deficiência do calendário do CFC foi a sua distribuição irregular, questão que deveria ser corrigida pelo MinC. Em nome da unidade e da consciência nacional da cultura, Montello sugeriu que o MinC retomasse o Calendário Cultural do CFC para que os nomes de relevância da cultura nacional não ficassem no esquecimento. A terceira fase seria para adoção de uma filosofia ou política pelo MinC, "porque a inspiração, a formulação democrática está na essência, na unidade do próprio país" (BRASIL, 1971-1989, n. 56-65, p. 70).

Montello, ao distinguir a sua amizade com Miguel Reale, presidente *ad hoc* do CFC, indicou que o seu nome para vice-presidência seria *pro tempore*, condicionado ao diálogo com o ministro, um "velho amigo" com o qual mantinha uma "linha de cordialidade". E relembrou uma visita de José Aparecido a São Luís, ocasião em que lhe solicitara a permissão para pisar em solo maranhense. Montello relatou que concedera autorização e mobilizara todos os bem-te-vis da cidade para saudar o ilustre visitante. O discurso de Josué Montello indicou que as cordialidades entre os dois amigos eram de longa data, por isso a sua relação de amizade com o ministro lhe permitia um diálogo sobre o papel do CFC e o trabalho dos conselheiros, "pessoas experientes, com tirocínio do problema da cultura e que podem ser melhormente aproveitadas em função de um Ministério que desponta, agora, sob os melhores auspícios". Montello afirmou que uma rotina para a cultura começara em sua gestão e reafirmou a importância de o CFC sugerir propostas ao ministro, como do aperfeiçoamento do serviço de telex da Biblioteca Nacional, projetos de teatro, cinema, artes e música (BRASIL, 1971-1989, n. 56-65, p. 71). E acrescentou Josué Montello:

> É preciso não esquecer que há pessoas, no extremo Norte, no extremo Sul, nas pequenas cidades, que nunca tiveram a oportunidade de ouvir Villa-Lobos, porque ainda não houve oportunidade para essa gente. Temos que escancarar ao povo as oportunidades de usufruírem aquela cultura superior do país, não, apenas, aquela cultura que é dada, simultaneamente com uma propaganda comercial, mas aquela que advém do espírito criador, consenso de originalidade brasileira. (BRASIL, 1971-1989, n. 56-65, p. 72).

Observa-se no discurso a cultura ainda dividida entre uma visão superior e inferior. Entretanto essa defesa histórica do CFC foi questionada a partir da criação da Funarte e do CNRC de Aloísio Magalhães, mas com o MinC essa separação será confrontada nos discursos dos agentes públicos e nos documentos ministeriais.

Todavia os conselheiros ainda viviam celebrando o passado do CFC, sem compreender as mudanças políticas que estavam estruturando o novo ministério. Montello lembrou para os conselheiros que, ao assumir o órgão, possuía apenas "uma mesa, uma cadeira e um telefone" (BRASIL, 1971-1989, n. 56-65, p. 72). A ocupação precária do órgão foi melhorada durante a sua gestão, e sem o CFC reestruturado não existiriam os conselhos e as secretarias estaduais, tampouco o Ministério da Cultura.

Miguel Reale (BRASIL, 1971-1989, n. 56-65), concordando com a exposição de Montello, declarou que o Ministério da Cultura fora reclamado pelo CFC para um novo arranjo da cultura nacional. E conclamou os colegas para que o CFC organizasse um segundo encontro nacional, aproveitando o ano de 1985, dedicado à cultura, com os conselhos estaduais e municipais, reestabelecendo as relações desses órgãos com o CFC. Entretanto o conselho federal estava distante dos novos debates trazidos pelo Fórum de Secretários Estaduais de Cultura. Ademais, o CFC não foi reconhecido pela sociedade como um mediador nas relações da cultura com o Estado. Essas questões ressoaram sobre o MinC, ocasionando um processo de instabilidade tanto no ministério quanto no CFC, acentuado no período de transição democrática. A sequência de reformas administrativas e ministeriais, nomeações e exonerações, recriações e extinções institucionais, alterações legais e subordinativas fragilizou a institucionalização da cultura. Após a criação do MinC (Quadro 18), no governo Sarney, ocorreram cinco nomeações e quatro ministros distintos.

Quadro 18 – Alternância dos ministros do MinC no governo José Sarney

MINISTRO	PERMANÊNCIA NO CARGO
José Aparecido de Oliveira	De 15 de março a 29 de maio de 1985.
Aluísio Pimenta	De 30 de maio de 1985 a 13 de fevereiro de 1986.
Celso Furtado	De 14 de fevereiro de 1986 a 28 de julho de 1988.
Hugo Napoleão do Rego Neto	De 29 de julho a 19 de setembro de 1988.
José Aparecido de Oliveira	De 20 de setembro de 1988 a 14 de março de 1990.

Fonte: a autora

José Aparecido de Oliveira trouxe para o MinC alguns dos secretários de Cultura que coordenaram o Fórum de Secretários Estaduais da Cultura, criando expectativas inclusive nos céticos. A jornalista Fátima Lopes (1985a, p. 20), em artigo assinado na seção "Educação & cultura" do jornal *A Notícia* (AN), apontou que a nova República poderia ser contornada pela divisão entre a Cultura e a Educação no governo de Tancredo Neves. Contudo, advertiu que o novo governo deveria ser analisado com cautela, pois estava composto por nove ministros que permaneciam na "vida pública há muito tempo". O ministro José Aparecido foi apresentado como uma personagem que "tem-se batido desde 83 pela criação desta pasta", o que indicava "grandes planos". Porém, ao conjecturar o futuro da administração do MinC, Lopes elencou três dificuldades para o ministro: 1) a colonização cultural do Brasil; 2) o abandono da cultura causado por 20 anos de ditadura; 3) a crise econômica que transforma a cultura em algo elitista.

Seis dias depois, a jornalista (LOPES, 1985b, p. 2) escreveu um artigo intitulado "Planos para a cultura", questionando como ficaria a pasta da Cultura com o presidente Tancredo hospitalizado e o governo sendo comandado pelo vice José Sarney. Fátima Lopes, no AN, avaliou que o ministro apresentava boas ideias em seus planos, a exemplo da promoção de um debate nacional para o fim da elitização cultural, que desde 1964 assolava o país. O MinC promoveria "respeito ao homem como motor primeiro e último da história", o que eram "boas falas para um bom começo".

A jornalista, considerando um discurso do ministro, indicou que os problemas da cultura seriam repensados na Assembleia Nacional Constituinte para finalmente o Estado acabar com o paternalismo. E mencionou excertos do discurso ministerial:

> [...] os produtores da cultura não podem ficar à espera do talão de cheques do Estado [...] a grande solução não é democratizar a cultura, mas sim o acesso a ela [...]. Uma política cultural resulta das manifestações elaboradas, das manifestações de intelectuais, mas também das manifestações das camadas mais amplas, mais profundas, mais sofridas do povo. Isso tudo envolve a memória e a nossa herança cultural. (LOPES, 1985b, p. 2).

A jornalista avaliou que o ministro "acerta em cheio, quando afirma que o problema cultural está indissoluvelmente ligado ao problema educacional" (LOPES, 1985b, p. 2).

José Aparecido de Oliveira, em uma entrevista para a jornalista Maria do Rosário Caetano (1985b, p. 23), no *Correio Braziliense*, abordou a ausência de recursos para a cultura. O ministro respondeu: "não sou a pomada Maravilha que serve pra tudo". A resposta, em analogia à pomada comercializada que resolvia todos os problemas da saúde, colocou a sua gestão na defensiva, pois não resolveria os problemas históricos da cultura.

Na 940ª Sessão Plenária (BRASIL, 1971-1989, n. 56-65), Josué Montello comunicou aos conselheiros que, em conversa com o ministro, tomara conhecimento de um deslocamento de rubricas orçamentárias para cobrir as reuniões do CFC. E comunicou que o ministro seria o governador do Distrito Federal. Entretanto José Aparecido solicitou um levantamento das necessidades do CFC para encaminhar ao próximo ministro, além da apresentação do PL do deputado federal Álvaro Vale a fim de que os conselheiros expirantes pudessem receber novos cargos dentro do CFC.

José Aparecido de Oliveira permaneceu aproximadamente três meses no cargo. Ruy Castro (1985, p. 49), na *Folha de S. Paulo*, comentou a saída do ministro e afirmou que Tancredo Neves criara o MinC para satisfazer uma necessidade política do secretário mineiro da Cultura, pois o presidente eleito havia confidenciado aos correligionários: "Precisamos arranjar um ministério para o Aparecido".

Segundo Botelho (2000), José Aparecido assumiu o governo do DF por ser um cargo com maior representatividade e poder. Para o *Correio Braziliense* (MINISTRO..., 1985), José Aparecido foi indicado pela alta cúpula do PMDB porque tinha trânsito e articulação com todas as vertentes do partido, então, se não assumisse o DF, assumiria o cargo de chefe da Casa Civil, portanto não ficaria, em nenhuma hipótese, no MinC.

O ministro, antes de sair, comprometeu-se em indicar um sucessor. Um dos nomes entregues foi da atriz Fernanda Montenegro, que, ao recusar o cargo, transformou-se em ícone de um movimento de protesto ensejado por alguns intelectuais, artistas e jornalistas que rejeitavam o MinC. No dia 18 de maio de 1985, o correspondente de Nova York Paulo Francis (1985, p. 49), na *Folha de S. Paulo*, publicou uma nota no "Diário das elites" saudando o gênero feminino: "há mulheres esplêndidas", e uma "das raras notícias agradáveis" que chegavam para ele do Brasil fora que "Fernanda Montenegro recusou ser chefa na nova boca rica do empreguismo que é o Ministério da Cultura".

O MinC foi visto pelos intelectuais e artistas mais como um cabide de empregos do que como alicerce político à cultura. Paulo Francis, sobre o convite, acrescentou: "não é para artista do porte de Fernanda Montenegro, uma das glórias do teatro brasileiro, uma das três pessoas da minha geração de teatro que não traiu o que professávamos" (FRANCIS, 1985, p. 49). O ex-trotskista que virou defensor do liberalismo econômico elogiou a não traição da atriz e de outras pessoas que recusaram o cargo, sem trair seus princípios. Alertou: "Não vou dizer quais as outras duas, porque já tenho inimigos de sobra. Para fazer política é preciso meter a mão na merda, como disse Sartre. Há bastante gente para isso. Preservemos Fernanda que é parte do patrimônio nacional." (FRANCIS, 1985, p. 49).

O *Correio Braziliense* (PLANTÃO, 1985) publicou em nota que um grupo de deputados federais recomendara via telex para o então governador do DF, José Aparecido, o nome da conselheira do CFC Heloísa Lustosa para ser ministra da Cultura.

Monteiro e Barros (2019) avaliaram que a gestão de José Aparecido de Oliveira fora produtiva, mesmo considerando o curto período em que esteve à frente do MinC. Nesse contexto inicial, ele defendeu a democratização da cultura e a implantação de centros comunitários para promover maior interação do MinC com os estados e municípios. Os autores apontaram ações que demarcaram a mudança de orientação política, como a inclusão de novos sujeitos, garantida pela instituição da Assessoria de Cultura Negra, comandada por Clóvis Moura, e da Assessoria de Assuntos da Cultura Indígena, coordenada pelo chefe da Funai Marcos Terena.

Botelho (2000) refletiu que a saída repentina de José Aparecido desestruturara a estrutura da cultura organizada pela SEC, desconsiderando o CFC. Questionou a ausência do secretário Marcos Vinícios Vilaça no processo de transição institucional do MEC para o MinC, porque o gestor estava, à época, preocupado com a sua eleição para a ABL. Essa perspectiva foi apoiada por Ângelo Oswaldo de Araújo dos Santos, em entrevista para a autora. Botelho afirmou que houve centralidade no processo, pelos integrantes do FSEC, Fábio Magalhães, Itapary Filho, Fernando Ghignone e Ângelo Oswaldo.

A autora analisou as inquietações técnicas e políticas vivenciadas nesse período dentro do MinC, pois fora funcionária da Funarte, de 1978 a 1996, e gestora da Assessoria Técnica de Formação, de 1982 a 1985. Em 1988, chefiou a Secretaria de Apoio Institucional do MinC. O seu lugar de fala e análise é imbricado pelas memórias das experiências profissionais enquanto observadora e participante do processo de estabelecimento da Funarte e do MinC. Botelho problematizou as articulações para o ministério, as negociações em torno da SEC, as mobilizações políticas de José Aparecido no FSEC e o posicionamento contrário de Aloísio Magalhães ao projeto de Ministério da Cultura.

Botelho criticou a estruturação do MinC sem a participação dos técnicos. Para ela, o ministro José Aparecido ignorou os projetos da SEC e dos órgãos federais de cultura, o trabalho dos técnicos e dos agentes e Secretarias Estaduais de Cultura. Muitos projetos coordenados por técnicos e gestores de instituições vinculadas à SEC foram transpostos para a jurisdição do MinC, sem considerar a trajetória desses processos. Para a autora, os técnicos observaram céticos a criação do MinC sob a profecia de Aloísio Magalhães: "Mais vale uma secretaria forte do que um ministério fraco". O MinC foi "recusado por muitos e desejado por poucos", com uma estrutura frágil e comprometida, pontuou Botelho (2000, p. 215). Para a Funarte, em suas análises, foi como se CFC não existisse.

Sérgio Lacerda, irmão de Sebastião Lacerda e com este sócio-proprietário da Editora Nova Fronteira, em depoimento para a *Folha de S. Paulo*, no aniversário de 20 anos da empresa, discorreu sobre os desafios do campo literário no Brasil. Citou a obra póstuma de Aloísio Magalhães, *E Triunfo?*, e questionou que "a existência de um Ministério da Cultura não significa que um projeto de cultura vá acontecer" (AOS 20..., 1985, p. 25).

Pedro Calmon faleceu no dia 16 de junho de 1985. Na 944ª Sessão Plenária (BRASIL, 1971-1989, n. 56-65), o conselheiro recebeu homenagens, cujos discursos foram publicados na seção "Estudos e proposições" do *Boletim*. Calmon, sob a presidência do general Dutra, foi ministro da Educação, Saúde e Cultura de 1950 a 1951. Geraldo Bezerra de Menezes afirmou: "Um historiador e constitucionalista, foi ininterrupta a sua produção". O boletim do CFC listou as principais obras do veterano da ABL e do IHGB: *O rei do Brasil, vida de D. João VI*; *O rei cavaleiro, vida de D. Pedro I*; *O rei filósofo, vida de D. Pedro II*; *História de D. Pedro II e princesa Isabel*; *História social do Brasil* (7 t.), além de *Curso de direito constitucional brasileiro* e *Curso de teoria geral do Estado*. Maria Alice Barroso ressaltou o humor, a inteligência e a correção do "rei-cavalheiro" (BRASIL, 1971-1989, n. 56-65, p. 103, 105).

Josué Montello (1985, p. 113) escreveu um artigo no JB, "Imagens de Pedro Calmon", reproduzido a pedido de Vianna Moog no *Boletim*. Calmon fez a opção pela pesquisa da "história dos reis meticulosamente esmiuçada e revisada", pois foi um historiador que "trazia os fatos, os nomes e as datas na ponta da língua", afirmou Montello.

A materialização da história *magistra vitae* cultuada no CFC, paradigma do IHGB, foi representada nesse sodalício por uma parcela significativa dos conselheiros.

5.11 A cultura enquanto direito constitucional

O ano de 1985 intensificou os debates públicos sobre quais seriam as pautas da Assembleia Nacional Constituinte para a área da cultura. O ministro Aluísio Pimenta (1985b), substituto de José Aparecido de Oliveira, em artigo intitulado "País manifestará sua pluralidade cultural", na *Folha de S. Paulo*, defendeu que o Estado não produzia cultura, mas facilitava os mecanismos à sua produção. Explanou, portanto, qual seria a concepção de cultura adotada pelo MinC:

> Todos os que nos deram a atenção de nos ouvir, durante esses meses, sabem que a adotamos de forma suficientemente ampla, de modo a abranger diversas faces da realidade cultural brasileira: a consolidada do patrimônio cultural e natural a ser preservado de forma dinâmica; a rústico-tradicional, que sobrevive em muitas formas de enorme vitalidade; a emergente das criações atuais; a prospectiva do desenvolvimento científico-tecnológico, seriam valorizadas. O Ministério não veio para produzir cultura diretamente, mas para criar as condições para que todas essas faces tenham espaço e desabrochem. (PIMENTA, 1985b, p. 5).

O texto em si não trazia nada de novo nas conceituações sobre cultura, mas retomava os princípios ensejados por Aloísio Magalhães no CNRC, Funarte e SEC, além do CFC. O artigo pretendia abrandar os ânimos exaltados daqueles que se pronunciavam contra o Ministério da Cultura quando alegavam o vínculo paternalista arraigado na estrutura do Estado. Aluísio Pimenta inseriu, no horizonte de expectativas dos artistas e intelectuais, que somente os debates públicos da ANC poderiam alcançar novas diretrizes culturais.

Entre articulações, contestações e discussões políticas, o ministro ratificou que a Constituição federal que seria elaborada deveria conter seis pontos: 1) a cultura enquanto um direito constitucional, igual a trabalho, saúde e educação; 2) a garantia da participação social dos amplos setores para a formulação das políticas culturais; 3) o fortalecimento do sistema federativo com base em uma política descentralizada com a regionalização e municipalização da cultura; 4) a liberdade de criação artística e acesso à informação para distintas categorias e grupos sociais; 5) a defesa do patrimônio artístico, histórico e natural enquanto pertencimento coletivo do povo brasileiro; 6) a proteção econômica às práticas artísticas e aos artistas. Esses pontos foram enunciados em tom de alerta a classe artística, agentes culturais e intelectuais que contestavam a pertinência do MinC e estavam distantes dos debates para a elaboração da Carta Magna.

O artigo do ministro foi diagramado no fim do caderno de "Política" da *Folha de S. Paulo* e compôs uma série de discussões sobre o tema. O layout da página priorizou uma reportagem com entrevistas de artistas e intelectuais sobre os perigos da institucionalização da área, ou seja, sobre a criação do MinC. Para ilustrar a seção, o jornal apresentou uma charge de um ator encenando uma peça de Shakespeare; entre movimentos acrobáticos e espaçosos, era observado por um menino acanhado com uma pasta escolar embaixo do braço (Figura 40). A charge sugere uma interpretação da cultura enquanto uma encenação alegórica, assunto secundário à educação.

Figura 40 – Reprodução da charge do caderno "Política" da *Folha de S. Paulo*

Fonte: Pimenta (1985b, p. 5)

A cultura vista como luxo; e a educação, como necessidade básica, diminuída pela espetacularização cultural, indicam numerosas interpretações imagéticas com base nessa charge. Questiona-se por esta: o que deveria ser debatido pela constituinte, a Educação ou a Cultura? Quais seriam os direitos constitucionais básicos?

O jornalista Cláudio Paiva entrevistou o secretário Jorge Cunha Lima da SEC/SP, candidato para a ANC pelo PMDB. O secretário pretendia fortalecer o debate sobre o amparo do Estado à cultura, sem uma concepção paternalista. Pois o acesso à cultura deveria ser um direito: "O amparo do Estado deve ser dado para garantir os meios e os instrumentos para que os cidadãos possam expressar-se livremente de forma criativa". Antônio Houaiss, presidente do PSB, ressaltou que não deveriam existir "interferências condicionadoras do Estado que muitas vezes extrapola suas funções e privilegia tendências, determina caminhos". O diretor e ator José Celso Martinez Corrêa divergiu dos demais e classificou as concepções de Houaiss e Lima como "acadêmicas demais", e apresentou-se como seguidor do antropofagismo de Oswald de Andrade e das "forças revolucionárias" dos anos 20. A cultura, além dos direitos, "é a riqueza de um novo é a solidariedade no prazer", defendeu na entrevista para Paiva (1985, p. 5).

O tema da comunicação de massa foi mencionado enquanto preocupação pelo presidente da ABI, o advogado Barbosa Lima Sobrinho, à época com 88 anos, ao considerar a necessidade da democratização da tecnologia e dos meios de comunicação, sobretudo daqueles com concessão estatal, como rádio e televisão. O jornalista Roberto Muyalerte, presidente da Fundação Bienal de São Paulo, argumentou: "Não é por lei que se determina o que o povo deve ser. O Estado pode democratizar as TVs educativas, caso contrário ele estará praticando um ato tão autoritário quanto a censura" (PAIVA, 1985, p. 5). Darcy Ribeiro advertiu:

> [...] não há caminho para uma saudável renovação política, econômica e cultural do país que não tenha como base a questão educacional. O acesso do cidadão à informação, aos chamados bens culturais, ao conhecimento e, consequentemente, à participação passa, basicamente, pelo acesso à educação. (PAIVA, 1985, p. 5).

Os depoimentos compreendiam que a educação e a cultura eram imprescindíveis para a transformação social, e os meios de comunicação e a cultura de massa deveriam ser instrumentos pedagógicos a serviço da cultura. No caderno da *Folha*, o paternalismo e o dirigismo foram analisados pelo poeta e professor Décio Pignatari ao avaliar que o Brasil real fora silenciado no meio do debate sobre os benefícios fiscais, destinação e captação de verbas para projetos culturais promovido pelo MinC. E discorreu sobre suas expectativas sobre a ANC: "Da próxima Constituinte, espera-se que aproxime o país ideal, idealizado e alienado, a ser delineado na Constituição, e o país real". A ANC não deveria estimular as práticas de cooptação de artistas e intelectuais, refletiu o escritor. Cooptação e paternalismo eram práticas entranhadas na estrutura do Estado: "Ao governo compete induzir a atividade cultural, jamais conduzi-la", acrescentou (PIGNATARI, 1985, p. 5). Alguns artistas e intelectuais foram contra a institucionalização da cultura via MinC porque acreditavam que o projeto de isenção fiscal seria mais um instrumento de paternalismo e cooptação. A captação de recursos deveria existir, mas sem intermediários e sem intermediadores:

> E, assim, deve incentivar os investimentos culturais por parte da empresa privada, diretamente às partes interessadas, elimina qualquer ideia de repasse dessas verbas, através de órgãos públicos, nada impedindo que também procure verbas da área particular, mediante convênios, para apoio a projetos específicos (conservação do patrimônio histórico-cultural). Será que um dia deixaremos de ver esse triste espetáculo que é o açodamento da gente de teatro e de cinema em busca de verbas oficiais? (PIGNATARI, 1985, p. 5).

Por conta da criação do Ministério da Cultura, o professor de Semiótica da USP foi entrevistado por Norma Couri (1984, p. 66). Naquele contexto, respondeu que a cultura, mesmo que fosse autônoma, deveria ter "alguma vinculação com a educação". A dualidade e a convergência percebida nas distinções e aproximações entre educação e cultura, desde os anos 30, foram advogadas na construção e desconexão para a ruptura e a independência das áreas. É preciso compreender as permeabilidades dos campos social, cultural e político que tergiversam sobre os processos de implantação das políticas culturais.

Os caminhos da institucionalização da cultura devem ser observados pelas trajetórias de intelectuais, agentes públicos, conselheiros e trabalhadores da cultura, na criação dos órgãos, equipamentos e políticas culturais. As reflexões sugeridas pelas entrevistas e os artigos de Pimenta e de Pignatari ilustravam as interpretações divergentes nos debates públicos sobre o papel do Estado e da cultura enquanto direito constitucional. Questões que estavam condicionadas sobre qual seria a função do MinC e como seria operacionalizado o PL de isenção fiscal.

O caderno da *Folha de S. Paulo* não entrevistou os conselheiros federais, tampouco citou o CFC. O órgão era visto como um braço da ditadura civil-militar, e defendia três questões controversas para a área cultural: o PL de isenção fiscal, o MinC e o próprio CFC. Mesmo que os conselheiros se manifestassem contra o dirigismo e a intervenção do Estado na cultura, não receberiam créditos, tampouco reconhecimento público.

O debate contra o dirigismo remontava ao Estado Novo desde o mecenato estatal empreendido por Capanema. Esse tema retornou ao debate público em todos os documentos elaborados sobre a cultura pelo MEC, a exemplo da Política Nacional de Cultura de 1975, gestão de Ney Braga, quando afirmou que as políticas culturais não seriam intervencionistas, mas garantiriam a espontaneidade dos agentes culturais. Ao Estado caberia regulamentar as diretrizes e normatizações para a execução das políticas.

O mineiro Aluísio Pimenta (1923-2016) assumiu a presidência do CFC na 945ª Sessão Plenária (BRASIL, 1971-1989, n. 56-65, p. 136). Josué Montello lembrou ao ministro que o MinC fora uma das vitórias do CFC, uma "ideia lançada desde a sua instalação". O ministro era farmacêutico e doutor em Química Orgânica, professor e reitor da UFMG (1964). Membro da Academia Mineira de Letras (IHGMG), Real Academia de Farmácia de Madrid e Ordem Nacional do Mérito da França. Foi presidente da Associação Mineira de Farmacêuticos, fundador e vice-presidente do Conselho Federal de Farmácia (1960), fundador e presidente do Conselho Regional de Farmácia de Minas (1962). Transitou pelo PFL, Partido Liberal e PSDB. Enfim, uma trajetória distante da cultura.

As gestões de José Aparecido de Oliveira e Aluísio Pimenta foram marcadas por ausências e controvérsias. A ausência dos ministros impôs que a presidência das plenárias do CFC fosse constantemente assumida pelo vice-presidente. Na 946ª Sessão Plenária (BRASIL, 1971-1989, n. 56-65), um dia após a posse de Pimenta, Montello comunicou o recebimento de um ofício-circular do então presidente do FSEC, Acyr Paiva Pereira de Castro, secretário de Cultura, Desportos e Turismo do Pará. O documento informou que, nos dias 20 e 21 de junho de 1985, ocorrera em Belém o VII Fórum Nacional dos Secretários Estaduais de Cultura. O ofício comunicava o CFC sobre as deliberações e sugestões do evento para a estruturação do MinC, absorção de órgãos de outros ministérios pela cultura e a criação de um Fundo de Desenvolvimento Nacional da Cultura com estímulos fiscais. O FSEC permaneceu deliberando sobre as pautas que historicamente foram debatidas pelo CFC, mas sem a presença dos conselheiros.

Sábato Magaldi, na 947ª Sessão Plenária (BRASIL, 1971-1989, n. 56-65), alertou os conselheiros de que uma reunião ocorrida no Copacabana Palace fora promovida pela Associação Carioca de Empresários, sobre o PL de benefícios fiscais do ex-senador José Sarney. O conselheiro sugeriu que o CFC se posicionasse no MinC para ratificar a importância de o PL ser votado em regime de urgência e ser regulamentado no exercício de 1986. O conselheiro relatou que, por sugestão de 62 entidades artísticas participantes na reunião, o PL não seria mais apresentado ao Legislativo, mas encaminhado pelo Executivo para garantir celeridade e força constitucional. Magaldi sugeriu que Josué Montello solicitasse ao ministro Aluísio Pimenta que a matéria fosse apreciada pelas câmaras setoriais e pela Comissão de Legislação e Normas do CFC, sobretudo referente às tipologias de atividades culturais e artísticas a serem amparadas pelo PL, conforme registro da ata no *Boletim*.

Os silêncios sobre as exclusões do CFC, nos registros das atas, indicavam que o órgão permanecia isolado das decisões do MinC e do FSEC, mas também dos diálogos promovidos com a sociedade civil. O CFC era solicitado pelo Executivo apenas para emitir pareceres em matérias controversas na área da cultura. Diante das orientações contrárias aos procedimentos do CFC, Josué Montello alertou o ministro da Cultura para que nenhuma alteração fosse realizada na estrutura do CFC sem a participação efetiva do órgão de assessoramento. Após esse acordo, foi anunciado que o PL sobre isenção fiscal se encontrava no colegiado para parecer dos conselheiros. O ex-secretário da SEC Marcos Vinícios Vilaça assumiu a cadeira de Mauro Mota na ABL, e foi recepcionado pelo acadêmico José Sarney, conforme a ata da 949ª Sessão Plenária registrada no *Boletim* (BRASIL, 1971-1989, n. 56-65).

As conversas de bastidores marcaram a política estabelecida entre Aluísio Pimenta e o CFC. O ministro selecionava interlocutores, a exemplo do vice-presidente Josué Montello, e tornava-o emissor das promessas acordadas para o colegiado. Em uma dessas conversas, o ministro mostrou interesse pelo CFC e afirmou que visitaria o órgão para comunicar seus "objetivos e os meios [...] para consegui-los", afirmou Montello, conforme registrado na ata da 952ª Sessão Plenária (BRASIL, 1971-1989, n. 56-65, p. 150). Nessa sessão, ainda, foi anunciada a permanência da conselheira Maria Alice Barroso na direção da Biblioteca Nacional. O presidente da República nomearia coletivamente os substitutos dos conselheiros que expiraram os mandatos, em março de 1985. O CFC, para o ministro Aluísio Pimenta, sob a interpretação de Montello, era o "verdadeiro fórum do Ministério da Cultura". Um lugar onde todos os debates sobre a cultura deveriam ser apreciados, notificou o vice-presidente, com a promessa do ministro de que todos os seus auxiliares, diretores e secretários disponibilizariam seus planos e atividades dos órgãos que coordenavam para o CFC. A afirmação desse fato sinalizou que o CFC estava recorrentemente excluído das ações do MinC e de suas estruturas.

Além das promessas, o colegiado do CFC recebeu a informação de que o ministro da Justiça Fernando Lyra enviara o projeto de emenda parlamentar para alterar o 8º inciso do Art. 153 da CF-1967 para finalmente "encerrar o ciclo de censura a que estava submetida à arte brasileira". Fábio Magalhães, por sua vez, comunicou aos conselheiros que seria realizado o Fórum dos Secretários Estaduais de Cultura, em João Pessoa/PB. Afirmou que, enquanto secretário, representaria a SEC, e seria interessante que o CFC "emprestasse seu apoio à inciativa" (BRASIL, 1971-1989, n. 56-65, p. 151). Josué Montello sugeriu que o secretário representasse também o CFC, pois era conselheiro. Ademais, emprestar apoio não era uma prática política do órgão, nos fóruns e encontros de cultura; o CFC estava acostumado a ser protagonista, mas os comunicados dos eventos e informações, à revelia dos conselheiros, ilustravam a distância entre o conselho federal e o MinC.

Na 953ª Sessão Plenária (BRASIL, 1971-1989, n. 56-65, p. 152-153), Heloísa Lustosa foi anunciada como a zeladora do Palácio Gustavo Capanema, cargo com o escopo de "ampliar as possibilidades culturais" conforme o projeto de ocupação cultural do edifício elaborado pela conselheira e aprovado pelo ministro da Cultura. Fábio Magalhães, nessa sessão, solicitou que o CFC interviesse recorrendo ao ministro para resolver o problema dos furtos das obras artísticas do século XIX nas cidades históricas mineiras. Alertou que a situação se agravara, mas, se o CFC abordasse esse assunto no MinC, talvez alcançasse êxito. Sugeriu que fosse averiguada a possibilidade de instituições bancárias ocuparem e restaurarem prédios históricos tombados, ao "invés de destruírem o patrimônio histórico das cidades a que se instalam". Fábio Magalhães trouxe o caso do Banco Bradesco e das ações para o patrimônio nas cidades de Rio Claro e Laguna, lugares onde ocorreram "fatos lamentáveis". Com essa proposta, travou-se um debate ente Josué Montello e o secretário sobre quem teria autoridade e legitimidade para encaminhar a pauta sugerida ao ministro. Montello aconselhou que as pautas fossem encaminhadas à discussão no Fórum dos Secretários Estaduais de Cultura para serem deliberadas para a nova Constituição federal. Magalhães respondeu que a matéria seria debatida no evento, mas que o CFC tinha força moral para solicitar providências acerca daqueles problemas. A política do CFC estava sendo colocada à prova, ou o secretário não tinha a coragem para encaminhar o assunto via SEC para o MinC.

As notícias extrínsecas sobre a organização da cultura chegavam ao plenário desafiando a legitimidade do órgão. Entre desautorizações e legitimidades, o debate evidenciou a correlação de forças entre o CFC, o FSEC e o próprio MinC. Existiam receios de todas as partes, a exemplo da SEC para encaminhar as pautas ao ministro da Cultura, sobretudo relacionadas às tensões entre o poder imobiliário e o patrimônio, mas o distanciamento do FSEC com o CFC não foi digerido pelos conselheiros.

O *Correio Braziliense*, em reportagem de Gioconda Caputo (1985), noticiou que fora organizado o I Seminário do Ministério da Cultura, no Centro de Treinamento da Telebras, pelo MinC. Uma constelação da área cultural e intelectual fez-se presente, segundo a jornalista. O CFC foi excluído do evento noticiado, o que acirrou os ânimos dos conselheiros. Após esse evento, o CFC teve um recesso de 30 dias nas suas reuniões. Após o hiato, o CFC realizou as 956ª e 957ª Sessões Plenárias no mesmo dia, em 25 de setembro de 1985, uma reunião no período matutino e outra no vespertino, contudo somente uma ata foi publicada, a da 957ª Sessão Plenária, no *Boletim* (BRASIL, 1971-1989, n. 56-65).

Novas tratativas e novos acordos estavam sendo fechados para assegurar a aliança política entre MinC e CFC. A ata da 957ª Sessão Plenária registrou apenas as substituições realizadas no colegiado. Djacir Menezes, Assis Barbosa, Bezerra de Menezes, Herberto Sales, Heloísa Lustosa, Mário Chamie, Miguel Reale, Maria Alice Barroso, Ubiratan Borges de Macedo, Vianna Moog e Josué Montello mantiveram-se nos cargos. Eduardo Portella, Celso Cunha, Maria Julieta Drummond de Andrade, Newton de Almeida Rodrigues e Gerardo Mello Mourão foram nomeados. Registraram-se a ausência e a recondução dos conselheiros Carlos Chagas, Raymundo Moniz de Aragão e Abgar Renault e as posses de Plínio Doyle e do piauiense Álvaro dos Santos Pacheco (1933-).

Funcionário público federal desde 1951 no MES, formado em Direito, empresário, escritor, editor e jornalista, Álvaro Pacheco entrou no CFC com uma missão singular. Atuou como assessor especial da Presidência da República, portanto seria o contato direto do CFC com José Sarney. Pacheco, bem articulado, nutria contatos com empresários e políticos. Foi fundador da Editora Arte Nova, Arte Nova Filmes e da Ariel Cinematográfica, empresa de distribuição e produção de filmes. Foi suplente do senador Hugo Napoleão, do PFL/PI, de 1987 a 1989, e de 1992 a 1993.

A belo-horizontina Maria Julieta Drummond de Andrade (1928-1987), licenciada em Literatura pela Universidade de Buenos Aires (UBA), filha de Carlos Drummond de Andrade, foi casada com o escritor e advogado portenho Manuel Graña Etcheverry (1949-2015). Desde quando assumiu o CFC, manteve-se distante do órgão por problemas constantes de saúde.

Alguns entravam e outros se despediam do CFC. Na 957ª Sessão Plenária, Geraldo Bezerra de Menezes propôs uma comunicação de agradecimento aos conselheiros que não foram reconduzidos aos cargos, mas que prestaram "inestimáveis serviços" (BRASIL, 1971-1989, n. 56-65, p. 157). Herberto Sales saudou as indicações realizadas pelo ministro para Eduardo Portella e Miguel Reale, indicados para compor a Comissão da Constituinte. Os conselheiros indicados sugeriram o nome do ex-conselheiro Afonso Arinos e Assis Barbosa, que sugeriu os nomes de Vianna Moog e Josué Montello, que, por sua vez, indicou Gilberto Freyre. Os conselheiros tentavam garantir os preceitos históricos do CFC na ANC indicando os nomes dos decanos em face das mudanças ocorrentes no órgão.

Entre indicações, afastamentos e discussões, Josué Montello, após o debate com Fábio Magalhães, foi indicado ao cargo de embaixador do Brasil na Unesco. Para alguns, a nomeação ilustrou o reconhecimento do trabalho do conselheiro pelo presidente Sarney, no entanto a atitude apaziguava os ânimos do CFC e da SEC para a manutenção da cordialidade no trato político. Apesar de constantemente excluídos das agendas do MinC, os conselheiros decanos estavam acostumados com as intempéries políticas. Como estratégia de realinhar as forças, endossaram o discurso realizado pelo presidente José Sarney, no dia 23 de setembro de 1985, na sede da ONU em Nova York, na abertura da XL Assembleia Geral. Nos registros do *Boletim*, o presidente agiu como um "intérprete adequado de todas as aspirações do progresso brasileiro" (BRASIL, 1971-1989, n. 56-65, p. 157).

O ex-ministro Eduardo Portella era um velho conhecido do CFC, tornou-se o vice-presidente eleito por unanimidade para substituir Montello. Ao tomar posse, assegurou que realinharia as ações políticas para que o CFC recuperasse o seu "lugar de outrora" e prometeu "não decepcionar" seus pares, conforme os registros da ata da 957ª Sessão Plenária, publicados no *Boletim* (BRASIL, 1971-1989, n. 56-65, p. 157-159).

Na oportunidade, o secretário executivo Manoel Caetano Bandeira de Mello expôs sobre as câmaras setoriais e sua composição. Miguel Reale foi eleito para a presidência da Câmara de Ciências; Geraldo Bezerra de Menezes, para a Câmara de Letras; Moniz de Aragão, para a Câmara de Patrimônio; Maria Alice Barroso, para a Câmara de Artes; e Abgar Renault, para a presidência da Comissão de Legislação e Normas. Os cargos estratégicos permaneciam nas mãos dos decanos.

A 958ª Sessão Plenária, dia 26 de setembro de 1985[46], registrou a segunda reunião presidida pelo ministro, cujo discurso foi transcrito para a seção "Estudos e proposições". Aluísio Pimenta abordou sobre o desafio de ocupar o MinC, três meses após a sua criação, com a responsabilidade de "pensá-lo politicamente e de dar-lhe estrutura e, sobretudo, credibilidade social" (PIMENTA, 1985, p. 87). Apresentou-se como um mediador entre o governo e o CFC:

> Muitos dos pontos de minha percepção do espaço que cabe ao ministério no organismo democrático da nova república e percepção também da latitude conceitual da palavra cultura no complexo território da realidade brasileira, eu já os deixei enunciados ou esboçados em meu discurso de posse e em outros sucessivos pronunciamentos. Quero, porém, fazer desse conselho e desse auditório, pela sua representatividade e competência, um confidente mais próximo, um interlocutor judicativo e ponderador. (PIMENTA, 1985, p. 87).

A nova República, avaliou Alcir Lenharo (1986, p. 14), tornara-se, assim como a "Revolução de 30" e o Estado Novo, "um expediente de fixação do marco e do fato" para a criação de uma "origem mítica de fundação". Essa análise relacionou o discurso das revoluções acabadas empreendidas pelos atores políticos que defendiam os golpes de 1937 e 1964 como ponto de fixação histórica e vislumbre de mudança cultural e política. Para o autor, os discursos governamentais também mobilizavam processos de transição para o estabelecimento da nova República.

O ministro Aluísio Pimenta explanou sobre os percalços para a estruturação do MinC e das instituições vinculadas, organizadas em instalações modestas e com orçamento limitado. Essa situação provocou a elaboração de um programa que, apesar de tímido, apresentava organicidade, mas caberia ao MinC "aprofundar o conceito de cultura" inserindo nas "peculiaridades brasileiras" um "processo universal de modernidade". O ministro afirmou a sua formação de humanista e cientista, e lembrou as suas viagens realizadas pela América, pela Ásia e pela Europa, afirmando que estava à frente do MinC como um reencontro com o seu país, composto por uma realidade de rápidas transformações culturais nas áreas urbanas. Ao dialogar com os intelectuais conscientes do CFC, refletiu sobre o "choque entre a possível identidade cultural brasileira [...] processo sempre crescente de colonialismo da informação massiva e tecnológica" (PIMENTA, 1985, p. 88-89). Aluísio Pimenta reforçou que essa preocupação foi debatida no seminário[47] organizado pelo MinC sobre sociedade, cultura e tecnologia.

Sem se atentar para o fato de que os conselheiros federais não participaram desse conclave, o ministro continuou a defender o seu ponto de vista de que a cultura nacional estava marcada mais

---

[46] As duas reuniões estavam com a data errada de 24 de setembro de 1985, e na seção "Estudos e proposições" a data do discurso do ministro seria do dia 23 de setembro de 1985.

[47] O ministro, em sua exposição, trocou o lugar do evento; em vez de Brasília, citou Belo Horizonte. A informação errônea foi registrada no *Boletim*.

pelas diversidades do que pelas identidades. Entre as suas preocupações, encontravam-se as questões socioeconômicas. Alertou, principalmente, sobre "a diversidade entre região e região, entre interior e litoral, entre selva e o asfalto, entre o rural e o urbano, entre o primitivo e o sofisticado, entre a tradição e o novo, entre o artesanal e o tecnizado e, sobretudo, entre os que possuem voz e os que não possuem". E explicou aos conselheiros que, para fundamentar as suas reflexões, viajou antes e depois de aceitar o convite para o MinC, "percorrendo mais da metade do território brasileiro" para conhecer com seus olhos "os desajustes e distorções que nos apontam os cientistas sociais", momento em que comprovou os "sinais da nossa tradição e da nossa cultura antropológica que ainda teimam em sobreviver nos interstícios da carência e da marginalização" (PIMENTA, 1985, p. 89).

O povo brasileiro convive com a marginalização, a desigualdade social e a diversidade cultural:

> São formas de expressão musical, dramática, plástica, rítmica, religiosa ou ritual resistentes, pelo seu insulamento ou carga psicológica, aos fatores de desagregação, que afetam e modificam outros valores mais vulneráveis da cultura estrutural, como as práticas de trabalho, os hábitos alimentares, o sistema de trocas. (PIMENTA, 1985, p. 89).

Conforme o ministro, a migração para as áreas urbanas acarretava a perda "irreversível da memória", mas o êxodo rural somente poderia ser resolvido com novas diretrizes para as políticas culturais que observassem o "fortalecimento da economia regional", investindo em uma "educação para o meio, para a fixação do homem à sua terra, a defesa do solo indígena e o direito da afirmação das minorias étnicas e sociais" (PIMENTA, 1985, p. 90).

Pimenta (1985) concluiu o discurso citando ícones do modernismo e da história nacional: *Macunaíma, Cobra Nonato, Quarup, Frei Caneca, Chica da Silva, Guerra do Paraguai, Barroco, Zumbi, Amazônia*. Em sua lista de representações da vanguarda, apresentou os ex-presidentes Vargas e Jango. Para os conselheiros do CFC, o primeiro era um representante do autoritarismo estadonovista; e o segundo, do comunismo.

O ministro retomou Aloísio Magalhães e sua perspectiva de cultura e participação social para alicerçar suas análises sobre a antítese de tradição e modernização. Em nome da consciência nacional, ratificou suas preocupações com o patrimônio histórico, artístico, documental, museológico, arquitetônico e arquivístico que se encontrava em abandono, sobretudo nas cidades de Salvador e Ouro Preto, ícones do barroco brasileiro:

> É meu dever denunciar aqui o abandono, a incúria, a desolação a que foi relegada nos últimos anos parte das mais expressivas de nosso acervo de cidades históricas, como é o caso de Salvador e de Ouro Preto, referências maiores de nosso passado barroco e da civilização urbana aqui implantada pelos portugueses. Percorri as ruas do velho bairro do Pelourinho e pude ver, ao lado da miséria social e moral de uma população brutalizada, o espetáculo da degradação física de um conjunto urbano e arquitetônico que, pela sua harmonia e beleza, orgulharia qualquer nação que se preze. Outro espetáculo desolador é ver Ouro Preto desfigurada pelos desrespeitos à lei do tombamento, pelo vandalismo do turismo de massa, pelo favelamento que já invade não só os morros, mas os fundos de quintais da própria área histórica da cidade. (PIMENTA, 1985, p. 90-91).

E indicou que o Palácio da Cultura, patrimônio modernista reconhecido mundialmente, encontrava-se com sérios problemas em suas estruturas e obras artísticas, com muitas violações e avarias existentes, sobretudo nos painéis de Portinari. O ministro ainda mencionou o caso das bibliotecas e de seus acervos, com destaque para a Biblioteca da Faculdade de Medicina da Bahia, lugar onde as obras raras estavam "apodrecendo como um entulho inútil e descartável" (PIMENTA, 1985, p. 91)

— uma situação recorrente em prédios públicos que não recebiam manutenção preventiva, prática que permanece, infelizmente, na atualidade.

Diante de todas essas questões, mencionou que o seminário promovido pelo MinC contara com a participação de animadores culturais, políticos e dos movimentos negro, feminista e indígena, além de imprensa, educadores, dirigentes da cultura e entidades estudantis e de trabalhadores, como CUT, Conclat, Ubes e UNE. Com muitas participações, exceto do CFC. Entretanto o ministro entregou as deliberações do evento em relatórios-síntese para uma avaliação "criteriosa e técnica" do CFC (PIMENTA, 1985, p. 92).

O discurso de Aluísio Pimenta e os comprometimentos do MinC com a cultura e com a educação não eram novidades para o CFC, sobretudo a situação degradante do patrimônio, denunciada desde 1967. Contudo o discurso do ministro trouxe para o CFC os fantasmas do passado, ao citar Vargas e Jango como grandes líderes nacionais, dois políticos combatidos pelos conselheiros. Ademais, foi uma afronta o fato de o ministro questionar as competências e a legitimidade do CFC dentro do MinC, agravada com a exclusão dos eventos patrocinados pelo ministério. A noção de diversidade cultural enfatizada por Pimenta (1985) pautava-se pelo folclore e pelo patrimônio, fundamentada nos campos de conhecimento de história, antropologia, geografia, sociologia e economia, questões refletidas por Mário de Andrade e Aloísio Magalhães, de que muitos conselheiros divergiam.

A sessão de posse dos novos conselheiros, após a longa exposição do ministro e suas indagações a respeito de qual seria o papel do CFC na estrutura do MinC, pautou o debate da 959ª Sessão Plenária[48]. Josué Montello sugeriu que fosse repassado para o ministro o conjunto documental produzido pelo CFC, incluindo o Calendário Cultural, os estudos, os anteprojetos enquanto propriedades autorais, literárias e artísticas do órgão para restabelecer a cooperação com o MinC e a nova proposta para o Terceiro Encontro Nacional de Conselhos de Cultura, tarefas que exigiriam do CFC um "trabalho criador" (BRASIL, 1971-1989, n. 56-65, p. 161). Os conselheiros acreditavam que retomariam suas antigas competências com seus projetos entregues para o ministro. Para balizar a prova de amizade e reconhecimento do trabalho dos conselheiros, o ministro ofereceu um almoço para os membros do CFC, após a sessão plenária.

Miguel Reale, depois da exposição do ministro, sugeriu que se apresentasse aos novos conselheiros o Plano da Política Cultural Brasileira[49], que exigia uma "revisão" (BRASIL, 1971-1989, n. 56-65, p. 162). O documento não foi publicado. Josué Montello sinalizou que o CFC permaneceria com o trabalho de implantação de casas de cultura, conselhos e sistemas nacionais de museus, arquivos e bibliotecas. Herberto Sales lembrou que, à época do MEC, os processos de autorização de verbas para instituições culturais eram analisados e deliberados pelo CFC. Mário Chamie questionou o orçamento destinado ao CFC para a continuidade do plano editorial, cujas publicações dos periódicos, obras de conselheiros e parceiros, além das reedições dos clássicos, encontravam-se atrasadas.

Miguel Reale questionou a estrutura proposta para o MinC, que se organizara em Secretaria de Contenção do Patrimônio e Secretaria de Atividades Culturais. Diante desse organograma, não estava claro qual parte executória ficaria sob o comando do CFC. Heloísa Lustosa recordou que, em gestões passadas, o MEC mexera no regimento do CFC sem a anuência dos conselheiros. Geraldo Bezerra de Menezes apresentou a urgência de o conselho "recuperar" o "espaço que lhe pertencia" (BRASIL, 1971-1989, n. 56-65, p. 163).

---

[48]   As 258ª e 259ª Sessões Plenárias foram registradas com a mesma data, dia 24 de setembro de 1985.

[49]   O nome correto é *Aspectos da política cultural brasileira* (1976).

Os novos conselheiros não se pronunciaram sobre os assuntos abordados, exceto o filólogo mineiro, gramático, ensaísta, membro da ABL Celso Cunha (1917-1989), ex-conselheiro do CFE de 1962 a 1970, que parabenizou a trajetória internacional de Josué Montello enquanto adido do Brasil na França e responsável pela criação da Sala Debret. Celso Cunha foi o revisor da CF-1988 e filho de Tristão Ferreira da Cunha, um dos signatários do *Manifesto dos mineiros*. As nuances das matérias de educação e cultura atravessavam o plenário do CFC, e nessa égide Cunha sugeriu que o CFC defendesse uma "metodologia para o ensino do português, na modalidade brasileira" (BRASIL, 1971-1989, n. 56-65, p. 164). Um tema da sua autoria, que poderia ser implantado pelo MinC e pelo MEC.

A 960ª Sessão Plenária contou, pela terceira vez, com a presença do ministro Aluísio Pimenta, que repassou a presidência da reunião a Josué Montello e anunciou Eduardo Portella como o novo vice-presidente. Na oportunidade, estavam presentes os presidentes da ABL e da Academia Brasileira de Educação, os deputados federais Abdias Nascimento e Marcelo Medeiros, além da participação do presidente da Fifa João Havelange. Os discursos protocolares da sessão solene indicaram novas alianças e tratativas políticas. Eduardo Portella ressaltou que o CFC, mesmo em períodos de autoritarismo e de ditadura, "sempre se colocou acima de todas as divergências de natureza política" (BRASIL, 1971-1989, n. 56-65, p. 164).

Para Portella (1985, p. 97), encontrava-se o CFC em período de "absorção e transformação". O discurso foi publicado na íntegra na seção "Estudos e proposições" do *Boletim*. Montello, ao transmitir o cargo ao sucessor, sinalizou, ao contrário do ministro, que Portella encontraria uma "casa que não necessita desviar-se dos seus caminhos, para coincidir perfeitamente com a orientação democrática do país" (BRASIL, 1971-1989, n. 56-65, p. 95).

Eduardo Portella, nos registros da ata da 690ª Sessão Plenária, considerou sua eleição um "ato generoso do colegiado" (BRASIL, 1971-1989, n. 56-65, p. 165). O CFC deveria ser visto como um órgão de planejamento do MinC e de implementação de ações executivas, mas, para esse escopo, deveria absorver as novidades e se transformar a fim de acompanhar a "reorganização democrática da vida nacional" (PORTELLA, 1985, p. 97). O novo presidente no discurso aconselhou que o CFC deveria se atualizar. Portella (1985, p. 98) rechaçou os conceitos considerados "falsos dilemas segregacionais" que, em "divisões formuladas, dogmaticamente", dividiam a cultura em superior e inferior, alta e baixa, popular e impopular, tradicional e moderna. Essa reflexão revelou a dificuldade de o CFC absorver e reconhecer as múltiplas expressões culturais. Portella enviou uma mensagem direta aos seus pares, que ainda defendiam muitos conceitos segregadores:

> Para isso convém desrotular a cultura, conviver com as suas variantes, estimular as permutas simbólicas e laborais, que se processam no seu interior fazer com que uma vontade nitidamente integradora prevaleça sobre os velhos dilemas divisionistas; encaminhar enfim uma espécie de estatuto autonômico, cuja meta principal seja afastar a uniformidade, resguardando a unidade. (PORTELLA, 1985, p. 98).

Portella alertou os conselheiros sobre o risco de a identidade nacional de se tornar uma força autoritária. "A identidade cultural não pode ser uma camisa de força utilizada para conter o ímpeto das diferenças. Pelo contrário: para se legitimar, para manter o seu vigor existencial, terá de reconhecer na trama do diferente a própria vida do idêntico." (PORTELLA, 1985, p. 98).

E alertou sobre os novos símbolos da cultura de massa, linguagens e técnicas comunicacionais que precisavam ser compreendidas e absorvidas:

A disseminação eletrônica da imagem, a inflação de signos, estimuladas pela voracidade das massas, parecem implicar em uma recaída homogeneizadora. As línguas, as falas, dos heróis teleculturais, raramente se transformaram em linguagem. A cultura da técnica, ao que tudo indica, avança sem crescer. Ou cresce, a seu modo. Ao nosso modo de agora? Perguntamos. Em qualquer hipótese, não será pela via nostálgica ou pelo elogio quase póstumo das criações acabadas e perfeitas, que encontraremos a saída. Teremos de buscá-la entre uma e outra incerteza, em meio a solidão multitudinária da massa.

Permanecer imóvel, talvez submerso numa espécie de *bunker* da cultura plena, é pura e simplesmente, fazer o jogo da contramodernidade. (PORTELLA, 1985, p. 99).

Sob a vice-presidência de Eduardo Portella, o CFC modificou a sua rotina administrativa; os comunicados políticos e burocráticos eram repassados pela secretária Júlia Azevedo. Na 961ª Sessão Plenária, a funcionária comunicou o convite do secretário Luís Augusto da Franca Crispim, do SEC/PB, para o presidente do CFC participar do encerramento do "Segundo[50] Encontro Nacional dos Conselhos Estaduais de Cultura", entre os dias 6 a 10 de novembro de 1985. Em contraposição, uma mensagem do presidente do FSEC Acyr Castro agradeceu a indicação de Fábio Magalhães para representar o CFC no FSEC que se realizaria na Paraíba. Os conselheiros continuavam distantes dos fóruns dos secretários, apesar dos convites entre linhas cruzadas.

As tensões aumentavam, e uma das primeiras ações do vice-presidente do CFC foi comunicar que a sua gestão se pautaria por conversas individualizadas com os conselheiros para compreender suas inquietações. Eduardo Portella afirmou que seriam criadas duas comissões no CFC, uma Comissão de Cultura e Constituinte e outra Comissão de Cultura de Massa, conforme os registros da ata da 961ª Sessão Plenária, publicada no *Boletim* (BRASIL, 1971-1989, n. 56-65).

Nessa reunião, o poeta Gerardo Majella Mello Mourão (1917-2007) foi anunciado como novo membro do CFC. Pai do artista contemporâneo Antônio José de Barros Carvalho e Mello Mourão, conhecido por Tunga (1952-2016), Gerardo Mourão tinha uma trajetória controversa. Em sua posse, emitiu um protesto contra o apartheid na África do Sul em nome da "consciência jurídica, humana e cultural" (BRASIL, 1971-1989, n. 56-65, p. 166), contra a morte por enforcamento do poeta Benjamin Maloise (1955-1985), em 18 de outubro de 1985. Após longo debate, os conselheiros deliberaram sobre a emissão de um protesto coletivo para o ministro da Cultura encaminhar ao Ministério das Relações Exteriores, em nome do CFC.

Gerardo Mourão, além de poeta, era um ficcionista, jornalista, tradutor, ensaísta e biógrafo. O ex-seminarista pertenceu às hostes da AIB de 1938 a 1945, foi preso 18 vezes pelo Estado Novo, acusado de colaboração nazista. Foi membro da Academia Brasileira de Filosofia e da Academia Brasileira de Hagiologia. No governo de João Goulart, apoiou as Reformas de Bases, após o golpe de 1964, autoexilou-se no Chile. Foi deputado federal pela Aliança, coligação do PTB com o PSP, por Alagoas. Em 1966, com o estabelecimento do bipartidarismo, ingressou no MDB e reassumiu seu mandato na Câmara de Deputados, em 1967. Em 1969, seus direitos políticos foram cassados, conforme informações do *Dicionário histórico-biográfico brasileiro* (FGV, 2001).

Assim como Mourão, novos membros foram indicados pelo presidente Sarney e tinham trajetórias próximas dos decanos do CFC, mas outros destoavam completamente, a exemplo do historiador, jornalista e articulista da *Folha de S. Paulo*, desde 1971, Newton de Almeida Rodrigues (1919-2007). O novo conselheiro do CFC foi filiado ao PCB na década de 1940 e desfiliou-se, após

---

[50] O registro da ata indicava segundo, mas seria o terceiro.

as delações de Kruschev, em 1956. Na 961ª Sessão Plenária, Newton Rodrigues alertou sobre as matérias jornalísticas que indicavam a intenção do Ministério da Desburocratização, responsável pela reforma administrativa, de extinguir todos os conselhos, inclusive o CFC. A notícia foi publicada no *Boletim* (BRASIL, 1971-1989, n. 56-65).

Na 963ª Sessão Plenária (BRASIL, 1971-1989, n. 56-65), Júlia Azevedo entregou aos conselheiros uma série de documentações, entre elas uma proposta de estruturação do MinC elaboradas pela Comissão de Interlocutores para Formulação das Diretrizes do Ministério da Cultura, referente às deliberações do Seminário do Ministério da Cultura, de Brasília. O CFC não participou da comissão, tampouco do seminário, mas os documentos foram enviados para a apreciação das câmaras setoriais, isoladamente.

Na 965ª Sessão Plenária (BRASIL, 1971-1989, n. 56-65), foi comunicado que o conselheiro Vamireh Chacon seria o orador no Encontro Nacional de Conselhos de Cultura, na Paraíba. Assis Barbosa foi designado para ministrar a conferência sobre o Dia da Ciência e da Cultura, em 5 de novembro, em nome do CFC. Entre os avisos protocolares, aconteceria em Brasília, nos dias 20 a 22 de janeiro de 1986, o II Seminário do Ministério da Cultura.

Os conselheiros estavam desconfortáveis com os encaminhamentos do vice-presidente ao MEC e ao CFC, mas também ficavam incomodados com a inexperiência dos novos membros que não conheciam a hierarquia interna. Maria Alice Barroso registrou, na reunião da 965ª Sessão Plenária, uma advertência verbal contra o conselheiro Gerardo Mourão, que realizara homenagem, em nome do CFC, a Josué Montello sem a autorização e "delegação expressa" do órgão: "doce arrogância de achar que assim o fazia" (BRASIL, 1971-1989, n. 56-65, p. 173). Apesar da concordância com as láureas emitidas por Gerardo Mourão, Maria Alice Barroso repreendeu-o porque as homenagens eram consagrações, portanto designações autorizadas. Os ânimos mostravam-se aplacados entre o MinC e o CFC, mas as quebras dos protocolos hierárquicos entre os conselheiros maculavam os ritos do órgão.

Eduardo Portella, ainda na 965ª Sessão Plenária, ratificou que os documentos entregues na última sessão não poderiam conter "pareceres expositivos e comentários longos" (BRASIL, 1971-1989, n. 56-65, p. 174). Orientou, nesse sentido, os conselheiros a dividirem os pareceres em três grupos, atentando-se para os pontos de cada grupo: primeiro, seriam os documentos que o CFC apoiaria sem alterações; segundo, seriam os documentos considerados inadmissíveis; e terceiro, os documentos que deveriam ser analisados pelas câmaras setoriais.

Entre dissensos e consensos, a metodologia pragmática sugerida pelo vice-presidente ofendeu as elaborações teóricas dos conselheiros. Os conselheiros orgulhavam-se e esmeravam-se na elaboração de pareceres. Os pareceres técnicos eram verdadeiros tratados filosóficos, que mobilizavam as concepções de cultura com o rigor da argumentação científica e teórica.

Valendo-se dos documentos recebidos, Maria Alice Barroso questionou sobre o que o seminário ocorrido em Brasília, organizado pelo MEC, compreendia por participação da sociedade civil, pois o CFC queria entender o que a questão significava, já que estava fora de todos os processos de participação e diálogo com o Estado.

Na 966ª Sessão Plenária (BRASIL, 1971-1989, n. 56-65), com a ausência de Eduardo Portella, Miguel Reale assumiu a presidência. Maria Alice Barroso retornou à discussão anterior e devolveu as documentações entregues para parecer, indicando a impossibilidade de transformar em plano um agrupamento de documentos esparsos, procedentes de diversos seminários, entregues para os presidentes das câmaras setoriais elaborarem um plano de ação para o MinC. A conselheira informou que o Plano Nacional de Cultura de 1975 fora um documento matriz, formulado no CFC, mas poderia ser atualizado pelo MinC, conforme registrou a ata publicada no *Boletim*.

Geraldo Bezerra de Menezes informou que as cópias das documentações elaboradas pelo CFC foram reunidas e entregues ao ministro Aluísio Pimenta. A proposta da conselheira deveria ser considerada, sobretudo no aproveitamento do Plano Nacional de Cultura do CFC. Esse documento se transformaria no PNC atualizado com as "modificações necessárias, inclusive à luz da nova documentação oferecida" pelo MinC, considerando que seria incoerente somente "pronunciar-se em cima de um mero elenco de sugestões" (BRASIL, 1971-1989, n. 56-65, p. 176).

Newton Rodrigues posicionou-se sobre a proposta do presidente do CFC, e lembrou que o órgão deveria se pronunciar com celeridade, pois em dezembro estava previsto outro seminário organizado pelo MinC, processo de que, novamente, o CFC não participaria. Miguel Reale sugeriu que fossem distribuídos aos participantes daquele evento os documentos produzidos pelo CFC ao longo da sua história. O debate indicou que a contingência na análise dos documentos enviados pelo MinC estava atrelada ao campo de disputa sobre a elaboração, a normatização e a organização das políticas culturais.

O CFC, ao contrário da promessa de Aluísio Pimenta e de Eduardo Portella, mantinha-se excluído dos debates promovidos pelo MinC. A situação agravou-se quando o ministro delegou dois assessores do CFC para compor a Comissão de Interlocutores do MinC, o técnico José Guilherme Canedo Magalhães e a secretaria Júlia Azevedo, funcionários burocráticos, e não conselheiros. Azevedo explicou ao plenário que alertara a comissão para que tomasse conhecimento dos documentos produzidos pelo CFC, contudo fora ignorada. Esse depoimento confirmou aos conselheiros, que os membros das comissões do MinC não reconheciam a produção política do CFC.

Na 967ª Sessão Plenária (BRASIL, 1971-1989, n. 56-65), Geraldo Bezerra de Menezes assumiu a presidência da reunião com as ausências de Portella e Miguel Reale. Heloísa Lustosa propôs que o CFC intercedesse no ministério para que sugerisse ao presidente da República que tramitasse em regime de urgência o PL sobre a isenção fiscal para projetos culturais a fim de finalizar o processo ainda em 1985. Ubiratan Borges de Macedo afirmou ser inviável a proposta, porque o Executivo não havia apresentado a matéria no Legislativo, e existiam oposições ao PL inclusive da Fiesp.

Na 968ª Sessão Plenária (BRASIL, 1971-1989, n. 56-65), foi homenageado o ex-conselheiro Afonso Arinos pelos seus 80 anos, considerado um dos intérpretes do Brasil, ao lado de Silvio Romero, Gilberto Freyre, Oliveira Vianna, Alberto Torres, Sérgio Buarque de Holanda, Vianna Moog, José Honório Rodrigues, Euclides da Cunha, Tristão de Ataíde, entre outros. Foi o autor da Lei 1.390, de 3 de julho de 1951, Lei Afonso Arinos, um combatente contra a discriminação racial, reiterou Geraldo Bezerra de Menezes (1985, p. 13).

Afonso Arinos foi "mais Nabuco do que Ruy Barbosa", afirmou o conselheiro, em um discurso que integrou a seção "Estudos e proposições" do *Boletim*. Arinos, mais do que jurista, foi um memorialista, porque tendia ao "pendor historiográfico", inata "vocação para o memorialismo", destacou Menezes (1985, p. 13).

Adonias Filho foi homenageado por Mário Chamie (1985) por completar 70 anos. O homem que, em mocidade, escreveu um livro renegado, intitulado *Cachaça* (1928), mas que seguiu sua carreira com *Renascimento do homem* (1936), *Servos da morte* (1946), *Memórias de Lázaro* (1952), *Corpo vivo* (1962), *Noites da madrugada* (1983), entre outras obras. Mário Chamie atentou para a trajetória do intelectual em editoras e jornais, mas foi na cultura que o administrador se revelou, quando dirigiu o Serviço Nacional do Teatro (1954) e o Instituto Nacional do Livro (1956). Adonias Filho, ao adentrar a ABL, em 1965, emoldurou-se como um intelectual da cultura.

Entre as consagradas homenagens, Miguel Reale alertou que o PL sobre a isenção fiscal para projetos culturais estava em trâmite no Congresso Nacional sem passar pela análise do CFC. Não obstante, os conselheiros saudaram o esforço do presidente Sarney de encaminhar o PL no ano de 1985, mas sinalizaram que o seu conteúdo fora analisado pelo conselheiro Afonso Arinos, à época presidente da Comissão de Legislação e Normas. E, após esse parecer, os conselheiros reclamaram que ocorreram alterações e o documento não retornou ao CFC, conforme os registros da ata da 968ª Sessão Plenária, publicada no *Boletim* (BRASIL, 1971-1989, n. 56-65).

5.12 CFC no pelourinho

Enquanto os assuntos da cultura nacional estavam tramitando no Congresso, no MinC e na Presidência da República, Gerardo Mourão apresentou uma proposta na 969ª Sessão Plenária para que fosse alterada a nomenclatura *Palácio Gustavo Capanema* para *Palácio da Cultura Edifício Gustavo Capanema*. Heloísa Lustosa, zeladora do prédio, comunicou que a sugestão seria debatida com a anuência de Lúcio Costa e Oscar Niemeyer, conforme os registros da ata publicados no *Boletim* (BRASIL, 1971-1989, n. 56-65).

Enquanto os conselheiros debatiam o nome do prédio modernista, com oito meses de atraso, afinal o palácio havia recebido o nome em abril daquele ano, a secretária Júlia Azevedo anunciou a agenda para o ano de 1986. Entre os informes, a realização do Terceiro Encontro Nacional dos Conselhos de Cultura e uma proposta de mudança regimental para o CFC, além da entrega dos documentos *Política cultural e diretrizes setoriais* para as câmaras setoriais.

Na 970ª Sessão Plenária (BRASIL, 1971-1989, n. 56-65), Eduardo Portella leu uma mensagem enviada via telex pelo ministro da Cultura nomeando Gilberto Freyre, Hélio Ribeiro da Silva e Francisco Iglésias para o CFC. O mineiro Francisco Iglésias (1923-1999) foi professor universitário, cientista político e advogado, cofundador e redator da *Revista Literária Edifício* (1943) com Sábato Magaldi, Hélio Pellegrino, Otto Lara Rezende, entre outros. O médico, historiador e jornalista Hélio Silva escreveu numerosos livros sobre a história do Brasil e trabalhou em grandes jornais, entre eles *Jornal do Brasil*, *Tribuna da Imprensa* e *Folha da Noite*. Freyre retornava para o lugar que lhe pertencia. Os nomes mencionados não mudavam o perfil do CFC, contrariando o que o governo veiculava pela imprensa.

A secretária Júlia Azevedo alertou que o II Seminário de Cultura, organizado pelo MinC no Palácio da Cultura, aconteceria no período vespertino daquele dia. Sem convite oficial, sem convocação e avisados na mesma data do evento, novamente, os conselheiros viam-se excluídos. O conselheiro Newton Rodrigues relembrou a promessa de Aluísio Pimenta de que o CFC seria a sua base de sua atuação e questionou a ausência do órgão nas atividades do MinC.

Rodrigues alertou aos conselheiros sobre a publicação da Portaria 211, de 21 de novembro de 1985, que instituiu nove Comissões de Alto Nível, cada uma composta por três membros, para assessorar o ministro. O conselheiro chamou a atenção dos pares, pois as funções do CFC, segundo a portaria, seriam assumidas pelas comissões criadas. A partir daí, conforme os registros em ata, ocorreram "calorosos debates" (BRASIL, 1971-1989, n. 56-65, p. 103). Uma compilação dos debates foi publicada na seção "Estudos e proposições", intitulada "Atribuições do Conselho Federal de Cultura".

Newton Rodrigues chamou as Comissões de Alto Nível de "conselhinho" que geraria uma "superposição" de poderes em relação ao CFC, pois seus membros teriam direito a pró-labore, enquanto os conselheiros federais não possuíam recursos sequer para "ir ao Méier, porque a caixa está vazia". O perigo estava consumado, e a imprensa veiculou a intenção do governo de extinguir todos os conselhos pelo Ministério da Desburocratização. Miguel Reale concordou com Newton Rodrigues: as comissões assumiriam *a latere* o papel de assessoramento do ministro, responsabilidade do CFC. O jurista indagou se o MinC considerava o CFC um órgão de "nível maior ou menor" grandeza perante as comissões e confessou não se sentir bem de estar em um conselho com "prerrogativas diminuídas" (BRASIL, 1971-1989, n. 56-65, p. 103, 105).

Geraldo Bezerra de Menezes considerou a situação gravíssima. Uma "usurpação de atribuições em termos jurídicos, muito discutíveis", pois jamais existiria "supremacia de uma portaria sobre um decreto", uma situação *ex vi legis*. O conselheiro afirmou que as comissões criadas competiam diretamente com as câmaras do CFC e, indignado, alertou sobre o tema do seminário que ocorreria naquele dia: o CFC. Concluiu: "seremos colocados no Pelourinho" (BRASIL, 1971-1989, n. 56-65, p. 105-106). O sentido figurativo usado pelo conselheiro denunciou que uma pauta sobre o CFC sem a presença do órgão só poderia ser um castigo público.

Vamireh Chacon destacou a seriedade do CFC, um "Senado da Inteligência Brasileira", formado por membros notáveis, representantes de instituições como ABL, universidades e Biblioteca Nacional que carregavam o "peso desse passado e o prestígio deste presente", mas o que estava ocorrendo seria uma "triplicação de instituições tão típicas do estado patrimonialista brasileiro" (BRASIL, 1971-1989, n. 56-65, p. 106).

Eduardo Portella anunciou sua perplexidade e surpresa com a notícia das Comissões de Alto Nível, relatada por seu motorista, que lia religiosamente o Última Hora, único diário carioca que noticiara o fato (BRASIL, 1971-1989, n. 56-65). Francisco de Assis Barbosa afirmou o estarrecimento com a notícia. Ubiratan Borges de Macedo alertou o CFC para aguardar oficialmente uma resposta a fim de adotar medidas enérgicas, pois a "cultura de milho" permaneceria até fevereiro de 1986, ironicamente, a data da saída de Aluísio Pimenta do MinC. Newton Rodrigues lembrou que o CFC não poderia ficar esperando uma decisão na "antecâmara da morte", pois "o ministro, não só está ministro como é ministro" (BRASIL, 1971-1989, n. 56-65, p. 108-109). Portanto sugeriu uma reunião fechada com os conselheiros do CFC para debater o assunto.

As divergências entre Aluísio Pimenta com o CFC estavam em ebulição. A imprensa afirmava que o ministro, mal assessorado, vivia a falar asneiras. Conhecido como "o ministro da broa de milho" ou o ministro da "cachacinha para o povo e do uísque para o governo", afirmou Maria do Rosário Caetano (1985c, p. 19) no *Correio Braziliense*, na reportagem "Um amplo painel de discussões", sobre o I Seminário do Ministério da Cultura. A repórter avaliou que Aluísio Pimenta no evento, em específico, fora bem assessorado e concedera representatividade às minorias, estudantes e artistas.

Os conselheiros nacionais não aceitavam o fato de o ministro não assumir a presidência do CFC, tampouco as demandas do órgão nas decisões governamentais. Dias depois da reunião sobre as Comissões de Alto Nível, Newton Rodrigues comunicou um telefonema de Aluísio Pimenta para o esclarecer que as comissões mencionadas na reunião do CFC eram assessorias de caráter pessoal do ministro. E alentou o conselheiro: restauraria a presidência do CFC para o próprio órgão.

Na ata da 971ª Sessão Plenária, registrada no *Boletim*, o conselheiro Ubiratan Borges de Macedo alertou os novos conselheiros sobre o desprestígio pelo qual o CFC estava passando, desde quando o MinC fora criado. Inclusive nas questões cotidianas do Palácio da Cultura, como o simples "aviso que disciplina o uso do elevador privativo", os conselheiros apareciam "em último lugar". Se a "função do conselheiro do CFC é pelo regulamento, uma das mais altas precedências que existe", mostrava-se lamentável que o MinC ignorasse "o texto do Decreto" (BRASIL, 1971-1989, n. 56-65, p. 184-185).

5.13 Primitivas atribuições do CFC

A gestão de Aluísio Pimenta orientou-se pelos debates relacionados com as diretrizes que deveriam ser defendidas enquanto direitos constitucionais na ANC. Com a instalação das Comissões de Alto Nível, as interlocuções do ministro com o CFC minguaram completamente. O distanciamento político do órgão perante as ações ministeriais acelerava-se, apesar das políticas de amizades ensejadas. A atuação do ministro foi observada com desconfiança pelo setor cultural, principalmente por conta das ilações acerca da cultura popular, que imitavam Mário de Andrade e Aloísio Magalhães em alusões às referências culturais cotidianas, como vestuário, alimentação e manifestações populares, repetidas como um novo patriotismo, concluiu Sousa (2015).

A *Folha de S. Paulo* ridicularizava com frequência os discursos de Aluísio Pimenta e referia-se a ele como o "ministro da broa de milho". Essa alcunha foi resultado de uma analogia sobre o patrimônio e a regionalização da cultura, avaliou Ângelo Oswaldo de Araújo Santos, secretário da Sphan na gestão Aluísio Pimenta, em entrevista para Isaura Botelho. O gestor esclareceu que a ideia da broa de milho foi autoria de Ziraldo, presidente da Funarte, que à época vivia a chacotear suas funções públicas. Aluísio, ao repetir a expressão, tornou-se a própria "chacota pelo seu caipirismo", pois o ministro "em sua mineirice caipira assumiu o discurso da cultura do cotidiano sem a elegância de Aloísio Magalhães", e virou uma "versão caipira das teses nacionalistas", explicou Ângelo Oswaldo a Botelho (2000, p. 218-219).

"Houve um desmantelamento da ideia de Ministério da Cultura, da própria figura do Ministro Aluísio Pimenta, por causa dessa história da broa de milho", explicou Ângelo Oswaldo; Pimenta tentou incorporar no discurso a "broa de milho sem nenhum charme [...] broa prosaica [...] broa de milho caipira [...] broa de milho do borralho do fogão da fazenda ou da casa de sapé" (BOTELHO, 2000, p. 219). Portanto, ao tentar seguir as alusões de Aloísio Magalhães e suas metáforas soltas, não se atentou de que as palavras, quando ditas pelo ex-secretário nacional de Cultura, recebiam um requinte, uma sofisticação, conferida pela trajetória do designer. A broa, nas palavras de Aloísio Magalhães, seria consumida com "[...] o "vinho de caju" [...] dentro de uma cabacinha, com grande charme, cofiando seus bigodes ingleses, conversando em francês com Lévi-Strauss, pensando na pós-modernidade com um bando de universitários que se articularam no CNRC." (BOTELHO, 2000, p. 219).

Isaura Botelho (2000, p. 218) afirmou que o ministro fora "condutor de uma desastrosa política", uma "administração inábil, marcada por ideias ingênuas e pelo desconhecimento do país". Ingenuidade e desconhecimento faziam com que o ministro agisse com "ares de fascinação absoluta" em tudo o que "via e ouvia", concluiu a autora.

Contudo a fascinação pelo mundo da cultura do ministro não se espraiou para o CFC; a sua participação no órgão foi esporádica e permeada de conversas paralelas em detrimento das plenárias. As críticas realizadas pelos conselheiros coletivamente eram respondidas pelo ministro individualmente. Entretanto, essas críticas recebiam concessões como forma de negociação. Na 973ª Sessão Plenária (BRASIL, 1971-1989, n. 56-65), a secretária Júlia Azevedo informou aos conselheiros sobre a matéria encaminhada pelo gabinete do ministro a respeito da revisão das Portarias Ministeriais 211/1985 e 212/1985, que interferia na estrutura do CFC. Um mês antes da sua saída, Aluísio Pimenta enviou convite para que o CFC participasse dos estudos referentes ao PL do Senado Federal n.º 18-A, sobre os benefícios fiscais no imposto de renda para os projetos culturais.

Eduardo Portella lembrou aos conselheiros que, por intermédio da revisão regulamentar, o CFC poderia "recuperar suas atribuições originárias, progressivamente perdidas" (BRASIL, 1971-1989, n. 56-65, p. 187). A questão foi registrada na ata da 973ª Sessão Plenária, no *Boletim*. Portella afirmou que, após uma conversa com Miguel Reale, concluíra que somente quando o CFC retomasse sua natureza atributiva este poderia contribuir efetivamente e com autoridade nos pareceres técnicos, a exemplo do PL de isenção fiscal, além das doações e dos subsídios para os projetos culturais.

O convite do ministro indicava uma reparação, despedia-se do cargo de presidente do CFC com a promessa de que retornaria ao órgão as suas competências. Herberto Sales indicou a "estranheza" (BRASIL, 1971-1989, n. 56-65, p. 186) no fato de o CFC ser convidado a participar de um processo em que estava inserido organicamente por lei. O papel do CFC foi colocado à prova pelos encaminhamentos atravancados do MinC. Esses caminhos obstruídos colocaram o CFC como espectador, e não protagonista, avaliou o conselheiro. O colegiado sentia-se deslegitimado com os convites, as conversas e os acordos individuais.

Newton de Almeida Rodrigues indicou que as alterações propostas para o regulamento do CFC não seriam resolvidas com o convite de Aluísio Pimenta, pois não fora anunciado um ato legal que modificasse o trâmite conduzido pelo MinC, solução mais adequada para exterminar os erros passados e retornar ao CFC às suas antigas atribuições.

Geraldo Bezerra de Menezes afirmou que não seria "fácil interpretar o convite para participar dos estudos", que já vinham "sendo realizados". E questionou: como convidar um órgão, se a sua principal atribuição é a de assessorar as decisões sobre a organização da cultura? Eduardo Portella, em concordância com as exposições e enquanto permanecesse no cargo, empenhar-se-ia com todos os esforços possíveis para restaurar as antigas atribuições do CFC, pois os cruzamentos e desvios atributivos deveriam ser "encarados como reflexos condicionados". O problema decorreu da transição, sem os estudos adequados, do MEC para o MinC (BRASIL, 1971-1989, n. 56-65, p. 183).

Djacir Menezes, em tom profético, parafraseou o discurso do presidente Sarney na Assembleia da ONU: "A paz de hoje, ainda não é paz, é uma simulação da guerra" (BRASIL, 1971-1989, n. 56-65, p. 190). O fato de o ministro ter deixado o cargo e ter encaminhado ações que, supostamente, fariam o CFC voltar ao seu papel original simbolizava um armistício, uma suposta calmaria e trégua temporária.

Na 974ª Sessão Plenária, Eduardo Portella anunciou as novas nomeações para o CFC, publicadas desde 9 de janeiro de 1986. O Decreto 92.000, de 28 de novembro de 1985, dispôs sobre a composição, ou seja, sobre a entrada de representantes do MinC no CFC, como Fernando Lins de Carvalho, secretário da Ação Cultural; e Carlos Pereira de Miranda, do Instituto Nacional de Artes Cênicas.

Enquanto o MinC reforçava a sua representação dentro do CFC, Arthur Cezar Ferreira Reis foi homenageado como um servidor da cultura, no seu 80º aniversário. O ex-governador do Amazonas foi o primeiro ex-presidente do CFC a duelar com um ministro sobre as reduções de orçamento e as crises de competências do órgão. Considerado pelos pares um dos maiores estudiosos da Amazônia. Miguel Reale sinalizou que Reis fora detentor de uma "consciência historiográfica extraordinária" e um "espírito crítico" (ARTHUR..., 1986, p. 15). Um compêndio das homenagens foi publicado na seção "Estudos e proposições" sob o título "Arthur Cezar Ferreira Reis – 20 anos de CFC" (1986). Os conselheiros revezaram-se em discursos elogiosos ao responsável pela publicação do *Atlas cultural do Brasil* (BRASIL, 1972).

Miguel Reale foi indicado como responsável para defender a legislação do CFC. E os conselheiros solicitaram a transformação da comemoração dos 20 anos do órgão em efeméride nacional. Reale trouxe o debate sobre o Decreto 74/1966, na 975ª Sessão Plenária, com o escopo de retomar as primitivas atribuições do CFC. O parecer sob a relatoria de Miguel Reale acerca do Processo 4004.000017/86-11, da reestruturação regimental do CFC, foi aprovado após uma "prolongada discussão" (BRASIL, 1971-1989, n. 56-65, p. 194), conforme a ata publicada no *Boletim*. A secretária Júlia Azevedo informou que os expedientes encaminhados pelo gabinete do ministro para o CFC, entre eles o comunicado da eleição de Fernando Guignone, secretário do Estado da Cultura e Esporte do Paraná, para a presidência do FSEC, gestão de 1986 a 1987, novamente, fora uma ação sem o acompanhamento do CFC.

Desde a criação do MinC, os órgãos de patrimônio não se dirigiam mais ao CFC. Entretanto, após múltiplas críticas dos conselheiros federais sobre a exclusão do órgão nos encaminhamentos políticos do ministério e instituições vinculadas, foi comunicado na 976ª Sessão Plenária (BRASIL, 1971-1989, n. 56-65), por meio de um ofício assinado por Ângelo Oswaldo de Araújo Santos, secretário da Sphan, o agradecimento pela menção elogiosa do CFC sobre a chancela de Patrimônio Mundial da Unesco para o centro histórico de Salvador e o Santuário de Congonhas do Campo. O documento mencionou os nomes de Carlos Chagas, responsável pela inserção do tema na plenária; e Gilson Antunes da Silva, coordenador do Pró-Documento/FNPM, que enviara as documentações da instituição para o conhecimento do CFC.

Se os comunicados administrativos sinalizavam nova orientação nas relações do CFC com o MinC, uma matéria veiculada pela imprensa indicava que a organização da cultura nacional não estava em segurança, conforme registrou a ata da 977ª Sessão Plenária. A *Folha de S. Paulo* publicou dados sobre a audiência da televisão no Brasil, pois somente naquele estado atingiu 95% da população. Com base nessa reportagem, Miguel Reale trouxe para o plenário o assunto controverso da "cultura chamada superior ou erudita e da cultura também dita popular", mas entre elas a "cultura de massa, com um volume de presença tal, que está a exigir cada vez mais o estudo crítico" (BRASIL, 1971-1989, n. 56-65, p. 198).

As idiossincrasias dos conselheiros — da divisão da cultura entre superior e inferior — foram combatidas desde o DAC sob o comando de Marcio Tavares d'Amaral e pela SEC de Aloísio Magalhães. A cultura de massa, a indústria cultural, tornava-se hegemônica nas disputas com os espaços culturais. A TV era vista com receio pelos intelectuais, pois promovia a padronização do comportamento e das visões de mundo, além de inserir os estrangeirismos nos lares nacionais. Esse receio dos intelectuais com o advento da televisão, considerando o incentivo ao comércio e a apropriação de produtos culturais padronizados e globais, foi problematizado por estudiosos como Bourdieu (1997).

Miguel Reale apresentou seu parecer a respeito do Processo 18-A/1985, do PL de benefícios fiscais sobre o imposto de renda, registrado na ata 979ª Sessão Plenária (BRASIL, 1971-1989, n. 56-65).

Em 13 de fevereiro de 1986, o ministro Aluísio Pimenta deixou o MinC, e no dia seguinte Celso Furtado assumiu. O motivo da saída do ministro não foi veiculado nas atas do CFC, tampouco nos documentos do órgão foi publicado o Decreto-Lei 92.489, de 24 de março de 1985, que dispusera sobre a nova estrutura dos órgãos federais de cultura, dos conselhos e do próprio MinC.

Celso Furtado estava cotado para o MinC antes mesmo do aceite de Aluísio Pimenta, porque, após a recusa da atriz Fernanda Montenegro, foi entregue um abaixo-assinado ao governo federal, com 176 signatários a favor do economista, encabeçado por Oscar Niemeyer, Antônio Houaiss,

Antonio Candido e Barbosa Lima Sobrinho, além de representações do cinema, das letras, do teatro, entre outras linguagens artísticas e científicas. O documento foi entregue para o presidente José Sarney, segundo o relato de Rosa Freire d'Aguiar Furtado (1985).

A posse do novo ministro representaria o realinhamento entre o CFC e o MinC, acreditavam os conselheiros. O nome do ministro Celso Furtado foi registrado na ata da 985ª Sessão Plenária (BRASIL, 1971-1989, n. 56-65), quando Maria Alice Barroso anunciou a organização das homenagens para Gilberto Freyre pela passagem de seus 86 anos. Naquela sessão, a conselheira lamentou a despedida de Djacir Menezes do CFC. A conselheira comunicou que representaria o Brasil no Centro de Desenvolvimento do Livro da América Latina e Caribe, portanto viajaria para a Colômbia a "pedido do ministro" (BRASIL, 1971-1989, n. 56-65, p. 209).

Maria Alice Barroso relatou que durante a "Semana Santa soube da reestruturação do Ministério da Cultura". Um dos desdobramentos desse fato foi a criação do Conselho Nacional de Bibliotecas (Conabi), que seria presidido pelo ministro, "significando que o diálogo entre os sistemas de bibliotecas no Brasil será restabelecido" (BRASIL, 1971-1989, n. 56-65, p. 209). O CFC aprovou um voto de louvor ao ministro pela criação da Conabi e agradeceu as palavras elogiosas destinadas ao órgão.

As ações do CFC retornaram com força, entre as láureas e a tradicional esperança renovada no início dos mandatos dos ministros. A despedida de Djacir Menezes foi entoada como uma polifonia discursiva na seção "Estudos e proposições" do *Boletim* (BRASIL, 1971-1989, n. 56-65). Ubiratan Borges de Macedo lembrou a trajetória de Djacir Menezes como um intelectual não tomista, tampouco marxista, mas hegeliano, por isso defendeu Marx dos marxistas. Um ser controverso e polêmico, mas sempre a serviço da verdade e do Brasil:

> É a figura sempre polêmica, ressuscitando a velha tradição brasileira de polemista de Tobias Barreto, a do homem que está atacando todas as falsas verdades de cada momento, mantendo sempre o caminho aberto para o progresso, o caminho aberto para novas possibilidades de aumento de saber, e sempre modesto, humilde, sempre escudado numa bateria de trabalho intenso de erudição e dedicação, mantendo a cultura como um fator plural. Há, em Djacir, uma espécie de liberalismo intelectual, o amor à controvérsia, o respeito a todas as possiblidades autênticas de pensamento, o que torna muito difícil dizer qualquer coisa sobre a obra de um pensador crítico. (BRASIL, 1971-1989, n. 56-65, p. 43).

Todavia as controvérsias admiradas em Djacir Menezes não se estenderam para Aluísio Pimenta. A gestão do ex-ministro deixou distintas impressões no CFC e nos intelectuais. Interessante observar esses interstícios sobre os fatos históricos, nos anos 2000, sobretudo à luz do falecimento, como se as homenagens póstumas reconfigurassem novos valores para seus legados públicos.

Em 2016, após a morte de Aluísio Pimenta, Isaura Botelho, em depoimento para o sítio eletrônico do Ministério da Cultura, declarou que o ministro fora nomeado para o cargo "por sua respeitabilidade, honradez e capacidade de diálogo", e que "se dispôs a conhecer as instituições que compunham o Ministério da Cultura, sem rejeitá-las a priori" como "lixo autoritário" e "filhas da ditadura". Para Botelho, o ministro não rejeitou as instituições culturais, como outros a rejeitaram, enquanto resquícios do passado autoritário. O ministro, no seu curto tempo à frente do MinC, acatou "as propostas dos servidores dantes existentes" na Funarte e outras repartições e seguiu a "reprodução da fórmula adotada para a redação das Diretrizes". Além de promover "seminários e encontros reunindo o corpo funcional das instituições e incluindo membros da sociedade civil", afirmou Botelho (2016a, s/p).

O texto *Diretrizes para operacionalização da política cultural*, do MEC, foi elaborado por Aloísio Magalhães na SEC — em sua tese de doutorado, Isaura Botelho (2000, p. 249) alertou que esse documento fora reproduzido na obra *Cultura em novos tempos*, de Aluísio Pimenta (1986), editada pelo Ministério da Cultura.

A questão indica que a localização das análises para o antes e depois da morte dos gestores públicos incide em escalas de valor diferentes para seus legados. O documento/relatório apropriado pelo ex-ministro e de autoria de Aloísio Magalhães, por exemplo, foi reivindicado pelos conselheiros, que lembravam a participação do CFC na elaboração de pareceres sobre a matéria.

Outra interpretação da gestão de Aluísio Pimenta, *post mortem*, na homenagem organizada pelo MinC, foi do poeta, jornalista, ativista e gestor cultural TT Catalão. Em sua análise, ocorreu um processo de execração sofrido por Aluísio Pimenta por aqueles que não queriam democratizar a pasta da Cultura. O verbo "democratizar", para Catalão, significava trazer ao MinC as expressões populares e a cultura do cotidiano, e não manter a pasta somente sob o crivo das belas-artes. "Quando ministro da Cultura, o professor Aluísio Pimenta foi bombardeado após comentar que queria um ministério amplo e plural, realmente da Cultura e não só das artes. E, para ilustrar, citou exemplos do cotidiano." (CATALÃO, 2016, s/p).

Retomou algumas questões trabalhadas por Aloísio Magalhães e "afirmou que a cultura também é a broa de milho" (CATALÃO, 2016, s/p). "Ziraldo, que o acompanhava, reforçou essa ideia: que o velho Minc, mesmo nas artes, se pautava pelas belas artes, clientelista e submisso ao ranço acadêmico incapaz de perceber expressões populares e linguagens urbanas contemporâneas." (CATALÃO, 2016, s/p).

Na década de 1980, "Aluísio virou chacota com uma boa dose de preconceito pelo seu jeitinho caipira afável e carinhoso. Seriam virtudes, mas a arrogância despreza o simples!" Alguns artistas saíram "em sua defesa não pela polarização entre apocalípticos e integrados, mas pela carga simbólica, antropofágica dessa deglutição do Bispo Sardinha, agora farelo de milho" (CATALÃO, 2016, s/p).

Contudo o "velho MinC", mencionado por TT Catalão, visto do século XXI, não seria tão velho assim, pois, entre criações e extinções, o MinC em 2016 não tinha 30 anos. A cultura do cotidiano, lembrada pelo poeta, foi trabalhada na Funarte, desde sua criação em 1975, assim como o discurso de democratização da cultura, sobretudo quando a instituição absorveu a cultura popular e o folclore. A cultura do cotidiano foi defendida pela Pró-Memória, DAC e SEC sob o comando de Aloísio Magalhães, um percurso histórico que não pode ser desconsiderado.

As múltiplas narrativas sobre esse fato indicam que as disputas existentes em torno do Ministério da Cultura, fossem de defesa, fossem de rejeição, sinalizavam que a estrutura foi sendo fissurada conforme os embates. Não obstante, Botelho (2000), em diversos momentos da sua obra, reitera que os técnicos não participaram do processo de instalação do Ministério da Cultura, e que, diariamente, comprovaram na prática a inoperância do MinC como prova da visão assertiva de Aloísio Magalhães, quando afirmou que seria mais válido uma secretaria forte do que um ministério fraco. Nesse sentido, os debates e os embates pelos quinhões culturais atravessaram todas as criações e extinções do MinC.

6

A DIMENSÃO ECONÔMICA DA CULTURA

A trajetória intelectual do economista paraibano Celso Furtado (1920-2004) destoava da formação em cultura pleiteada para a área, a mesma crítica destinada ao seu antecessor, ministro Aluísio Pimenta. Formado pela Faculdade Nacional de Direito/RJ, Celso Furtado trabalhou como jornalista na *Revista Semana* e adentrou os quadros técnicos do Departamento Administrativo do Serviço Público, via concurso público, em 1943. Em 1944, foi convocado pela Força Expedicionária Brasileira (FEB) para lutar na Segunda Guerra Mundial (1939-1945), na Itália, como aspirante a oficial, mas foi ferido em combate na Toscana e retornou ao Brasil. Em 1946, foi laureado com o Prêmio Franklin D. Roosevelt, do Instituto Brasil Estados Unidos, pelo ensaio *Trajetória da democracia na América*. Doutor em Economia pela Universidade Paris-Sorbonne em 1948, com a tese "L'économie coloniale brésilienne", orientada por Maurice Byé. Em 1949, foi a Santiago do Chile para integrar a Cepal, vinculada à ONU, dedicada a investigar os problemas econômicos dos países em desenvolvimento ou subdesenvolvidos, pertencentes ao chamado terceiro mundo. Em 1953, presidiu o Grupo Misto Cepal-BNDE, responsável por elaborar diagnósticos acerca da economia brasileira, além de propor técnicas de planejamentos para auxiliar no desenvolvimento regional. O relatório técnico desse trabalho, entregue em 1955, orientou o Plano de Metas do governo de Juscelino Kubitschek. Com ênfase em uma perspectiva estruturalista da economia, em 1954 criou o Clube de Economistas e lançou a *Revista Econômica Brasileira*. Em 1956, participou de uma missão na Cidade do México promovida pela Cepal. De 1957 a 1958, foi professor no King's College, da Universidade de Cambridge, Inglaterra, a convite do professor Nicholas Kaldor, período em que escreveu a obra *Formação econômica do Brasil*. Por solicitação do presidente JK, elaborou o diagnóstico que orientou a constituição da Sudene, intitulado *Uma política de desenvolvimento para o Nordeste*, conforme informações sobre o seu perfil no Ministério do Desenvolvimento Regional (BRASIL, 2017, s/p).

"A lei que criou a Sudene foi aprovada no Congresso Nacional no dia 15 de dezembro de 1959. A bancada nordestina sob a liderança do senador paraibano Argemiro de Figueiredo" votou contra a proposta, sinalizou Vieira. Os parlamentares exigiram o "afastamento de Celso Furtado das suas funções de futuro dirigente da instituição" (VIEIRA, 2005, p. 25). JK enfrentou resistência ao nomear Celso Furtado para o cargo de superintendente da Sudene, mas este permaneceu no posto até 1961, no governo Jânio Quadros. Em 1962, foi ministro do Planejamento de João Goulart e autor do Plano Trienal de Reformas.

Ao ser cassado e exilado em 1964, pelo AI-1, viajou aos Estados Unidos e lecionou na Yale University durante um ano. De 1972 a 1973, lecionou na American University, em Cambridge, Inglaterra, e na Columbia University, em 1976. De 1965 a 1985, atuou como professor convidado na Sorbonne; e, ao findar a ditadura civil-militar, foi nomeado para a Embaixada do Brasil junto à Comunidade Econômica Europeia, um ano antes de ser nomeado ministro da Cultura.

Tal qual André Malraux, Celso Furtado era a representação de um intelectual reconhecido internacionalmente. Além da economia, preocupava-se com a cultura e a educação como duas questões fundamentais para o desenvolvimento social e econômico do país. Tornou-se, à época da organização do FSEC, um nome de referência para alicerçar a economia da cultura.

Philippe Lejeune (2014) sugere interpretações sobre os intelectuais que escrevem ou não a autobiografia. Além das autobiografias, é possível analisar a escrita de si em tratados, discursos, epístolas, diários, textos acadêmicos ou de opinião. O enunciado e o lugar de fala do autor sugerem indícios de como ele constrói o seu pensamento com seus espectadores, sejam estes leitores, sejam estes um auditório em cerimônia pública. A trajetória de Celso Furtado no MinC será analisada por essa perspectiva teórica.

O discurso de posse do economista no Ministério da Cultura, em 1986, foi praticamente um pastiche da conferência realizada, em 1984, no III Fórum dos Secretários Estaduais da Cultura, em Belo Horizonte. Naquele evento, discorreu sobre as sete teses estruturantes da cultura nacional, quando questionou os participantes do FSEC sobre o que seria cultura. Na sua posse no MinC, refez o questionamento: "O que é um Ministério da Cultura?" (FURTADO, 2012, p. 51).

Com base em duas indagações, no FSEC e na posse do MinC, observa-se a articulação dos conceitos de cultura, ministério e economia. Nos dois discursos, separados por dois anos de intervalo, mostra-se o intelectual alinhando a sua base de pensamento com a cultura. Os dois discursos traziam questionamentos próximos. Celso Furtado retomou os argumentos para que o Estado trabalhasse a área da cultura enquanto vetor de desenvolvimento social e econômico. A estratégia discursiva de questionar e responder a seus próprios questionamentos contestou as críticas contra a sua indicação para o MinC e demonstrou o conhecimento da área, além de aplacar as inconstâncias políticas das gestões anteriores. O ministro empossado conceituou o que entendia por cultura:

> Cultura, para mim, é a dimensão qualitativa de tudo que cria o homem. E o que tem sentido profundo para o homem é sempre qualitativo. É corrente que nos preocupemos com cultura, quando esta se apresenta em suas formas mais significativas, quando o qualitativo nos escolta o espírito. Os objetos de arte, pelo fato de que incorporam uma mensagem que nos toca a sensibilidade, a imaginação, com frequência respondem a necessidades profundas de nosso espírito, aplacam nossa angústia de seres a um só tempo gregários e solitários. O homem, com seu gênio criativo, dá significação às coisas, e são essas coisas impregnadas de significação que constituem a nossa cultura. (FURTADO, 2012, p. 51).

As perguntas e as respostas de Celso Furtado ao assumir o MinC retomaram as ressignificações das sete teses de que a cultura estava inserida nas relações tangíveis e intangíveis do trabalho, da relação do homem com o meio ambiente, no qual se inseria e no qual se transformava pela cultura e pelo conhecimento. A perspectiva estruturalista da cultura, calcada na transformação do conhecimento pelo meio, sinalizou o retorno às teses defendidas por Mário de Andrade, da cultura etnográfica, e de Aloísio Magalhães na Pró-Memória, SEC e MEC, da cultura via produção e circulação.

Os programas políticos do MinC, a partir da posse de Celso Furtado, foram revestidos pela tese da cidadania e desenvolvimento econômico e social, por meio da cultura. Essas questões estavam presentes nos numerosos documentos deliberados pelas conferências da Unesco nas décadas de 1960 e 1970. A cultura do cotidiano, a valorização da diversidade étnica, regional e nacional, além da criação de políticas culturais específicas para as populações empobrecidas, não eram autoria exclusivamente brasileira, pois estavam presentes nas discussões internacionais, sobretudo na área de patrimônio.

A Unesco e a ONU sinalizavam o desenvolvimento social e econômico conforme a cultura e a educação para a promoção da cidadania. Essa perspectiva foi retroalimentada em discursos ministeriais por Ney Braga, Eduardo Portella, Aloísio Magalhães, José Aparecido de Oliveira, Aluísio Pimenta e Celso Furtado. A exemplo da Sudene, Furtado defendeu a cultura do cotidiano e a cultura enquanto vetor de desenvolvimento econômico como plataforma de governo e política de Estado, um elemento da pós-abertura política. Portanto, a escolha de Furtado para o cargo de ministro veio ao encontro do PL de José Sarney de isenção fiscal para projetos culturais.

Em pronunciamento à nação, realizado em cadeia de rádio e televisão, no dia 22 de julho, o presidente Sarney reiterou que existia uma "dívida moral" com a desigualdade social no país. E mencionou dados estatísticos da década de 1960, de que a população pobre no Brasil "detinha 4% da renda nacional" e os "10% mais ricos possuíam 39% da riqueza nacional". A desigualdade agravara-se nas décadas de 1970 e de 1980 porque os mais pobres possuíam "menos de 3%" da economia nacional, ou seja, os 10% mais ricos "passaram a comandar 51%" do PIB (SARNEY, 1985, p. 70).

A nova República estava disposta a buscar um consenso político para fazer mudanças sociais e econômicas. Para tanto, cinco pontos foram mencionados como prioritários, no discurso de José Sarney: liberdade, desenvolvimento, opção social, identidade cultural e soberania. Sobre a identidade cultural, a arquitetura discursiva do presidente da República partiu de uma paráfrase de Joaquim Nabuco, afirmando que não bastava libertar os escravos; o Estado deveria lhes conceder terra e educação. O presidente Sarney afirmou que o Brasil perdera valores espirituais com o avanço da industrialização, uma questão que provocara no povo uma perda de identidade ocasionada pela colonização cultural que descaracterizara a nação. "O Brasil, rico em sua cultura de tantas facetas e influências, mescladas e consolidadas na feição de um país que se afirma nas tradições, no folclore, nas Letras e nas Artes, pouco a pouco definha, tragado pelo abandono e pela pobreza." (SARNEY, 1985, p. 83).

A preservação da memória e do patrimônio cultural que não descaracterizasse a identidade nacional, segundo José Sarney, seria na nova República, trabalhada como um renascimento cultural. "A arte popular brasileira não pode morrer por ausência do Estado em sua defesa" (SARNEY, 1985, p. 83). Para consolidar o renascimento cultural, seria preciso investir na educação, construir escolas, garantir frequência escolar, incentivar os usos tecnológicos e fomentar pesquisas científicas nas universidades para alcançar o progresso nacional.

O autor de *Marimbondos de fogo* (1978) e do *Norte das águas* (1980) era um legítimo representante do capital cultural, econômico e político das elites. Na ABL, enquanto acadêmico e imortal, pautava seus discursos ressaltando a importância da difusão da leitura, da escrita da história e da produção literária para a identidade nacional.

O presidente Sarney sentenciou a importância da cultura para o país:

> Só um povo que lê, pode ter consciência de si próprio e da cidadania. Saber o que quer e fruir a liberdade. Uma nação se faz com políticos, historiadores e poetas. Políticos para lidarem com o presente, historiadores para pensarem o passado, mas poetas para que possa sonhar com o futuro. Lutar pela identidade e pela unidade cultural do país é tarefa para nossa geração. Para isso, é necessário compreender e respeitar as formas locais e regionais — formas de falar, formas de viver, formas de cantar e de lazer. (SARNEY, 1985, p. 84-85).

Celso Furtado seria o ministro da cultura mais adequado para defender os princípios elencados por José Sarney. Dentro do governo federal, existiam divergências em relação ao que deveria ou não ser investido à cultura. O ministro da Fazenda Dilson Funaro, que ocupava, segundo os jornais, a vaga natural de Furtado, posicionava-se publicamente contrário ao PL de isenção fiscal, luta histórica de Sarney. A coluna de Carlos Swann no *O Globo* foi registrada na ata 989ª Sessão Plenária no *Boletim* (BRASIL, 1971-1989, n. 56-65), e emergiu a consternação dos conselheiros sobre o fato de um ministro ser contra a proposta do próprio presidente da República.

Estrategicamente, a trajetória do ministro Celso Furtado seria fundamental para a aprovação do PL, materializando a junção da economia da cultura com a promoção da cidadania. A trilogia cultura, economia e cidadania, sob a via da criação humana, foi apropriada nos anos 2000, no governo Lula, por Gilberto Gil, quando inseriu nos documentos do MinC a tridimensionalidade da cultura: simbólica, econômica e cidadã. Alguns pesquisadores das políticas culturais, a exemplo de Mata-Machado (2019), creditam a conceituação da dimensão cidadã da cultura à experiência da filósofa Marilena Chaui enquanto secretária da Cultura do município de São Paulo, de 1989 a 1993, no governo de Luiza Erundina (PT). Contudo, advogo que foi a partir de Celso Furtado, no Ministério da Cultura, em 1986, que essa tridimensionalidade da cultura, começa a se materializar na estrutura do Estado como diretriz política que compreende a cultura como criação humana, produção de símbolos, transformação social e circulação econômica e promoção da cidadania. Desde Furtado, todas as políticas do MinC abordaram a dimensão cidadã do fazer cultural em seus programas, instituições e projetos.

No discurso de posse, Celso Furtado apresentou a compreensão da cultura pautada na análise do cotidiano e mundo do trabalho. Da fábrica ao campo, foi analisado o processo de colonização, independência e desenvolvimento econômico da América Latina, assim como suas lutas para a reforma agrária e urbana. "Ainda que não liguemos a cultura à ideia de trabalho, não podemos desconhecer que grande parte de nossa vida se passa nas fábricas e em outros ambientes de trabalho" (FURTADO, 2012, p. 52).

As políticas culturais não poderiam estar desconectadas da vida das pessoas. A cultura formulada pela transformação da natureza e do trabalho para o alcance da sobrevivência deveria ser observada nos trabalhadores fabris e campesinos. O MinC deveria impulsionar uma política cultural para os ambientes de ócio e de labor. Sublinha-se uma proximidade do discurso do economista com a necessidade do lazer e da fruição cultural, elaborada por Mário de Andrade, no Departamento de Cultura de São Paulo. Para Celso Furtado, com base na "civilização puramente mercantil o homem foi transformado em simples força de trabalho, em instrumento, parte de uma engrenagem regulada mecanicamente" (FURTADO, 2012, p. 52).

Os homens e as mulheres foram condenados a vender a força de trabalho para sobreviver, em vez de alimentar a criatividade, a imaginação e o espírito. A cultura na economia e a economia da cultura precisam ser inseridas no plano de cultura. Explicou:

> Ora, essa visão da organização do trabalho tende a ser abandonada em benefício de outra em que a qualidade da vida do trabalhador é vista como um fator autônomo de produção, já não prevalecendo contradição entre eficiência e qualidade de vida. E que dizer da habitação, cuja importância na qualidade de vida sobrepõe-se a tudo o mais? (FURTADO, 2012, p. 52).

As questões do desenvolvimento econômico são imbricadas com a cultura, como o ato de habitar. O desenvolvimento cognitivo e a transformação objetiva da realidade social, em uma visão desenvolvimentista, deveriam romper com a divisão social do trabalho e a coisificação do trabalhador em mercadoria. O economista advertiu que, sem a associação entre cultura popular, folclore e belas-artes enquanto direitos culturais dos trabalhadores, todas as políticas culturais seriam nulas.

O economista alentava o fato de que os trabalhadores tinham cultura e que não precisavam receber atividades culturais para se tornarem cultos, mas que a questão do trabalho em si, na sua gênese, fazia com que a cultura emergisse para os trabalhadores no cotidiano. Furtado demarcou qual seria a abrangência da política:

> Nossa vida forma um contínuo em que se apresenta, de um lado, o gratificante (os momentos de ócio, de lazer, de pura espiritualidade), e, de outro, a dura realidade do cotidiano. E é dessa visão global da vida que temos de partir para pensar em política cultural. Sendo um esforço permanente para enriquecer a vida do homem, o processo cultural tem que abranger esta em sua globalidade. (FURTADO, 2012, p. 52).

Era imperativo, para o momento histórico, trabalhar as transformações tecnológicas enquanto capacidades criativas da humanidade, por isso Celso Furtado defendeu o rompimento da dissociação entre a tecnologia e a cultura. As heranças culturais eram desdobramentos dos fenômenos tecnológicos, e não somente permaneciam diante das mudanças tecnológicas, mas tornavam-se respostas aos problemas humanos. "É aqui que está a ligação com o presente, com a luta pela democratização do país, pelo direito de participar na invenção do próprio futuro" (FURTADO, 2012, p. 53).

A criatividade, ancorada nas liberdades política, artística e de pensamento, deve ser garantida pelo Estado: "Criar condições para que a criatividade seja exercida em sua plenitude — eis a essência do que chamamos democracia". A democracia, para o ministro, seria sinônimo de liberdade de expressão e criatividade. Assim, as ações do Ministério da Cultura deveriam buscar a "melhoria da qualidade da vida do conjunto da população" (FURTADO, 2012, p. 53). Pautado nesses princípios, o ministro elaborou as diretrizes políticas para estruturar o MinC em dois documentos-chave — *O Ministério da Cultura em 1986* e o *Plano Original Interno* —, uma espécie de Plano Nacional da Cultura elaborado para compor o macroplano federal do governo Sarney.

6.1 A primeira reestruturação no MinC

Após a posse de Celso Furtado, foi instituído o Decreto-Lei 92.489, de 24 de março de 1986, que designou as novas linhas de ação do MinC e potencializou a agilidade da estrutura ministerial com objetividade para a preservação do patrimônio, democratização da cultura, além do apoio a produção, difusão e intercâmbio cultural.

O CFC permanecia em processo de distanciamento político das conduções das políticas federais. Novamente não foi convidado para participar dessa reestruturação, tampouco recebeu o resultado desse processo para análise dos conselheiros. Na 987ª Sessão Plenária, o conselheiro Newton Rodrigues solicitou a Eduardo Portella que interviesse no ministério para que o CFC atuasse na reestruturação do MinC. Portella alentou aos conselheiros: o "ministro possuía muito apreço pelo Colegiado", sobretudo pelo trabalho desenvolvido acerca do PL de incentivos fiscais. A ata da 988ª Sessão Plenária registrou a solicitação de um crédito suplementar "a fim de poder restaurar um tipo de presença e de ação que se faz fundamental para a vida do Colegiado" (BRASIL, 1971-1989, n. 56-65, p. 211, 213).

As nomeações do conselheiro Herberto Sales para ser adido cultural em Paris e de Josué Montello para ser embaixador na Unesco foram tratadas como troca de favores para agradecer os votos dos acadêmicos na candidatura de José Sarney à ABL, publicou o *Correio Braziliense*, em reportagem assinada por Ezio Pires (1986). Os conselheiros foram classificados na reportagem enquanto cabos eleitorais de Sarney na ABL. O jornal noticiou que Eduardo Portella aguardava a sua indicação para o MinC, enquanto Celso Furtado seria nomeado para o Ministério da Fazenda, seu lugar de direito, reiterou o jornal. Outros cabos eleitorais, como Jorge Amado e Afonso Arinos, ressaltou o repórter, já tinham sido premiados quando foram nomeados para a Comissão de Estudos Constitucionais. Após um ano do governo Sarney, a ABL estava bem recompensada pelo presidente da República, concluiu a matéria. As políticas de amizades do governo para com os pares demarcavam um tratamento diferenciado para alguns intelectuais na nova República. Segundo o jornal, o presidente imortal não devia mais favores para nenhum conselheiro. Entretanto o CFC revivia a amargura da indiferença política.

Gioconda Caputo (1986), no *Correio Braziliense*, reproduziu integralmente o Decreto-Lei 92.489/1986, de reestruturação do MinC. E publicou uma entrevista intitulada "Furtado dá nova dimensão à cultura do cotidiano", realizada com Celso Furtado após uma reunião com o presidente Sarney, no dia 21 de março de 1986. Furtado foi chamado de "ministro da cultura do cotidiano" e reapresentou ao jornal, conforme os questionamentos, a mesma base discursiva da sua posse no MinC. Na entrevista afirmou que a reestruturação do MinC seria pautada em quatro ações: a primeira versava sobre a preservação do patrimônio cultural enquanto criação humana; a segunda, sobre o reconhecimento da diversidade cultural brasileira; a terceira, sobre as formas de incentivo à criação cultural; e a quarta, sobre o acesso à criação e participação social e cultural.

Com o discurso de que a cultura, do ponto de vista do "enriquecimento do lazer[,] é profundamente antidemocrática" (CAPUTO, 1986, p. 19), Furtado sinalizou, pelo Decreto-Lei 92.489/1986, que ao Estado cabia promover a identificação e preservação da herança cultural brasileira. A salvaguarda das raízes do passado que, porventura, sofressem gestos de ruptura seriam nutridas e preservadas, por meio de incentivos à diversidade e à criatividade.

O discurso de cidadania e inclusão tomou corpo nas propostas de Celso Furtado, assim como o respeito à diversidade, mas as coordenações indígenas e negras, criadas por José Aparecido de Oliveira, na criação do MinC, foram extintas na reestruturação comandada por Furtado para a inclusão de políticas que trabalhassem os grupos marginalizados, entre eles os grupos étnicos, os presidiários e as crianças.

Para esse escopo, novos objetos de pesquisas foram considerados para o estudo das políticas públicas. A classificação do patrimônio, sobretudo pelas fontes orais, materiais e paisagísticas, trouxe novas abordagens para a interpretação da cultura e o seu meio ambiente. Uma forma de remeter à dimensão da cultura do cotidiano, inspirada em Mário de Andrade, com base em pesquisas etnográficas. O patrimônio cultural, segundo o Decreto 92.489/1986, foi "entendido como um todo orgânico, cuja unidade expressa à identidade do país e cuja significação é tanto maior quanto mais incorporado, e se encontra ao viver corrente da cidadania" (BRASIL, 1986a, s/p). A cidadania finalmente foi veiculada na base discursiva ministerial, e com base nela foram forjadas as ações do MinC e dos órgãos vinculados, entre eles: Instituto de Promoção Cultural, Fundação Joaquim Nabuco, Fundação Casa de Rui Barbosa, Funarte, Fundação Nacional Pró-Memória, Instituto Nacional do Livro, Instituto Nacional de Artes Cênicas e Empresa Brasileira de Filmes.

O Decreto-Lei 92.489/1986 foi apresentado aos conselheiros federais, no dia 8 de abril de 1986, na 986ª Sessão Plenária, por intermédio da secretária Júlia Azevedo. O CFC foi inserido no texto legal como um órgão colegiado do MinC para colaborar com a formulação da Política Nacional de Cultura e assessorar o ministro na definição e formulação de diretrizes e estratégias de desenvolvimento da cultura. Os conselheiros receberam o decreto e a designação do CFC como uma espécie de devolutiva política para o retorno às suas atribuições primitivas reivindicadas desde Aluísio Pimenta. O caráter normativo e de assessoramento manteve-se, mas não o poder de deliberar sobre projetos, recursos e subsídios, conforme o decreto de criação do CFC, em 1966.

O Concine e o CNDA foram designados para orientar de forma normativa e fiscalizatória as ações em suas áreas de abrangência. O Conabi, único conselho que nomeara o ministro como presidente, foi saudado, novamente, por Maria Alice Barroso no CFC, e a incumbência da conselheira seria a de assessorar o ministro nas áreas de biblioteconomia e arquivística.

Diante de novas esperanças, na 990ª Sessão Plenária foi empossado o ficcionista e advogado goiano Bernardo Élis (1915-1997), membro da ABL e da Academia Brasiliense de Letras. O professor da Universidade Federal de Goiás e ex-diretor adjunto do Instituto Nacional do Livro aproximaria o CFC do Conabi. Para a Comissão de Legislação e Normas, foi indicado o fluminense Evaristo de Moraes Filho (1914-2016), advogado trabalhista, escritor, professor universitário, membro da ABL. O intelectual foi membro da comissão de redação do anteprojeto da CF-1988 coordenada por Afonso Arinos.

A Câmara de Patrimônio recebeu o arquiteto e urbanista Augusto Carlos da Silva Telles (1923-2012). No Iphan foi consultor técnico desde 1957, e membro titular da Diretoria de Tombamento e Conservação em 1978. O arquiteto foi responsável pelo projeto de restauração da Casa de Grandjean de Montigny, campus da PUC-Rio. Foi secretário da Sphan e presidente da Pró-Memória, de 1988 a 1989. Foi membro do Conselho Estadual de Tombamento, no RJ, de 1982 a 1988, professor adjunto da FAU/UFRJ, de 1952 a 1982, e um dos fundadores do Comitê Brasileiro do Icomos, sendo presidente de 1978 a 1982. Atuou como membro do Centro Internacional de Estudos para a Conservação e Restauro de Bens Culturais, de 1983 a 1989. Foi delegado no Comitê do Patrimônio Mundial da Unesco, de 1982 a 1989, informou Thompson (2010).

Nomes com trajetórias consagradas em instituições como ABL e Iphan adentravam o CFC, a priori, sem alterações do perfil do órgão. Com o decreto de reestruturação e com as competências restauradas, parcialmente, o CFC reservou as sessões plenárias do mês de agosto para o debate "Cultura e Constituinte" a fim de auxiliar a Comissão de Cultura presidida por Afonso Arinos que receberia propostas para a elaboração do texto constitucional, registrou a ata da 993ª Sessão Plenária (BRASIL, 1971-1989, n. 56-65). A reunião registrou um apelo dos conselheiros para que o MinC concedesse verbas para o exercício das funções administrativas e políticas, pois o orçamento do CFC estava zerado.

Com a reestruturação instituída por Celso Furtado, o MinC adaptou a nova estrutura administrativa com base no gabinete do ministro, e criou as seguintes pastas: 1) Consultoria Jurídica; 2) Coordenadoria de Política Cultural, 3) Divisão de Segurança e Informações; 4) Coordenadoria de Comunicação Social; 5) Coordenadoria de Assuntos Parlamentares. Essas unidades direcionaram suas ações para o cumprimento do Plano Interno do MinC e do Plano Nacional de Desenvolvimento (PND) da nova República, do governo federal. A Secretaria de Atividades Socioculturais e a Coordenadoria de Comunicação Social desenvolveriam trabalhos baseados na cultura do cotidiano para "atuar junto aos grupos populacionais desprivilegiados e às etnias" negras e indígenas com a finalidade de "estimular e promover ações voltadas para valorização do homem e da sua herança e criatividade na vida cotidiana". Esses órgãos atuariam "nos ambientes de trabalho e estudo, nos espaços habitacionais e de lazer, no sentido da obtenção da melhoria da qualidade de vida do brasileiro" (BRASIL, 1986a, s/p). E seriam os responsáveis para desenvolver as potencialidades da economia da cultura com os grupos vulneráveis, economicamente.

O Decreto-Lei 92.489/1986 abarcou o que Celso Furtado (2012, p. 187) compreendia como os "grupos desprivilegiados" e socialmente "vulneráveis". Nesses grupos estariam assistidos os doentes, os idosos, a população carcerária, as pessoas com deficiência física e intelectual, os representantes da pluralidade étnica do povo brasileiro, tais quais indígenas, afro-brasileiros e imigrantes descendentes de europeus e asiáticos. O termo "afro-brasileiro" utilizado no documento ainda estava embasado no discurso miscigenatório da composição do povo brasileiro pelas três raças. Contudo apontou para a inclusão das representações étnicas nas ações do MinC, e, no conjunto das políticas culturais, inaugurando historicamente as políticas inclusivas de Estado para a área.

Entretanto o patrimônio cultural hierarquicamente predominava nas preocupações ministeriais, conforme o organograma do MinC (Figura 41). A Sphan e a Pró-Memória continuariam com o papel de inventariar os bens culturais, tangíveis e intangíveis sob a metodologia participativa de Aloísio Magalhães. A sociedade civil seria estimulada para o exercício da cidadania. As múltiplas linguagens do patrimônio, principalmente vinculadas à memória nacional, como os acervos arquivísticos, bibliotecários e museológicos, necessitavam aprimorar sua gestão e receber recursos para a qualificação e modernização dos seus espaços. A reestruturação do MinC abrangeu políticas específicas para bibliotecas, arquivos e museus. Os arquivos de cunho administrativo federal, estadual e municipal, incluindo os judiciários e cartoriais, necessitavam de gestão atualizada e salvaguarda documental aliada com as novas tecnologias para facilitar o acesso à informação.

Atenta-se para o que foi proposto na lei e o que seria operacionalizado conforme a estrutura legal proposta. Os problemas entre o MinC e as instituições sob a sua jurisdição emergiram com as novas prerrogativas da gestão Celso Furtado. A exemplo da estrutura do INL, denunciada pelo diretor e professor Fábio Lucas: "à véspera de seu cinquentenário", o INL apresentava uma situação precária "praticamente insustentável" (BRASIL, 1971-1989, n. 56-65, p. 250). A denúncia foi desmentida por Celso Furtado na imprensa e rendeu a demissão do diretor do INL.

Figura 41 – Reprodução do organograma do MinC (1986)

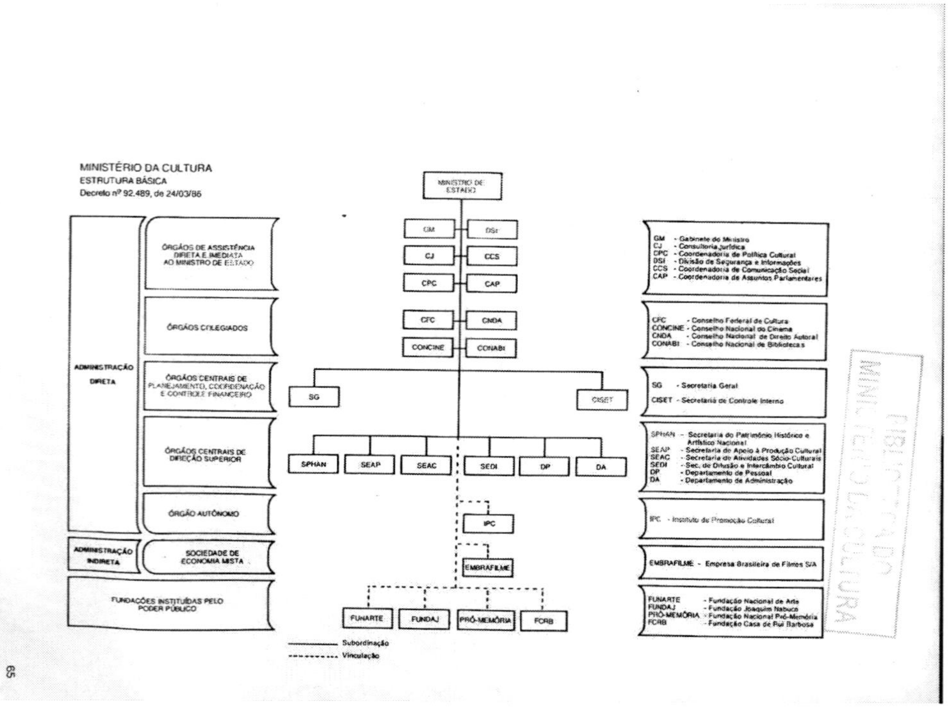

Fonte: Brasil (1986d, p. 65)

Botelho (2000) sinalizou que a reforma de reestruturação do MinC que pretendia desburocratizar o aparelho ministerial não obteve êxito. As antigas estruturas transformadas em fundações não rompiam com as tramas internas de poder. Celso Furtado e seus séquitos não reconheciam o trabalho das instituições criadas no período da ditadura militar, como Funarte e Pró-Memória. "O ministro tendia a vê-las como herdeiras do governo militar, 'entulho autoritário' que deveria ser revisto, antes mesmo de ter oportunidade de conhecê-las" (BOTELHO, 2000, p. 223). A autora considera que esse fato ocorreu, sobretudo, nas unidades-meio, como as fundações e as instituições federais, inseridas nos organogramas das secretarias. As instituições-fim, ou seja, as secretarias, mantinham contatos diários com o ministro, enquanto nas instituições intermediárias o distanciamento político aumentava.

6.2 O trabalho e a economia da cultura

O Plano Nacional de Desenvolvimento da nova República, instituído pela Lei 7.486, de 6 de julho de 1986, tornou-se uma reforma administrativa no segundo ano do governo de José Sarney, e vigorou de 1986 a 1989. Desenhado desde 1985, aprovado pelo Congresso Nacional e sancionado pela Presidência da República, em 1986. Apresentava-se como um macroplano multisetorial com diretrizes elencadas para as áreas da educação, cultura, saúde, forças armadas, reforma agrária, industrialização e desenvolvimento social.

O texto do PND foi assinado por José Sarney, Paulo Brossard, Henrique Saboia, Leônidas Pires Gonçalves, Paulo Tarso Flecha de Lima, Dilson Domingos Funaro, José Reinaldo Carneiro Tavares, Iris Rezende Machado, Jorge Bornhausen, Eros Antonio de Almeida, Octávio Júlio Moreira Lima, Roberto Figueira Santos, José Hugo Castelo Branco, Aureliano Chaves, Ronaldo Costa Couto, Antonio Carlos Magalhães, Raphael de Almeida Magalhães, Celso Furtado, Deni Lineu Schwartz, Luciano Galvão Coutinho, Dante de Oliveira, Rubens Bayma Denys, Marco Maciel, Ivan de Souza Mendes, José Maria do Amaral Oliveira, João Sayad, Gileno Fernandes Marcelino e Vicente Cavalcante Fialho. Nomes políticos que há tempos transitavam em distintas esferas de poder na política brasileira com carreiras diplomáticas e acadêmicas na área de direito, economia, saúde, forças armadas, além dos mandatos parlamentares e executivos, ministeriais e cargos públicos em distintos períodos da ditadura e na nova República (ABREU, 2001). Por esse corpo signatário, observa-se que o rompimento com a estrutura política da ditadura civil-militar foi tênue.

A Parte V do PND destinou-se à cultura: "A atuação do Estado considerará, no período do plano, tanto o patrimônio, ou cultura consolidada, quanto à produção, ou cultura em processo". Uma "interrelação" da cultura enquanto produção e processo para que o plano governamental convergisse com o apoio da comunidade a proteção dos bens culturais a fim de "recuperar informações contidas no patrimônio brasileiro" (BRASIL, 1986b, s/p).

O patrimônio cultural foi tratado enquanto cultura consolidada, assim como as linguagens artísticas clássicas, literatura, teatro, cinema, artes plásticas, entre outras. Para o MinC, seria preciso "estimular o fluxo criador contemporâneo sem preocupação de retorno imediato". A ideia da economia da cultura tornou-se o escopo principal das políticas culturais, ao preconizar a autonomia financeira para os agentes e as instituições culturais em busca do desenvolvimento regional. E pretendia "resguardar, sem tutela ou cerceamento, o espaço de criação para todas as formas de cultura, mantendo-a livre de pressões que possam dificultar o desenvolvimento pluralista e democrático" (BRASIL, 1986b, s/p).

Com uma aura de autonomia, o PND colocou o Estado como um incentivador da cultura, pela perspectiva do estabelecimento das políticas públicas, pela via democrática, plural e abrangente: "É fundamental reconhecer que no Brasil coexistem diferentes complexos culturais, e constatar a validade de suas manifestações". O Estado sinalizou o reconhecimento das múltiplas expressões culturais para superar a dependência cultural, que exigia "atenção às potencialidades, valores e características dos brasileiros de cada região, assim como ao contexto em que se encontram" (BRASIL, 1986b, s/p). A narrativa pautada na valorização da diversidade cultural, geográfica e social como formadora do povo brasileiro e da cultura nacional delineou o texto do PND. Por isso, a política cultural pretendida à luz do desenvolvimento econômico e social retomaria a complexidade e diversidade das manifestações culturais e das singularidades regionais nos contextos *in situ*. Entretanto, para atingir a compreensão da complexidade da cultura, o PND elencou cinco objetivos centrais a serem perseguidos pelo MinC.

O primeiro versava sobre a preservação dos "bens culturais em sua dinâmica, assegurando-lhes proteção em sua correlação com os respectivos contextos, de modo que a ação oficial sirva de apoio e incentivo ao interesse das comunidades". Essa questão foi inserida na CF-1988, quando abordou o patrimônio tangível e intangível sob os modos de viver, saber e fazer das comunidades em seus territórios. O segundo previu o estímulo à "criação, produção e difusão cultural, levando em conta as especificidades locais e regionais de caráter histórico, socioeconômico e ecológico" (BRASIL, 1986b, s/p).

O terceiro objetivo indicou a necessidade de "[...] mobilizar a sociedade civil, mediante adoção de mecanismos que lhe permitam, através de ação comunitária, assumir corresponsabilidade pela iniciativa e sustentação dos trabalhos de preservação do patrimônio." (BRASIL, 1986b, s/p).

Isto para fortalecer o "fluxo criador da cultura em processo" e "proporcionar às comunidades meio de deter não só o uso e benefício, mas também o controle da produção de bens culturais de sua área" (BRASIL, 1986b, s/p). Estimular a participação da sociedade civil e incentivar mecanismos de controle e de responsabilidade social, principalmente, em relação ao patrimônio, era uma questão defendida desde Aloísio Magalhães nos seminários participativos propostos pela Sphan.

O quarto preconizou que o Estado deveria "assegurar a interação entre cultura e educação" para que "a primeira" fosse "considerada matéria-prima da segunda e, reciprocamente, e que a educação tivesse uma responsabilidade com a afirmação da identidade cultural" (BRASIL, 1986b, s/p). Com esse ensejo, o MinC asseguraria condições materiais e financeiras para a sobrevivência dos indivíduos socialmente vulneráveis, principalmente os detentores de conhecimentos tradicionais[51], pois a força da identidade da cultura popular estava calcada na oralidade e deveria ser projetada como perspectiva de uma escola não formal, mas comunitária.

O quinto objetivo destinava-se a

> [...] formar recursos humanos, mediante identificação de sua força de trabalho e desenvolvimento de meios adequados de seleção e treinamento, privilegiando a expansão dos conhecimentos gerados nessa prática e garantindo que não desapareçam com seus atuais detentores. (BRASIL, 1986b, s/p).

Essas formulações em relação ao patrimônio imaterial foram alicerçadas no anteprojeto de Mário de Andrade, e inseriam reflexões sobre os múltiplos aspectos conceituais da cultura. As

---

[51] Denominação comumente utilizada no patrimônio imaterial, para quem detém o saber e o fazer da sua prática cultural, ou seja, alguém que recebeu pela oralidade seus conhecimentos tácitos dos seus antepassados e os repassa para as gerações seguintes.

questões da identidade e singularidade da cultura nacional e da diversidade regional inseridas nos textos modernistas mantiveram-se presentes nas plataformas políticas dos anos 70 e 80, atravessaram o século XX e adentraram o XXI como matriz de vanguarda para a organização das políticas nacionais de cultura.

O MinC, conforme os objetivos da nova República, estava institucionalmente divorciado do MEC, mas as políticas culturais operacionalizar-se-iam na educação conforme as afinidades. Ao MinC, vinculava-se o "[...] apoio à criação, produção, pesquisa, difusão e preservação da música, artes cênicas, artes plásticas, arquitetura, literatura, fotografia, cinema e manifestações folclóricas, assim como outras formas que caracterizam o contexto cultural brasileiro em suas expressões." (BRASIL, 1986b, s/p).

A inovação tecnológica compreendida pelo PND como diretriz ao "incentivo ao desenvolvimento de tecnologias próprias e de iniciativas experimentais" para tornar "factíveis a produção, preservação e divulgação dos bens culturais", imprescindível para a "promoção de interação entre a educação e diferentes contextos culturais existentes no país", e deveria garantir a "participação efetiva da comunidade" para "que a apreensão de outros contextos culturais faça-se a partir de valores próprios" (BRASIL, 1986b, s/p). As múltiplas comunidades participariam das políticas culturais como protagonistas a fim de validar seus valores culturais próprios, que deveriam ser preservados.

A cultura popular foi vislumbrada no PND, por meio da "[...] identificação e estímulo às manifestações culturais que ampliam o repertório simbólico brasileiro, bem como à expansão e difusão do conhecimento técnico imerso em estratos socioculturais específicos." (BRASIL, 1986b, s/p).

O Estado reconheceria os elementos representativos da cultura popular com políticas específicas para as distintas manifestações e expressões do patrimônio imaterial.

Para o patrimônio material, competia ao MinC a "[...] realização de estudos, planos e atividades visando proteger e recuperar conjuntos arquitetônicos, urbanísticos e monumentos de valor cultural, inclusive os de interesse paisagístico ou ecológico, bem como a conservação de bens móveis." (BRASIL, 1986b, s/p).

E a "realização e apoio a atividades de prospecção, conservação, proteção e conhecimento de áreas de interesse arqueológico e espeleológico". A conservação de bens culturais históricos móveis, imóveis, acervos arquivísticos e bibliográficos receberia "estímulo à criação, manutenção e conservação de acervos museológicos, bibliotecas, centros de documentação e de multimeios; difusão e uso de seus acervos" (BRASIL, 1986b, s/p).

Sob o aspecto da economia da cultura, seria estimulada a "criação de mecanismos capazes de oferecer justa remuneração à produção cultural, induzindo os setores públicos e privados a apoiarem-na". Esse objetivo pretendia não só a capacitação, mas a geração de remuneração ao setor cultural à luz do projeto de benefícios fiscais, além de incentivo "à formação de recursos humanos para atuação na área de cultura, incluindo qualificação técnica e prática". Contudo, para o cumprimento dessas diretrizes, seria preciso o governo incentivar "atividades de difusão, cooperação técnica e intelectual no campo da cultura" (BRASIL, 1986b, s/p). Ações que incentivariam a autossuficiência e formação dos gestores culturais.

Para o patrimônio cultural, além da formação profissional, de pesquisas históricas e mapeamentos etnográficos, urgia a necessidade de "fiscalização do comércio de documentos e obras de valor histórico, artístico, etno-histórico e científico, evitando sua evasão do país", urgia o constante "estímulo à implantação, a nível local e regional, de projetos diretamente voltados para a preservação de memórias e registros culturais, ou de projetos que subsidiariamente contribuam para esse fim" (BRASIL, 1986b, s/p).

6.3 A cultura do cotidiano

O PND ratificou alguns princípios reivindicados desde as décadas de 1960 e 1970, como o "estímulo à formulação e aprimoramento da legislação" para "proteger os bens culturais, a produção cultural e os direitos autorais", sobretudo em áreas como o cinema, a literatura e a música. A "revisão da política de cinema", por exemplo, pretendia "aumentar a produção nacional através de estímulos à atualização tecnológica, consolidação dos instrumentos de proteção ao filme nacional e eliminação das restrições que inibem o funcionamento do mercado" (BRASIL, 1986b, s/p). Os bens culturais incentivados no processo produtivo de criação, circulação e consumo.

O Ministério da Cultura, por meio da Secretaria Geral e da Secretaria de Orçamento e Finanças, apresentou o *Manual do Plano Interno*, em 1987, implantado sob a órbita de um *Plano Operativo* para corroborar o Sistema Integrado de Administração Financeira do Governo Federal, um instrumento de administração pública para a gestão de recursos. Sem uma denominação de Plano Nacional de Cultura, o Plano Interno (PI) ratificou as questões do Plano Nacional Setorial da Cultura do PND sobre o planejamento interno, conforme solicitação do Executivo federal para que os ministérios apresentassem um detalhamento dos seus projetos e atividades.

Assinado por Joaquim Salles Itapary Filho, o texto ratificou o PND com reproduções literais do documento ao detalhar as áreas e os respectivos objetivos a serem alcançados pelo MinC. A apresentação advertiu sobre não "adotar um instrumento acabado", mas no "concurso de todas as suas unidades, perseguir o seu aperfeiçoamento, no sentido de enriquecer as informações que traduzem a contribuição do governo e do Ministério, em particular, no campo da cultura" (BRASIL, 1987, s/p). O registro das despesas sinalizava que o documento seria revisto conforme os interesses do governo e do desenvolvimento das metas setoriais, contradizendo as indicações de estímulo à participação social nas diretrizes políticas do MinC.

O Cadastro de Metas Setoriais do PI apresentou seções e anexos com definições das metas setoriais gerais e específicas, arroladas por letras do alfabeto, as quais seguiram com apresentações das ações vinculadas sem perspectiva de ser um plano estratégico com ações, prazos e métodos de aferição das políticas públicas. O Plano Interno demarcou as intencionalidades políticas voltadas para o campo da subjetividade.

Os verbos arrolados nas metas dilatavam as responsabilidades, e não as vinculavam em ações concretas. Verbos como "apoiar", "difundir", "preservar", "estimular", "contribuir", "assegurar", "promover", "desenvolver", "incentivar", "facilitar", "fornecer", "permitir" e "dar" foram mobilizados vagamente em um plano que nortearia as ações do governo durante três anos. Ademais, a ausência dos demarcadores temporais de médio, curto e longo prazo fazia com que o PND orientasse os planos ministeriais, no governo Sarney, condicionados à gestão, sem metas objetivas de conclusões e aferições.

Outra questão analisada no manual se refere aos campos e modalidades culturais elencadas na construção do texto. A formação profissional e os subsídios foram destinados para artes gráficas, biblioteconomia, patrimônio cultural, música popular e erudita, fotografia, manifestações folclóricas, direitos autorais, manifestações culturais integradas, artes plásticas e cênicas, teatro, dança e literatura, ou seja, as principais áreas para o estabelecimento do mecenato.

O Estado forneceria os subsídios para criação, pesquisa, produção, divulgação e manutenção por meio de concessão de bolsas, prêmios, aquisição, encomendas de obras, intercâmbios, difusão, infraestrutura e recursos humanos nas áreas de ensino e pesquisas científicas correlacionadas. O texto indicava que as áreas a serem atendidas pela Lei de Incentivo Fiscal não foram absorvidas pela indústria cultural, mas apresentavam-se controversas na interpretação governamental. Essas questões eram as velhas propostas dos documentos de CFC, DAC, Seac e SEC ainda sob a órbita do MEC.

O papel do MinC continuava sendo demarcado como mecenas da criação e da produção cultural, pela perspectiva de incentivador e apoiador da cultura, mas não enquanto produtor, questão defendida pelo CFC desde a sua instalação. Dentro do *Manual do Plano Interno*, o advérbio "inclusive" foi recorrente quando se referiu às manifestações populares e demarcou que estavam em voga algumas resistências, críticas e disputas no campo, pois as manifestações populares estariam diluídas no folclore, no patrimônio cultural, nas artes integradas, na música popular ou quiçá em todas as modalidades.

Escalas de valor foram tributadas para determinadas áreas por conta das disputas e das mobilizações sociais em torno da produção e das demandas dos setores. O PI, no primeiro anexo, na letra "A", abordou "criatividade e cultura em geral" e relacionou essas questões com "movimentos renovadores" da área da cultura. Uma leitura atenta do texto ilustra que esses movimentos renovadores seriam os indicados na meta de letra "F", no que tangia à preservação dos valores culturais das populações indígenas, negras e étnicas[52] (BRASIL, 1987, p. 1).

Os movimentos renovadores seriam, dessa forma, os movimentos dos grupos originários e identitários para o estabelecimento do reconhecimento da diversidade cultural. "Para o Estado reconhecer os valores culturais nas populações negras e indígenas", seria necessário "identificar a pluralidade de manifestações e de grupos" (BRASIL, 1987, p. 1). Sobretudo para trabalhar com a complexa nacionalidade brasileira. Esse texto foi reproduzido nos Arts. 215 e 216 da CF-1988, a "Constituição Cidadã", alcunha conferida pelo presidente da Câmara Federal dos Deputados e presidente da ANC Ulysses Guimarães (1916-1992), do PMDB.

A regulação, a promoção e o acesso manifesto à cidadania no texto da Carta Magna, além do incentivo à participação social, foram percursos construídos no *Manual do Plano Interno*. O MinC mobilizou artistas e intelectuais para a inclusão desses movimentos renovadores, entretanto esses grupos, do ponto de vista dos conselheiros federais, eram os representantes das populações que formavam a democracia racial, a singularidade da formação mestiça do povo brasileiro, contestada pelos grupos identitários nos anos 80.

Na letra "B" da meta do PI, o patrimônio cultural estava dissociado do que deveria ser compreendido como cultura em geral. A produção de inventários, mapeamentos e diagnósticos para a classificação do patrimônio material e imaterial tornava-se uma das principais incumbências do MinC. O patrimônio deveria ser preservado dentro das comunidades em que estava inserido, considerando o desenvolvimento econômico e social às regiões empobrecidas e marginalizadas. O documento do MinC previu a realização dos inventários, pela ótica da comunidade[53]. Ressalva-se que, dentro da perspectiva governamental, o uso do vocábulo "comunidade" assentava-se no viés de participação social pleiteado pela nova República. A afirmação da cidadania pelo reconhecimento

---

[52]   O termo "etnia" no Sul do Brasil foi incorporado nos órgãos públicos de patrimônio cultural para designar os grupos de imigrantes que se deslocaram e ocuparam a região no século XIX. Essa designação não é comum na região Norte, Sudeste, tampouco Nordeste.

[53]   Comunidade, como alerta Anderson (2005), deve sempre ser observada por uma perspectiva heterogênea, e nunca homogênea, como foi formulada para engendrar as concepções de nacionalismos (línguas e territórios) e dos símbolos das culturas nacionais.

dos direitos às políticas culturais e à indústria cultural organizou as estratégias para fomentar e viabilizar os projetos culturais via dinheiro público, questão que seria contemplada pela Lei Sarney.

A comunidade nacional espraiada em comunidades regionais e territoriais pode ser interpretada com base na categoria de comunidade imaginária de Benedict Anderson (2005). Essa questão pode ser observada quando o MinC requer uma homogeneidade ou um consenso para as ações do governo. No texto do Anexo D-1, pode-se observar essa ideia de nação homogênea quando se referiu aos bens culturais nacionais que deveriam passar por processos de "inventário, classificação, preservação e revitalização de bens móveis do patrimônio histórico, artístico, arqueológico, etnológico e cultural, de centros históricos, de sítios e conjuntos urbanos e rurais de valor cultural" para "propiciar à comunidade nacional melhor conhecimento, participação e uso desses bens" (BRASIL, 1987, p. 1).

O conhecimento da história e do patrimônio significava o alcance da cidadania. Dessa maneira, no PI os acervos arquivísticos foram incluídos no setorial de patrimônio como uma preocupação cívica. Contudo a Lei de Arquivos seria promulgada somente em 1991, e os arquivos municipais e estaduais permaneceriam atrelados às estruturas administrativas e físicas das bibliotecas, dos Executivos e do Ministério da Justiça. Essa questão indica que a salvaguarda e a produção da memória via patrimônio documental permaneciam em disputa não somente pelas responsabilidades institucionais, mas também pela disputa de narrativas em torno dessa preservação. Não obstante, no detalhamento das metas no Anexo D-2, na letra "D", o PI versou sobre a difusão e a preservação dos acervos museológicos, bibliográficos e documentais para a conservação da memória nacional. Esse assunto fazia parte do conjunto das antigas reivindicações dos secretários e conselheiros de Cultura e das delegações brasileiras nas conferências da Unesco para a preservação de obras e acervos regionais.

Para a produção literária e formação de leitores, a criação, a produção e a difusão dos livros, historicamente, foram questões defendidas pelo CFC. No PI foram arroladas como fundamentais para a democratização da cultura nacional, por meio da literatura, do patrimônio, do conhecimento e difusão das bibliotecas em território federal.

Como refletiu Teresa Sales (1992), nos anos 80 patenteou-se o fetiche da igualdade pela nova República por meio da proposição de políticas inclusivas para todas as classes sociais pela perspectiva da equidade individual, mas mantendo a estrutura da sociedade desigual. No PI e no PND, a lógica propagada foi da cidadania enquanto direito, sobretudo pela representatividade política.

O campo da cultura adquiriu um formato para o reconhecimento constitucional do Estado, incluindo as referências culturais não consagradas, questão materializada no Art. 215 da CF-1988: "O Estado garantirá a todos o pleno exercício dos direitos culturais e acesso às fontes da cultura nacional, e apoiará e incentivará a valorização e a difusão das manifestações culturais" (BRASIL, 1988, p. 126). Os direitos culturais foram inseridos enquanto princípios constitucionais imbricados no exercício da cidadania, considerando a leitura da cultura pela dimensão econômica e cidadã promovida por Aloísio Magalhães no MEC e Celso Furtado no MinC.

Na CF-1988, Art. 216, a dimensão simbólica foi materializada com o seguinte texto: "Constituem patrimônio cultural brasileiro os bens de natureza material e imaterial, tomados individualmente ou em conjunto, portadores de referência à identidade, à ação, à memória dos diferentes grupos formadores da sociedade brasileira" (BRASIL, 1988, p. 127). Foram listadas para proteção as seguintes referências: I) as formas de expressão; II) os modos de criar, fazer e viver; III) as criações científicas, artísticas e tecnológicas; IV) as obras, objetos, documentos, edificações e demais espaços destinados às manifestações artístico-culturais; V) os conjuntos urbanos e sítios de valor histórico, paisagístico, artístico, arqueológico, paleontológico, ecológico e científico.

O reconhecimento da multidimensionalidade da cultura demarcou a necessidade de coexistência de um conjunto de políticas institucionais para a sobrevivência dos coletivos e dos grupos culturais. Pode-se afirmar que o PND e o PI sob o comando de Celso Furtado foi absorvendo os debates da ANC. Resultado de um processo de maturação política institucional para a área da cultura que vinha sendo construído, desde a década de 1930. A CF-1988 retomou as bases da ação do Estado para a preservação cultural, propondo a reformulação das políticas públicas, assim como os conceitos de democracia e cultura, de participação e representação social, de valorização e diversidade cultural via direitos e cidadania.

As políticas públicas voltadas para a diversidade cultural foram materializadas na gestão de Celso Furtado; com base nesses documentos, tornaram-se um discurso oficial do Estado. O PI implantado em 1986, publicado somente em dezembro de 1987, apresentou 53 metas. Coincidentemente, em 2005, a Conferência Nacional de Cultura incorporou o discurso da tridimensionalidade da cultura em sua dimensão simbólica, econômica e cidadã. O Plano Nacional de Cultura (PNC) apresentou 53 metas e foi aprovado pelo Congresso Nacional, em 2010, no governo do PT.

Nos anos 2000 houve um dilatamento democrático das políticas culturais, que pode ser observado na elaboração do PNC via Conferência Nacional de Cultura (CNC). O Conselho Nacional de Política Cultural (CNPC) foi composto por representações da sociedade civil por meio de eleição direta dos agentes culturais. A implantação dos sistemas nacionais de cultura, de arquivos e de museus impulsionou o patrimônio cultural e o seu lugar de destaque nas políticas setoriais e na reelaboração do conceito de cultura a partir de Mário de Andrade.

Coincidências históricas não existem, mas ocorrem apropriações das políticas culturais formuladas nas décadas de 1930, 1960, 1970, 1980 e 2000, dilatadas e encolhidas conforme as disputas e reinvenções políticas e de acordo com as conjunturas. Hélgio Trindade (1986) reflete que o Estado no Brasil foi construído sob uma lógica liberal, mas com uma práxis autoritária. Nesse sentido, pode-se analisar uma correlação de forças na nova República, revestida, de um lado, da ideia de construção democrática, mas ainda pautada conceitualmente no comando autoritário — não por acaso, nomes da ditadura civil-militar permaneceram em postos estratégicos do governo Sarney. Controversamente, enquanto o PND e o PI defendiam a diversidade cultural e a inclusão social, movimentos de censura permeavam a gestão pública.

Uma notícia veiculada no *Correio Braziliense* anunciou que o Conselho Superior de Censura fora reativado pelo ministro da Justiça Paulo Brossard, sob a presidência de Galba Veloso, consultor da República (BROSSARD..., 1987). O CSC foi reestruturado em seu formato original, valendo-se do Decreto 55.036/1968, inclusive com a participação do CFC.

A vaga no CSC foi negada, recorrentemente, pelos conselheiros federais, que sempre se esquivaram e indicavam funcionários burocráticos do ministério para assumir a representação. O famigerado decreto de criação do CSC foi considerado ilegal duas vezes pelo Tribunal de Recursos, mas o presidente Sarney regulamentou-o no dia 26 de fevereiro de 1987, informou o *Correio Braziliense* (SARNEY..., 1987). Galba Veloso assumiu o órgão com a promessa de que o CSC seria uma espécie de apoio para casos não resolvidos pela Divisão de Censura e Diversões Públicas da Polícia Federal, por exemplo, censura às telenovelas. O presidente do órgão comunicou que instituições como a Comissão de Moral e Civismo, Entorpecentes e Confissões Religiosas foram suprimidas do Colegiado do CSC, o que caracterizava a inovação do órgão, segundo sua percepção.

A coluna "Pimenta do reino" (OS PRIMEIROS..., 1987, p. 18), do *Correio Braziliense*, apresentou quais seriam "os nomes da nova censura". Para representar o CFC, foi indicado Fábio Magalhães, secretário da SEC, como titular; e Vamireh Chacon como suplente. Dias depois, o conselheiro Vamireh Chacon anunciou que não ocuparia essa vaga no CSC, pois estava acostumado a ser censurado, e não a censurar. O conselheiro Francisco Assis Barbosa assumiu a vaga destinada à ABL (VAMIREH..., 1987).

O CFC tinha representação no Conselho de Defesa dos Direitos Humanos (CDDH), e as nomeações e substituições eram pautadas pela imprensa. O *Diário de Pernambuco* (ARINOS..., 1980) notificou a substituição de Afonso Arinos por Bezerra de Menezes no CDDH. No governo Sarney, esse órgão foi renomeado para Conselho de Defesa da Pessoa Humana (CDPH); e, para contrapor a retomada do CSC, foi criada uma comissão para averiguação de crimes de tortura cometidos pela ditadura contra presos políticos. Newton Rodrigues foi o indicado pelo CFC, noticiou o *Correio Braziliense* (TORTURA..., 1987).

No PND da nova República, alguns conselhos públicos foram elencados como estratégicos para garantir direitos civis sob o vocábulo "cidadania". Esses conselhos objetivavam, conforme o documento, suprimir discriminações e abusos, a exemplo de CDPH, Conselho Federal de Entorpecentes (CFE), Conselho Nacional dos Direitos da Mulher (CNDM) e Conselho Nacional de Política Penitenciária.

No PI do MinC, essas questões sobre os direitos civis foram elencadas na meta de letra "E", sob a proposta de "aprimorar a dimensão cultural do cotidiano" (BRASIL, 1987, p. 16). O MinC dispôs-se a "[...] estimular e apoiar as atividades culturais nos ambientes de trabalho e habitacionais, bem como aquelas que melhorem as condições de vida dos grupos sociais mais vulneráveis em particular idosos, deficientes, encarcerados e menores." (BRASIL, 1987, p. 16).

As teses de Celso Furtado sobre o problema da cultura sob a via econômica nortearam os documentos do MinC.

Contudo as demandas sociais dos diferentes grupos sob o viés da cultura do cotidiano não foram uma invenção de Celso Furtado. Na gestão de Mário de Andrade no DCSP, essas questões foram trabalhadas com os operários, os lixeiros e os habitantes dos cortiços. Com Aloísio Magalhães à frente da SEC, o trabalho desenvolvido nas favelas aplicou a metodologia da observação participante da antropologia do cotidiano.

Além dessas experiências nacionais, a cultura do cotidiano foi pautada em conferências internacionais da Unesco, com destaque para a Declaração Universal sobre a Diversidade Cultural (1982), oriunda da Conferência Mundial sobre as Políticas Culturais, no México, que reafirmou a cultura "como o conjunto dos traços distintivos espirituais e materiais, intelectuais e afetivos que caracterizam uma sociedade ou um grupo social" e que deve abranger, "além das artes e das letras, os modos de vida, as formas de viver em com unidade, os sistemas de valores, as tradições e as crenças" (UNESCO, 1982, p. 1), ou seja, os elementos do cotidiano. O documento produzido pela Comissão Mundial de Cultura e Desenvolvimento, organizada pela Unesco, acumulou as discussões de outros documentos internacionais, como o Acordo de Florença (1950), o Protocolo de Nairóbi (1976), a Convenção Universal sobre o Direito do Autor (1952), a Declaração dos Princípios de Cooperação Cultural Internacional (1966), a Convenção sobre os Meios de Proibir a Importação, Exportação e Transferência de Propriedade Ilícita de Bens Culturais (1970), a Convenção para a Proteção do Patrimônio Mundial Cultural e Natural (1972), a Declaração sobre a Raça e os Preconceitos Raciais (1978) e a Recomendação relativa à condição do artista (1980).

Portanto, mesmo à época da ditadura civil-militar, as políticas culturais brasileiras articulavam-se, à sua maneira, com as discussões internacionais. O que deve ser pontuado é como essas diretrizes eram interpretadas e operacionalizadas pelos segmentos culturais, do CFC à SEC; e do MEC ao MinC. Essa é uma das questões problematizadas nesta obra. As políticas foram elaboradas, implantadas e reinventadas dos anos 30 aos anos 80. Indubitavelmente, a participação dos representantes brasileiros nos debates internacionais, como ouvintes, delegados e convidados, contribuiu com as formulações das políticas internacionais, haja vista que o projeto de isenção fiscal apresentado em 1972, por José Sarney, foi originário da proposta da delegação brasileira na Conferência da Unesco em 1966, fato recorrentemente lembrado pelo CFC.

Assim como as políticas culturais acompanharam a conjuntura internacional, os movimentos civis que emergiram contrários ao *establishment* também reverberam no Brasil, apesar da violência do Estado de sítio, que impossibilitou as manifestações, organizações e posicionamento políticos livres. Os estudantes, artistas e intelectuais nas décadas de 1960 e 1970 reivindicavam, conforme suas idiossincrasias e ideologias, o direito às múltiplas liberdades de expressão no campo intelectual, político, artístico e comportamental. O debate da cultura dessacralizada do ponto de vista do trabalho e do trabalhador, do cotidiano, sem convenções estéticas e estilísticas, foi defendido na reorganização dos movimentos sociais, culturais e identitários no Brasil.

Os ativistas dos movimentos civis que lutavam por todos os tipos de direitos, por vezes, foram classificados de alienados ou utópicos, a exemplo dos grupos de vanguarda e de contracultura, atacados tanto pelas ditaduras quanto pelos governos democráticos conservadores. No Brasil, o debate sobre a diversidade cultural, a liberdade comportamental, artística e intelectual, em latência nos anos 60, foi combatido pelo recrudescimento da ditadura, após o golpe de 1964. As organizações contrárias aos costumes tradicionais, patriarcais, religiosos, políticos, educacionais e culturais foram combatidas como organizações comunistas, conforme pode ser observado, majoritariamente, nos documentos do CFC. Nesse sentido, o debate sobre a diversidade cultural assumiu, dentro e fora do Estado, posicionamentos e orientações divergentes nas estruturas oficiais da cultura em CNC, CFC, DAC, Seac, Iphan, Pró-Memória, Funarte, SEC, MEC e MinC.

Michel de Certeau (2013) foi contratado pelo Ministério da Cultura da França para ser o relator do Colóquio Internacional Arc-et-Senans, em abril de 1972, evento organizado em Helsinque, capital da Finlândia, com os ministros europeus da cultura para a definição de uma política cultural comum europeia. O historiador entregou, em 1974, ao governo francês os resultados da pesquisa que realizara e abordou a cultura do cotidiano. A pesquisa observou as dissociações entre a cultura erudita e popular com base nas práticas e astúcias cotidianas dos homens populares — tratando como práticas culturais o trabalho, a moradia e o lazer, fosse para a manutenção, fosse para a reinvenção, transmissão cultural ou ruptura com a produção capitalista e indústria cultural. Os hábitos culturais e o consumo foram observados sob a metodologia do fazer e saber, que analisou as práticas ordinárias dos trabalhadores, como habitar, trabalhar, cozinhar e divertir-se. Questões que Certeau classificou como experiências e resistências culturais ordinárias, táticas e estratégias de manutenção e rompimento com o *status quo* da cultura *mainstream*.

O estudo do DAC realizado sob a coordenação do sociólogo Marcio Tavares d'Amaral e de Aloísio Magalhães no comando da SEC, relatado no jornal *Engenho & Arte*, realizou conexões com a cultura do cotidiano e para o cotidiano. Nesse sentido, Aloísio Magalhães e Celso Furtado dialogavam com agências internacionais, como Unesco, ONU, Cepal e OEA. Por essas questões, os documentos relacionados às políticas culturais não estavam descolados do contexto internacional, mas inspirados, sobretudo, nos países que possuíam um Ministério da Cultura. Além desses exemplos internacionais, pode-se retomar a reconfiguração dos movimentos sociais no Brasil com suas demandas e pautas como definidoras das correlações de forças presentes nos debates públicos, a exemplo das Comunidades Eclesiais de Base, pastorais, sindicatos, movimentos por moradia, negro, indígena e de mulheres, entre outros.

Essas representações de movimentos sociais começaram a aparecer no *Manual do Plano Interno*, com destaque para o item 2 da meta de letra "E": "estimular e apoiar ações que venham ao encontro das reivindicações socioculturais dos movimentos sociais pela conquista do pleno exercício da cidadania" (BRASIL, 1987, p. 16). No item 3, indicou: "[...] incentivar os órgãos municipais e estaduais de cultura na criação de programas de apoio aos movimentos sociais, ao reconhecimento da diversidade cultural do país e ao desenvolvimento de atividades culturais nos espaços habitacionais de trabalho e de estudo." (BRASIL, 1987, p. 16).

Além de aperfeiçoar a dinâmica da referência cultural, pretendia-se "[...] contribuir para a apreensão e valorização da memória, dos sentidos e das aspirações de segmentos sociais brasileiros, especialmente, aqueles situados a margem do processo de desenvolvimento e/ou atingidos pelos seus efeitos de impacto." (BRASIL, 1987, p. 17).

Colaborar para a preservação e usos a fim de "valorização de bens e monumentos, sítios e conjuntos históricos", além de aquilatar "conhecimentos, criações e técnicas artesanais e pré-industriais de caráter patrimonial" para auxiliar na "integração da memória e identidade dos contextos culturais do processo regular de educação" (BRASIL, 1987, p. 17).

Essas questões vinham ao encontro das perspectivas e das reivindicações dos movimentos identitários e sociais das décadas de 1970 e de 1980. Ilustram, portanto, que as questões debatidas pelos movimentos sociais estavam correlacionadas no PI, buscando o reconhecimento político do Estado para os grupos historicamente alijados das políticas culturais. No PI, as letras "A" e "F" ratificaram a diversidade cultural e refletiram a complexidade de formação do povo brasileiro como diretriz para a inclusão dos grupos de vulnerabilidade social. A importância da cultura para a transformação do cotidiano foi indicada na letra "E", sobretudo no que se referia aos direitos culturais dos povos indígenas e negros.

A meta de letra "H" versou sobre a formulação de uma política cultural para promover investigações no campo das ciências sociais e das humanidades e contribuir com a realização de estudos e pesquisas da realidade socioeconômica cultural, visando aferir o impacto econômico das políticas culturais, em particular o papel do fator cultural na melhoria da qualidade de vida da população. Nas letras "I" e "J", foram determinados os serviços necessários para a operacionalização do Plano Interno pelo MinC para o cumprimento das metas e das atribuições institucionais, dos recursos financeiros e serviços administrativos.

As reorientações políticas estabelecidas, de acordo com as transições e transformações conceituais, foram decorrentes das disputas de pautas dos grupos sociais, dentro e fora do MinC. Pautas essas que fortaleciam antigas e incluíam novas reivindicações, apesar dos rompimentos institucionais. Entre continuidades e inacabamentos, reinvenções e mobilizações, tensionamentos e negociações políticas, um campo em construção forjava-se na área da cultura.

6.4 Reencontro com a democracia e com a memória nacional

A publicação *Ministério da Cultura em 1986* (BRASIL, 1986d) apresentou um diagnóstico do setor cultural e um mapeamento das ações do MinC, uma espécie de relatório institucional. Entre expectativas e desafios para as políticas nacionais, o documento tornou-se uma espécie de devolutiva do compromisso firmado entre o ministro e a Presidência da República, à época da sua nomeação.

O relatório pretendeu demonstrar as ações executadas na reestruturação do MinC com base no Decreto 92.489/1986, e uma síntese das atividades culturais desenvolvidas no ministério. Também divulgou os órgãos que receberam apoio e fomento, além das parcerias institucionais estabelecidas entre sociedade civil, movimentos sociais e governo. Sobretudo, pretendeu demonstrar como os ideais da nova República estavam sendo trabalhados pelo MinC. Uma série de projetos desenvolvidos nos três níveis da federação ratificou que o ministério aproveitava a nova conjuntura política, considerada uma "fase de reencontro com a democracia" (BRASIL, 1986d, p. 4).

O relatório foi um registro histórico das articulações e das concepções políticas empreendidas pela equipe de Celso Furtado dentro do governo, destacando a participação e a inserção dos movimentos sociais pela via do desenvolvimento econômico e regional da cultura via financiamento público.

Para a preservação da identidade nacional, o relatório contabilizou 500 obras e ações de restauro, além da destinação de 370 milhões de cruzados para o projeto Inventário de Bens Culturais Móveis e Integrados, coordenado pela Sphan e patrocinado pela Fundação Vitae de São Paulo, que realizou intervenções em igrejas, museus, casarios, patrimônio industrial, antigas fábricas, oficinas e em bens arquitetônicos vernaculares (BRASIL, 1986d).

A arquitetura vernacular, defendida por Aloísio Magalhães nos anos 70, tornou-se um tema importante para os estudos das correntes imigratórias no Sul do país. A Sphan/Pró-Memória, nos estados Paraná, Santa Catarina e Rio Grande do Sul, empreendeu um programa de reconhecimento das áreas de imigração, em parceria com a República Federal da Alemanha, sob a orientação do consultor e arquiteto alemão Udo Baumann. O relatório do MinC indicou que a ação estava "levando a população a tomar consciência dos seus acervos e proteger, não só monumentos isolados, mas todos os elementos que constituem seu patrimônio" (BRASIL, 1986d, p. 18). O projeto identificava os bens e as regiões a serem protegidas, conforme as visitas *in loci* nas comunidades descendentes de imigrantes, contudo o Estado brasileiro já trabalhava com os povos de imigração desde os anos 30, conforme os estudos de Seyferth (1999).

Sobre os museus e as coleções, o documento manteve a retórica da perda. Ressalta-se que essa categoria foi problematizada por Reginaldo Gonçalves (1996) no histórico das políticas de patrimônio, que compreendia não somente bens edificados, obras de artes, documentos históricos, mas o folclore e a cultura popular com a inclusão das referências culturais indígenas e africanas. O Estado pretendia inventariar e adquirir bens culturais dessas referências para evitar o desaparecimento destas, discurso proeminente já nas missões etnográficas de Mário de Andrade.

Instituiu-se um programa de exposição das singularidades da cultura nacional no exterior, a exemplo da Mostra de Arte Popular de Paris, em 1987, parceria celebrada entre Brasil e França, firmada por José Sarney e François Mitterrand (1916-1996). Para tanto, o MinC adquiriu artefatos culturais, como máscaras, matrizes de xilogravuras, folhetos de cordel e objetos indígenas, além de apresentações de músicos brasileiros e exposições de obras de artes. Após a mostra, o acervo recolhido foi custodiado pelo Museu do Folclore Édison Carneiro e pelo Instituto Nacional do Folclore da Funarte (BRASIL, 1986d).

Enquanto mecanismos de consagração no campo das letras, das artes e do patrimônio, os museus, com a nova República, adotaram a diversidade cultural como matriz da identidade nacional. O MinC manteve-se o principal mecenas do mercado das artes. O ministério via Pró-Memória adquiriu 23 aquarelas de Di Cavalcante e Cícero Dias para ilustrar o *Balé Carnaval de Cinzas* de Villa-Lobos, acervo destinado para o museu de Villa-Lobos (BRASIL, 1986d).

As categorias das trocas simbólicas de Pierre Bourdieu (1996, 2015a, 2015b) podem auxiliar a compreensão sobre a obstinação de José Sarney para a aprovação do mecenato de Estado, projeto de lei perseguido em sua trajetória legislativa. Os espaços de consagração e as crenças sociais projetadas para lugares como museus, teatros, galerias, arquivos e bibliotecas imprimiram no Estado a obrigação do mecenato público. A concessão dos benefícios fiscais para a iniciativa privada criou um intermediário para a transposição dos recursos públicos via impostos.

A economia da cultura seria fomentada pelos recursos públicos via iniciativa privada, e alimentaria os projetos e os equipamentos culturais considerados chaves para a manutenção da identidade nacional, a exemplo de instituições como a Pinacoteca/SP e o MAM/RJ, espaços que, segundo o relatório, receberam verbas para seus catálogos e acervos. Ao MAM/RJ, destinou-se cerca de "1 milhão de cruzados para a instalação dos quadros de sua reserva técnica" (BRASIL, 1986d, p. 21).

As políticas para o campo museal empreendidas pelo MinC facilitariam e regulariam os mecanismos de gestão e de fomento dos museus com base em uma política global. O Sistema Nacional de Museus, instituído em 1986, foi composto por representantes das três esferas da Federação, com instituições privadas e públicas, num total de 18 museus cadastrados (BRASIL, 1986d). Nos anos 2000, no governo Lula, o Sistema Brasileiro de Museus foi ratificado pela publicação do Estatuto dos Museus, Lei 11.904, de 14 de janeiro de 2009.

Os museus, historicamente tratados como espaços de consagração cultural e de afirmação da identidade nacional, tiveram desde o Sistema Nacional de Museus sua atuação pautada pela museologia social. Essa perspectiva foi propagada pela carta patrimonial oriunda da *Mesa Redonda sobre la Importancia y el Desarrollo de los Museos en el Mundo Contemporáneo*, de Santiago do Chile (1972), a qual determinou:

> Que o museu é uma instituição a serviço da sociedade, da qual é parte integrante e que possui nele mesmo os elementos que lhe permitem participar na formação da consciência das comunidades que ele serve; que ele pode contribuir para o engajamento destas comunidades na ação, situando suas atividades em um quadro histórico que permita esclarecer os problemas atuais, isto é, ligando o passado ao presente, engajando-se nas mudanças de estrutura em curso e provocando outras mudanças no interior de suas respectivas realidades nacionais. (ICOM, 2016, s/p).

Uma aproximação das comunidades com as instituições culturais nos territórios onde estavam inseridas foi uma defesa aguerrida de Aloísio Magalhães na Sphan, Pró-Memória e SEC. O ex-secretário nacional de Cultura, além de designer, era museólogo e estava em sintonia com os debates do Icom.

Com base nas formulações da museologia social, os museus brasileiros, por meio do SNM/MinC, investiriam em atividades extramuros, sobretudo os museus federais. Para esse escopo, um conjunto de ações específicas foi desenvolvido em processos educativos não formais nos espaços museológicos. O relatório do Ministério da Cultura (BRASIL, 1986d) destacou como exemplos dessas ações o projeto A Hora do Conto, no jardim da FCRB/RJ, e a ação Viva o Museu, da Fundaj/PE. E destacou os programas de visitas familiares em períodos de férias letivas no Museu do Homem Nordestino e as exposições de artesãos locais na Feira de Brinquedos Populares.

O relatório enfatizou que as atividades educativas em museus auxiliavam a formação de público em cultura. Essa questão foi defendida por Mário de Andrade na direção do DCSP ao propor uma alfabetização cultural via museus. A prática de visitar museus deveria ser estimulada desde a infância, como apontavam os resultados da pesquisa de público realizada em museus franceses por Bourdieu e Darbel, estudo conhecido pelos intelectuais brasileiros e citado por Jarbas Passarinho no CFC, em 1973.

Entretanto a formação do capital cultural deveria perpassar a formação múltipla de público para a cultura, em todas as suas linguagens. Os museus, espaços antes considerados austeros, segundo análise do relatório do MinC (BRASIL, 1986d), deveriam ser democratizados pelo amplo acesso cultural, interligando áreas como cinema, teatro, artes plásticas, música e literatura, que, além de interlocuções entre si, dialogariam com os espaços museais para incentivar outras apropriações comunitárias desses espaços.

Quanto ao aspecto da salvaguarda da memória histórica, o relatório destacou o trabalho de microfilmagem de obras raras e dos documentos históricos da Biblioteca Nacional com a implantação do Plano Nacional de Microfilmagem. Esse plano, desde 1978, encontrava-se na fila da burocracia pública para execução, e era uma reivindicação antiga do CFC.

Aliás, o único momento em que, efetivamente, o relatório do MinC mencionou o CFC foi por conta das homenagens para o centenário de Manuel Bandeira, uma ação, aliás, cobrada publicamente pelos jornais para ser tratada como efeméride nacional. O MinC, para esse escopo, organizou uma comissão com a representação do conselheiro federal Gerardo Mello Mourão. As atividades comemorativas aconteceriam em diferentes espaços culturais, como a Fundação Joaquim Nabuco, a Biblioteca Nacional e o CFC, que dedicou uma sessão solene à memória do homenageado. O discurso de Gerardo Mourão foi registrado na ata da 987ª Sessão Plenária, e retomou a vida e a obra do poeta e tradutor que viveu "farto do lirismo comedido, do lirismo bem comportado e do lirismo funcionário público" (BRASIL, 1971-1989, n. 56-65). Bandeira tornou-se um artista e artesão do artifício e do artefato, destacou o ensaio intitulado "Manuel Bandeira" na seção "Estudos e proposições" (MANUEL..., 1986).

O relatório do MinC destacou muitas ações de formação e pesquisa em cultura para os técnicos, artistas e agentes culturais nas áreas de restauro e conservação, palestras de sociologia, história, antropologia, folclore, direito e atividades de extensão, assim como projetos e parcerias com universidades nas áreas de museologia, arquivística e artes cênicas, gráficas, cinematográficas e etnomusicais.

6.5 Política cultural para os carentes

O relatório mobilizou o termo "democratização da cultura" enquanto vértebra das diretrizes políticas da gestão de Celso Furtado. A aura da transição democrática, da reorganização dos movimentos sociais e culturais, dos novos sujeitos de direitos, estava latente nas pautas do MinC e no discurso do ministro. O documento relatou as atividades destinadas para os sujeitos de direitos, os grupos vulneráveis socialmente nomeados pelo Decreto-Lei 92.489/1986. Como grupos sociais vulneráveis, compreendiam-se mulheres, idosos, crianças, negros, indígenas, operários, presidiários e pessoas com deficiência. As políticas culturais pretendiam a inclusão social desses grupos, e foi firmada uma parceria entre o MinC e o Ministério da Justiça. Uma série de atividades culturais foram relatadas como instrumentos de reinserção social, a exemplo da peça de teatro *As máscaras*, encenada pelos detentos da prisão da Papuda; e a peça *Acordão (m) os bonecos,* com os "menores abandonados" e "infratores" (BRASIL, 1986a, p. 27).

A cultura do cotidiano pretendia sanar as disparidades sociais para que todos pudessem exercer o direito ao acesso dos bens culturais. Esse objetivo seria alcançado com a participação efetiva dos movimentos civis. O MinC inseriu pautas advogadas pelos movimentos sociais, identitários, culturais, urbanos, rurais e sindicais em suas ações, e as propostas que seriam apresentadas na ANC, em 1987, pela sociedade civil organizada.

As ações arroladas no relatório de 1986 apresentavam a pretensão de valorizar os saberes e fazeres populares, afro-brasileiros, indígenas e das mulheres. Essa equação, saberes e fazeres, foi retomada na elaboração das políticas culturais para a CF-1988 e reapresentada nas políticas afirmativas dos anos 2000. O documento do MinC enfatizou a cultura não mais pela recepção, ou seja, pelo ato de levar cultura às comunidades regionais, como foi propagado pelo CNC e pelo CFC, nas décadas de 1960 e 1970, mas sim pelo protagonismo dos sujeitos no exercício da sua liberdade e expressão cultural. A orientação arquitetada por Mário de Andrade, isto é, da cultura pela perspectiva etnográfica, foi reinterpretada por Aloísio Magalhães com o conceito de participação social na perspectiva dos usos culturais pela produção, pela circulação e pelo consumo, considerando a economia da cultura e o saber intangível para o exercício cultural e cidadão. Celso Furtado redimensionou o conceito da cultura simbólica para as dimensões econômica e cidadã enquanto política de Estado, questão observada no Plano Interno e no Plano Nacional de Desenvolvimento de 1986.

No caso da CF-1988 e das propostas enviadas para a Comissão de Cultura da ANC, o relatório do MinC (BRASIL, 1986d) destacou a coparticipação na realização dos seguintes seminários de preparação para a ANC: 1) Convenção Nacional do Negro e a Constituinte, com participação de 500 lideranças do movimento negro, em Brasília; 2) Encontro de Lideranças Indígenas — Índio, a Cultura e a Constituinte, com participação de 233 representantes de 81 nações indígenas; 3) As Mulheres e a Constituinte, ação organizada pelo Conselho Nacional dos Direitos da Mulher; 4) A Constituinte e a Cultura, evento promovido pelo Inacen/RJ, com técnicos, agentes culturais, gestores e artistas; 5) A Constituinte e os Portadores de Deficiências, evento inaugurado em São Paulo e que seguiu itinerante para 12 capitais durante sete meses.

Além dessas atividades, o MinC auxiliou na constituição do Centro de Estudos Afro-Brasileiros, em parceria com a UnB, para ministrar cursos de formação para professores do ensino público e inserir as disciplinas de História da África e de Cultura Afro-Brasileira nos currículos do ensino fundamental e médio. O debate sobre a inerência da educação e da cultura permanecia no teor discursivo dos gestores e técnicos do MinC, mas com ressalvas às necessidades de cada pasta ministerial.

Ainda sob o comando de Celso Furtado, foi retomado o processo indeferido anteriormente pelo parecer da Câmara de Patrimônio do CFC. O MinC mediou a doação e o tombamento da Serra da Barriga, sítio histórico e arqueológico do Quilombo dos Palmares. Segundo o relatório, o processo seguiu a matriz política do reconhecimento do Terreiro de Candomblé Casa Branca Mãe Teté, o de incluir novas referências culturais e patrimoniais, além da pedra e cal do barroco, da arquitetura colonial e modernista, para reconhecer a arquitetura de matrizes africanas. O MinC auxiliou a produção de atividades de formação da cultura afro-brasileira, como a Semana Zumbi e seminários de cultura negra, ações para rever o lugar do negro na cultura nacional (BRASIL, 1986d).

Se no MinC os sujeitos de direito, representantes da diversidade cultural, ganhavam espaço, vez e voz, no CFC essa questão foi comedida. A ata da 1.004ª Sessão Plenária do conselho registrou a organização do Centro de Pesquisas e Estudos da Cultura Yorubana e do curso de Cultura Religiosa Afro-Brasileira e Yorubá como informe de um curso por correspondência, com o apoio do MinC (BRASIL, 1971-1989, n. 56-65). Determinadas notícias não eram endossadas pelos conselheiros e tratadas como comunicações administrativas.

Em relação ao movimento indígena, o relatório do Ministério da Cultura (BRASIL, 1986d) divulgou as parcerias com a Empresa Brasileira de Notícias e o Programa Voz do Índio, que promoveu o acesso tecnológico e radiofônico das comunidades indígenas em suas línguas originárias, a exemplo dos povos xavantes, terenas e carajás, além da promoção de cursos para a formação de professores bilíngues em aldeias. Ainda que essas ações fossem consideradas incipientes por alguns setores, sobretudo para os ativistas, os grupos que viveram alijados das políticas públicas estavam sendo inseridos nas políticas culturais. As ações desenvolvidas, por mais esparsas que fossem, eram o exemplo de uma reorientação política que vislumbrava a valorização da herança cultural dos detentores de saberes tradicionais, não mais sob o crivo do folclore ou do colecionismo etnográfico, mas da cidadania cultural.

Contudo as ações planejadas e executadas pelo MinC, segundo o relatório, foram estendidas para ativar a cultura da cidade e do campo. As questões fundiárias foram abordadas pelo prisma da reforma agrária, como promessa do governo Sarney. O MinC dividiu as ações em programas específicos e justificou o trabalho pautado em uma perspectiva política de estruturação das políticas sociais. "Além, da repartição equânime de terras, o êxito da reforma agrária depende de um processo de transformação social que convença populações do campo e da cidade da urgência de um recorte fundiário mais justo." (BRASIL, 1986d, p. 25).

O documento reiterou a responsabilidade política dos artistas e produtores culturais para o cumprimento do seu papel social neste processo. Para esse escopo, o MinC promoveu parceria com o Ministério da Reforma e do Desenvolvimento Agrário (MRDA), realizando atividades culturais e de formação para mulheres campesinas, como o Encontro Nacional de Mulheres Camponesas. A Embrafilme e o Inacen produziram mostras de filmes e teatros com temáticas voltadas para a questão agrária. Entre essas ações, a Nona Jornada de Cinema e Vídeo do Maranhão e o programa O Teatro e a Questão da Terra (BRASIL, 1986d).

Estava planejada a continuidade das parcerias com o MRDA para realização das caravanas culturais pelo interior do país para o ano de 1987. As caravanas iniciaram em Olinda/PE, com mais de "cinquenta violeiros, repentistas e artistas populares, que de ônibus percorrerão 12 mil quilômetros cantando em prosa e em verso a reforma agrária" (BRASIL, 1986d, p. 25). Nessa ação, observa-se uma proximidade com as Caravanas da Cultura, empreendidas pelo CNC em 1966, coordenadas por Paschoal Magno. O pensamento teórico de Celso Furtado, voltado para o desenvolvimento regional por meio da economia da cultura, pretendia romper com o atraso econômico e social gerado pelo latifúndio, sinalizou o texto da política cultural.

O MinC pretendia trabalhar a cultura na perspectiva das mulheres, e valorizar o saber feminino: "Contribuir para a projeção da mulher enquanto criadora e transmissora de cultura, dona de um saber e de um fazer que lhe são próprios, é a mola propulsora da atuação junto aos movimentos feministas." (BRASIL, 1986d, p. 27).

O feminismo foi tratado como ferramenta política para valorizar o conhecimento tácito das mulheres, alçado nas experiências de vida e em suas trajetórias profissionais. O documento relatou ações como o Ciclo de Mulheres Compositoras, organizado pela FCRB, a mostra *Mulheres no Cinema*, organizado pela Embrafilme, com a exibição de 14 curtas e médias-metragens produzidos e/ou dirigidos por mulheres, a exemplo do documentário *Elas na Luta*, da cineasta Tetê de Morais. Além desses investimentos, o MinC patrocinou o Seminário Mulher e Cultura, no Recife, e a mostra *Olhar Feminino*, no III Festival Internacional/RJ. As ações pretendiam ressignificar a produção e a trajetória das mulheres no cinema (BRASIL, 1989).

Se o feminismo foi pontuado no documento do MinC positivamente, o mesmo não ocorria nos impressos do CFC. Em algumas reuniões, conselheiras como Rachel de Queiroz, Maria Alice Barroso e Heloísa Lustosa posicionavam-se a favor da equidade entre homens e mulheres, sob o status do reconhecimento profissional, mas eram contrárias ao feminismo enquanto luta social. Segundo o pensamento das conselheiras, o movimento implicaria uma desigualdade e privilégio em favor das mulheres, uma espécie de extremismo. Os eventos organizados e patrocinados pelo MinC ocorriam sem a participação do CFC. Ao órgão, eram destinados os projetos que não implicavam posicionamentos políticos, como o comunicado registrado na 1.008ª Sessão Plenária, edição do Prêmio Cora Coralina, realizado em parceria entre MinC, Seac e CNDM. A não participação do CFC nos processos que envolviam posicionamentos e divergências políticas aumentava o isolamento político do órgão em relação ao MinC. O relatório do Ministério da Cultura (BRASIL, 1986d) sinalizou que estava em processo um mapeamento das mulheres na literatura, nas artes plásticas, no teatro, no cinema e na dança. Igualmente, seria mapeada a cultura das mulheres operárias e campesinas, que estavam fora dos grupos artísticos organizados, mas nos meios de produção.

A vida dos pobres, das mulheres, dos camponeses e dos operários justificava, para o MinC, empreender parcerias com as instituições de ensino superior, pois a universidade deveria voltar-se às pesquisas da cultura popular pelo prisma da cultura do cotidiano. O relatório mencionou uma parceria realizada com a UnB para "resgatar[54] à memória das pessoas do povo que tiveram 'vidas exemplares' e detém conhecimentos empíricos em diversas áreas" (BRASIL, 1986d, p. 28). As formas como os trabalhadores e as trabalhadoras viviam, habitavam, trabalhavam e produziam a cultura do cotidiano ilustravam vidas exemplares. Exemplos dessa proposta foi a parceria realizada entre o MinC e a Universidade Estadual de Maringá, que registrou depoimentos orais em audiovisuais com líderes dos movimentos sociais rurais do Paraná. O relatório publicou uma parceria com o Instituto Central do Povo, que captou "depoimentos orais de tradicionais moradores da zona portuária do Rio de Janeiro" (BRASIL, 1986d, p. 28).

6.6 De mamulengos a Rê Bordosa

O MinC documentou os programas, projetos e incentivos concedidos para as linguagens artísticas sob o raio de atuação das quatro secretarias, à luz da trilogia de Aloísio Magalhães, produção, circulação e consumo, que, ao ser incorporada por Furtado como política de Estado, acrescentou o desenvolvimento econômico e o alcance da cidadania pelas políticas culturais. As ações do MinC para a formação de plateia, público e profissionalização dos setores, principalmente para teatro, artes plásticas e cinema, pretendiam a regionalização e a descentralização dos recursos do eixo Rio-São Paulo.

No contexto das artes plásticas, no primeiro ano da gestão de Celso Furtado, o MinC promoveu uma série de debates e exposições sobre a vanguarda da arte contemporânea nacional, valendo-se das obras *Seja Marginal, Seja Herói* (Figura 42), de Hélio Oiticica, ou da série *Bichos*, de Lygia Clark, em que a matéria bruta em transformação e a interação da obra com o público eram privilegiadas.

---

[54] Nos anos 80 e 90, o verbo "resgatar" era muito utilizado para referendar as ações de patrimônio, histórias identitárias e ações comunitárias. Nos anos 2000, há um giro semântico, e esse verbo é substituído por outros, que sugerem movimento antagônico, pela perspectiva de que, em processos de educação popular, história ou patrimônio cultural, não se resgata um fenômeno ou uma ação, tampouco se reaviva a história, contudo pode-se valorizar, lembrar, problematizar, vislumbrar, mas não resgatar ou reviver.

Figura 42 – Reprodução da fotografia de Sérgio Zelis com a obra de Oiticica

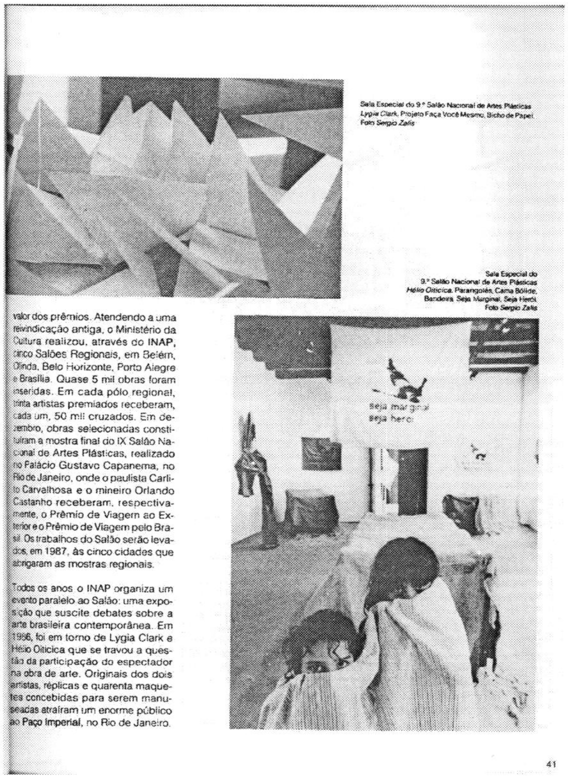

Sala Especial do 9.º Salão Nacional de Artes Plásticas
Lygia Clark, Projeto Faça Você Mesmo, Bicho de Papel.
Foto *Sergio Zalis*

Sala Especial do
9.º Salão Nacional de Artes Plásticas
Hélio Oiticica. Parangolés, Cama Bólide,
Bandeira, Seja Marginal, Seja Herói.
Foto *Sergio Zalis*

valor dos prêmios. Atendendo a uma reivindicação antiga, o Ministério da Cultura realizou, através do **INAP**, cinco Salões Regionais, em Belém, Olinda, Belo Horizonte, Porto Alegre e Brasília. Quase 5 mil obras foram inseridas. Em cada pólo regional, trinta artistas premiados receberam, cada um, 50 mil cruzados. Em dezembro, obras selecionadas constituíram a mostra final do IX Salão Nacional de Artes Plásticas, realizado no Palácio Gustavo Capanema, no Rio de Janeiro, onde o paulista Carlito Carvalhosa e o mineiro Orlando Castanho receberam, respectivamente, o Prêmio de Viagem ao Exterior e o Prêmio de Viagem pelo Brasil. Os trabalhos do Salão serão levados, em 1987, às cinco cidades que abrigaram as mostras regionais.

Todos os anos o INAP organiza um evento paralelo ao Salão: uma exposição que suscite debates sobre a arte brasileira contemporânea. Em 1986, foi em torno de Lygia Clark e Hélio Oiticica que se travou a questão da participação do espectador na obra de arte. Originais dos dois artistas, réplicas e quarenta maquetes concebidas para serem manuseadas atraíram um enorme público ao **Paço Imperial**, no Rio de Janeiro.

41

Fonte: Brasil (1986d, p. 41)

O MinC detalhou os recursos financeiros destinados à Escola Nacional de Circo e Artes Cênicas para montagem, profissionalização, excursões,[55] exibições e infraestrutura dos teatros e circos. O restauro do Teatro Oficina e a ampliação do Teatro da Universidade Católica (Tuca) foram mencionados como ações contundentes na área. O Inacen e a Fundação Pró-Memória realizaram mapeamentos dos teatros de bonecos e dos bonequeiros, a exemplo dos mamulengueiros[56], para o registro dos saberes desses ofícios com base na criação, contação de histórias, indumentárias e encenação popular em feiras e praças públicas (BRASIL, 1986d).

A cultura de massa, no relatório do MinC, demarcou os lançamentos e as exibições em circuito nacional e internacional de longas-metragens cinematográficos, como *O Beijo da Mulher Aranha*, de Héctor Babenco, e *Eu Sei que Vou te Amar*, de Arnaldo Jabor, obras premiadas internacionalmente. Uma mensuração estatística dos números das salas disponíveis para o cinema foi apresentada e ilustrou a preocupação do MinC com o acesso regional ao cinema nacional. Estudos promovidos sobre a participação e a recepção de filmes nacionais em festivais internacionais realizados pela

[55] Termo utilizado pelo documento, provavelmente se refere a intercâmbios culturais.

[56] Teatro Mamulengo, fantoches de bonecos, manifestação cultural de Pernambuco.

Embrafilme indicavam que o desempenho da produção cinematográfica[57], segundo o MinC, fora positivo. No entanto, ressalvou-se que a difusão e o interesse estrangeiro pelos filmes nacionais "não se deu em função da produção pornográfica, que pelo contrário, perdeu plateia durante o ano" (BRASIL, 1986d, p. 30). Esta avaliação indicava certas disputas entre a produção nacional artística, ficção, documentários e o público do cinema pornô.

A indústria cultural alimentava o mercado das artes em expansão. Para o cinema, os investimentos públicos eram altos, mas o texto demarcou a latente preocupação com o patrimônio cinematográfico, o que levou a Fundação Cinemateca de São Paulo, vinculada ao MinC, a ser contemplada com cerca de "3 milhões de cruzados para a recuperação de filmes antigos" (BRASIL, 1986d, p. 31). A salvaguarda dos acervos filmográficos foi historicamente pleiteada pelos conselheiros do CFC, sobretudo por conta dos sucessivos incêndios nos locais de exibição e custódia dos acervos. Em janeiro de 1986, o conselheiro Newton de Almeida Rodrigues debateu uma reportagem sobre a incineração, por ausência de restauro, de 18 filmes do acervo da Cinédia, companhia histórica fundada em 1930, no Rio de Janeiro.

O relatório do MinC comunicou que os técnicos da Cinemateca de São Paulo encontraram dois filmes do cineasta austríaco Fritz Lang (1890-1976), no acervo da instituição: *Corações em Luta* (1921) e *Depois da Tempestade* (1922). Essas obras eram consideradas perdidas desde a Segunda Guerra Mundial (BRASIL, 1986d).

A Fundação Nacional Pró-Leitura reestabeleceu políticas e programas para a formação profissional dos escritores, formação de leitor, profissionalização do mercado editorial, bolsas de tradução, intercâmbios para a literatura popular, sobretudo a oralidade por meio do Projeto Memória da Literatura de Cordel, em 1986.

Sobre artes gráficas e visuais, o relatório destacou os incentivos destinados para a Galeria e o Instituto Nacional de Fotografia (InFoto), do Núcleo de Artes Gráficas (NAG) da Funarte, criado em julho de 1985. Exposições de caricaturismo e chargismo foram realizadas, assim como a formação de quadrinhistas e campanhas para a divulgação e contratação profissional. O projeto Bota Tira no seu Jornal, do NAG, foi apoiado pelo MinC, no ano de 1986. "Mais de trinta jornais, em dez estados, já estão publicando graças à iniciativa do NAG, historinhas da Rê Bordosa e do Bob Cuspe" (BRASIL, 1986d, p. 45), registrou o relatório (Figura 43).

As tirinhas de Angeli reproduzidas em um documento oficial do governo federal, após a ditadura civil-militar, demonstraram o rompimento com o autoritarismo moralista das políticas de cultura pela censura. Contudo a instalação do Conselho Superior de Censura no governo Sarney demonstrava que as mudanças eram paliativas.

---

[57] Foram apresentados números do setor, entre financiamentos para a produção de 132 títulos, 82 curtas e médias-metragem, 6 "longos" documentários, 42 "longos" comerciais e 2 "vídeos culturais". A Embrafilme colocou no mercado, do início de 1986 até setembro daquele ano, 13 novos filmes, com 13 milhões de espectadores, indicou o relatório (BRASIL, 1986d, p. 30). Os vídeos culturais mencionados pelo relatório seriam dedicados ao patrimônio cultural e às expressões regionais. No documento, o MinC não esclarece, mas pode-se indicar que a inclusão dessa categoria separou a produção cultural da produção cinematográfica industrial e comercial, produtos caros para o mercado da comunicação de massa. Os vídeos culturais seriam aqueles sem valor de mercado, mas com valor patrimonial, uma reivindicação antiga do CFC, que, desde o Encontro de 1968, com os secretários e conselheiros de Cultura, defendeu que se estimulasse a produção cinematográfica para mapear e registrar a diversidade cultural regional.

Figura 43 – Reprodução da imagem publicada no relatório do MinC

Fonte: Brasil (1986d, p. 45)

A ilustração do quadrinho da Rê Bordosa e a difusão da contracultura, reconhecida pelo MinC como linguagem da livre expressão artística, estética e política, possibilitaram novos debates públicos sobre temas até então reprimidos e silenciados pelo Estado, como drogas, ditadura e revolução. O humor enquanto ironia política, desobediência civil, foi tratado como linguagem artística pela gestão Celso Furtado. Essa linguagem foi inserida nas discussões do CFC como informes de eventos, a exemplo do secretário de Cultura de Alagoas Noaldo Dantas, que registrou na ata da 989ª Sessão Plenária a realização do II Encontro Nacional de Humor de Alagoas. Os conselheiros, fiéis às belas-artes, eram notificados do que ocorria fora dos muros do IHGB e da ABL, mas não se encantavam com as linguagens alternativas.

O MinC, ao publicar as tirinhas da Rê Bordosa, destacou atividades e matérias que tradicionalmente seriam censuradas e excluídas da divulgação oficial e dos recursos públicos federais no rol dos projetos culturais aprovados pelo CFC. A contracultura era percebida como o avesso das linguagens artísticas para os conselheiros. A homenagem de Clarival do Prado Valladares à época da morte de Hélio Oiticica, na plenária do CFC, foi uma exceção. No momento em que o MinC publicou a obra de Oiticica *Seja Marginal, Seja Herói* (1968), *Homenagem a Cara de Cavalo*, amigo do artista, morto pelo Esquadrão da Morte no Morro da Mangueira (1964), novos olhares apresentam-se sobre a arte do subterrâneo. O *underground* da contracultura e da contraindústria, até então criticado e abominado pelo CFC, foi inserido pelo MinC como expressão artística e da liberdade política da nova República, uma espécie de xeque-mate na concepção estilística, estética, política e moral dos velhos conselheiros.

O documento, além de vislumbrar algumas obras, retomou a história da contracultura[58] como uma linguagem cultural perseguida nos anos 60 e 70 pela censura. E colocou a contracultura no mesmo patamar das linguagens de vanguarda e da cultura popular, como o teatro popular de bonecos, o teatro de arena e rua, as manifestações circenses, as práticas culturais e os modos de viver dos hippies. Artistas independentes considerados malditos, como Arrigo Barnabé, que se mostrou contrário à criação do MinC, tiveram a sua imagem ilustrada no relatório (BRASIL, 1989).

Ações do Instituto Nacional de Música e da Divisão de Música Popular ligadas à estrutura da Funarte desenvolveram modalidades musicais como ópera, música instrumental, samba, rock, música popular, caipira, música de câmara, orquestra e canto de corais. Programações musicais foram realizadas para o Ano Carlos Gomes, em 1986, em comemoração do sesquicentenário do compositor e maestro. Outra programação estava prevista para comemorar o centenário de nascimento do compositor paulista Villa-Lobos, em 1987 (BRASIL, 1986d).

Em 1977 o Projeto Pixinguinha foi criado; na gestão de Celso Furtado, foi retomado pela Funarte e circulou pelo Brasil com 199 espetáculos e 135 mil expectadores, com apresentações nas casas de cultura criadas pelo CFC. Enquanto festa popular, o Carnaval recebeu recursos financeiros, em duas vertentes: a carioca, destacando a criatividade dos barracões, fantasias, carros alegóricos, sambas-enredo e foliões; e nordestina, sobretudo pela preservação das manifestações tradicionais dos brincantes de rua, que conectavam folclore, folguedos, religiosidade, cultura alimentar, produção de instrumentos musicais e criação de indumentárias. O documento destacou o projeto Madeiras, relacionado ao ofício de luthier, mestres artífices que confeccionam instrumentos musicais mapeando as tipologias de madeira adequadas para a confecção dos instrumentos. Para 1987, estava previsto o lançamento do Projeto Dicionário Musical Brasileiro, com base no acervo classificado por Mário de Andrade no DCSP e inventariado pelos pesquisadores da USP, desde 1982. O projeto reuniu informações em verbetes dos dados, anotações e comentários registrados pelo modernista e sua equipe nas pesquisas desenvolvidas pelo interior do Brasil, indicou o relatório do MinC (BRASIL, 1986d).

O documento demonstra a antítese teórica subdesenvolvimento/desenvolvimento de Celso Furtado transferida para a cultura. Essa chave de compreensão dos seus estudos sobre a América Latina foi o paradigma de orientação política para o MinC. A preocupação com o desenvolvimento do Nordeste nos trabalhos da Sudene delineou a narrativa dos projetos do MinC, sobretudo ao serem inseridos, nas políticas culturais, os debates e as proposições para os marginalizados, aqueles que, sob o discurso do governo, estavam historicamente à margem das políticas públicas, mas que, para o MinC, tinham potencial econômico, cultural e social para produzir e se reinventar diante das adversidades sociais. Não por acaso, distribuição de renda, reforma agrária e investimento regional foram temas delineados para a implantação das políticas culturais. As paixões políticas de Celso Furtado podem ser analisadas sob a clave de Vieira (2004-2005), quando analisou a construção teórica do economista calcada em uma visão iluminista do conhecimento e da cultura como promotoras do desenvolvimento e da equidade social.

6.7 Mecenato estatal via Lei Sarney

O ano de 1986 foi particularmente produtivo para a equipe de Celso Furtado, segundo o relatório do MinC. O governo federal via PND pretendia operacionalizar os princípios da nova

---

[58] Sobre o surgimento da contracultura no Brasil, ver: Almeida (2012), Capellari (2007) e Hollanda (1981).

República, e criar uma arena democrática com a inserção de políticas pleiteadas por movimentos sindicais, culturais, sociais e identitários. Para esse escopo, a gestão Celso Furtado, com base no Plano Original Interno, articulou as políticas culturais com inclusão social para ativar o desenvolvimento regional, econômico e cidadão. Quanto mais o MinC se aproximava dos movimentos sociais, artísticos e identitários, mais se afastava do CFC e das políticas arcaicas defendidas na ditadura militar. O CFC era um conselho considerado acadêmico e elitizado para os padrões da nova República. O governo investiu para a aprovação célere da lei de isenção fiscal, com a justificativa de inserir a cultura na economia e criar sustentabilidade e autonomia para o fomento dos projetos culturais.

A aprovação da Lei Sarney ocorreu na madrugada do dia 19 de junho de 1986, em sessão presidida pela deputada Bete Mendes, do PMDB, posto cedido por cortesia pelo deputado Humberto Souto, do PFL/MG. A atriz, "emocionada", anunciou a aprovação unânime da lei com as "galerias vazias" e com "poucos artistas" (BETE..., 1986, p. 5). O plenário estava vazio, noticiou o *Jornal do Commercio*.

O PL recebeu três emendas, a primeira, da deputada Bete Mendes a fim de estender o mecenato para dança, teatro, circo e ópera; a segunda, do deputado Bonifácio de Andrada, do PDS/MG, para que todos os projetos de mecenato fossem acompanhados pelo CFC em parceria com os conselhos estaduais e municipais, supervisionando a aplicação da lei; e a terceira, do deputado Gerson Peres, do PDS/PR, para impedir a intermediação e a corretagem dos benefícios, alertou o jornal (BETE..., 1986). A emenda de Andrada garantiu a nova redação do Art. 12:

> As doações, patrocínios e investimentos, de natureza cultural, mencionados nesta Lei, serão comunicados ao Conselho Federal de Cultura para que este possa acompanhar e supervisionar as respectivas aplicações, podendo, em caso de desvios ou irregularidades, serem por ele suspensos. (BRASIL, 1986c, s/p).

A emenda preservou o CFC e prolongou a sua existência. O PL foi aprovado na Câmara de Deputados e despachado para o Senado Federal, no mesmo dia da aprovação, sendo encaminhado para a Mesa Diretora do Senado no dia 24 de junho de 1986, e aprovado no dia 2 de julho de 1986, com um trâmite marcadamente célere. Do processo de elaboração, encaminhamento e aprovação no Congresso e Senado Federal, o CFC ficou completamente alheio às discussões centrais da Lei Sarney.

A ata da 997ª Sessão Plenária, cinco dias após a publicação da lei em *Diário Oficial*, registrou que o CFC recebera documentos de Ângelo Oswaldo de Araújo Santos contendo a Exposição de Motivos 0444-0, assinada pelos ministros da Cultura, Fazenda, Planejamento e Presidência da República, e o ofício Aviso 306/Spuar, anexo um telex do gabinete do ministro solicitando sugestões do CFC para o decreto de regulamentação da Lei Sarney com prazo de 13 dias para a resposta.

Na 999ª Sessão Plenária, o conselheiro Newton de Almeida Rodrigues sugeriu a criação de uma comissão com três membros coordenada por Miguel Reale para a emissão do parecer solicitado. Gerardo Mourão "estranhou o tratamento" (BRASIL, 1971-1989, n. 55-65, p. 229) dispensado pelo ministro ao conselho, pois o MinC enviara uma solicitação com prazo reduzido para o CFC, porquanto o prazo foi razoável para os conselhos e secretarias estaduais e municipais de cultura para a emissão dos pareceres.

Gerardo Mourão lamentou a ausência do ministro nas reuniões do CFC, órgão do qual era presidente, mas com que mantinha apenas contatos burocráticos. Na sua avaliação, o CFC recebeu o trabalho "improfícuo" de elaborar parecer sobre uma matéria cuja minuta da regulamentação estava pronta inclusive com a imprensa noticiando a constituição de um instituto para "reger a distribuição dos incentivos fiscais" (BRASIL, 1971-1989, n. 56-65, p. 229).

O conselheiro afirmou que, em todos os debates públicos ocorridos sobre a Lei Sarney, o CFC não esteve incluso em nenhum momento. Situação que deflagrava a "superposição e um desprestígio" (BRASIL, 1971-1989, n. 56-65, p. 229) do governo para as ações do órgão, registrou a ata da 999ª Sessão Plenária. Nesse dia, foi registrado em ata um longo debate com lamentações e desapontamentos sobre a exclusão deliberada do CFC em todas as atividades políticas do MinC, desde o planejamento ao desenvolvimento das ações, sobretudo acerca da Lei Sarney.

Geraldo Bezerra de Menezes criticou a distinção do tratamento dispensado pelo ministro ao CFC, em relação aos outros órgãos de cultura. Para o conselheiro, o CFC deveria restabelecer a "hierarquia" na estrutura do MinC como um "órgão de cúpula" (BRASIL, 1971-1989, n. 56-65, p. 230). Os conselheiros sentiam-se desprestigiados, apesar das trajetórias dedicadas aos problemas da cultura. Maria Alice Barroso justificou a sua saída da direção da BN para dedicar-se à escrita literária, estudos e assuntos pessoais. Os declínios dos cargos foram sintomáticos e publicamente justificados como problemas privados, pois o enfrentamento político não era o *modus operandi* dos intelectuais do CFC.

Eduardo Portella caminhava em direção oposta ao percurso de isolamento do CFC. A ata da 1.000ª Sessão Plenária registrou que o vice-presidente do CFC estava concentrado nos assuntos da Comissão de Estudos Constitucionais com Miguel Reale. Em relação ao MinC, os conselheiros estavam esperançosos com a aprovação da emenda que dispusera sobre os projetos culturais submetidos à Lei Sarney fossem acompanhados e supervisionados pelo CFC, pois seria restabelecido seu "poder de credibilidade" (BRASIL, 1971-1989, n. 56-65, p. 231).

Na 1.001ª Sessão Plenária, do dia 4 de agosto, Celso Furtado compareceu ao CFC pela primeira vez. Eduardo Portella inaugurou a sessão plenária da "visita oficial" com a afirmação de que o ministro seria o nome mais capacitado para "representar os negócios da cultura" (BRASIL, 1971-1989, n. 56-65, p. 119). O CFC, enquanto órgão parceiro, auxiliaria nesse processo. Os debates foram publicados na seção "Estudos e proposições" do *Boletim* sob o título "Visita do ministro Celso Furtado ao CFC" (1986).

Portella transmitiu em sinal de reverência, a presidência da sessão, para o presidente do CFC, mas o ministro declinou e solicitou que a reunião seguisse a habitual "normalidade" (BRASIL, 1971-1989, n. 56-65, p. 119). Heloísa Lustosa foi a designada para saudar o ministro. A conselheira ressaltou os esforços empreendidos pela gestão do MinC para conciliar a política de meios e fins, com o objetivo de organizar o ministério, e valorizar a cultura do ponto de vista do cotidiano. Na sequência do discurso, a filha de Pedro Aleixo historiou sobre a organização do CFC e a sua contribuição para a cultura brasileira. Em duas décadas de existência, o órgão apenas cumprira com probidade suas atribuições conferidas pelo Decreto-Lei 74/1966, principalmente o caráter normativo e de assessoramento ao ministro de Estado. E arrolou todas as contribuições do CFC para a formulação da Política e do Plano Nacional de Cultura. Com essas considerações, pontuou a pertinência do trabalho do órgão em continuar atendendo o MinC na implantação das políticas culturais. Das principais realizações do CFC, a conselheira destacou o processo de articulação, criação e organização das casas de cultura, dos conselhos e secretarias estaduais e municipais, dos encontros nacionais de cultura, além da própria constituição do MinC, defendida por Moniz de Aragão em 1973, no Palácio de Cristal, Petrópolis.

Após ouvir atentamente a história do CFC proferida pela conselheira, Celso Furtado expôs o motivo de sua visita ao CFC: Lei Sarney. O ministro reiterou a importância das deduções no imposto de renda para a produção e difusão cultural. O MinC estava cadastrando instituições culturais privadas e públicas para serem habilitadas à captação no mecenato. Em 1987, seria criado o Fundo de Promoção Cultural para auxiliar nesse processo. Contudo, ao se referir ao Art. 12 da Lei Sarney, o ministro advertiu os conselheiros sobre os projetos culturais aprovados, que lhe fossem submetidos para pareceres, que não poderiam ser analisados em caráter de julgamentos moral, estético ou corporativo, entre o "bom" ou "ruim", tampouco entre o "prioritário ou não prioritário" (BRASIL, 1971-1989, n. 56-65, p. 125). Os projetos habilitados pelo MinC eram elaborados e definidos pela sociedade, somente o proponente estaria certificado para captar e operacionalizar os recursos com a iniciativa privada. Assim, o dispositivo 12º da Lei Sarney seria mobilizado, exclusivamente, em auditorias de projetos problemáticos (BRASIL, 1971-1989, n. 56-65). O CFC apenas seria acionado em casos de necessidade fiscalizatória.

A contundente exposição de Heloísa Lustosa sobre a história, produção e as defesas do CFC foram contemporizadas por Celso Furtado, quando aquiesceu: "O Conselho surgiu porque o governo, à época, não estava preparado para dizer como definir uma política cultural". O pragmatismo conclusivo em concordância com a importância histórica do CFC, ao mesmo passo, refutou a necessidade de existência do CFC na nova República, pois o MinC seria o responsável por qualquer ação em prol da cultura. O ministro não poupou críticas à SEC, e, segundo suas análises, o órgão antecessor ao MinC foi marcado por uma "política titubeante" e "dispersiva", com criações de numerosas instituições com autonomia administrativa e financeira, a exemplo da Pró-Memória e da Funarte, com auxílio e apoio direto dessa "Casa", ou seja, do CFC (BRASIL, 1971-1989, n. 56-65, p. 126). As instituições foram criadas de forma desordenada pela SEC e estavam sendo contestadas pelo MinC, entretanto as novas orientações políticas absorveram as demandas do CFC.

Com essa análise, o ministro mensurou as duas décadas de existência do CFC. Furtado afirmou que a experiência permeada por "vinte anos de tentativas e de erros" (BRASIL, 1971-1989, n. 56-65, p. 126) para a construção de uma política cultural, deveria ser revista. Entretanto, o CFC, ao apoiar a criação das instituições mencionadas, abdicou-se, durante o seu percurso político, às suas próprias funções. Celso Furtado expôs, oficialmente, o que os conselheiros já haviam compreendido, que, com a criação de Funarte, Pró-Memória, DAC, Seac e SEC, o CFC, perdera o sentido da sua existência e precisava se reinventar.

Todavia o ministro reiterou que o CFC fora importante, mas precisaria atualizar as formas de colaboração com o MinC:

> Portanto, teremos que refletir sobre a situação, a responsabilidade atual do Conselho e de que forma ele pode, de verdade, apoiar o Ministério e continuar a ser um órgão pioneiro, dentro do Ministério, um órgão de inovação, um órgão que abra novos horizontes, permanentemente. (BRASIL, 1971-1989, n. 56-65, p. 127).

Não obstante, reconheceu que o MinC não soubera otimizar o CFC como órgão de cooperação, mas seria necessário aproveitar o "potencial de trabalho, de espírito público, de dedicação que existe neste Conselho" (BRASIL, 1971-1989, n. 56-65, p. 129). Furtado reiterou que o maior entrave para a aproximação política do CFC com o MinC foi causado pelo distanciamento geográfico entre Rio e Brasília; dessa forma, justificou as suas ausências no órgão que presidia.

6.8 O desconforto político do CFC

Para o ano de 1987, o ministro Celso Furtado anunciou na reunião do CFC que seria implantada nova reforma administrativa visando à reestruturação de alguns órgãos sob a órbita do MinC, inclusive do próprio CFC, com a elaboração de um plano de desenvolvimento cultural. A sessão plenária encerrou com promessas de cooperação e de aproveitamento do CFC junto ao MinC, mas o ministro entrou e saiu da sua primeira reunião com o conselho demonstrando que a sua maior preocupação não era o órgão que presidia, mas como os conselheiros interpretariam o Art. 12 da Lei Sarney.

O ministro ratificou todas as análises realizadas sobre o CFC em entrevista no *Jornal do Commercio*. Praticamente todas as considerações registradas na ata e publicadas no *Boletim* foram reforçadas, sobretudo as de que o CFC fora acometido por um esvaziamento político com a criação de Funarte, Pró-Memória e SEC. Furtado ratificou que as atribuições do CFC de 20 anos atrás não faziam mais sentido na nova República, porque o conselho deveria "instigar o Ministério a procurar novos campos de atuação, colaborando na crítica à política cultural" (FURTADO..., 1986, p. 12). O CFC deveria atuar como colaborador, e não reforçar velhos conceitos e tradicionalismos.

Mas os conselheiros não queriam atuar no âmbito da crítica do que vinha sendo produzido em termos de políticas culturais, ao contrário, desejavam a manutenção da política e dos tradicionais ritos do CFC. No dia da reportagem, 5 de agosto de 1986, na 1.002ª Sessão Plenária, foi homenageado Câmara Cascudo, falecido no dia 30 de julho. As homenagens para o folclorista foram publicadas na seção "Estudos e proposições" (BRASIL, 1971-1989, n. 56-65).

Fábio Magalhães comunicou que o ministro Celso Furtado havia convocado a Funarte, o Instituto Nacional do Folclore e o Museu do Folclore Edson Carneiro para a elaboração de homenagens ao pesquisador. Um dos "antropólogos mais importantes do mundo" (BRASIL, 1971-1989, n. 56-65, p. 131), afirmou Bezerra de Menezes. Gerardo Mourão recordou que Câmara Cascudo fora um dos membros fundadores do Integralismo do Rio Grande do Norte, e atuara com Plínio Salgado e Thiers Martins Moreira. O conselheiro lembrou que conhecera Cascudo na residência de Gustavo Barroso e que o antropólogo se referia a Barroso como mestre (BRASIL, 1971-1989, n. 56-65).

Os conselheiros, no fim da década de 1980, ainda saudavam o integralismo, seus sodalícios e suas posições políticas conservadoras. Enquanto os agentes culturais da nova República e os jornais nacionais questionavam a atuação e as competências dos membros do CFC, alguns jornais regionais enalteciam as trajetórias dos conselheiros e as suas instâncias de consagração como forma de elevar a regionalidade em âmbito nacional.

Josué Montello visitou o CFC na 1.003ª Sessão Plenária (BRASIL, 1971-1989, n. 56-65, p. 236), a convite dos conselheiros, mas garantiu que visitaria o órgão, mesmo sem convites formais, pois sentia-se obrigado a prestar contas do seu cargo, em sua "Casa oficial", o CFC. Montello tinha uma coluna na *Revista Manchete* e foi um assíduo colaborador de periódicos e jornais. As histórias e narrativas buscavam desenvolver as suas concepções sobre o homem brasileiro, mas seguiam o tom autobiográfico das suas experiências políticas, sempre na primeira pessoa do singular. À época da sua nomeação para embaixador da Unesco, uma reportagem da *Revista Manchete* destacou o jantar (Figura 44) oferecido aos seus pares pela ABL, uma mesa composta por comensais notáveis.

Figura 44 – Reprodução da reportagem da *Revista Manchete*

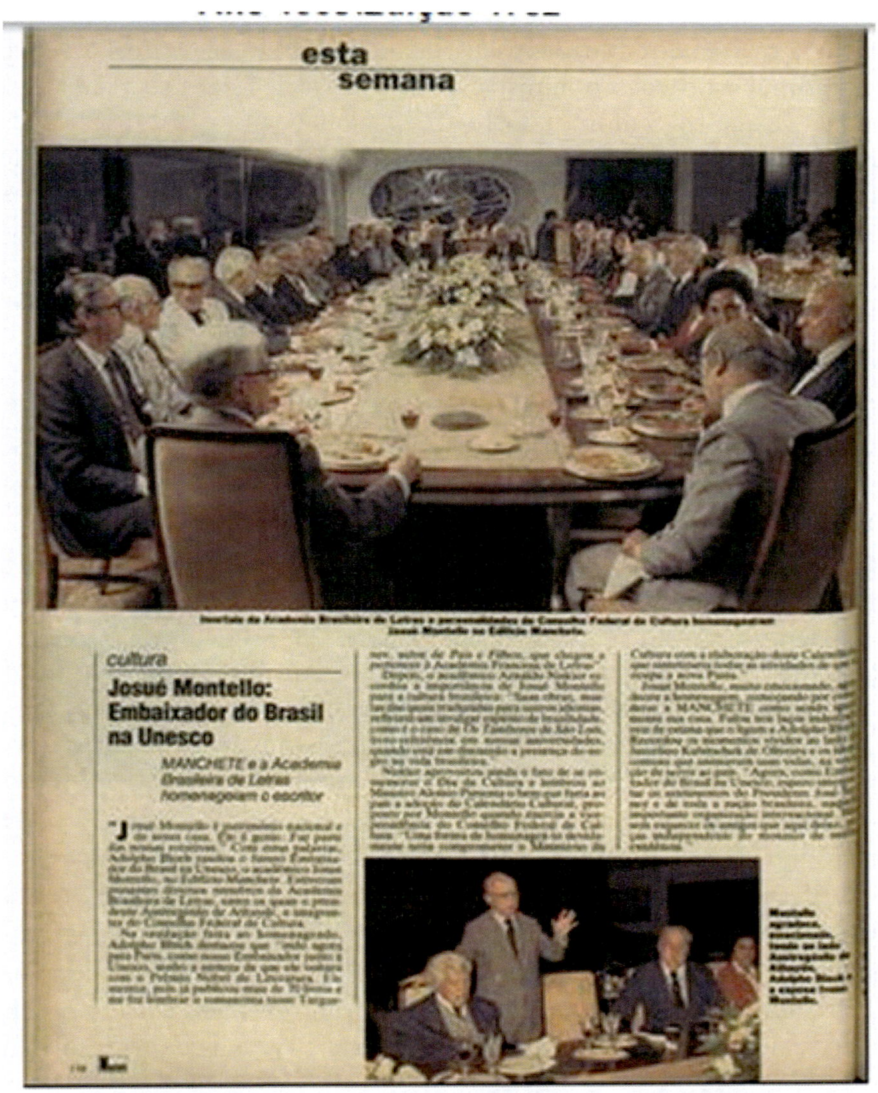

esta semana

cultura

Josué Montello: Embaixador do Brasil na Unesco

MANCHETE e a Academia Brasileira de Letras homenageiam o escritor

Fonte: "Josué..." (1985, p. 118)

Burocracias rotineiras eram despachadas e notificadas para os conselheiros pela secretária Júlia Azevedo. Um ofício do presidente do Conselho Estadual do Maranhão, Jomar da Silva Moraes, informou a realização do Terceiro Encontro Nacional de Conselhos Estaduais de Cultura, nos dias 7 a 10 de setembro de 1986, em São Luís/MA. Foi comunicada a posse de Susana Munhoz da Rocha Guimarães para a SEC/PR; e de Luiz Renato de Paiva Lima para a SEC/AL. Informes que aumentaram a sensação de alijamento dos conselheiros diante das atividades nacionais e estaduais da cultura. O único convite oficial ao CFC foi destinado pela comissão organizadora do encontro de museus no Rio de Janeiro. Os Conselhos e as Secretarias de Cultura articulavam-se e organizavam-se politicamente sem o acompanhamento e a presença do CFC.

O *Jornal do Commercio* publicou uma reportagem sobre os primeiros abonos fiscais destinados à cultura via Lei Sarney. Em cerimônia pública, o ministro entregou para a Secretaria de Cultura do Distrito Federal uma relação de entidades cadastradas e aptas a receber doações de pessoas físicas e jurídicas. Para estimular doações, o ministro doou o valor de Cz$ 10.000,00 (dez mil cruzados) para a Fundação da Orquestra Sinfônica do Teatro Nacional de Brasília. A ação foi replicada pelo governador José Aparecido de Oliveira, no mesmo dia, em cerimônia oficial no Palácio Buriti/DF, com valor equivalente ao do ministro, e reuniu cerca de Cz$ 11.700,00 (onze mil e setecentos cruzados) do seu secretariado para a fundação (CULTURA..., 1986, p. 14).

Enquanto algumas instituições recebiam valores para servir de paradigma ao mecenato federal, na 1.005ª Sessão Plenária o conselheiro Carlos Chagas manifestou seu desconforto em uma reunião do Conselho Universitário da UFRJ, quando foi informado da exclusão das universidades no cadastro de instituições culturais arroladas no Plano de Cultura que acessariam os recursos da Lei Sarney. Chagas afirmou que a situação foi um "flagrante desrespeito" (BRASIL, 1971-1989, n. 56-65, p. 239) com as instituições universitárias, formadoras e difusoras da cultura, e discordou da posição de Celso Furtado, pois, diante da compreensão antropológica da cultura que o ministro advogava, jamais poderia permitir tal disparate.

Fábio Magalhães respondeu ao conselheiro Carlos Chagas e alertou que as universidades eram vinculadas ao MEC, portanto estavam assistidas pelos fomentos do FNDE, um "incentivo fiscal muito importante" (BRASIL, 1971-1989, n. 56-65, p. 239) com um valor maior do que estava disposto na Lei Sarney. Entretanto as universidades poderiam apresentar projetos de instituições culturais de pesquisa ou de difusão, como museus, arquivos e de patrimônio. Carlos Chagas contrapôs a explicação do secretário da cultura e afirmou que a universidade como um organismo de educação, pesquisa e cultura não poderia ser excluída do projeto de incentivo fiscal do MinC.

Newton de Almeida Rodrigues concluiu que, conforme o critério adotado pelo MinC, a "doação" da Lei Sarney poderia ser destinada "a um circo e não a uma pesquisa universitária" (BRASIL, 1971-1989, n. 56-65, p. 240). Os circos foram inclusos como uma modalidade a ser favorecida pela Lei Sarney por uma emenda proposta pela deputada Bete Mendes.

Entretanto, além da intervenção depreciativa de Newton Rodrigues para o fomento público ao circo, o conselheiro fez ilações sobre uma suposta disputa entre o MEC e o MinC. Fábio Magalhães declarou inexistir qualquer rivalidade entre os ministérios, mas sim cooperação. E, após a regulamentação da Lei Sarney, "tanto as pesquisas, quanto às atividades circenses seriam beneficiadas" (BRASIL, 1971-1989, n. 56-65, p. 240).

A atividade circense sendo fomentada em detrimento da acadêmica evidenciava as divergências entre os que defendiam a prevalência das artes clássicas e do conhecimento científico sobre o primitivismo da cultura popular, representada pelos circos e aqueles que defendiam a equidade. Essas dissensões demarcavam como os conselheiros observavam as novas reorientações políticas do MinC. A escala de valor mobilizada por Newton Rodrigues endossou a defesa da consagração da universidade, na qual o MinC deveria estar vinculado pela ciência, pela pesquisa e pelo patrimônio.

A conselheira Alice Barroso, na 1.006ª Sessão Plenária, antes do Terceiro Encontro Nacional de Conselhos Estaduais de Cultura, advertiu o colegiado de que a ausência do CFC no conclave seria "uma terrível omissão" (BRASIL, 1971-1989, n. 56-65, p. 242). Eduardo Portella anunciou que Fábio Magalhães seria o representante do CFC no evento. O secretário da SEC, membro nato do MinC no CFC, não teria a autorização e a representação legítima do plenário, mas os conselheiros aceitaram com desconforto a indicação.

Os conselheiros sentiam o gosto amargo da exclusão política. Os notáveis estavam habituados ao cortejo, às honrarias da função, ao tratamento com distinção sendo reconhecidos como personalidades ilustres da cultura nacional. Porém, desde 1983, com os Fóruns dos Secretários Estaduais de Cultura, o isolamento do CFC tornou-se público e crescente. A exclusão das ações políticas dentro da estrutura do MEC iniciou com Aloísio Magalhães e Marcio Tavares d'Amaral, quando propuseram uma revisão política do órgão, embora sem sucesso. Contudo a paulatina vinculação do CFC como fruto da ditadura tornou o órgão um pária dentro do Estado em períodos de democratização. E a maior perda de poder do CFC perante os órgãos culturais estava relacionada com a retirada da competência para a concessão de subsídios aos projetos culturais.

O CFC foi colocado à prova por todos os lados da administração da cultura, e os conselheiros prenunciavam a morte institucional do órgão. No MinC, os rituais políticos considerados tradições pelos conselheiros eram rompidos repetidamente. Maria Alice Barroso declarou um estranhamento ao "*modus faciendi* da nomeação de Gilberto Freyre" para o CFC, por meio de uma "simples portaria" (BRASIL, 1971-1989, n. 56-65, p. 242), sem convocação de posse. Na 1.007ª Sessão Plenária, a conselheira ratificou que Freyre se sentira constrangido com a informalidade da nomeação.

Mesmo diante de situações controversas, alguns conselheiros ainda mantinham esperanças de restabelecer relações políticas com o MinC. Ubiratan Borges de Menezes enalteceu a palestra de Celso Furtado na ESG, na qual abordou a Política Nacional de Cultura, a censura cultural e a censura dos costumes.

O assunto da exclusão das universidades foi tema da reportagem do *Correio Braziliense*, assinada por Rubens Araujo (1986, p. 16), na qual observou que o impasse deveria ser resolvido pelo MinC. Para esclarecer o assunto, entrevistou Ângelo Oswaldo de Araújo Santos. O chefe do gabinete ministerial argumentou que as verbas do MEC representavam "33 vezes mais recursos que o MinC", e uma universidade como a UFRJ possuía um orçamento de um "bilhão e 500 mil cruzados", enquanto o MinC recebia apenas dois terços desse valor; outrossim, "46% dos recursos da Funarte" eram aplicados em projetos de pesquisas universitárias.

A ata da 1.008ª Sessão Plenária registrou a designação de Heloísa Lustosa para ser a representante do CFC no Terceiro Encontro Nacional de Conselhos Estaduais de Cultura. Newton Rodrigues informou acompanhar as ações do MinC pelos jornais e mencionou a reportagem publicada sobre a regulamentação da Lei de Incentivos Fiscais, matéria sobre a qual o CFC, por motivos "ponderáveis", não conseguiu se pronunciar em tempo hábil, prova da "marginalização" do órgão perante o MinC (BRASIL, 1971-1989, n. 56-65, p. 245).

Praticamente um mês depois, na 1.009ª Sessão Plenária, a secretária Julia Azevedo notificou o recebimento de documentos referentes à regulamentação da Lei de Incentivos Fiscais, Decreto 93.335, de 3 de outubro de 1986, enviados pelo gabinete do ministro. Joaquim Itapary Filho, assessor de confiança de Sarney dentro do MinC, coordenou a redação final da Lei 7.505, de 2 de julho de 1986, batizada Lei Sarney de Incentivo à Cultura, e a sua regulamentação, além de auxiliar a redação da CF-1988.

A conselheira Maria Alice Barroso informou aos colegas que a comissão composta pelo CFC para análise da minuta do decreto de regulamentação encaminhara numerosas proposições, mas não foram aceitas pelo MinC. A ata da reunião registrou intensos debates, contudo não foram publicados na seção "Estudos e proposições", provavelmente por conta das polêmicas expressas. O *Boletim* apenas registrou a desistência do CFC em compor a comissão, com um membro de cada câmara setorial, para uma audiência com o ministro Celso Furtado. A desistência do agendamento com o ministro não significou apenas um declínio administrativo no encaminhamento de o CFC e MinC trabalharem juntos, mas a constatação da nulidade de qualquer acordo político entre as partes. Ainda na ata, Newton Rodrigues indicou que o texto da regulamentação da Lei 7.505/1986 estava em desacordo com a deliberação da Comissão Especial, da qual Miguel Reale fora membro, cujo Art. 22 estava ambíguo e sem corresponder ao que preceituava os objetivos da Lei de Incentivos Fiscais (BRASIL, 1971-1989, n. 56-65).

O registro da ata da 1.009ª Sessão Plenária materializou o ceticismo do CFC em relação ao MinC. Os desapontamentos com as ações apartadas das orientações do CFC foram amarguradamente registrados. Heloísa Lustosa, no relato da sua participação no Terceiro Encontro Nacional de Conselhos Estaduais de Cultura, sinalizou que o evento foi composto majoritariamente por "queixas e lamúrias" com "fatos que atentavam contra a Cultura", mas todos "já consumados" (BRASIL, 1971-1989, n. 56-65, p. 248). Segundo as reclamações dos conselheiros estaduais, não seria somente o CFC que estava isolado das decisões do MinC. Na 1.010ª Sessão Plenária, Lustosa reiterou que as reivindicações do encontro seriam apoiadas pelo CFC e encaminhadas para o MinC.

As disputas entre os governos estaduais e o distrital com o governo federal foram demonstradas em uma reportagem do *Correio Braziliense* (A FCFC..., 1986), que colocou em xeque uma afirmação do ministro Celso Furtado em relação ao espaço Mário de Andrade na Funarte, sede de Brasília, projeto do arquiteto Hermínio Bello de Carvalho, ocupado por um órgão distrital. Reynaldo Jardim, em entrevista para o jornal, explicou que a Fundação Cultural do Distrito Federal não tomara a sede da Funarte, mas sim o governo do Distrito Federal. A matéria denominou como nebulosa a atitude do MinC, pois a Funarte possuía sede no Rio de Janeiro, cidade onde também existia uma Secretaria Estadual e Municipal de Cultura. O jornal advertiu que, na gestão de Ney Braga no MEC, e de Roberto Parreira na Funarte, o órgão desenvolvera projetos de grande porte no governo Geisel, e a mais "funarteana" das funcionárias era a filha do general presidente Amália Luci Geisel, responsável pelo folclore.

No dia 27 de outubro de 1986, o *Jornal do Commercio* noticiou que o gabinete da Casa Civil da Presidência, o Ministério do Planejamento e o Ministério da Cultura realizariam o III Encontro Governo — Sociedade, em Brasília. O terceiro ciclo do evento realinhou o diálogo entre o governo e sociedade "pretendendo um comportamento mais aberto e operativo", segundo o jornal, para fornecer as bases de atuação do ministro Marco Maciel em "matérias como os direitos dos cidadãos" (III ENCONTRO..., 1986, p. 3). A reportagem registrou a participação discreta da conselheira Heloísa Lustosa no evento.

As reclamações quanto aos trâmites dos processos da Lei Sarney e o conjunto das queixas relatadas pelos conselheiros estaduais não foram publicadas no *Boletim*. Como o número do periódico que registrou esse contexto foi publicado somente em 1989, pode ser que ele tenha passado por uma edição ou censura no teor do seu texto pelo MinC, já que os debates polêmicos estavam sendo publicados na íntegra para a seção "Estudos e proposições", a partir de 1985.

6.9 Antecâmara da morte

Enquanto as divergências se tornavam explícitas entre o CFC e o MinC, o conselho foi objeto de proposta para uma reestruturação pelo ministério. Os conselheiros, desde a criação do MinC, debatiam insistentemente as funções retiradas do seu órgão e aguardavam o retorno das suas competências. O CFC ansiava retornar ao seu início, quando foi considerado uma instituição com credibilidade cultural, um órgão opinativo e executivo, que assinou ao longo da sua história numerosos convênios. Para tanto, seria necessário retomar a "prerrogativa de eleger o próprio presidente" (BRASIL, 1971-1989, n. 56-65, p. 250), conforme os registros da ata da 1.010ª Sessão Plenária. Miguel Reale apresentou o Parecer 2.763/1986 com uma proposta para a reestruturação do órgão, aprovada na 1.012ª Sessão Plenária. Os conselheiros aprovaram o parecer a fim de contestar o que fora proposto pelo governo via Decreto 83.881/1986. O documento elaborado pelo MinC ratificou apenas uma recondução por membro; pretendia-se acabar com os mandatos quase vitalícios dentro do CFC. Os conselheiros consideraram o texto esdrúxulo, e não pouparam críticas ao conteúdo, como se o MinC com a reestruturação estivesse a fazer favores ao órgão conselhista, registrou a ata da 1.012ª Sessão Plenária (BRASIL, 1971-1989, n. 56-65).

No dia 28 de outubro de 1986, Vianna Moog completou 80 anos, e seus amigos homenagearam o advogado partícipe das hostes da Aliança Liberal, em 1930, e constitucionalista, em 1932. O conselheiro foi um opositor do Estado Novo, e os conselheiros ressaltaram que fora nos momentos de exílio, em seu próprio país, que Vianna Moog escrevera romances que ajudaram a interpretar a história do Brasil, conforme as homenagens registradas na ata da 1.013ª Sessão Plenária (BRASIL, 1971-1989, n. 56-65).

A rotina de homenagear os mandatos e as memórias dos conselheiros permanecia inalterada e visava salvaguardar a história do CFC e dos notáveis membros. No Dia Nacional da Ciência e da Cultura, em 5 de novembro de 1986, foi registrada, na ata da 1.015ª Sessão Plenária, a aprovação unânime do parecer de Miguel Reale sobre o anteprojeto para a regulamentação do conselho. O *Boletim* do CFC relativo aos meses de janeiro, fevereiro e março de 1987, publicado apenas em agosto de 1989, apresentava as tradicionais seções "Atas", "Pareceres" e "Estudos e proposições", mas com uma nota editorial prometendo o retorno da regularidade de impressão do periódico.

No dia 12 de janeiro de 1987, na 1.021ª Sessão Plenária do CFC, Eduardo Portella relatou uma reunião com o ministro Celso Furtado acompanhado de Geraldo Bezerra de Menezes. A audiência fora solicitada por meio de ofício assinado pelo vice-presidente e justificada porque o assunto das atribuições do CFC retornava com frequência ao plenário. Na reunião, segundo o relato, o ministro manteve-se contrário ao parecer elaborado por Miguel Reale sobre a reestruturação do órgão.

Na seção "Estudos e proposições" do *Boletim*, foi publicado um compêndio dos discursos da sessão plenária denominada "As atribuições do Conselho Federal de Cultura" (1987). Os posicionamentos dos conselheiros ilustraram a disputa pública travada entre o ministro e os membros do CFC. Furtado insistiu na tese de que a Funarte e a Pró-Memória absorveram as funções do CFC, "até com a participação, com a cumplicidade do Conselho, o próprio Órgão reduzia seu espaço" (AS ATRIBUIÇÕES..., 1987, p. 47).

Celso Furtado repetiu as palavras proferidas na visita oficial de meses antes, no plenário do CFC. O órgão foi criado em um contexto específico, em outra realidade, e não tinha mais a competência de organizar as políticas culturais após a criação do MinC. Entretanto o ministro não defendera a extinção do CFC, advertiu Portella, mas "ficou explícita uma espécie de extinção tácita", justificada pela distância geográfica, que era um impeditivo para um diálogo próximo entre o CFC e o MinC (AS ATRIBUIÇÕES..., 1987, p. 50).

Para o ministro, as funções de assessoramento, normatização e planejamento da cultura, sem atuação executiva do CFC, geravam uma "dificuldade em delimitar a faixa operativa". Eduardo Portella reiterou que o ministro não reconhecia as antigas atribuições do órgão como atuais, cujas competências "daria razão à própria existência da instituição". Os representantes do CFC alertaram que, se restauradas as antigas atribuições do órgão, isto geraria uma "sistematização" e "maior racionalidade para as ações culturais do Ministério", no entanto a "estrutura de condução executiva" (AS ATRIBUIÇÕES..., 1987, p. 48-50) fora retirada do CFC, porque não existiam verbas para um trabalho adequado.

Portella indicou que o CFC, perante o MinC, era uma instituição figurativa: "Não há sequer um cargo de vice-presidente do conselho. Essas terminologias que circulam aqui, amavelmente, são cortesias maiores ou menores, mas sem nenhuma realidade institucional efetiva", pois não ocorria a distinção do cargo pela "existência administrativa de determinada função". O cargo de vice-presidente do CFC seria um "estado de espírito, de cortesia e de fraternidade", afirmou Portella. Entretanto, o ministro, ao centralizar a gestão e excluir o CFC de assumir "atitudes e decisões políticas", trouxe para si o desgaste político em questões polêmicas, a exemplo do setor cinematográfico, que poderiam ser assumidas pelo Conselho (AS ATRIBUIÇÕES..., 1987, p. 50-51), advertiu Portella.

A constatação de Portella suscita duas questões para uma análise da disputa entre o ministro e os conselheiros. A primeira, a de que o órgão existia simbolicamente como uma confraria sem o reconhecimento administrativo do MinC, mas, ao mesmo passo, o ministro não tinha autorização para desativá-lo. A segunda, a de que existia a esperança imperativa dos conselheiros em retomar as atribuições executivas do CFC, com demandas e poder deliberativos.

Francisco de Assis Barbosa historiou que o órgão em gestões passadas fora composto por representações de áreas específicas, notórios estudiosos, a exemplo de Andrade Muricy e Octávio Farias. E que, ao longo do tempo, as representações setoriais foram esvaziadas e perdidas. Justificou sua participação na audiência com o ministro porque pretendeu reivindicar isonomia salarial e recursos para os trabalhadores das instituições federais de cultura, pois inexistia equiparação salarial entre a FCRB, a Fundaj e outras instituições. Ao debater esse assunto com o ministro, suas reivindicações foram interpretadas pelos séquitos ministeriais como uma defesa pessoal do seu salário. Indignado, esclareceu que recebia seu salário com regularidade, pois era procurador do estado do Rio de Janeiro e não dependia da FCRB, o que não acontecia com os seus companheiros de instituição. Embravecido com as interpretações acerca das suas reivindicações, declarou que o MinC deveria estruturar um "reloteamento de pessoal" (AS ATRIBUIÇÕES..., 1987, p. 52), pois existiam funcionários da Funarte e da Pró-Memória que desejavam ser transferidos para outras instituições. Para Francisco de Assis Barbosa, a situação laboral do MinC era uma mixórdia e uma anarquia. O CFC, em seu quadro funcional, tinha técnicos de outras unidades que poderiam ser mais bem aproveitados em outros espaços, porquanto o órgão não poderia ser transformado em um cabide de empregos, tampouco depósito para descarte profissional (AS ATRIBUIÇÕES..., 1987).

Francisco de Assis Barbosa lembrou que o ministro Aluísio Pimenta fora um "macaco em loja de louças" (AS ATRIBUIÇÕES..., 1987, p. 53). E que sua gestão somente causara confusão no funcionalismo do MinC e do CFC. O conselheiro afirmou que Pimenta designara dois representantes delatores do MinC dentro do conselho. Diante de todas as arbitrariedades históricas, os conselheiros não poderiam se pronunciar contra o MinC, e só lhes restava solicitar a demissão.

O conselheiro Newton Rodrigues respondeu a Portella que o cargo de vice-presidente do CFC não poderia ser considerado um ectoplasma. Porque era um cargo eleito pelos pares. Afirmou: "Ectoplasma no momento é o Conselho, que o ministro admite como tal, desde que não pretenda se corporificar". Ao CFC, advertiu o conselheiro, caberia definir se se diluiria ou materializar, pois, na história do órgão, o conselho mostrara-se muito ativo em períodos difíceis. "Tivemos até reuniões secretas, pareceres, etc... quando o provecto Pimenta, como o chama o conselheiro Francisco de Assis Barbosa, mexeu na estrutura desse Colegiado" (AS ATRIBUIÇÕES..., 1987, p. 53, 52). À época, foram traçadas numerosas estratégias para que o CFC assegurasse o seu espaço e a sua composição.

Newton Rodrigues, ao avaliar o exposto por Eduardo Portella, considerou existirem dois únicos caminhos para o CFC: "Definir se quer ter um espaço, ou se vai ficar como um peru esperando a degola". Nesse caso, a melhor opção seria encontrar um espaço para reposicionar as suas competências, indicou, pois "o natal está muito longe, estamos em janeiro", e alertou que se "deveria estabelecer um determinado tipo de estratégia" para fugir da morte anunciada (AS ATRIBUIÇÕES..., 1987, p. 54, 53).

O conselheiro mencionou a Lei Sarney e a competência atribuída pelo Congresso Nacional ao CFC, que lhe conferira resistência:

> A lei nos garante — isso foi levantado, incidentalmente, na conversa, ao Ministro determinado tipo de atribuição. Ela diz, por exemplo, que o Conselho pode suspender a ajuda a qualquer entidade, quando achar que esta não está atuando de acordo com os objetivos para os quais a ajuda foi concedida. Isso implica, inclusive — aí discordo um pouco do nosso Presidente — em certa função executiva, desde que o Conselho procure aparelhar-se. Ele tem uma função que é dada por lei e deve procurar assumi-la. Se o ministro, o presidente da República ou quem quer que seja o mantiver sem meios, pelo menos estamos morrendo gritando. (AS ATRIBUIÇÕES..., 1987, p. 54).

Newton Rodrigues convocou seus pares para resistir à morte programada do CFC. "O caminho que vejo é este: pegar a ponta da fieira que existe, que é uma atribuição legal, burlada numa portaria que não tinha autoridade para tanto e procurar exercê-la". Nesse sentido, caberia aos conselheiros ir à luta. "Fora disso, há o caminho do Congresso, que foi o único órgão que nos demonstrou alguma consideração" (AS ATRIBUIÇÕES..., 1987, p. 54).

Sobre a posição de demissão voluntária, o conselheiro afirmou:

> Não acho, também, que os Conselheiros que estejam em desacordo com o Ministro, devam pedir demissão, porque o cargo não é dado pelo Ministro. O conselheiro tem um mandato. O colegiado, por exemplo, quase por unanimidade, foi contra os pontos de vista do Ministro Pimenta e nenhum de nós se demitiu por causa disso. (AS ATRIBUIÇÕES..., 1987, p. 54).

Com base nessa análise, é possível evidenciar algumas estratégias para reposicionar o CFC na disputa política com o MinC. O CFC, ao ser reestruturado e receber durante a sua história novos membros indicados, não alterou o perfil do órgão. Se, de um lado, o CFC, ao envelhecer, perdia a relação de pertencimento com o Estado, que se ressignificava a cada gestão, por outro, os membros, apesar da sua trajetória e notoriedade, perdiam relevância na nova rede cultural que se formava, ou seja, o órgão não tinha ressonância e reconhecimento, nem dentro nem fora do Estado.

Os conselheiros reclamavam da ausência de uma consideração, pelos órgãos de cultura, para com a história do CFC. De onde menos se esperava, ou seja, do Congresso Nacional, foi delegada a função estratégica de acompanhar os projetos habilitados pela Lei Sarney, proporcionando-lhe uma sobrevida. O CFC vinculado à Lei Sarney não poderia ser extinto, a menos que houvesse uma revisão da lei de incentivos fiscais. Newton Rodrigues afirmou que o CFC não era ingênuo de se dirigir ao parlamento e reclamar a sua responsabilidade, sem antes procurar o Executivo (AS ATRIBUIÇÕES..., 1987).

Eduardo Portella indicou que as atribuições excluídas do CFC foram resultadas de ações progressivas. Observou que o órgão fora "altamente frequentado pelas entidades culturais, pois opinava sobre os subsídios financeiros" (AS ATRIBUIÇÕES..., 1987, p. 55) para as instituições, função excluída. Nesse debate, o nome de Aloísio Magalhães não foi mencionado como um dos culpados pelo processo de remoção das responsabilidades, tampouco de Portella, que à época de ministro do MEC nomeara Marcio Tavares d'Amaral para o DAC, responsável por alterar o regulamento do CFC à revelia do conselho.

As digressões dos conselheiros para ilustrar os fenômenos históricos que ocasionaram as exclusões das funções do CFC eram percebidas pela paulatina retirada de poderes. Heloísa Lustosa ponderou que existia uma injustiça contra o ministro Aluísio Pimenta, pois o decreto de criação do MinC destituíra do CFC o seu principal poder de articulação política: a presidência do conselho, portanto, direito retirado por José Aparecido de Oliveira, o primeiro ministro do MinC.

Eduardo Portela realizou uma análise do contexto em que iniciara o processo de perda dos poderes do CFC, fato agravado com Aluísio Pimenta, mas localizado antes da sua gestão:

> Realmente esse ato é anterior ao ministro Aluísio Pimenta. É um conjunto de providências progressiva, que vem desde a retirada das atribuições do Colegiado, que era altamente frequentado pelas entidades culturais, pois opinava sobre os subsídios financeiros às instituições culturais. Os conselheiros eram relatores desses processos. Em função disso, mais difícil imaginar-se que existe alguma coisa fora da estrutura de poder. A última extinção foi do carro, que foi, de fato, na gestão do Ministro Pimenta. Lamento dizer porque, repentinamente, me vi pedestremente tendo de rever os meus reflexos. (AS ATRIBUIÇÕES..., 1987, p. 55).

Maria Julieta de Andrade, em suas poucas participações nas reuniões do CFC, concluiu que as competências do órgão retornavam ao plenário como matéria *ad aeternum*. Para resolver essa questão, sugeriu enviar o assunto à imprensa, criando uma comoção pública em favor do CFC. A única filha de Carlos Drummond de Andrade falecera no dia 5 de agosto de 1987, acometida por um câncer, e não pôde acompanhar a finalização do assunto no MinC.

Eduardo Portella mostrava-se angustiado com a inexpressividade política do cargo recebido e já estava arquitetando novos projetos. Aos amigos conselheiros, prometeu solidariedade e o cumprimento das deliberações do plenário a fim de "esgotar todas as instâncias da negociação". com o MinC. Para ele, "uma vez esgotadas" as negociações, o CFC poderia "fazer um saudável lobby junto à Assembleia Nacional Constituinte", a ser acompanhado pelo "trabalho de imprensa" para uma "mobilização de opinião" (AS ATRIBUIÇÕES..., 1987, p. 55). A proposta seguia na contramão do que os jornais diariamente opinavam, além de inexistir um clamor público favorável ao CFC. Entretanto os conselheiros ainda acreditavam nas influências dos cânones nacionalistas dos anos 30.

Portella alertou que o "CFC deveria realinhar as atividades básicas do Conselho e caracterizar as suas necessidades, pleiteando a devolução destas atribuições para que a Casa possa corresponder às suas obrigações". Praticamente um discurso de despedida. Na sequência, Newton Rodrigues reafirmou a necessidade de o CFC transformar o pouco que lhe restava de sobrevivência política. Lembrou que o papel a ser exercido pelo CFC perante a Lei Sarney fora atribuído pelo Congresso Nacional "gratuita e voluntariamente", sem lobby e sem articulações políticas, sinalizando um instrumento legal para "restaurar" a "existência efetiva" do Conselho Federal (AS ATRIBUIÇÕES..., 1987, p. 55-56).

Os conselheiros apresentaram impressões diferentes sobre os processos políticos estabelecidos na nova República. A presidência do CFC não poderia ser do ministro, concluiu Abgar Renault. Essa ação deslegitimou o CFC, já que o CFE escolhia seus presidentes entre seus pares. Geraldo

Bezerra de Menezes esclareceu que a nomeação dos presidentes dos conselhos era definida pelos ministros de cada pasta, mas o MinC fora o único que havia determinado que o ministro assumisse a presidência do seu conselho, advertiu o conselheiro (AS ATRIBUIÇÕES..., 1987).

O governo Sarney, com as reformas administrativas e a formulação do PND, redefiniu o papel dos conselhos. Por mais que o CFC tentasse reagir, não seria exitoso. Portanto, o mais adequado seria uma transferência de poder ao vice para retirar essa mácula de que os membros que assumissem a vice-presidência eram transformados em elementos figurativos (AS ATRIBUIÇÕES..., 1987).

Eduardo Portella avaliou que a maior reivindicação dos conselheiros seria a de retornar os princípios do CFC, elaborados na década de 1960. O órgão deveria se autoavaliar considerando a conjuntura dos anos 80 e iniciar o diálogo com distintas perspectivas políticas e teóricas. Por exemplo, o CFC poderia convidar especialistas para consultorias técnicas, sugeriu Portella. Acolhida a sugestão, foram criadas duas comissões, uma para aprofundar a questão da "cultura de massa" e outra "dedicada à língua" (AS ATRIBUIÇÕES..., 1987, p. 58). Esses assuntos incomodavam profundamente os conselheiros, preocupados com os estrangeirismos na cultura nacional. Em virtude da falta de verba, essas comissões foram inviabilizadas.

Portella alertou aos conselheiros que o CFC abdicasse da postura política hermética envolta na sua tradição e fugisse das deliberações carregadas de valores morais conservadores. Moniz Aragão lamentou que o CFC fora alcunhado perversamente pelos seus desafetos de ser uma "Academia de Letras de segundo nível". O ex-ministro e ex-presidente do CFC historiou que, ao aceitar a ideia de Josué Montello encetada com o presidente Castello Branco para a criação do CFC, solicitara que o órgão contivesse o "mesmo nível hierárquico, a mesma autoridade e independência" (AS ATRIBUIÇÕES..., 1987, p. 56) do CFE. E que, para a composição do seu colegiado, deveriam ser consideradas as diversas áreas de cultura e representar todas as regiões do país. Nomes como Arthur Cezar Ferreira Reis, do Amazonas, e Moisés Vellinho, do Rio Grande do Sul, patentearam no interior do CFC uma tradição de duas décadas, inserindo os critérios de regionalidade e especialidade. Todos os conselheiros foram substituídos considerando local de origem e área de atuação. No entanto esses critérios de nomeação para novos conselheiros foram extintos. Conselheiros decanos, como Moniz Aragão, tentavam justificar por outras vias a perda de poder do CFC, e relacionavam-no com a não atualização política do órgão.

Heloísa Lustosa sugeriu que fosse realizada pelos conselheiros uma autocrítica. Uma proposta desconfortável para os conselheiros, que entendiam a tradição como algo imutável. A conselheira sugeriu um reexame do esvaziamento político que atingira o CFC, pois seria imprescindível repensar as responsabilidades coletivas do governo e do conselho. Lustosa concluiu que a sua nomeação para o cargo, seis anos antes, mantivera o "respeito pelo critério de representatividade cultural" (AS ATRIBUIÇÕES..., 1987, p. 61). A exposição aludiu que o desrespeito com o CFC surgira com a criação da SEC e fora aprofundada com a criação do MinC. Lembrou-se de que presenciou discussões calorosas dentro do órgão. Miguel Reale, por exemplo, em numerosas plenárias defendeu que o CFC deveria conter maior dinamização para encaminhar propostas, e não apenas aguardar solicitações do gabinete ministerial. A conclusão da conselheira apontou que o CFC, ao esperar o comando das incumbências, sem proatividade, acomodara-se.

Lustosa sinalizou uma culpa coletiva do CFC nesse processo. Se a Funarte absorveu as funções do CFC, a Seac alterou a sua estrutura administrativa:

> Quanto aos atos oficiais, que nos atingiram, o primeiro foi, sem dúvida a criação da Funarte que passou a exercer, grande parte das nossas atribuições, até então. Após a

criação da Secretaria de Cultura, seu primeiro Secretário, que, curiosamente, participava assiduamente das nossas reuniões, aprovou medidas de tal ordem desprestigiantes para a Casa que chegaram ao ponto de alterar nossos regimentos internos. Assisti, então, à mais tensa de nossas reuniões quando, pela primeira vez, as portas desta Sala foram fechadas e as pessoas que acompanhavam nossa reunião convidadas a se retirarem.

Na presença do mesmo secretário, os conselheiros Afonso Arinos e Miguel Reale repudiaram, veementemente, em nome do Conselho, tais medidas, considerando, entre outros tantos pontos contestados, eu me lembro bem, que regimentos internos não elaborados pelo próprio Órgão seriam, no máximo, regimentos externos. Apoiado pelo Ministro, o Conselho viu o Secretário recuar de suas intenções. (AS ATRIBUIÇÕES..., 1987, p. 61-62).

Entretanto, o ministro à época era o Eduardo Portella. A conselheira Heloísa Lustosa, valendo-se de suas memórias, mencionou que Aluísio Pimenta concordara em sua gestão de rever o cargo de presidente do CFC ocupado pelo ministro. Entretanto alertou:

Do mesmo modo, quando da execução, pelo então Ministro das medidas determinadas pelo Ministro anterior quanto à extinção do cargo de Presidência do Conselho, nossas contestações foram novamente atendidas pelo Ministro em exercício, que concordou com a volta da presidência nos termos anteriores.

O que só não chegou a ser concretizado em função de sua substituição e posse do atual Ministro. Parece-me, assim, bastante evidente que, quando este Conselho age usando sua autoridade e o prestígio inegável dos seus membros, ele se impõe. Não será este o caminho? Ao mesmo tempo que reformulamos nossa própria linha de atuação, corrigindo qualquer postura constatada equivocada? (AS ATRIBUIÇÕES..., 1987, p. 62).

Ao mesmo passo, a análise da conselheira Heloísa Lustosa endossou a avaliação de Miguel Reale e Eduardo Portella de que o CFC deveria agir com protagonismo e efetividade. No entanto o distanciamento entre o MinC e o CFC estava materializado. Na 1.022ª Sessão Plenária, a secretária Julia Azevedo comunicou o convite do ministro Celso Furtado para o CFC participar do 50º aniversário da Sphan, no dia 13 de janeiro de 1987. O convite, anunciado no mesmo dia da cerimônia, aumentou as lamentações e o desgaste político do CFC, que esperava a qualquer momento a própria morte. A ausência de registros de comentários acerca desse convite na ata pode sugerir duas questões. Na primeira, possivelmente, o assunto foi ignorado pelos conselheiros como o próprio MinC ignorou o CFC. Na segunda, o assunto foi debatido calorosamente e censurado para o *Boletim*.

Entretanto o CFC não passaria ileso às comemorações do órgão federal que foi dirigido por Rodrigo de Melo Franco de Andrade e por Renato Soeiro, dois conselheiros célebres para o órgão, considerados mestre e discípulo. Como forma de acolher as sugestões de Eduardo Portella, o CFC convidou o especialista Joaquim Falcão, professor da Ufpe e diretor da Pró-Memória, para ministrar uma palestra sobre o tema "Problema do patrimônio", conforme registrou a ata da 1.028ª Sessão Plenária. A exposição de Falcão foi publicada na íntegra na seção "Estudos e proposições", sob o título "Fundação Pró-Memória" (1987). Falcão afirmou sobre as matrizes políticas e teóricas do patrimônio na elaboração de políticas culturais:

A História demonstra que é a tensão entre a amplitude dos ideais propostos por Mário de Andrade, que é um documento que forja a ação do Ministério de Capanema, e, depois, começa a ser operacionalizado por Dr. Rodrigo de Melo Franco. É essa tensão entre a amplitude dessa noção do Patrimônio, que seria o Patrimônio Histórico e Artístico Nacional e as condições de exequibilidade para que esse Patrimônio seja defendido e alcançado. Apenas

> para recordar, Mário de Andrade propunha incluir, entre a noção do Patrimônio Histórico e Artístico, a arte arqueológica, a arte ameríndia, a arte popular, a arte histórica, a arte erudita nacional, a arte erudita estrangeira, aplicadas nacionais e aplicadas estrangeiras. (FUNDAÇÃO PRÓ-MEMÓRIA, 1987, p. 109-110).

Com base nesses ícones, as noções de cultura e patrimônio foram instituídas para a formação de uma identidade na diversidade e na complexidade. Cinquenta anos antes, à época da palestra de Falcão, o Estado brasileiro iniciara a organização e a institucionalização das políticas culturais. Sobre a denominação de heroica para a gestão de Rodrigo Melo Franco de Andrade, Joaquim Falcão afirmou:

> Então, eu chamaria essa primeira fase, que alguns classificam de heroica, de fase de alfabetização, de divulgação da ideia, de convencer, não somente a sociedade, mas o Ministro ao lado, o Prefeito, o Governador, o próprio Estado e a sociedade dessa noção, que é fundamental. Temos aí essa tensão. Acho que é uma tensão que perpassa toda a história do Patrimônio Histórico. Vejo — aí minha primeira observação — que essa tensão impulsiona o progresso da noção de Patrimônio Histórico e Artístico, como uma constante noção de amplitude: ampliar, adensar, incluir os excluídos, descobrir o desconhecido. Aloísio Magalhães usava aquela imagem de que o Brasil estava coberto por um tapete, muitas vezes de origem europeia e de que necessitávamos levantar esse tapete, para conhecermos a realidade brasileira nossa. —Iglésias sabe, muito bem — participamos do CNPq, nessa hora, e tivemos oportunidade de trocar ideia com nossos colegas de Ciências Exatas — que isso não é, apenas, um problema da nossa região cultural. (FUNDAÇÃO PRÓ-MEMÓRIA, 1987, p. 110-111).

Segundo Joaquim Falcão, seria preciso retomar as lições de Mário de Andrade e de Aluísio Magalhães para ampliar e adaptar o conceito de patrimônio a fim de encontrar os vestígios da realidade brasileira e garantir a exequibilidade das políticas implantadas.

Na 1.031ª Sessão Plenária, foi anunciada a ausência de Eduardo Portella, por conta de uma reunião com o ministro Celso Furtado. Um dia depois, na 1.032ª Sessão Plenária, o vice-presidente do CFC viajou ao Rio de Janeiro, para uma audiência com o governador Wellington Moreira Franco (BRASIL, 1971-1989, n. 66). Portella prometera, desde janeiro, lutar pelo CFC, mas foi nomeado para a SEC/RJ, conforme noticiou o *Jornal do Commercio*, no dia 21 de março de 1987. Dias antes, em 15 de março, em entrevista para os repórteres Carlos Tavares, Maria do Rosário Caetano e Marilena Degelo, do *Correio Braziliense*, Portella sinalizou que a sua missão na SEC/RJ seria a de estimular a produção dos agitadores culturais para trazer ao debate os núcleos marginalizados para uma efetiva troca cultural e afirmação da identidade. Sobre o CFC, afirmou que seria preciso que o conselho parasse de funcionar em torno de si mesmo e voltasse os olhos para a cultura, viva em sua ampla diversidade. Sobre o Estado, sentenciou: "Na hora de fazer alguma coisa, o Estado lava as mãos. Ele é o Pilatos da Cultura" (TAVARES; CAETANO; DEGELO, 1987, p. 5). Metaforicamente, o vice-presidente do CFC lavou suas mãos e abandonou o CFC antes da sua derrocada.

No dia 5 de maio de 1987, o *Jornal do Commercio* (FURTADO..., 1987) anunciou que o ministro Celso Furtado estava propondo reforma na estrutura do CFC. Na proposta do MinC, os mandatos seriam de dois anos, com representatividades das instituições culturais; por exemplo, os conselheiros do teatro deveriam estar vinculados ao Inacen; e os da música, ao Conselho Nacional de Direitos Autorais. Da composição de 26 membros do Colegiado, 6 seriam recrutados da sociedade civil. A reportagem não explicou quais os critérios adotados para definir os nomes capacitados e reconhecidos, ou seja, nada diferente dos notáveis do CFC.

O ministro, na matéria jornalística, voltou a avaliar o esvaziamento do CFC após a criação do MinC e das instituições Funarte, Inacen, Pró-Memória, FCRB e Fundaj. Para fazer um contraponto ao ministro, o jornal entrevistou o conselheiro Miguel Reale, que relacionou o desmantelamento do CFC à criação da SEC, sob o comando de Aloísio Magalhães. E sugeriu que, antes de qualquer mudança pretendida pelo MinC para o CFC, seria importante verificar a pertinência da existência e das atribuições do órgão.

Ângelo Oswaldo de Araújo Santos afirmou, a Isaura Botelho (2000), que a segunda reforma de reestruturação do MinC e do CFC fora realizada por ele enquanto ministro interino, em 1987. O chefe de gabinete assumiu o MinC na ausência de Celso Furtado, que estava em uma viagem para Bruxelas, a fim de resolver questões relacionadas ao cargo de embaixador da União Europeia.

O *Jornal do Commercio* anunciou a desmobilização das assessorias de alto nível criadas na gestão de Aluísio Pimenta, instituindo em seu lugar o Conselho de Política Cultural como órgão de orientação e assessoramento político, composto por secretários e dirigentes da estrutura federal. A função de assessoria e de orientação competia aos notáveis, fragilizando ainda mais o CFC. Apesar disso, a reforma empreendida pelo ex-prefeito e ex-secretário de Cultura de Ouro Preto, Ângelo Oswaldo de Araújo Santos, manteve a Sphan e recriara a Seac como órgão para gerir as ações da cultura do cotidiano para os grupos socialmente vulneráveis. Foi criada no mesmo projeto a Secretaria de Difusão e Intercâmbio e a Secretaria de Apoio à Produção Cultural, estrutura desenhada pelo ministro interino que renomeara os institutos em fundações. Para as artes cênicas, o Inacen transformou-se em Fundacen; e a Embrafilme tornou-se Fundação Nacional do Cinema. O Instituto Nacional do Livro foi acoplado à Biblioteca Nacional, desvinculou-se da Pró-Memória e foi transformado em Fundação Pró-Leitura.

Uma das críticas de Celso Furtado ao receber e empreender a primeira reforma administrativa no MinC foi a quantidade excessiva de órgãos criados pelas ditaduras do Estado Novo e do golpe de 1964. No entanto essa reforma aumentou o número de órgãos.

O *Jornal do Commercio*, na coluna de Nelbe Chateaubriand (1987), noticiou que o ministro Celso Furtado, pessoalmente, empossara os novos conselheiros do CFC, no dia 10 de novembro de 1987, no Rio de Janeiro. Seria uma forma de armistício do MinC com o CFC? Talvez sim. Talvez não. A colunista insinuou a resposta para essa indagação. Os novos empossados não tinham vinculação com a ABL, exceto o ex-conselheiro José Cândido de Carvalho, que retornara ao plenário.

No dia 26 de novembro de 1987, o *Correio Braziliense*, no caderno cultural "ApARTE", apresentou a reportagem "Lei Sarney tem seus dias contados" e comunicou que retornava para a vice-presidência do CFC o ex-secretário da SEC/RJ Eduardo Portella. Foi anunciada nova nominata para o órgão com intelectuais e artistas como Antonio Callado, Aracy Amaral, Jean-Claude Bernardet e Yan Michalski, declaradamente oposicionistas ao golpe de 1964. O jornal destacou que, dentro do CFC, passaram os "maiores medalhões da cultura brasileira desse século" (LEI..., 1987, p. 23) e lembrou que a ideia de criação da Funarte fora originada no CFC pelo conselheiro José Cândido de Carvalho, seu primeiro presidente. Posteriormente, a Funarte foi presidida por Roberto Parreira, que atuara como secretário-administrativo da Comissão de Legislação e Normas no CFC.

O histórico do CFC vislumbrado na reportagem indicou um possível rompimento das novas nomeações com o passado dos conselheiros decanos, defensores e pensadores da "Revolução de 1964". A *Revista Cultura* do CFC foi classificada nos 31 números publicados como um periódico "do projeto inicial, sisudo, sem fotografias ou ilustrações, ela transformou-se em publicação em cores, com excelente acabamento gráfico, embora editorialmente cheirasse a produto da cultura oficial". A cultura oficial, metaforicamente, cheirava à ditadura civil-militar, mas as cores no novo layout do periódico indicavam, além de um novo acabamento gráfico, uma guinada para a democracia. Em minha pesquisa para esta obra, eu não identifiquei esse novo layout sinalizado pelo jornal, em cores, fosse no mensário *Cultura*, fosse no *Boletim* do CFC. Exceto uma editoração mais elaborada na *Revista Brasileira de Cultura* com papel couchê no seu interior para ilustrar imagens e fotografias, o que trouxe uma sofisticação para o periódico, mas a iconografia permaneceu P&B. Segundo o jornal: "Hoje, a publicação 'está dando um tempo' para se reciclar. Este tempo tem a duração da cansada Nova República, ou seja, quase três anos" (LEI..., 1987, p. 23). Contudo, o que estaria atrasado era o *Boletim*. Segundo os registros das atas, o hiato dos três anos sem publicação foi ocasionado pela crescente falta de verbas destinadas ao CFC.

Ainda nessa reportagem, o conselheiro, embaixador no Peru (1982-1983), diplomata, musicólogo e crítico de cinema, o carioca Vasco Mariz (1921-2017), participou da entrevista e declarou que o presidente da República estava preocupado com as "manobras por trás da Lei Sarney", pois nos bastidores do governo existiam rumores de que, assim que terminasse o mandato presidencial, a referida lei teria "poucas semanas de vida". Nesse sentido, o conselheiro indicou a urgência de se rever o texto da regulamentação da Lei Sarney. No Seminário de Cultura ocorrido em Vitória/ES, João Madeira, representante da empresa multinacional Shell, denunciou: "Já existem entidades de natureza cultural que vendem recibos a empresas patrocinadoras" (LEI..., 1987, p. 23). O conselheiro Mariz alertou que os governadores estavam desviando fontes estaduais da cultura para outras pastas, porque consideravam que a Lei Sarney deveria ser a única fonte de fomento para a cultura.

A reportagem noticiou que o novo CFC, sob a presidência de Celso Furtado e como vice Eduardo Portella, empreenderia como prioridade 12 temas, sobretudo as questões étnicas e raciais:

> A princípio os temas indicados são o baixo nível cultural e econômico da população negra no Brasil; questões indígenas, disparidades sociais e concentração de renda, desigualdades regionais, crise da universidade brasileira, a educação atual do brasileiro (do analfabetismo ao audiovisual), obstáculos à formação de uma classe política, irradiação mundial da cultura brasileira, agressão ao patrimônio brasileiro, a pouca valorização da herança cultural (o brasileiro tem memória?), imprensa e os problemas brasileiros, e contribuição da cultura à economia (a indústria cultural no Brasil). (LEI..., 1987, p. 23).

O Decreto 10.829, de 14 de outubro de 1987, assinado por José Aparecido de Oliveira, regulamentou o Art. 38 da Lei 3.751, de 13 de abril de 1960, que versava sobre a preservação da concepção urbanística de Brasília, de autoria de Lúcio Costa. O modernismo permanecia sendo a grande matriz das políticas culturais e irradiador da cultura brasileira no mundo. Brasília recebeu a chancela de Patrimônio Cultural da Humanidade pela Unesco, em 7 de dezembro de 1987, e o modernismo brasileiro patenteou-se como um importante representante do patrimônio arquitetônico internacional.

O ministro economista colocou como principal plataforma da sua gestão a consolidação da Lei Sarney. Furtado nutria a crença na autonomia de captação de recursos para profissionalizar a produção cultural. Contudo solicitou a exoneração do cargo de ministro, em um gesto de solidariedade partidária após a saída do catarinense Luíz Henrique da Silveira (1940-2015), substituto do maranhense Renato Archer (1922-1996) no Ministério da Ciência e Tecnologia. Os dois solicitaram exoneração do governo Sarney por discordâncias internas no PMDB sobre as políticas econômicas adotadas. Ferron (2017) e Poerner (1997), além das questões políticas e econômicas, apresentam outra versão para a saída de Furtado, relacionada com os recursos escassos da pasta. O norte-americano radicado brasileiro Hugo Napoleão do Rego Neto (1943-) substituiu Celso Furtado até o retorno de José Aparecido de Oliveira.

6.10 O prenúncio do fim

O *Boletim* referente aos meses de janeiro, fevereiro e março de 1989 apresentou nota editorial (BRASIL, 1971-1989, n. 74) informando que até o fim do ano seriam entregues os números atrasados, de 67 a 76. Ao todo, dez boletins para regularizar as publicações do segundo, terceiro e quarto trimestre de 1987, e dos quatro trimestres de 1988.

Na 1.117ª Sessão Plenária, foi anunciada a distribuição dos três números dos anos de 1984, 1985 e 1986, contudo restavam dois números para sanar o atraso. Um debate sobre os entraves financeiros e políticos para manter a regularidade do periódico foram registrados na ata da 1.120ª Sessão Plenária pelo vice-presidente Geraldo Bezerra de Menezes ao explicar que o ministro José Aparecido, presidente do CFC, firmara o compromisso de publicar, no primeiro trimestre de 1989, os boletins dos anos de 1987 e 1988. Da última reunião de março de 1987, registrada nos boletins de números 73 e 74, aos alertas das notas editoriais de setembro e outubro de 1989, foi contabilizado um hiato de 85 sessões plenárias, cujas atas não foram publicadas nos respectivos boletins prometidos, em 1989.

O *Boletim* n.º 74 (BRASIL, 1971-1989, n. 74) apresentou a composição do CFC e a posse dos novos conselheiros nas 1.118ª e 1.119ª Sessões Plenárias. A Câmara de Artes permaneceu presidida por Vasco Mariz e composta por Jean Claude Bernardet, Marcus Accioly e Álvaro dos Santos Pacheco. A Câmara de Letras foi presidida por Abgar Renault e composta por Antonio Callado, Bernardo Élis, Celso Ferreira da Cunha, Elisabeth Figueiredo Agra Marinheiro e Francisco César Leal. Mantiveram-se na câmara os conselheiros José Cândido de Carvalho e Mário Chamie. Geraldo Bezerra de Menezes. Herberto Sales e Eduardo Portella encontravam-se licenciados.

O poeta cearense Francisco Leal (1924-2013) foi jornalista, professor e crítico literário; e a paraibana Elisabeth Marinheiro (1937) atuava como escritora, professora universitária, crítica literária e estudiosa da cultura nordestina.

A Câmara de Ciências Humanas, presidida por Miguel Reale, foi composta por Evaristo de Moraes Filho, Carlos Chagas Filho, Vamireh Chacon e Hélcio Ulhôa Saraiva. O fluminense Evaristo de Moraes Filho (1914-2016) foi advogado trabalhista, escritor, professor universitário, membro da ABL e da Comissão Afonso Arinos para a redação do anteprojeto da Constituição Federal. O sociólogo Hélcio Ulhôa Saraiva foi professor e reitor da Ufpi.

A Câmara do Patrimônio Histórico e Artístico Nacional foi presidida por Raymundo Moniz de Aragão e composta por Francisco Iglésias, Gerardo Mello Mourão, Hélio Ribeiro da Silva e Newton de Almeida Rodrigues. A Comissão de Legislação e Normas, presidida por Abgar Renault e composta por Raymundo Moniz de Aragão, Miguel Reale, Evaristo de Moraes Filho e Geraldo Bezerra de Menezes.

Na 1.118ª Sessão Plenária do CFC, foi anunciada a posse do poeta Ferreira Gullar no CFC. O também poeta, cineasta, crítico e escritor pernambucano Marcus Accioly (1943-2017) declarou seu estranhamento com o recebimento de uma publicação oficial do MinC, na qual o CFC não constava na ficha técnica. E solicitou que esse caso fosse averiguado na Secretaria de Difusão e Intercâmbio Cultural, coordenada por Maria Luísa Librandi (1940-2015), para a inclusão do CFC no organograma do MinC nas próximas publicações (BRASIL, 1971-1989, n. 74).

Lulu Librandi foi secretária internacional do MinC na gestão de Celso Furtado (1986-1988) e organizou a exposição *Modernidade da Arte Brasileira do Século XX*, no Museu de Arte Moderna de

Paris, em 1986. Foi nomeada por José Aparecido de Oliveira para ser diretora executiva da Funarte na gestão de Ziraldo. A gestora protagonizou numerosos conflitos públicos com o cartunista, conforme relatou Botelho (2000). Na gestão de Celso Furtado, a direção da Funarte foi entregue para o compositor e poeta Ewaldo Correia Lima, cuja gestão agradou o ministro, mas desagradou o corpo técnico, pois a instituição ficou estagnada sob o seu comando. As reflexões de Botelho (2000, p. 239) sinalizaram que as instituições criadas no período da ditadura civil-militar eram consideradas "entulhos autoritários" por Celso Furtado. Por isso, foram sistematicamente isoladas na sua gestão, sem a preocupação de compreender as histórias, os projetos e as competências institucionais. O retorno de José Aparecido inspirou os conselheiros a lutar pelo fortalecimento do CFC junto ao MinC, mas, novamente, as ausências do conselho no organograma ministerial ilustraram o não reconhecimento político do órgão.

Abgar Renault, na 1.119ª Sessão Plenária, também observou a ausência do CFC na estrutura do MinC, visto em um guia de eventos organizado pelo ministério. Vasco Mariz relatou que, em conversas com os "altos funcionários" do antigo DAC/MEC, constatara que existia um "grande ciúme do brilho" do CFC. Posteriormente, na criação do MinC, esse "ressentimento explodiu, com muitos procurando esvaziar na medida do possível, o Colegiado" (BRASIL, 1971-1989, n. 74, p. 160).

Além da exclusão do CFC dos expedientes administrativos e dos organogramas oficiais, os conselheiros debateram sobre os rumores de uma possível extinção do MinC, no início de janeiro de 1989. E avaliaram a possibilidade de o CFC se pronunciar sobre esse aniquilamento. Posicionamentos divergentes demarcaram esse debate. Newton Rodrigues afirmou que o CFC fora "muito mais prestigiado quando não havia o Ministério da Cultura" (BRASIL, 1971-1989, n. 74, p. 163).

O jornalista, romancista, dramaturgo e membro da ABL Antonio Callado (1917-1997) defendeu o não pronunciamento do CFC sobre as ilações públicas. Vasco Mariz afirmou que um Ministério da Cultura se fazia "necessário num país tão desprovido de fundos" (BRASIL, 1971-1989, n. 74, p. 163). Os conselheiros deliberaram naquela reunião que o CFC não deveria se pronunciar sobre a possível extinção do MinC, aventada nos jornais. Celso Cunha atentou para os contrassensos da situação, pois com a criação do MinC o CFC deveria ter recebido maior autonomia e melhores condições financeiras, mas não foi o que ocorreu. As instituições culturais perderem as verbas do Fundo de Desenvolvimento da Educação, e as universidades não podiam ser cadastradas na Lei Sarney (BRASIL, 1971-1989, n. 74).

Marcus Accioly esclareceu que a sua preocupação em torno da extinção do MinC se relacionava muito mais com os conselhos, as Secretarias de Cultura e o Fórum Nacional de Secretários Estaduais da Cultura, criados sob a órbita do MinC, pois igualmente corriam o risco da extinção. Geraldo Bezerra de Menezes historiou ao conselheiro que a sua preocupação não tinha "embasamento", já que fora o CFC quem atuara "nacionalmente" para essas instituições existirem antes do próprio MinC (BRASIL, 1971-1989, n. 74, p. 164).

Bezerra de Menezes ainda esclareceu que o assunto de extinção do MinC ocorria por conta das restrições orçamentárias em instituições de pesquisas, como o CNPq e a Financiadora de Estudos e Projetos, mas que a vítima maior fora o CFC, cujas verbas para pagamentos de jetons estavam garantidas somente até março de 1989. Os conselheiros estavam contrariados com a exclusão das universidades no recebimento dos recursos da Lei Sarney, e Celso Cunha em protesto denunciou que a UFRJ estava com "os seus aparelhos sucateados, possuindo verba, tão somente, para pagamento de funcionários e professores" (BRASIL, 1971-1989, n. 74, p. 164).

Na 1.121ª Sessão Plenária, os conselheiros agradeceram ao ministro e ao presidente da República o retorno do conselheiro Mário Chamie à Câmara de Letras para o exercício de um mandato de três anos no CFC. Geraldo Bezerra de Menezes anunciou que Álvaro Pacheco retornaria ao colegiado após ser substituído por Marcio Tavares d'Amaral e que, no mês de maio, findaria o mandato de Miguel Reale e de Moniz Aragão. Desse modo, solicitou que o mês de março fosse destinado para homenagear os conselheiros decanos. A sugestão do vice-presidente veio ao encontro dos cortes de verbas previstos para abril, pois existia a incerteza se o CFC sobreviveria, sem recursos, até maio.

Dois assuntos pendentes foram ainda debatidos naquela reunião, o primeiro foi aventado por Bezerra de Menezes, ao anunciar que o quinto volume do *Boletim* com os três últimos anos estava no prelo. A notícia, de certo modo, acalmou as incertezas institucionais, pois o registro histórico das atividades do CFC afetava o brio dos intelectuais conselheiros. O outro problema debatido na reunião foi relacionado aos projetos executados pela Lei Sarney, e os conselheiros não admitiam o fomento concedido para o filme da Xuxa[59]. Os conselheiros queriam uma posição oficial do CFC sobre o caso, Vasco Mariz cobrou uma "fiscalização mais séria" da Lei Sarney, visto que empresas foram "montadas exclusivamente para captar patrocínios de diversos setores", alertou (BRASIL, 1971-1989, n. 74, p. 168). Newton Rodrigues enfatizou que, segundo o Art. 12 da Lei Sarney, o CFC deveria acompanhar e fiscalizar a aplicação da lei em todos os projetos culturais, sobretudo no filme da Xuxa, que recebeu a quantia de "novecentos mil dólares", denunciou Celso Cunha. Esse debate rendeu uma publicação extensa na seção "Estudos e proposições" no *Boletim* (BRASIL, 1971-1989, n. 74). Se a Lei Sarney fosse extinta, não demoraria muito tempo para o CFC seguir o mesmo destino. Denunciar as incoerências da Lei Sarney auxiliaria a manutenção das competências do órgão perante os recursos de incentivo fiscal, se acaso fosse alterada legalmente.

Num tom de comparação em uma obra considerada de cultura inferior (filme da Xuxa) para uma de cultura superior (obra de Menotti del Picchia), na ata da 1.122ª Sessão Plenária foi registrada a homenagem ao poeta modernista, produzida pelo Moinho Santista e apresentada por Miguel Reale, sem patrocínio da Lei Sarney. A partir desse debate, retornaram as reflexões sobre as publicações oriundas do incentivo fiscal que se tornavam restritas aos clientes dos patrocinadores.

Vasco Mariz sugeriu que parte dos "empreendimentos gráficos" fosse vendida por preços módicos e criticou o fato de o MinC não conceder benefícios fiscais às empresas que laureavam prêmios culturais, a exemplo do Moinho Santista e da Nestlé. E retomou os antigos protestos do conselheiro Miguel Reale sobre o caso da "inaceitável discriminação" (BRASIL, 1971-1989, n. 74, p. 171) contra as empresas que celebravam a cultura. Mário Chamie sugeriu colocar parte das edições doadas a título de brinde para a comercialização por preços acessíveis. Porque com a Lei Sarney muitas empresas doavam parte das suas publicações populares em edição de brochura para as bibliotecas públicas e, para os clientes, eram capas duras e sofisticadas (BRASIL, 1971-1989, n. 74).

O assunto retornou na 1.123ª Sessão Plenária com o questionamento do conselheiro Evaristo Moraes Filho. As empresas estavam ofertando os livros patrocinados pela Lei Sarney na condição de brindes para seus clientes, a exemplo da obra do escultor recifense Francisco Brennand (1927-2019). Foram 3 mil exemplares publicados pela Caixa Econômica Federal, o autor recebera somente 20 exemplares, e a obra não se encontrava para comércio em livraria ou banca de revistas, refletiu o conselheiro.

---

[59] Contudo não foi citado o nome do filme, pois em meados de 1988 foi lançado o filme *Super Xuxa contra o Baixo Astral* e o filme *Princesa Xuxa e os Trapalhões*, em 1989.

Os assuntos do mundo da literatura e do patrimônio afetavam os conselheiros intelectuais. A Lei Sarney, tal qual o CFC, estava em risco de extinção. Os assuntos de obras, patrocínios, prêmios, espaços de consagração, reconhecimento artístico e intelectual eram *habituée* para os conselheiros. Os membros do CFC eram escritores e colecionadores. Quando debatiam o acesso às obras patrocinadas pela Lei Sarney, para o campo artístico e intelectual, não necessariamente os conselheiros estavam reclamando o acesso amplo e o preço popular para todos os cidadãos, mas a permanência do cânone.

A interpretação que muitos dos conselheiros faziam sobre o acesso aos bens culturais era permeada pela questão da comercialização dos produtos, e não enquanto promoção e direito à cidadania. Um exemplo dessa questão é evidenciado quando Miguel Reale indicou a necessidade de o CFC encaminhar ao ministro uma proposta de alteração da Lei Sarney para resolver a inacessibilidade aos bens culturais patrocinados pelo incentivo fiscal. Bens culturais restritos aos clientes das empresas tornavam-se elitizados, segundo o conselheiro. Para resolver essa questão, sugeriu disponibilizar à venda esses produtos, com preços módicos, a fim de exercer a "finalidade social" (BRASIL, 1971-1989, n. 74, p. 176) da lei. Vender a preços módicos não abarcava a população empobrecida que vivia os tempos inflacionários e de carestia do governo Sarney.

Celso Cunha debateu novamente o filme da Xuxa e o valor destinado à obra, um projeto com um valor exorbitante retirado dos cofres públicos, via isenção fiscal, que poderia ser empregado nos espaços culturais que sofriam com as penúrias financeiras. O filme da Xuxa e um projeto da cantora Flora Purin, cujo financiamento fora negado pelo CFC, geraram numerosos debates nas sessões do dia 13, 14 e 15 de fevereiro de 1989. Celso Cunha e o conselheiro Geraldo Barbosa chegaram a advertir que os "grandes industriais" se aproveitaram da Lei Sarney para faturar lucros extraordinários no mercado cultural. Além dos numerosos questionamentos sobre as concessões fiscais, a imprensa, segundo os conselheiros, noticiava que os empresários estavam criando uma associação a fim de otimizarem a aplicação da lei e obterem "lucros" (BRASIL, 1971-1989, n. 74, p. 174-175). A partir do momento em que o CFC negou a concessão das passagens pleiteadas para Flora Purin via Lei Sarney, os conselheiros reclamaram que assinaram a sentença de morte do conselho, pois fora alijado de todos os processos de avaliação do mecanismo. O MinC considerou o veto do CFC sobre o caso da cantora um julgamento conservador moralista que não se justificava como argumentação, conforme registrou a seção "Estudos e proposições" (BRASIL, 1971-1989, n. 74).

7

O ORNITORRINCO DA CULTURA

Em 1989, o ministro José Aparecido de Oliveira despedia-se da presidência do CFC e do cargo de ministro da Cultura, ainda em luta para manter vivo o empreendimento do qual se autoprojetara como autor, organizador e realizador. O Ministério da Cultura fora "uma das criações mais controvertidas da nova República", declarou Carlos Guilherme Mota (1986, p. 3) na seção "Opinião" da *Folha de S. Paulo*. Em 1986, o historiador avaliou que a entrada do superministro Celso Furtado no MinC fora uma notícia alvissareira, considerando a trajetória acadêmica e política do economista, um estadista.

O MinC foi criado para ser um espaço de diálogo da sociedade civil com o Estado. Projetou-se como um empreendimento para elaboração, execução e acompanhamento das políticas culturais, mas a prática institucional foi delineada pelas relações com os intelectuais e artistas pautada em redes de amizades e partidarismos. Desde a sua constituição, em 1985, o MinC tornou-se um projeto de difícil execução, sem orçamento adequado e prioridades consensuais.

O artigo de Mota (1986) evidencia duas questões para análise. Primeira, para qual parcela da sociedade civil estariam sendo destinados os recursos do MinC? Segunda, qual cultura deveria ser preservada? Para o historiador, a cultura nacional deveria ser tratada no coletivo, considerando sua singularidade e diversidade, mas estava condicionada a uma estrutura vertical de poder.

A nova República, encoberta com o véu da democratização, da conciliação de classes e da concessão dos direitos à sociedade civil, foi fundada à luz da figura quase hagiográfica que se forjara em torno de Tancredo Neves. Uma nova maquiagem para uma estrutura velha e corrompida. Nesse sentido, Mota (1986) alertou sobre quais seriam os interesses que permeavam a busca de diálogo com a sociedade civil. Qual memória nacional advogava recuperar a nova República no contexto de reorganização política da sociedade civil em movimentos sociais, sindicais, estudantis, religiosos, culturais e identitários?

O ceticismo do historiador Carlos Guilherme Mota foi maturado desde a defesa da sua tese de livre docência *Ideologia da cultura brasileira: 1933-1974*, em 1975, na Faculdade de Filosofia, Letras e Ciências Humanas do no Departamento de História da USP. À época sua obra foi classificada por Antonio Candido e Florestan Fernandes como o "Livro do contra".

Praticamente dez anos depois das críticas contundentes às políticas culturais, Mota (1986, p. 3) afirmou que o MinC não decolaria, se continuasse "alimentado" por projetos espaçosos e corporativos. O MinC, acossado pelos "caros amigos", os interpretadores da cultura brasileira, tentava sobreviver em meio aos favores das políticas de amizades. Mota (2014) ratificou em sua obra que a Funarte e a Embrafilme eram exemplos de instituições imperantes das políticas culturais sem mencionar o CFC. O autor destrinchou a estrutura de pensamento dos intelectuais dos anos 30 aos anos 70.

No artigo publicado na *Folha de S. Paulo*, em 1986, Carlos Guilherme Mota ratificou essa análise para os anos 80. E afirmou que, enquanto a nova República comemorava a revolução cultural com a criação do MinC, as "crianças esfomeadas do Nordeste de Furtado" continuavam a comer calangos no árido sertão. E, naquele contexto de miséria, a arquitetura modernista permanecia como o horizonte da modernidade cultural de uma elite. A exemplo do hotel de Oscar Niemeyer, classificado pelo articulista como "intempestivo e narcisista", implantado no conjunto urbanístico, histórico e arquitetônico de Ouro Preto. Brasília foi classificada por Mota (1986, p. 3) como uma "obra demagógica e autoritária". O autor lançou três indagações sobre a cultura do país, quem decide, em nome de quem e quem paga, para demonstrar que a nova República se mantinha com as suas raízes bem firmes no liberalismo econômico e também na lavoura arcaica. A cidadania pleiteada com a participação da sociedade civil calcava-se na estrutura da desigualdade social e econômica brasileira.

Os antagonismos indicados por Mota auxiliam a compreensão de que não foi somente com a eleição de Fernando Collor de Mello que ocorreu a extinção do MinC. Esse processo histórico estava marcado pelas disputas de poder entranhadas dentro e fora do Estado, além da área cultural, em lugares onde as ambiguidades da política brasileira foram forjadas em relações assimétricas de poder no âmbito social, político e econômico.

A nova República agonizava no fim do mandato do último presidente eleito indiretamente. A crise financeira agravou as inconstâncias governamentais, e a ausência de uma política reconhecida pela sociedade civil, das elites aos movimentos sociais, fez com o que o MinC falecesse "sem choro nem vela", parafraseando a música de Noel Rosa, imortalizada na voz de Nelson Gonçalves.

A gestão de José Aparecido de Oliveira manteve-se para o MinC como uma promessa não cumprida. O primeiro ministro pleiteado pelo seleto Fórum dos Secretários Estaduais de Cultura tornou-se o último ministro de um projeto mal sucedido. O Conselho Federal de Cultura, apesar das suas contradições, manteve-se mais orgânico aos seus propósitos do que o projeto de MinC implantado pela nova República. Os boletins do CFC tornaram-se um registro histórico importante do que fora a construção das políticas públicas no país, pela ótica de uma elite intelectual. Com base nesses registros, evidencia-se que os intelectuais modernistas, inclusive de várias frentes teóricas e políticas, dos anos 30 até os anos 80, mantiveram-se firmes em seus projetos de cultura nacional, via Plano, Sistema, Conselho e Ministério da Cultura.

Indaga-se, portanto, qual seria o destino do Ministério da Cultura se estivesse sob o comando do CFC. Essa é uma das questões para a continuidade das reflexões sobre as relações de poder que permearam a disputa pela autoria das políticas culturais. Com o fim do governo Sarney, os volumes represados dos boletins e as amarguras políticas daqueles que foram excluídos da curta história do MinC fizeram com que nem os conselheiros federais de cultura lamentassem a morte da instituição por eles pleiteada desde os anos 60.

Entre as velhas e as novas ações criadas pela nova República, o futuro do CFC não estava apenas na mira da extinção, mas também o futuro de várias instituições culturais. Os debates permeados pelas incertezas políticas do percurso trágico do Plano Verão, implantado em janeiro de 1989, aumentavam os rumores políticos na imprensa e na alta cúpula do governo da possível extinção do MinC, do CFC e da Lei Sarney.

Os bastidores da política sinalizavam a extinção de algumas instituições federais de cultura, e a reclamação pública dos gestores sobre os orçamentos aniquilados somava-se às notícias famigeradas quanto às demissões de funcionários em museus, arquivos e fundações culturais. A justificativa da racionalização da máquina pública para o ajuste econômico e orçamentário da União, diante da crise inflacionária do fim dos anos 80, provocou incertezas, ceticismos e decepções. Além disso, impulsionou um movimento para salvaguardar as instituições federais de cultura e seus trabalhadores.

Na 1.124ª Sessão Plenária, Celina Vargas do Amaral Peixoto Moreira Franco, diretora do Arquivo Nacional, foi ao plenário (Figura 45), a convite do CFC, realizar uma explanação sobre a situação do AN, instituição criada em 1824 e realocada em 1981 por Aloísio Magalhães para o prédio da Casa da Moeda, no Rio de Janeiro. A salvaguarda da memória nacional retornou ao plenário do CFC em um contexto de extinções das políticas e instituições de cultura.

Figura 45 – Reprodução da reportagem da *Revista Manchete*

Fonte: "A professora..." (1989, p. 98)

A seção "Estudos e proposições" (BRASIL, 1971-1989, n. 74) publicou na íntegra a exposição da diretora do AN, considerada corajosa por Newton Rodrigues. O AN, apesar de estar sob o raio da administração do Ministério da Justiça, apresentava os mesmos problemas que acometiam as instituições culturais sob a estrutura do MinC.

Segundo a socióloga, o AN atravessava dificuldades administrativas e orçamentárias graves e arriscava-se a perder "todo o trabalho que se iniciou com Aloísio Magalhães", projeto que "estava ameaçado" (BRASIL, 1971-1989, n. 74, p. 45). Decepcionada, admitiu não esperar que tais problemas ocorressem na nova República, e, literalmente, solicitou socorro porque muitas entidades culturais se encontravam na mesma situação.

Uma manifestação ocorrida na Cineiândia dos setores culturais foi comunicada pelo conselheiro Marcus Accioly. O conselheiro Cesar Leal destacou que as medidas provisórias para a extinção do MinC e das instituições culturais foram aprovadas pelo Congresso Nacional. Hélcio Ulhôa Saraiva afirmou que o CFC deveria se posicionar quanto às possíveis extinções e que não poderia continuar suas atividades sem ignorar os acontecimentos políticos. O silêncio, tática de autodefesa dos conselheiros, foi contraposto pelo conselheiro Saraiva.

Na 1.125ª Sessão Plenária, foi anunciado que a publicação do *Boletim*, com as atas de 1984 a 1987, seria entregue até o fim do ano de 1989. A preocupação de manter a memória da instituição viva perante os recorrentes riscos de extinção fez com que os conselheiros repensassem suas estratégias para manter seus cânones intelectuais. Para tanto, um processo museológico de afixação dos retratos dos conselheiros na sede do CFC foi inaugurado com a fotografia de Raymundo Moniz de Aragão. A galeria de retratos monumentalizaria o nome dos intelectuais que passaram pela história do órgão, assim como as suas trajetórias acadêmicas e políticas. O primeiro homenageado foi o ministro do MEC, que autorizara a criação do CFC e presidira-o por dois mandatos consecutivos. Os autores e responsáveis pela existência do CFC foram reverenciados nas paredes do Palácio da Cultura, símbolo do modernismo e, contraditoriamente, de um ministério que estava com os seus dias contados.

O fim do CFC mostrava-se próximo, e a despedida de Miguel Reale do colegiado tornou-se uma demonstração da consciência dos conselheiros sobre esse fim. A homenagem para o jurista foi entoada pela voz de Evaristo Moraes Filho, que considerou Reale um "homem de pensamento e ação" com "a coragem de denunciar" a "perda de substância" do CFC no "segundo volume" (BRASIL, 1971-1989, n. 74, p. 187-190) da sua obra *Memórias: a balança e a espada* (REALE, 1987), registrou a ata da 1.127ª Sessão Plenária. A homenagem foi publicada integralmente na seção "Estudos e proposições" (DESPEDIDA..., 1989).

O discurso de despedida de Miguel Reale no CFC foi contraposto com os excertos da sua obra memorialística mencionada por Evaristo Moraes Filho. Essa contraposição analítica justificou-se para evidenciar a criação dos documentos/monumentos ensejados pelos conselheiros em suas memórias individuais e coletivas. Questão demonstrada fosse na galeria de retratos do CFC, fosse nas memórias escritas por Miguel Reale, obra icônica em que justificou seus posicionamentos políticos. Reale confirmou o seu apoio à "Revolução de 1964" e seu oposicionismo ao governo João Goulart, além da sua aversão ao terrorismo de esquerda nas universidades e nos meios culturais. No CFC, sua trajetória foi enaltecida como reitor e professor da USP e pelo seu legado literário, historiográfico, jurídico e filosófico enquanto representante legítimo de um pensamento genuíno brasileiro, aplicado na elaboração de textos constitucionais, jurídicos e institucionais. O texto autobiográfico da obra citada indicou a necessidade particular de os conselheiros se justificarem perante a história pública em relação ao apoio irrestrito à ditadura civil-militar, assim como a tentativa de manter o distanciamento do AI-5 de 1968.

A obra de Reale, se analisada da perspectiva de Lejeune (2014), é marcadamente constituidora do pacto biográfico, pois cria uma identidade entre o narrado e a narrativa ao elaborar um encadeamento de uma história individual com justificativas coletivas.

Valendo-me da chave de análise do pacto autobiográfico, pontuo as narrativas de Miguel Reale ao demarcar o momento em que o CFC começou a ser acometido por disputas políticas, justamente no auge da sua história institucional: "Ao referir-me ao Conselho Federal de Cultura, lembro que ele, em 1974, estava atravessando um dos momentos mais altos da sua história, não somente pela altitude intelectual de seus membros, como pela diversidade de suas atribuições." (REALE, 1987, p. 258).

O texto, escrito dois anos antes, se analisado à luz da sua despedida, na 1.127ª Sessão Plenária, registrou que o CFC perecera com a criação de DAC, Seac e SEC, ou seja, nas gestões de Eduardo Portella e Aloísio Magalhães. Sem citar o designer, o jurista não mediu o teor das críticas ao "fisiologismo burocrático de Brasília" (DESPEDIDA..., 1989, p. 96), que acabara com as competências normativas, consultivas e executivas do CFC.

Em suas memórias, Reale demonstrou a grandeza do "órgão paralelo ao CFE", pois o CFC "superintendia a todos os serviços culturais no país, desde a distribuição de auxílios e subvenções até a edição de obras raras e de interesse à história mental brasileira, além de seu Boletim, publicado com satisfatória regularidade". O CFC, sobretudo, era "o espelho fiel da cultura nacional, não só pelos critérios de competência e representatividade regional, como também pelo alto grau de especialização de seus componentes nos mais variados ramos do saber". Nas memórias de 1987, desfilou o nome dos amigos desaparecidos: "Lembro-me, com repassada saudade de amigos caríssimos, como Pedro Calmon, Octávio de Faria, Gustavo Corção, João Candido de Andrade Muricy, Irmão José Otão e Clarival do Prado Valladares, dos quais a morte materialmente me separou" (REALE, 1987, p. 258-259). E saudou aqueles que ainda estavam nas trincheiras da guerra em defesa da cultura, entre a balança e a espada:

> Lembro-me, da presença não menos significativa de Gilberto Freyre, Afonso Arinos de Melo Franco, Adonias Aguiar Filho, Arthur Cézar Ferreira Reis, Deolindo Couto, Djacir Menezes, Francisco de Assis Barbosa, Herberto Salles, José Cândido de Melo Carvalho, Josué Montello, Manuel Diégues Júnior, Dom Marcus Barbosa, Rachel de Queiroz, Raymundo Faoro, Raymundo Moniz de Aragão, Renato Soeiro, Silvio Meira e Vianna Moog. (REALE, 1987, p. 259).

Na galeria das memórias de Miguel Reale entre os conselheiros desaparecidos e ativos, foram citados apenas os conselheiros considerados intelectuais humanistas. Diante dos nomes notáveis, ressaltou as ações do CFC em prol da cultura nacional:

> Basta a lembrança desses nomes para verificar-se a relevância então atribuída ao Conselho que, na realidade, exercia uma superior função normativa em matéria cultural, atuando como instância crítica da sociedade civil no seio do Ministério da Educação e Cultura. Além disso, tomou iniciativa de grande alcance como, por exemplo, a do Encontro Nacional de Cultura, realizado em Salvador, de 5 a 9 de julho de 1976, com a participação de todos os Conselhos Estaduais, e alguns municipais do país. Foi nesse simpósio que se estabeleceram as bases do Plano Nacional de Cultura, depois relatado por Afonso Arinos, documento injustamente esquecido, e cujo mérito consiste em focalizar as atividades culturais segundo modelos sociais abertos com expressa condenação do dirigismo estatal. (REALE, 1987, p. 259).

Ressaltou que a entrada de novos conselheiros no CFC não rompera com os valores advogados pelos conselheiros em suas idiossincrasias em defesa da política cultural:

> Infelizmente, nestes últimos anos, não devido à quebra no valor de seus novos membros, como Eduardo Portella, Evaristo de Morais Filho, Abgar Renault, Celso Cunha, Gerardo Mello Mourão, Ubiratan Borges de Macedo, Maria Alice Barroso, Plínio Doyle, Hélio Silva, Sábato Magaldi, Mário Chamie, Vamireh Chacon, Tarcísio Padilha, Geraldo Bezerra de Menezes, Álvaro Pacheco, Heloísa Aleixo Lustosa, Newton Rodrigues, Maria Julieta Drummond de Andrade e Francisco Iglésias, nem por falta de pessoal administrativo habilitado, sob a direção de Manoel Caetano Bandeira de Mello, o Conselho veio sendo despojado de suas atribuições essenciais. (REALE, 1987, p. 259).

O espaço destinado às memórias do CFC na obra biográfica de Miguel Reale foi relativamente curto para 15 anos de atuação, apenas duas páginas dedicadas à coragem da denúncia, ressaltada por Evaristo Moraes Filho, na sua despedida. Coragem tratada como emblemática, ao afirmar em sua obra a subtração do CFC causada pelo MinC:

> Ao contrário do que se poderia esperar, a criação do Ministério da Cultura, além de subtrair autonomia ao órgão, não tem reconhecido o seu verdadeiro papel cultural, optando por soluções burocratizantes. A última contribuição significativa do Conselho foi a revisão e a reestruturação do anteprojeto do Governo tendente a estabelecer incentivos culturais, conforme substitutivo de minha autoria que serviu de base à chamada Lei Sarney, n. 7505, de 2 de julho de 1986. (REALE, 1987, p. 259).

Nota-se, nesses excertos, a necessidade de afirmar que o tiro de misericórdia contra o CFC foi promovido pelo MinC, justamente pelo ministério objeto de reivindicação dos Conselheiros Federais de Cultura, desde os anos 60. Reale demarcou a contribuição do CFC na revisão e reestruturação da Lei Sarney como fruto das reivindicações dos conselheiros. O projeto de isenção fiscal foi pleiteado desde 1967 nas conferências da Unesco. Os conselheiros lamentavam que esses fatos históricos tenham sido deliberadamente ignorados pelo MinC ao colocar o CFC numa condição de congelamento político.

Os conselheiros ressentiam-se do esvaziamento da estrutura administrativa do CFC e dos parcos orçamentos recebidos. As publicações eram fundamentais para o conselho, o plano editorial do CFC não se limitou à edição dos periódicos *Cultura, Boletim* e RBC, mas promoviam publicações esparsas, sobretudo clássicas e comemorativas. Todas as publicações foram aniquiladas pela falta de orçamento após a criação do MinC, prejudicando a difusão e os intercâmbios do CFC com os órgãos de cultura espraiados nacionalmente.

O CFC, apesar dos problemas políticos e financeiros, foi fundamental para a produção da cultura nacional, lembrou o conselheiro Miguel Reale:

> Éramos nós que resolvíamos se devíamos destinar verbas especiais para um circo ou para uma banda de música, assim como para edições de obras fundamentais à reconquista da nossa memória histórica. Tivemos relevante atuação no plano editorial, que jamais será esquecida porque obras essenciais à formação da espiritualidade brasileira foram o resultado do ponto de vista estabelecido por esta Casa. Auxílios e subvenções não eram conferidos, no Brasil, sem a audiência e a aprovação do Conselho Federal de Cultura. E os planos gerais de cultura estudados no Congresso Nacional passavam por este Órgão, de vez que inexistia Ministro de Estado que ousasse deliberar sobre problema cultural sem antes ouvir o Conselho Federal de Cultura. (DESPEDIDA..., 1989, p. 95).

Reale terminou a sua exposição na plenária do CFC lembrando os conselheiros falecidos. E, em nome deles, conclamou seus pares parafraseando uma escritora paulista sem mencionar a autoria: "Não deixemos morrer os nossos mortos" (DESPEDIDA..., 1989, p. 96).

A narrativa construída no discurso de Miguel Reale, em sua despedida no CFC, tentou mobilizar os conselheiros para que o momento que ali se apresentava não fosse mais de reivindicação das atribuições primitivas do órgão, mas de manutenção da vida do órgão a fim de não compor o mesmo funeral que estava sendo programado para o MinC.

O MinC poderia até ser extinto, mas o CFC não. Mesmo que o órgão estivesse agonizando, os conselheiros lutariam pela sua organicidade, em nome de todos os colegas desaparecidos e dos intelectuais que passaram pelas fileiras do CFC e auxiliaram a formatar o seu legado político, sobretudo os encontros nacionais de cultura, as casas de cultura, as Secretarias e os Conselhos de Cultura, além do próprio Ministério da Cultura.

Enfim, o CFC não poderia deixar-se morrer, mas sim retomar o comando da cultura e, de certa forma, substituir o MinC em uma provável extinção. Miguel Reale lamentou a perda de atribuições do CFC, sobretudo a autonomia de eleger o presidente do órgão:

> O Conselho Federal de Cultura começou a perder as suas atribuições no dia em que se criou uma Secretaria da Cultura, cujo objetivo não foi outro senão, aos poucos, transferir para si as atribuições fundamentais dessa Casa. E, quando se criou o Ministério da Cultura, pelo qual nos batemos ardorosamente, todos nós esperávamos que o Conselho Federal de Cultura fosse passar a ser o epicentro de toda a movimentação da cultura brasileira. Mas, infelizmente, senhor Presidente — verdade seja dita — isso não aconteceu. Ao contrário, nem sequer se admitiu que essa Casa pudesse ter o próprio Presidente. Por uma vaidade estulta e incompreensível, como se alguém tivesse o dom da ubiquidade, o Ministro de Estado preferiu ele mesmo, continuar sendo o Ministro-Presidente de um Órgão a que jamais comparecesse, e cuja a presidência é exercida por Vice-Presidentes [...]. (DESPEDIDA..., 1989, p. 97).

A crítica foi dirigida para José Aparecido, autor do decreto de criação do MinC e protagonista da mobilização dos secretários estaduais que excluíra o CFC do processo de instituição do MinC.

Miguel Reale (DESPEDIDA..., 1989) afirmou que não ocultaria a verdade em sua despedida. Declarou-se entristecido porquanto, depois de 15 anos de profícuo trabalho prestado ao CFC, nos últimos anos atravessava a ponte área São Paulo/Rio de Janeiro com a sensação de viajar para o nada a fim de participar das reuniões de um órgão sem expedientes e poder decisório.

7.1 Lei Sarney

A lei de incentivo fiscal, assim como o Plano Nacional de Cultura, a Seac e o MinC, foi tema das principais matérias, anteprojetos e estudos dos GTs e das câmaras setoriais do CFC. Apesar da alta produção do conselho, os projetos foram paulatinamente arquivados. E, enquanto algumas políticas culturais foram implantadas e operacionalizadas por DAC, Seac, SEC e MinC, o CFC foi reiteradamente excluído das principais decisões. A Lei Sarney foi o último lampejo de esperança para o CFC, os conselheiros lutaram para a sua aprovação. Sobre os trâmites da Lei Sarney, Miguel Reale alertou:

> Nós nos debruçamos sobre esse projeto governamental. Demos-lhe estrutura. Demos-lhe conteúdo. Cuidamos de estabelecer determinadas precauções, para que não pudesse haver a deturpação da ideia fundamental. A maneira de preservar a Lei Sarney era restituir ao Conselho Federal de Cultura a sua responsabilidade e o seu dever. No projeto que saiu desta Casa, ficava estabelecido que nenhum grande plano cultural, custeado pela Lei Sarney, seria aprovado, sem a prévia manifestação deste Colegiado. Ao chegar o projeto a Brasília, cuidou-se, imediatamente, de apagar-se o nome do Conselho Federal de Cultura. (DESPEDIDA..., 1989, p. 97).

O nome do conselho foi retirado do texto encaminhado ao Poder Legislativo pelo MinC, mas, sem pressões ou lobbies do CFC, o órgão foi incluso na lei, por ação de um parlamentar. Miguel Reale afirmou: "Foi apenas no Congresso Nacional que um deputado de boa-vontade, atribuiu a esta Casa uma competência inexequível, que seria, a fiscalização da aplicação daquilo que, na realidade, devia ser o resultado do nosso pronunciamento prévio." (DESPEDIDA..., 1989, p. 97).

Acompanhar e fiscalizar a aplicação dos recursos destinados à Lei Sarney foi a responsabilidade concedida ao CFC, apesar da contrariedade dos representantes do MinC:

> A responsabilidade não é desta instituição, se ela não está cumprindo aquilo que dela podia exigir a Nação, a responsabilidade eu atribuo, exclusivamente, às autoridades de Brasília. Infelizmente, não há grande nação, onde não há grande consciência do Estado. Temos um Estado pequenino, que se perde em problemas secundários e não tem a responsabilidade maior de, com pureza d'alma e com mãos limpas, tratar do bem público. (DESPEDIDA..., 1989, p. 98).

O árduo processo político do CFC em ser reconhecido pelo ministro e pelo MinC deflagrou muitas disputas entre os dois órgãos. Na 1.128ª Sessão Plenária, Geraldo Bezerra de Menezes anunciou a entrega do *Boletim* dos anos de 1984 a 1986 ao plenário. O conselheiro foi eleito vice-presidente do CFC, em abril de 1989 (Figura 46). No discurso do conselheiro e no horizonte de expectativas do CFC, as análises demonstravam que o CFC permanecia sem perspectivas de mudanças políticas.

Figura 46 – Reprodução da *Revista Manchete* referente à posse de Geraldo de Menezes

Fonte: "Novo..." (1989, p. 98)

Na posse (Figura 47), Geraldo Bezerra de Menezes alertou que, para redimir as dificuldades enfrentadas pelo CFC, somente a eleição de um próximo vice-presidente, em uma nova gestão do conselho, para "superar a fase difícil que estava enfrentando, e acrescentando que pela insuficiência de recursos não se pode esperar milagres da administração" (BRASIL, 1971-1989, n. 74, p. 191).

Figura 47 – Reprodução da reportagem da *Revista Manchete*

Fonte: "Empossados..." (1989, p. 84)

Newton Rodrigues substituiu Geraldo Bezerra de Menezes na vice-presidência tempos depois, mas não garantiu que as expectativas do seu antecessor seriam alcançadas. Rodrigues, em diversos momentos no CFC, defendeu que, para evitar os interstícios administrativos que as faltas de recursos ocasionavam, fossem realizadas apenas duas reuniões mensais. A diminuição das reuniões seria uma forma de economizar os custos de viagens e do pró-labore dos conselheiros no curto orçamento do CFC, registrou o *Boletim* (BRASIL, 1971-1989, n. 74).

Newton Rodrigues sugeriu com urgência uma reunião com os diretores de museus, equipamentos culturais, Conselhos e Secretarias Estaduais e Municipais de Cultura para encontrar uma saída à crise que atravessava a cultura nacional, pois os jornais veiculavam que mais de 33 museus corriam o risco de fechar, além do CFC e do MinC.

Em meio à crise econômica e social da gestão José Sarney e da falta de orçamento do Ministério da Cultura, a revista *Nicolau*, da Secretaria de Estado da Cultura do Paraná, reuniu três intelectuais, Newton Rodrigues, Milton Hatoum e Aluízio Cherobin, para comentar as políticas culturais em colapso por meio de abordagens na seção "Mosaico". O conselheiro Newton Rodrigues abordou a inexistência de prioridades setoriais no governo federal. Um governo que se pautava por emergências ocasionais, sem planejamento e ações prioritárias não conseguiria assistir o setor de forma adequada. Como ações prioritárias, elencou a preservação do patrimônio, que vivia dos "resíduos da quase extinta memória nacional" (MOSAICO, 1989, p. 2). Sobre a eleição presidencial de 1989, concluiu que nenhum dos candidatos à Presidência da República demonstrara a devida importância à cultura.

A segunda opinião, do escritor Milton Hatoum, demarcou a impossibilidade de se desenvolver uma política cultural em um país marcado por uma política educacional repleta de problemas estruturais com diferenças regionais abissais. O escritor mencionou, entre as inúmeras deficiências educacionais e culturais, a ausência de bibliotecas em escolas públicas, sobretudo no Norte do país, a exemplo do estado do Amazonas.

O terceiro convidado a expressar uma análise no periódico do SEC/PR foi o ator e diretor de teatro Aluízio Cherobin, que se absteve de problematizar a cultura nacional e apenas reivindicou uma vaga para o Paraná no CFC, quando reclamou da ausência de representação do estado nas políticas nacionais (MOSAICO, 1989).

O CFC, mesmo diante da morte anunciada, ainda era um sonho cultuado e um espaço de consagração para alguns agentes culturais. Os entrevistados demonstraram que a interpretação da cultura nacional se mantinha pela perspectiva das reivindicações regionais, corporativas e setoriais. Nem a Política nem o Plano Nacional de Cultura, tampouco o Ministério da Cultura, foram mencionados, questão que indica que as múltiplas leituras sobre a construção das políticas culturais, em meio às crises da nova República, esvaziaram os projetos.

Depois de muitas promessas de publicação dos números atrasados, no lugar do *Boletim* foi produzido um jornal para suprir as lacunas da regularidade do periódico no diálogo do CFC com a sociedade. O editorial do *Informativo Cultural* referente aos meses de novembro e dezembro advertiu que a sua publicação era a edição de "[...] um pequeno jornal, noticioso e objetivo, capaz de levar a diversas entidades culturais e privadas, da área cultural, notícias essenciais, assim contribuindo para eliminar compartimentos estanques prejudiciais a todos." (INFORMATIVO CULTURAL, 1989, p. 2).

As notícias essenciais não seriam somente as atas lavradas pelos conselheiros com lamentações e denúncias das disputas políticas e teóricas do CFC com o MinC. Os compartimentos estanques não seriam apenas os hiatos temporais ocasionados pela morosidade na publicação do *Boletim*, instrumento que requeria árduo trabalho com orçamento precário, mas a desativação da complexa rede de distribuição nacional das informações do CFC.

No informativo, uma nota explicativa, publicada abaixo do editorial, lembrava ao leitor que o jornal fora publicado graças aos recursos da Petrobras S.A. No lugar do mecenato estatal via Lei Sarney, na mira da extinção legal, o discurso do CFC ensejava os apoios públicos e privados de grandes empresas para os projetos culturais.

Mirando a cultura, a proposta de inserir um programa de financiamento para as instituições públicas por meio de parceria público-privada foi estimulada pelo CFC. As PPPs tornaram-se a alternativa defendida pelos governos para solucionar os problemas históricos da cultura. Diretriz política defendida na gestão do governo Collor e regulamentada no governo FHC, via organizações não governamentais, organizações sociais e organizações da sociedade civil de interesse público. Diante dessas alternativas, muitos artistas e intelectuais estavam dispersos e divididos entre a esperança e o ceticismo das mudanças prometidas pela nova República. Alguns setores advogavam apoios da iniciativa privada para sobrestar a insuficiência orçamentária das instituições culturais públicas, e outros defendiam a reorganização do MinC e da lei de incentivo fiscal.

Os debates registrados dos conselheiros nos plenários do CFC demonstram que múltiplas formas de corrupção surgiram com a Lei Sarney, denunciadas em várias esferas legislativas e judiciárias. Empresas privadas criavam subterfúgios fiscais para corromper o mecanismo fiscal. Apesar das denúncias, os conselheiros acreditavam que os recursos privados concederiam celeridade aos processos administrativos, técnicos e financeiros das instituições culturais, sem o lastro da corrupção que afligira a Lei Sarney pela ausência de controle público. O mecanismo de mecenato tornou-se um meio de beneficiamento corporativo para subsidiar financeiramente o monopólio dos conglomerados do entretenimento, da cultura de massa e do mercado de artes.

Valéria Pilão (2017) demonstrou como os mecanismos fiscais legais de cultura, de 2003 a 2013, no governo PT, propiciaram um processo de mercantilização da cultura brasileira. Processo, a meu ver, originado no governo Sarney e agravado nos governos Collor e FHC. A tese da socióloga, se reorientada temporalmente para a constituição da Lei Sarney, em 1986, encontraria novos dados que confirmariam seu levantamento. Os projetos neoliberais de acumulação do capital nutriam, no mecanismo de mecenato, uma relação enraizada com as empresas privadas com permissividade do Estado, na concessão de recursos públicos tomados como privados pela ótica do patrocínio cultural. Uma relação que criou um *modus operandi* à brasileira no processo de captação de mecenato para os projetos culturais, historicamente elitista e excludente.

7.2 Eleição de 1989: Lula, Collor e o MinC

A visão saudosista do CFC, no último *Informativo Cultural* do CFC publicado antes da extinção do MinC pelo governo Collor, pode ser avaliada pela força textual com que alguns assuntos considerados clássicos para os conselheiros foram tratados. Com destaque para o Instituto Internacional de Língua Portuguesa (IILP) e para as estratégias arroladas na matéria "IILP: a defesa oficial da língua portuguesa", com análises sobre a consolidação e preservação da língua no Brasil. O CFC seguia anunciando a criação de conselhos municipais e suas atividades políticas e administrativas. O jornal ainda apresentou distintas produções dos conselheiros sobre as temáticas noticiadas.

A capa do *Informativo Cultural* destacou a fotografia dos dois presidenciáveis na primeira eleição direta no país, após 20 anos de ditadura civil-militar e um governo civil eleito indiretamente. O segundo turno estava marcado para o dia 17 de dezembro de 1989. Esse contexto trouxe ao CFC o debate anunciado "Lula, Collor e cultura" (Figura 48). Os posicionamentos dos dois candidatos sobre as políticas culturais foram destrinchados para ilustrar o que os dois planejavam para a área da cultura.

Acima da manchete sobre a eleição presidencial, foi anunciada a matéria: "CFC debate há 13 anos regionalização cultural". Esse tema, inserido acima da charge com os presidenciáveis, sugeriu quem tinha autoridade sobre a política cultural: o CFC. E o informativo sinalizou que o conselho havia muito tempo defendia a organização federal da cultura pela regionalização.

Figura 48 – Reprodução da capa do *Informativo Cultural* do CFC

Fonte: *Informativo Cultural* (1989, p. 1)

Sobre o candidato Collor de Mello, o *Informativo* destacou alguns excertos da apresentação do plano de governo para a cultura realizada em uma convenção do Partido da Reconstrução Nacional (PRN), no dia 12 de julho de 1989, em Brasília. O plano "As diretrizes de ação do governo Collor de Mello" foi apresentado no periódico como o resultado do trabalho de 32 grupos de estudos, com a participação de 200 colaboradores, que se propuseram a reestruturar e desburocratizar o Estado brasileiro. Todas as propostas foram acompanhadas pela economista Zélia Cardoso de Mello. Entre as ações propostas, destacou-se a desburocratização para a cultura. A dissolução do MinC foi defendida sob o argumento da indissociabilidade da cultura com a educação. O aniquilamento do MinC seria acompanhado da extinção da Lei Sarney: "É preciso acabar com a concepção arcaica e antidemocrática do mecenato de Estado em relação à Cultura" (INFORMATIVO CULTURAL, 1989, p. 4.).

O *Informativo Cultural* tentou explicar o que seria a regionalização cultural almejada por Collor: "A descentralização cultural, com sua consequente vertente — a regionalização —, somada ao esvaziamento da máquina burocrática estatal, constituem-se nos dois pilares políticos sobre os quais se apoiam as propostas de Fernando Collor de Mello para a área." (INFORMATIVO CULTURAL, 1989, p. 4).

O Estado não poderia financiar a cultura,

> [...] empresar espetáculos, patrocinar artistas ou promover iniciativas que tendem a favorecer a crença na necessidade de uma 'cultura oficial'. O papel do Estado, ao contrário, é o de estimular, incentivar e proporcionar meios para que todos tenham acesso à cultura, levá-la a todos os pontos do território nacional, acabando com os injustificáveis privilégios dos grandes centros. (INFORMATIVO CULTURAL, 1989, p. 4).

O argumento contrário à promoção de uma cultura oficial de Estado pautou a defesa da formação do Estado nacional, sobretudo com base na indissociabilidade entre cultura e educação. O Estado precisava acompanhar as transformações que estavam ocorrendo no campo educacional, e os estudantes deveriam ter acesso aos bens culturais para se tornarem cidadãos, reiterou o plano de Collor.

A proposta do candidato defendeu a desburocratização, a reformulação e a extinção de algumas instituições criadas nas décadas de 1930, 1960, 1970 e 1980, consideradas obsoletas e corporativas. Embrafilme, Funarte, Fundação do Cinema Brasileiro (FCB) e Fundacen deveriam ser reavaliadas e privatizadas para fomentar o "desenvolvimento artístico" (INFORMATIVO CULTURAL, p. 2), vislumbrando o mercado e o consumo.

A desburocratização advogada pretendia aumentar o potencial de instituições consideradas necessárias, a exemplo da Embrafilme. Estas deveriam ser promovidas e coordenadas por agentes culturais que as inserissem no mercado. Para fomentar o aumento da oferta e da procura, teatros, casas de espetáculos, festivais, concertos, bibliotecas e museus, entre outros, "devem ser geridos e promovidos pelos próprios artistas e por educadores, de forma autônoma, pois são eles e não os burocratas que reproduzem e sabem lidar com os bens culturais" (INFORMATIVO CULTURAL, 1989, p. 4). Os equipamentos culturais e companhias e eventos deveriam ter autonomia de gestão, sem a direção do Estado e sem verbas públicas. Sair do enclausuramento foi a proposta destinada aos museus e bibliotecas, com "absoluta e integral autonomia de gestão", para que "[...] levem seus acervos às comunidades a que servem, instruam o povo e mostrem a importância do conhecimento, do saber, da cultura e do patrimônio brasileiro de arte, artesanato e produção intelectual." (INFORMATIVO CULTURAL, 1989, p. 4).

Novamente, o verbo "levar" conferia o tônico da cultura enquanto um artefato fetichizado, mercadológico e apreendido por meio de uma espécie de instrução cívica e hegemônica. A cultura deveria estar inserida em um mercado de livre iniciativa, mas com curadoria de uma elite de notáveis que escolheria o consumo cultural da população.

O *Informativo* alertou que o programa de Collor entregaria aos produtores e artistas a responsabilidade de definir os planos culturais. Essa narrativa liberal endossou os posicionamentos de artistas e intelectuais que se posicionaram contra a criação do MinC e da Lei Sarney, ao considerarem esses instrumentos uma interferência direta na produção e mercado cultural. O *Informativo Cultural* traduziu o tema para os leitores:

> Para Collor de Mello, a lei 7.505 foi mal aplicada, permitindo todo tipo de distorções, como patrocínio de grandes espetáculos internacionais cuja viabilidade comercial dispensaria ajuda do Estado. E, como prioridade, deverá ser mantida a ideia do conceito de incentivo fiscal para eventos não comerciais. (INFORMATIVO CULTURAL, 1989, p. 4).

O informativo do CFC explicou como a produção da cultura seria norteada pelo retorno financeiro, com viés desestatizante, sem financiamento público. Qualquer outra lei de incentivo fiscal seria voltada somente para eventos e obras não mercadológicas:

> É nessa confluência de intenções desestatizantes que se insere a mobilização do empresariado, mecenato moderno das sociedades desenvolvidas, e, neste caso, caberá a reavaliação da lei 7.505. Segundo assessores de Fernando Collor, a lei de incentivos posta em prática a partir de 1986 – e objeto de inúmeras críticas ao longo de todos esses anos quanto à sua eficácia, aos meios de fiscalização, e à arrecadação de seus benefícios – deverá sofrer profunda revisão no próximo governo. (INFORMATIVO CULTURAL, 1989, p. 4).

Collor prometia tirar do Estado a tutela dos recursos da sociedade via Lei Sarney, por isso defendia a privatização da cultura, explicou o *Informativo Cultural* ao mencionar um excerto do plano e finalizar a explanação sobre as intenções do candidato:

> Governo e Estado deixarão de tutelar a sociedade [...]. Isto implica fortalecer e dar efetividade ao seu poder regulamentar, ao seu poder de fiscalizar e coordenar as atividades privadas, inclusive às delegadas pelo próprio Estado, e impõe, em última análise, a completa reformulação do conceito de planejamento, para adaptá-lo às necessidades de uma sociedade aberta, uma economia livre e instituições democráticas. (AS DIRETRIZES..., 1989 *apud* INFORMATIVO CULTURAL, 1989, p. 4).

O periódico alertou que o plano do presidenciável indicava que o maior valor do orçamento da cultura seria destinado ao cinema, com a descentralização da atuação da Embrafilme e o fortalecimento do Concine, assim como a abertura dos canais de televisão às obras cinematográficas nacionais, importantes nichos de mercado.

Já o candidato Luiz Inácio Lula da Silva, em seu plano de governo, defendeu, ao contrário de Collor, "a intervenção do Estado na proteção das raízes culturais" (INFORMATIVO CULTURAL, 1989, p. 5), esclareceu o *Informativo Cultural* no primeiro destaque gráfico da reportagem:

> Para Luís Inácio Lula da Silva, ao Estado competem consolidar e fiscalizar a execução de políticas culturais, intervindo nos monopólios — sobretudo os que detêm os meios de comunicação de massa – que controlam a produção e a difusão de valores responsáveis pela descaracterização das raízes regionais brasileiras. O MinC ou o órgão semelhante – terá o apoio de secretarias e conselhos e será destinado ao cinema o maior percentual orçamentário da área, com a do Concine e a abertura dos canais de televisão às obras cinematográficas nacionais. (INFORMATIVO CULTURAL, 1989, p. 5).

O segundo destaque anunciou: "Ao Estado cabe consolidar a variedade cultural brasileira, dando à sociedade civil liberdade de ação e participação nas decisões governamentais sobre cultura, através de comissões e conselhos" (INFORMATIVO CULTURAL, 1989, p. 5). Essa participação se orientava no Art. 198 da CF-1988 (BRASIL, 2016a, p. 258), que versou sobre a organização das áreas de atuação do Estado, a exemplo da saúde, no que tange à participação da sociedade civil em conselhos públicos para o controle social. Uma ampliação da orientação participativa para todas as áreas e para os conselhos públicos.

O texto do candidato enaltecia outros artigos da CF-1988, como a seção destinada à educação, cujo Artigo 205, inciso II, preconizou sobre a "liberdade de aprender, ensinar, pesquisar e divulgar o pensamento, a arte e o saber", e o inciso III, o "pluralismo de ideias e de concepções pedagógicas, e coexistência de instituições públicas e privadas de ensino" (BRASIL, 2016a, p. 123).

O PT, contudo, foi contrário ao texto constitucional aprovado pela Assembleia Nacional Constituinte, mas a defesa da liberdade de pensamento e de organização política manteve-se presente no discurso do presidenciável, conforme materializado na CF-1988.

Sobretudo, ancorou-se no Art. 215, referente à cultura: "O Estado garantirá a todos o pleno exercício dos direitos culturais e acesso às fontes da cultura nacional, e apoiará e incentivará a valorização e a difusão das manifestações culturais". Mormente, no inciso I: "O Estado protegerá as manifestações das culturas populares, indígenas e afro-brasileiras, e das de outros grupos participantes do processo civilizatório nacional". E no inciso II: "A lei disporá sobre a fixação de datas comemorativas de alta significação para os diferentes segmentos étnicos nacionais" (BRASIL, 1988, p. 26).

O fortalecimento da participação da sociedade civil por meio das entidades representativas estava presente no documento *Brasil Urgente* (1989). Essa questão tornava-se pauta fundamental dos grupos e movimentos sociais, que se rearticulavam e se reorganizavam, desde o fim das décadas de 1970 e 1980, com o processo de reabertura política. O PT incorporou as políticas participativas na sua plataforma de governo, sobretudo o projeto Orçamento Participativo como política de gestão, o modo petista de governar, assim como o fortalecimento dos conselhos e das audiências públicas.

O Conselho de Cultura tornou-se constitucional somente com a PEC, nos governos do PT, anos 2000. A CF-1988 não indicou como operativo às políticas culturais a criação ou manutenção do Conselho de Cultura. No entanto a defesa desses conselhos foi uma alegação histórica do CFC

— sob o comando de Newton Rodrigues, que, apesar de breve, conseguiu redirecionar o CFC para uma orientação progressista, no sentido de organizar e articular institucionalmente o CFC com o MinC. O diálogo foi restabelecido com o ministro José Aparecido de Oliveira, com as unidades federais de cultura e com o FSEC, consequentemente com as secretarias e os conselhos estaduais, a fim de retomar a organicidade do CFC.

O plano de governo nacional do PT para a cultura e educação tinha como base fundamental a prefeitura de São Paulo sob a gestão de Luíza Erundina (PT), composta por ícones intelectuais como a filósofa Marilena Chaui, secretária de Cultura, e Paulo Freire, secretário de Educação.

A matéria apresentada no *Informativo Cultural* do CFC reproduziu excertos da reportagem assinada pelo jornalista Luís Antônio Giron na *Folha de S. Paulo*, na qual sinalizou que o plano de cultura do PT fora elaborado por um grupo de artistas e intelectuais, principalmente Marilena Chaui, "uma das vigas-mestras do pensamento que vem orientando o PT desde a sua fundação" (GIRON, 1989, p. F-1).

A *Folha de S. Paulo* demarcou uma divergência da filósofa com alguns pontos do plano de cultura do PT, elaborado por diversos grupos e tendências do partido. Já no *Informativo*, o plano foi divulgado como consensual, ao contrário do que publicara o jornal, mas demarcou que havia discordâncias da filósofa em relação à extinção da Lei 7.505/1986. Enquanto gestora e secretária, Chaui defendeu a continuidade da isenção fiscal para o financiamento da cultura, mas advogou contra a intervenção legal do Estado na área. A ex-secretária municipal defendia a participação da sociedade na criação cultural sem a intervenção do Estado. Chaui, assim como outros intelectuais de esquerda, sobretudo do PT, posicionaram-se contrários à criação do MinC e da Lei Sarney.

O informativo do CFC destacou que as diretrizes culturais do programa do PT se pautavam no documento *Brasil Urgente*. O plano para a cultura elaborado em abril de 1989 preconizava uma "defesa sólida da identidade cultural brasileira", entretanto a intervenção do Estado garantiria a preservação das raízes culturais. A cultura popular estava sendo acometida por uma invasão da cultura estrangeira, estimulada, em partes, pela "expansão das redes de televisão". Esse estrangeirismo distorcia as singularidades da cultura nacional. "O controle financeiro dos meios de comunicação de massa sobre a produção cultural, desvinculadas de uma política para o setor, vem distorcer a imagem e a identidade de um povo" (INFORMATIVO CULTURAL, 1989, p. 5).

O objetivo do futuro governo petista seria de "exteriorizar a cultura produzida pelo nosso povo a fim de que a Nação veja sua própria cultura — não a enlatada, como a que hoje somos acostumados a receber em nossos lares" (GIRON, 1989, p. F-1).

No discurso petista, observam-se proximidades com o discurso modernista de buscar as raízes nacionais da cultura tanto dos modernistas da década de 1920 e 1930 quanto dos modernistas dos anos 1960 e 1970, pois seria preciso abrasileirar o que estava sendo aculturado pela cultura de massa.

A cultura enlatada para as esquerdas e a cultura alienígena para os modernistas conservadores do CFC tinham, em tese, a mesma linha de combate. O *Informativo Cultural* (1989, p. 5) reafirmou os termos "invasão" e "deformação" cultural, muito próximo do que os conselheiros pensavam. E traduziu para os leitores a percepção petista:

> Ainda de acordo com o candidato do PT, quando os governantes não se opõem à invasão cultural, gera-se a deformação observada no Brasil: Ou uma poderosa indústria decide antecipadamente o sucesso das músicas a serem lançadas, dos livros que ocupam as listas dos mais vendidos e dos filmes que lotarão os cinemas, ou assiste-se a programações culturais que raramente valorizam as manifestações de cunho popular. (INFORMATIVO CULTURAL, 1989, p. 5).

A cultura popular seria prioridade, segundo o plano do candidato petista. No entanto, destacava-se uma pretensão de salvaguardar a cultura autêntica nacional e regional, uma perspectiva de cultura intocável, desvencilhando-a dos vestígios e das interferências da cultura estrangeira e da transformação tecnológica que colocava a cultura popular em constante risco. O *Informativo Cultural* do CFC anunciou que o programa de governo de Lula estava em construção, mas seguiria cinco diretrizes:

> 1) Criar e aprimorar mecanismos que preservem e fortaleçam a identidade cultural das diversas regiões do país, estreitando laços entre essa diversidade regional e a universalidade da produção cultural; 2) Apoiar e fortalecer a organização de entidades representativas dos diversos setores culturais e artísticos; 3) Desenvolver a produção e difusão das diversas manifestações artísticas e investir na pesquisa, na memória, no experimento e no ensaio, reconhecendo que são ilimitadas as possibilidades de produção cultural; 4) Descentralizar a ação cultural, combatendo os monopólios e oligopólios, de modo a diversificar a produção de eventos e democratizar o acesso aos espaços e meios de difusão cultural; 5) Combater toda forma de censura política, ideológica ou artística, introduzindo o serviço meramente classificatório, com efeito indicativo. (INFORMATIVO CULTURAL, 1989, p. 2).

No texto é possível aproximar o lastro histórico da organização da cultura nacional alicerçado nos conceitos de cidadania, economia da cultura, direitos culturais, participação e representação social. Essa questão retomou o percurso da dimensão antropológica da cultura de Mário de Andrade retomado por Aloísio Magalhães e por alguns conselheiros e dirigentes de instituições nacionais, a exemplo de Iphan, Funarte, CNRC e Pró-Memória. Contudo não aproximou a defesa para a criação e manutenção do MinC. O Ministério da Cultura tornou-se um ponto de dissenso ao longo da história das políticas culturais, fosse pelos intelectuais das esquerdas ou fosse das direitas.

Nos anos 80, a cultura popular perpassou os processos de produção, difusão e consumo das atividades culturais para o processo de salvaguarda da memória nacional pelos fazedores de cultura. Nos anos 60 e 70, a dissociação entre cultura superior e inferior, ou cultura erudita e popular, estruturou o projeto modernista conservador do CFC, ao contrário do que elaborou Mário de Andrade no Departamento de Cultura de São Paulo, na década de 1930, reinterpretado e apropriado por Aloísio Magalhães, José Aparecido de Oliveira, Aluísio Pimenta e Celso Furtado, por meio da cultura do cotidiano, na segunda metade do século XX.

Todavia os projetos de organização da cultura nacional a fim de combater os estrangeirismos emergiram em distintos períodos do século XX. A busca da cultura singular em essência, com sua pureza ideológica e estética intocada, foi advogada pelo modernismo de vanguarda, fosse pelos salonistas, fosse pelos conservadores conhecidos como antissalonistas, como classificou Gilberto Freyre (1968). Esses modernismos se pulverizaram em modernismos periféricos regionais e apropriados, como sugeriu Mota (2014), mantendo estruturas arcaicas de poder. Em suma, todos defendiam criar acesso e democratizar os espaços culturais consagrados, como museus, bibliotecas, teatros, mas o que diferenciava um projeto do outro eram os meios para alcançar seus objetivos. Os conservadores acreditavam que o acesso à cultura deveria ser concedido pelo Estado. A implantação das casas de cultura, por exemplo, deveria ser padronizada, apesar das especificidades regionais ou interesses culturais. Ao mesmo passo, defendiam que equipamentos culturais, tais como o Arquivo, o Museu e a Biblioteca Nacional, fossem irradiadores de políticas setoriais, com base nos Planos Nacionais de Museus, de Arquivos e de Bibliotecas, questões que foram procrastinadas da década de 1960 até 1980.

Com todas as proximidades e distâncias possíveis com o histórico das políticas culturais, o plano de Lula não defendeu a permanência do MinC. A continuação do Ministério da Cultura seria estudada. Mas o combate à censura estava posto no discurso do candidato e no contexto político da eleição de 1989. Lula, em entrevista à *Folha de S. Paulo*, afirmou com veemência que a censura seria combatida em todas as frentes ideológicas e estéticas, mas que as classificações etárias poderiam auxiliar as escolhas do público.

Nenhuma das propostas, nem dos candidatos de esquerda nem dos de direita, defendeu o Ministério da Cultura nos seus planos estratégicos. Lula, entretanto, não afirmou categoricamente ser a favor da extinção do MinC, como ratificou Collor. Em 1985 e 1986, Marilena Chaui, entre outros intelectuais e artistas petistas, posicionou-se contrária à criação do MinC, conforme analisado por Ferron (2017). O argumento da extinção girava em torno de que educação e cultura eram faces da mesma moeda. E que o MinC legitimaria o dirigismo de Estado na área cultural. Portanto, na perspectiva dos dois candidatos, o Ministério da Cultura não sobreviveria.

A manutenção do MinC não estava definida no plano de governo do PT, ainda em construção, mas a área seria gestada por um órgão centralizador. O *Informativo Cultural* do CFC explicou aos leitores:

> De forma objetiva, as propostas de Lula tratam do Ministério da Cultura. Sua manutenção ainda não está, mas o MinC (ou órgão semelhante) funcionará como apoio de secretarias e conselhos com a tarefa de acompanhar a execução das políticas culturais, e organizar seu orçamento. (INFORMATIVO CULTURAL, 1989, p. 5).

As propostas estavam alinhadas, de certo modo, com que fora proposto por CFC, DAC, Seac e SEC ao longo de suas histórias, sobretudo no que tange à autonomia das instituições culturais:

> As fundações, autarquias e empresas terão autonomia em relação ao MinC e serão orientadas, basicamente, para cinco tarefas prioritárias: disseminar, em convênio com municípios, casas de cultura em todo o país, estimular a circulação de produtos artísticos nacionais, divulgar eventos, apoiar projetos culturais e fortalecer ou criar escolas de arte. (INFORMATIVO CULTURAL, 1989, p. 2).

A indústria cinematográfica, uma das prioridades do plano de governo Collor, no plano de Lula também se impôs como uma área fundamental para o mercado cultural. Segundo o *Informativo Cultural*, o setor teria o maior orçamento dentro da área, e receberia uma estrutura de comando e deliberação diferenciada nos anos 1990. O patrimônio enquanto prioridade foi substituído pelo cinema. O setor foi chamado por Lula como um dos mais organizados, por isso receberia o "maior percentual do orçamento destinado à cultura" (INFORMATIVO CULTURAL, 1989, p. 5).

O candidato petista prometeu aumentar a incidência de filmes nacionais nos cinemas e na TV, uma reivindicação antiga da área. No plano foi sinalizado:

> [...] o apoio à produção e à distribuição dos filmes nacionais, com o fortalecimento do poder fiscalizador do Concine. Ao cinema serão abertas as portas da TV, para onde serão canalizadas, de forma constante, as obras nacionais. Para alimentar, ainda, os polos regionais de criação, propõe-se descentralizar a atuação da Embrafilme. (INFORMATIVO CULTURAL, 1989, p. 5).

Na relação hierárquica das prioridades para a cultura no plano do PT, listava-se o cinema como prioridade; e as artes cênicas, em segundo lugar, destacou o *Informativo Cultural* do CFC.

> Através da Fundacen o braço estatal pretende deslocar e bancar a estadia de grupos artísticos, investir em novas escolas de artes cênicas e estimular a pesquisa no setor. Casas de espetáculo deverão ser mantidas e/ou construídas em convênio com os municípios. (INFORMATIVO CULTURAL, 1989, p. 5).

Portanto existia a perspectiva de manter uma espécie de mecenato direto para o audiovisual e teatro, dois setores articulados politicamente. "A Funarte continuará responsável por quatro ramos culturais: artes plásticas, fotografia, música e folclore, tornando-se centro de desenvolvimento à criatividade, incentivo à pesquisa e à profissionalização." (INFORMATIVO CULTURAL, 1989, p. 5).

O patrimônio, que desde 1936 delineara vertebralmente a história das políticas culturais no Brasil, no plano do governo Lula foi tratado como uma obrigação do Estado:

> Ainda será atribuição do Estado a sustentação do patrimônio nacional traduzido em museus e bens históricos já existentes. A ótica orientadora deste incentivo, no entanto, privilegiará a obra e a história daqueles que são considerados marginalizados do processo sociocultural, índios e negros. (INFORMATIVO CULTURAL, 1989, p. 5).

Para os povos de matriz africana, a criação da Fundação Cultural Palmares (FCP), pela Lei Federal 7.668, de 22 de agosto de 1988, foi um avanço político, mas seria preciso, de acordo com o plano de Lula, "democratizar, reequipar e reorientar o trabalho da Palmares, colocando-a a serviço do fomento da produção cultural de origem africana" (INFORMATIVO CULTURAL, 1989, p. 5). Em relação aos povos indígenas, raízes da cultura nacional, seriam elaboradas políticas específicas, contudo a reportagem não sinalizou quais seriam as ações para essa demanda.

A cultura foi demarcada como "fator fundamental à hegemonia de um povo" enquanto campo de disputa dentro da história nacional, pois "[...] todas as histórias de conquistas passaram, sempre, pelo ataque à cultura do povo agredido e, uma vez desagregadas as raízes culturais, estavam abertas as portas para impor-se a submissão política." (INFORMATIVO CULTURAL, p. 5).

O discurso girou em torno da decolonização da cultura; consequentemente, estender-se-ia para a política. Praticamente, as propostas do candidato Lula reforçavam as propostas constitucionais de 1988 na área da cultura. Ao longo da história, sobretudo nos anos 2000, observa-se que os direitos culturais delineados pela Constituição federal de 1988, ratificados na eleição de 1989, foram sistematizados nos governos petistas (Quadro 19), sobretudo no governo Lula, de 2003 a 2010, posteriormente no governo de Dilma Rousseff, de 2011 a 2016.

Quadro 19 – Constituição federal de 1988 e propostas de emendas constitucionais nos anos 2000

CF-1988 Art. 215	
O Estado garantirá a todos o pleno exercício dos direitos culturais, acesso às fontes da cultura nacional, e apoiará e incentivará a valorização e a difusão das manifestações culturais.	
Inciso	**Matéria**
§ 1º O Estado protegerá as manifestações das culturas populares, indígenas e afro-brasileiras, e das de outros grupos participantes do processo civilizatório nacional.	Proteção da diversidade cultural e direitos culturais
§ 2º A lei disporá sobre a fixação de datas comemorativas de alta significação para os diferentes segmentos étnicos nacionais.	Efemérides étnicas nacionais
Emenda Constitucional 48, 10 de agosto de 2005, Art. 215, e inclusão de inciso (BRASIL, 2016a, p. 126-128)	

§ 3º A lei estabelecerá o Plano Nacional de Cultura, de duração plurianual, visando ao desenvolvimento cultural do país e à integração das ações do poder público que conduzem à:

I — Defesa e valorização do patrimônio cultural brasileiro;

II — Produção, promoção e difusão de bens culturais;

III — Formação de pessoal qualificado para a gestão da cultura em suas múltiplas dimensões;

IV — Democratização do acesso aos bens de cultura;

V — Valorização da diversidade étnica e regional.

CF-1988 - Art. 216

Constituem patrimônio cultural brasileiro os bens de natureza material e imaterial, tomados individualmente ou em conjunto, portadores de referência à identidade, à ação, à memória dos diferentes grupos formadores da sociedade brasileira, nos quais se incluem:

I — as formas de expressão;

II — os modos de criar, fazer e viver;

III — as criações científicas, artísticas e tecnológicas;

IV — as obras, objetos, documentos, edificações e demais espaços destinados às manifestações artístico-culturais;

V — os conjuntos urbanos e sítios de valor histórico, paisagístico, artístico, arqueológico, paleontológico, ecológico e científico.

Incisos	Matéria
§ 1º O Poder Público, com a colaboração da comunidade, promoverá e protegerá o patrimônio cultural brasileiro, por meio de inventários, registros, vigilância, tombamento e desapropriação, e de outras formas de acautelamento e preservação.	Proteção ao patrimônio cultural
§ 2º Cabem à administração pública, na forma da lei, a gestão da documentação governamental e as providências para franquear sua consulta a quantos dela necessitem.	Patrimônio
§ 3º A lei estabelecerá incentivos para a produção e o conhecimento de bens e valores culturais.	Danos ao patrimônio
§ 4º Os danos e ameaças ao patrimônio cultural serão punidos, na forma da lei.	
§ 5º Ficam tombados todos os documentos e os sítios detentores de reminiscências históricas dos antigos quilombos.	Detentores de conhecimentos — quilombolas

Inciso	Matéria
§ 6 º É facultado aos Estados e ao Distrito Federal vincular a fundo estadual de fomento à cultura até cinco décimos por cento de sua receita tributária líquida, para o financiamento de programas e projetos culturais, vedada a aplicação desses recursos no pagamento de: I - despesas com pessoal e encargos sociais; II - serviço da dívida; III - qualquer outra despesa corrente não vinculada diretamente aos investimentos ou ações apoiados. (Incluído pela Emenda Constitucional 42, de 19 de dezembro de 2003.)	Recursos e orçamento da cultura, concessões e vedações.

Emenda Constitucional 71, de 29 de novembro de 2012 (BRASIL, 2016a, p. 362-364)

Art. 216-A

O Sistema Nacional de Cultura, organizado em regime de colaboração, de forma descentralizada e participativa, institui um processo de gestão e promoção conjunta de políticas públicas de cultura, democráticas e permanentes, pactuadas entre os entes da Federação e a sociedade, tendo por objetivo promover o desenvolvimento humano, social e econômico com pleno exercício dos direitos culturais.

§ 1º O Sistema Nacional de Cultura fundamenta-se na Política Nacional de Cultura e nas suas diretrizes, estabelecidas no Plano Nacional de Cultura, e rege-se pelos seguintes princípios:

I — diversidade das expressões culturais;

II — universalização do acesso aos bens e serviços culturais;

III — fomento à produção, difusão e circulação de conhecimento e bens culturais;

IV — cooperação entre os entes federados, os agentes públicos e privados atuantes na área cultural;

V — integração e interação na execução das políticas, programas, projetos e ações desenvolvidas;

VI —complementaridade nos papéis dos agentes culturais;

VII — transversalidade das políticas culturais;

VIII — autonomia dos entes federados e das instituições da sociedade civil;

IX — transparência e compartilhamento das informações;

X — democratização dos processos decisórios com participação e controle social;

XI — descentralização articulada e pactuada da gestão, dos recursos e das ações;

XII — ampliação progressiva dos recursos contidos nos orçamentos públicos para a cultura.

§ 2º Constitui a estrutura do Sistema Nacional de Cultura, nas respectivas esferas da Federação:

I — órgãos gestores da cultura;

II — conselhos de política cultural;

III — conferências de cultura;

IV — comissões intergestores;

V — planos de cultura;

VI — sistemas de financiamento à cultura;

VII — sistemas de informações e indicadores culturais;

VIII — programas de formação na área da cultura; e

IX — sistemas setoriais de cultura.

Incisos	Matéria
§ 3º Lei federal disporá sobre a regulamentação do Sistema Nacional de Cultura, bem como de sua articulação com os demais sistemas nacionais ou políticas setoriais de governo.	Sistema Nacional de Cultura
§ 4º Os Estados, o Distrito Federal e os Municípios organizarão seus respectivos sistemas de cultura em leis próprias.	SNC integrado

Fonte: a autora

As informações compiladas são representativas para esclarecer que as principais reivindicações políticas dos conselheiros federais de Cultura, nas décadas de 1960 e 1970, no CFC, foram conquistadas somente nos governos do PT, nos anos 2000. O Plano Nacional de Cultura foi instituído pela Lei 12.343, de 2 de dezembro de 2010; e o Sistema Nacional de Cultura, pela Emenda Constitucional 71, de 29 de novembro de 2012. O Conselho e as Conferências de Cultura, apesar de terem sido instituídos em 2005, no primeiro governo Lula, foram legitimados enquanto diretrizes constitucionais pela Emenda Constitucional 71, de 2012, no primeiro governo de Dilma Rousseff.

7.3 Um fim anunciado

Com base em dados e entrevistas nos jornais *O Estado de S. Paulo, Folha de S. de Paulo, Jornal do Brasil* e *O Globo*, Ferron classificou a posição de alguns artistas de esquerda e de direita nas eleições de 1989, entre os que participaram ativamente em shows, comícios, propagandas com cessão de imagens e depoimentos. A dissertação defendida na Faculdade de Artes, Ciências e Humanidades da USP, em 2017, sob a orientação da professora doutora Cyntia Harumy Watanabe Corrêa, analisou o recorte específico dos debates das eleições de 1989 e como o processo de extinção do MinC ressoara para a classe artística e intelectual. O trabalho evidenciou as polêmicas e os posicionamentos a fim de demarcar as posições antagônicas dos artistas em relação ao último debate presidencial editado pela Rede Globo e apresentado no dia 15 de dezembro de 1989, que consagrou o candidato Collor como vitorioso na disputa. O autor traz uma análise interessante sobre as investigações de Mário Sérgio Conti na obra *Notícias do Planalto: a imprensa e Fernando Collor*, publicada pela Companhia das Letras, em 1999.

Na eleição de 1989, um mapeamento dos artistas que se posicionaram foi publicado na *Folha de S. Paulo*, e Ana Carmen Foschini (1989) ilustrou, por meio de uma tabela, as tendências políticas dos artistas e suas simpatias políticas. Essa tabela demonstrativa foi reproduzida por Ferron (2017). Foschini classificou como candidatos de esquerda Luiz Inácio Lula da Silva (PT), Leonel Brizola (PDT), Mário Covas (PSDB) e Roberto Freire (PCB). Fernando Collor de Mello (PRN), Guilherme Afif Domingos (PL), Aureliano Chaves (PFL), Paulo Maluf (PDS) e Ronaldo Caiado (PDC) foram classificados como candidatos de direita.

Foschini (1989, p. A-8) apresentou os artistas que apoiavam os candidatos considerados de esquerda, e apenas Collor como candidato da direita: 1) Collor: Claudia Raia, Alexandre Frota, Mayara Magri e Elba Ramalho; 2) Brizola: Beth Carvalho, Alceu Valença, Jards Macalé, Moreira da Silva, João Nogueira, Jorge Mautner e Nelson Jacobina; 3) Covas: Lima Duarte, Eva Vilma, Rita Lee, Toquinho, Gianfrancesco Guarniere, Carlos Zara e Arrigo Barnabé; 4) Lula: Bety Faria, José

Wilker, Louise Cardoso, Antônio Fagundes, Lucélia Santos, Zezé Motta e Cristina Pereira; 5) Freire: Paulinho da Viola, Stephan Nercessian, Gracindo Jr., Joel Barcelos, Neca da Portela e Mário Lago.

Desses artistas, alguns trabalharam de forma gratuita, segundo a reportagem, como Claudia Raia, outros cobraram cachês em shows para comícios, como Elba Ramalho. Do ponto de vista dos artistas, a *Folha* demarcou os que sempre foram engajados, como Gilberto Gil e Chico Buarque, de esquerda; e aqueles que não queriam se pronunciar porque não acreditavam nas eleições, como Renato Russo.

A dissertação de Ferron (2017, p. 76) problematizou o "primeiro fim do MinC" e as razões para o presidente Collor extinguir o Ministério da Cultura. Uma das primeiras ações do governo Collor, segundo o autor, foi anunciar o "impeachment" do MinC, de forma impositiva, "rápida" e "abrupta". O pesquisador analisou o processo histórico em uma perspectiva linear, entre causas e consequências, sem considerar o seu antagonismo e as disputas decorrentes pela hegemonia.

Ferron (2017) concluiu que a população não sentira a extinção do MinC porque o ministério não tinha base política e instâncias participativas nos estados e municípios. Entretanto, para chegar às suas conclusões, utilizou como apoio para análise uma metodologia qualitativa em algumas entrevistas realizadas com agentes culturais, artistas, gestores, produtores, animadores, trabalhadores e intelectuais. Do agrupamento dessas entrevistas, resultou um mapeamento da produção cultural no Brasil publicado sob o título *A produção da cultura no Brasil* (de 2010), quatro livros editados pelas empresas Azougue Editorial e Beijo Técnico, coordenado e organizado pelo autor com os autores Afonso Luz, Gabriel Cohn, José Luiz Herencia, secretário de Políticas Culturais do MinC, e Rodrigo Savoni. O trabalho foi financiado pelo MinC e pela Cinemateca Brasileira.

Uma adequada análise do processo histórico das políticas culturais no Brasil demonstra que houve uma evolução histórica dos atores, das instituições e dos jogos políticos inseridos nas estruturas culturais criadas legalmente e que agem de forma endógenas e exógenas à esfera do Estado, desse modo interferem e determinam as ações dos governos que se alternam no poder.

Se voltarmos os olhos para o relatório do MinC (BRASIL, 1986d), o qual apresenta as ações da gestão de Celso Furtado, podemos contrapor os argumentos de Ferron (2017) sobre as possíveis causas de extinção do MinC, como a falta de base política e de diálogo do ministério com os estados e municípios. José Aparecido de Oliveira e Celso Furtado eram ministros reconhecidos pelo FSEC e pelo CFC, por intelectuais de várias regiões do país, por parte da classe artística, pelos movimentos culturais e sociais, o que contrapõe um dos argumentos de Ferron. Contudo, nos jogos de poder, existem resistências e posições contrárias, como em qualquer processo político em disputa, regional e nacional.

Para Mata-Machado (2019), a dimensão cidadã da tridimensionalidade da cultura no governo Lula, nos anos 2000, foi constituída pelo governo da filósofa Marilena Chaui quando esteve à frente da Secretaria de Cultura de São Paulo (1989-1992), no governo da prefeita Luiza Erundina, do PT. Eu remeto essa questão da tríade cultural, ao relatório do MinC de 1986 como prova de que o MinC mobilizou grupos e movimentos sociais nos seus projetos e políticas por meio das ações inspiradas em Aloísio Magalhães que retomou Mário de Andrade e ressignificou a dimensão simbólica, cidadã e econômica da cultura, adensada por Furtado, enquanto política de Estado. Portanto o MinC não foi um projeto aceito por partes da sociedade, intelectuais e artistas, partidos e movimentos sociais. Muitos agentes culturais defendiam a inexistência do Ministério da Cultura ao refletir sobre os riscos da interferência do Estado na cultura. Do contexto eleitoral de 1989, Collor e seus séquitos eram contra o MinC, mas Lula e Marilena Chauí também eram.

7.4 Cidadania cultural

O artigo de Marilena Chaui (1995) para a revista *Estudos Avançados* (USP) foi estruturado como um relato de experiência acerca das políticas culturais direcionadas aos pobres e às periferias para o direito à cidadania, na sua gestão da Secretaria de Cultura de São Paulo. Abertura do Teatro Municipal à população, criação dos parques ecológicos, estímulo à participação social por meio de programas para estimular visões críticas da sociedade e da história brasileira; incentivos à criação cultural em sua expressividade e diversidade, criação de serviços culturais para garantir acesso da população à informação e à produção cultural; desenvolvimento de projetos com ênfase na memória social para a inclusão dos sujeitos culturais, fosse como criadores, fosse espectadores de obras de arte. Criação de programas de formação escolar, cursos e oficinas de extensão, programas de informação destinados a bibliotecas, discotecas, arquivos históricos, videotecas e centros de memórias; garantia de acesso a teatros, museus, cinemas e casas da cultura; desenvolvimento de programas de incentivo às memórias orais, sociais e políticas; estímulo ao lazer e aos espaços de solidariedade social; promoção de atividades e eventos de música e dança ao ar livre, em teatros, museus e casarios históricos. A política cultural desenvolvida na "mais capitalista das cidades brasileiras", sinalizou a ex-gestora (CHAUI, 1989, p. 72).

Os excertos selecionados para demonstrar as políticas culturais realizadas poderiam ser uma transposição dos textos de Mário de Andrade de 1935, à época da administração do Departamento de Cultura e Recreação de São Paulo. Chaui (1995, p. 80) conceituou o que seria a "invenção de uma cultura política nova".

O artigo, escrito anos depois do fim da sua gestão como secretária municipal, aparou, de certa forma, os fios soltos da história, desde a derrota do candidato Lula para Collor, em 1989, e avaliou a experiência do modo petista de governar na capital paulista.

A filósofa dissociou o que seria a proposta de uma cultura política aplicada para a cidadania cultural, categoria inovadora no campo da participação política. E demonstrou as políticas culturais por quatro lentes de análise do Estado:

> A *liberal*, que identifica cultura e belas-artes, estas últimas consideradas a partir da diferença clássica entre artes liberais e servis. Na qualidade de artes liberais, as belas-artes são vistas como privilégio de uma elite escolarizada e consumidora de produtos culturais.
>
> A do *Estado autoritário*, na qual o Estado se apresenta como produtor oficial de cultura e censor da produção cultural da sociedade civil.
>
> A *populista*, que manipula uma abstração genericamente denominada *cultura popular*, entendida como produção cultural do *povo* e identificada com o pequeno artesanato e o folclore, isto é, com a versão popular das belas-artes e da indústria cultural.
>
> A *neoliberal*, que identifica cultura e evento de massa, consagra todas as manifestações do narcisismo desenvolvidas pela *mass mídia*, e tende a privatizar as instituições públicas de cultura deixando-as sob a responsabilidade de empresários culturais. (CHAUI, 1995, p. 81, grifo da autora).

Com base nesses quatro enquadramentos, a ex-secretária de Cultura contrapôs o diferencial da cultura política executada em sua gestão, que estimulava a cultura e não a produzia, o que seria uma característica do Estado autoritário. Por isso, ratificou que a política experimentada em sua gestão era contra a visão liberal da cultura, porque:

> [...] propusemos alagar (sic) o conceito de cultura para além do campo das belas-artes, tomando-o no sentido antropológico mais amplo de invenção coletiva de símbolos, valores, ideias e comportamentos, de modo a afirmar que todos os indivíduos e grupos são seres culturais e sujeitos culturais. (CHAUI, 1995, p. 82).

A filósofa também recusou a polaridade entre a cultura popular e a cultura de elite ao enfatizar que a "[...] diferença na criação cultural passa por outro lugar, qual seja, pela experimentação inovadora e crítica, e a repetição conservadora, pois tanto uma quanto outra podem estar presentes tanto na produção dita de elite quanto na chamada popular." (CHAUI, 1995, p. 82).

As políticas culturais desenvolvidas em São Paulo foram contra a cultura neoliberal. Chaui enfatizou:

> [...] o caráter público da ação cultural do Estado, a abertura de campos de atividade não submetidos ao poderio dos padrões fixados pela *mass mídia,* recusando, portanto, a *fashion culture,* e definir o papel do poder público na prestação de serviços culturais (como bibliotecas e escolas de arte) e no financiamento de produções culturais propostas pela sociedade. (CHAUI, 1995, p. 82).

Por meio dessas considerações, Chaui (1995, p. 82) demarcou que a "cultura foi pensada como direito dos cidadãos e a política cultural como cidadania cultural [...] uma cultura política nova". E destacou os direitos afirmados pelas políticas culturais implementadas no município de São Paulo: 1) o direito de acesso e de fruição dos bens culturais; 2) o direito à informação; 3) o direito à criação cultural; 4) o direito dos cidadãos em reconhecer-se enquanto sujeitos culturais; 5) o direito à participação sobre as decisões públicas. Segundo a filósofa, os mecanismos para o exercício do direito à participação efetuar-se-iam:

> [...] por meio de conselhos e fóruns deliberativos, nos quais as associações artísticas e intelectuais, os grupos criadores de cultura e os movimentos sociais através de representantes eleitos, pudessem garantir uma política cultural distanciada dos padrões do clientelismo e da tutela. (CHAUI, 1995, p. 83).

Exceto os conselhos públicos, Marilena Chaui não abordou em seu texto: incentivo fiscal, Ministério da Cultura, Plano e Sistema Nacional de Cultura, tampouco os defendeu sob a via municipal ou integrada dentro de um sistema federado.

7.5 "A era Collor foi muito engraçada"

Ferron (2017) afirmou que o MinC fora extinto de forma autoritária. Considero que a sua extinção estava anunciada e prevista, já que os então principais candidatos à Presidência da República, Lula e Collor, não confirmaram em seus planos de governo um projeto para a permanência do MinC. No entanto, algumas tratativas políticas foram feitas para impedir o aniquilamento do MinC.

Após a eleição de Collor, o *Correio Braziliense* advertiu que o ministro da cultura José Aparecido de Oliveira, por intermédio de alguns amigos em comum com o presidente eleito, em dezembro de 1989, tentara interceder para remediar a decisão de extinguir o MinC, avaliada como um "grande erro" (ADVERTÊNCIA, 1990, p. 2).

No mesmo dia em que tomou posse, Fernando Collor de Mello promulgou o Decreto 99.180, de 15 de março de 1990, que reorganizou a estrutura governista para 12 ministérios. Nesse aparato legal, a cultura foi vinculada à Presidência da República para "assistência direta e imediata". O segundo capítulo do decreto versou sobre as competências dos órgãos criados, sendo subscrita na 9ª Seção a Secretaria de Cultura da Presidência da República (SEC/PR). Entre as principais competências da SEC/PR, destacou-se a preservação do patrimônio e o estímulo à "criatividade artística" para a promoção e "preservação da identidade cultural do país" (BRASIL, 1990, s/p).

A SEC/PR seria composta pelo Conselho Nacional de Política Cultural, Departamento da Produção Cultural (DPC) e Departamento de Cooperação e Difusão Cultural (DCDC) — estruturas renomeadas, mas criadas nas múltiplas reformas das gestões de Aluísio Pimenta a Celso Furtado enquanto departamentos com especialidades amplas. O CNPC foi criado por Pimenta para assessorar o ministro enquanto alta cúpula e mantido por Furtado para o mesmo fim. O Decreto 99.180/1990 indicou que o CNPC seria responsável pela "formulação da política cultural, mediante avaliações, críticas e proposições quanto às formas de atuação governamental nas atividades culturais" enquanto "instância de conciliação para dirimir questões pertinentes aos direitos do autor, à exibição cinematográfica e à comercialização de vídeo" (BRASIL, 1990, s/p).

A função principal do CNPC seria a de elaborar a política nacional, além de ser uma instância de conciliação entre a classe artística e o governo. O CNPC absorveu as antigas funções do Conselho Nacional do Direito Autoral para o equilíbrio do mercado cultural. No terceiro inciso do Art. 27, no Decreto 99.180/1990, orientou-se que a função do CNPC seria:

> [...] disciplinar as atividades cinematográficas em todo o território nacional, como tal entendidas a produção, reprodução, comercialização, venda, locação, permuta, exibição, importação e exportação de obras cinematográficas, bem assim dos meios utilizados para sua veiculação. (BRASIL, 1990, s/p).

Essas funções já estavam presentes no Decreto 93.881, de 23 de dezembro de 1986, que instituiu o Concine. Com o decreto de 1990, o CNPC tornou-se o regulador da área de cinema. As funções específicas do MinC foram transpostas para o CNPC, porque a preocupação do governo se direcionava para as regulações e as fiscalizações dos nichos do mercado cultural, desde o cinematográfico ao literário.

Segundo o Decreto 99.180/1990, o DPC recebeu as seguintes atribuições:

> Art. 28. Ao Departamento da Produção Cultural compete:
>
> I — Controlar e fiscalizar o cumprimento da legislação relativa aos direitos do autor, às atividades cinematográficas e à comercialização de livros;
>
> II — Proceder à arrecadação, à distribuição e ao pagamento dos direitos autorais e conexos, bem assim informar aos destinatários os critérios adotados para a respectiva apuração;
>
> III — Registrar obras e contratos relativos à exploração econômica de obra de criação artística ou literária, bem assim emitir certificados e autorizações;
>
> IV — Assistir, tecnicamente, os organismos de administração coletiva de direitos do autor ou que fiscalizem o resultado de sua exploração;
>
> V — Aplicar as penalidades previstas em lei e julgar os recursos interpostos;
>
> VI — Vender e distribuir os ingressos padronizados e os borderôs-padrão a que se refere o inciso 4º do art. 9º da Lei nº 6.281, de 9 de dezembro de 1975;

VII — Acompanhar o recolhimento das receitas institucionais de que tratam os Decretos-leis n.º 862, de 12 de setembro de 1969, e n.º 1.900, de 21 de dezembro de 1981;

VIII — Arrecadar a remuneração da exibição de curta metragem. (BRASIL, 1990, s/p).

Observa-se que o DPC assumiu as prerrogativas do CNDA, Concine e INL, órgãos considerados defasados pelo novo governo. Entretanto não somente para o mercado estavam voltados os órgãos criados sob a estrutura da SEC/PR. Ao DCDC, estava previsto:

Art. 29. Ao Departamento de Cooperação e Difusão Cultural compete:

I — Promover a difusão das manifestações culturais brasileiras em todo o território nacional, em articulação com os Governos dos Estados, do Distrito Federal e dos Municípios;

II — Difundir a produção artística brasileira através de apoio e estímulo à realização de festivais, exposições, concursos e outras iniciativas semelhantes;

III — Adotar medidas tendentes à unidade da política cultural formulada pela Secretaria, em articulação com o Instituto do Patrimônio Histórico e Artístico Nacional e o Instituto Nacional de Atividades Culturais;

IV — Desenvolver projetos e programas integrados com outros órgãos da Administração Pública Federal;

V — Estimular e coordenar o intercâmbio de bens e serviços culturais com o exterior, em articulação com os ministérios afins, especialmente o Ministério das Relações Exteriores, bem assim com outras instituições públicas ou privadas;

VI — Articular e coordenar a realização de projetos e programas com organismos e governos estrangeiros e agências internacionais, visando à difusão e ao intercâmbio cultural.

Art. 30 — À Secretaria da Cultura, vinculam-se o Instituto do Patrimônio Histórico e Artístico Nacional, o Instituto Nacional de Atividades Culturais e a Fundação Casa de Rui Barbosa. (BRASIL, 1990, s/p).

Com o Decreto 99.180/1990, foram editadas no mesmo dia as Medidas Provisórias (MPs) 150, 151 e 161, de 15 de março de 1990. As MPs foram convertidas para as Leis 8.028, 8.029 e 8.034, de 12 de abril de 1990, complementares às medidas do Executivo e aprovadas seguindo o trâmite processual do Congresso e Senado Federal. A Lei 8.029/1990 manteve o CNPC e renomeou o Departamento da Produção Cultural para Departamento de Planejamento e Coordenação; o Departamento de Cooperação e Difusão Cultural para o Departamento de Cooperação e Difusão.

Ferron (2017) avaliou que as ações ligadas à cultura foram coordenadas junto às questões econômicas e sociais pela economista Zélia Cardoso de Melo, em um gabinete apelidado de "Sorboninha", lugar onde circularam os ideólogos e os consultores do projeto proposto pelo PRM para o país.

A Lei 8.029/1990 dissolveu e reformulou instituições como Funarte, Fundacen, FCB, FCP, FNPM, Fundação Nacional Pró-Leitura, Fundação Nacional para Educação de Jovens e Adultos (Educar) e a Fundação Museu do Café. A Embrafilme foi dissolvida com a Mensagem 370, de 12 de abril, de 1990, apensada à Lei 8.029/1990, com o alerta de que a instituição seria privatizada em aproximadamente 12 meses, mas que essa previsão não paralisaria as funções do extinto órgão. O governo advertiu que essas ações não atravancariam o desenvolvimento do Programa Nacional de Desestatização apresentado pela Medida Provisória 155, de 15 de março de 1990.

O Instituto Nacional de Atividades Culturais transformou-se no Instituto Brasileiro da Arte e Cultura (Ibac), assumindo as competências do órgão correlato, como a transferência dos acervos, receitas e dotações orçamentárias, direitos e obrigações das fundações extintas (BRASIL, 1990). Conforme a Lei 8.029/1990, ao Ibac competia:

> [...]
>
> a) formular, coordenar e executar programas de apoio aos produtores e criadores culturais, isolada ou coletivamente, e demais manifestações artísticas e tradicionais representativas do povo brasileiro;
>
> b) promoção de ações voltadas para difusão do produto e da produção cultural;
>
> c) orientação normativa, consulta e assistência no que diz respeito aos direitos de autor e direitos que lhe são conexos;
>
> d) orientação normativa, referente à produção e exibição cinematográfica, videográfica e fonográfica em todo o território nacional [...]. (BRASIL, 1990, s/p).

O Instituto Brasileiro do Patrimônio Cultural recebeu as competências, o acervo, as receitas e as dotações orçamentárias da Secretaria de Patrimônio Histórico e Artístico Nacional, nos termos da CF-1988, Art. 216. A Biblioteca Nacional foi direcionada para o domínio da Fundação Pró-Leitura. O IBPC ficou sob o comando de Lélia Coelho Frota; o Ibac, sob a direção de Mário Brockmann Machado; e a BN, dirigida por Affonso Romano Sant'Anna.

O Ibac e o IBPC juntos, segundo Ipojuca Pontes (2000), absorveram as 23 instituições culturais do raio do MinC para atender a uma reforma de Estado mínimo, inspirada no projeto de Margareth Thatcher implantado no Reino Unido. O secretário nacional de Cultura defendeu a extinção das principais instituições, sob o argumento de que representavam os autoritarismos das décadas de 1930, 1960 e 1970 e a fisiologia política promotora de um Estado inflacionário na década de 1980. No sítio eletrônico de Ipojuca Pontes, são ilustradas as imagens da sua posse (Figuras 49 e 50).

Figuras 49 e 50 – Reprodução da posse de Ipojuca Pontes

Com o Ministro da Justiça Bernardo Cabral e Collor de Mello antes de assumir a Pasta da Cultura, em Brasília.

Solenidade de assinatura de atos da Reforma Administrativa na área da Cultura, no Palácio do Planalto, antes de assumir a direção do Centro de Estudos Brasileiros, em Buenos Aires - Argentina

Fonte: Fototeca (2000)

Odete Lapa, funcionária do MEC na área de finanças, foi uma das técnicas realocadas do MEC para o MinC no ano de 1990. Em depoimento relembrou que a "era Collor, foi muito engraçada [...] quando cheguei para trabalhar no Ministério da Cultura [...] eu fiquei tão espantada, todo mundo ficou". Os funcionários perguntavam-se se havia sido "um governo eleito ou foi uma revolução" (LAPA, 2017, p. 2).

"No primeiro dia, minha sala já tinha mudado [...] todas as salas tinham sido mudadas", com os documentos em outros lugares, "tinha mudado computador", as salas estavam "todas desorganizadas" (LAPA, 2017, p. 2).

O depoimento de Odete Lapa sobre o MinC é emblemático, e demonstra como o governo Collor desestruturou o serviço público, ao remanejar os servidores de lugar, descontinuar os seus projetos, alterar as organizações de trabalho e desrespeitar as trajetórias profissionais. "Todo mundo ficou horrorizado com o que encontrou, não foi só eu". Um técnico que trabalhava no gabinete do ministro, quando chegou para trabalhar, "encontrou outra pessoa em seu lugar". Segundo Odete Lapa, a justificativa para a mudança da estrutura do MinC foi a de que "iria começar tudo de novo [...] não se começa tudo de novo [...] tudo tem prosseguimento, tudo tem história" (LAPA, 2017, p. 2).

O Decreto 99.244, de 10 de maio de 1990, dispôs sobre a reorganização e o funcionamento dos órgãos da Presidência e dos ministérios, o governo Collor empreendeu um pastiche na arquitetura governamental com uma somatória de decretos, portarias e medidas provisórias sobrepostas.

O CFC não ficou imune ao desmonte. O *Jornal do Brasil* noticiou a exoneração de sete membros do CFC pelo presidente Fernando Collor. Os nomes de Celina do Amaral Peixoto Moreira Franco, esposa do ex-governador Moreira Franco, Milton Fernandes, jornalista da TV Manchete, Herberto de Azevedo Sales, Abgar Renault, ex-ministro, e o escritor Antônio Houaiss foram citados. O Conselho Nacional de Política Cultural assumiria as funções do CFC, alertou a reportagem (DEMITIDOS..., 1990). No entanto, o CNPC ainda estava sem data para a criação oficial, de acordo com as informações do assessor da SEC/PR Edson Mota.

O JB alertou que o "Conselho deixou de funcionar com o fim do governo Sarney" (DEMITIDOS..., 1990, p. 2). O Ministério da Cultura também já estava desativado. Após a publicação, foi enviado um esclarecimento para o JB por alguns conselheiros, que explicaram ao jornal que os nomes de Carlos Chagas Filho e do criminalista Evaristo de Moraes Filho, além de mais cinco conselheiros citados na reportagem, foram exonerados a pedido, e não demitidos, corrigiu o jornal na edição do dia seguinte.

A geração de 1930 foi negada pelo governo Collor, que insistentemente alertava que determinados intelectuais incharam a estrutura do Estado brasileiro. A geração que desaparecia nos anos 70 e 80 perdeu nos anos 90 mais um dos seus ícones. Adonias Filho, ex-presidente do CFC por dois mandatos, faleceu aos 74 anos, conforme noticiou o JB, em 4 de agosto de 1990 (ESTADOS, 1990).

No "Caderno B", destinado à cultura, uma longa reportagem sobre Adonias Filho, "o escritor das terras do cacau", rememorava o percurso político, administrativo e literário do acadêmico, que permaneceu na ABL por 25 anos (UM ESCRITOR..., 1990, p. 4). O ciclo da geração que arquitetou o projeto da cultura nacional nos anos 20 e 30 e que tentou refazer o percurso de um modernismo conservador nas décadas de 1960, 1970 e 1980, com base no CFC, chegava ao fim. Diante de um cenário desolador, Josué Montello, colunista assíduo do JB, continuava a sua empreitada para ensinar aos jovens os feitos da sua geração, moços que circularam e envelheceram nas fileiras de IHGB, ABL, MES, Dasp, MEC, CFC e MinC.

O MinC voltou a ser SEC ou SEC/PR, acrescida da sigla da Presidência da República. Essa transição foi justificada por Ipojuca Pontes (1991), na seção "Ensaios e proposições" do JB. O secretário defendeu o que seria o fim da arbitrariedade na área da cultura, um conglomerado de repartições públicas inexequíveis, criadas desde os anos 30. Entre as instituições inoperantes, citou o CFC e acrescentou o MinC: "O que parecia, na área cultural, um espaço institucional já saturado, transbordou com o início da nova República. O governo coroou a pirâmide com a criação do Ministério da Cultura, que, por sua vez, gerou novos aparatos burocráticos." (PONTES, 1991, p. 6).

No dia 5 de março de 1991, Josué Montello escreveu um longo texto no JB, sobre o seu protagonismo na criação do CFC, na elaboração do Plano Nacional de Cultura, na proposição do Sistema Nacional de Cultura e outros sistemas nacionais, a exemplo do sistema de museus, arquivos, bibliotecas e casas de cultura. Se essa estrutura política tivesse sido implantada no Brasil, alertou Montello, todas as áreas estariam em espaços adequados, e Collor não teria desativado o MinC "tal força de raiz de uma cultura genuinamente brasileira" (MONTELLO, 1991, p. 11).

Josué Montello creditou para o CFC os louros da criação do MinC e afirmou: "[...] o caminho que levaria à criação do nosso Ministério da Cultura (que me perdoem esta suspeita de paranoia), foi, em boa parte (por favor, tornem a me perdoar), o teto do Palácio do Catete." (MONTELLO, 1991, p. 11).

Ipojuca Pontes permaneceu na SEC/PR aproximadamente um ano e finalizou sua gestão no dia 10 de março de 1991. Seu substituto, o diplomata Paulo Sérgio Rouanet, permaneceu no cargo até o dia 2 de outubro de 1992, e protagonizou a transformação da Lei Sarney em Lei Rouanet.

A gestão Rouanet instituiu o Fundo Nacional de Cultura, órgão da estrutura do Programa Nacional de Cultura (Pronac), pela Lei 8.313, de 23 de dezembro de 1991, restaurando partes consideráveis da Lei 7.505/1986, extinta por Collor. O FNC, conforme o capítulo V, Art. 31, dispôs:

> Com a finalidade de garantir a participação comunitária, a representação de artista e criadores no trato oficial dos assuntos da cultura e a organização nacional sistêmica da área, o governo federal estimulará a institucionalização de Conselhos de Cultura no Distrito Federal, nos Estados e nos Municípios. (BRASIL, 1991, s/p).

Com o Pronac e o FNC, foi criado o Fundo de Investimento Cultural e Artístico (Ficart). O FNC assumiu o lugar do Fundo de Promoção Cultural. Antes da aprovação da Lei 8.313/1991, o ministro Rouanet (1991), no dia 30 de agosto, concedeu uma entrevista ao programa *Roda Viva*, na TV Cultura, e anunciou que o CFC seria substituído pelo Conselho Nacional de Política Cultural.

Pelo Art. 32 da Lei 8.313/1991, foi instituída a Comissão Nacional de Incentivo à Cultura, composta pelo secretário da Cultura, pelo presidente das entidades supervisionadas pela SEC/PR e pelo presidente da entidade nacional dos secretários estaduais de Cultura, além da participação de um representante do empresariado brasileiro e seis representantes de entidades associativistas dos setores culturais e artísticos em âmbito nacional.

No dia 16 de maio de 1992, o JB noticiou que Maria do Carmo Nabuco, irmã de Afonso Arinos de Mello Franco, assumiria o CFC. Tudo permanecia no mesmo lugar, concluiu a reportagem, assinada por Zózimo (1992a), intitulada "Em família". As políticas familiares permaneceriam na estrutura do CFC, assim como as políticas de amizades na estrutura federal da cultura. No segundo semestre, foi anunciada uma verdadeira limpeza nos ministérios. O JB anunciou, em 11 de agosto, que a ação se destinava contra a "turma do ex-ministro José Goldemberg" (ZÓZIMO, 1992b, p. 3). Goldemberg (1928-) foi secretário de Ciência e Tecnologia, de 15 de março de 1990 a 21 de agosto de

1991, e ministro da Educação, de 22 de agosto de 1991 a 4 de agosto de 1992. A limpeza significava a exoneração dos nomes ligados ao ex-ministro, como a antropóloga Eunice Durham (1932-2022), dispensada do CFC, contudo o jornal retificou a informação noticiada: a conselheira fora exonerada do CFE, porque fora presidente da Capes no governo Collor.

Assim que o processo de impeachment foi aberto pelo Congresso Nacional, no dia 29 de setembro de 1992, o vice-presidente Itamar Franco assumiu a Presidência da República e revogou as medidas promulgadas pelo presidente afastado, entre elas a extinção do Ministério da Cultura. Por meio do Decreto 8.490, de 19 de novembro de 1992, o MinC voltou à ativa, e Antônio Houaiss assumiu como ministro, no ano de 1993.

7.6 "A falência do Conselho de Cultura"

Martins e Orsini (1993), no JB, denunciaram que a biblioteca do jurista Sobral Pinto e outros fundos e coleções arquivísticos doados para a Fundação Casa de Rui Barbosa corriam sérios riscos. O JB comunicou que, mesmo sem condições estruturais de zelar por todos os acervos custodiados, a FCRB ainda recebeu o acervo da Biblioteca Hélio Vianna do extinto CFC. O título da reportagem, "Perigo na Casa de Rui Barbosa", alertou que o casarão sofria com constantes vandalismos e apresentava graves patologias na edificação histórica. O então diretor, Antônio Luiz Porto e Albuquerque, justificou o aceite da doação do CFC, porque "o conselho foi extinto e não se sabia o que fazer com a biblioteca, por isto, nós a aceitamos aqui" (MARTINS; ORSINI, 1993, p. 9).

Zózimo (1993), no JB, notificou que o extinto CFC seria renomeado para Conselho Nacional de Política Cultural. A nota, intitulada "Notáveis", esclareceu que o presidente Itamar Franco ressuscitou o conselho extinto por Collor. Dentre alguns nomes convidados e confirmados para o CNPC, destacavam-se Josué Montello, Barbosa Lima Sobrinho, Gerardo de Mello Mourão, Abgar Renault e Eduardo Portella.

O JB (REGISTRO, 1993, p. 19) justificou que a recriação do CFC como CNPC foi para atender à orientação do então ministro da Cultura, Antônio Houaiss. O CFC tinha um "sentido histórico", sendo o responsável pela "definição da ação do governo na área cultural", explicou o ministro ao JB; ademais, ao CNPC competia "propor mudanças no regimento do Ministério da Cultura", assim como "sugerir leis" que "incentivem a atividade cultural no país".

A matéria foi destacada em texto *in box* e apresentou um pequeno histórico do antigo CFC, criado em 1º de julho de 1938, no governo de Getúlio Vargas, recriado no governo de Castello Branco em 1 de novembro de 1966, e desmontado com a MP 150, de 15 de março de 1990. A notícia sobre a renomeação do CFC para CNPC ignorou e silenciou a existência do CNC, de 1961. Essa questão sinalizou que a publicação dessa reportagem na seção "Cidade" fora solicitada por algum conselheiro, como o assíduo colunista do JB Josué Montello, indicado novamente para assumir uma vaga no CNPC.

Para ilustrar a matéria, aparecia uma fotografia de Rachel de Queiroz, convidada a retomar o seu assento de conselheira no novo órgão. A atriz Fernanda Montenegro recusou o convite para participar do CNPC, mas nomes como do crítico literário Antonio Candido e do pintor João Câmara aceitaram. O CNPC foi promulgado no dia 22 de maio de 1993. Três dias depois, foram reinstituídos os 24 membros da gestão dissolvida pelo governo Collor, entre eles Barbosa Lima Sobrinho, Antonio Callado, Celina do Amaral Peixoto, Eduardo Portella, Ferreira Gullar e Josué Montello. O CFC tinha 24 membros; o CNPC aumentou para 30 conselheiros.

No dia 9 de junho de 1993, ocorreu a cerimônia de posse dos conselheiros do CNPC, com a participação do presidente Itamar Franco. A capa do JB, no dia seguinte, anunciou "Inflação em alta já preocupa governo", mas abaixo da manchete antecedeu informações sobre a cerimônia de posse do CNPC. As questões da política cultural foram substituídas pelas frivolidades, e o jornal destacou o cortejo da atriz Norma Bengell ao presidente Itamar, que, de tanto o beijar, sujou sua camisa de batom.

Entre interesses privados e notícias públicas, a nota na capa do JB destacou a cerimônia de posse do CNPC como uma atividade praticamente de "descontração", pois "aliviou a tensão do cargo" do presidente da República. A matéria no interior do jornal manteve o foco na vida privada do presidente. Apesar dos galanteios de Norma Bengell para Itamar Franco, na rotina presidencial já existia uma atriz loura, na cidade do Rio de Janeiro, com quem o presidente mantinha contato próximo e que lhe enviava "gotas amargas" de homeopatia para curá-lo de gripe (CARMO, 1993, p. 1, 4).

A jornalista Márcia Carmo forneceu um tom jocoso para as tietagens destinadas ao presidente e desconsiderou o fato político da recriação do CFC para CNPC, elevando o assunto para o plano das subjetividades. "Um dia de beijos e lágrimas no planalto" foi o título da matéria. Entre os beijos de Norma Bengell para Itamar, estavam as lágrimas de Rachel de Queiroz, feliz porque "pela primeira vez pisava no Planalto", com os seus 82 anos, alertou a repórter. A escritora conduzida ao CNPC "saiu rasgando elogios ao Presidente", informou a matéria. Em depoimento para o jornal, Rachel de Queiroz pronunciou: "Depois daquele furacão, temos um homem de carne e osso, um homem de Deus, comum como nós todos", reiterou a conselheira, um homem que merecia o respeito coletivo, "só em pegar o abacaxi que pegou, e não ter largado" (CARMO, 1993, p. 4).

Outras reportagens ladearam a matéria dos beijos às lágrimas, e uma anunciou que, na festa de posse dos 30 membros do CNPC, os conselheiros estavam esperançosos com o presidente Itamar, "um descobridor de talentos" (ITAMAR..., 1993, p. 4), sentenciou José Sarney, presente na posse. Entretanto, diante das esperanças, foi notificado de que o filólogo Antônio Houaiss deixaria o Ministério da Cultura, por solicitação do presidente Itamar Franco, para assumir a representação do Brasil na Unesco, mas pretendia permanecer até terminar suas atividades no CNPC (HOUAISS..., 1993).

No ano seguinte, Antônio Houaiss tornou-se vice-presidente do CNPC, de 1994 a 1995, no governo de Fernando Henrique Cardoso, do PSDB. Renunciou ao cargo, no dia 3 de outubro de 1995, como forma de protesto contra o que classificou negligência do governo FHC contra o CNPC. Um dia depois da renúncia, a jornalista Celina Côrtes (1995, p. 2) publicou no "Caderno B" do JB os motivos do conflito entre o CNPC e o MinC (Figura 51).

Figura 51 – Reprodução da matéria do *Jornal do Brasil*, 4 out. 1995

Fonte: Côrtes (1995, p. 2)

No jornal, Houaiss criticou enfaticamente o ministro da Cultura e sociólogo Francisco Weffort, com a seguinte avaliação: "Se o ministro não queria o funcionamento do Conselho que o liquidasse, deixar cerca de 40 funcionários na expectativa de funcionamento é simplesmente uma absoluta falta de ética" (CÔRTES, 1995, p. 2). Houaiss relatou que, em 1993, o CNPC funcionara com reuniões mensais e no ano seguinte com plenárias trimestrais. E o ano de 1995 chegava ao fim sem o ministro convocar nem sequer uma reunião com o CNPC.

Weffort, ministro e presidente do CNPC, por sua vez, respondeu à reportagem: não se tratava, segundo ele, de objeções ao CNPC, mas sim de contingências orçamentárias. E que o MinC convocaria a primeira reunião do CNPC em novembro, concomitantemente ao Encontro Nacional de Cultura, mas pontuou que o CNPC não tinha regulamentação para funcionamento. O conselheiro Ferreira Gullar foi entrevistado pela jornalista e declarou ser "desrespeitosa a forma como o ministro trata o Conselho e seus integrantes" (CÔRTES, 1995, p. 2). Foram tantas as trocas institucionais, criações e recriações que a matéria confundiu o histórico do CFC enquanto criação do ministro Tarso Dutra, em 1967.

Velhas reclamações, novos embates, velhos combatentes e novos personagens. A história do CNC, do CFC e do CNPC pareceria estar de fato condenada como o conjunto das políticas culturais a viver e reviver tristes tradições, conforme afirmou o professor Antonio Rubim (2007). Entre ausências e autoritarismos, entre disputas e instabilidades, as políticas culturais refazem-se conjunturalmente, mas não alcançam uma completude.

Em analogia ao ornitorrinco do sociólogo Francisco de Oliveira (2011), quando comparou o Brasil com um animal ao mesmo passo mamífero e ovíparo, com hábitos noturnos e detentor de um corpo que lembra outros animais, faço a mesma analogia com o Ministério da Cultura com colagens e bricolagens de muitas políticas culturais, que foram construídas por vários corpos que parecem não se adequar aos seus novos membros. Estariam as políticas culturais a viver a mesma dualidade da razão histórica metaforizado por Oliveira? Um projeto envolto em uma narrativa de modernidade, mas em constante construção e transformação, que se retroalimenta de uma estrutura social e econômica desigual, que se refaz e se desfaz, caoticamente, tornando qualquer projeto inexequível.

A história das políticas culturais no Brasil, quando inventada, reinventada, extinta e recriada, refundou a base e o mito do projeto modernista de nacionalidade que ultrapassou as décadas iniciais do século XX para as décadas iniciais do século XXI. As políticas culturais refazem-se conforme os sujeitos históricos se reposicionam para construí-las, seja à sombra de escombros, seja à sombra de projetos inacabados.

CONSIDERAÇÕES FINAIS

Esta obra procurou demonstrar que as impermanências da área da cultura não podem ser lidas conforme o enquadramento ideológico do descaso político, mas enquanto deliberações políticas condicionadas pelos múltiplos interesses em jogo. Políticas favoráveis e desfavoráveis à cultura requerem uma análise da história dos sujeitos e das instituições para uma adequada compreensão de como se processa a institucionalização das políticas culturais.

As atuações dos conselheiros e administradores da cultura demonstraram como se forjaram as relações políticas desses homens e mulheres com o seu tempo. Suas ações políticas nos conselhos, instituições, secretarias e ministérios evidenciaram intersecções dos campos profissionais na formulação das políticas culturais. Sobretudo pela transversalidade disciplinar na composição e proposição dos relatórios, pareceres, atas, projetos e anteprojetos, aprovações e implantações, que se tornaram verdadeiros tratados filosóficos, acadêmicos e políticos dentro das instituições culturais. Consequentemente, memórias, histórias e percursos são compostos de rompimentos e impermanências.

Na escrita da história das políticas culturais, foram recorrentes as disputas verificadas na construção de narrativas sobre as ocupações dos espaços culturais. As narrativas para validação, reconhecimento e avaliação dos diferentes agentes e mediadores culturais envolvidos nesses processos, seja na condição de administradores/gestores, seja de conselheiros de cultura, demonstram que os projetos em disputa não somente pretendiam consolidar um campo teórico e uma área política, mas um projeto de país. A dinâmica desses projetos em disputas impulsionou a formulação das políticas públicas, que, antagonicamente, expandem-se, comprimem-se e reinventam-se conforme os fenômenos das conjunturas políticas. O mundo do conhecimento está em constante movimento, um processo antagônico marcado pelas disputas políticas, sociais, científicas e culturais. Desse modo, o que se convencionou classificar de vanguarda, conservadorismo, modernidade e progresso, no mundo das políticas culturais, compõe as interfaces do processo de constituição das políticas públicas em todas as áreas.

As disputas para a implantação de um Ministério da Cultura remeteram à entrada de Gustavo Capanema no Ministério da Educação e Saúde Pública em 1934. Em um contexto de construção do projeto varguista, Capanema propôs uma sobreposição da Cultura sobre a Educação e a Saúde. O Ministério da Cultura Nacional proposto, em 1935, assumiria o escopo pedagógico civilizatório da construção política de um projeto de Estado nacionalista, centralizado, planejado e regionalizado.

A cultura, quando observada enquanto correlato de civilização, modernidade e desenvolvimento social, trouxe a questão educacional e sanitária na sua gênese. O projeto varguista vislumbrou a trindade sagrada "povo, nação e pátria", na elaboração de uma comunidade imaginada, de acordo com o conceito de Benedict Anderson (2005).

O percurso cruzado dos projetos modernistas de Mário de Andrade e de Gustavo Capanema para a cultura foi moldado à luz dos seus espaços de experiências e horizontes de expectativas. Duas trajetórias registradas na história das políticas culturais, uma enquanto paradigma, e outra como autoritária. Entretanto todas as classificações demarcam posições políticas, estratégias de resistência e de existência nas arenas de poder, portanto devem ser avaliadas através da lente dos jogos de interesses.

A administração do modernista no Departamento de Cultura e Recreação do Município de São Paulo possibilitou cruzar as experiências advindas das imersões das missões etnográficas no interior do Brasil com as missões sociológicas realizadas nas periferias de São Paulo. Uma política municipal que fundou uma espécie de laboratório de aplicação das análises e percepções políticas e teóricas de Mário de Andrade, imediatamente arquivadas na saída do gestor do DCSP. Essa organização e implantação da política municipal de cultura, em perspectiva sociológica e etnográfica da *urbe*, em constante processo de transformação nos espaços de lazer, moradia e trabalho, tornou-se ícone para a história das políticas culturais, como o anteprojeto do Span.

O Instituto Brasileiro de Cultura, sugerido por Mário de Andrade e Paulo Duarte, enquanto uma espécie de protótipo de Ministério da Cultura, foi um projeto que não chegou a ser implantado por conta do Estado Novo, mas que sinalizou o espraiamento da cultura em departamentos estaduais e municipais. As atividades e os equipamentos culturais deveriam ser levados para espaços longínquos e desprovidos de acesso. Esse projeto foi retomado e realizado pelo CNC, de 1961 a 1964.

As ideias circulavam e eram modificadas e disputadas, não simplesmente inventadas, senão narradas e escritas por seus protagonistas. As estratégias políticas dos homens de Estado estavam urdidas em articulações e proposições, em experiências e projetos, como foi construído o ousado projeto de poder, materializado na edificação da sede do MES, o que demonstrou que as estratégias de poder se voltavam mais para a criação de cânones do que para a efetivação das ideias em si.

Os intelectuais, os artistas e os agentes públicos que trabalharam na estrutura do Estado desde os anos 30, portanto, não podem ser enquadrados, unicamente, na condição de cooptados ideológicos. Pois suas trajetórias indicaram constantes autocríticas e contrariedades na avaliação das suas atuações, o que evidenciou divergências ideológicas, artísticas, políticas, administrativas e estéticas nas composições e ocupações do espaço público. Podem-se mencionar as autocríticas de Mário de Andrade e do conselheiro federal Clarival do Prado Valladares, abertos aos movimentos de transformação do seu tempo, ainda que estivessem em estruturas conservadoras. Em contrapartida, outros agentes culturais mantinham as suas idiossincrasias fechadas, estanques, sobretudo percebidas nos posicionamentos dos conselheiros federais de Cultura. Essa questão vislumbra que as estratégias e táticas políticas permearam as ocupações de cargos públicos e são decorrentes não apenas do reconhecimento intelectual projetado, mas também da sobrevivência política e profissional, assim como da pretensão de se deixar uma memória e um legado histórico coerente com seus pares.

É preciso situar que, apesar das políticas de amizades, muitos intelectuais que transitaram nas instâncias de consagração da cultura nacional tiveram que disputar a ocupação política e profissional das arenas de poder dentro e fora do Estado. Essas disputas ocorreram mesmo em situações de proteção política em meio às redes de amizades, pois alguns administradores e conselheiros da cultura tiveram dificuldades para defender, aprovar e implantar seus projetos, fosse em períodos de ditadura, fosse de democracia. Isso demonstra que a centralização política na condução do Estado está imbricada em processos históricos, que devem ser analisados com cautela.

Outro ponto a ser ressaltado gira em torno da histórica escassez financeira e administrativa da cultura. Questão que, do meu ponto de vista, não pode ser observada sob a chave do descaso, tampouco da não prioridade pública, conforme demonstraram as avaliações dos conselheiros, administradores e pesquisadores de cultura. O argumento do descaso não pode encobrir que as escolhas administrativas são ações políticas deliberadas, portanto incorrem em exclusões que são resultantes das disputas, escolhas e negociações de poder enquanto um campo social e político. Essas disputas podem ser observadas na histórica alternância da ocupação dos cargos de ministros da Educação e da Cultura, assim como nos longevos mandatos dos conselheiros e gestores federais. Uma das permanências na história das políticas públicas no Brasil do século XX é a recorrente ocupação de determinados grupos corporativos e familiares que se revezavam e transitavam do privado para o público no Poder Executivo, Legislativo e Judiciário enquanto representação e manutenção do *status quo* e da hegemonia econômica.

Considerando essas questões, salienta-se que as disputas que ocasionaram as permanências e impermanências das políticas culturais foram delineadas nas transformações das concepções de cultura forjadas e transformadas dentro e fora do Estado conforme as trajetórias dos agentes, administradores, conselheiros e intelectuais que atuaram ou pesquisaram a cultura enquanto campo político e de conhecimento. Os conselheiros do CFC foram sujeitos que, majoritariamente, apoiavam-se em uma concepção humanista, com base na evocação filosófica do conhecimento e da neutralidade política da cultura, em prol da preservação da história nacional, do registro e difusão do passado, da salvaguarda do patrimônio e do desenvolvimento nacional enquanto projeto civilizatório. Essa conjunção temporal se tornou eficaz para abonar e isentar determinados percursos políticos, na medida em que a aura profissional disfarçou o posicionamento político desses sujeitos.

Muitos intelectuais e artistas que transitaram em múltiplos espaços culturais enquanto administradores, gestores e conselheiros encobriam a sua prática política com o véu da neutralidade como forma de se preservar e de se distanciar das disputas políticas junto ao Estado. Por conseguinte, a destinação de uma isenção ideológica para a área da cultura deve ser compreendida como um posicionamento político ideológico, na medida em que todas as relações são exercidas em tramas políticas.

Todavia essa negação política se tornou uma espécie de *modus operandi* para a desvinculação política da cultura a fim de transformar a área imune e desinteressada ideologicamente. No lugar da prática política, a prática cultural imprimiu uma condição da cultura desgarrada da política partidária, dos regimes e dos governos. Uma tentativa de solidificar a ideia de que as políticas culturais podem transitar em diferentes governos sem os riscos da contaminação ideológica. Esse processo de negação da política cultural enquanto resultado da negociação e da disputa ideológica e política assumiu, ao longo da escrita da história das políticas culturais, o argumento da negligência, do descaso e da desvalorização da cultura pelo Estado.

Este argumento desconsidera que as políticas culturais foram negociadas, disputadas, apropriadas, transformadas e reinventadas por sujeitos que pleiteavam, invariavelmente, os espaços de poder, nos quais estavam os partidos políticos e as posições ideológicas. Desse modo, deve-se problematizar esta suposta neutralidade advogada por alguns agentes e a quem interessa o esvaziamento ideológico das políticas culturais. Pois a categoria de ideologia ainda se estabelece como uma condição *sine qua non* para a compreensão das impermanências, criações e extinções enquanto resultados políticos das disputas, e não fruto do descaso.

O enquadramento do consenso, da homogeneidade e da negação constante do político nas instituições e na escrita da história não pode ser adotado como explicação hermética, mas problematizada enquanto um processo temporal permeado de antagonismos, disputas e pluralidade. Nesse sentido, é preciso demarcar as diferenças políticas como salutares na construção das políticas culturais e se esquivar das definições ideológicas homogêneas, que geram a mais perversa das ideologias, o autoritarismo, que alimenta a concepção de uma ideologia única sob a aura da neutralidade. Perspectiva observada nos tempos atuais, de adensamento da negação da política e da ideologia na cultura, inserida em discursos como a defesa da cultura dos costumes, contra as reflexões de gênero ou mesmo a favor da escola sem partido.

A construção histórica e a interpretação historiográfica sobre os distanciamentos políticos são formulações das políticas culturais, mobilizadas também ideologicamente, seja no nosso tempo, seja nos tempos passados, sob o argumento de combater o dirigismo cultural, mas condicionadas ideologicamente às ações empreendidas. O dirigismo ocorre dentro e fora do Estado, e, conforme o jogo político estabelecido, ele pode recuar, estagnar ou aumentar. Não foi por acaso que, no auge da ditadura civil-militar no Brasil, o Conselho Federal de Cultura, nos seus primeiros dez anos de funcionamento, arquitetou e organizou o conjunto das políticas culturais com sucesso. Ironicamente, políticas que se tornaram paradigmas foram elaboradas nesse contexto, como o Sistema Nacional de Cultura, o Fundo Nacional de Cultura, o Plano Nacional de Cultura e os planos setoriais, os Conselhos Federal, Estaduais e Municipais de Cultura, secretarias e fundações específicas para a cultura, o Ministério da Cultura e a Lei de Incentivo Federal para a Cultura, ratificados em todos os governos, com adaptações, conforme os interesses em disputa no poder, ou seja, atravessaram distintas temporalidades e espaços.

O CFC assumiu, no período de 1967 a 1976, uma discricionariedade de Ministério da Cultura em sua prática executiva, por isso o paradigma da cultura estruturado nessas políticas se tornou robusto, apesar das críticas, das tentativas de mudanças e dos projetos inconclusos. O perfil do CFC nunca foi abalado, pois, mesmo diante de alterações regimentais e políticas, o critério dos notáveis continuou sendo a matriz de ocupação das vagas dos Conselhos de Cultura, questão que ultrapassou todos os governos. No governo do PT (2003-2016), esse *modus operandi* foi o menos influente, com maior participação da sociedade civil organizada, contudo os quadros intelectuais e artísticos corporativos ainda eram hegemônicos.

As políticas culturais devem ser compreendidas enquanto processos antagônicos. O arcabouço legal que estruturou Sistema, Fundo, Conselho e Plano Nacional de Cultura enquanto mecanismos de política cultural, elaborados para o planejamento do Estado, deve ser problematizado em suas proposições, negações e apropriações por outras perspectivas ideológicas dos anos 80 aos anos 2000.

Esse processo de negação e de afirmação, de criações, extinções e de apropriações não pode ser analisado sem considerar os processos de repressão operados contra as esquerdas, os movimentos culturais e sociais nos anos 60 e 70, assim como a constante desconfiança política na reorganização desses grupos nos anos 70 e 80. Talvez tenha sido esse o condicionante para que, em diferentes períodos da história, as políticas culturais e os projetos de institucionalização da cultura fossem constantemente anulados, reinventados, redesenhados e reapresentados com novas autorias, apresentando-se como "museu de grandes novidades", parafraseando Cazuza.

O Ministério da Cultura Nacional pleiteado por Capanema, rejeitado por Vargas, proposto por Menotti del Picchia e pelo CFC, foi rearticulado pelos secretários estaduais de Cultura e implantado no governo de José Sarney como uma reivindicação dos conselheiros e administradores/gestores de cultura, e não da classe artística e intelectual, que ainda se debatia contra a perseguição ideológica da ditadura civil-militar. Um grupo representativo de intelectuais posicionou-se contra a criação do Ministério da Cultura alegando que, em um país ainda composto por muitos analfabetos, um Ministério da Cultura seria um luxo desnecessário. Os jogos de interesses, as políticas de amizades e as indicações políticas dos empregos públicos, entre divisões partidárias, ainda se fazem presentes na estrutura do Estado brasileiro. O Ministério da Cultura foi rejeitado por uma parte das esquerdas e das direitas, sobretudo quanto ao dirigismo cultural, mas, apesar dos arquivamentos e das oscilações políticas decorrentes das disputas, pode-se afirmar que as políticas de cultura no Brasil são longevas, em múltiplos sentidos. Entre constantes criações, extinções e renomeações de instituições culturais, a exemplo de Sphan/Dphan/Iphan/Sphan, CNC/CFC/CNPC e Seac, DAC, SEC e MinC, as sucessivas reformas administrativas produziram fissuras na formação do campo cultural e na consolidação das políticas culturais, o que lhes conferiu um caráter de obra inacabada, refém de inconstâncias institucionais e de descasos políticos, embora algumas políticas tenham se tornado longevas e permanecido em construção.

Essas reformulações foram classificadas como "tristes tradições" por Rubim (2007), contudo prefiro olhar através da lente de Hobsbawm e Terrence Ranger (2008), quando afirmam que as tradições são constantemente inventadas, ressignificadas, reapropriadas e reescritas. Portanto, as tradições são idealizadas também pela escrita da história.

Nesse sentido, as múltiplas apropriações de ministério, conselhos e órgãos de cultura foram trabalhadas em distintas fases para demarcar que o modernismo no Brasil enquanto matriz estética foi uma cara invenção, materializada e canonizada, além do empreendimento que imortalizou o nome de Capanema na história das políticas culturais, o Palácio da Cultura ou Palácio Capanema, ícone contestado fosse pelos autoritarismos, fosse pelos personalismos ou pela audácia do projeto.

Foi nesse lugar de memória e símbolo do movimento moderno no Brasil que, em 2016, ocorreu uma ocupação cultural promovida pelo movimento Ocupa MinC, que reivindicou a reinstituição do Ministério da Cultura, extinto pelo presidente interino Michel Temer. Não por acaso, o governo Bolsonaro sinalizou a venda do Palácio da Cultura, no ano de 2021, proposta contestada imediatamente por intelectuais de todas as vertentes ideológicas, com mobilizações e argumentos, inclusive nacionalistas.

Considerando todas as rupturas históricas dos conselhos, secretarias, fundações, departamentos, planos e projetos de cultura, em todos os âmbitos da Federação, as políticas culturais permanecem em constantes disputas conceituais e políticas. As tradições são inventadas, assim como os lugares de memória e as políticas culturais.

Diante de todas as questões problematizadas durante o percurso deste livro, uma última indagação poderia ainda ser colocada: por que o Ministério da Cultura, depois de constituído, não conseguiu se estabelecer enquanto política de Estado?

O Ministério da Cultura foi institucionalizado, em 1985, pelo governo Tancredo/Sarney, eleito indiretamente pelo colégio eleitoral, sem passar pela anuência popular. As ações e os projetos do presidente Sarney para a cultura foram classificados como projetos pessoais, com interesses pontuais em círculos de consagração e amizades. Dessa forma, a existência efêmera do Ministério da Cultura foi prevista desde sua criação.

Fernando Collor de Mello foi um político eleito com voto direto, mas que não tinha organicidade com o meio cultural que defendia o Ministério da Cultura, tampouco as políticas públicas. Sua intenção, desde o início, foi reduzir as obrigações do Estado, para isso desconstituiu o MinC e outros ministérios. Isso indica que ministérios voltados para os Direitos Humanos, Cidadania e Cultura não são considerados áreas fundamentais para os defensores do Estado mínimo. Collor manteve as tradicionais pastas de Economia, Educação, Saúde e Justiça. Um Ministério da Cultura, efetivamente não interessa para um governo neoliberal e conservador, seja de Collor, de Temer ou Bolsonaro.

No governo Itamar Franco, o MinC retornou, mas sem avanços, apesar de o presidente ter sido aclamado pela classe artística e intelectual, pelos conselheiros e dirigentes de cultura. Com Fernando Henrique Cardoso, sociólogo e intelectual reconhecido, mas um político neoliberal, a cultura manteve-se institucionalizada, mas pelo prisma do mercado; não por acaso, um dos seus lemas foi materializado na obra *Cultura é um bom negócio* (BRASIL, 1995). Nos governos Lula e Dilma, o Ministério da Cultura implantou as políticas reivindicadas desde os anos 60 e 70, por meio de projetos de emenda constitucional. Os governos petistas instituíram o Sistema e o Plano Nacional de Cultura, assim como retomaram o Conselho Nacional de Política Cultural, com desenho institucional participativo, representativo e paritário.

Mário de Andrade pode ser vislumbrado no texto legal da CF-1988, nos Arts. 215 e 216, no que se refere ao patrimônio cultural material e imaterial, e, posteriormente, no Decreto 3.551, de 4 de agosto de 2000, sobre o Registro de Bens Culturais de Natureza Imaterial. No conjunto das metas do Plano Nacional de Cultura, instituído pela Lei 12.343, de 2 de dezembro de 2010, a concepção andradina de cultura foi difundida como conceito antropológico e dividida nas dimensões cidadã, simbólica e econômica para demarcar a necessidade de se identificar, coletar e preservar a cultura popular sob a metodologia da etnografia. O projeto do Ministério da Cultura atravessou o século XX e o início do século XXI, com a criação e reestruturação do MinC.

O Ministério da Cultura, nos anos 2000, aproximou-se de uma política de Estado consolidada, mas não sobreviveu ao golpe de 2016, quando a presidenta Dilma Rousseff sofreu um impeachment parlamentar. Em 2019, o MinC, o CNPC, o SNC e o PNC foram aniquilados no desgoverno de Jair Bolsonaro. Em 2023, no terceiro mandato presidencial de Lula, o MinC foi reinstituído como uma fênix que renasce das cinzas da destruição.

Nesse histórico de incompletude e disputas, de acordo com Hobsbawm (1998), os pesquisadores escolhem os fenômenos da história sob as suas escalas de valores. Essas escolhas acarretam exclusões que carregam, em si e para si, posicionamentos políticos. Nesse sentido, este livro é resultado da minha história no movimento cultural e das minhas escolhas teóricas e políticas. O livro não pretendeu esgotar a história das políticas culturais, mas lançar questões e abordagens que relacionam a história do Ministério da Cultura no Brasil com um constructo histórico de diferentes sujeitos em disputas políticas e ideológicas em distintas temporalidades.

REFERÊNCIAS

[CRIADO pelo decreto...]. **Cultura [de] MEC/CFC**, Rio de Janeiro, ano 1, n. 1, p. 3, jul. 1967. 1 fotografia.

[O MINISTRO....]. **Cultura [de] MEC/CFC**, Rio de Janeiro, ano 1, n. 1, p. 23, jul. 1967. Departamento Gráfico do Museu de Armas Ferreira da Cunha. 1 fotografia.

1° VICE-PRESIDENTE do Conselho Federal de Cultura. **Boletim [de] MEC/CFC**, Rio de Janeiro, ano 16, n. 58-59, p. 69-76, 1. sem. 1985.

III ENCONTRO Governo Sociedade. **Jornal do Commercio**, Rio de Janeiro, 27 out. 1986, p. 3.

A APLICAÇÃO da lei Sarney e os livros-brinde. **Boletim [de] MEC/CFC**, Rio de Janeiro, ano 20, n. 74, p. 57-82, 1. trim. 1988.

A DESCOBERTA da cultura. **Diário de Notícias**, Rio de Janeiro, 25 fev. 1967. 2ª Seção, p. 4.

A DESPEDIDA de Mauro Mota. **Boletim [de] MEC/CFC**, Rio de Janeiro, ano 15, n. 56-57, p. 99-112, 2. sem. 1984.

A EXPOSIÇÃO commemorativa na Bibliotheca Nacional. **Jornal do Commercio**, Rio de Janeiro, 22 jun. 1939. p. 4.

A FCFC não tomou sede da Funarte. **Correio Braziliense**, Brasília, 13 out. 1986. p. 15.

A LONGA vida do curta e teatro brasileiro: a abertura em cena. **Engenho & Arte**, Rio de Janeiro, n. 00, p. 5-14, 1 quinzena, maio 1980.

A PROFESSORA Celina Moreira Franco expõe a situação do Arquivo Nacional. **Revista Manchete**, Rio de Janeiro, p. 98, 1. abr. 1989.

ABREU, Alzira Alves (org.). **Dicionário histórico-biográfico brasileiro pós-1930**. 2. ed. Rio de Janeiro: FGV, 2001.

ACADEMIA BRASILEIRA DE LETRAS (ABL). **Acadêmicos**. Rio de Janeiro: ABL, 2020. Disponível em: https://www.academia.org.br/academicos/membros. Acesso em: 12 jan. 2020.

ACADEMIA FEMININA DE LETRAS E ARTES DE GOIÁS (AFLAG). **Acadêmicas**. Goiânia, Aflag, c2019. Disponível em: https://www.aflag.com.br/academicas. Acesso em: 1 dez. 2019.

ACADEMIA MARANHENSE DE LETRAS (AML). **Ocupantes**. São Luís: AML, 2019. Disponível em: http://www.academiamaranhense.org.br/ocupantes/. Acesso em: 10 nov. 2019.

ACADEMIA PAULISTA DE PSICOLOGIA (APP). **Membros**. São Paulo: APP, 2019. Disponível em: https://www.academiapaulistapsicologia.org.br/membros Acesso em: 10 nov. 2019.

ACRE. Poder Judiciário do Estado do Acre. Tribunal de Justiça. **Colégio de Presidentes**. Rio Branco: Agência TJAC, 2020. Disponível em: https://www.tjac.jus.br/ Acesso em: 20 fev. 2020.

ADORNO, Theodor; HORKHEIMER, Max. **Dialética do esclarecimento**: fragmentos filosóficos. Tradução de Guido Antonio de Almeida. Rio de Janeiro: Jorge Zahar, 1985.

ADVERTÊNCIA. **Correio Braziliense**, Brasília, 5 jan. 1990. Opinião, p. 2.

AGAMBEN, Giorgio. O amigo. **Revista Eletrônica de Direito Civil**: Civilistica, Rio de Janeiro, ano 1, n. 2, p. 1-7, 2012. Disponível em: https://civilistica.emnuvens.com.br/redc/article/view/33. Acesso em: 28 ago. 2018.

AGUIAR FILHO, Adonias. **O Conselho Federal de Cultura**. Brasília: MEC/CFC, 1978.

AGUIAR FILHO, Adonias. Política da cultura. **Diário de Notícias**, Rio de Janeiro, 15 dez. 1960. Estante, p. 3.

AGUIAR FILHO, Adonias. Uma ditadura. **Diário de Notícias**, Rio de Janeiro, 26 jan. 1961. Estante, p. 3.

ALBUQUERQUE JÚNIOR, Durval Muniz de. **A invenção do Nordeste e outras artes**. 5. ed. São Paulo: Cortez, 2011.

ALMEIDA, Armando. Tropicália, Contracultura e indústria cultural. **Revista do Instituto Humanitas Unisinos**, São Leopoldo, ed. 411, p. 24-27, 2012. Disponível em: https://www.ihuonline.unisinos.br/artigo/4816-armando-almeidla. Acesso em: 31 ago. 2018.

ALOÍSIO Magalhães morre aos 55 anos. **Folha de S. Paulo**, São Paulo, 14 jun. 1982. Ilustrada, p. 25.

AMARAL, Marcio Tavares d´. Política cultural, qual rumo? **Engenho & Arte**, Rio de Janeiro, n. 00, p. 16-20, 1-15 maio 1980.

AMPARO à cultura. **Cultura [de] MEC/CFC**, Rio de Janeiro, ano 1, n. 6, p. 5-6, dez. 1967.

ANDERSON, Benedict. **Comunidades imaginadas**: reflexões sobre a origem e a expansão do nacionalismo. Lisboa: Edições 70, 2005.

ANDRADE, Almir. O segundo ano de "Cultura Política". **Cultura Política**: Revista Mensal de Estudos Brasileiros [de] Departamento de Imprensa e Propaganda, Rio de Janeiro, ano 2, n. 14, p. 1-4, abr. 1942.

ANDRADE, Carlos Drummond de. **A lição do amigo**. Cartas de Mário de Andrade a Carlos Drummond de Andrade. 2. ed. revista. Rio de Janeiro: Record, 1988.

ANDRADE, Carlos Drummond de. [Cartas a Mário de Andrade]. *In*: FROTA, Lélia Coelho (org.). **Carlos e Mário**: correspondência de Carlos Drummond de Andrade e Mário de Andrade. Rio de Janeiro: Bem-Te-Vi produções literárias, 2002, p. 40-543.

ANDRADE, Carlos Drummond de. [Carta para Gustavo Capanema]. *In*: SCHWARTZMAN, Simon *et al*. **Tempos de Capanema**. São Paulo: Paz e Terra; Fundação Getulio Vargas, 2000. p. 318-319.

ANDRADE, Carlos Drummond de. Capanema, pelo mineiro Drummond. [Entrevista cedida a] Isa Cambará. **Folha de S. Paulo**, São Paulo, 21 out. 1984. Ilustrada, p. 77.

ANDRADE, Mário de. Brazil builds. Folha da Manhã. Seção Mundo Musical. São Paulo, 23 mar. 1944. *In*: LISSOVSKY, Mauricio; SÁ, Paulo Sérgio Moraes (org.). **Colunas da educação**: a construção do Ministério da Educação e Saúde. Rio de Janeiro: MinC; Iphan; FGV/CPDOC, 1996, p. 187-191.

ANDRADE, Mário de. **Cartas a Murilo Miranda**. Rio de Janeiro: Nova Fronteira, 1981.

ANDRADE, Mário de. [Cartas a Carlos Drummond de Andrade]. *In*: FROTA, Lélia Coelho (org.). **Carlos e Mário**: correspondência de Carlos Drummond de Andrade e Mário de Andrade. Rio de Janeiro: Bem-Te-Vi produções literárias, 2002. p. 40-543.

ANDRADE, Mário de. I a XCI. *In*: ANDRADE, Carlos Drummond de. **A lição do amigo**. Cartas de Mário de Andrade a Carlos Drummond de Andrade. 2. ed. revista. Rio de Janeiro: Record, 1988. p.19-228.

ANDRADE, Mário de. **Macunaíma**: o herói sem nenhum caráter. São Paulo: Martin Claret, 2016.

ANDRADE, Mário de. **O baile das quatro artes**. São Paulo: Martins Editora, 1975. p. 11-33.

ANDRADE, Mário de. **O losango caqui**. São Paulo: A. Tisi, 1926.

ANDRADE, Mário de. As nossas cartas [Cartas trocadas entre Mário de Andrade com Paulo Duarte e com Sérgio Milliet (1932-1945)]. *In*: DUARTE, Paulo. **Mário de Andrade por ele mesmo**. São Paulo: Hucitec; SMC-SP, 1985. p. 145-361.

ANDRADE, Rodrigo Melo Franco de. Nota preliminar. **Desenvolvimento da civilização material no Brasil**. Rio de Janeiro: Mesp/Sphan, 1944, p. 3.

ANTÔNIO Carlos Ribeiro de Andrada. *In*: FUNDAÇÃO GETULIO VARGAS (FGV). Centro de Pesquisa e Documentação de História Contemporânea do Brasil. **Juscelino Kubitschek 1902-2002**. Rio de Janeiro: CPDOC/FGV, 2002. Disponível em: https://jk.cpdoc.fgv.br/biografia/antonio-carlos-ribeiro-de-andrada. Acesso em: 28 set. 2022.

AOS 20 ANOS, Nova Fronteira deixa best sellers. **Folha de S. Paulo**, São Paulo, 23 dez. 1985. Ilustrada, p. 25.

AOS 43 ANOS, um novo caminho. **Boletim [de] Iphan/Pró-Memória**, Rio de Janeiro; Brasília, n. 5, p. 3-4, mar./abr. 1979.

APRESENTAÇÃO. **Cultura [de] MEC/CFC**, Rio de Janeiro, ano 1, n. 1, p. 3-4, jul. 1967.

APRESENTADO à Câmara o projeto de lei do Museu Portinari. **Diário de Notícias**, Rio de Janeiro, 8-9 abr. 1962. 5ª Seção, p. 4.

ARAGÃO, Miriam. Newton de Araújo de Oliveira Cruz. *In*: FUNDAÇÃO GETULIO VARGAS. Centro de Pesquisa e Documentação de História Contemporânea do Brasil. **Dicionário histórico-biográfico brasileiro**. Rio de Janeiro: CPDOC/FGV, 2009.

ARAGÃO, Raymundo Augusto de Castro Moniz de. Aragão: A hora e a vez da cultura. **Diário de Notícias**, Rio de Janeiro, 2 set. 1966a. 1ª Seção, p. 4.

ARAGÃO, Raymundo Augusto de Castro Moniz de. Aragão: Cultura vai ser financiada pela bebida. **Diário de Notícias**, Rio de Janeiro, 28 ago. 1966b. 1ª Seção, p. 5-12.

ARAGÃO, Raymundo Moniz de. Discurso do presidente do CFC. **Boletim [de] MEC/CFC**, Rio de Janeiro, ano 4, n. 13, p. 34-41, jan./mar. 1974a.

ARAGÃO, Raymundo Moniz de. Discurso do presidente do CFC, prof. Moniz de Aragão. **Boletim [de] MEC/CFC**, Rio de Janeiro, ano 4, n. 14. p. 12-13, abr./jun. 1974b.

ARAGÃO, Raymundo Moniz de. Discurso do presidente do Conselho Federal de Cultura. **Cultura [de] MEC/CFC**, Rio de Janeiro, ano 6, n. 23, p. 34-39, jul. 1976a.

ARAGÃO, Raymundo Moniz de. Discurso do presidente Moniz de Aragão. **Boletim [de] MEC/CFC**, Rio de Janeiro, ano 3, n. 9, p. 25-30, jan./mar. 1973.

ARAGÃO, Raymundo Moniz de. Discurso do professor Moniz de Aragão. **Cultura [de] MEC/CFC**, Rio de Janeiro, ano 5, n. 17, p. 13-18, jan./mar. 1975.

ARAGÃO, Raymundo Moniz de. Política Nacional de Cultura. *In*: BRASIL. Ministério da Educação e Cultura. **Conclusões do Encontro dos Secretários de Cultura**: subsídios para um programa cultural. Rio de Janeiro: MEC/DAC, 1976b. p. 13-15.

ARAUJO, Rubens. Impasse na lei Sarney. **Correio Braziliense**, Brasília, 29 set. 1986. p. 16.

ARINOS sai do CDDPH. **Diário de Pernambuco**, Recife, 6 set. 1980. p. A-12.

ARINOS, Afonso. A legislação e a cultura. **Boletim [de] MEC/CFC**, Rio de Janeiro, ano 6, n. 23, p. 41-43, jul. 1976.

ARINOS, Afonso. **Bases para a formulação da Política Nacional de Cultura**. MEC/CFC, Rio de Janeiro, 1975. p. 1-13.

ARINOS, Afonso. Dia da Cultura. **Boletim [de] MEC/CFC**, Rio de Janeiro, ano 9, n. 37, p. 11-20, out./dez. 1979.

ARINOS, Afonso. Discurso em homenagem a Capanema. 1941. *In*: BRASIL. **Relação geral dos discursos**: discursos de 1934-1945. Rio de Janeiro: Mesp/MES, [1945]. Arquivo Gustavo Capanema: CPDOC/FGV. Classificação GC Assuntos Administrativos. f 1945. 10. 00. 283 f.

ARINOS, Afonso. Saudação a Ouro Preto. **Boletim [de] MEC/CFC**, Rio de Janeiro, ano 10, n. 41, p. 120-122, out./dez. 1980.

ARNON no Senado. **Diário de Notícias**, Rio de Janeiro, 8 fev. 1968. 1ª Seção, p. 3.

ARQUIVO Gustavo Capanema. Rio de Janeiro: CPDOC/FGV, 1934-1946.

ARQUIVO HISTÓRICO DE JOINVILLE (AHJ). **Hemeroteca**. Joinville: AHJ, 2019.

ARQUIVO Nacional. **Boletim [de] MEC/CFC**, Rio de Janeiro, ano 20, n. 74, p. 33-50, 1. trim. 1988.

ARTE degenerada. *In*: ITAÚ CULTURAL. **Enciclopédia Itaú Cultural**. São Paulo: Itaú Cultural, c2019. Disponível em: http://enciclopedia.itaucultural.org.br/termo328/arte-degenerada. Acesso em: 25 mar. 2019.

ARTE e cultura. **Boletim [de] MEC/CFC**, Rio de Janeiro, ano 10, n. 39, p. 127-129, abr./jun. 1980.

ARTHUR Cezar Ferreira Reis – 20 anos de CFC. **Boletim [de] MEC/CFC**, Rio de Janeiro, ano 17, n. 62-64, p. 13-20, 1985.

ARTISTAS levam apoio ao candidato. **Correio Braziliense**, Brasília, 6 nov. 1984. p. 4.

AS ATRIBUIÇÕES do Conselho Federal de Cultura. **Boletim [de] MEC/CFC**, Rio de Janeiro, ano 18, n. 66, p. 46-62, 1. trim. 1987.

AS HOMENAGENS do CFC a Clarival do Prado Valladares. **Boletim [de] MEC/CFC**, Rio de Janeiro, ano 13, n. 51, p. 13-42, abr./jun. 1983.

ASSIS, Machado de. **Helena**. Rio de Janeiro: Garnier, 1876.

ATHAYDE, Austregésilo. Presidente ideal deveria imitar Castelo Branco. **Diário de Notícias**, Rio de Janeiro, 5 jun. 1966. 1ª Seção, p. 3.

ATRIBUIÇÕES do Conselho Federal de Cultura. **Boletim [de] MEC/CFC**, Rio de Janeiro, ano 16, n. 60-61, p. 103-109, 2. sem. 1985.

AZEVEDO, Fernando de *et al.* O manifesto dos pioneiros da educação nova (1932): a reconstrução educacional no Brasil — ao povo e ao governo. **Revista HISTEDBR**, Campinas, n. especial, p. 1-15, ago. 2006. Disponível em: https://www.histedbr.fe.unicamp.br/pf-histedbr/manifesto_1932.pdf. Acesso em: 28 set. 2020.

AZEVEDO, Júlia. Plano de trabalho da Secretaria de Plenário: CFC. **Boletim [de] MEC/CFC**, Rio de Janeiro, ano 14, n. 54, p. 94-96, jan./mar. 1984.

BADARÓ, Murilo. **Gustavo Capanema**: a revolução na cultura. Rio de Janeiro: Nova Fronteira, 2000.

BARATA, Mário. Desenhos italianos. **Diário de Notícias**, Rio de Janeiro, 16 jul. 1961. 1ª Seção, p. 4.

BARATA, Mário. Condições e exemplos de defesa do patrimônio histórico e artístico brasileiro. **Revista Brasileira de Cultura**, Rio de Janeiro, n. 3, p. 164-181, jan./mar. 1970.

BÁRBARA, Danúsia. José Olympio, 50 anos. **Jornal do Brasil**, Rio de Janeiro, 9 abr. 1981. Caderno B, p. 9.

BARROSO, Maria Alice. Despertar para a cultura. **Boletim [de] MEC/CFC**, Rio de Janeiro, ano 3, n. 11, p. 39-43, jul./set. 1973.

BASTOS, Humberto. Os usurpadores. **Diário de Notícias**, Rio de Janeiro, 23 e 24 jul. 1967. Debates & confrontos, p. 1.

BAUER, Letícia Brandt. **O homem e o monumento**: criações e recriações da obra de Rodrigo Melo Franco de Andrade. 2015. Tese (Doutorado em História) – Universidade Federal do Rio Grande do Sul, Porto Alegre, 2015.

BECKER, Cacilda. Cacilda Becker, a grande dama do teatro. [Entrevista cedida a Anna Maria FUNKE]. **Diário de Notícias**, Rio de Janeiro, 18 maio 1969. Revista Feminina, p. 7.

BENDA, Julien. **La traición de los intelectuales**. Tradución de L. A. Sanchez. Santiago de Chile: Ediciones Ercilla, 1951.

BERNARDO, Hebe de Camargo. **Os trabalhadores do café**: análise de uma obra de Portinari. 2012. Dissertação (Mestrado em Artes) – Universidade Estadual Paulista, São Paulo, 2012.

BERSTEIN, Serge. Os partidos. *In*: REMOND, Rene (org.). **Por uma história política**. 2. ed. Rio de Janeiro: FGV, 2003. p. 57-98.

BETE anuncia lei de apoio à cultura. **Jornal do Commercio**, Rio de Janeiro, 20 jun. 1986. p. 5.

BIBLIOTECA NACIONAL (BN). **Arquivo**. Lisboa: BN, 2018-2019.

BIBLIOTECA NACIONAL (BN). **Hemeroteca digital brasileira**. Rio de Janeiro: BN, 2019-2023.

BIBLIOTECA NACIONAL. **Boletim [de] MEC/CFC**, Rio de Janeiro, ano 11, n. 44, p. 104-138, jul./set. 1981.

BITTAR, William. **Formação da arquitetura moderna no Brasil (1920-1940)**. Campinas Grande: Docomomo Brasil, 2016. Disponível em: https://docomomobrasil.com/wp-content/uploads/2016/01/William-Bittar.pdf. Acesso em: 28 set. 2023.

BLAKE, Sacramento. **Dicionário bibliográfico brasileiro**. Rio de Janeiro: Typographia Nacional, 1883-1902. 7 v.

BOAVENTURA, Maria Eugênia. **22 por 22**: a Semana de Arte Moderna vista pelos seus contemporâneos. São Paulo: Edusp, 2018.

BOBBIO, Norberto. **Os intelectuais e o poder**: dúvidas e opções dos homens de cultura na sociedade contemporânea. Tradução de Marcos Aurélio Nogueira. São Paulo: Editora da Unesp, 1997.

BOLETIM [DE] MEC/CFC. Rio de Janeiro: Apex gráfica e editora; MEC/CFC, 1971-1989.

BOLSAS para estudantes de economia. **Diário de Notícias**, Rio de Janeiro, 5 maio 1963. 5ª Seção, p. 5.

BOMENY, Helena. **Guardiães da razão**: modernistas mineiros. Rio de Janeiro: UFRJ; Tempo Brasileiro, 1994.

BOMENY, Helena. Infidelidades eletivas: intelectuais e política. *In*: BOMENY, Helena (org.). **Constelação Capanema**: intelectuais e política. Rio de Janeiro: Ed. Fundação Getulio Vargas, 2001. p. 11-35.

BOSI, Alfredo. **Dialética da colonização**. São Paulo: Companhia das Letras, 1992.

BOSI, Ecléa. **Memória e sociedade**: lembranças de velhos. São Paulo: Companhia das Letras, 2004.

BOTELHO, Isaura. **Depoimento sobre Aluísio Pimenta**. A broa, o bródio e o breu: legado de generosidade e honradez. Brasília: Ministério da Cultura, 2016a. Disponível em: https://www.gov.br/cultura/pt-br. Acesso em: 3 jan. 2019.

BOTELHO, Isaura. **Isaura Botelho (depoimento, 2005)**. Rio de Janeiro: CPDOC/FGV, 2017. 1 vídeo (65 min). Transcrição. Disponível em: https://www18.fgv.br/cpdoc/storage/historal/arq/Entrevista1375.pdf. Acesso em: 17 nov. 2023.

BOTELHO, Isaura. **Programa Vozes da Funarte**. [Entrevista cedida a] Esther Moreira e Sharine Melo. Rio de Janeiro: Funarte, 2016b. Disponível em: http://sites.funarte.gov.br/vozessp/entrevistas-2/a-funarte-e-as--politicas-culturais/isaura-botelho/. Acesso em: 3 jan. 2019.

BOTELHO, Isaura. **Romance de formação**: Funarte e política cultural (1976-1990). Ministério da Cultura. Rio de Janeiro: Edições Casa de Rui Barbosa, 2000.

BOURDIEU, Pierre. **A distinção**: crítica social do julgamento. Tradução de Daniela Kern e Guilherme João de Freitas Teixeira. Porto Alegre: Zouk, 2015a.

BOURDIEU, Pierre. A ilusão biográfica. *In*: FERREIRA, Marieta de Moraes; AMADO, Janaína. **Usos e abusos da história oral**. Rio de Janeiro: FGV, 2006. p. 183-191.

BOURDIEU, Pierre. **A produção da crença**: contribuição para uma economia dos bens simbólicos. Tradução de Guilherme João de Freitas Teixeira e Maria da Graça Jacintho Setton. Porto Alegre: Zouk, 2015b.

BOURDIEU, Pierre. **As regras da arte**: gênese e estrutura do campo literário. São Paulo: Companhia das Letras, 1996.

BOURDIEU, Pierre. **Sobre a televisão**. Tradução de Maria Lucia Machado. Rio de Janeiro: Jorge Zahar, 1997.

BOURDIEU, Pierre; DARBEL, Alain. **L´Amour de l´art**: les musées d´art européens et leur public. Paris: Éditions de Minuit, 1969. (Col. Le Sens Commun).

BOURDIEU, Pierre; DARBEL, Alain. **O amor pela arte**. Tradução de Guilherme João de Freitas Teixeira e Maria da Graça Jacintho Setton. Porto Alegre: Zouk, 2016.

BRAGA, Ney. Discurso do ministro Ney Braga. **Boletim [de] MEC/CFC**, Rio de Janeiro, ano 4, n. 14, p. 9-11, abr./jun. 1974.

BRAGA, Ney. Discurso do ministro Ney Braga. **Boletim [de] MEC/CFC**, Rio de Janeiro, ano 6, n. 23, p. 20-23, jul. 1976.

BRAGA, Ney. Discurso do ministro Ney Braga no Instituto Histórico. **Boletim [de] MEC/CFC**, Rio de Janeiro, ano 5, n. 20, p. 11-16, out./dez. 1975.

BRAGA, Ney. Fala o ministro Ney Braga. **Boletim [de] MEC/CFC**, Rio de Janeiro, ano 5, n. 17, p. 19-22, jan./mar. 1975.

BRAGA, Ney. Apresentação. *In*: BRASIL. Ministério da Educação e Cultura. Departamento de Documentação. **Política Nacional de Cultura**. Brasília: MEC, 1977. p. 5-6.

BRANCO, Carlos Castello. Capanema. **Jornal do Brasil**, Rio de Janeiro, 12 mar. 1985. 1º Caderno, p. 2.

BRANCO, Castello. Discurso do presidente Castello Branco. **Cultura [de] MEC/CFC**, Rio de Janeiro, ano 1, n. 1, p. 9-13, jul. 1967.

BRANDÃO, Euro. Discurso do professor Euro Brandão. **Boletim [de] MEC/CFC**, Rio de Janeiro, ano 9, n. 34, p. 13-17, jan./mar. 1979.

BRASIL. [Constituição (1934)]. **Constituição de 1934**. Rio de Janeiro: Câmara dos Deputados, 1934a. Disponível em: http://www2.camara.leg.br/legin/fed/consti/1930-1939/constituicao-1934-16-julho-1934-365196-publicacaooriginal-1-pl.html. Acesso em: 10 jan. 2018.

BRASIL. [Constituição (1967)]. **Constituição da República Federativa do Brasil de 1967**. Brasília: Presidência da República, 1967a. Disponível em: https://www.planalto.gov.br/ccivil_03/constituicao/constituicao67.htm. Acesso em: 15 nov. 2023.

BRASIL. [Constituição (1988)]. **Constituição da República Federativa do Brasil**. Brasília: Senado, 1988.

BRASIL. [Constituição (1988)]. **Constituição da República Federativa do Brasil**: texto constitucional promulgado em 5 de outubro de 1988, com as alterações determinadas pelas Emendas Constitucionais de Revisão nºs 1 a 6/94, pelas Emendas Constitucionais nºs 1/92 a 91/2016 e pelo Decreto Legislativo nº 186/2008. Brasília: Senado Federal/Coordenação de Edições Técnicas, 2016a.

BRASIL. Câmara dos Deputados. **Protocolo e justificação do Projeto de Lei nº 2.408/1960**. Deputado Menotti del Picchia. Rio de Janeiro: Congresso Nacional, 1960a. Disponível em: https://www.camara.leg.br/proposicoesWeb/prop_mostrarintegra?codteor=1205682&filename=Dossie+-PL+2408/1960. Acesso em: 4 out. 2019.

BRASIL. **CI/542**. Correspondência de Oswaldo Aranha para Getúlio Vargas. Rio de Janeiro: MES, 9 ago. 1938a. Arquivo Gustavo Capanema, CPDOC/FGV, Classificação GC Educação e Cultura, g 1938. 06. 06. Assunto: Alteração do decreto do Conselho Nacional de Cultura. 3 f.

BRASIL. Comissão de Constituição e Justiça. **Parecer da Comissão de Constituição e Justiça sobre PL nº 2.408/1960**. Relator Pedro Aleixo. 21 nov. 1960. Rio de Janeiro: Congresso Nacional, 1960b. Disponível em: https://www.camara.leg.br/proposicoesWeb/prop_mostrarintegra?codteor=1205682&filename=Dossie+-PL+2408/1960. Acesso em: 4 out. 2019.

BRASIL. Congresso Nacional. O sr. Menotti del Picchia lê o seguinte discurso. **Diário do Congresso Nacional**, Rio de Janeiro, ano 15, n. 182, 29 out. 1960c. Câmara dos Deputados, p. 7.797-7.799. Disponível em: http://imagem.camara.gov.br/Imagem/d/pdf/DCD29OUT1960.pdf#page=45. Acesso em: 4 out. 2019.

BRASIL. **Carta de Getúlio Vargas a Francisco Campos concedendo-lhe exoneração do cargo de Ministro da Justiça e lamentando ter que se privar de sua colaboração**. Rio de Janeiro: Presidência da República, 17 jul. 1942a. Arquivo Getúlio Vargas, CPDOC/FGV, Classificação GV c 1942.07.17. Assunto: Ministério da Justiça.1 f.

BRASIL. **Correspondência de Gustavo Capanema para Getúlio Vargas**. Rio de Janeiro: Mesp, 14 nov. 1935. Arquivo Gustavo Capanema, CPDOC/FGV, Classificação GC b Vargas 1935. 11. 14. Assunto: Ministério da Cultura Nacional. 8 f.

BRASIL. **Correspondência de Gustavo Capanema para Getúlio Vargas**. Rio de Janeiro: MES, 6 jun. 1938b. Arquivo Gustavo Capanema, CPDOC/FGV, Classificação GC Educação e Cultura g 1938. 06. 06. Assunto: Conselho Nacional de Cultura. 3 f.

BRASIL. **Correspondência de Gustavo Capanema para Getúlio Vargas**. Rio de Janeiro: MES, 17 out. 1938c. Arquivo Gustavo Capanema, CPDOC/FGV, Classificação GC Educação e Cultura g 1938. 06. 06. 2 f. Assunto: Resposta sobre alteração do Conselho Nacional de Cultura.

BRASIL. **Correspondência de Gustavo Dale para Rodrigo Melo Franco de Andrade**. Rio de Janeiro: Mesp, 16 jun. 1936a. Arquivo Gustavo Capanema, CPDOC/FGV, Classificação GC Educação e Cultura g 1936. 03. 20/2. Assunto: Anteprojeto Sphan, 3 f.

BRASIL. **Correspondência de Heloísa Alberto Torres para Rodrigo Melo Franco de Andrade**. Rio de Janeiro: Mesp, 9 maio 1936b. Arquivo Gustavo Capanema, CPDOC/FGV, Classificação GC Educação e Cultura g 1936. 03. 24/2. Assunto: Anteprojeto Sphan.

BRASIL. **Decreto nº 771, de 23 de março de 1962**. Dispõe sobre o Conselho Nacional de Cultura. Rio de Janeiro: Tupy, 1962. 1 v., il. Acervo Funarte.

BRASIL. **Decreto nº 19.280, de 18 de abril de 1931**. Dispõe sobre a organização do ensino secundário. Rio de Janeiro: Câmara dos Deputados: Presidência da República, 1931. Disponível em: http://www2.camara.leg.br/legin/fed/decret/1930-1939/decreto-19890-18-abril-1931-504631-publicacaooriginal-141245-pe.html. Acesso em: 10 jan. 2018.

BRASIL. **Decreto nº 19.402, de 14 de novembro de 1930**. Cria uma Secretaria de Estado com a denominação de Ministério dos Negócios da Educação e Saúde Pública. Rio de Janeiro: Governo Provisório, 1930. Disponível em: http://portal.mec.gov.br/arquivos/pdf/d19402.pdf. Acesso em: 10 jan. 2018.

BRASIL. **Decreto nº 24.794, de 14 de julho de 1934**. Cria, no Ministério da Educação e Saúde Pública, sem aumento de despesa, a Inspetoria Geral do Ensino Emendativo, dispõe sobre o Ensino do Canto Orfeônico, e dá outras providências. Rio de Janeiro: Presidência da República, 1934b. Disponível em: http://www2.camara.leg.br/legin/fed/decret/1930-1939/decreto-24794-14-julho-1934-515847-publicacaooriginal-1-pe.html. Acesso em: 10 jan. 2018.

BRASIL. **Decreto nº 66.967, de 27 de julho de 1970**. Dispõe sobre a organização administrativa do Ministério da Educação e Cultura. Brasília: Presidência da República, 1970a. Disponível em: https://www2.camara.leg.br/legin/fed/decret/1970-1979/decreto-66967-27-julho-1970-408779-publicacaooriginal-1-pe.html#. Acesso em: 15 jan. 2018.

BRASIL. Decreto nº 74.583, de 20 de setembro de 1974. Dá nova redação ao artigo 1º do Decreto-lei nº 74, de 21 de novembro de 1966, que cria o Conselho Federal de Cultura. *In*: BRASIL. Ministério da Educação e Cultura. Conselho Federal de Cultura. **Legislação do Conselho Federal de Cultura**. Brasília: MEC/CFC, 1982. p. 6-7.

BRASIL. **Decreto nº 81.454, de 17 de março de 1978**. Dispõe sobre a organização administrativa do Ministério da Educação e Cultura e dá outras providências. Brasília: Presidência da República, 1978. Disponível em: https://www2.camara.leg.br/legin/fed/decret/1970-1979/decreto-81454-17-marco-1978-430536-publicacaooriginal-1-pe.html#:~:text=Disp%C3%B5e%20sobre%20a%20organiza%C3%A7%C3%A3o%20administrativa,Cultura%20e%20d%C3%A1%20outras%20provid%C3%AAncias. Acesso em: 6 dez. 2023.

BRASIL. **Decreto nº 84.198, de 13 de novembro de 1979**. Cria, na estrutura do Ministério da Educação e Cultura, a Secretaria do Patrimônio Histórico e Artístico Nacional, por transformação do Instituto do Patrimônio Histórico e Artístico Nacional, e dá outras providências. Brasília, Presidência da República, 1979. Disponível em: https://www2.camara.leg.br/legin/fed/decret/1970-1979/decreto-84198-13-novembro--1979-433668-publicacaooriginal-1-pe.html. Acesso em: 15 jan. 2018.

BRASIL. **Decreto nº 91.144, de 15 de março de 1985**. Institui o Ministério da Cultura dispõe a estrutura, transferindo-lhe os órgãos que menciona, e dá outras providências. Brasília: Presidência da República, 1985a. Disponível em: http://www2.camara.leg.br/legin/fed/decret/1980-1987/decreto-91144-15-marco-1985-441406-publicacaooriginal-1-pe.html. Acesso em: 15 jan. 2018.

BRASIL. **Decreto nº 91.188, de 8 de abril de 1985**. Dá a denominação de "Palácio Gustavo Capanema" o próprio nacional localizado, no Rio de Janeiro. Brasília: Presidência da República, 1985b. Disponível em: https://www2.camara.leg.br/legin/fed/decret/1980-1987/decreto-91188-8-abril-1985-441247-publicacaooriginal-1-pe.html. Acesso em: 15 jan. 2018.

BRASIL. **Decreto nº 92.489, de 24 de março de 1986**. Dispõe sobre a estrutura básica do Ministério da Cultura e dá outras providências. Brasília: Presidência da República, 1986a. Disponível em: https://www.planalto.gov.br/ccivil_03/decreto/1980-1989/1985-1987/D92489.htm. Acesso em: 6 dez. 2023.

BRASIL. **Decreto nº 99.180, de 15 de março de 1990**. Dispõe sobre a reorganização e o funcionamento dos órgãos da Presidência da República e dos Ministérios e dá outras providências. Brasília: Presidência da República, 1990. Disponível em: https://www.planalto.gov.br/ccivil_03/decreto/1990-1994/d99180.htm#:~:text=DECRETO%20No%2099.180%2C%20DE%2015%20DE%20MAR%C3%87O%20DE%201990.&text=Disp%C3%B5e%20sobre%20a%20reorganiza%C3%A7%C3%A3o%20e,Minist%C3%A9rios%20e%20d%C3%A1%20outras%20provid%C3%AAncias. Acesso em: 6 dez. 2023.

BRASIL. **Decreto-Lei nº 25, de 30 de novembro de 1937**. Organiza a proteção do patrimônio histórico e artístico nacional. Rio de Janeiro: Presidência da República, 1937a. Disponível em: http://portal.iphan.gov.br/uploads/legislacao/. Acesso em: 15 jan. 2018.

BRASIL. Decreto-Lei nº 74, de 21 de novembro de 1966. Cria o Conselho Federal de Cultura e dá outras providências. **Cultura [de] MEC/CFC**, Rio de Janeiro, v. 1, n. 1, p. 107-110, 1967b.

BRASIL. Decreto-Lei nº 172, de 15 de fevereiro de 1967. Dispõe sobre as transferências de dotação orçamentária para o Conselho Federal de Cultura. **Cultura [de] MEC/CFC**, Rio de Janeiro, v. 1, n. 1, p. 112, 1967c.

BRASIL. **Decreto-Lei nº 200, de 25 de fevereiro de 1967.** Dispõe sobre a organização da Administração Federal, estabelece diretrizes para a Reforma Administrativa e dá outras providências. Brasília: Presidência da República, 1967d. Disponível em: http://www.planalto.gov.br/ccivil_03/decreto-lei/del0200.htm. Acesso em: 15 jan. 2018.

BRASIL. **Decreto-Lei nº 526, de 1 de julho de 1938.** Institui e organiza o Conselho Nacional de Cultura. Rio de Janeiro: Presidência da República, 1938d. Disponível em: http://www2.camara.leg.br/legin/fed/declei/1930-1939/decreto.html. Acesso em: 15 jan. 2018.

BRASIL. **Decreto-Lei nº 761, de 4 de outubro de 1938.** Dispõe sobre o exame dos processos concernentes à cooperação financeira da União com as instituições culturais de ordem privada. Rio de Janeiro: Presidência da República, 1938e. Disponível em: https://www2.camara.leg.br/legin/fed/declei/1930-1939/decreto-lei--761-4-outubro-1938-349882-publicacaooriginal-1-pe.html. Acesso em: 2 out. 2019.

BRASIL. **Decreto-Lei nº 802, de 21 de outubro de 1938.** Dispõe sobre o Conselho Nacional de Cultura. Rio de Janeiro: Presidência da República, 1938f. Disponível em: https://www2.camara.leg.br/legin/fed/declei/1930-1939/decreto-lei-802-21-outubro-1938-349390-publicacaooriginal-1-pe.html. Acesso em: 2 out. 2019.

BRASIL. **Decreto-Lei nº 1.915, de 27 de dezembro de 1939.** Cria o Departamento de Imprensa e Propaganda e dá outras providências. Rio de Janeiro: Presidência da República, 1939. Disponível em: https://www2.camara.leg.br/legin/fed/declei/1930-1939/decreto-lei-1915-27-dezembro-1939-411881-publicacaooriginal-1-pe.html. Acesso em: 4 out. 2019.

BRASIL. **Decreto-Lei nº 3.551, de 4 de agosto de 2000.** Institui o Registro de Bens Culturais de Natureza Imateriais que constituem patrimônio cultural brasileiro, cria o Programa Nacional de Patrimônio Cultural e dá outras providências. Brasília: Presidência da República, 2000. Disponível em: http://portal.iphan.gov.br/uploads/ckfinder/arquivos/Decreto. Acesso em: 17 ago. 2018.

BRASIL. **Decreto-Lei nº 4.244, de 9 de abril de 1942b.** Lei orgânica do ensino secundário. Rio de Janeiro: Presidência da República, 1942. Disponível em: http://www2.camara.leg.br/legin/fed/declei/1940-1949/decreto-lei-4244-9-abril-1942-414155-publicacaooriginal-1-pe.html. Acesso em: 18 ago. 2018.

BRASIL. **Decreto-Lei nº 5.520, de 24 de agosto de 2005.** Institui o Sistema Federal de Cultura - SFC e dispõe sobre a composição e o funcionamento do Conselho Nacional de Política Cultural - CNPC do Ministério da Cultura, e dá outras providências. Brasília: Presidência da República, 2005. Disponível em: http://www.planalto.gov.br/ccivil_03/_Ato2007-2010/2009/Decreto/D6973.htm. Acesso em: 15 jan. 2018.

BRASIL. **Decreto-Lei nº 6.973, de 7 de outubro de 2009.** Altera o Decreto nº 5.520, de 24 de agosto de 2005, que institui o Sistema Federal de Cultura – SFC e dispõe sobre a composição e o funcionamento do Conselho Nacional de Política Cultural – CNPC do Ministério da Cultura. Brasília: Presidência da República, 2009. Disponível em: https://www.planalto.gov.br/ccivil_03/_ato2007-2010/2009/decreto/d6973.htm. Acesso em: 15 jan. 2019.

BRASIL. **Decreto-Lei nº 8.611, de 21 de dezembro de 2015.** Altera o Decreto nº 5.520, de 24 de agosto de 2005, que institui o Sistema Federal de Cultura – SFC e dispõe sobre a composição e o funcionamento do

Conselho Nacional de Política Cultural – CNPC do Ministério da Cultura. Brasília: Presidência da República, 2015. Disponível em: http://www.planalto.gov.br/ccivil_03/_Ato2015-2018/2015/Decreto/D8611.htm. Acesso em: 15 jan. 2018.

BRASIL. **Decreto-Lei nº 50.293, de 23 de fevereiro de 1961**. Cria o Conselho Nacional de Cultura e dá outras providências. Rio de Janeiro: Presidência da República, 1961. Disponível em: http://www2.camara.leg.br/legin/fed/decret/1960-1969/decreto-50293-23-fevereiro-1961-390034-publicacaooriginal-1-pe.html. Acesso em: 15 jan. 2018.

BRASIL. Decreto-Lei nº 60.237, de 17 de fevereiro de 1967. Dispõe sobre a instalação e funcionamento do Conselho Federal de Cultura. **Cultura [de] MEC/CFC**, Rio de Janeiro, v. 1, n. 1, 1967e.

BRASIL. **Decreto-Lei nº 62.256, de 12 de fevereiro de 1968**. Convoca a I Reunião Nacional dos Conselhos de Cultura. Brasília: Presidência da República, 1968a. Disponível em: https://www2.camara.leg.br/legin/fed/decret/1960-1969/decreto-62256-12-fevereiro-1968-403563-publicacaooriginal-1-pe.html. Acesso em: 15 jan. 2018.

BRASIL. **Documentos relacionados à posse do ministro de 1934**. Rio de Janeiro: Mesp/MES, [1934]. Arquivo Gustavo Capanema, CPDOC/FGV, Classificação GC Assuntos Administrativos, f 1934. 07. 23, 140 f.

BRASIL. **Documentos relacionados ao Conselho Nacional de Cultura**. Rio de Janeiro: [s. n.], [1938]. Arquivo Capanema, CPDOC/FGV, Classificação GC Educação e Cultura g 1938. 06. 06, 75 f.

BRASIL. Edital de concorrência pública para o concurso e projeto do edifício do Ministério da Educação e Saúde Pública. Rio de Janeiro: MES, 1935. *In*: LISSOVSKY, Mauricio; SÁ, Paulo Sérgio Moraes (org.). **Colunas da educação**: a construção do Ministério da Educação e Saúde. Rio de Janeiro: MinC; Iphan; FGV/CPDOC, 1996. p. 4-6.

BRASIL. Exposição de motivos. **Cultura [de] MEC/CFC**, Rio de Janeiro, ano 3, n. 22, p. 8-28, abr. 1969.

BRASIL. **Lei nº 13.005, de 25 de junho de 2014**. Aprova o Plano Nacional de Educação (PNE) e dá outras providências. Brasília: Presidência da República, 2014. Disponível em: http://www.planalto.gov.br/CCIVIL_03/_Ato2011-2014/2014/Lei/L13005.htm. Acesso em: 15 ago. 2018.

BRASIL. **Lei nº 378, de 13 de janeiro de 1937**. Dá nova, organização ao Ministerio da Educação e Saude Publica. Rio de Janeiro: Presidência da República, 1937b. Disponível em: https://www.planalto.gov.br/ccivil_03/leis/1930-1949/l0378.htm#:~:text=Fica%20creado%20o%20Servi%C3%A7o%20do,patrimonio%20historico%20e%20art%C3%ADstico%20nacional. Acesso em: 10 jan. 2018.

BRASIL. **Lei nº 5.536, de 21 de novembro de 1968**. Dispõe sobre a censura em obras teatrais e cinematográficas e cria o Conselho Superior de Censura, e dá outras providências. Rio de Janeiro: Presidência da República, 1968b. Disponível em: https://www.camara.leg.br/. Acesso em: 15 jan. 2018.

BRASIL. **Lei nº 6.757, de 17 de dezembro de 1979**. Autoriza o Poder Executivo a instituir a Fundação Nacional Pró-Memória e dá outras providências. Brasília: Presidência da República, 1979a. Disponível em: https://www.planalto.gov.br/ccivil_03/leis/1970-1979/l6757.htm#:~:text=LEI%20N%C2%BA%206.757%2C%20DE%2017,Mem%C3%B3ria%20e%20d%C3%A1%20outras%20provid%C3%AAncias. Acesso em: 10 ago. 2019.

BRASIL. **Lei nº 7.486, de 6 de junho de 1986**. Aprova as diretrizes do Primeiro Plano Nacional de Desenvolvimento (PND) da Nova República, para o período de 1986 a 1989, e dá outras providências. Brasília:

Presidência da República, 1986b. Disponível em: http://www.planalto.gov.br/ccivil_03/leis/1980-1988/L7486.htm. Acesso em: 21 jun. 2019.

BRASIL. **Lei nº 7.505, de 2 de julho de 1986**. Dispõe sobre benefícios fiscais na área do imposto de renda concedidos a operações de caráter cultural ou artístico. Brasília: Presidência da República, 1986c. Disponível em: http://www.planalto.gov.br/ccivil_03/leis/l7505.htm. Acesso em: 21 jun. 2019.

BRASIL. **Lei nº 8.313, de 23 de dezembro de 1991**. Restabelece princípios da Lei nº 7.505, de 2 de julho de 1986, institui o Programa Nacional de Apoio à Cultura (Pronac) e dá outras providências. Brasília: Presidência da República, 1991. Disponível em: https://www.planalto.gov.br/ccivil_03/leis/l8313cons.htm. Acesso em: 6 dez. 2023.

BRASIL. **Medida Provisória nº 726, de 12 de maio de 2016**. Altera e revoga dispositivos da Lei nº 10.683, de 28 de maio de 2003, que dispõe sobre a organização da Presidência da República e dos Ministérios. Brasília: Presidência da República, 2016b. Disponível em: https://www2.camara.leg.br/legin/fed/medpro/2016/medidaprovisoria-726-12-maio-2016-783106-publicacaooriginal-150375-pe.html. Acesso em: 16 jan. 2019.

BRASIL. Ministério da Cultura. **Cultura é um bom negócio**: banco de projetos. Brasília: MinC, 1995.

BRASIL. Ministério da Cultura. **Diretrizes para operacionalização da política cultural do MEC**. Brasília: MEC/SEC, 1981a.

BRASIL. Ministério da Cultura. **Histórico**: institucional. Brasília: MinC, 2018. Disponível em: http://www.cultura.gov.br/historico. Acesso em: 3 dez. 2018.

BRASIL. Ministério da Cultura. Coordenação de Comunicação Social. **O Ministério da Cultura em 1986**: relatório. Brasília: MinC/Coordenação de Comunicação Social, 1986d.

BRASIL. Ministério da Cultura. **Plano Nacional de Cultura**: diretrizes gerais. As metas do Plano Nacional de Cultura. Brasília: Presidência da República, 2012.

BRASIL. Ministério da Educação e Cultura. **Conclusões do Encontro dos Secretários de Cultura**: subsídios para um programa de integração cultural. Brasília: MEC/DAC, 1976a.

BRASIL. Ministério da Educação e Cultura. Conselho Federal de Cultura. [Atas da sessão plenária do CFC]. **Boletim [de] MEC/CFC**, Rio de Janeiro, 1971-1988.

BRASIL. Ministério da Educação e Cultura. Conselho Federal de Cultura. [Atas das sessões plenárias do CFC]; [Atas das sessões plenárias do Grupo de Trabalho...]. **Cultura [de] MEC/CFC**, Rio de Janeiro, 1967-1970.

BRASIL. Ministério da Educação e Cultura. Conselho Federal de Cultura. N. 2.630 — Processo nº CFC-294/80 — Projeto de Lei 128/80, de autoria do senador José Sarney, que "permite deduções no Imposto de Renda das Pessoas Físicas e Jurídicas, para fins Culturais". **Boletim [de] MEC/CFC**, Rio de Janeiro, ano 11, n. 42, p. 129, jan./mar. 1981b.

BRASIL. Ministério da Educação e Cultura. Conselho Federal de Cultura. N. 2.741 — Processo CFC. — 23004. 000133/84-4 — MEC — Projeto de lei nº 3.233/84 de autoria do deputado Agnaldo Timóteo, que determina medidas de integração racial. **Boletim [de] MEC/CFC**, Rio de Janeiro, n. 56-65, suplementar, p. 1-2, 1984-1986a.

BRASIL. Ministério da Educação e Cultura. Conselho Federal de Cultura. N. 2.747 — Processo CFC 23004.000120/84-0. Projeto de Lei nº 3.075/84, de autoria do deputado Santinho Furtado, que fixa normas em defesa do patrimônio histórico brasileiro e dá outras providências. **Boletim [de] MEC/CFC**, Rio de Janeiro, n. 56-65, suplementar, p. 8-10, 1984-1986b.

BRASIL. Ministério da Educação e Cultura. Conselho Federal de Cultura. N. 2.750 — Processo CFC 23004.000269/84. Projeto de Lei nº 4.166/84, de autoria do deputado Jorge Arbage, que altera a letra do Hino Nacional. **Boletim [de] MEC/CFC**, Rio de Janeiro, n. 56-65, 1984-1986c. Suplementar, p. 12-13.

BRASIL. Ministério da Educação e Cultura. Conselho Federal de Cultura. N. 2.752 — Processo CFC 23004.000308/84-0. Comissão Nacional de Moral e Civismo. Solicita a intervenção do MEC/CFC, no sentido de proibir a edição de publicações com erros de grafia na língua nacional, a exemplo da revista Chico Bento da Editora Abril S/A. **Boletim [de] MEC/CFC**, Rio de Janeiro, n. 56-65, 1984-1986d. Suplementar, p. 14-15.

BRASIL. Ministério da Educação e Cultura. Conselho Federal de Cultura. N. 2.753 — Processo CFC 23004.000007/85, de autoria do deputado Freitas Nobre, que "dispõe sobre a incorporação do Quilombo dos Palmares ao Patrimônio Histórico e Artístico Nacional". **Boletim [de] MEC/CFC**, Rio de Janeiro, n. 56-65, 1984-1986e. Suplementar, p. 15.

BRASIL. Ministério da Educação e Cultura. Conselho Federal de Cultura. N. 2.754 — Processo CFC 23004.000008/85-78, de autoria do sr. Deputado Oswaldo Lima Filho, que "determina ao Poder Executivo a obrigação de erigir em Brasília o Memorial da Independência". **Boletim [de] MEC/CFC**, Rio de Janeiro, n. 56-65, 1984-1986f. Suplementar, p. 16.

BRASIL. Ministério da Educação e Cultura. Conselho Federal de Cultura. N. 2607 — Processo n. CFC 23004.000264/84-1 — 175/80 — Gabinete do Ministro — Projeto de Lei nº 3.696/84, de autoria do sr. Deputado Sérgio Philomeno, que autoriza o Poder Executivo a instituir o "Museu da Abolição" no município de Redenção/CE". **Boletim [de] MEC/CFC**, Rio de Janeiro, n. 56-65, 1984-1986g. Suplementar, p. 16.

BRASIL. Ministério da Educação e Cultura. Conselho Federal de Cultura. N. 2751 Processo nº CFC-294/80 — Autoriza o poder público a instituir o Museu da Abolição no município de Redenção/CE. **Boletim [de] MEC/CFC**, Rio de Janeiro, ano 11, n. 42, p. 129, jan./mar. 1981b.

BRASIL. Ministério da Educação e Cultura. Conselho Federal de Cultura. N. 871, indicação de representante do CFC para integrar o Conselho Superior de Censura. Parecer. **Cultura [de] MEC/CFC**, Rio de Janeiro, ano 4, n. 33, p. 77-78, mar. 1970c.

BRASIL. Ministério da Educação e Cultura. Conselho Federal de Cultura. Parecer 2539; 2539A; 2539B; 2539C. Processo nº 076/79 — Gabinete do Ministro (Aviso n. 42) — Plano de Desenvolvimento Cultural, Departamento de Assuntos Culturais. **Boletim [de] MEC/CFC**, Rio de Janeiro, ano 9, n. 34, p. 132-139, jan./mar. 1979b.

BRASIL. Ministério da Educação e Cultura. Conselho Federal de Cultura. Ata da sessão plenária da I Reunião Nacional dos Conselhos de Cultura, 23 abr. 1968. **Cultura [de] MEC/CFC**, Rio de Janeiro, ano 2, n. 10, p. 134-136, abr. 1968c. Parte final, p. 134-136.

BRASIL. Ministério da Educação e Cultura. Conselho Federal de Cultura. Atas da 1ª, 2ª, 3ª e 4ª reunião da Câmara de Letras, 22 a 24 abr. 1968. **Cultura [de] MEC/CFC**, Rio de Janeiro, ano 2, n. 10, p. 80-94, abr. 1968d. Atas.

BRASIL. Ministério da Educação e Cultura. Conselho Federal de Cultura. Atas da 1ª, 2ª, 3ª e 4ª reunião da Câmara de Ciências Humanas, 22 a 24 abr. 1968. **Cultura [de] MEC/CFC**, Rio de Janeiro, ano 2, n. 10, p. 109-119, abr. 1968e. Atas.

BRASIL. Ministério da Educação e Cultura. Conselho Federal de Cultura. Atas da 1ª, 2ª, 3ª e 4ª reunião da Câmara de Patrimônio Histórico e Artístico Nacional, 22 a 24 abr. 1968. **Cultura [de] MEC/CFC**, Rio de Janeiro, ano 2, n. 10, p. 119-134, abr. 1968f. Atas.

BRASIL. Ministério da Educação e Cultura. Conselho Federal de Cultura. Atas da 1ª, 2ª, 3ª e 4ª reunião da Câmara de Artes, 22 a 24 abr. 1968. **Cultura [de] MEC/CFC**, Rio de Janeiro, ano 2, n. 10, p. 95-109, abr. 1968g.

BRASIL. Ministério da Educação e Cultura. Conselho Federal de Cultura. **Atlas cultural do Brasil**. São Paulo: Companhia Melhoramentos de São Paulo; MEC/CFC; Fename, 1972.

BRASIL. Ministério da Educação e Cultura. Conselho Federal de Cultura. **Calendário cultural do Brasil 76**. Rio de Janeiro: MEC/CFC, 1976b.

BRASIL. Ministério da Educação e Cultura. Conselho Federal de Cultura. **Justificação**. Rio de Janeiro: MEC/CFC, 1967f.

BRASIL. Ministério da Educação e Cultura. Departamento de Documentação. **Política Nacional de Cultura**. Brasília: MEC, 1977.

BRASIL. Ministério da Educação e Cultura. **Portaria nº 274, de 10 de abril de 1981**. Cria a Secretaria de Cultura, como órgão central da direção superior, por transformação da Secretaria do Patrimônio Histórico e Artístico Nacional e Secretaria de Assuntos Culturais. Brasília: MEC, 1981c.

BRASIL. Ministério da Educação e Cultura. Portaria nº 369, de 1 de dezembro de 1966. Designa integrantes de Comissão, incumbida de implantar, para início de suas atividades, o Conselho Federal de Cultura. **Cultura [de] MEC/CFC**, Rio de Janeiro, v. 1, n. 1, p. 111, 1967g.

BRASIL. Ministério da Educação e Cultura. Portaria nº 545, de 24 de outubro de 1975. **Boletim [de] MEC/CFC**, Rio de Janeiro, ano 5, n. 20, p. 55-70, out./dez. 1975.

BRASIL. Ministério da Educação e Cultura. **Portaria nº 585, 29 de outubro de 1981**. Incorpora órgãos à Fundação Nacional Pró-Memória. Brasília: MEC, 1981d.

BRASIL. Ministério da Cultura. Secretaria-Geral. Secretaria de Orçamento e Finanças. **Manual do Plano Interno**. 01.00. Brasília: MinC/SG/SOF, 1987.

BRASIL. Ministério da Educação e Cultura. Conselho Federal de Cultura. **Of. nº 149/69**. Assunto — Reforma e reestruturação dos órgãos culturais do MEC. Rio de Janeiro: MEC/CFC, 1969. p.1-3.

BRASIL. Ministério da Educação e Cultura. **Portaria nº 626, de 25 de novembro de 1981**. Aprova o regimento interno da Secretaria de Cultura. Brasília: MEC, 1981e.

BRASIL. Ministério da Educação e Saúde. **Projeto de Alteração do Decreto-Lei nº 526, de 1 de julho de 1938**. Rio de Janeiro: MES, 1938g. Arquivo Gustavo Capanema, CPDOC/FGV, Classificação GC PI Capanema, 1938. 06. 06, Série g. Ministério da Educação e Saúde.

BRASIL. Ministério da Educação e Saúde. **Proposta de Decreto-Lei... 1938**. Dispõe sobre a organização do Conselho Nacional de Cultura. Rio de Janeiro: MES, 1938h. Arquivo Gustavo Capanema, CPDOC/FGV,

Classificação GC PI Capanema, 1938. 06. 06, Série g. Ministério da Educação e Saúde. Microfilmagem: rolo 51 fot. 673 a 708.

BRASIL. Ministério do Desenvolvimento Regional. **Quem foi Celso Furtado**. Brasília: Sudene, 2017. Disponível em: http://antigo.sudene.gov.br/quem-foi-celso-furtado. Acesso em: 27 nov. 2019.

BRASIL. Presidência da República. **Arquivo**. Projetos de leis, mensagens, legislação, discursos, notícias, cartas constitucionais, 1930. Rio de Janeiro; Brasília: Secretaria da Casa Civil, 2016c.

BRASIL. **Projeto de Lei nº 2.408 de 1960**. Dispõe sobre a criação do Ministério da Cultura e dá outras providências. Deputado Menotti del Picchia. Rio de Janeiro: Congresso Nacional, 1960d. Disponível em: https://www.camara.leg.br/proposicoesWeb/prop_mostrarintegra?codteor=1205682&filename=Dossie+--PL+2408/1960. Acesso em: 4 out. 2019.

BRASIL. **Relação geral dos discursos proferidos por Gustavo Capanema registrados pela imprensa entre os anos de 1934 a 1945.** Rio de Janeiro: Mesp/MES, [10/1945]. Arquivo Gustavo Capanema, CPDOC/FGV, Classificação GC Assuntos Administrativos. f 1945. 10. 00. 283 f.

BRASIL. Senado Federal. **Arquivo legislativo**: biografias, legislação, projetos de leis, discursos, emendas, alterações de legislação, relatórios de comissões. Brasília: Senado Federal, [2020]. Disponível em: https://www12.senado.leg.br/hpsenado. Acesso em: 5 out. 2020.

BROSSARD retoma o Conselho de Censura. **Correio Braziliense**, Brasília, 24 fev. 1987. p. 7.

BURKE, Peter. **O polímata**: uma história cultural de Leonardo da Vinci a Susan Sontag. Tradução de Renato Prelorentzo. São Paulo: Unesp, 2020.

CAETANO, Maria do Rosário. A Cultura entre Ciência, Turismo e Esportes. **Correio Braziliense**, Brasília, 28 out. 1984a. p. 17.

CAETANO, Maria do Rosário. A renovação no Conselho Federal de Cultura. **Correio Braziliense**, Brasília, 5 mar. 1985a. p. 5.

CAETANO, Maria do Rosário. Feira marca ponto em favor da nossa cultura. **Correio Braziliense**, Brasília, 1 mar. 1983. p. 25.

CAETANO, Maria do Rosário. Os presidenciáveis diante da cultura brasileira. **Correio Braziliense**, Brasília, 12 fev. 1984b. p. 15.

CAETANO, Maria do Rosário. Sem verbas cultura entra em colapso. **Correio Braziliense**, Brasília, 17 abr. 1985b. Atualidades, p. 23.

CAETANO, Maria do Rosário. Um amplo painel de discussões. **Correio Braziliense**, Brasília, 23 ago. 1985c. ApARTE, p. 19.

CAJUEIRO nordestino. **Boletim [de] MEC/CFC**, Rio de Janeiro, ano 13, n. 50, p. 82-90, jan./mar. 1983.

CALABRE, Lia. Intelectuais e política cultural: o Conselho Federal de Cultura. **Revista Eletrônica Intelléctus**, Rio de Janeiro, v. 2, ano 5, p. 1-11, 2006a.

CALABRE, Lia. O Conselho Federal de Cultura (1971-1974). **Revista Estudos Históricos**, Rio de Janeiro, n. 37, p. 81-98, jan./jun. 2006b.

CALABRE, Lia. Política Cultural em Tempos de Democracia: A Era Lula. **Revista do Instituto de Estudos Brasileiros**, São Paulo, n. 58, p. 137-156, jun. 2014.

CALABRE, Lia. Política cultural no Brasil: um histórico. *In*: ENECULT, 1., 2005, Salvador. **Anais** [...]. Salvador: Ufba, 2005. p. 1-12.

CALABRE, Lia. **Políticas culturais no Brasil**: dos anos 1930 ao século XXI. Rio de Janeiro: FGV, 2009.

CALABRE, Lia. Políticas e conselhos: um estudo do Conselho Federal de Cultura. *In*: CALABRE, Lia (org.). **Políticas culturais**: diálogo indispensável. Rio de Janeiro: Edições Casa de Rui Barbosa, 2008. p. 9-20.

CALENDÁRIO cultural do Brasil 79. **Boletim [de] MEC/CFC**, Rio de Janeiro, ano 9, n. 35, p. 8-9, abr./jun. 1979.

CALMON, Pedro. Discurso do professor Pedro Calmon. **Cultura [de] MEC/CFC**, Rio de Janeiro, ano 4, n. 34, p. 60-63, abr. 1970.

CALMON, Pedro. Fala do conselheiro Pedro Calmon. **Boletim [de] MEC/CFC**, Rio de Janeiro, ano 6, n. 23, especial, p. 25-32, jul. 1976.

CÂMARA arquiva 1600 projetos não estudados. **Jornal do Brasil**, Rio de Janeiro, 15 fev. 1971. Política e Governo, 1º Caderno, p. 3.

CAMARGO, Angélica Ricci. O teatro em questão: um balanço sobre as experiências da Comissão e do Serviço Nacional de Teatro (1936-1945). *In*: SEMINÁRIO INTERNACIONAL FUNDAÇÃO CASA DE RUI BARBOSA, 2011, Rio de Janeiro. **Anais** [...]. Rio de Janeiro: FCRB, 2011. p. 1-12.

CAMÕES, Luís de. **Os lusíadas**. 2. ed. melhorada. Porto: Companhia Portugueza Editora, 1916. t. 1.

CANDIDO Portinari vai ser enterrado hoje às 10 horas. **Diário de Notícias**, Rio de Janeiro, 8 fev. 1962. 1ª Seção, p. 1-7.

CANDIDO, Antonio. **Formação da literatura brasileira (momentos decisivos)**. 6. ed. Belo Horizonte: Itatiaia, 2000. v. 1.

CANDIDO, Antonio. Prefácio. *In*: DUARTE, Paulo. **Mário de Andrade por ele mesmo**. São Paulo: Hucitec; SMC-SP, 1985.

CAPANEMA, Gustavo. **Algumas notas sobre os problemas da educação e saúde no governo Getúlio Vargas**. Rio de Janeiro: MES, 1946. Arquivo Gustavo Capanema, CPDOC/FGV, Classificação GC Produção Intelectual, g 1945. 00. 00/2, 165 f.

CAPANEMA, Gustavo. **Discursos e outros escritos**. Rio de Janeiro: Pallas, 1980.

CAPELATO, Maria Helena Rolim. **Multidões em cena**: propaganda política no varguismo e no peronismo. Campinas: Papirus, 1998.

CAPELLARI, Marcos Alexandre. **O discurso da contracultura no Brasil**: o underground através de Luiz Carlos Maciel (c.1970). 2007. Tese (Doutorado em História) – Universidade de São Paulo, São Paulo, 2007.

CAPUTO, Gioconda. As estrelas da cultura. **Correio Braziliense**, Brasília, 23 ago. 1985. ApARTE, p. 19.

CAPUTO, Gioconda. Furtado dá nova dimensão à Cultura do cotidiano. **Correio Braziliense**, Brasília, 22 mar. 1986. ApARTE, p. 19.

CARAVANA musical da OSB nos subúrbios do estado da Guanabara. **Diário de Notícias**, Rio de Janeiro, 1 out. 1965. 2ª Seção, p. 3.

CARAVANA que leva cultura a 5 estados partiu do Rio. **Diário de Notícias**, Rio de Janeiro, 10 jan. 1964. 1ª Seção, p. 6-7.

CARMO, Marcia. Um dia de beijos e lágrimas no planalto. **Jornal do Brasil**, Rio de Janeiro, 10 jun. 1993. p. 1-4.

CARTA de Atenas. Versão de Le Corbusier. Tradução de Rebeca Scherer. São Paulo: Hucitec; Edusp, 1993.

CARTA de Veneza. Veneza: [*s. n.*], maio 1964. Apresentada ao II Congresso Internacional de Arquitetos e de Técnicos de Monumentos Históricos, de 25 a 31 de maio de 1964. Disponível em: http://portal.iphan.gov.br/uploads/ckfinder/arquivos/Carta%20de%20Veneza%201964.pdf. Acesso em: 6 dez. 2023.

CARVALHO, Ronald de. **Toda a América**. Rio de Janeiro: Pimenta de Mello e Cia, 1926.

CASTRO, Ruy. O fantasma da ópera ministerial. **Folha de S. Paulo**, São Paulo, 18 maio 1985. Ilustrada, p. 49.

CAVALCANTI, Lauro. **As preocupações do belo**. Rio de Janeiro: Taurus, 1995.

CAVALCANTI, Maria Laura; CORRÊA, Joana (org.). **Enlaces**: estudos de folclore e culturas populares. Rio de Janeiro: Iphan, 2018.

CAVALEIRO Clarival. **Boletim [de] MEC/CFC**, Rio de Janeiro, ano 13, n. 51, p. 7-10, abr./jun. 1983.

CERTEAU, Michel de. **A invenção do cotidiano**. 20. ed. Petrópolis: Vozes, 2013. v. 1.

CHAMIE, Mário. Cassiano Ricardo. **Boletim [de] MEC/CFC**, Rio de Janeiro, ano 14, n.54, p. 108-114, 2. jan./mar. 1984.

CHAMIE, Mário. Homem e natureza na ficção de Adonias Filho. **Boletim [de] MEC/CFC**, Rio de Janeiro, ano 16, n. 60-61, p. 17-21, 2. sem. 1985.

CHATEAUBRIAND, Nelbe. [Título] **Jornal do Commercio**, Rio de Janeiro, 14 nov. 1987. p. 12.

CHAUI, Marilena. **Brasil**: mito fundador e sociedade autoritária. São Paulo: Perseu Abramo, 2000.

CHAUI, Marilena. **Cidadania cultural**: o direito à memória. São Paulo: Perseu Abramo, 2006.

CHAUI, Marilena. Cultura política e política cultural. **Estudos Avançados**, São Paulo, v. 9, n. 23, p. 71-84, abr. 1995.

CHAVES assume Conselho de Cultura do Pará. **Cultura [de] MEC/CFC**, Rio de Janeiro, ano 3, n. 20, p. 97-103, fev. 1969.

CHUVA, Marcia. **Arquitetos da memória**: sociogênese das práticas de preservação do patrimônio cultural no Brasil (anos 1930-1940). 2. ed. Rio de Janeiro: UFRJ, 2017.

CHUVA, Marcia. Por uma história da noção de patrimônio cultural no Brasil. **Revista do Patrimônio [de] Instituto do Patrimônio Histórico e Artístico Nacional**, Brasília, p. 147-165, 2011.

CLÓVIS Garcia no Conselho de Cultura. **Diário de Notícias**, Rio de Janeiro, 28 fev. 1961. 1ª Seção, p. 3.

COMPANHIA Lírica Nacional. **Diário de Notícias**, Rio de Janeiro, 5 abr. 1966a. 2ª Seção, p. 3.

COMPANHIA Nacional de Ballet. **Diário de Notícias**, Rio de Janeiro, 28 nov. 1966b. 1ª Seção, p. 2.

COMPROMISSO de Brasília. 1º Encontro dos Governadores de Estado, Secretários Estaduais da Área Cultural, Prefeitos de Municípios Interessados, Presidentes e Representantes de Instituições Culturais. Brasília, 1970. **Cultura [de] MEC/CFC**, Rio de Janeiro, ano 4, n. 34, p. 111-115, abr. 1970.

CONSELHO alienado. **Diário de Notícias**, Rio de Janeiro, 4 jan. 1962. 1ª Seção, p. 4.

CONSELHO de Cultura. **Diário de Notícias**, Rio de Janeiro, 2 dez. 1966a. 1ª Seção, p. 4.

CONSELHO de Cultura. **Diário de Notícias**, Rio de Janeiro, 22 mar. 1961. 1ª Seção, p. 2.

CONSELHO Nacional de Cultura inicia o Teatro Nacional de Ópera. **Diário de Notícias**, Rio de Janeiro, 14 ago. 1966b. 2ª Seção, p. 3.

CONSELHO pedirá a Tarso para influir na Censura. **O Jornal**, Rio de Janeiro, 23 dez. 1967. 1º Caderno, p. 5.

CONSELHO Federal de Cultura comemora o 7º aniversário da revolução de 31 de março de 1964. **Boletim [de] MEC/CFC**, Rio de Janeiro, ano 1, n. 1, p. 193, jan./mar. 1971.

CORREA, Sandra Magalhães. O Programa de Cidades Históricas: por uma política integrada de preservação do patrimônio cultural urbano. **Anais do Museu Paulista**: História e Cultura Material, São Paulo, v. 24, n. 1, p. 15-58, 2016.

CÔRTES, Celina. A falência do Conselho de Cultura. **Jornal do Brasil**, Rio de Janeiro, 4 out. 1995. B, p. 2.

COSTA e Silva cria grupo para atualizar entidades culturais. **Jornal do Brasil**, Rio de Janeiro, 13 out. 1968. p. 12.

COSTA, Lilian Araripe Lustosa da. **A política cultural no Conselho Federal de Cultura, 1966-1976**. 2011. Dissertação (Mestrado em História) – Fundação Getulio Vargas, Rio de Janeiro, 2011a.

COSTA, Lilian Araripe Lustosa da. Política cultural e a atuação do Conselho Nacional de Cultura (1961-1964). *In*: SEMINÁRIO INTERNACIONAL DE POLÍTICAS CULTURAIS, 2., 2011. Rio de Janeiro. **Anais** [...]. Rio de Janeiro: Fundação Casa de Rui Barbosa, 2011b. p. 1-15.

COSTA, Lúcio. **Registro de uma vivência**. São Paulo: Edições Sesc, 2018.

COURI, Norma. Que dizer de um Ministério da Cultura. **Folha de S. Paulo**, São Paulo, 7 out. 1984. Ilustrada, p. 66.

CRIAÇÃO da Secretaria de Cultura. **Cultura [de] MEC/CFC**, Rio de Janeiro, ano 16, n. 58-59, p. 164-165, 1985.

CRIAÇÃO do Ministério da Cultura. **Boletim [de] MEC/CFC**, Rio de Janeiro, ano 1, n. 6, p. 37-54, dez.1967.

CRÍTICO brasileiro reeleito para a Aica. **Diário de Notícias**, Rio de Janeiro, 20 jul. 1961. 1ª Seção, p. 9.

CULTURA dá abono fiscal em Brasília. **Jornal do Commercio**, Rio de Janeiro, 12 ago. 1986. p. 14.

CULTURA e patriotismo. **Cultura [de] MEC/CFC**, Rio de Janeiro, ano 4, n. 33, p. 5-6, mar. 1970.

CULTURA e desenvolvimento. **Boletim [de] MEC/CFC**, Rio de Janeiro, ano 5, n. 17, p. 7-10, jan./mar. 1975.

CULTURA e emergência. **Cultura [de] MEC/CFC**, Rio de Janeiro, ano 2, n. 7, p. 91-92, jan. 1968.

CULTURA e sobrevivência. **Engenho & Arte**, Rio de Janeiro, n. 00, p. 24-27, 1. quinzena, maio 1980.

CULTURA pede Ministério e mais recurso. **Correio Braziliense**, Brasília, 20 nov. 1984. p. 7.

CULTURA, esse debate dá samba. **Folha de S. Paulo**, São Paulo, 9 mar. 1985. Ilustrada, p. 45.

CULTURA. **Diário de Notícias**, Rio de Janeiro, 21 maio 1961. 1ª Seção, p. 3.

CULTURA. **Jornal do Commercio**, Rio de Janeiro, 14 dez. 1967a. p. 4.

CULTURA. **Jornal do Commercio**, Rio de Janeiro, 15 jul. 1967b. p. 4.

CULTURA. **O Cruzeiro**, Rio de Janeiro, p. 25, 30 abr. 1985.

CULTURA [DE] MEC/CFC. Rio de Janeiro: Departamento Gráfico do Museu de Armas Ferreira da Cunha; Gráfica Tupy; MEC/CFC, 1967-1976.

D´OR. Desordem dos músicos do Brasil. **Diário de Notícias**, Rio de Janeiro, 30 jul. 1961. 1ª Seção, p. 3.

DECCA, Edgar Salvatori de. **O silêncio dos vencidos**. São Paulo: Brasiliense, 1981.

DECRETO vem para instalação: do Conselho Federal de Cultura. **Diário de Notícias**, Rio de Janeiro, 16 fev. 1967. 1ª Seção, p. 12.

DEIXA o Conselho Nacional de Cultura o embaixador Pascoal Carlos Magno. **Diário de Notícias**, Rio de Janeiro, 8 nov. 1964. 2ª Seção, p. 4.

DEMITIDOS ontem da Cultura sete conselheiros. **Jornal do Brasil**, Rio de Janeiro, 17 abr. 1990. p. 2.

DENÚNCIA de novo tipo de censura comunista na imprensa. **Boletim [de] MEC/CFC**, Rio de Janeiro, ano 9, n. 35, p. 148-150, abr./jun. 1979.

DESPEDIDA de Miguel Reale. **Boletim [de] MEC/CFC**, Rio de Janeiro, ano 20, n. 74, p. 83-98, 1. trim. 1989.

DIÉGUES JR., Manuel. Razões brasileiras contra a discriminação social. **Cultura [de] MEC/CFC**, Rio de Janeiro, ano 3, n. 21, p. 20-29, mar. 1969.

DIÉGUES JR., Manuel (org.). **A história da cultura brasileira**. Rio de Janeiro: CFC/Fename, 1973. v. 1.

DIÉGUES JR., Manuel. 25 anos da Unesco. **Boletim [de] MEC/CFC**, Rio de Janeiro, ano 1, n. 42, p. 11-18, out./dez. 1971a.

DIÉGUES JR., Manuel. Defesa do patrimônio da Bahia. **Boletim [de] MEC/CFC**, Rio de Janeiro, ano 1, n. 42, p. 42-44, out./dez. 1971b.

DIÉGUES JR., Manuel. Regionalização e inter-regionalização da cultura. *In*: BRASIL. Ministério da Educação e Cultura. Departamento de Assuntos Culturais. **Conclusões do Encontro dos Secretários de Cultura**: subsídios para um programa cultural. Rio de Janeiro: MEC/DAC, 1976. p. 17-23.

DIRETRIZES para uma Política Nacional de Cultura. **Boletim [de] MEC/CFC**, Rio de Janeiro, ano 3, n. 9, p. 57-64, jan./mar. 1973.

DISCIPLINADA a contratação de artistas estrangeiros. **Diário de Notícias**, Rio de Janeiro, 8 jul. 1961. 1ª Seção, p. 7.

DISCO brasileiro tem exposição em Nova York. **Diário de Notícias**, Rio de Janeiro, 22 jun. 1966. 2ª Seção, p. 3.

DOCOMOMO BRASIL. Rio de Janeiro, c2018. Disponível em: http://docomomo.org.br/. Acesso em: 9 nov. 2018.

DOMINGUES, Heron. [O presidente...]. **Diário de Notícias**, Rio de Janeiro, 21 jan. 1969. 1ª Seção, p. 6.

DOSSE, François. **La marcha de las ideas**: historia de los intelectuales, historia intelectual. Valencia: Universitat de Valencia, 2007.

DUARTE, Adriano Luiz. **Cidadania e exclusão**. Brasil: 1937-1945. Florianópolis: Editora da Ufsc, 1999.

DUARTE, Adriano Luiz. **O direito à cidade**: trabalhadores e cidadãos em São Paulo (1942/1953). São Paulo: Alameda, 2018.

DUARTE, Maria Eunice; DUARTE, Renata. Conselho Nacional de Cultura x Conselho Federal de Cultura: uma análise comparativa dos colegiados. **Revista História Unicap**, Pernambuco, v. 1, n. 2, p. 1-18, 2014.

DUARTE, Paulo. **Mário de Andrade por ele mesmo**. São Paulo: Hucitec; SMC-SP, 1985.

DUARTE, Robledo. **Design, cidade e patrimônio**: Universidade Aberta do Nordeste. Fortaleza: Fundação Demócrito Rocha, 2019.

DURAND, José Carlos. **Arte, privilégio e distinção**: artes plásticas, arquitetura e classe dirigente no Brasil (1855/1985). São Paulo: Perspectiva, 2009.

DUTRA, Tarso. Discurso do ministro Tarso Dutra ao empossar Secretário-geral do Conselho. **Cultura [de] MEC/CFC**, Rio de Janeiro, ano 1, n. 1, p. 14-16, jul. 1967a.

DUTRA, Tarso. Discurso do ministro da Educação e Cultura, Deputado Tarso Dutra. **Cultura [de] MEC/CFC**, Rio de Janeiro, ano 3, n. 19, p. 9-10, jan. 1969.

DUTRA, Tarso. O ministro Tarso Dutra visita o Conselho Federal de Cultura. **Cultura [de] MEC/CFC**, Rio de Janeiro, ano 1, n. 1, p. 24-25, jul. 1967b.

EAGLETON, Terry. **A ideia de cultura**. Tradução de Sandra Castello Branco. 2. ed. São Paulo: Unesp, 2011.

EDITORIAL. **Engenho & Arte**, Rio de Janeiro, n. 00, p. 3-4, 1. quinzena, maio 1980.

EDUARDO Portella é o mais novo imortal da ABL. **Diário de Pernambuco**, Recife, 20 mar. 1981. p. 1.

EL RETABLO de maese Pedro. **Diário de Notícias**, Rio de Janeiro, 29 nov. 1966. 2ª Seção, p. 3.

ELIAS, Norbert. **O processo civilizador**: uma história dos costumes. Rio de Janeiro: Jorge Zahar Editor, 1990.

EMPOSSADOS os novos integrantes do Conselho Federal de Cultura. **Revista Manchete**, Rio de Janeiro, p. 84, 5 ago. 1989.

ENCONTRO sobre defesa do patrimônio histórico e artístico nacional. **Cultura [de] MEC/CFC**, Rio de Janeiro, ano 4, n. 34, p. 3-220, abr. 1970.

ENCONTRO teve poucas revelações. **Correio Braziliense**, Brasília, 6 mar. 1985. Política, p. 5.

ENEIDA. Um relatório. **Diário de Notícias**, Rio de Janeiro, 19 jul. 1963. 2ª Seção, p. 4.

ENGENHO & ARTE. Rio de Janeiro: Secretaria de Assuntos Culturais, Fundação Nacional Pró-Memória, maio 1980. n. 00. Quinzenal.

ESQUERDISMO arquitetônico. A offensiva. Rio de Janeiro, 16 jan. 1937. *In*: LISSOVSKY, Mauricio; SÁ, Paulo Sérgio Moraes (org.). **Colunas da educação**: a construção do Ministério da Educação e Saúde. Rio de Janeiro: MinC; Iphan; FGV/CPDOC, 1996. p. 133.

ESTADOS. **Jornal do Brasil**, Rio de Janeiro, 4 ago. 1990. 1º Caderno, p. 17.

EWBANK, Cecilia de Oliveira. **A parte que lhe cabe deste patrimônio**: o projeto indigenista de Heloísa Alberto Torres para o Museu Nacional (1938-1955). 2017. Dissertação (Mestrado em História) – Universidade Federal de Santa Catarina, Florianópolis, 2017.

EX-TROTSKISTA em Moscou. **Diário de Notícias**, Rio de Janeiro, 4 jun. 1961. 1ª Seção, p. 4.

FARGE, Arlette. **O sabor do arquivo**. Tradução de Fátima Murad. São Paulo: Edusp, 2009.

FARIA, Octávio de. Macunaíma. **Cultura [de] MEC/CFC**, Rio de Janeiro, ano 3, n. 26, p. 16-17, ago. 1969.

FARIA, Octávio de. Moção sobre o filme "Terra em Transe". **Cultura [de] MEC/CFC**, Rio de Janeiro, ano 1, n. 2, p. 44, ago. 1967.

FAUSTO, Bóris. **A Revolução de 1930**: historiografia e história. São Paulo: Brasiliense, 1970.

FERNANDES, Florestan. Mário de Andrade e o folclore no Brasil. **Revista do Arquivo Municipal [de]** São Paulo, São Paulo, v. 198, p. 135-158, 1990.

FERNANDES, José Ricardo Oriá. Muito antes do Sphan: a política de patrimônio histórico no Brasil (1838-1937). *In*: SEMINÁRIO INTERNACIONAL: TEORIA E PRÁXIS, 2010, Rio de Janeiro. **Anais** [...]. Rio de Janeiro: FCRB, 2010. p. 1-14.

FERRON, Fabio Maleronka. **O primeiro fim do MinC**. 2017. Dissertação (Mestrado em Estudos Culturais) – Universidade de São Paulo, São Paulo, 2017.

FERRON, Fabio Maleronka; ARRUDA, Maria Arminda do Nascimento. Cultura e política: a criação do Ministério da Cultura na redemocratização do Brasil. **Revista Tempo Social**, São Paulo, v. 31, n. 1, p. 173-193, jan./abr. 2019.

FESTA e modernismo. **Boletim [de] MEC/CFC**, Rio de Janeiro, ano 10, n. 40, p. 62-71, jul./set. 1980.

FIGUEIREDO, Tatiana Longo. Estabelecimento do texto, introdução, posfácio e seleção das imagens. *In*: ANDRADE, Mário de. **Café**: romance inédito. Rio de Janeiro: Nova Fronteira, 2015, p. 7-41.

FOI SUSTADA majoração nos preços dos livros. **Diário de Notícias**, Rio de Janeiro, 28 jul. 1961. 1ª Seção, p. 2.

FOSCHINI, Ana Carmen. Artistas esperam para definir seus candidatos. **Folha de S. Paulo**, São Paulo, 26 jun. 1989. Política, p. A-8.

FONSECA, Maria Cecília Londres. **O patrimônio em processo**: trajetória da política federal de preservação no Brasil. Rio de Janeiro: UFRJ; Iphan; MinC, 1997.

FOTOTECA. *In*: PONTES, Ipojuca. **Ipojuca Pontes**. [*S. l.: s. n.*], 2000. Disponível em: https://www.ipojuca-pontes.com/fotos. Acesso em: 28 mar. 2021. 1 fotografia.

FRAIZ, Priscila. Arquivos pessoais e projetos autobiográficos: o arquivo de Gustavo Capanema. *In*: GOMES, Angela de Castro (org.). **Capanema**: o ministro e seu ministério. Rio de Janeiro: FGV, 2000. p. 73-102.

FRANCIS, Paulo. Diário das elites. **Folha de S. Paulo**, São Paulo, 18 maio 1985. Ilustrada, p. 49.

FRANCO, Edson. Relações da Educação e da Cultura na reforma administrativa. **Cultura [de] MEC/CFC**, Rio de Janeiro, ano 3, n. 10, p. 19-36, abr. 1968.

FRANCO FILHO, Arinos de Melo. Prefácio. *In*: SCHWARTZMAN, Simon *et al*. **Tempos de Capanema**. São Paulo: Paz e Terra; Fundação Getulio Vargas, 2000. p. 9-15.

FREYRE, Gilberto. A propósito de "intelectuários" e de "intelectuais boêmios": dois extremos. **Cultura [de] MEC/CFC**, Rio de Janeiro, ano 2, n. 8, p. 17-25, fev. 1968.

FREYRE, Gilberto. Bicentenário de Simon Bolívar. **Boletim [de] MEC/CFC**, Rio de Janeiro, ano 13, n. 52, p. 39-41, jul./set. 1983.

FREYRE, Gilberto. Em torno da atualidade cultural no Brasil. **Boletim [de] MEC/CFC**, Rio de Janeiro, ano 5, n. 18, p. 25-27, abr./jun. 1975.

FREYRE, Gilberto. Freyre: Lei Arinos poderia ser burlada. **Diário de Pernambuco**, Recife, 19 nov. 1980. p. A-4.

FREYRE, Gilberto. Negritude, mística sem lugar no Brasil. **Boletim [de] MEC/CFC**, Rio de Janeiro, ano 1, n. 2, p. 16-23, abr./jun. 1971.

FROTA, Lélia Coelho (org.). **Carlos e Mário**: correspondência de Carlos Drummond de Andrade e Mário de Andrade. Rio de Janeiro: Bem-Te-Vi produções literárias, 2002.

FUNDAÇÃO CASA DE RUI BARBOSA (FCRB). **Arquivo**. Rio de Janeiro: Arquivo do CFC: boletins, separatas, correspondências, relatórios, anteprojetos, projetos, legislação, 1960-2016.

FUNDAÇÃO GETULIO VARGAS (FGV). Centro de Pesquisa e Documentação de História Contemporânea do Brasil. **Dicionário histórico-biográfico brasileiro**. 2. ed. Rio de Janeiro: FGV, 2001.

FUNDAÇÃO NACIONAL DE ARTES (FUNARTE). **Arquivo**. Entrevistas, documentos administrativos, legislação, notícias. Rio de Janeiro: Funarte, 1975-1990.

FUNDAÇÃO PRÓ-MEMÓRIA. **Boletim [de] MEC/CFC**, Rio de Janeiro, ano 18, n. 66, p. 106-114, 1. trim. 1987.

FURTADO quer lei Sarney este ano. **Jornal do Commercio**, Rio de Janeiro, 5 ago. 1986. p. 12.

FURTADO quer modificar conselho de cultura. **Jornal do Commercio**, Rio de Janeiro, 5 maio 1987. p. 14.

FURTADO, Celso. **Cultura e desenvolvimento em época de crise**. Rio de Janeiro: Paz e Terra, 1984.

FURTADO, Celso. **Ensaios sobre a cultura e o Ministério da Cultura**. Rio de Janeiro: Contraponto, 2012.

GALVÃO, Alfredo. Autonomia salvará Museu Nacional de Belas Artes. **Cultura [de] MEC/CFC**, Rio de Janeiro, ano 1, n. 2, p. 81-83, ago. 1967.

GASPARI, Elio; HOLLANDA, Heloísa Buarque de; VENTURA, Zuenir. **Cultura em trânsito**: da repressão à abertura. Rio de Janeiro: Aeroplano editora, 2000.

GHON, Maria da Glória. **Conselhos Gestores e participação sociopolítica**. São Paulo: Cortez, 2001.

GIL, Gilberto; ZAPPA, Regina. **Gilberto bem perto**. Rio de Janeiro: Nova Fronteira, 2013.

GIRON, Luís Antônio. PT apela para voto útil dos artistas. **Folha de S. Paulo**, São Paulo, 29 out. 1989. Ilustrada, p. F-1.

GOMBRICH, Ernst Hans. **A história da arte**. Rio de Janeiro: LTC, 2008.

GOMES, Angela de Castro (org.). **Capanema**: o ministro e seu ministério. Rio de Janeiro: FGV, 2000.

GOMES, Angela de Castro. **A invenção do trabalhismo**. Rio de Janeiro: FGV, 2005.

GOMES, Angela de Castro. **História e historiadores**. Rio de Janeiro: FGV, 1996.

GOMES, Angela de Castro; HANSEN, Patrícia Santos (org.). **Intelectuais mediadores**: práticas culturais e ação política. Rio de Janeiro: Civilização brasileira, 2016.

GOMES, Antonio. Um ministério que chega atrasado. **Correio Braziliense**, Rio de Janeiro, 17 mar. 1985. Atualidades, p. 17.

GONÇALVES, Janice. **Sombrios umbrais a transpor**: arquivos e historiografia em Santa Catarina no século XX. 2006. Tese (Doutorado em História) – Universidade de São Paulo, São Paulo, 2006.

GONÇALVES, José Reginaldo. **A retórica da perda**: os discursos do patrimônio cultural no Brasil. Rio de Janeiro: UFRJ, 1996.

GOODWIN, Philip Lippincott; SMITH, George Everard Kidder. **Brazil builds**: architecture new and old. New York: MoMA, 1943.

GOULART, Silvana. **Sob a verdade oficial**: ideologia, propaganda e censura no Estado Novo. São Paulo: Marco Zero, 1990.

GOVERNO do DF. **Correio Braziliense**, Brasília, 10 mar. 1988. p. 6.

GOVERNO já legislou 75 vezes. **Diário de Notícias**, Rio de Janeiro, 24 nov. 1966. Capa. p. 1.

GRAMSCI, Antonio. Cadernos e cartas do cárcere (1926-1937); Caderno 11 (1932-1933); 42 (excertos). *In*: MONASTA, Atílio. **Antonio Gramsci**. Tradução de Paolo Nosella. Recife: Massangana; Fundação Joaquim Nabuco, 2010. p. 69-127.

GRAMSCI, Antonio. **Os intelectuais e a organização da cultura**. Tradução de Carlos Nelson Coutinho. 7. ed. Rio de Janeiro: Civilização Brasileira, 1995.

GUSTAVO Capanema. **Boletim [de] MEC/CFC**, Rio de Janeiro, ano 8, n. 33, p. 75-83, out./dez. 1978.

HARDMAN, Francisco Foot. **Trem fantasma**. São Paulo: Companhia das Letras, 1988.

HARTOG, Francois. **Regimes de historicidade**: presentismo e experiências do tempo. Belo Horizonte: Autêntica, 2014.

HOBSBAWM, Eric. **Era dos extremos**: o breve século XX (1914-1991). São Paulo: Companhia das Letras, 1995.

HOBSBAWM, Eric. **Sobre a história**. São Paulo: Companhia das Letras, 1998.

HOBSBAWM, Eric. **Tempos fraturados**: cultura e sociedade no século XX. Tradução de Berílio Vargas. Rio de Janeiro: Companhia das Letras, 2013.

HOBSBAWM, Eric; RANGER, Terrence. **A invenção das tradições**. São Paulo: Paz e Terra, 2008.

HOLLANDA, Heloísa Buarque de. **Impressões de viagem**. CPC, vanguarda e desbunde. São Paulo: Brasiliense, 1981.

HOMENAGEM a Alceu de Amoroso Lima. **Boletim [de] MEC/CFC**, Rio de Janeiro, ano 13, n. 52, p. 11-22, jul./set. 1983a.

HOMENAGEM a Aloísio Magalhães. **Boletim [de] MEC/CFC**, Rio de Janeiro, ano 12, n. 48, p. 25-27, jul./set. 1982.

HOMENAGEM a Andrade Muricy. **Boletim [de] MEC/CFC**, Rio de Janeiro, ano 15, n. 56-57, p. 11-22, 2. sem. 1984a.

HOMENAGEM a Djacir Menezes. **Boletim [de] MEC/CFC**, Rio de Janeiro, ano 17, n. 62-64, p. 39-48, 1985a.

HOMENAGEM a Pedro Calmon. **Boletim [de] MEC/CFC**, Rio de Janeiro, ano 16, n. 58-59, p. 103-111, 1. sem. 1985b.

HOMENAGEM a Roquete Pinto. **Boletim [de] MEC/CFC**, Rio de Janeiro, ano 14, n. 54, p. 11-31, jan./mar. 1984b.

HOMENAGEM ao jornalista Roberto Marinho. **Boletim [de] MEC/CFC**, Rio de Janeiro, ano 13, n. 52, p. 23-32, jul./set. 1983b.

HORTA, José Silvério Baía. A educação na Itália fascista (1922-1945). **Revista Brasileira de História da Educação**, Rio de Janeiro, n. 19, p. 47-89, jan./abr. 2009.

HORTA, José Silvério Baía. A I Conferência Nacional de Educação ou de como monologar sobre educação na presença de educadores. *In*: GOMES, Angela de Castro (org.). **Capanema**: o ministro e seu ministério. Rio de Janeiro: FGV, 2000. p. 143-172.

HORTA, José Silvério Baía. **Gustavo Capanema**. Recife: Massangana; Fundação Joaquim Nabuco, 2010.

HORTA, José Silvério Baía. **O hino, o sermão e a ordem do dia**: regime autoritário e a educação no Brasil (1930-1945). Campinas: Autores Associados, 2012.

HOUAISS admite que deixa o cargo. **Jornal do Brasil**, Rio de Janeiro, 10 jun. 1993. p. 4.

HOUAISS, Antônio. Panelas cheias. **Engenho & Arte**, Rio de Janeiro, n. 00, p. 21-23, 1. quinzena, maio 1980.

HUMANISMO dirigido. **Boletim [de] MEC/CFC**, Rio de Janeiro, ano 9, n. 34, p. 40-51, jan./mar. 1979.

INFORMATIVO CULTURAL. Ano 1, v. 3. Rio de Janeiro: MinC/CFC, 1989.

IMPACTO na cultura. **Correio Braziliense**, Brasília, 3 maio 1973. p. 4.

INSTITUTO DO PATRIMÔNIO HISTÓRICO E ARTÍSTICO NACIONAL (IPHAN). **Cartas patrimoniais**. Brasília: MinC; Iphan, 2014a. Disponível em: http://portal.iphan.gov.br/pagina/detalhes/226. Acesso em: 20 mar. 2021.

INSTITUTO DO PATRIMÔNIO HISTÓRICO E ARTÍSTICO NACIONAL (IPHAN). **Educação Patrimonial**: histórico, conceitos e processos. Brasília: MinC; Iphan, 2014b.

INSTITUTO DO PATRIMÔNIO HISTÓRICO E ARTÍSTICO NACIONAL (IPHAN). **Histórico**. Brasília: MinC; Iphan, 2016.

INTEGRAÇÃO da cultura. **O Estado de S. Paulo**, São Paulo, 28 abr. 1968. p. 18.

INTELECTUAIS e políticos enterram Capanema. **Jornal do Brasil**, Rio de Janeiro, 12 mar. 1985. 1º Caderno, p. 8.

INTERNATIONAL COUNCIL OF MUSEUMS (ICOM). 1972/Icom — Mesa-Redonda de Santiago do Chile. Santiago: Icom, 30 maio 1972. Disponível em: https://www.revistamuseu.com.br/site/br/legislacao/museologia/3-1972-icom-mesa-redonda-de-santiago-do-chile.html. Acesso em: 10 out. 2021.

ITAMAR critica especialistas e pede fé no país. **Jornal do Brasil**, Rio de Janeiro, 10 jun. 1993. p. 4.

ITAÚ CULTURAL. **Enciclopédia Itaú Cultural**. São Paulo: Itaú Cultural, 2017-2021.

JÂNIO cria Conselho Nacional de Cultura. **Diário de Notícias**, Rio de Janeiro, 8 fev. 1961a. 1ª Seção, p. 3.

JÂNIO dá amplos poderes ao Conselho de Cultura. **Diário de Notícias**, Rio de Janeiro, 27 jul. 1961b. 1ª Seção, p. 2.

JOSUÉ Montello: embaixador do Brasil na Unesco. **Revista Manchete**, Rio de Janeiro, 16 nov. 1985. Seção Esta semana, p. 118.

JUVENTUDE adverte Castelo para novo 11 de setembro. **Diário de Notícias**, Rio de Janeiro, 12 jul. 1964. 1ª Seção, p. 10.

KOSELLECK, Reinhart. **Futuro passado**: contribuição à semântica dos tempos históricos. Rio de Janeiro: Contraponto, 2006.

LAFETÁ, João Luiz. **1930**: a crítica e o modernismo. São Paulo: Duas Cidades, 1974.

LAHUERTA, Milton. Os intelectuais e os anos 20: moderno, modernista e modernização. *In*: LORENZO, Helena Carvalho; COSTA, Wilma Peres (org.). **A década de 1920 e as origens do Brasil Moderno**. São Paulo: Unesp, 1997. p. 95-114.

LAPA, Odete. **Depoimento**. [Entrevista cedida a] Giane Maria de Souza. Brasília, 2017.

LATORRE perdoa os jovens por amor. **Diário de Notícias**, Rio de Janeiro, 26 jul. 1964. 2ª Seção, p. 5.

LAVINAS, Laís Villela. **Um animal político na cultura brasileira**: Aloísio Magalhães e o campo do patrimônio cultural no Brasil (1966-1982). 2014. Dissertação (Mestrado em História) – Programa de Pós-Graduação em História, Universidade Federal do Estado do Rio de Janeiro, Rio de Janeiro, 2014.

LE GOFF, Jacques. Documento/monumento. *In*: ENCICLOPÉDIA Einaudi: história e memória. Portugal: Imprensa Nacional Casa da Moeda, 1997. v. 1. p. 11-106.

LEHMKUHL, Luciene. **O café de Portinari na exposição do Mundo Português**: modernidade e tradição na imagem do Estado Novo brasileiro, 1940. Uberlândia: Edufu, 2011.

LEI Sarney tem seus dias contados. **Correio Braziliense**, Brasília, 26 nov. 1987. ApARTE, p. 23.

LEITE, Teixeira. Gente. **Diário de Notícias**, Rio de Janeiro, 2 abr. 1963. Vida das artes, 2ª Seção, p. 3.

LEJEUNE, Philippe. **O pacto autobiográfico**: de Rousseau a internet. Tradução de Jovita Maria Gerheim Noronha e de Maria Inês Coimbra Guedes. 2. ed. Belo Horizonte: Editora da UFMG, 2014.

LEMOS JÚNIOR, Wilson. O ensino do canto orfeônico na escola secundária brasileira (décadas de 1930 e 1940). **Revista HISTEDBR**, Campinas, n. 42, p. 279-295, jun. 2011.

LENHARO, Alcyr. **A sacralização da política**. 2. ed. Campinas: Papirus, 1986.

LIMA, Alceu de Amoroso. Um príncipe do renascimento. *In*: BADARÓ, Murilo. **Gustavo Capanema**: a revolução na Cultura. Rio de Janeiro: Nova Fronteira, 2000. p. 498-501.

LIMA, Ernando Uchoa. Apresentada pelo dr. Ernando Uchoa Lima: secretário de Cultura, Desportos e Promoção Social do Estado do Ceará. **Boletim [de] MEC/CFC**, Rio de Janeiro, ano 6, n. 23, especial, p. 197-198, jul. 1976.

LIMA, Jorge Cunha. A epopeia de um burguês socialista. **Museu da Pessoa**, São Paulo, 2011. Disponível em: https://museudapessoa.org/historia-detalhe/?id=25511. Acesso em: 21 jan. 2020.

LIMA, Raul. Arquivo Nacional como peça fundamental do Sistema de Arquivos. **Boletim [de] MEC/CFC**, Rio de Janeiro, ano 6, n. 23, especial, p. 50-64, jul. 1976.

LISSOVSKY, Mauricio; SÁ, Paulo Sérgio Moraes (org.). **Colunas da educação**: a construção do Ministério da Educação e Saúde. Rio de Janeiro: MinC; Iphan; FGV/CPDOC, 1996.

LISSOVSKY, Mauricio; SÁ, Paulo Sérgio Moraes. O novo em construção: o edifício-sede do Ministério da Educação e Saúde e a disputa do espaço arquiteturável nos anos 1930. *In*: GOMES, Angela de Castro (org.). **Capanema**: o ministro e seu ministério. Rio de Janeiro: FGV, 2000. p. 49-71.

LIVRO mostra imagem positiva do índio brasileiro. **Boletim [de] MEC/CFC**, Rio de Janeiro, ano 7, n. 28, p. 198-199, jul./set. 1977.

LOBATO, Mauro do Carmo. Que país. Revista Nacional. **Jornal do Commercio**, Rio de Janeiro, 20 a 26 jan. 1985. Cultura especial, p. 2.

LÔBO, Yolanda. Myrthes: a secretária de Educação e Cultura da fusão. *In*: CONGRESSO BRASILEIRO DE HISTÓRIA DA EDUCAÇÃO, 2002, Natal. **Anais** [...]. Natal: UFRN, 2002. v. 1, p. 1-11.

LOPES NETO, Simões. **Contos gauchescos e lendas do Sul**. Porto Alegre: Livraria do Globo, 1926.

LOPES, Fátima. Educação & cultura. **A Notícia**, Joinville, 16 mar. 1985a. p. 20.

LOPES, Fátima. Planos para a cultura. **A Notícia**, Joinville, 22 mar. 1985b. p. 2.

LOPES, Wilma. O falar caipira senta no banco dos réus. **Correio Braziliense**, Rio de Janeiro, 1. abr. 1985. Atualidades, p. 15.

LUCA, Tania. A construção do ideal modernista: o lugar da revista. *In*: FLORES, Ramos, Maria Bernadete; PIAZZA, Maria de Fátima Fontes (org.). **História e arte**: movimentos artísticos e correntes intelectuais. Campinas: Mercado das Letras, 2011. p. 221-235.

LUCA, Tania. As revistas de cultura durante o Estado Novo: problemas e perspectivas. *In*: ENCONTRO NACIONAL DE HISTÓRIA DA MÍDIA, 4., 2006, São Luís do Maranhão. **Anais** [...]. São Luís do Maranhão: Rede Alfredo de Carvalho, 2006. v. 1, p. 1-13.

LUIZ da Câmara Cascudo e Orígenes Lessa. **Boletim [de] MEC/CFC**, Rio de Janeiro, ano 17, n. 62-64, p. 131-139, 1985i.

LUZES, Jéssica S. Documentação do Conselho Federal de Cultura e sua relação com o Instituto Histórico e Geográfico Brasileiro do Rio de Janeiro. *In*: ENCONTRO REGIONAL ANPUH-RIO: MEMÓRIA E PATRIMÔNIO, 14., 2010, Rio de Janeiro. **Anais** [...]. Rio de Janeiro: UniRio, 2010. p. 1-10.

LYRA, Irapoan Cavalcante de. Sphan/Pró-Memória: mudança sem perda de identidade **Boletim [de] Sphan/Pró-Memória**, Brasília, n. 6, p. 11-12, 1980.

LYSIAS, Claudio. Cultura e Estado divorciados. **Correio Braziliense**, Brasília, 12 fev. 1984a. p. 15.

LYSIAS, Claudio. Sim, Bressane é louco ele quer fazer seu cinema. **Correio Braziliense**, Brasília, 12 jan. 1984b. p. 17.

MACHADO, Ney. Show. **Diário de Notícias**, Rio de Janeiro, 11 jul. 1963. 4ª Seção, p. 4.

MADEIRA, Marcos Almir. Por uma larga política de cultura. **Boletim [de] MEC/CFC**, Rio de Janeiro, ano 12, n. 49, p. 61-68, out./dez. 1982.

MAG. A hora da cultura. **Diário de Notícias**, Rio de Janeiro, 1. mar. 1967a. 2ª Seção, p. 2.

MAG. Cultura também é assunto. **Diário de Notícia**, Rio de Janeiro, 21 nov. 1964. 2ª Seção, p. 2.

MAG. Josué Montello no Canal 9. **Diário de Notícias**, Rio de Janeiro, 21 mar. 1967b. 2ª Seção, p. 2.

MAG. A vassoura abriu a porta. **Diário de Notícias**, Rio de Janeiro, 24 mar. 1961b. 2ª Seção. p. 2.

MAG. Música. "O novo governo encontra um país paupérrimo em matéria de cultura musical", diz Magdala da Gama Oliveira. **Diário de Notícias**, Rio de Janeiro, 10 fev. 1961a. 2ª Seção, p. 2.

MAG. Sala. **Diário de Notícias**, Rio de Janeiro, 9 nov. 1962. 2ª Seção, p. 2.

MAGALDI, Sábato. Discurso do representante do CFC. **Cultura [de] MEC/CFC**, Rio de Janeiro, ano 6, n. 25, p. 16-21, out./dez. 1976.

MAGALHÃES, Aloísio. Apresentação. **Boletim [de] Iphan/FPMN**, Brasília, n. 0, p. 1-4, 1979a.

MAGALHÃES, Aloísio. Bem cultural é fator de desenvolvimento. **Boletim [de] Sphan/FPMN**, Brasília, n. 4, p. 11-13, jan./fev. 1980.

MAGALHÃES, Aloísio. Centro Nacional de Referência Cultural. **Boletim [de] MEC/CFC**, Rio de Janeiro, ano 7, n. 29, p. 158-161, out./dez. 1977.

MAGALHÃES, Aloísio. **E Triunfo?** A questão dos bens culturais no Brasil. Rio de Janeiro: Nova Fronteira, 1985.

MAGALHÃES, Aloísio. Fundação Nacional Pró-Memória. **Boletim [de] MEC/CFC**, Rio de Janeiro, ano 7, n. 36, p. 109-112, jul./set. 1979b.

MAGALHÃES, Aloísio. As duas vertentes do bem cultural. **Cultura [de] MEC**, Brasília, ano 10, n. 36, p. 1-2, abr./jun. 1981a.

MAGALHÃES, Aloísio. Patrimônio e ação cultural. **Boletim [de] MEC/CFC**, Rio de Janeiro, ano 11, n. 42, p. 40-43, jan./mar. 1981b.

MAGNO, Paschoal Carlos. Cultura para o povo. **Diário de Notícias**, Rio de Janeiro, 22 jul. 1962. 1ª Seção, p. 4.

MAGNO, Paschoal Carlos. Música. "O que nos falta é um Ministério da Cultura e alguns mecenas", diz Pascoal Magno. **Diário de Notícias**, Rio de Janeiro, 7 fev. 1961. 2ª Seção, p. 3.

MAGNO, Paschoal Carlos. Paschoal diz o que sente: é míope quem agride estudante. **Diário de Notícias**, Rio de Janeiro, 21 maio 1967. 1ª Seção, p. 14.

MAIA, Tatyana de Amaral. **Os cardeais da cultura nacional**: o Conselho Federal de Cultura e o papel cívico das políticas culturais na ditadura civil-militar (1967-1975). São Paulo: Itaú Cultural; Iluminuras, 2012.

MALERBA, Jurandir. Acadêmicos na berlinda ou como cada um escreve a história? Uma reflexão sobre o embate entre historiadores acadêmicos e não acadêmicos no Brasil à luz dos debates sobre public history. **História da Historiografia**: International Journal of Theory and History of Historiography, Ouro Preto, v. 7, n. 15, p. 27-50, 2014.

MALRAUX, André. **Palavras no Brasil**: visita oficial em agosto de 1959. Rio de Janeiro: MEC; Funarte, 1998.

MANUEL Bandeira. **Boletim [de] MEC/CFC**, Rio de Janeiro, ano 17, n. 62-64, p. 49-72, 1985.

MARIANI, Clemente. Política cultural. **Diário de Notícias**, Rio de Janeiro, 12 set. 1961. 1ª Seção, p. 4.

MARIO agora só tem escola: foi roubado busto. **Diário de Notícias**, Rio de Janeiro, 29 maio 1966. 1ª Seção, p. 11.

MARTINS, Luís Caetano. Arte moderna e Estado Novo. Crônica de Arte. Diário de São Paulo. São Paulo, 10 maio 1945. *In*: LISSOVSKY, Mauricio; SÁ, Paulo Sérgio Moraes (org.). **Colunas da educação**: a construção do Ministério da Educação e Saúde. Rio de Janeiro: MinC; Iphan; FGV/CPDOC, 1996, p. 260-262.

MARTINS, Marília; ORSINI, Elisabeth. Perigo na Casa de Rui Barbosa. **Jornal do Brasil**, Rio de Janeiro, 18 abr. 1993. Caderno B, p. 9.

MASSARANI, Renzo. No Conselho Nacional de Cultura. **Jornal do Brasil**, Rio de Janeiro, 25 jul. 1962. Caderno B, p. 4.

MATA-MACHADO, Bernardo. Conselhos de Cultura e Democratização do Estado no Brasil. *In*: RUBIM, Albino *et al*. (org.). **Políticas culturais, democracia e Conselhos de Cultura**. Salvador: Edufba, 2010. p. 253-264.

MATA-MACHADO, Bernardo. Cultura, desenvolvimento e cidadania: breve análise da política cultural nos governos Lula e Dilma (2013-2016). *In*: SEMINÁRIO INTERNACIONAL DE POLÍTICAS CULTURAIS, 10., 2019, Rio de Janeiro. Organização de Lia Calabre. **Anais** [...]. Rio de Janeiro: Fundação Casa de Rui Barbosa, 2019. p. 40-49.

MEC executa ampla obra de restauração do patrimônio cultural. **Boletim [de] MEC/CFC**, Rio de Janeiro, ano 13, n. 51, p. 198-190, abr./jun. 1983.

MELLO, Manoel Caetano Bandeira de. Convite/circular, 3 jul. 1976. **Boletim [de] MEC/CFC**, Rio de Janeiro, ano 6, n. 23, especial, p. 9, jul. 1976.

MELLO, Manoel Caetano Bandeira de. Cultura nacional tem plano para o próximo quadriênio. **O Fluminense**, Rio de Janeiro, 17-18 dez. 1967a. Suplemento, p. 4.

MELLO, Manoel Caetano Bandeira de. Discurso do Sr. Manoel Caetano Bandeira de Melo. **Cultura [de] MEC/CFC**, Rio de Janeiro, ano 1, n. 1, p. 17-18, jul. 1967b. Departamento Gráfico do Museu de Armas Ferreira da Cunha.

MEMÓRIA, Archimedes. **Carta de Archimedes Memória para Getúlio Vargas.** [*S. l.*], [1934]. Arquivo Gustavo Capanema, CPDOC/FGV, Classificação GC f Capanema, 1934. 10. 19, Série g. Ministério da Educação e Saúde.

MENEZES, Djacir. Censura e cultura. **Boletim [de] MEC/CFC**, Rio de Janeiro, ano 5, n. 19, p. 29-30, jul./set. 1975.

MENEZES, Djacir. Dia da Cultura. **Boletim [de] MEC/CFC**, Rio de Janeiro, ano 4, n. 16, p. 11-13, out./dez. 1974.

MENEZES, Geraldo Bezerra de. Oliveira Vianna, intérprete do Brasil. **Boletim [de] MEC/CFC**, Rio de Janeiro, ano 13, n. 52, p. 42-64, jul./set. 1983.

MENEZES, Geraldo Bezerra de. Os oitenta anos de Afonso Arinos. **Boletim [de] MEC/CFC**, Rio de Janeiro, ano 16, n. 60-61, p. 11-16, 2. sem. 1985.

MENOTTI del Picchia quer mais um ministério. **Correio Braziliense**, Brasília, p. 8, 19 out. 1960.

MENOTTI del Picchia. **Câmara dos Deputados**, Brasília, 2019. Disponível em: https://www.camara.leg.br/deputados/130837/biografia. Acesso em: 4 out. 2019.

MICELI, Sérgio. **Estado e cultura no Brasil**. São Paulo: Difel, 1984.

MICELI, Sérgio. **Intelectuais à brasileira**. São Paulo: Companhia das Letras, 2001.

MINISTÉRIO da Cultura. **Diário de Notícias**, Rio de Janeiro, 29 out. 1966. 1ª Seção, p. 4.

MINISTRA Esther Figueiredo Ferraz. **Boletim [de] MEC/CFC**, Rio de Janeiro, ano 12, n. 48, p. 139-142, jul./set. 1982a.

MINISTRO Eduardo Portella assume a pasta da Educação e Cultura. **Boletim [de] MEC/CFC**, Rio de Janeiro, ano 9, n. 34, p. 10-17, jan./mar. 1979.

MINISTRO Jarbas Passarinho. **Boletim [de] MEC/CFC**, Rio de Janeiro, ano 13, n. 50, p. 120-128, jan./mar. 1983.

MINISTRO José Aparecido surge como nome para GDF. **Correio Braziliense**, Brasília, 4 maio 1985. p. 17.

MINISTRO manda examinar prestação de contas. **Diário de Notícias**, Rio de Janeiro, 7 out. 1965. p. 6.

MINISTRO quer intercâmbio com o Brasil. **Correio Braziliense**, Brasília, 9 out. 1984. p. 7.

MIRANDA, Murilo. Justiça decidirá volta da placa de Mário de Andrade. **Diário de Notícias**, Rio de Janeiro, 20 fev. 1966. 1ª Seção, p. 2.

MIRANDA, Yedda Braga. Lembranças. *In:* ANDRADE, Mário de. **Cartas a Murilo Miranda**. Rio de Janeiro: Nova Fronteira, 1981, p. 5-6.

MITO de origem do Iphan. Entrevistada: Silvana Rubino. Projeto Ocupação Mário de Andrade. São Paulo: Canal Itaú Cultural, 2013. 1 vídeo (6 min). Parte 1-5. Disponível em: https://www.itaucultural.org.br/ocupacao/mario-de-andrade/patrimonio-artistico/. Acesso em: 19 jun. 2021.

MOÇÃO de alerta do Conselho Federal de Cultura contra a devastação do patrimônio cultural pelos incêndios. **Boletim [de] MEC/CFC**, Rio de Janeiro, ano 11, n. 44, p. 249-250, jul./set. 1981.

MONTEIRO, Maria Carmina; BARROS, Rogério. José Aparecido de Oliveira. *In*: FUNDAÇÃO GETULIO VARGAS. Centro de Pesquisa e Documentação de História Contemporânea do Brasil. **Dicionário histórico-biográfico brasileiro**. Rio de Janeiro: FGV/CPDOC, c2009. Disponível em: https://www18.fgv.br/CPDOC/acervo/dicionarios/verbete-biografico/jose-aparecido-de-oliveira. Acesso em: 4 out. 2019.

MONTELLO, Josué. Como decorreu a sessão plenária. **Boletim [de] MEC/CFC**, Rio de Janeiro, ano 8, n. 31, p. 12-16, abr./jun. 1978.

MONTELLO, Josué. **Diário da tarde**: 1957-1967. Rio de Janeiro: Nova Fronteira, 1987.

MONTELLO, Josué. Discurso do presidente do Conselho Federal de Cultura, acadêmico Josué Montello. **Cultura [de] MEC/CFC**, Rio de Janeiro, ano 2, n. 10, p. 10-15, abr. 1968a.

MONTELLO, Josué. Discurso do presidente Josué Montello. **Cultura [de] MEC/CFC**, Rio de Janeiro, ano 1, n. 8, p. 10-14, fev. 1967a.

MONTELLO, Josué. Discurso proferido pelo acadêmico Josué Montello, presidente do Conselho Federal de Cultura, por ocasião de sua instalação. **Cultura [de] MEC/CFC**, Rio de Janeiro, ano 1, n. 1, p. 6-8, jul. 1967b. Departamento Gráfico do Museu de Armas Ferreira da Cunha.

MONTELLO, Josué. Imagens de Pedro Calmon. **Boletim [de] MEC/CFC**, Rio de Janeiro, ano 16, n. 58-59, p. 112-116, 1. sem. 1985.

MONTELLO, Josué. O Plano Nacional de Cultura. **Jornal do Brasil**, Rio de Janeiro, 5 mar. 1991. Opinião, Primeiro Caderno, p. 11.

MONTELLO, Josué. **Quatro discursos em defesa da Cultura**: Conselho Federal de Cultura. Rio de Janeiro: Gráfica Tupy, 1968b.

MONTELLO, Josué. Realidade cultural regional, ponto de partida do conselho. **Cultura [de] MEC/CFC**, Rio de Janeiro, ano 1, n. 1, p. 19-24, jul. 1967c. Departamento Gráfico do Museu de Armas Ferreira da Cunha.

MONTELO deixa CNC com Plano Cultural. **Diário de Notícias**, Rio de Janeiro, 17 dez. 1968. 1ª Seção, p. 2.

MOSAICO. **Nicolau**, Curitiba, ano 3, n. 26, p. 2, 1989.

MORAIS, Edmundo. Periscópio. **Diário de Pernambuco**, Recife, 9 nov. 1980. Economia e finanças, p. A-29.

MORAIS, Péricles. **Coelho Neto e sua obra**. Porto: Editora Lello, 1926.

MOREIRA, Regina da Luz (org.). **Arquivo Gustavo Capanema**: inventário analítico. Rio de Janeiro: CPDOC, 2000.

MOTA, Carlos Guilherme. A nova sociedade civil e a cultura. **Folha de S. Paulo**, São Paulo, 14 fev. 1986. Opinião, p. 3.

MOTA, Carlos Guilherme. **Ideologia da cultura brasileira**. 1933-1974. Pontos de partida para uma revisão história. São Paulo: Editora 34, 2014.

MURTINHO, Wladimir. Oração do secretário de cultura de Brasília. **Boletim [de] MEC/CFC**, Rio de Janeiro, ano 6, n. 23, especial, p. 295-298, jul. 1976.

MUSEU de Arte Popular. **Diário de Notícias**, Rio de Janeiro, 7 jan. 1964. 1ª Seção, p. 9.

NASH, Roy. **The conquest of Brazil**. New York: Harcourt, Bruce CO, 1926.

NEDEL, Letícia. Como joio e o trigo: tradicionalismo e folclore no Rio Grande do Sul. *In*: CAVALCANTI, Maria Laura; CORRÊA, Joana (org.). **Enlaces**: estudos de folclore e culturas populares. Rio de Janeiro: Iphan, 2018. p. 303-331.

NEVES, Tancredo. No Brasil, só os pobres e a classe média pagam impostos. **Folha de S. Paulo**, São Paulo, 23 out. 1984. 1º Caderno, p. 10.

NEY Braga: notável animador e administrador da cultura. **Boletim [de] MEC/CFC**, Rio de Janeiro, ano 13, n. 50, p. 30-36, jan./mar. 1983.

NO MÍNIMO fim da marginalização. **Correio Braziliense**, Brasília, 17 mar. 1985. Atualidades, p. 1.

NOGUEIRA, Antonio Gilberto Ramos. **Por um inventário dos sentidos**: Mário de Andrade e a concepção de patrimônio e inventário. São Paulo: Hucitec, 2005.

NORA, Pierre. Entre memória e história: a problemática dos lugares. **Projeto História**, São Paulo, n. 10, p. 7-28, dez. 1993.

NOTA editorial. **Boletim [de] MEC/CFC**, Rio de Janeiro, ano 20, n. 74, p. 8, 1. trim. 1988.

NOTA explicativa. **Boletim [de] MEC/CFC**, Rio de Janeiro, ano 15, n. 56-57, p. 7, 2. sem. 1984.

NOTICIÁRIO. **Diário de Notícias**, Rio de Janeiro, 10 ago. 1961. 1ª Seção, p. 8.

NOVA ordem cultural. **Diário de Notícias**, Rio de Janeiro, 22 dez. 1968. p. 4.

NOVAS Caravanas de Cultura. **Correio da Manhã**, Rio de Janeiro, 12 mar. 1964. 1º Caderno, p. 10.

NOVO vice-presidente do Conselho Federal de Cultura. **Revista Manchete**, Rio de Janeiro, p. 98, 10 dez. 1989.

O "BABALAÔ" Gilberto. **Diário de Pernambuco**, Recife, 20 mar. 1981. Panorama Literário, p. B-6.

O ATO institucional nº 5. **Boletim [de] MEC/CFC**, Rio de Janeiro, ano 15, n. 56-57, p. 90-98, 2. sem. 1984.

O ESPAÇO amazônico. **Cultura [de] MEC/CFC**, Rio de Janeiro, ano 3, n. 25, p. 101-104, jul. 1969.

O LIVRO. **Diário de Notícias**, Rio de Janeiro, 5 jul. 1961. 1ª Seção, p. 4.

O MEC. **Diário de Notícias**, Rio de Janeiro, 9 jul. 1966. 1ª Seção, p. 2.

O QUE VAI ser de nossa cultura...? **Correio Braziliense**, Brasília, 15 mar. 1985. Nova República, p. 38.

O SOFISMA da liberdade acadêmica. **Boletim [de] MEC/CFC**, Rio de Janeiro, ano 9, n. 35, p. 46-78, abr./jun. 1979.

OLIVEIRA, Francisco. **Crítica à razão dualística**: o ornitorrinco. 3. ed. São Paulo: Boitempo Editorial, 2011.

OLIVEIRA, José Aparecido de. Cultura quer ministério. **Correio Braziliense**, Brasília, 26 maio 1984a. p. 8.

OLIVEIRA, José Aparecido de. Vice apoia criação do Ministério da Cultura. **Correio Braziliense**, Brasília, 27 maio 1984b. p. 9.

OLIVEIRA, Lúcia Lippi. **Cultura é patrimônio**: um guia. Rio de Janeiro: FGV, 2008.

OLIVEIRA, José Aparecido. Discurso de José Aparecido de Oliveira no V Fórum Nacional de Secretários da Cultura. 16 nov. 1984. Maceió, AL, 1984. *In*: FÓRUM NACIONAL DOS SECRETÁRIOS ESTADUAIS DE CULTURA, 5., 18-20 de novembro de 1984. Maceió. **Anais** [...]. Rio de Janeiro: Centro de Pesquisa e Documentação, Fundação Getulio Vargas, [1984?]. p. 1-10. Classificação: TN _Oliveira, J. pi 1984, 11, 16.

ORGANIZAÇÃO DAS NAÇÕES UNIDAS PARA A EDUCAÇÃO, A CIÊNCIA E A CULTURA (UNESCO). **Conferência Mundial sobre Políticas Culturais**. México: Unesco, 1982.

ORTIZ, Renato. **A moderna tradição brasileira**. São Paulo: Brasiliense, 1989.

ORTIZ, Renato. **Cultura brasileira e identidade nacional**. 5. ed. São Paulo: Brasiliense, 1994.

OS LIVROS — os autores — e os fatos. **Diário de Notícias**, Rio de Janeiro, 26 jun. 1966. Suplemento Literário, p. 3.

OS PRIMEIROS nomes da "nova" censura. **Correio Braziliense**, Brasília, 6 abr. 1987. ApARTE, Pimenta do reino, p. 18.

OS SETENTA anos de Francisco de Assis Barbosa. **Boletim [de] MEC/CFC**, Rio de Janeiro, ano 14, n. 54, p. 32-54, jan./mar. 1984.

OSCAR, Henrique. Teatro na Caravana da Cultura. **Diário de Notícias**, Rio de Janeiro, 31 dez. 1963. 2ª Seção, p. 2.

OTÃO, Irmão José. Uma política nacional da cultura. **Boletim [de] MEC/CFC**, Rio de Janeiro, ano 3, n. 10, p. 11-13, abr./jun. 1973.

OTIMISMO fundado. **Diário de Notícias**, Rio de Janeiro, 12 set. 1961. 1ª Seção, p. 4.

PAIVA, Cláudio. Constituinte deverá alterar artigo que regula o ensino. **Folha de S. Paulo**, São Paulo, 25 dez. 1985. Política, p. 5.

PAIVA, Salvyano Cavalcanti. Revista de Televisão. **Diário de Notícias**, Rio de Janeiro, 6 a 12 ago. 1961. Revista Semanal, p. 4.

PANDOLFI, Dulce. **Repensando o Estado Novo**. Rio de Janeiro: FGV, 1999.

PARANÁ. Assembleia Legislativa do Estado do Paraná. **Arquivo legislativo**: legislação, biografias, discursos, projetos de leis. Curitiba: Alep, 1960-1980, 2020. Disponível em: https://www.assembleia.pr.leg.br/. Acesso em: 10 fev. 2020.

PARANÁ. **Decreto nº 708, de 26 de junho de 1979**. Decreta sobre o Regulamento e Estrutura da Secretaria de Estado da Cultura e do Esporte do Paraná. Curitiba: Governo do Estado, 1979. Disponível em: http://celepar7cta.pr.gov.br/seap/legrh-v1.nsf/ Acesso em: 27 nov. 2019.

PARREIRA, Roberto Daniel Martins. Entrevista de Roberto Parreira para Esther Moreira e Sharine Melo. Programa Vozes da Funarte. **Funarte**, São Paulo, 2017. Disponível em: http://sites.funarte.gov.br/vozessp/entrevistas-2/a-funarte-e-as-politicas-culturais/roberto-parreira/. Acesso em: 16 out. 2020.

PASCOAL Carlos Magno: A cultura é para todos. **Gazeta de Sergipe**, Sergipe, 26 jan. 1964. p. 1.

PASSARINHO, Jarbas. Oração de encerramento do ministro Jarbas Passarinho. **Boletim [de] MEC/CFC**, Rio de Janeiro, ano 3, n. 9, p. 30-37, jan./mar. 1973.

PASSARINHO, Jarbas. Oração do ministro Jarbas Passarinho. **Boletim [de] MEC/CFC**, Rio de Janeiro, ano 4, n. 13, p. 27-33, jan./mar. 1974a.

PASSARINHO, Jarbas. Despedida do ministro Jarbas Passarinho. **Boletim [de] MEC/CFC**, Rio de Janeiro, ano 4, n. 13, p. 34-41, jan./mar. 1974b.

PASSARINHO, Jarbas. Discurso do ministro Jarbas Passarinho. **Cultura [de] MEC/CFC**, Rio de Janeiro, ano 4, n. 34, p. 7-13, abr. 1970.

PAZ, Vanessa Carneiro. **Encontros em defesa da cultura nacional**: o Conselho Federal de Cultura e a regionalização da cultura na ditadura civil-militar (1966-1976). 2011. Dissertação (Mestrado em História) – Universidade Federal Fluminense, Rio de Janeiro, 2011.

PÉCAUT, Daniel. **Intelectuais e a política no Brasil**: entre o povo e a nação. Tradução de Maria Júlia Goldwasser. São Paulo: Ática, 1990.

PEREGRINO JÚNIOR. A lição do modernismo: o fenômeno literário na conjuntura nacional e mundial. **Revista Brasileira de Cultura**, Rio de Janeiro, ano 1, n. 2, p. 163-171, out./dez. 1969.

PEREGRINO JÚNIOR. O modernismo brasileiro. **Boletim [de] MEC/CFC**, Rio de Janeiro, ano 2, n. 5, p. 18-25, jan./mar. 1972.

PERISCÓPIO. **Diário de Notícias**, Rio de Janeiro, 6 jun. 1964. 1ª Seção, p. 7.

PIAZZA, Maria de Fátima. **Os afrescos dos trópicos**: Portinari e o mecenato Capanema. 2003. Tese (Doutorado em História) – Universidade Federal de Santa Catarina, Florianópolis, 2003.

PIAZZA, Maria de Fátima; LEMOS, Clarice Caldini. A contribuição da história dos intelectuais para o estudo do campo artístico. *In*: VILELA, Ana Lucia; BORGES Maria Elizia (org.). **História e arte**: temporalidades do sensível. Vitória: Editora MilFontes, 2019. p. 215-234.

PIGNATARI, Décio. Paternalismo leva à cooptação do artista. **Folha de S. Paulo**, São Paulo, 25 dez. 1985. Política, p. 5.

PILÃO, Valéria. **As diferentes formas de inserção da cultura no processo de acumulação de capital**: a particularidade brasileira. 2017. Tese (Doutorado em Sociologia) – Universidade Estadual Paulista Júlio de Mesquita Filho, Marília, 2017.

PILLA, Raul. Orlando Dantas: microscópio. **Diário de Notícias**, Rio de Janeiro, 21 jun. 1961. 1ª Seção, p. 5-6.

PIMENTA, Aluísio. **Cultura em novos tempos**. Brasília: MinC, 1986.

PIMENTA, Aluísio. Discurso do ministro Aluísio Pimenta. **Boletim [de] MEC/CFC**, Rio de Janeiro, ano 16, n. 60-61, p. 87-92, 2. sem. 1985a.

PIMENTA, Aluísio. País manifestará sua diversidade cultural. **Folha de S. Paulo**, São Paulo, 25 dez. 1985b. Política, p. 5.

PINTO, Roquette. **Rondônia**. Rio de Janeiro: Imprensa Nacional, 1917.

PINTO, Roquette. **Seixos rolados**: estudos brasileiros. Rio de Janeiro: Mendonça Machado, 1927.

PIRES, Ezio. Política cultural é ponto negativo. **Correio Braziliense**, Brasília, p. 8, 15 mar. 1986.

PLANTÃO. **Correio Braziliense**, Brasília, 22 maio 1985. Opinião, p. 2.

POERNER, Arthur José. **Identidade cultural na era da globalização**. Rio de Janeiro: Revan, 1997.

POLÍTICA de cultura, diretrizes e execução. **Boletim [de] MEC/CFC**, Rio de Janeiro, ano 9, n. 37, p. 54-68, out./dez. 1979.

POLÍTICA Nacional de Arquivo — Microfilmagem e Documentação. **Boletim [de] MEC/CFC**, Rio de Janeiro, ano 13, n. 51, p. 46-48, abr./jun. 1983.

POLITIS, Pomona. Comunismo em ação. **Diário de Notícias**, Rio de Janeiro, 28 nov. 1963a. 2ª Seção, p. 3.

POLITIS, Pomona. Conselho Federal de Cultura. **Diário de Notícias**, Rio de Janeiro, 18 fev. 1967a. 2ª Seção, p. 3.

POLITIS, Pomona. Drops. **Diário de Notícias**, Rio de Janeiro, 18 fev. 1967b. 2ª Seção, p. 3.

POLITIS, Pomona. Drops. **Diário de Notícias**. Rio de Janeiro, 28 nov. 1962. 2ª Seção, p. 3.

POLITIS, Pomona. Educação K.O. **Diário de Notícias**, Rio de Janeiro, 26 out. 1963b. 2ª Seção, p. 3.

POLITIS, Pomona. Informa. **Diário de Notícias**, Rio de Janeiro, 8 ago. 1961a. 2ª Seção, p. 3.

POLITIS, Pomona. O novo secretário-geral do Conselho Nacional de Cultura. **Diário de Notícias**, Rio de Janeiro, 4 fev. 1961b. 2ª Seção, p. 3.

POLITIS, Pomona. Pascoal para o Conselho Nacional de Cultura. **Diário de Notícias**, Rio de Janeiro, 28 fev. 1961c. 2ª Seção, p. 3.

POLITIS, Pomona. Uma interrogação. **Diário de Notícias**, Rio de Janeiro, 11 fev. 1961d. 2ª Seção, p. 3.

POLLAK, Michael. Memória e identidade social. **Estudos Históricos**, Rio de Janeiro, v. 5, n. 10, p. 200-215, 1992.

PÓLVORA, Hélio. Cultura, a base do desenvolvimento. **Jornal do Brasil**, Rio de Janeiro, 4 jun. 1975. Caderno B, p. 2.

POMIAN, Krzysztof. Coleção. *In*: ENCICLOPÉDIA Einaudi: história memória. Lisboa: Imprensa Nacional: Casa da Moeda, 1984. v. 1, p. 51-86.

PONTES, Ipojuca. O Estado e a intervenção na cultura. **Jornal do Brasil**, Rio de Janeiro, 6 jan. 1991. Ideias/Ensaios e proposições, p. 2.

PONTES, Ipojuca. **Ipojuca Pontes**. [*S. l.: s. n.*], 2000. Fototeca. Disponível em: https://www.ipojucapontes.com. Acesso em: 28 mar. 2021.

POR QUE ME UFANO? A Gazeta. São Paulo, 10 fev. 1943. *In*: LISSOVSKY, Mauricio; SÁ, Paulo Sérgio Moraes (org.). **Colunas da educação**: a construção do Ministério da Educação e Saúde. Rio de Janeiro: MinC; Iphan; FGV/CPDOC, 1996, p.173-176.

POR UM SISTEMA Nacional de Cultura. **Cultura [de] MEC/CFC**, Rio de Janeiro, ano 2, n. 9, p. 5-6, mar. 1968. Editorial.

PORTELLA, Eduardo. Eduardo Portella assume a pasta da Educação e Cultura. **Boletim [de] MEC/CFC**, Rio de Janeiro, ano 9, n. 34, p. 11-13, jan./mar. 1979.

PORTELLA, Eduardo. **O intelectual e o poder**. Rio de Janeiro: Tempo brasileiro, 1983.

PORTELLA, Eduardo. Tradição e modernidade. **Boletim [de] MEC/CFC**, Rio de Janeiro, ano 16, n. 60-61, p. 97-98, 2. sem. 1985.

PORTELLA, Sérgio Luiz Dias. Patrimônio antropofágico: AM reflete MA. *In*: CALABRE, Lia (org.). **Políticas culturais**: diálogo indispensável. Rio de Janeiro: Edições Casa de Rui Barbosa, 2005. p. 21-58.

POSSE do conselheiro Abgar Renault no Conselho Federal de Cultura. **Boletim [de] MEC/CFC**, Rio de Janeiro, ano 13, n. 51, p. 73-76, abr./jun. 1983.

POSSE do conselheiro Mauro Motta. **Boletim [de] MEC/CFC**, Rio de Janeiro, ano 11, n. 42, p. 24-35, jan./mar. 1981.

PREMIADA obra de interpretação da cultura indígena. **Boletim [de] MEC/CFC**, Rio de Janeiro, ano 8, n. 31, p. 179, abr./jun. 1978.

PRIORIDADE nacional. **O Fluminense**, Rio de Janeiro, 3 abr. 1985. p. 4.

PRONUNCIAMENTO dos conselheiros. **Boletim [de] MEC/CFC**, Rio de Janeiro, ano 10, n. 41, p. 11-39, out./dez. 1980.

PROST, Antoine. As palavras. *In*: REMOND, Rene (org.). **Por uma história política**. 2. ed. Rio de Janeiro: FGV, 2003. p. 295-325.

QUEIROZ, Rachel de. Castello Branco. **Cultura [de] MEC/CFC**, Rio de Janeiro, ano 4, n. 38, p. 9-11, ago. 1970.

QUEIROZ, Rachel de. Rachel relembra o século. [Entrevista cedida a Cynara Menezes]. **Folha de S. Paulo**, São Paulo, 26 set. 1998. Ilustrada, p. 4-6.

QUEIROZ, Rachel de. Rachel de Queiroz: viagem para o tempo. [Entrevista cedida a] João Clímaco Bezerra. **O Cruzeiro**, Rio de Janeiro, p. 106, 24 mar. 1971.

RAFFAINI, Patrícia Tavares. **Esculpindo a cultura na forma Brasil**: o Departamento de Cultura de São Paulo (1935-1938). São Paulo: Humanitas FFLCH/USP, 2001.

RAMPINELLI, Waldir José. **As duas faces da moeda**: as contribuições de JK e Gilberto Freyre ao colonialismo português. Florianópolis: Ufsc, 2004.

REALE, Miguel. **Memórias**: a balança e a espada. São Paulo: Saraiva, 1987. v. 2.

REGISTRO. **Jornal do Brasil**, Rio de Janeiro, 19 jun. 1993. Caderno B, p. 19.

REIS, Arthur Cezar Ferreira. A valorização da cultura no Brasil. **Boletim [de] MEC/CFC**, Rio de Janeiro, ano 1, n. 3, p. 48-65, jul./set. 1971.

REIS, Arthur Cezar Ferreira. Aniversário da revolução de 1964. **Boletim [de] MEC/CFC**, Rio de Janeiro, ano 6, n. 22, p. 11-14, maio/jul. 1976a.

REIS, Arthur Cezar Ferreira. Arthur Reis toma posse no Conselho Federal de Cultura e diz que fará plano nacional. **Cultura [de] MEC/CFC**, Rio de Janeiro, ano 3, n. 19, p. 93-103, jan. 1969a.

REIS, Arthur Cezar Ferreira. Discurso do presidente do Conselho Federal de Cultura, professor Arthur Cezar Ferreira Reis. **Cultura [de] MEC/CFC**, Rio de Janeiro, ano 3, n. 19, p. 15-22, jan. 1969b.

REIS, Arthur Cezar Ferreira. Fala o conselheiro Arthur Reis. **Boletim [de] MEC/CFC**, Rio de Janeiro, ano 3, n. 9, p. 11-25, jan./mar. 1973.

REIS, Arthur Cezar Ferreira. Interpretações errôneas do Brasil. **Boletim [de] MEC/CFC**, Rio de Janeiro, ano 6, n. 24, p. 50-56, ago./out. 1976b.

REIS, Arthur Cezar Ferreira. Relatório do presidente do CFC. **Cultura [de] MEC/CFC**, Rio de Janeiro, ano 4, n. 42, p. 7-18, dez. 1970.

REIS, Daniel Aarão. **Ditadura militar, esquerdas e sociedade**. Rio de Janeiro: Jorge Zahar, 2000.

REIS, Daniel Aarão. **Modernização, ditadura e democracia**. Rio de Janeiro: Objetiva, 2014.

REIS, José Carlos. O tempo histórico como representação cultural. **Revista do Patrimônio Histórico e Artístico Nacional**, Brasília, v. 1, n. 34, p. 45-65, 2011.

RELATÓRIO das atividades do exercício de 1969. **Cultura [de] MEC/CFC**, Rio de Janeiro, ano 4, n. 31, p. 7-15, jan. 1970.

RÉMOND, René. **Por uma história política**. Tradução de Dora Rocha. Rio de Janeiro: FGV, 2003.

RENATO Soeiro, servidor da Cultura. **Boletim [de] MEC/CFC**, Rio de Janeiro, ano 16, n. 58-59, p. 11-20, 1. sem. 1985.

REUNIÃO do Conselho de Cultura na Academia Brasileira de Letras. **Boletim [de] MEC/CFC**, Rio de Janeiro, ano 6, n. 25, p. 7-8, out./dez. 1976.

REVEL, Jean François. **La nouvelle censure**. Paris: Laffont, 1977.

REVISTA BRASILEIRA DE ESTUDOS PEDAGÓGICOS (RBEP). Rio de Janeiro: Instituto Nacional de Estudos e Pesquisas Anísio Teixeira, 1960.

REVISTA BRASILEIRA DA CULTURA (RBC). Rio de Janeiro: Oficinas da Gráfica Tupy; MEC/CFC, 1969.

REZENDE, Maria Beatriz; GRIECO, Bettina; TEIXEIRA, Luciano; THOMPSON, Analucia. Fundação Nacional Pró-Memória. *In*: INSTITUTO DO PATRIMÔNIO HISTÓRICO E ARTÍSTICO NACIONAL. **Dicionário Iphan de patrimônio cultural**. Rio de Janeiro; Brasília: Iphan; DAF; Copedoc, 2015.

RICARDO, Cassiano. A poesia de 22: o neo-indianismo e outros aspectos. **Cultura [de] MEC/CFC**, Rio de Janeiro, ano 2, n. 10, p. 37-56, abr. 1968a.

RICARDO, Cassiano. Conselhos Municipais de Cultura. **Separata de Cultura**, n. 16, Rio de Janeiro, p. 1-6, 1968b.

RICARDO, Cassiano. Conselhos Municipais de Cultura. Um ex: o de S. José dos Campos. **Cultura [de] MEC/ CFC**, Rio de Janeiro, ano 2, n. 16, p. 12-15, out. 1968c.

RIDENTI, Marcelo. Artistas e intelectuais no Brasil no pós-1960. **Tempo Social**: Revista de Sociologia da USP, São Paulo, v. 17, n. 1, p. 81-110, 2004.

RIDENTI, Marcelo. Trabalho, sociedade e os ciclos na história da esquerda brasileira. *In*: ARAÚJO, Sílvia Maria de; BRIDI, Maria Aparecida; FERRAZ, Marco (org.). **O sindicalismo equilibrista:** entre o continuísmo e as novas práticas. Curitiba: UFPR; SCHLA, 2006. p. 23-41.

RIO DE JANEIRO (Município). **Diário de Notícias**: a luta por um país soberano. Rio de Janeiro: Secretaria Especial de Comunicação Social/Prefeitura do Rio de Janeiro, 2006. (Série Memória da Comunicação).

RIO GRANDE DO SUL. Assembleia do Estado do Rio Grande do Sul. **Arquivo legislativo**: biografias, notícias. Porto Alegre: Aergs, 2008. Disponível em: http://www2.al.rs.gov.br/memorial/. Acesso em: 2 mar. 2020.

RIOUX, Jean-Pierre. A associação em política. *In*: REMOND, Rene (org.). **Por uma história política**. 2. ed. Rio de Janeiro: FGV, 2003. p. 99-139.

ROCHA, Aluízio. Discos clássicos. **Diário de Notícias**, Rio de Janeiro, 3 jul. 1966a. 4ª Seção, p. 2.

ROCHA, Aluízio. O Rio na voz dos nossos poetas e outras novidades. **Diário de Notícias**, Rio de Janeiro, 27 nov. 1966b. 4ª Seção, p. 7.

ROCHA, Geraldo Sobral. Ministério carioca da Cultura? **Correio Braziliense**, Brasília, 6 mar. 1985. p. 6.

ROMANELLI, Otaíza de Oliveira. **História da educação no Brasil**. 10. ed. Petrópolis: Vozes, 1990.

RUBIM, Antonio Albino Canela (org.). **Política cultural e gestão democrática no Brasil**. São Paulo: Editora Fundação Perseu Abramo, 2016.

RUBIM, Antonio Albino Canela. Conselhos de Cultura: atribuições, caráter, composição e democracia. *In*: RUBIM, Albino *et al.* (org.). **Políticas culturais, democracia e Conselhos de Cultura**. Salvador: Edufba, 2010. p. 145-163.

RUBIM, Antonio Albino Canela. **Plano Nacional de Cultura em Debate**: políticas culturais em revista. Salvador: Edufba, 2008.

RUBIM, Antonio Albino Canela. Políticas culturais no Brasil: tristes tradições. **Revista Galáxia**, São Paulo, n. 13, p. 101-113, jun. 2007.

RUBIM, Antonio Albino Canela; BARBALHO, Alexandre (org.). **Políticas culturais no Brasil**. Salvador: Edufba, 2007. p. 1-400.

RUBINO, Silvana. Clubes de pesquisadores: a sociedade de etnografia e folclore e a sociedade de sociologia. *In*: ANPOCS, Caxambú, 1989. **Anais** [...]. Caxambú: [*s. n.*], out. 1989. p. 1-55. Disponível em: https://pesquisa.bvsalud.org/portal/resource/pt/bps-1247. Acesso em: 28 set. 2020.

SAID, Edward Wadie. **Representações dos intelectuais**: as Conferências Reith de 1933. Tradução de Milton Hatoum. Rio de Janeiro: Companhia das Letras, 2005.

SALA Cecília Meireles. **Diário de Notícias,** Rio de Janeiro, 26 nov. 1966. 2ª Seção, p. 5.

SALES, Teresa. **Trama das desigualdades, drama da pobreza no Brasil**. 1992. Tese (Livre docência em Sociologia) – Universidade Estadual de Campinas, Campinas, 1992.

SALGADO, Plínio. **O estrangeiro**. São Paulo: Editora Hélios, 1926.

SAMBAQUI, Júlio Furquim. Sambaqui dirige a mineiros e baianos mensagem com a Caravana da Cultura. **Diário de Notícias,** Rio de Janeiro, 31 dez. 1963. 4ª Seção, p. 7.

SAMPIETRE, Carlos Eduardo. **A Discoteca Municipal de São Paulo (1935-1945)**. 2009. Dissertação (Mestrado em História) – Universidade de São Paulo, São Paulo, 2009.

SANTA CATARINA. Assembleia Legislativa do Estado de Santa Catarina. **Arquivo legislativo**: legislação, biografias, discursos, projetos de leis. Florianópolis: Alesc, 2019. Disponível em: http://www.alesc.sc.gov.br/centro-de-memoria. Acesso em: 1º maio 2019.

SANTA CATARINA. **Decreto nº 2.975, de 18 de dezembro de 1961**. Reorganiza a Secretaria de estado dos negócios de Educação e Cultura, cria e suprime órgãos, serviços e cargos, e dá outras providências. Florianópolis: Governo do Estado, 1961. Disponível em: http://leis.alesc.sc.gov.br/html/1961/2975_1961_Lei.html. Acesso em: 27 nov. 2019.

SANTA CATARINA. **Decreto nº 7.439, de 24 de abril de 1979**. Institui a Fundação Catarinense de Cultura – FCC, e dá outras providências. Florianópolis: Governo do Estado, 1979. Disponível em: http://server03.pge.sc.gov.br/LegislacaoEstadual/1979/007439-005-0-1979-000.htm. Acesso em: 27 de nov. 2019.

SANTOS, Angelo Oswaldo de Araújo. **Depoimento para Giane Maria de Souza**. [*S. l.*], 13 out. 2019. Correio eletrônico.

SANTOS, Angelo Oswaldo de Araújo. Exposição do secretário de Cultura de Ouro Preto. **Boletim [de] MEC/CFC**, Rio de Janeiro, ano 11, n. 45, p. 13-31, out./dez. 1981.

SÃO JOSÉ DOS CAMPOS. **Plano Municipal de Cultura**. São José dos Campos: PMSJC, 2016.

SÃO PAULO (Estado). Assembleia Legislativa do Estado de São Paulo. **Arquivo legislativo**: legislação, biografias, discursos, projetos de leis. São Paulo: Alesp, 2020. Disponível em: https://app.al.sp.gov.br/acervohistorico/. Acesso em: 20 abr. 2020.

SÃO PAULO (Estado). **Ato nº 861, de 30 de maio de 1935**. Organiza o Departamento de Cultura e Recreação. São Paulo: Governo do Estado, 1935. Disponível em: http://documentacao.saopaulo.sp.leg.br/iah/fulltext/atosgovernoprovisorio/AGP0861-1935.pdf. Acesso em: 25 out. 2019.

SÃO PAULO (Estado). Portaria nº 2.240, de 10 de maio de 1938. Exoneração a pedido de Mário de Andrade. Departamento de Expediente e de Pessoal: São Paulo, SP: Prefeitura do Município, 1938. *In*: UNIVERSIDADE DE SÃO PAULO (USP). **Instituto de Estudos Brasileiros**. Arquivo Mário de Andrade. Correspondência Burocrática, Documentação do Departamento de Cultura. Doc. 9. São Paulo: USP, [1938]. Disponível em: https://www.itaucultural.org.br/ocupacao/mario-de-andrade/na-forma-do-brasil/?content_link=14. Acesso em: 11 mar. 2020.

SÃO PAULO (Município). **Arquivo legislativo**: legislação, biografias, discursos, projetos de leis. São Paulo: Prefeitura Municipal, 2019. Disponível em: https://legislacao.prefeitura.sp.gov.br/. Acesso em: 10 maio 2019.

SÃO PAULO (Município). **Ofício encaminhado por Mário de Andrade a Gustavo Capanema**. Departamento de Cultura e Recreação. São Paulo: Prefeitura do Município, 1936. Arquivo Gustavo Capanema, CPDOC/FGV, Classificação GC Educação e Cultura g 1936. 03. 20/2. Assunto: Anteprojeto do Serviço do Patrimônio Artístico Nacional.

SARNEY regulamenta o Conselho de Censura. **Correio Braziliense**, Brasília, 15 mar. 1987. p. 6.

SARNEY, José. **Palavras do presidente José Sarney**. Brasília: Secretaria de Imprensa e Divulgação, 1985. v. 2.

SAUDAÇÃO ao conselheiro Mário Chamie. **Boletim [de] MEC/CFC**, Rio de Janeiro, ano 13, n. 50, p. 75-76, jan./mar. 1983.

SAUDAÇÃO ao secretário de Cultura, professor Fábio Magalhães. **Boletim [de] MEC/CFC**, Rio de Janeiro, ano 16, n. 58-59, p. 67-68, 1. sem. 1985.

SAVIANI, Dermeval. Sistema Nacional de Educação articulado ao Plano Nacional de Educação: documento. **Revista Brasileira de Educação**, Rio de Janeiro, v. 15, n. 44, p. 1-15, maio/ago. 2010.

SCHWARTZMAN, Simon *et al.* **Tempos de Capanema**. São Paulo: Paz e Terra; Fundação Getulio Vargas, 2000.

SCHWARZ, Roberto. **O pai de família e outros estudos**. São Paulo: Companhia das Letras, 2008.

SEVAROLLI, Ivany. Sonho e realidade: o Departamento de Cultura na documentação da Seção Técnica de Manuscritos. **Informativo Arquivo Histórico Municipal**, São Paulo, ano 2, n. 8, set./out. 2006. Disponível em: http://www.arquiamigos.org.br/info/info08/index.html. Acesso em: 10 out. 2020.

SEYFERTH, Giralda. Os imigrantes e a campanha de nacionalização no Estado Novo. *In*: PANDOLFI, Dulce. **Repensando o Estado Novo**. Rio de Janeiro: Fundação Getulio Vargas, 1999. p. 199-228.

SILVA, Ana Teles. Publicações do folclore nos anos 1960 e 1970. *In*: CAVALCANTI, Maria Laura; CORRÊA, Joana (org.). **Enlaces**: estudos de folclore e culturas populares. Rio de Janeiro: Iphan, 2018. p. 409-427.

SIMON Bolívar. **Boletim [de] MEC/CFC**, Rio de Janeiro, ano 13, n. 51, p. 101-106, abr./jun. 1983.

SIRINELLI, Jean-François. Os intelectuais. *In*: REMOND, Rene (org.). **Por uma história política**. Rio de Janeiro: FGV, 2003. p. 231-269.

SOBRE O PROJETO de Lei nº 55/79. **Boletim [de] MEC/CFC**, Rio de Janeiro, ano 10, n. 40, p. 181-195, jul./set. 1980.

SOCIEDADE DE ETNOGRAFIA E FOLCLORE (SEF). Discoteca Oneyda Alvarenga. *In*: SOCIEDADE DE ETNOGRAFIA E FOLCLORE (SEF). **Catálogo da Sociedade de Etnografia e Folclore de São Paulo**. São Paulo: SEF, 2001.

SOEIRO, Renato. Discurso do Diretor do Dphan. **Cultura [de] MEC/CFC**, Rio de Janeiro, ano 4, n. 34, p. 13-24, abr. 1970.

SOUSA, Raimunda. Mário de Andrade e a missão anti-civilizadora. **Letras Escreve**, Macapá, v. 5, n. 2, p. 245-260, jul. 2015.

SOUZA, Giane Maria. A cultura como direito constitucional: contribuição para um debate teórico metodológico. **Cadernos do Ceom**, Chapecó, v. 30, n. 46, p. 9-20, jun. 2017a.

SOUZA, Giane Maria. A Revista Brasileira de Cultura e algumas possibilidades de pesquisa em periódicos culturais. *In*: SEMINÁRIO INTERNACIONAL DO TEMPO PRESENTE, 3. 2017, Florianópolis. **Anais** [...]. Florianópolis: Udesc, 2017b. p. 1-17.

SOUZA, Giane Maria. Experiências conselhistas no Brasil, cultura, política e participação social. *In*: CUNHA FILHO, Francisco Humberto *et al.* (org.). **Direitos culturais**. Salvador: Edufba, 2018. p. 163-187.

SOUZA, Giane Maria. **Fóruns Nacionais de Cultura**: processos e tessituras da participação social. 2014. Especialização (Monografia em Ciências Políticas) – Universidade de Minas Gerais, Belo Horizonte, 2014.

SOUZA, Giane Maria. Participação e representação social no Conselho Nacional de Política Cultural (CNPC): percepções e análises. *In*: SOUZA, Giane Maria; KURZ, Márcia Liliane Barbosa; PETINELLI, Viviane (org.). **Democracia participativa e representativa**: Novos Olhares. Tapera: Lew, 2015. p. 91-104.

SOUZA, Giane Maria. Plano Nacional de Cultura: da participação e representação social na área de patrimônio cultural. *In*: SIMPÓSIO DE PATRIMÔNIO CULTURAL DE SANTA CATARINA. "PATRIMÔNIO CULTURAL: SABERES E FAZERES PARTILHADOS", 1., 2013, Florianópolis. **Anais** [...]. Florianópolis: Udesc, 2013. p. 1-11.

SOUZA, Giane Maria de. **A construção de um Ministério da Cultura e suas apropriações na história das políticas culturais no Brasil.** Tese (Doutorado em História) – Universidade Federal de Santa Catarina, Florianópolis, 2021.

SOUZA, Giane Maria; BORBA, João Francisco. Ana Maria de Araújo Freire - Entrevista. **Contrapontos**, Itajaí, v. 7, n. 3, p. 671-687, set./dez. 2007.

SUASSUNA, Ariano. A arte popular no Brasil. **Revista Brasileira de Cultura**, Rio de Janeiro, ano 1, n. 2, p. 37-43, out./dez. 1969.

SUASSUNA, Ariano. O teatro incendiado. **Diário de Pernambuco**, Recife, 9 nov. 1980. Opinião, p. A-11.

SUED, Ibrahim. Informa. **Diário de Notícias**, Rio de Janeiro, 28 mar. 1967. 1ª Seção, p. 6.

TARCÍSIO Padilha tomou posse no Conselho Federal de Cultura. **Boletim [de] MEC/CFC**, Rio de Janeiro, ano 13, n. 52, p. 169, jul./set. 1983.

TARSO: Vamos dar assistência a cultura. **Diário de Notícias**, Rio de Janeiro, 6 jan. 1968. 2ª Seção, p. 3.

TARSO promete liberar verbas para a cultura. **Cultura [de] MEC/CFC**, Rio de Janeiro, ano 2, n. 8, p. 117, fev. 1968.

TAVARES, Carlos; CAETANO, Maria do Rosário; DEGELO, Marilena. Agora Portella está secretário. **Correio Braziliense**, Brasília, 15 mar. 1987. p. 5.

TELLES, Augusto Carlos da Silva. Entrevista com Augusto Carlos da Silva Telles. *In*: THOMPSON, Analucia (org.). **Coleção memórias do patrimônio**. 2. ed. Rio de Janeiro: Iphan; DAF; Copedoc, 2010.

THOMPSON, Analucia (org.). **Coleção memórias do patrimônio**. 2. ed. Rio de Janeiro: Iphan; DAF; Copedoc, 2010.

THOMPSON, Edward Palmer. **Costumes em comum**: estudos sobre a cultura popular tradicional. São Paulo: Companhia das Letras, 1998.

TONI, Flávia Camargo. **Café, uma ópera de Mário de Andrad**e: estudo e edição anotada. 2004. Tese (Livre Docência em Sociologia) – Universidade de São Paulo, São Paulo, 2004.

TORTURA é analisada pelo CDPH. **Correio Braziliense**, Brasília, p. 14, 21 maio 1987.

TRANSMISSÃO do cargo de vice-presidente do Conselho Federal de Cultura. **Boletim [de] MEC/CFC**, Rio de Janeiro, ano 16, n. 60-61, p. 93-95, 2. sem. 1985.

TREM chamado Cultura terá 7 vagões. **Diário de Notícias**, Rio de Janeiro, 23 ago. 1962a. 1ª Seção, p. 9.

TREM cultural vai percorrer 17 cidades. **Diário de Notícias**, Rio de Janeiro, 21 jul. 1962b. 1ª Seção, p. 3.

TRINDADE, Hélgio. Bases da democracia brasileira: lógica liberal e práxis autoritária, 1822-1945. *In*: ROUQUIÉ, Alain *et al*. **Como renascem as democracias**. São Paulo: Brasiliense, 1986. p. 42-72.

UM ESCRITOR das terras do cacau. **Jornal do Brasil**, Rio de Janeiro, 4 ago. 1990. Caderno B, p. 4.

UM HOMEM e sua obra. **Jornal do Brasil**, Rio de Janeiro, 6 jul. 1980. Editorial, p. 10.

VALENTINI, Luísa. **Um laboratório de antropologia**: o encontro entre Mário de Andrade, Dina Dreyfus e Claude Lévi-Strauss (1935-1938). 2010. Dissertação (Mestrado em Antropologia) – Universidade de São Paulo, São Paulo, 2010.

VALLADARES, Clarival do Prado. Aquarelas, litogravuras e cartemas de Aloísio Magalhães. **Boletim [de] MEC/CFC**, Rio de Janeiro, ano 12, n. 48, p. 28-32, jul./set. 1982.

VALLADARES, Clarival do Prado. Casas de Cultura: estudo prévio apresentado na I Reunião Nacional de Conselhos de Cultura. **Cultura [de] MEC/CFC**, Rio de Janeiro, ano 2, n. 10, p. 57-62, abr. 1968.

VALLADARES, Clarival do Prado. Hélio Oiticica. **Boletim [de] MEC/CFC**, Rio de Janeiro, ano 10, n. 39, p. 124-126, abr./jun. 1980.

VAMIREH Chacon não vai para a censura. **Correio Braziliense**, Brasília, 20 abr. 1987. ApARTE, Pimenta do reino, p. 15.

VELHO, Gilberto. Patrimônio negociação e conflito. **Mana**: Estudos de Antropologia Social, Rio de Janeiro, v. 12, n. 1, p. 237-248, 2006.

VELLOSO, Monica Pimenta. **Modernismo no Rio de Janeiro**: turunas e quixotes. Rio de Janeiro: FGV, 1996.

VENTURA, Zuenir. **1968**: o ano que não terminou. A aventura de uma geração. Rio de Janeiro: Nova Fronteira, 1988.

VIEIRA, Flávio Lúcio Rodrigues. Celso Furtado, pensador do Brasil. **Conceitos**, João Pessoa, p. 1-12, jul. 2004-2005.

VIDAL, Diana Gonçalves. 80 anos do Manifesto dos Pioneiros da Educação Nova: questões para o debate. **Educação e Pesquisa**, São Paulo, USP, v. 39, n. 3, p. 577-588, jul./set. 2013.

VILHENA, Luís Rodolfo. **Projeto e missão**: o movimento folclórico brasileiro. 1947-1964. Rio de Janeiro: Funarte; FGV, 1997.

VILAÇA, Marcos. Marcos Vilaça. **Boletim [de] MEC/CFC**, Rio de Janeiro, ano 12, n. 48, p. 93-102, jul./set. 1982.

VILLAÇA, Antônio Carlos. Um político que nasceu com o século. **Jornal do Brasil**, Rio de Janeiro, 11 mar. 1985. 1º Caderno, p. 6.

VISITA a Figueiredo. **Boletim [de] Sphan/Pró-Memória**, Rio de Janeiro; Brasília, p. 8, 1980.

VISITA do ministro Celso Furtado ao CFC. **Boletim [de] MEC/CFC**, Rio de Janeiro, ano 17, n. 62-64, p. 119-130, 1986.

VISITA do ministro Jarbas Passarinho ao Conselho de Cultura. **Cultura [de] MEC/CFC**, Rio de Janeiro, ano 3, n. 29, p. 7-12, nov. 1969.

VISITA da ministra Esther Ferraz ao CFC. **Boletim [de] MEC/CFC**, Rio de Janeiro, ano 12, n. 49, p. 11-18, out./dez. 1982b.

VITÓRIA. Secretaria de Estado da Fazenda. Vultos. **Sefaz**, Vitória, 2020. Disponível em: https://sefaz.es.gov.br/. Acesso em: 20 mar. 2020.

VON MARTIUS, Carl Friedrich Philipp. Como se deve escrever a história do Brasil. **Revista Trimensal de História e Geografia**, Rio de Janeiro, v. 6, n. 24, p. 381-403, jan. 1844.

WILLIAMS, Daryle. **Culture wars in Brazil**: the first Vargas regime, 1930-1945. Durhan: Duke University Press, 2001.

WILLIAMS, Daryle. Gustavo Capanema: ministro da Cultura. *In*: GOMES, Angela de Castro (org.). **Capanema:** o ministro e seu ministério. Rio de Janeiro: FGV, 2000. p. 251-269.

WILLIAMS, Raymond. **A cultura é de todos**. Tradução de Maria Elisa Cevasco. São Paulo: Departamento de Letras da Universidade de São Paulo, 1958. Título original: Culture is ordinary.

WILLIAMS, Raymond. **Cultura e materialismo**. Tradução de André Glaser. São Paulo: Editora da Unesp, 2011.

WILLIAMS, Raymond. **Cultura**. Tradução de Lólio Lourenço de Oliveira. São Paulo: Paz e Terra, 1992.

WILLIAMS, Raymond. **Palavra-chave**: um vocabulário de cultura e sociedade. Tradução de Sandra Guardini Vasconcelos. São Paulo: Boitempo, 2007.

WINOCK, Michel. As ideias políticas. *In*: RÉMOND, René. **Por uma história política**. Tradução de Dora Rocha. Rio de Janeiro: FGV, 2003. p. 271-294.

WINOCK, Michel. **O século dos intelectuais**. Tradução de Eloá Jacobina. Rio de Janeiro: Bertrand Brasil, 2000.

XAVIER, Carlos Ribeiro de. [**Depoimento**]. [Entrevista cedida a] Giane Maria de Souza. Brasília, 2018. Correio eletrônico.

XAVIER, Libânia. O Manifesto dos pioneiros da educação nova como divisor de águas na história da educação brasileira. *In*: COLÓQUIO NACIONAL 70 ANOS DO MANIFESTO DOS PIONEIROS: UM LEGADO EDUCACIONAL EM DEBATE, ago. 2002, Belo Horizonte. **Anais** [...]. Belo Horizonte; Pedro Leopoldo: UFMG, 2002. p. 1-24.

ZÓZIMO. Em família. **Jornal do Brasil**, Rio de Janeiro, 16 maio 1992a. Caderno B, p. 3.

ZÓZIMO. Limpeza. **Jornal do Brasil**, Rio de Janeiro, 11 ago. 1992b. Caderno B, p. 3.

ZÓZIMO. Notáveis. **Jornal do Brasil**, Rio de Janeiro, 31 maio 1993. Caderno B, p. 3.